Erhaltungs- und
Notstandsarbeiten im Streik

Europäische Hochschulschriften

European University Studies

Publications Universitaires Européennes

Reihe II Rechtswissenschaft

Series II Law

Série II Droit

Band/Volume **5491**

Ann-Christin Weißleder

Erhaltungs- und Notstandsarbeiten im Streik

PL ACADEMIC RESEARCH

Bibliografische Information der Deutschen Nationalbibliothek
Die Deutsche Nationalbibliothek verzeichnet diese Publikation in der Deutschen Nationalbibliografie; detaillierte bibliografische Daten sind im Internet über http://dnb.d-nb.de abrufbar.

Zugl.: Münster (Westfalen), Univ., Diss., 2013

Dissertation der Rechtswissenschaftlichen
Fakultät der Westfälischen Wilhelms-Universität zu Münster

Erster Berichterstatter:	Prof. Dr. Dr. h. c. Wilfried Schlüter
Zweiter Berichterstatter:	Prof. Dr. Stefan Edenfeld
Dekan:	Prof. Dr. Thomas Hoeren
Tag der mündlichen Prüfung:	09.04.2013

Gedruckt auf alterungsbeständigem,
säurefreiem Papier.

D 6
ISSN 0531-7312
ISBN 978-3-631-64181-1 (Print)
E-ISBN 978-3-653-03379-3 (E-Book)
DOI 10.3726/978-3-653-03379-3

PL Academic Research ist ein Imprint der Peter Lang GmbH.
Peter Lang – Frankfurt am Main · Bern · Bruxelles · New York · Oxford · Warszawa · Wien

www.peterlang.de

Vorwort

Die vorliegende Arbeit beschäftigt sich mit den während eines gewerkschaftlich geführten Streiks durchzuführenden Erhaltungs- und Notstandsarbeiten, ohne die zum einen der Fortbestand bestreikter Betriebe gefährdet und zum anderen Dritte übermäßig in Mitleidenschaft gezogen werden würden.

Die Arbeit wurde von der Juristischen Fakultät der Westfälischen Wilhelms-Universität Münster im Sommersemester 2013 als Dissertation angenommen. Neue Rechtsprechung und Literatur wurde bis August 2012 berücksichtigt.

Ich danke Herrn Prof. Dr. Dr. h.c. Wilfried Schlüter em. für die Betreuung der Arbeit und die Erstellung des Erstgutachtens sowie Herrn Prof. Dr. Stefan Edenfeld für die Erstellung des Zweitgutachtens.

Darüber hinaus danke ich meinen Eltern, Frau Elisabeth und Herrn Dr. Wolfgang Weißleder sowie Herrn Sebastian Rohde, die mich auf verschiedenste Art und Weise bei dieser Arbeit unterstützt haben.

Münster, den 29.04.2013

Ann-Christin Weißleder

Inhaltsverzeichnis

Literaturverzeichnis

Altheim, Michael: Verrichtung von Streikarbeit durch Beamte?, Zeitschrift für Beamtenrecht 1974, S. 373 – 377 (zit.: *Altheim* ZBR 1974).

Anzinger, Rudolf / Koberski, Wolfgang: Kommentar zum Arbeitszeitgesetz, 3. Auflage, Frankfurt am Main 2009 (zit.: *Anzinger/Koberski*, ArbZG).

Apfel, Georg: Die Sicherung und Erhaltung des Betriebes bei Arbeitskämpfen – Notdienst und Notstandsarbeiten Frankfurt/M. Düsseldorf 1970 (zit.: *Apfel*).

Auktor, Christian: Der Wellenstreik im System des Arbeitskampfrechts; München 2002 (zit.: *Auktor*).

Badura, Peter: Arbeitsrecht und Verfassungsrecht, Recht der Arbeit 1999, S. 8 – 13 (zit.: *Badura* RdA 1999).

Badura, Peter / Stern, Klaus: Die Rechtmäßigkeit des Beamteneinsatzes beim Streik der Tarifkräfte – zwei Rechtsgutachten, München 1983 (zit.: *Stern*).

Badura, Peter / Von Danwitz, Thomas / Herdegen, Matthias / Sedemund, Joachim / Stern, Klaus: Beck'scher PostG-Kommentar, 2. Auflage, München 2004, (zit.: PostG-*Bearbeiter*).

Bauer, Jobst-Hubertus / Haußmann, Karin: Der Notdienst im Arbeitskampf, Der Betrieb 1996, S. 881 – 886 (zit.: *Bauer/Haußmann* DB 1996).

Bauer, Jobst-Hubertus / Krieger, Steffen: „Firmentarifsozialplan" als zulässiges Ziel eines Arbeitskampfes, Neue Zeitschrift für Arbeitsrecht 2004, S. 1019 – 1025 (zit.: *Bauer/Krieger* NZA 2004).

Baumann, Thomas: Die Rechtsfolgen eines Grundrechtsverstoßes der Tarifpartner, Recht der Arbeit 1994, S. 272 -279 (zit.: *Baumann* RdA 1994).

Bayreuther, Frank : Der Arbeitskampf des Marburger Bundes, Ein Lehrstück zur Tarifeinheit im Betrieb, Neue Zeitschrift für Arbeitsrecht 2006, S. 642 – 646 (zit.: *Bayreuther* NZA 2006).

Derselbe: Der Streik um einen Tarifsozialplan, Konsequenzen des Urteils des BAG vom 24.4.2007 für die Tarifrechtspraxis, Neue Zeitschrift für Arbeitsrecht 2007, S. 1017 – 1023 (zit.: *Bayreuther* NZA 2007).

Derselbe: Gewerkschaftspluralismus im Spiel der aktuellen Rechtsprechung – Abschied vom „Einheitstarifvertrag"?, Der Betriebs-Berater 2005, S. 2633 – 2641 (zit.: *Bayreuther* BB 2005).

Derselbe: Tarif- und Arbeitskampfrecht in der Neuorientierung, Neue Zeitschrift für Arbeitsrecht 2008, S. 12 – 18 (zit.: *Bayreuther* NZA 2008).

Belling, Detlev W.: Die Zulässigkeit freiwilliger Sonderzahlungen als Mittel der Streikabwehr, Neue Zeitschrift für Arbeitsrecht 1990, S. 214 – 219 (zit.: *Belling* NZA 1990).

Belling, Detlev W. / von Steinau-Steinrück, Robert: Freiwillige Leistungen des Arbeitgebers als Maßregelung streikender Arbeitnehmer? Der Betrieb 1993, S. 534 – 538 (zit.: *Belling/von Steinau-Steinrück*).

Benda, Ernst: Das Arbeitskampfrecht in der Rechtsordnung der Bundesrepublik, recht der Arbeit 1986, S. 143 – 146 (zit.: *Benda* RdA 1986).

Bepler, Klaus: Deutsches Streikrecht und Europäische Sozialcharta (ESC), in: Kothe, Wolfhard; Dörner, Hans-Jürgen; Anzinger, Rudolf (Hrsg.), Festschrift für Helmut Wissmann zum 65. Geburtstag, München 2005, S. 97 - 113 (zit.: *Bepler*, FS Wissmann, S. 97).

Berg, Peter / Platow, Helmut / Schoof, Christian / Unterhinninghofen, Hermann: Tarifvertragsgesetz und Arbeitskampfrecht, Kompaktkommentar, 3. Auflage Frankfurt am Main 2010 (zit.: B/P/S/U-TVG bzw. AKR).

Berg, Peter: Das Arbeitskampfrecht in der rechtspolitischen Auseinandersetzung, in: Dieterich, Thomas; Le Friant, Martine; Nogler, Luca; Kezuka, Katsutoshi; Pfarr, Heide (Hrsg.); Individuelle und kollektive Freiheit im Arbeitsrecht, Gedächtnisschrift für Ulrich Zachert, 1. Auflage, Baden-Baden 2010, S. 469 – 478 (zit.: *Berg*, GS Zachert, S. 469).

Bertele, Franz: Rechtsnatur und Rechtsfolgen der Aussperrung, Heidelberg 1960 (zit.: *Bertele*).

Bertelsmann, Klaus: Aussperrung, Eine Untersuchung ihrer Zulässigkeit unter besonderer Berücksichtigung ihrer geschichtlichen Entwicklung und Handhabung in der Praxis, Berlin 1979 (zit.: *Bertelsmann*).

Beuthien, Volker: Mitbestimmung unternehmerischer Sachentscheidungen kraft Tarif- oder Betriebsautonomie?, Zeitschrift für Arbeitsrecht 1984, S. 1 – 30 (zit.: *Beuthien* ZfA 1984).

Derselbe: Unternehmerische Mitbestimmung kraft Tarif –oder Betriebsautonomie? Zeitschrift für Arbeitsrecht 1983, S. 141 – 168 (zit.: *Beuthien* ZfA 1983).

Bieback, Karl-Jürgen / Mayer, Udo: Mitbestimmung des Betriebsrats während des Arbeitskampfes, Arbeit und Recht 1982, S. 169 - 181 (zit.: *Bieback/Mayer* AuR 1982).

Birk, Rolf / Konzen, Horst / Löwisch, Manfred / Raiser, Thomas / Seiter, Hugo: Gesetz zur Regelung kollektiver Arbeitskonflikte - Entwurf und Begründung, Tübingen 1988 (zit.: Professorenentwurf 1988).

Birk, Rolf: Boykott und einstweilige Verfügung im grenzüberschreitenden Arbeitskampf (Bemerkungen zum Arbeitskampfrecht in der deutschen Seeschifffahrt); Arbeit und Recht 1974, S. 289 – 303 (zit.: *Birk* AuR 1974).

Bobke, Manfred H.: Rechtsfragen des Warnstreiks, Der Betriebs-Berater, Zeitschrift für Recht und Wirtschaft 1982, S. 865 – 872 (zit.: *Bobke* BB 1982).

Boeck, Myriam: Tarifverträge und andere Koalitionsverträge, Frankfurt am Main 2007 (zit.: *Boeck*).

Boldt, Gerhard: Zur Zulässigkeit von Firmentarifverträgen mit verbandsangehörigen Unternehmen, Recht der Arbeit 1971, S. 257 – 268 (zit.: *Boldt* RdA 1971).

Borrmann, Helga: Bericht über die Diskussion- zu den Referaten von Prof. Dr. Reinhard Richardi, Dr. Dieter Kirchner und Prof. Dr. Michael Kittner, Recht der Arbeit 1986, S. 195-196 (zit.: *Borrmann* RdA 1986).

Brill, Werner: Betriebsrat und Arbeitskampf, Der Betrieb 1979, S. 403 - 405 (zit.: *Brill* DB 1979).

Brodmann, Jörg: Arbeitskampf und Pressefreiheit, Berlin 1982 (zit.: *Brodmann*).

Brox, Hans: Die Folgen des Streiks für die kämpfenden Verbände, Juristische Ausbildung 1981, S. 74 – 79 (zit.: *Brox* JA 1981).

Brox, Hans / Rüthers, Bernd / Schlüter, Wilfried / Jülicher, Friedrich: Arbeitskampfrecht, Ein Handbuch für die Praxis, 2. Auflage Stuttgart 1982 (zit.: Brox/Rüthers-*Bearbeiter*).

Buchner, Herbert BB-Forum: Der Bahnstreik – und welche Lehren daraus zu ziehen sind, Der Betriebs-Berater 2007, S. 2520 – 2522 (zit.: *Buchner* BB 2007).

Derselbe: Der „Funktionseliten" -Streik - Zu den Grenzen der Durchsetzbarkeit von Spartentarifverträgen, Stellungnahme zum Urteil des Hessischen LAG (2003, 1229) und seiner Bewertung durch Volker Rieble (BB 2003, 1227), Der Betriebs-Berater 2003, S. 2121 – 2130 (zit.: *Buchner* BB 2003).

Derselbe: Der Arbeitskampf im Medienbereich – eine Sonderform des allgemeinen Arbeitskampfrechts?, Recht der Arbeit 1987, S. 209 – 219 (zit.: *Buchner* RdA 1987).

Derselbe: Der Umfang tariflicher Abschlussnormen, insbesondere ihre Abgrenzung zu den Normen über betriebliche Fragen, Recht der Arbeit 1966, S. 208 – 210 (zit.: *Buchner* RdA 1966).

Derselbe: Der Umfang tariflicher Abschlussnormen, insbesondere ihre Abgrenzung zu den Normen über betriebliche Fragen, Recht der Arbeit 1966, S. 208 - 210 (zit.: *Buchner* RdA 1966).

Derselbe: Tarifverträge im Wettbewerb? – Tarifpluralität, Tarifeinheit, Allgemeinverbindlichkeit, Zeitschrift für Arbeitsrecht 2004, S. 229 – 252 (zit.: *Buchner* ZfA 2004).

Derselbe: Turbulenzen im Arbeitskampfrecht, Der Betriebs-Berater 2008, S. 106 – 109 (zit.: *Buchner* BB 2008).

Derselbe: Übermaßverbot als Grenze tarifbezogener Arbeitskämpfe, in: Lieb, Manfred; von Stebut, Dietrich; Zöllner, Wolfgang (Hrsg.); Arbeitskampfrecht, Symposium Hugo Seiter zum Gedächtnis, Berlin 1990, S. 21 – 48 (zit.: *Buchner*, FS Seiter, S. 21).

Bulla, Gustav-Adolf: Soziale Selbstverantwortung der Sozialpartner als Rechtsprinzip, in: Dietz, Rolf; Hübner, Heinz (Hrsg.), Festschrift für Hans Carl Nipperdey zum 70. Geburtstag, München und Berlin 1965, Band 2, S. 79 – 104 (zit.: *Bulla*, FS Nipperdey).

Bulla, Werner: Tarifverträge über Rationalisierungsmaßnahmen in Betrieben und Unternehmen (I) (Die Probleme ihrer Zulässigkeit und Grenzen), Der Betrieb 1980, S. 103 – 108 (zit.: *Bulla*, DB 1980).

Burkiczak, Christian: Grundrechtsbindung der Tarifvertragsparteien oder Relevanz grundrechtlicher Schutzpflichten – Erfurter Einerlei?, Recht der Arbeit 2007, S. 17 – 22, (zit.: *Burkiczak* RdA 2007).

Buschmann, Rudolf: Notdienstmaßnahmen im Arbeitskampf, Arbeit und Recht 1980, 230 – 235 (zit.: *Buschmann* AuR 1980).

Buschmann, Rudolf / Ulber, Jürgen (Hrsg.) : Arbeitszeitgesetz, Basiskommentar und Nebengesetzen und Ladenschluss, 6. Auflage, Frankfurt am Main 2009 (zit.: *Buschmann/Ulber*, ArbZG).

Butzer, Hermann: Verfassungsrechtliche Grundlagen zum Verhältnis zwischen Gesetzgebungshoheit und Tarifautonomie, Recht der Arbeit 1994, S. 375 – 385 (zit.: *Butzer* RdA 1994).

Coester, Michael: Zur Verhandlungspflicht der Tarifvertragsparteien, Zeitschrift für Arbeitsrecht 1977, S. 87 - 109 (zit.: *Coester* ZfA 1977).

Czerweny von Arland, Katharina: Die Arbeitskampfmittel der Gewerkschaften und der Verhältnismäßigkeitsgrundsatz, Frankfurt am Main 1993 (zit.: *Czerweny von Arland*).

Däubler, Wolfgang: Aktuelle Grenzen des Streikrechts, Tier- und Umweltschutzrecht, Schadensersatzrisiken des Arbeitgebers, Arbeit und Recht 1997, S. 13 – 21 (zit.: *Däubler* AuR 1997).

Derselbe (Hrsg.): Arbeitskampfrecht, 3. Auflage; Baden-Baden 2011, (zit.: Däubler-Bearbeiter) und 2. Auflage; Baden-Baden 1987 (zit.: Däubler-*Bearbeiter*, Arbeitskampfrecht 1987).

Derselbe: Arbeitsrecht und Politik, Recht der Arbeit 1999, S. 18 – 24 (zit.: *Däubler* RdA 1999).

Derselbe: Der Notdienst im Arbeitskampfrecht, Arbeit und Recht 1981, S. 257 – 265 (zit.: *Däubler* AuR 1981).

Derselbe: Der Streik im öffentlichen Dienst, 2. Auflage, Tübingen 1970 (zit.: *Däubler*).

Derselbe: Die unverhältnismäßige Aussperrung – BAG (GS) AP, Art. 9 GG – Arbeitskampf – Nr. 43, Juristische Schulung 1972, S. 642 – 648 (zit.: *Däubler* JuS 1972).

Derselbe: ITF-Aktionen gegen Billig-Flaggen-Schiffe – im Widerspruch zum EG-Recht? Arbeit und Recht 2008, S. 409 – 417 (zit.: *Däubler* AuR 2008).

Derselbe: Neue Grundsätze im Arbeitsrecht? Zur Entscheidung des Ministerkomitees des Europarats, Arbeit und Recht 1998, S. 144 – 148 (zit.: *Däubler* AuR 1998).

Derselbe (Hrsg.): Tarifvertragsgesetz mit Arbeitnehmer-Entsendegesetz; 2. Auflage, Baden-Baden 2006 (zit.: Däubler-*Bearbeiter*, TVG).

Derselbe: Tarifvertragsrecht – Ein Handbuch, Arbeits- und Sozialrecht Band 10, 3. Auflage, Baden-Baden 1993 (zit.: *Däubler*, TVR).

Däubler, Wolfgang / Kittner, Michael / Klebe, Thomas / Wedde, Peter (Hrsg.): BetrVG Betriebsverfassungsgesetz mit Wahlordnung und EBR-Gesetz, 12. Auflage, Frankfurt am Main 2010 (zit.: BetrVG-*Bearbeiter*).

Deinert, Olaf: Arbeitsrechtliche Herausforderungen einer veränderten Gewerkschaftslandschaft, Neue Zeitschrift für Arbeitsrecht 2009, S. 1179 – 1184 (zit.: *Deinert* NZA 2009).

Dendorfer, Renate : Mediation in der Arbeitswelt: WinWin oder WinLose? Kritische Betrachtung und arbeitsrechtliche Fallstricke, in: Düwell, Franz Josef; Strückemann, Wolfgang; Wagner, Volker (Hrsg.), Bewegtes Arbeitsrecht, Festschrift für Wolfgang Leinemann zum 70. Geburtstag, S. 567 – 588 (zit.: *Dendorfer*, FS Leinemann, S. 567).

Dieterich, Thomas : Arbeitsgerichtlicher Schutz der kollektiven Koalitionsfreiheit, Arbeit und Recht 2005, S. 121 - 128 (zit.: *Dieterich* AuR 2005).

Derselbe: Arbeitsgerichtlicher Schutz der kollektiven Koalitionsfreiheit, in: Kothe, Wolfhard; Dörner, Hans-Jürgen; Anzinger, Rudolf (Hrsg.), Festschrift für Helmut Wissmann zum 65. Geburtstag, München 2005, S. 114 – 132 (zit.: *Dieterich*, FS Wissmann, S. 114).

Derselbe: Flexibilisiertes Tarifrecht und Grundgesetz, Recht der Arbeit 2002, S. 1 – 17 (zit.: *Dieterich* RdA 2002).

Derselbe: Gesetzliche Tarifeinheit als Verfassungsproblem, Arbeit und Recht 2011, S. 46 – 51 (zit.: *Dieterich* AuR 2011).

Diller, Martin / Krieger, Stefan : Streik im Kindergarten – Wer zahlt das Gehalt der Eltern? in: Düwell, Franz Josef; Stückemann, Wolfgang; Wagner, Volker (Hrsg.), Bewegtes Arbeitsrecht - Festschrift für Wolfgang Leinemann zum 70. Geburtstag, Neuwied 2006, S. 65 – 74 (zit.: *Diller/Krieger*, FS Leinemann, S. 65).

Dörner, Klemens / Luczak, Stefan / Wildschütz, Martin: Handbuch des Fachanwalts, Arbeitsrecht, 8 Auflage, Köln 2009 (zit.: D/L/W-*Bearbeiter*).

Dribbusch, Heiner : Tarifkonkurrenz als gewerkschaftspolitische Herausforderung: Ein Beitrag zur Debatte um die Tarifeinheit, Wirtschafts- und Sozialwissenschaftliches Institut-Diskussionspapier Nr. 172, August 2010 (zit.: *Dribbusch*, WSI-Diskussionspapier Nr. 172).

Dütz, Wilhelm: Koalitionsautonome Regelung der Arbeits- und Wirtschaftsbedingungen – auf der Grundlage der bundesverfassungsgerichtlichen Rechtsprechung -, Juristische Arbeitsblätter 1987, S. 405 – 415 (zit.: *Dütz* JA 1987).

Derselbe: Vorläufiger Rechtsschutz im Arbeitskampf, Der Betriebs-Berater 1980, S. 533 - 543 (zit.: *Dütz* BB 1980).

Ehrich, Christian: Die Bedeutung der Wesentlichkeitstheorie im Arbeitskampfrecht – zugleich Besprechung von BVerfG DB 1991 S. 1678 und BVerfG DB 1993 S. 837, Der Betrieb 1993, S. 1237 – 1239 (zit.: *Ehrich* DB 1993).

Derselbe: Verfassungswidriger Einsatz von Beamten auf bestreikten Arbeitsplätzen - BVerfG, NJW 1993, 1379, Juristische Schulung 1994, S. 116 – 121 (zit.: *Ehrich* JuS 1994).

Eich, Rolf-Achim: Mitbestimmungsrechte des Betriebsrates bei arbeitskampfbedingten Maßnahmen des Arbeitgebers, Der Betrieb 1979, S. 1 - 12 (zit.: *Eich* DB 1979).

Derselbe: Tarifverträge und Sozialpartnerbeziehungen am Beispiel der chemischen Industrie, Neue Zeitschrift für Arbeitsrecht 1995, S. 149 - 155 (zit.: *Eich* NZA 1995).

Enderlein, Wolfgang: Zur Richtigkeitsgewähr der tarifvertraglichen Einigung als Leitgedanke des Arbeitskampfrechts, Recht der Arbeit 1995, S. 264 – 280 (zit.: *Enderlein* RdA 1995).

Engels, Andreas: Verfassungsrechtliche Determinanten staatlicher Lohnpolitik, Juristenzeitung 2008, S. 490 – 498 (zit.: *Engels* JZ 2008).

Engels, Gerd / Schmidt, Ingrid / Trebinger, Yvonne / Linsenmaier Wolfgang: Betriebsverfassungsgesetz, Handkommentar, 26. Auflage, München 2012 (zit.: *Fitting*).

Erman, Harm Peter (Hrsg.): Bürgerliches Gesetzbuch, Handkommentar mit EGBGB, ErbbauVO, HausratsVO, LPartG, ProdHaftG, UKlaG, VAHRG und WEG, Band I, 11. Auflage, Köln 2004 (zit.: Erman-*Bearbeiter*).

Esser, Josef : Arbeitskampf und Vertragstreue, Juristenzeitung 1963, S. 489 - 494 (zit.: *Esser* JZ 1963).

Fenn, Herbert: Zur Problematik der Erhaltungsarbeiten im Arbeitskampf, Der Betrieb 1982, S. 430 – 435 (zit.: *Fenn* DB 1982).

Fischer, Ulrich: Streikbegrenzung in der Daseinsvorsorge – contra, Fachanwalt Arbeitsrecht, Zeitschrift für die beratende und die gerichtliche Praxis, Heft 5, Mai 2012, S. 131 (zit.: *Fischer* FA Arbeitsrecht 2012).

Fischinger, Philipp S.: Zur Begrenzung des Streikrechts durch den Grundsatz der Verhältnismäßigkeit, Recht der Arbeit 2007, S. 99 – 103 (zit.: *Fischinger* RdA 2007).

Francken, Johannes Peter: Erweiterte richterliche Dienstaufgaben im arbeitsgerichtlichen Multi-Door Courthouse; in: Rieble, Volker (Hrsg.), Festschrift für Manfred Löwisch zum 70. Geburtstag, München 2007, S. 129 – 140 (zit.: *Francken*, FS Löwisch, S. 129).

Derselbe: Streitiger Einigungsstellenvorsitz als richterliche Dienstaufgabe, Neue Zeitschrift für Arbeitsrecht 2008, S. 750 – 751 (zit.: *Francken* NZA 2008).

Derselbe: Weitere Optimierung des arbeitsgerichtlichen Verfahrens, Neue Juristische Wochenschrift 2007, S. 1792 – 1796 (zit.: *Francken* NJW 2007).

Franzen, Martin: Das Ende der Tarifeinheit und die Folgen, Recht der Arbeit 2008, S. 193 – 205 (zit.: *Franzen* RdA 2008).

Derselbe: Standortverlagerung und Arbeitskampf, Zeitschrift für Arbeitsrecht, 2005, S. 315 – 351 (zit.: *Franzen* ZfA 2005).

Derselbe: Tarifeinheit – Element der Tarifautonomie oder Grundrechtsverletzung?, Zeitschrift für Arbeitsrecht 2009, S. 297 – 318 (zit.: *Franzen* ZfA 2009).

Friauf, Karl: Die verfassungsrechtlichen Vorgaben einer gesetzlichen oder tarifvertraglichen Arbeitskampfordnung, Recht der Arbeit 1986, S. 188 – 196 (zit. *Friauf* RdA 1986).

Gamillscheg, Franz: 50 Jahre deutsches Arbeitsrecht im Spiegel einer Festschrift, Recht der Arbeit 2005. S. 79 – 88 (zit.: *Gamillscheg* RdA 2005).

Derselbe: In Sachen Arbeitskampf: Öfter mal was Neues oder auch: Dieterich und seine Kritiker, Der Betriebs-Berater 1996, S. 212 – 214 (zit.: *Gamillscheg* BB 1996).

Derselbe: Kollektives Arbeitsrecht, Ein Lehrbuch, Band I: Grundlagen/Koalitionsfreiheit/Tarifvertrag/Arbeitskampf und Schlichtung, München 1997 (zit.: *Gamillscheg*).

Gaudecki, Christoph: Schadensbegrenzung im Arbeitskampfrecht, Frankfurt am Main 1991, (zit. *Gaudecki*).

Gaumann, Ralf: Ausgabe von Werksausweisen bei Erhaltungsarbeiten im Arbeitskampf – ein mitbestimmungspflichtiger Tatbestand? Neue Zeitschrift für Arbeitsrecht 2001, S. 245 – 247 (zit.: *Gaumann* NZA 2001).

Derselbe: Einseitige Anordnungsbefugnis des Arbeitgebers bezüglich der Erhaltungsarbeiten im Arbeitskampf nach fehlgeschlagener Einigung mit der Gewerkschaft, Der Betrieb 2001, 1722 – 1723 (zit. *Gaumann* DB 2001).

Gentz, Manfred: Brauchen wir ein neues Tarif- und Arbeitskampfrecht, Neue Zeitschrift für Arbeits- und Sozialrecht 1985, S. 305 – 307 (zit.: *Gentz* NZA 1985).

Derselbe: Werden die geltenden Tarifverträge der betrieblichen Praxis gerecht?, in: Schlachter, Monika, Ascheid, Reiner, Friedrich, Hans-Wolf (Hrsg.), Tarifautonomie für ein neues Jahrhundert, Festschrift für Günter Schaub zum 65. Geburtstag, München 1998, S. 205 - 217 (zit.: *Gentz*, FS Schaub, S. 205).

Derselbe: Zur Verhältnismäßigkeit von Grundrechtseingriffen, Neue Juristische Woche 1968, S. 1600 – 1607 (zit.: *Gentz* NJW 1968).

Gerber, Peter: Tarifrecht und Arbeitskampf vor dem Hintergrund eines globalen Marktumfeldes – Reichweite und Grenzen, Zeitschrift für Arbeitsrecht 2008 S. 311 - 316 (zit.: *Gerber* ZfA 2011).

Germelmann, Claas-Hinrich / Matthes, Hans –Christoph / Müller-Glöge, Rudi / Prütting, Hanns / Schlewing, Anja: Arbeitsgerichtsgesetz, Kommentar, 7. Auflage, München 2009 (zit.: GMP-*Bearbeiter*).

Gersdorf, Hubertus: Privatisierung öffentlicher Aufgaben – Gestaltungsmöglichkeiten, Grenzen, Regelungsbedarf, Juristenzeitung 2008, S. 831 – 640 (zit.: *Gersdorf* JZ 2008).

Giesen, Richard: Erweiterte Kampfbefugnisse und Ausweitung des Arbeitskampfrisikos, in: Rieble, Volker; Junker, Abbo; Giesen, Richard (Hrsg.); Neues Arbeitskampfrecht? 7. Zentrum für Arbeitsbeziehungen und Arbeitsrecht-Kongress, München 2010, ZAAR Schriftenreihe, Band 18, S. 95 - 116 (zit.: *Giesen*).

Derselbe: Tarifeinheit im Betrieb, Neue Zeitschrift für Arbeitsrecht 2009, S. 11 – 18 (zit.: *Giesen* NZA 2009).

Derselbe: Tarifeinheit und Verfassung, Zeitschrift für Arbeitsrecht 2011, S. 1-44 (zit.: *Giesen* ZfA 2011).

Gooren, Paul: Das Ende des Beamtenstreikverbots, Zeitschrift für Beamtenrecht 2011, S. 400 – 406 (zit.: *Gooren* ZBR 2011).

Greiner, Stefan: Der Arbeitskampf der GDL, Überlegungen zur Parität im Sparten- und Spezialistenarbeitskampf, Neue Zeitschrift für Arbeitsrecht 2007, S 1023 – 1028 (zit.: *Greiner* NZA 2007).

Derselbe: Die Ausgestaltung eines Tarifeinheitsgesetzes und der Streik am Frankfurter Flughafen, Neue Zeitschrift für Arbeitsrecht 2012, S. 529 – 535 (zit.: *Greiner* NZA 2012).

Derselbe: „Tarifsozialplan" bei Betriebsübergang? Neue Zeitschrift für Arbeitsrecht 2008, S. 1274 -1281 (zit.: *Greiner* NZA 2008).

Groggert, Christian: Der Grundsatz der Verhältnismäßigkeit im deutschen Arbeitskampfrecht, Analyse und Konkretisierung dieses Rechtsinstitut im Arbeitskampfrecht, Berlin 1990 (zit.: *Groggert*).

Grote, Hermann: Der Streik, Taktik und Strategie, Köln 1952 (zit.: *Grote*).

Grunsky, Wolfgang: Prozessuale Fragen des Arbeitskampfrechts, Recht der Arbeit 1986, S. 196 – 203 (zit.: *Grunsky* RdA 1986).

Halfmeier, Axel: Popularklagen im Privatrecht, Tübingen 2006 (zit.: *Halfmeier*).

Hanau, Hans: Zur Verfassungsmäßigkeit von tarifvertraglichen Betriebsnormen am Beispiel der qualitativen Besetzungsregeln, Recht der Arbeit 1996, S. 158 – 181 (zit.: *Hanau* RdA 1996).

Hanau, Peter: Verbands-, Tarif- und Gerichtspluralismus, Neue Zeitschrift für Arbeitsrecht 2003, S. 128 - 132 (zit.: *Hanau* NZA 2003).

Heckelmann, Dieter: Die einstweilige Verfügung im Arbeitskampfrecht, Arbeit und Recht 1970, S. 166 - 178 (zit.: *Heckelmann* AuR 1970).

Derselbe: Erhaltungsarbeiten im Arbeitskampf, Vortrag gehalten vor der juristischen Gesellschaft zu Berlin am 30. November 1983, Schriftenreihe der Juristischen Gesellschaft zu Berlin, Heft 85; Berlin New York 1984 (zit.: *Heckelmann*).

Heinze, Meinhard: Drittwirkungen von Arbeitskämpfen im Medienbereich, Recht der Arbeit 1987, S. 225 – 234 (zit.: *Heinze* RdA 1987).

Derselbe: Einstweiliger Rechtsschutz im arbeitsgerichtlichen Verfahren, Recht der Arbeit 1986, S. 273 - 295 (zit.: *Heinze* RdA 1986).

Derselbe: Gesetzliche und vertragliche Arbeitskampfordnung, Flüchtige Gedanken zu einem leider ohnehin nur theoretischen Fragenkreis, in: Gamillscheg, Franz; Rüthers, Bernd; Stahlhacke, Eugen (Hrsg.), Sozialpartnerschaft in der Bewährung, Festschrift für Karl Molitor zum 60. Geburtstag, München 1988, S. 159 – 180 (zit.: *Heinze*, FS Molitor, S. 159).

Derselbe: Regelungsabrede, Betriebsvereinbarung und Spruch der Einigungsstelle, Zustandekommen und Rechtswirkungen betrieblicher Regelungen, Neue Zeitschrift für Arbeitsrecht 1994, S. 580 - 586 (zit.: *Heinze* NZA 1994).

Derselbe: Streikrecht der deutschen Fluglotsen als Angestellte der privatisierten Flugsicherung, in: Oetker, Hartmut, Preis, Ulrich, Rieble, Volker (Hrsg.), Festschrift 50 Jahre Bundesarbeitsgericht, München 2004, S. 493 – 513 (zit.: *Heinze*, FS 50 Jahre BAG, S. 493).

Henniges, Rolf-Hermann: Einstweiliger Rechtsschutz gegen gewerkschaftliche Streiks? Neuwied und Darmstadt 1987 (zit.: *Henniges*).

Hensche, Detlef: Tarifvertrag und Unternehmenspolitik - Von der Unantastbarkeit der Unternehmerfreiheit, Arbeit und Recht 2004, S. 443 - 450 (zit.: *Hensche* AuR 2004).

Hensche, Detlef / Wolter, Henner: Die Verhältnismäßige Freiheit – zum Übermaßverbot des Streiks, in: Dieterich, Thomas; Le Friant, Martine; Nogler, Luca; Kezuka, Katsutoshi; Pfarr, Heide (Hrsg.), Individuelle und kollektive Freiheit im Arbeitsrecht, Gedächtnisschrift für Ulrich Zachert, Baden-Baden 2010, S. 544 – 560 (zit.: *Hensche/Wolter*, GS Zachert, S. 544).

Henssler, Martin: Arbeitskampf in Deutschland – Wie geht es weiter? Brauchen wir ein Arbeitskampfgesetzbuch?; Zeitschrift für Arbeitsrecht 2010, S. 397 – 425 (zit.: *Henssler* ZfA 2010).

Derselbe: Der „Arbeitgeber in der Zange" - Rechtsfragen der Firmentarifsozialpläne, in: Annuß, Georg; Picker, Eduard; Wissmann, Helmut (Hrsg.); Festschrift für Reinhard Richardi zum 70. Geburtstag, München 2007, S. 553 – 572 (zit.: *Henssler*, FS Richardi, S. 553).

Derselbe: Ende der Tarifeinheit – Eckdaten eines neuen Arbeitskampfrechts, Recht der Arbeit 2011 S. 65 – 76 (zit. *Henssler* RdA 2011).

Derselbe: Tarifautonomie und Gesetzgebung, Zeitschrift für Arbeitsrecht 1998, S. 1 – 40 (zit.: *Henssler* ZfA 1998).

Derselbe: Zu Praktikabilität und Nutzen des arbeitskampfrechtlichen Paritätsprinzip, Recht der Arbeit 1996, S. 293 – 306 (zit.: *Hensche* RdA 1996).

Derselbe: Zur Methode teleologischer Konkretisierungen von Rechtsnormen - Eine Untersuchung am Beispiel der „Funktion des Arbeitskampfes", Berlin 1995 (zit.: *Hensche*).

Hernekamp, Karl: Der Schutz des allgemeinen Informationsbedürfnisses bei presserelevanten Arbeitskämpfe, Der Betriebs-Berater 1976, S. 1329 – 1333 (zit.: *Hernekamp* BB 1976).

Herschel, Wilhelm: Zur Absicherung gewerkschaftlicher Vertrauensleute durch Firmentarifvertrag (Zum Urteil des Arbeitsgerichts Kassel v. 5.8.1976), Arbeit und Recht 1977, S. 137 – 143 (zit.: *Herschel* AuR 1977).

Hesse, Konrad: Grundzüge des Verfassungsrechts der Bundesrepublik Deutschland, 20. Auflage, Heidelberg 1995 (zit.: *Hesse*).

Hessel, Philipp: Einstweilige Verfügung bei Arbeitskämpfen?, Der Betrieb 1967, S. 2071 – 2072 (zit.: *Hessel* DB 1967).

Derselbe: Gutachten, Probleme des Streikrechts, Der Betriebs-Berater 1951, S. 85 – 87 (zit.: *Hessel* BB 1951).

Hettlage, Manfred C.: Arbeitskämpfe im rechtlichen Niemandsland, Der Betriebs-Berater 1985, S. 2253 – 2258 (zit.: *Hettlage* BB 1985).

Derselbe: Standen Bahn und GDL vor dem gesetzlichen Richter?, Der Betriebs-Berater 2008, S. 553 (zit.: *Hettlage* BB 2008).

Hiersemann, Walter: Die Stellung des Betriebsrates im Arbeitskampf, Der Betriebs-Berater 1966, S. 252 – 254 (zit.: *Hiersemann* BB 1966).

Hirdina, Ralph: Anpassung der Laufzeiten von Spartentarifverträgen – Ein Lösungsansatz für die Tarifpluralität?, Neue Zeitschrift für Arbeitsrecht 2009, S. 997 – 999 (zit.: *Hirdina* NZA 2009).

Hirschberg, Lothar: Erhaltungsarbeiten im Arbeitskampf, Recht der Arbeit 19886, S. 355 – 359 (zit.: *Hirschberg*).

Hirschmann, Marc: Die Begrenzung tarifvertraglicher Normsetzungsbefugnisse durch die Grundrechte unter besonderer Berücksichtigung des Art. 12 GG, Frankfurt am Main 2002 (zit.: *Hirschmann*).

Hirte, Heribert: Streik und Drittbetroffenheit, Neue Juristische Wochenschrift 2006, S. 1490 - 1491 (zit.: *Hirte* NJW 2006).

Hoeniger, Heinrich: Einige Gedanken zum Recht des Arbeitskampfes, Recht der Arbeit 1953, S. 204 – 211 (zit.: *Hoeniger* RdA 1953).

Derselbe: Streik und Arbeitsvertrag – Versuch einer Synthese von Individualrecht und Kollektivrecht, Der Betriebsberater 1951, S. 37 – 42 (zit.: *Hoeniger* RdA 1951).

Hoffmann, Reinhard: Einstweilige Verfügungen gegen Streiks?, Arbeit und Recht 1968, S. 33 – 50 (zit.: *Hoffmann* AuR 1968).

Höfling, Wolfgang / Burkiczak, Christian: Die Unmittelbare Drittwirkung gemäß Art. 9 Abs. 3 Satz 2 GG, Recht der Arbeit 2004, S. 263 - 273 (zit.: *Höfling/Burkiczak* RdA 2004).

Höfling, Wolfram: Streikbewehrte Forderungen nach Abschluss von Tarifsozialplänen anlässlich konkreter Standortentscheidungen – Eine verfassungsrechtliche Kritik der arbeitsgerichtlichen Judikatur -, Zeitschrift für Arbeitsrecht 2008, S. 1 – 29 (zit.: *Höfling* ZfA 2008).

Höfling, Wolfram / Engels, Andreas: Der „Bahnstreik“ – oder: Offenbarungseid des Arbeitskampfrichterrechts?, Neue Juristische Wochenschrift 2007, S. 3102 – 3103 (zit.: *Höfling/Engels* NJW 2007).

Hohenstatt, Klaus-Stefan / Schramm, Nils E.: Erstreikbarkeit von „tariflichen Sozialplänen“? - Zur Rechtmäßigkeit von Arbeitskampfmaßnahmen im Zusammenhang mit Betriebsänderungen, Der Betrieb 2004, S. 2214 – 2218 (zit.: *Hohenstatt/Schramm* DB 2004).

Hopfner, Sebastian / Heider, Benjamin: Pflichten der Arbeitnehmer während des Streiks, Der Betrieb 2012, S. 114 – 118 (zit.: *Hopfner/Heider* DB 2012).

Hromadka, Wolfgang: Entwurf eines Gesetzes zur Regelung der Tarifkollision, Neue Zeitschrift für Arbeitsrecht 2008, S. 384 - 391 (zit.: *Hromadka* NZA 2008).

Hueck, Alfred: Die Frage der tarifrechtlichen Zulässigkeit von Solidaritätsbeiträgen nach geltendem deutschen Recht, Recht der Arbeit 1961, S. 141 – 149 (zit.: *Hueck* RdA 1961).

Hueck, Alfred / Nipperdey, Hans Carl: Lehrbuch des Arbeitsrechts, 2. Band, 1. Halbband, Kollektives Arbeitsrecht, 7. Auflage; Berlin, Frankfurt am Main: Vahlen 1963 (zit.: *Hueck/Nipperdey*, Bd. 2/1).

Isele, Hellmut Georg: Zur Problematik des Streiks in Versorgungsbetrieben, in: Hubmann, Heinrich; Hübner, Heinz (Hrsg.), Festschrift für Ludwig Schnorr von Carolsfeld zum 70. Geburtstag – 26. Januar 1973, Köln, Berlin, Bonn, München 1973, S. 219 – 234 (zit.: *Isele*, FS Schnorr von Carolsfeld, S. 319).

Isenhardt, Udo: Einstweiliger Rechtsschutz im Arbeitskampf, in: Farthmann, Friedhelm; Hanau, Peter; Isenhardt, Udo; Preis, Ulrich (Hrsg.), Arbeitsgesetzgebung und Arbeitsrechtsprechung, Festschrift zum 70. Geburtstag von Eugen Stahlhacke, Neuwied Krittel Bertz 1995, S. 195 - 212 (zit.: *Isenhardt*, FS Stahlhacke, S. 195).

Jacobs, Matthias: § 4 Betriebsstilllegung, Standortverlagerung und deren Androhung – neues Arbeitskampfmittel der Arbeitgeberseite, in: Rieble, Volker (Hrsg.); Zukunft des Arbeitskampfes, 1. Ludwigsburger Rechtsgespräch, ZAAR Schriftenreihe, Band 2, München 2005, S. . 91 – 108 (zit.: *Jacobs*).

Derselbe: Das neue Arbeitskampfrecht des Bundesarbeitsgerichts – Kritische Überlegungen zur Akzentuierung der Kampfmittelfreiheit und zur Erweiterung des Verhältnismäßigkeitsgrundsatzes in der neueren Rechtsprechung des Ersten Senats, Zeitschrift für Arbeitsrecht 2011, S. 71 – 94 (zit.: *Jacobs* ZfA 2011).

Derselbe: Der Gegenstand des Feststellungsverfahrens, Tübingen 2005 (zit.: *Jacobs*).

Derselbe: Tariffrieden bei Gewerkschaftspluralität, in: Bauer, Jobst-Hubertus; Kort, Michael; Möllers, Thomas M.J.; Sandmann, Bernd (Hrsg.), Festschrift für Herbert Buchner zum 70. Geburtstag, München 2009, S. 343 - 357 (zit.: *Jacobs*, FS Buchner, S. 343).

Derselbe: Tarifpluralität statt Tarifeinheit, Aufgeschoben ist nicht aufgehoben!, Neue Zeitschrift für Arbeitsrecht 2008, S. 325 – 333 (zit.: *Jacobs* NZA 2006).

Jahn, Lothar: Die Beteiligung des Betriebsrats bei arbeitskampfbedingten Maßnahmen des Arbeitgebers, Baden-Baden 1993 (zit.: *Jahn*).

Jarass, Hans D. / Pieroth, Bodo : Grundgesetz für die Bundesrepublik Deutschland, Kommentar, 11. Auflage, München 2011 (zit.: Jarass/Pieroth-*Bearbeiter*).

Jarass, Hans D.: Zum Grundrecht auf Bildung und Ausbildung, Die öffentliche Verwaltung 1995, S. 674 – 679 (zit.: *Jarass* DöV 1995).

Joachim, Hans G.: Ist der Grundsatz der Verhältnismäßigkeit ein geeignetes Kriterium für die rechtliche Erfassung des Phänomens „Arbeitskampf"?, Arbeit und Recht 1973, S. 289 – 302 (zit.: *Joachim* AuR 1973).

Kalb, Heinz-Jürgen: Arbeitskampfrecht, Eine systematische Darstellung und Dokumentation der wichtigen arbeitskampfrechtlichen Entscheidungen in Leitsätzen, Neuwied/Darmstadt 1986 (zit.: *Kalb*, Arbeitskampfrecht).

Derselbe: Die Entwicklung des Arbeitskampfrechts durch das Bundesarbeitsgericht, Recht der Arbeit 1994, S. 385 – 394 (zit.: *Kalb* RdA 1994).

Kamanabrou, Sudabeh: Der Streik durch Spartengewerkschaften – Zulässigkeit und Grenzen, Zeitschrift für Arbeitsrecht 2008, S. 241- 281 (zit.: *Kamanabrou* ZfA 2008).

Kämereit, Peter: Pressefreiheit und Arbeitskampfrecht – Eine Untersuchung der Rechtmäßigkeit von Arbeitskämpfen im Pressebereich unter besonderer Berücksichtigung neuer Kampfformen, Berlin 1995 (zit.: *Kämereit*).

Käppler, Renate: Die Folgen rechtswidriger Maßnahmen bei Arbeitskämpfen – NZA 1989, 475, Juristische Schulung 1990, S. 618 – 623 (zit.: *Käppler* JuS 1990).

Kempen, Otto Ernst: Das Rechtsverhältnis zwischen den Belegschaftsvertretern und den Gewerkschaften im Arbeitskampf, Neue Zeitschrift für Arbeitsrecht 2005, S. 185 – 193 (zit.: *Kempen* NZA 2005).

Derselbe: Der BDA/DGB-Vorschlag für eine gesetzliche Tarifeinheits-Regelung und die staatliche Schutzpflicht gegenüber Art. 9 Abs. 3 GG, Arbeit und Recht 2011, S. 51 – 57 (zit.: *Kempen* AuR 2011).

Derselbe: Der verfassungsrechtliche Vorrang der Tarifautonomie im arbeitsrechtlichen Regelungsgefüge, Arbeit und Recht 1996, S. 336 – 344 (zit.: *Kempen* AuR 1996).

Derselbe: Warnstreik, Sympathiestreik und gewerkschaftliche Demonstration im grundgesetzlichen Arbeitsverfassungsrecht, Arbeit und Recht 1990, 237 - 245 (zit.: *Kempen* AuR 1990).

Kempen, Otto Ernst / Zachert, Ulrich (Hrsg.): Tarifvertragsgesetz, Kommentar für die Praxis, 4 Auflage, Frankfurt am Main 2006 (zit.: TVG-*Bearbeiter*).

Kentner, Kathrin: Arbeitskampfmittel der Arbeitgeber, Frankfurt am Main 2010 (zit.: *Kentner*).

Kirchhof, Gregor: Rechtsfolgen der Privatisierung, Jede Privatisierung lockert, löst öffentlich-rechtliche Bindungen, Archiv des öffentlichen Rechts, 132. Band 2007, S. 215 - 256 (zit.: *Kirchhof* AöR 2007 (132) 215).

Kirchner, Dieter: Möglichkeiten und Grenzen der tarifvertraglichen Gestaltung des Arbeitskamps, Recht der Arbeit 1986 S. 159 – 162 (zit.: *Kirchner* RdA 1986).

Kisker, Gunter: Der Arbeitskampf im Medienbereich aus der Sicht der Art. 5 Abs. 1 und 9 Abs. 3 des Grundgesetzes, Recht der Arbeit 1987, S. 194 – 201 (zit.: *Kisker* RdA 1987).

Kissel, Otto Rudolf: Arbeitskampfrecht, Ein Leitfaden, München 2002 (zit.: *Kissel*).

Kissel, Otto Rudolf / Schick, Gerd: Methoden der Beilegung kollektiver Interessenstreitigkeiten, Recht der Arbeit 1991, S. 321 – 327 (zit.: *Kissel/Schick* RdA 1991).

Kittner, Michael: Aktuelle Fragen des Arbeitskampfrechts, Arbeit und Recht 1981, S. 289 – 303 (zit. *Kittner* AuR 1981).

Kloepfer, Michael : Arbeitsgesetzgebung und Wesentlichkeitstheorie, Neue Juristische Wochenschrift 1985, S. 2497 – 2505 (zit.: *Kloepfer* NJW 1985).

Köbler, Gerhard: Juristisches Wörterbuch, Für Studium und Ausbildung, 10. Auflage München 2001 (zit. *Köbler*, Juristisches Wörterbuch).

Köhler, Helmut: Arbeitskampf und Wettbewerbsrecht, Recht der Arbeit 1987, S. 234 – 241 (zit.: *Köhler* RdA 1987).

Kolbe, Sebastian: Kindergartenstreik und Konsequenzen, Der Betriebs-Berater 2009, S. 1414 – 1416 (zit.: *Kolbe* 2009).

Kolmetz, Thomas: Einsatz von Beamten bei Streik im öffentlichen Dienst aus verfassungsrechtlicher Sicht, Frankfurt am Main 1989 (zit.: *Kolmetz*).

Konzen, Horst: Der Arbeitskampf im Verfassungs- und Privatrechtssystem, Archiv für die civilistische Praxis, 177 Band, 1977 Tübingen, S. 473 – 542 (zit.: *Konzen* AcP 177 (1977) 473).

Derselbe: Die erweiterte Zulassung des Unterstützungsstreiks, Sammlung arbeitsrechtlicher Entscheidungen 2008, S. 1 – 9 (zit.: *Konzen* SAE 2008).

Derselbe: Die Kodifikation der Tarifeinheit im Betrieb, Juristenzeitung 2010, S. 1036 – 1046 (zit.: *Konzen* JZ 2010).

Derselbe: Fünfzig Jahre richterliches Arbeitsrecht – Grundlagen, Bilanz, Weiterentwicklung, in: Oetker, Hartmut, Preis, Ulrich, Rieble, Volker (Hrsg.), Festschrift 50 Jahre Bundesarbeitsgericht, München 2004, S. 515 – 555 (zit.: *Konzen*, FS 50 Jahre BAG, S. 515).

Derselbe: Grundlagen und Grenzen des vorbeugenden Rechtsschutz unter Tarifparteien, in: Heinze, Meinhard; Söllner, Alfred (Hrsg.), Arbeitsrecht in der Bewährung, Festschrift für Otto Rudolf Kissel zum 65. Geburtstag, München 1994, S. 571 – 609 (zit.: *Konzen*, FS Kissel, S. 571).

Derselbe: Kampfmittelfreiheit und Flash mob-Aktionen, in: Martinek, Michael; Rawert, Peter; Weitemeyer, Birgit (Hrsg.), Festschrift für Dieter Reuter zum 70. Geburtstag am 16. Oktober 2010, Berlin/New York 2010, S. 603 – 625 (zit.: *Konzen*, FS Reuter, S. 603).

Derselbe: Tarifvertragliche Kampfklauseln, Zeitschrift für Arbeitsrecht 1980, S. 77 – 120 (zit.: *Konzen* ZfA 1980).

Korinth, Michael H.: Einstweiliger Rechtsschutz im Arbeitsgerichtsverfahren, 2. Auflage, Köln 2007 (zit.: *Korinth*).

Kornbichler, Hendrik: Die Stilllegung des Betriebs im Arbeitskampf, Aachen 1999 (zit.: *Kornbichler*).

Koubek, Norbert: Erfordernis flexibler Kampfmittel der Gewerkschaften durch neue Produktionsmöglichkeiten, in: Muhr, Gerd (Hrsg.), Streikrecht, Demokratie und Sozialstaat, Protokoll der wissenschaftlichen Konferenz des

Deutschen Gewerkschaftsbundes am 17. und 18. März 1987 in Ludwigshafen, Köln 1987, S. 142 – 147 (zit.: *Koubek* S. 142).

Kraft, Alfons: Die Mitwirkungs- und Mitbestimmungsrechte des Betriebsrats während des Arbeitskampfes, in: Mayer-Maly, Theo; Richardi, Reinhard; Schambeck, Herbert; Zöllner, Wolfgang (Hrsg.), Arbeitsleben und Rechtspflege, Festschrift für Gerhard Müller, Berlin 1981, S. 265 – 284 (zit.: *Kraft*, FS Müller, S. 265).

Derselbe: Probleme im Spannungsfeld zwischen betriebsverfassungsrecht und Koalitionsfreiheit, Zeitschrift für Arbeitsrecht 1973, S. 243 - 262 (zit.: *Kraft* ZfA 1973).

Kraus, Jana : Erhaltungsarbeiten im Streik, Frankfurt am Main 2000 (zit.: *Kraus*).

Kreissl, Stephan: Die Gattungsschuld im Arbeitskampf – zur Anwendung des § 279 BGB bei arbeitskampfbedingten Lieferstörungen, Monatsschrift für Deutsches Recht 1994, S. 958 – 960 (zit.: *Kreissl* MDR 1994).

Derselbe: Zur Haftung des Unternehmens im Arbeitskampf, Juristenzeitung 1995, S. 695 – 703 (zit.: *Kreissl* JZ 1995).

Kreuz, Harald: Der Grundsatz der Verhältnismäßigkeit im Arbeitskampfrecht, Berlin 1988 (zit.: *Kreuz*).

Krieger, Steffen / Günther, Jens: Streikrecht 2.0 - Erlaubt ist, was gefällt!?, Neue Zeitschrift für Arbeitsrecht 2010, S. 20 – 23 (zit.: *Krieger/Günther* NZA 2010).

Krummel, Christoph: Betriebsrat und betriebliche Mitbestimmung im Arbeitskampf, Der Betriebs-Berater 2002, S. 1418 - 1421 (zit.: *Krummel* BB 2002).

Küchenhoff, Günther: Das Prinzip der staatlichen Subsidiarität im Arbeitsrecht, Recht der Arbeit 1959, S. 201 – 206 (zit.: *Küchenhoff* RdA 1959).

Kunig, Philip (Hrsg.): Grundgesetz-Kommentar, Band 3, Art. 70 bis Art. 146 und Gesamtregister, 5. Auflage München 2003 (zit.: von Münch/Kunig-*Bearbeiter*).

Lauschke, Gerhard: Die Notarbeiten im Arbeitskampf als kollektivrechtliche Maßnahme, Der Betrieb 1970, S. 1175 – 1180 (zit.: *Lauschke* DB 1970).

Derselbe: Die Notarbeiten im Arbeitskampf unter besonderer Berücksichtigung der Rechtsprechung, Köln 1967 (zit.: *Lauschke*).

Derselbe: Zur Haftung des Unternehmers für Ausfall seiner Lieferungen wegen Arbeitskampes, Der Betrieb 1966, S. 137 – 143 (zit.: *Lauschke* DB 1966).

Lehmann, Friedrich-Wilhelm: Arbeitskampfrecht - Macht der Koalitionen – Ohnmacht der Betroffenen und Drittbetroffenen – Ein Blick zurück nach vorn, in: Bauer, Jobst-Hubertus; Kort, Michael; Möllers, Thomas M.J.; Sandmann, Bernd (Hrsg.), Festschrift für Herbert Buchner zum 70. Geburtstag, München 2009 (Hrsg.), S. 529 – 553 (zit.: *Lehmann*, FS Buchner, S. 529).

Derselbe: Schaffung eines Gesetzes über Tarifeinheit - Gewerkschaftskonkurrenz im Betrieb – zwischen skylla und charybdis -, Betriebsberater 2010, S. 2237 – 2244 (zit.: *Lehmann* BB 2010).

Leinemann, Wolfgang: Erhaltungsarbeiten nach Beginn eines Arbeitskampfes und Arbeitsverhältnis, Der Betreib 1971 S. 2309 – 2315 (zit.: *Leinemann* DB 1971).

Leinemann, Wolfgang (Hrsg.): Handbuch zum Arbeitsrecht, 364. Ergänzungslieferung, Stand 06/2012 (zit.: HzA-*Bearbeiter*).

Leipold, Dieter: Die Schutzschrift zur Abwehr einstweiliger Verfügung gegen Streiks, Recht der Arbeit 1983, S. 164 – 170 (zit.: *Leipold* RdA 1983).

Leisner, Walter: Der Streik im öffentlichen Dienst – Gefahr für Demokratie, Gewerkschaften und Streikrecht, Neue Juristische Wochenschrift 2006, S. 1488 - 1490 (zit.: *Leisner* NJW 2006).

Lembke, Mark: Staatliche Schlichtung in Arbeitsstreitigkeiten nach dem Kontrollratsgesetz Nr. 35, Relikt der Besatzungszeit oder Modell für Mediation im Arbeitsrecht?, Recht der Arbeit 2000, S. 223 – 235 (zit.: *Lembke* RdA 2000).

Lieb, Manfred: Erkämpfbarkeit von Firmentarifverträgen mit verbandsangehörigen Arbeitsgebern - insbesondere zum Zweck der Reglung von Betriebsänderungen, Der Betrieb 1999, S. 2058 – 2067 (zit.: *Lieb* DB 1999).

Derselbe: Kritische Gedanken zum tarifdispositiven richterrecht, Recht der Arbeit 1972, S. 129 – 143 (zit.: *Lieb* RdA 1972).

Derselbe: Neues Arbeitskampfrecht aus Kassel?, Kritische Bemerkungen zu einer zweifelhaften Entscheidungsserie, Sammlung Arbeitsrechtlicher Entscheidungen 1996, S. 182 – 190 (zit.: *Lieb* SAE 1996).

Lieb, Raimund: Arbeitskampf im öffentlichen Dienst, Zur Zulässigkeit von Streikmaßnahmen der Arbeiter und Angestellten im öffentlichen Dienst im Vergleich zu den faktischen und rechtlichen Voraussetzungen eines Arbeitskampfes in der Privatwirtschaft, Hamburg 2003 (zit.: *Lieb*).

Linsenmaier, Wolfgang: Normsetzung der Betriebsparteien und Individualrecht der Arbeitnehmer, Recht der Arbeit 2008, S. 1 – 13 (zit.: *Linsenmaier* RdA 2008).

Lipinski, Wolfgang / Reinhardt, Sarah: Wäre eine neue kombinierte Gewerkschaftsstrategie von Unterstützungsstreik mit Streik um einen Tarifsozialplan zulässig?, Der Betriebs-Berater 2008, S. 2234 – 2241 (zit.: *Lipinski/Reinhardt* BB 2008).

Lobinger, Thomas: § 3 Arbeitskämpfe bei Standortschließung und – verlagerungen?, S. 55 – 85, in: Rieble, Volker (Hrsg.); Zukunft des Arbeitskampfes, 1. Ludwigsburger Rechtsgespräch, ZAAR Schriftenreihe, Band 2, München 2005 (zit.: *Lobinger* S. 55).

Löffler, Martin: Dürfen Presse-Betriebe bestreikt werden? Ein Beitrag zum Problem der Bestreikung lebenswichtiger Betriebe, Neue juristische Wochenschrift 1962, S. 1601 – 1605 (zit.: *Löffler* NJW 1962).

Lörcher, Klaus: Das Menschenrecht auf Kollektivverhandlung und Streik – auch für Beamte, Arbeit und Recht 2009, S. 229 – 242 (zit.: *Lörcher* AuR 2009).

Loritz, Karl-Georg: Betriebsbesetzungen – ein rechtswidriges Mittel im Arbeitskampf, Der Betrieb 1987, S. 223 – 232 (zit.: *Loritz* DB 1987).

Derselbe: Das Bundesarbeitsgericht und die „Neue Beweglichkeit“ – Eine Stellungnahme zu arbeitsrechtlichen, verfassungsrechtlichen und prozessualen Problemen des BAG-Urteils vom 12. September 1984 – 1 AZR 342/83, Zeitschrift für Arbeitsrecht 1985, S. 185 - 212 (zit.: *Loritz* ZfA 1985).

Derselbe: Was nützen Prinzipien im Arbeitskampfrecht?, Gedanken zur aktuellen Entwicklungen, in: Lobinger, Thomas (Hrsg.), Festschrift für Eduard Picker zum 70. Geburtstag, Tübingen 2010, S. 1033 – 1054 (zit.: *Loritz*, FS Picker, S. 1033).

Löwer, Wolfgang: Ausländisches Werbefernsehen und Deutsches Verfassungsrecht, Juristenzeitung 1981, S. 730 – 737 (zit.: *Löwer* JZ 1981).

Löwisch, Manfred : „Suspendierende“ Stilllegung als Arbeitskampfmaßnahme?; in: Heinze, Meinhard; Schmitt, Jochem (Hrsg.), Festschrift für Wolfgang Gitter zum 65. Geburtstag am 30. Mai 1995, Wiesbaden 1995, S. 533 - 539 (zit.: *Löwisch*, FS Gitter, S. 533).

Derselbe (Hrsg.): Arbeitskampf- und Schlichtungsrecht, Schriften zur Arbeitsrecht-Blattei; Neue Folge - Band 4, Heidelberg 1997 (zit.: *Löwisch*, Arbeitskampf- und Schlichtungsrecht).

Derselbe: Arbeitskampf und Vertragserfüllung, Archiv für die civilistische Praxis, 174 Band, 1974 Tübingen, S. 202 – 264 (zit.: *Löwisch* AcP 174 (1974) 202).

Derselbe: Arbeitskampfklauseln in Allgemeinen Geschäftsbedingungen, Der Betriebs-Berater 1974, S. 1493 – 1499 (zit.: *Löwisch* BB 1974).

Derselbe: Beschäftigungssicherung als Gegenstand betrieblicher und tariflicher Regelungen und von Arbeitskämpfen, Der Betrieb 2005, S. 554 – 559 (zit.: *Löwisch* DB 2005).

Derselbe: Besondere Grenzen der Streikfreiheit in der Luftfahrt?, Zeitschrift für Arbeitsrecht 1988, S. 137 – 155 (zit.: *Löwisch* ZfA 1988).

Derselbe: Besteht ein Grund, die Rechtsprechung des Bundesarbeitsgerichts zur Aussperrung zu ändern?, Recht der Arbeit 1980 S. 1 – 14 (zit. *Löwisch* RdA 1980).

Derselbe: Das Übermaßverbot im Arbeitskampfrecht - Bemerkungen zum Beschluss des Großen Senats des Bundesarbeitsgerichts vom 21.04.1971, Zeitschrift für Arbeitsrecht 1971, S. 319 – 345 (zit.: *Löwisch* ZfA 1971).

Derselbe: Der rundfunkpolitische Streik, Recht der Arbeit 1982, S. 73 - 86 (zit.: *Löwisch* RdA 1982).

Derselbe: Die Wahrung der Arbeitgebersolidarität bei eng durchgeführten Teilstreiks; Der Betriebs-Berater 1987, S. 1030 – 1035 (zit.: *Löwisch* BB 1987).

Derselbe: Empfiehlt es sich, die Geltung des Ultima-Ratio-Grundsatzes im Arbeitskampfrecht gesetzlich zu regeln?, Zeitschrift für Arbeitsrecht 1985, S. 53 – 70 (zit.: *Löwisch* ZfA 1985).

Derselbe: Gewollte Tarifunfähigkeit im modernen Kollektivarbeitsrecht, Zeitschrift für Arbeitsrecht 1974, S. 29 – 46 (zit.: *Löwisch* ZfA 2001).

Derselbe: Leistungsstörungen infolge von Arbeitskämpfen, Der Betrieb 1962, S. 761 – 764 (zit.: *Löwisch* DB 1962).

Derselbe: Möglichkeiten und Grenzen der Betriebsvereinbarung, Arbeit und Recht 1978, S. 97 - 108 (zit.: *Löwisch* AuR 1978).

Derselbe: Tarifeinheit – Was kann und soll der Gesetzgeber tun? Recht der Arbeit 2010, S. 263 – 267 (zit.: *Löwisch* RdA 2010).

Derselbe: Vertreter ohne Vertretungsmacht beim Abschluss eines Tarifvertrags, Der Betriebs-Berater 1997, S. 2161 (zit.: *Löwisch* BB 1997).

Derselbe: Zulässiger und unzulässiger Arbeitskampf im öffentlichen Dienst, ein Vergleich der Rechtslage in den USA und in der Bundesrepublik Deutschland, Heidelberg 1980 (zit.: *Löwisch*).

Derselbe: Zur rechtlichen Beurteilung besonderer Arbeitskampfmaßnahmen im Medienbereich, Recht der Arbeit 1987, S. 219 – 225 (zit.: *Löwisch* RdA 1987).

Löwisch, Manfred / Mikosch, Ernst: Erhaltungsarbeiten im Arbeitskampf, Zeitschrift für Arbeitsrecht 1978, S. 153 - 178 (zit.: *Löwisch/Mikosch* ZfA 1978).

Löwisch, Manfred / Rieble, Volker: Tarifvertragsgesetz, Kommentar, 2. Auflage, München 2004 (zit. *Löwisch/Rieble*, TVG).

Löwisch, Manfred / Rieble, Volker: Zum Ausmaß des Rechtswidrigkeitsurteils über Arbeitskämpfe – insbesondere bei der unverhältnismäßigen Aussperrung, Der Betrieb 1993, 882 – 883 (zit.: *Löwisch/Rieble* DB 1993).

Mangen, Kurt Günter: Die Form des Tarifvertrages gemäß § 1 Abs. 2 Tarifvertragsgesetz, Recht der Arbeit 1982, S. 229 – 237 (zit.: *Mangen* RdA 1982).

Mayer-Maly, Theo: Die Bedeutung des Grundsatzes der Verhältnismäßigkeit für das kollektive Arbeitsrecht, Zeitschrift für Arbeitsrecht 1980, S. 473 – 485 (zit.: Mayer-Maly ZfA 1980) mit anschließender Diskussion zu den Referaten von Manfred Löwisch, Gerrick v. Hoyningen-Huene und Theo Mayer-Maly, Zeitschrift für Arbeitsrecht 1980, S. 486 – 520 (zit.: *Redner* ZfA 1980).

Derselbe: Der Verhandlungsanspruch tariffähiger Verbände, Recht der Arbeit 1966, S. 201 – 207 (zit.: *Mayer-Maly* RdA 1966).

Menkens, Heinz: Zum Streikrecht der Arbeitnehmer der Deutschen Bundespost, Recht der Arbeit 1982, 101 – 104 (zit.: *Menkens* RdA 1982).

Mertens, Hans-Joachim: Deliktsrecht und Sonderprivatrecht – Zur Rechtsfortbildung des deliktischen Schutzes von Vermögensinteressen, Archiv die civilistische Praxis, 178. Band, 1978 Tübingen, S. 227 – 262 (zit.: *Mertens* AcP 178 (1978) 227).

Meyer, Cord: Arbeitskampf bei Tarifpluralität – oder: Was wäre wenn?, in: Hanau, Peter; Thau, Jens T.; Westermann, Harm Peter, Gegen den Strich,

Festschrift für Klaus Adomeit, Köln 2008, S. 459 – 475 (zit.: *Meyer*, FS Adomeit, S. 459).

Derselbe: Arbeitskampfrecht im Wandel?, Neue Zeitschrift für Arbeitsrecht 2004, S. 145 – 146 (zit.: *Meyer* NZA 2004).

Derselbe: Das Regelungsverhältnis von Verbands- und firmenbezogenen Verbandstarifvertrag im Vergleich zum Haustarifvertrag, Neue Zeitschrift für Arbeitsrecht 2004, S. 366 – 372 (zit.: *Meyer* NZA 2004).

Derselbe: Rechtliche wie praktische Unzuträglichkeiten einer Tarifpluralität, Neue Zeitschrift für Arbeitsrecht 2006, S. 1387 – 1392 (zit.: *Meyer* NZA 2006).

Derselbe: Zum Kooperationsgebot konkurrierender Gewerkschaften – Erste Lehren aus dem Tarifkonflikt im Bahnkonzern, in: in: Bauer, Jobst-Hubertus; Kort, Michael; Möllers, Thomas M.J.; Sandmann, Bernd (Hrsg.), Festschrift für Herbert Buchner zum 70. Geburtstag, München 2009, S. 628 - 648 (zit.: *Meyer*, FS Buchner, S. 628).

Mösch, Reinhold: Gilt der Grundsatz der Verhältnismäßigkeit im Arbeitskampfrecht, Pfaffenweiler 1991 (zit.: *Mösch*).

Müller, Franz: Die Auswirkungen von Arbeitskämpfen auf Lieferverpflichtungen der Unternehmer, in: Müller, Gerhard (Hrsg.), Das Arbeitsrecht der Gegenwart, Jahrbuch für das gesamte Arbeitsrecht und die Arbeitsgerichtsbarkeit, Nachschlagwerk für Wissenschaft und Praxis, Band 4, Dokumentation für das Jahr 1966, S. 71 – 92 (zit.: *Müller*, Das Arbeitsrecht der Gegenwart 1966).

Müller, Gerhard: Aktuelle Fragen des Arbeitskampfrechts – Das Arbeitskampfrecht im Beschluss des Großen Senats des Bundesarbeitsgerichts vom 21. April 1971, Recht der Arbeit 1971, S. 321 – 327 (zit.: *Müller* RdA 1971).

Derselbe: Arbeitskampf und Recht, Grundsätze der Tarifvertragsautonomie, Wiesbaden 1987 (zit.: *Müller*).

Derselbe: Beamteneinsatz bei Streik im öffentlichen Dienst?, Bemerkungen zu einer arbeitskampfrechtlichen Entscheidung des Bundesverwaltungsgerichts, Der Betrieb 1985, S. 867 – 870 (zit.: *Müller* DB 1986).

Derselbe: Der Einsatz von Beamten auf Arbeitnehmerplätzen bei einem legitimen Tarifstreik im öffentlichen Dienst, Recht der Arbeit 1982, S. 86 – 101 (zit.: *Müller* RdA 1982).

Derselbe: Grundfragen des Streikrechts, Recht der Arbeit 1951, S. 247 – 250 (zit.: *Müller* RdA 1951).

Müller-Glöge, Rudi / Preis, Ulrich / Schmidt, Ingrid (Hrsg.): Erfurter Kommentar zum Arbeitsrecht, 12. Auflage München 2012 (zit.: EK-*Bearbeiter*).

Neumann, Dirk: Der Schutz der negativen Koalitionsfreiheit, Recht der Arbeit 1989, 243 – 246 (zit.: *Neumann* RdA 1989).

Derselbe: Einigungsstelle und Schlichtung, Recht der Arbeit 1997, S. 142 – 144 (zit.: *Neumann* RdA 1997).

Derselbe: Tarif- und Betriebsautonomie, Recht der Arbeit 1990, S. 257 – 261 (zit.: *Neumann* RdA 1990).

Neumann, Volker: Legislative Einschätzungsprärogative und gerichtliche Kontrolldichte bei Eingriffen in die Tarifautonomie, Recht der Arbeit 2007, S. 71 – 76 (zit.: *Neumann* RdA 2007).

Neumann-Duesberg, Horst: Vorbeugung gegen unzulässige Streikteilnahme der Arbeitnehmer, Der Betriebs-Berater 1964, S. 361 – 365 (zit.: *Neumann-Duesberg* BB 1964).

Derselbe: Vorbeugungsmaßnahmen des Arbeitgebers gegen die Gewerkschaft bei drohendem unzulässigen Streik, Der Betriebs-Berater 1964, S. 51 – 54 (zit.: *Neumann-Duesberg* BB 1964).

Nicolai, Andrea: Zur Zulässigkeit tariflicher Sozialpläne – zugleich ein Beitrag zu den Grenzen der Tarifmacht, Recht der Arbeit 2006, S. 33 – 39 (zit.: *Nicolai* RdA 2006).

Niedobitek, Matthias: Denationalisierung des Streikrechts – auch für Beamte? – Tendenzen im europäischen und im internationalen Recht, , Zeitschrift für Beamtenrecht 2010, S. 361 – 368 (zit.: *Niedobitek* ZBR 2010).

Nikisch, Arthur: Arbeitsrecht, 2. Band, Koalitionsrecht, Arbeitskampfrecht und Tarifvertragsrecht, 2. Auflage, Tübingen 1959 (zit.: *Nikisch*).

Oetker, Hartmut: Arbeitsrechtlicher Kündigungsschutz und Tarifautonomie, Zeitschrift für Arbeitsrecht 2001, S. 287 – 340 (zit.: *Oetker* ZfA 2001).

Derselbe: Die Durchführung von Not- und Erhaltungsarbeiten bei Arbeitskämpfen, Heidelberg 1984 (zit.: *Oetker*).

Otto, Hansjörg: Arbeitskampf- und Schlichtungsrecht, München 2006 (zit.: *Otto*).

Derselbe: Mitbestimmung des Betriebsrats bei der Regelung von Dauer und Lage der Arbeitszeit, Neue Zeitschrift für Arbeitsrecht 1992, S. 97 – 112 (zit.: *Otto* NZA 1992).

Pabst, Franziska: Der Begriff der „Kampfparität“ in der höchstrichterlichen Rechtsprechung, Eine systematische Urteilsanalyse, Königstein/Ts. 1980 (zit.: *Pabst*).

Pachtner, Bernd: Streik und Allgemeininteresse, München 1971, (zit.: Pachtner).

Palandt, Otto (Hrsg.): Kommentar zum Bürgerlichen Gesetzbuch, 71. Auflage; München 2012 (zit.: Palandt-*Bearbeiter*).

Papier, Hans-Jürgen / Krönke, Christoph: Gesetzliche Regelung der Tarifeinheit aus verfassungsrechtlicher Sicht, Zeitschrift für Arbeitsrecht 2011. S. 807 – 866 (zit.: *Papier/Krönke* ZfA 2011).

Pfeiffer, Christiane: Das System des Arbeitskampfrechts am Beispiel der Arbeitskampfmittel der Arbeitgeber, Köln 2006 (zit.: *Pfeiffer*).

Pfohl, Gerhard: Arbeitskampf im öffentlichen Dienst, Die Personalvertretung 1993, S. 193 – 203 (zit.: *Pfohl* PersV 1993).

Derselbe: Arbeitsrecht des öffentlichen Dienstes, Stuttgart 2002 (zit.: *Pfohl*).

Derselbe: Koalitionsfreiheit und öffentlicher Dienst, Zeitschrift für Beamtenrecht 1997, S. 78 – 90 (zit.: *Pfohl* ZBR 1997).

Picker, Eduard: Der Arbeitskampf in der Rechts- und Wirtschaftsordnung – Zu einer Dogmatik des Arbeitskampfrechts – Teil III: Grundsätze eines systemhomogenen Arbeitskampfrechts, Zeitschrift für Arbeitsrecht 2011, S. 443 – 646 (zit.: *Picker* ZfA 2011).

Derselbe: Der Warnstreik und die Funktion des Arbeitskampfes in der Privatrechtsordnung, Köln 1983 (zit.: *Picker*).

Derselbe: Richterrecht und Richterrechtsetzung – Zu neuen Rechtsbildungsmethoden des Bundesarbeitsgerichts, Juristenzeitung 1984, S. 153 – 163 (zit.: *Picker* JZ 1984).

Derselbe: Ultima-ratio-Prinzip und Tarifautonomie, Zum Funktionszusammenhang von Verhandlung und Kampf bei der Regelung der Arbeits- und Wirtschaftsbedingungen, Recht der Arbeit 1982, S. 331 – 355 (zit.: *Picker* RdA 1982).

Derselbe: Verfahrensfragen und Erklärungsobliegenheiten, in: Lieb, Manfred; von Stebut, Dietrich; Zöllner, Wolfgang (Hrsg.); Arbeitskampfrecht, Symposium Hugo Seiter zum Gedächtnis, Berlin 1990, S. 275 - 299 (zit.: *Picker* FS Seiter, S. 275).

Derselbe: Zur Zukunft des Kollektivarbeitsrechts, in: Baeck, Ulrich; Hauck, Friedrich; Preis, Ulrich; Rieble Volker; Röder, Gerhard; Schunder, Achim (Hrsg.), Festschrift für Jobst-Hubertus Bauer zum 65. Geburtstag, München 2010, S. 811 - 826 (zit.: *Picker*, FS Bauer, S. 811).

Pieroth, Bodo / Schlink, Bernhard: Grundrechte Staatsrecht II, 27. Auflage, Heidelberg, München, Landsberg, Frechen, Hamburg 2011, (zit.: *Pieroth/Schlink*).

Pietras, Claus-Peter: Arbeitskampf und Vertragsbindung, Eine Untersuchung zur Frage des Einflusses von Arbeitskampfmaßnahmen auf Dauerschuldverhältnisse der Beteiligten zu Dritten, Frankfurt am Main 1981 (zit.: *Pietras*).

Plander, Harro: Der Staat als Hoheitsträger und Tarifvertragspartei im Rollenkonflikt (Grenzen des Einsatzes hoheitlicher Mittel zu tarif- und arbeitskampfrelevanten Zwecken), Arbeit und Recht 1986, S. 65 – 78 (zit.: *Plander* AuR 1986).

Derselbe: Was sind Tarifverträge? Zeitschrift für Tarif-, Arbeits- und Sozialrecht des öffentlichen Dienstes 1997, S. 145 - 152 (zit.: *Plander* ZtR 1997).

Preis, Ulrich / Ulber, Daniel: Tariftreue als Verfassungsproblem, Neue Zeitschrift für Arbeitsrecht 2007, S. 465 – 471 (zit.: *Preis/Ulber* NZA 2007).

Pusch, Tobias: Alternativen zum Arbeitskampf im öffentlichen Dienst, Ein Rechtsvergleich zwischen Deutschland und New York, Berlin 2002 (zit.: *Pusch*).

Raiser, Thomas: Wissenschaft und Politik im Arbeitskampfrecht, Juristen Zeitung 1989, S. 405 – 411 (zit.: *Raiser* JZ 1989).

Rasch, Harold: Sind Streik und Streikandrohung noch zeitgemäß? Zeitschrift für Rechtspolitik, S. 181 – 185 (zit.: *Rasch* ZRP 1976).

Rebel, Wolfgang: Die Zulässigkeit des Warnstreiks, Recht der Arbeit 1979, S. 207 – 216 (zit.: *Rebel* RdA 1979).

Reichold, Hermann: Abschied von der Tarifeinheit im Betrieb und die Folgen, Recht der Arbeit 2007, S. 321 – 328 (zit.: *Reichold* RdA 2007).

Derselbe: Der Betriebsrat – ein „Trojanisches Pferd" im Arbeitskampf? Neue Zeitschrift für Arbeitsrecht 2004, S. 247 - 250 (zit.: *Reichold* NZA 2004).

Derselbe: Verfassungsrechtliche Grenzen der Arbeitskampfverfügung, in: Bauer, Jobst-Hubertus; Kort, Michael; Möllers, Thomas M.J.; Sandmann, Bernd (Hrsg.), Festschrift für Herbert Buchner zum 70. Geburtstag, München 2009, S. 721 – 730 (zit.: *Reichold*, FS Buchner, S. 721).

Derselbe: Zulässigkeitsgrenzen eines Arbeitskampfs zur Standortsicherung, Der Betriebs-Berater 2004, S. 2814 – 2818 (zit.: *Reichold* BB 2004).

Reichold, Klaus / Seiler, Christian / Hüßtege, Rainer (Hrsg.): Zivilprozessordnung, FamFG, Verfahren in Familiensachen, GVG, Einführungsgesetze, EU-Zivilverfahrensrecht, Kommentar, 32. Auflage, München 2011 (zit.: T/P-*Bearbeiter*).

Reuß, Wilhelm: Arbeitskampf im Bereich der öffentlichen Verwaltung, Deutsches Verwaltungsblatt 1986, S. 57 – 62 (zit.: *Reuß* DvBl. 1968).

Derselbe: Autonome Arbeitskampfordnung, Arbeit und Recht 1975, S. 1 – 15 (zit.: *Reuß* AuR 1975).

Derselbe: Der Ärztestreik, Recht der Arbeit 1972, S. 321 – 327 (zit.: *Reuß* RdA 1972).

Derselbe: Die Bedeutung des Gemeinwohls für die Tarifhoheit, Zeitschrift für Arbeitsrecht 1970, S. 319 – 338 (zit.: Reuß ZfA 1970).

Derselbe: Einige Gedanken zur Beschränkung der Arbeitskampffreiheit, in: Ule, Carl Hermann; Schwab, Karl Heinz; Nipperdey, Hans Carl; Ulmer, Eugen; Seidl-Hohenveldern, Ignaz (Hrsg.), Recht im Wandel, Beiträge zu Strömungen und Fragen im heutigen Recht, Festschrift Hundertfünfzig Jahre Carl Heymanns Verlag KG, Köln 1965, S. 253 – 269 (zit.: *Reuß*, FS Heymanns Verlag, S. 253).

Reuter, Dieter: Betriebsverfassung und Tarifvertrag, Recht der Arbeit 1994, S. 152 – 168 (zit.: *Reuter* RdA 1994).

Derselbe: Die Grenzen des Streikrechts, Zeitschrift für Arbeitsrecht 1990, S. 535 – 561 (zit.: *Reuter* ZfA 1990).

Derselbe: Die (persönliche und amtliche) Rechtstellung des Betriebsrats im Arbeitskampf, Arbeit und Recht 1973, S. 1 – 9 (zit.: *Reuter* AuR 1973).

Derselbe: Die unfassbare „Neue Beweglichkeit –BAG, NJW 1985, 85“, Juristische Schulung 1989, S. 19 - 24 (zit.: *Reuter* JuS 1986).

Derselbe: Für ein konsistentes Arbeitskampfrecht, in: Hanau, Peter; Lorenz, Eugen; Matthes, Hans-Christoph (Hrsg.), Festschrift für Günther Wiese zum 70. Geburtstag, S. 427 – 440, (zit.: *Reuter*, FS Wiese, S. 427).

Derselbe: Nochmals: Die unverhältnismäßige Aussperrung – BAG (GS) AP, Art. 9 GG – Arbeitskampf – Nr. 43, Juristische Schulung 1973, S. 284 – 290 (zit.: *Reuter* JuS 1973).

Richardi, Reinhard: Auswirkungen eines Arbeitskampfes auf Schuldverhältnisse mit Dritten, Juristische Schulung 1984, S. 825 – 838 (zit.: *Richardi* JuS 1984).

Derselbe (Hrsg.): Betriebsverfassungsgesetz mit Wahlordnung, Kommentar, 12. Auflage, München 2010 (zit.: Richardi-*Bearbeiter*).

Derselbe: Kollektivgewalt und Individualwille bei der Gestaltung des Arbeitsverhältnisses, München 1968 (zit.: *Richardi*, Kollektivgewalt).

Derselbe: Selbstgestaltung der Arbeitskampfordnung durch Tarifvertrag und Verbandssatzung, Recht der Arbeit 1986, S. 146 – 159 (zit.: *Richardi* RdA 1986).

Richardi, Reinhard / Wlotzke, Otfried (Hrsg.): Münchener Handbuch zum Arbeitsrecht, Band 3: Kollektives Arbeitsrecht, 2. Auflage, München 2000 (zit.: MünchArbR-*Bearbeiter*, 2. Auflage).

Richardi, Reinhard / Wlotzke, Otfried / Wißmann, Hellmut / Oetker, Hartmut (Hrsg.): Münchener Handbuch zum Arbeitsrecht, Band 2: Kollektivarbeitsrecht/Sonderformen, 3. Auflage München 2009 (zit.: MünchArbR-*Bearbeiter*).

Richter, Marcus: Grenzen aktiver Produktionsbehinderung im Arbeitskampf, Frankfurt am Main 2005 (zit.: *Richter*).

Ricken, Oliver: Der Sozialplantarifvertrag als zulässiges Arbeitskampfziel?, Zeitschrift für Arbeitsrecht 2008, S. 283 – 304 (zit.: *Ricken* ZfA 2008).

Ricker, Reinhardt: Die Zulässigkeit des Streiks in Presse und Rundfunk, Neue juristische Wochenschrift 1980, S. 157 – 160 (zit.: *Ricker* NJW 1980).

Derselbe: Freiheit und Aufgabe der Presse, Individualrechtliche und institutionelle Aspekte, Freiburg/München 1983 (zit.: *Ricker*).

Rieble, Volker: Arbeitsmarkt und Wettbewerb - Der Schutz von Vertrags- und Wettbewerbsfreiheit im Arbeitsrecht -, Berlin Heidelberg 1996 (zit.: *Rieble*, Arbeitsmarkt und Wettbewerb).

Derselbe: Der Tarifvertrag als kollektiv-privatautonomer Vertrag, Zeitschrift für Arbeitsrecht 2000, S. 5 – 27 (zit.: *Rieble* ZfA 2000).

Derselbe: Öffnungsklausel und Tarifverantwortung, Zeitschrift für Arbeitsrecht 2004, S. 404 – 429 (zit.: *Rieble* ZfA 2004).

Derselbe: Streikbegrenzung in der Daseinsvorsorge – pro, Fachanwalt Arbeitsrecht, Zeitschrift für die beratende und die gerichtliche Praxis, Heft 5, Mai 2012, S. 130 (zit.: *Rieble* FA Arbeitsrecht 2012).

Rieble, Volker / Junker, Abbo / Giesen, Richard (Hrsg.): Verfassungsfragen der Tarifeinheit, Zentrum für Arbeitsbeziehungen und Arbeitsrecht-Kongress, München 2010, ZAAR Schriftenreihe, Band 21 (zit.: *Rieble*, Tarifeinheit).

Rieger, Eva-Maria: Die arbeitskampfbedingte Betriebsstillegung, 2004 (zit.: *Rieger*).

Rolfs, Christian / Clemens, Fabian: Entwicklung und Fehlentwicklung im Arbeitskampfrecht, Neue Zeitschrift für Arbeitsrecht 2004, S. 410 – 417 (zit.: *Rolfs/Clemens* NZA 2004).

Rolfs, Christian / Clemens, Fabian: Erstreikbarkeit firmenbezogender Verbandstarifverträge? - Bemerkungen zum Urteil des LAG Schleswig-Holstein vom 27.03.2003, Der Betrieb 2003, S. 1678 – 1681 (zit.: *Rolfs/Clemens* DB 2003).

Rolfs, Christian: Zur Zulässigkeit von Streikbruchprämien im Arbeitskampf, der Betrieb 1994, S. 1237 – 1242 (zit.: *Rolfs* DB 1994).

Rudkowski, Lena: Der Streik in der Daseinsvorsorge, Berlin 2010 (zit.: *Rudkowski*).

Rüfner, Wolfgang: Verantwortung des Staates für die Parität der Sozialpartner?, zur Entscheidung des Bundesverfassungsgerichts über § 116 AFG, Recht der Arbeit 1997, S. 130 – 134 (zit.: *Rüfner* RdA 1997).

Derselbe: Zur Gemeinwohlbindung der Tarifvertragsparteien, Recht der Arbeit 1985, S. 193 – 199 (zit.: *Rüfner* RdA 1985).

Rüthers, Bernd: Arbeitskampf in einer veränderten Wirtschafts- und Arbeitswelt, Neue Zeitschrift für Arbeitsrecht 2010, S. 6 – 13 (zit.: *Rüthers* NZA 2010).

Derselbe: Arbeitskampf und Pressefreiheit, Rechtsprobleme bei Arbeitskämpfen in Presseunternehmen, Archiv für Presse 1977, S. 305 – 330 (zit.: *Rüthers* AfP 1977).

Derselbe: Die Sicherung und Erhaltung des Betriebes bei Arbeitskämpfen – Notdienst und Notstandsarbeiten, Besprechung der gleichnamigen Schrift von Georg Apfel, Zeitschrift für Arbeitsrecht 1973, S. 125 – 127 (zit.: *Rüthers* ZfA 1973).

Derselbe: Kampfparität und Solidaritätsminimum bei Arbeitskämofen im öffentlichen Dienst (Zum Beamteneinsatz als Anti-Streikwaffe bei der Deutschen Bundespost), Arbeit und Recht 1987, 37 – 59 (zit.: *Rüthers* AuR 1987).

Derselbe: Solidaritätsprinzip und Vertragstreue im Arbeitskampf – Zur Rechtmäßigkeit der Verweigerung von Streikbrecherarbeit, Zeitschrift für Arbeitsrecht 1972, S. 403 - 440 (zit.: *Rüthers* ZfA 1972).

Derselbe: Sonderarbeitskampfrecht der Presse, Neue Juristische Wochenschrift 1984, S. 201 – 208 (zit.: *Rüthers* NJW 1984).

Derselbe: Sonderprobleme der Rechtmäßigkeit von Arbeitskämpfen im Luftverkehr, Zeitschrift für Arbeitsrecht 1987, S. 1 – 59 (zit. *Rüthers* ZfA 1987).

Derselbe: Tarifautonomie und gerichtliche Zwangsschlichtung, Konstanz 1973 (zit.: *Rüthers*).

Sachs, Michael: Grundgesetz, Kommentar, 5. Auflage, München 2009 (zit.: Sachs-*Bearbeiter*).

Säcker, Franz Jürgen / Oetker, Hartmut: Grundlagen und Grenzen der Tarifautonomie - erläutert anhand aktueller tarifpolitischer Fragen -, München 1992 (zit.: *Säcker/Oetker*).

Säcker, Franz Jürgen: Das neue Entgeltfortzahlungsgesetz und die individuelle und kollektive Vertragsfreiheit, Arbeit und Recht 1994, S. 1 – 12 (zit.: *Säcker* AuR 1994).

Derselbe: Zu den rechtspolitischen Grundlagen der Arbeitskampfentscheidungen des Bundesarbeitsgericht vom 21. April und 26. Oktober 1971, Gewerkschaftliche Monatshefte 1972, S. 287 – 299 (zit.: *Säcker* GewMH 1972).

Schaub, Günter (Hrsg.): Arbeitsrechts-Handbuch – Systematische Darstellung und Nachschlagwerk für die Praxis, 14. Auflage, München 2011 (zit.: Schaub-*Bearbeiter*).

Schaub, Renate: Streuschäden im deutschen und europäischen Recht, Juristenzeitung 2011, S. 13 – 23 (zit.: *Schaub* JZ 2011).

Schell, Heinz: Notdienstarbeiten im Streik, Der Betriebs-Berater 1969, S. 1179 – 1181 (zit.: *Schell* BB 1969).

Scherer, Inge: Grenzen des Streikrechts in den Arbeitsbereichen der Daseinsvorsorge – Schutz der Bürger vor gezielter Schädigung durch Streik, Berlin 2000 (zit.: *Scherer*).

Scheuerle, Wilhelm A.: Das Wesen des Wesens, Studien über das sogenannte Wesensargument im juristischen Begründen, Archiv die civilistische Praxis, 163. Band, 1964 Tübingen, S. 429 – 471 (zit.: *Scheuerle* AcP 163 (1964) 429).

Scheuner, Ulrich: Verfassungsrechtliche Gesichtspunkte zu der Fortbildung des Arbeitskampfrechts im Beschluss des Großen Senats vom 21. April 1971, Recht der Arbeit 1971, S. 327 – 334 (zit.: *Scheuner* RdA 1971).

Schiffer, Jack: Erhaltungsarbeiten im Arbeitskampf, München 1975 (zit.: *Schiffer*).

Schlemmer, Dieter: Verantwortung und Partnerschaft, Markierungen der Tarifpolitik in der chemischen Industrie, in: Gamillscheg, Franz; Rüthers, Bernd; Stahlhacke, Eugen (Hrsg.), Sozialpartnerschaft in der Bewährung, Festschrift für Karl Molitor zum 60. Geburtstag, München 1988, S. 159 – 180 (zit.: *Schlemmer*, FS Molitor, S. 309).

Schliemann, Harald: Streik in der Daseinsvorsorge, Recht der Arbeit 2012, S. 14 – 26 (zit.: *Schliemann* RdA 2012).

Derselbe: Streikkaskaden in der Daseinsvorsorge, in: Baeck, Ulrich; Preis, Ulrich; Röder, Gerhard; Hauck, Friedrich; Rieble, Volker; Schunder, Achim, Festschrift für Jobst-Hubertus Bauer zum 65. Geburtstag, München 2010, S. 923 – 943 (zit.: *Schliemann*, FS Bauer, S. 923).

Schmidt, Eberhard: Mitwirkungspflicht des Betriebsrats bei der Notdienstbestellung vor Arbeitskampf, Der Betrieb 1978, S. 1278 (zit.: *Schmidt* DB 1978).

Schmidt, Karsten: Münchener Kommentar zum Handelsgesetzbuch, Band 1, Erstes Buch. Handelsstand §§ 1 – 104, München 2005 (zit.: Münch-KommHGB-*Bearbeiter*).

Schmidt-Bleibtreu, Bruno / Hofmann, Hans / Hopfauf, Axel (Hrsg.): GG, Kommentar zum Grundgesetz, 12. Auflage 2011 (zit.: GG-*Bearbeiter*).

Schneider, David / Sittard, Ulrich: Unverhältnismäßigkeit der Ärztestreiks? – Eine Auseinandersetzung mit den Grenzen des Streikrechts-, Der öffentliche Dienst 2006, S. 244 – 248 (zit.: *Schneider/Sittard* DöD 2006).

Schnorr, Gerhard: Bundesverfassungsgericht und kollektives Arbeitsrecht, Recht der Arbeit 1955, S. 3 – 9 (zit.: *Schnorr* RdA 1955).

Scholz, Rupert / Konzen, Horst: Die Aussperrung im System von Arbeitsverfassung und kollektivem Arbeitsrecht; Berlin 1980 (zit. *Scholz/Konzen*).

Scholz, Rupert: Bahnstreik und Verfassung, in: Bauer, Jobst-Hubertus; Kort, Michael; Möllers, Thomas M.J.; Sandmann, Bernd (Hrsg.), Festschrift für Herbert Buchner zum 70. Geburtstag, München 2009, S. 827 – 837 (zit.: *Scholz*, FS Buchner, S. 827).

Derselbe: Verfassungsrechtliche Grundlagen des Arbeitskampfrechts, Zeitschrift für Arbeitsrecht 1990, S. 377 – 406 (zit.: *Scholz* ZfA 1990).

Schubert, Claudia: Ist der Außenseiter vor der Normsetzung durch die Tarifvertragsparteien geschützt? Ein Beitrag zum sachlichen Schutzbereich der negativen Koalitionsfreiheit, Recht der Arbeit 2001, S. 199 - 207 (zit.: *Schubert* RdA 2001).

Schünemann, Wolfgang B.: Selbsthilfe im Rechtssystem, Eine dogmatische Studie am Beispiel der §§ 227, 229 ff. BGB, Tübingen 1985 (zit.: *Schünemann*).

Schulte Westenberg, Michael: Arbeitskampf – Was ist die negative Koalitionsfreiheit noch wert?, Neue Juristische Wochenschrift 1996, S. 1256 – 1257 (zit.: *Schulte Westenberg* NJW 1996).

Schwab, Norbert / Weth, Stephan (Hrsg.): Arbeitsgerichtsgesetz, Kommentar, 3. Auflage, Köln 2011 (zit.: Schwab/Weth-*Bearbeiter*).

Schwarze, Roland: Die verfassungsrechtliche Garantie des Arbeitskampfrechts – BverfGE 84, 212, Juristische Schulung 1994, S. 653 – 659 (zit.: *Schwarze* JuS 1994).

Seiter, Hugo: Dauerrechtsbeziehungen zwischen Tarifvertragsparteien? Zur Lehre vom gesetzlichen Schuldverhältnis im kollektiven Arbeitsrecht; Zeitschrift für Arbeitsrecht 1989, S. 283 – 306 (zit.: *Seiter* ZfA 1989).

Derselbe: Die neue Aussperrungsrechtsprechung des Bundesarbeitsgerichts – Zu den Urteilen des Bundesarbeitsgerichts vom 10. Juni 1980, Recht der Arbeit 1981, S. 65 – 93 (zit.: *Seiter* RdA 1981).

Derselbe: Streikrecht und Aussperrungsrecht – Ein Arbeitskampfrechtssystem auf der Grundlage subjektiv-privater Kampfrechte; Tübingen 1975 (zit.: *Seiter*).

Derselbe: Zur Gestaltung der Arbeitskampfordnung durch den Gesetzgeber, Recht der Arbeit 1986, S. 165-188 (zit.: *Seiter* RdA 1986).

Sellmann, Christian: Privatisierung mit oder ohne gesetzliche Ermächtigung, Neue Zeitschrift für Verwaltungsrecht 2008, S. 817 - 823 (zit.: *Sellmann* NVwZ 2008).

Siebert, W. (Hrsg.): Bürgerliches Gesetzbuch mit Einführungsgesetz und Nebengesetzen, Band 15/1, Sachenrecht 2/1 §§ 985 – 1017, ERbbauVO, 13. Auflage, Stuttgart 2007 (zit.: Soergel-*Bearbeiter*).

Söllner, Alfred: „Streikarbeit" von Beamten? (Zum Einsatz von Beamten auf bestreikten Arbeitsplätzen von Arbeitnehmern des öffentlichen Dienst), Arbeit und Recht 1982, S. 233 – 245 (zit.: *Söllner* AuR 1982).

Starck, Christian (Hrsg.) : Kommentar zum Grundgesetz, Band 3: Artikel 83 bis 146, 6. Auflage München 2010 (zit.: von Mangoldt/Klein/Starck-*Bearbeiter*).

Stein, Friedrich / Jonas, Martin: Kommentar zur Zivilprozessordnung, Band 8, §§ 828 - 915 h, Band 9, §§ 916 -1068, EG ZPO, 22. Auflage, Tübingen 2002 (zit.: Stein/Jonas-*Bearbeiter*).

Steinbrück, Hans-Joachim: Einstweilige Verfügungen im Arbeitskampf – Zivilprozessuales Aspekte, Arbeit und Recht 1987, S. 161 – 168 (zit.: *Steinbrück* AuR 1987).

Teplitzky, Otto: Die „Schutzschrift" als vorbeugendes Verteidigungsmittel gegen einstweilige Verfügungen, Neue Juristische Wochenschrift 1980, S. 1667 - 1668 (zit.: *Teplitzky* NJW 1980).

Thieme, Werner: Der öffentliche Dienst in der Verfassungsordnung des Grundgesetzes (Art. 33 GG), Göttingen 1961 (zit.: *Thieme*).

Thüsing, Gregor: Arbeitskampfrisiko, Notdienstvereinbarung und Beschäftigungspflicht – Anmerkungen zu neueren Tendenzen der BAG-Rechtsprechung, Der Betrieb 1995, S. 2607 – 2609 (*Thüsing* DB 1995).

Derselbe: Tarifautonomie und Gemeinwohl, in: Oetker, Hartmut, Preis, Ulrich, Rieble, Volker (Hrsg.), Festschrift 50 Jahre Bundesarbeitsgericht, München 2004, S. 898 – 912 (zit.: *Thüsing*, FS 50 Jahre BAG, S. 898).

Thüsing, Gregor / Waldhoff, Christian: Koalitionsfreiheit und Arbeitskampfrecht, Eine verfassungsrechtliche Positionsbestimmung der Flashmob-Entscheidung des BAG, Zeitschrift für Arbeitsrecht 2011, S. 329 – 389 (zit.: *Thüsing/Waldhoff* ZfA 2011).

Tönnis, M.: Delegation und Durchführungsverantwortung – Rechtliche Grundlagen und berufliche Verpflichtung, Pflege aktuell 5/2000, S. 290 – 292 (zit.: *Tönnis* Pflege aktuell 2000).

Tschöpe, Ulrich (Hrsg.): Anwaltshandbuch Arbeitsrecht, 7. Auflage, Köln 2011 (zit.: Tschöpe-*Bearbeiter*).

Derselbe: Die Bestellung der Einigungsstelle – Rechtliche und taktische Fragen, Neue Zeitschrift für Arbeitsrecht 2004, S. 945 – 950 (zit.: *Tschöpe* NZA 2004).

Ubler, Daniel: Tarifdispositives Gesetzesrecht im Spannungsfeld von Tarifautonomie und grundrechtlichen Schutzpflichten, Berlin 2010 (zit.: *Ubler*).

Uhlenbruck, Wilhelm: Der Ärztestreik als Mittel kollektiver Interessenwahrung, recht der Arbeit 1972, S. 327 – 336 (zit.: *Uhlenbruck* RdA 1972).

van Haaren, Kurt: Tarifautonomie im öffentlichen Dienst - Einführung, in: Muhr, Gerd (Hrsg.), Streikrecht, Demokratie und Sozialstaat, Protokoll der wissenschaftlichen Konferenz des Deutschen Gewerkschaftsbundes am 17. und 18. März 1987 in Ludwigshafen, Köln 1987, S. 165 – 174 (zit.: *van Haaren* S. 165).

Veit, Barbara: Die funktionelle Zuständigkeit des Betriebsrats, München 1998 (zit. *Veit*).

von Hoyningen-Huene, Gerrick: Rechtmäßigkeitsvoraussetzungen aktueller Arbeitskampfmittel der Gewerkschaften, Juristische Schulung 1987, S. 505 – 523 (zit. *von Hoyningen-Huene* JuS 1987).

von Münch, Ingo: Der Streik in kommunalen Versorgungsunternehmen in öffentlichrechtlicher Sicht, Die öffentliche Verwaltung 190, S. 294 – 299 (zit.: *von Münch* DÖV 1960).

Derselbe: Die Post streikt – Arbeitskampf- und Boykottmaßnahmen im Bereich der Post, in: Immenga, Ulrich; Möschel, Wernhard; Reuter, Dieter (Hrsg.); Festschrift für Ernst-Joachim Mestmäcker zum siebzigsten Geburtstag, Baden-Baden 1996, S. 1049 – 1061 (zit.: *von Münch*, FS Mestmäcker, S. 1049).

Derselbe: Zur Streikarbeit von Beamten, Die öffentliche Verwaltung 1982, S. 337 - 344 (zit.: *von Münch* DöV 1982).

von Rosenstiehl, Katharina: Arbeitskampfrecht, Eine verfassungsrechtliche Pflichtverletzung des Gesetzgebers durch Unterlassen, Berlin 2003 (zit.: *von Rosenstiehl*).

von Steinau-Steinrück, Robert / Glanz, Peter: Dauerarbeitskämpfe durch Spartenstreiks – Die verbliebenen Kampfmittel der Arbeitgeber, Neue Zeitschrift für Arbeitsrecht 2009, S. 113 – 118 (zit.: *von Steinau-Steinrück/Glanz* NZA 2009).

Waas, Bernd: Der Verhandlungsanspruch tariffähiger Verbände und schuldrechtliche Dauerbeziehungen zwischen den Tarifvertragsparteien, Arbeit und Recht 1991, S. 334 – 340 (zit.: *Waas* AuR 1991).

Walker, Wolf-Dietrich: Der einstweilige Rechtsschutz im Zivilprozess und im arbeitsgerichtlichen Verfahren, Tübingen, Mohr 1993 (zit.: *Walker*).

Derselbe: Einstweiliger Rechtsschutz im Arbeitskampf, Zeitschrift für Arbeitsrecht 1995, S. 185 – 228 (zit.: *Walker* ZfA 1995).

Derselbe: Grundlagen und aktuelle Entwicklungen des einstweiligen Rechtschutzes im Arbeitsgerichtsprozess, Zeitschrift für Arbeitsrecht 2005, S. 45 – 79 (zit.: *Walker* ZfA 2005).

Waltermann, Raimund: Kollektivvertrag und Grundrechte, Recht der Arbeit 1990, S. 138 – 144 (zit.: *Waltermann* RdA 1990).

Derselbe: Zu den Grundlagen der Tarifautonomie, Zeitschrift für Arbeitsrecht 2000, S. 55 – 86 (zit.: *Waltermann* ZfA 2000).

Wank, Rolf: Aktuelle Probleme des Arbeitskampfrechts, Unterstützungsstreik, Streik um Tarifsozialplan, Schadensersatz und einstweilige Verfügung, Recht der Arbeit 2008, S. 1 – 13 (zit.: *Wank* RdA 2008).

Derselbe: Grenzen richterlicher Rechtsfortbildung, Berlin 1978 (zit.: *Wank*, Grenzen richterlicher Rechtsfortbildung).

Derselbe: Grundlagen des Arbeitskampfrechts, in: Heinze, Meinhard; Söllner, Alfred (Hrsg.), Arbeitskampfrecht in der Bewährung, Festschrift für Otto Rudolf Kissel zum 65. Geburtstag, München 1994, S. 1225 – 1252 (zit.: *Wank*, FS Kissel, S. 1225).

Derselbe: Zum Vorschlag einer Kodifizierung des Arbeitskampfrechts, Recht der Arbeit 1989, S. 263 – 270 (zit.: *Wank* RdA 1989).

Weiss, Manfred: Sonderarbeitskampfrecht der Presse, Arbeit und Recht 1984, S. 97 – 104 (zit.: *Weiss* AuR 1984).

Wendeling-Schröder, Ulrike: Auf der Suche nach einem modernen Tarifvertragsrecht, in: Kothe, Wolfhard, Dörner, Hans-Jürgen, Anzinger, Rudolf (Hrsg.), Festschrift für Helmut Wissmann zum 65. Geburtstag, München 2005, S. 174 – 184 (zit.: *Wendeling-Schröder*, FS Wissmann, S. 174).

Derselbe: Die Ermittlung der Schadenshöhe bei Betriebsunterbrechungen – dargestellt am Beispiel kurzzeitiger rechtswidriger Streiks, Neue Zeitschrift für Arbeitsrecht 1993, S. 49 - 56 (zit.: *Wendeling-Schröder* NZA 1993).

Wenzel, Leonhard: Risiken des schnellen Rechtsschutzes, Zur einstweiligen Verfügung im Arbeitskampf-, Vertrags- und Betriebsverfassungsrecht, Neue Zeitschrift für Arbeitsrecht 1984, S. 112 – 116 (zit.: *Wenzel* NZA 1984).

Wiedemann, Herbert / Thüsing, Gregor: Die Tariffähigkeit von Spitzenorganisationen und der Verhandlungsanspruch der Tarifvertragsparteien, Recht der Arbeit 1995, S. 280 – 287 (zit.: *Wiedemann/Thüsing* RdA 1995).

Wiedemann, Herbert: Die deutschen Gewerkschaften – Mitgliederverband oder Berufsorgan?, Gedanken zur Stellung der Gewerkschaften gegenüber der nichtorganisierten Arbeitnehmerschaft, Recht der Arbeit 1969, S. 321 – 336 (zit.: *Wiedemann* RdA 1969).

Derselbe: Tarifautonomie und staatliches Gesetz, in: Fahrtmann, Friedhelm; Hanau, Peter; Isenhardt, Udo; Preis, Ulrich (Hrsg.), Arbeitsgesetzgebung und Arbeitsrechtsprechung, Festschrift zum 70. Geburtstag von Eugen Stahlhacke, Neuwied, Kriftel, Berlin 1995, S. 675 - 692 (zit.: *Wiedemann*, FS Stahlhacke, S. 675).

Derselbe (Hrsg.): Tarifvertragsgesetz mit Durchführungs- und Nebenvorschriften, Kommentar, 7. Auflage, München 2007 (zit.: Wiedemann-*Berabeiter*).

Derselbe: Unternehmensautonomie und Tarifvertrag, Recht der Arbeit 1986, S. 231 – 241 (zit.: *Wiedemann* RdA 1986).

Wiese, Günther: Stellung und Aufgaben des Betriebsrats im Arbeitskampf, Neue Zeitschrift für Arbeitsrecht 1984, S. 378 - 383 (zit.: *Wiese* NZA 1984).

Wiese, Günther / Kreutz, Peter / Oetker, Hartmut / Raab, Thomas / Weber, Christoph / Franzen, Martin: Betriebsverfassungsgesetz, Band 2: §§ 74 – 132, Gemeinschaftskommentar, 8. Auflage, München, Neuwied 2005 (zit.: GK-*Berabeiter*).

Willemsen, Heinz Josef: Bericht über die Diskussion - zu den Referaten von Prof. Dr. Reinhard Richardi, Dr. Dieter Kirchner und Prof. Dr. Michael Kittner -, Recht der Arbeit 1986, S. 163 -164 (zit.: *Willemsen* RdA 1986).

Willemsen, Heinz Josef / Stamer, Karin: Erstreikbarkeit tariflicher Sozialpläne: Die Wiederherstellung der Arbeitskampfparität, Neue Zeitschrift für Arbeitsrecht 2007, S. 413 – 418 (zit.: *Willemsen/Stamer* NZA 2007).

Wlotzke, Otfried / Preis, Ulrich / Kreft, Burghard (Hrsg.): Betriebsverfassungsgesetz, Kommentar, 4. Auflage, München 2009 (zit.: W/P/K-*Bearbeiter*).

Wolf, Manfred / Niedenführ, Werner: Gesamtschuld und andere Schuldnermehrheiten, Juristische Arbeitsblätter 1985, S. 369 - 380 (zit.: *Wolf/Niedenführ* JA 1985).

Wolter, Henner: Standortsicherung, Beschäftigungssicherung, Unternehmensautonomie, Tarifautonomie, recht der Arbeit 2002, S. 218 - 226 (zit.: *Wolter* RdA 2002).

Zacher, Hans F.: Aktuelle Probleme der Repräsentationsstruktur der Gesellschaft in der Bundesrepublik Deutschland, in : Blumenwitz, Dieter; Randelzhofer, Albrecht (Hrsg.), Festschrift für Friedrich Berber zum 75. Geburtstag, München 1973, S.549 - 573 (zit.: *Zacher*, FS Berber, S. 573).

Zeuner, Albrecht: Arbeitskampf und einstweilige Verfügung, Recht der Arbeit, 1971, S. 1 - 9 (zit.: *Zeuner* RdA 1971).

Zöller, Richard (Hrsg.): Zivilprozessordnung mit FamFG (§§ 1-185, 200-270, 433-484) und Gerichtsverfassungsgesetz, den Einführungsgesetzen, mit

Internationalem Zivilprozessrecht, EU-Verordnungen, Kostenanmerkungen, Kommentar, 29. Auflage, Köln 2012 (zit.: Zöller-*Bearbeiter*).

Zöllner, Wolfgang / Loritz, Karl-Georg / Hergenröder, Curt Wolfgang: Arbeitsrecht, Ein Studienbuch, 6. Auflage München 2008 (zit.: *Zöllner/Loritz/Hergenröder*).

Zöllner, Wolfgang: Diskussionsbeitrag zum Symposium zum zehnjährigen Bestehen der Zeitschrift für Arbeitsrecht, Zeitschrift für Arbeitsrecht 1980, S. 504 -508 (zit.: *Zöllner* ZfA 1980).

Derselbe: Tarifmacht und Außenseiter, Recht der Arbeit 1962, S. 453 - 459 (zit.: *Zöllner* RdA 1962).

§ 1 Gegenstand und Gang der Untersuchung

Abhängige Arbeit ist in der Marktwirtschaft mit kollektiven Konflikten verbunden, bei denen die Arbeitgeber- oder Arbeitnehmerseite auf die jeweils andere durch Störung der vertragsgemäßen Abwicklung der Arbeitsverhältnisse Druck ausübt, um dadurch ein bestimmtes Ziel zu erreichen[1]. Während es auf der Arbeitgeberseite genügt, wenn ein einzelner Arbeitgeber in die Auseinandersetzung involviert ist, ist auf der Seite der abhängigen Arbeit stets eine Gruppe von Personen betroffen.[2] Erst der bewusste Zusammenschluss versetzt die abhängig Beschäftigten in die Lage, spürbaren Druck auf den oder die Arbeitgeber auszuüben,[3] was in der Regel durch Einstellung der ordnungsgemäßen Erfüllung der vertraglich geschuldeten Arbeitsleistung erfolgt. Hingegen kann der einzelne Arbeitgeber einen oder mehrere Arbeitnehmer unter Verweigerung der Lohnfortzahlungen aussperren oder ihnen mit der zeitweiligen Stilllegung des Betriebes oder eines Betriebsteils,[4] aber auch mit dessen endgültigen Schließung und/oder Verlagerung drohen[5]. Das Druckpotential entsteht für beide Seiten dadurch, dass sowohl die Einstellung der vertragsgemäßen Arbeit als auch die Ausschließung von der Arbeit den Gegner schädigen. Sie bedeuten zugleich aber auch eine Selbstschädigung. Die Arbeitnehmer verlieren Beschäftigung und Entgelt,[6] die Arbeitgeber erleiden Produktions- und Umsatzausfälle, längerfristig

1 Brox/Rüthers-*Brox,* Arbeitskampfrecht 1982, Rn. 17; *Bepler*, FS Wissmann, S. 97, (98).

2 *Müller* RdA 1951, 247 (247); Däubler-*Däubler*, Arbeitskampfrecht 2011, § 8 Rn. 2.

3 Siehe hierzu *Wendeling-Schröder,* FS Wissmann, S. 174 (174 ff.); *Weiss* AuR 1984, 97 (97 f.).

4 BAGE 76, 196 (201); 79, 152 (154 f.); 80, 265 (270 f.); EK-*Dieterich* Art. 9 GG Rn. 217 ff. (220).

5 Siehe zur Frage nach dem Arbeitskampfcharakter der Ankündigung einer Standortverlagerung *Jacobs*, Zukunft des Arbeitskampfes 2005 S. 91 ff. (insbesondere 107); *Franzen* ZfA 2005, 315 (318 ff.; insbesondere 324); *Picker* ZfA 2011, 443 (515 ff., zum Meinungsstand Fn. 496).

6 siehe hierzu BAGE 33, 140 (167 f.): „Lohn ist die Lebensgrundlage des Arbeitnehmers. Sein Verlust ist nur kurze Zeit durchzuhalten und die dafür erforderliche Opferbereitschaft nur sehr schwer erreichbar.“; *Lipinski/Reinhardt* BB 2008, 2234 (2239): Die Streikunterstützung der Gewerkschaft kann den Wegfall der Lebensgrundlage „Lohn“ nur teilweise kompensieren.; siehe zur Höhe der Streikunterstützung § 11 Nr. 5 ver.di-Arbeitskampfrichtlinien, beschlossen durch den Gewerkschaftsrat am 30.09.2010 sowie http://streikgeldrechner.verdi.de; *Otto*, Arbeitskampf- und Schlichtungsrecht 2006, § 14 Rn. 31 ff., wonach die IG Metall bei einem Bruttomonatsverdienst von 2.000 €, wöchentlich 240 - 280 € bzw. monatlich 960 – 1.120 € zahlt; B/P/S/U-AKR Rn. 277; *Brox* JA 1981, 74 (75); *Bertelsmann*, Aussperrung 1979, S. 261 ff., dem zufolge im Allge-

auch Marktanteilseinbußen[7]. Trotz dieser Belastungen sorgen vor allem die Arbeitnehmer immer wieder für „Unruhe im Ausgleichsmechanismus einer sozialen Marktwirtschaft“[8]. Regelmäßig suchen sie in freiwilligem Zusammenschluss in Gewerkschaften die Konfrontation mit der Arbeitgeberseite um eine Verbesserung der Bedingungen zu erreichen, unter denen abhängige Arbeit geleistet und eine sinnvolle Ordnung des Arbeitslebens ermöglicht wird[9]. Die Gestaltung der Löhne und der sonstigen Arbeitsbedingungen, wie beispielsweise Arbeitszeit und Urlaub, erfolgt durch zur Wahrung und Förderung der Arbeits- und Wirtschaftsbedingungen frei gebildete Arbeitgeber- bzw. Arbeitnehmervereinigungen (Koalitionen)[10] „in eigener Verantwortung und im Wesentlichen ohne staatliche Einflussnahme“ (Tarifautonomie) durch Vereinbarung (Tarifvertrag)[11], vgl. Art 9 Abs. 3 GG. Auf diesem Wege soll eine Austauschgerechtigkeit von Lohn und Leistung hergestellt, d.h. einem Unterbietungswettbewerb zulasten der zur Bestreitung ihres Lebensunterhalts „auf den Verkauf der Arbeitskraft angewiesenen“ und damit der Arbeitgeberseite strukturell unterlegenen Arbeitnehmer vorgebeugt werden.[12] Dass die sog. Sozialpartner oder sozialen Gegenspieler und nicht der Staat mit der für ihn schwierigen Aufgabe des Ausgleichs gegenläufiger Interessen belastet wird,[13] ist auf die Erkenntnis zurückzuführen, dass Arbeitgeber und Arbeitnehmer als die unmittelbar Beteiligten die besonderen Verhältnisse und Bedürfnisse einzelner Arbeitszweige wesentlich angemessener und vor allem in zeitlicher Hinsicht wesentlich flexibler regeln können, als dass ein demokratisch gewählter Gesetzgeber dies tun könne, der pauschalisieren und generalisieren muss.[14] Von ihnen getroffene Regelungen sind für die davon Betroffenen leichter zu ertragen.[15]

Damit den Interessenwiderstreit ausgleichende Regelungen zustande kommen, ist es mitunter erforderlich, dass die Arbeitnehmer oder der einzelner Arbeitgeber oder dieser in Verbundenheit mit einem Arbeitgeberverband Nachteile

---

meinen etwa 2/3 des von Überstunden, Prämien, Zuschlägen u.a. bereinigten Bruttoverdienstes gezahlt werden.

7 EK-*Dieterich* Art. 9 GG Rn. 100.

8 EK-*Dieterich* Art. 9 GG Rn. 101.

9 Siehe hierzu BVerfGE 38, 281 (305 f.); BAGE 33, 140 (150 f.); *Dütz* JA 1987, 405 (410); *Gamillscheg*, Kollektives Arbeitsrecht, Band I, 1997, S. 219 ff..

10 *Kissel*, Arbeitskampfrecht 2002, § 4 Rn. 7, 10 ff.; GG-*Kannengießer* Art. 9 Rn. 22.

11 BVerfGE 38, 281 (305 f.); 44, 322 (340 f.); 50, 290 (367); 94, 268 (283).

12 *Wendeling-Schröder*, FS Wissmann, S. 174 (175 f.); siehe auch BVerfGE 84, 212 (229); 92, 365 (395); *Kissel* § 8 Rn. 13 m.w.N.; *Gamillscheg* S. 3.

13 *Scheuner* RdA 1971, 327 (331).

14 *Bulla*, FS Nipperdey, Band 2, 79 (81); siehe auch BVerfGE 100, 271 (283 f.); 88, 103 (114 f.); 34, 307 (316 f.).

15 *Bulla*, FS Nipperdey, Band 2, 79 (81).

mit sich bringende Maßnahmen zur Beeinträchtigung der Entschließungsfreiheit des Gegenübers ergreifen; dann spricht man von einem „Arbeitskampf".[16]

Klassisches Kampfmittel der Arbeitnehmerseite ist der Streik, also die „gemeinsame und planmäßig durchgeführte Arbeitsniederlegung einer größeren Anzahl von Arbeitnehmern innerhalb eines Berufes oder Betriebes zu einem Kampfzweck mit dem Willen zur Fortsetzung der Arbeit nach Erreichen des Kampfzieles und Beendigung des Arbeitskampfes."[17] Dem bestreikten Arbeitgeber wird die Arbeitskraft vorenthalten, so dass deren wirtschaftlicher Nutzen entfällt.[18] Grundsätzlich gilt: Je größer das Ausmaß der Arbeitsniederlegung, desto stärker ist der damit bewirkte Druck.[19]

Trotzdem wird stets in einem gewissen Umfang weitergearbeitet.[20] Dargestellt werden kann das an den klassischen Beispielen der Hochofenanlage eines Hüttenwerks, in der aus Eisenerz, Koks und Zuschlägen Eisen erschmolzen wird, des Konverters, in dem sich die Stahlschmelze vollzieht und der Wärmeöfen in Gießereien, in denen der Rohstahl wiedererwärmt wird, um ihn anschließend walzen oder schmieden zu können. Diese Anlagen können nicht stillgelegt, sondern müssen auf bestimmter Temperatur gehalten, d.h. beschickt und unter Feuerung gehalten werden, um ein Erstarren des Schmelzgutes und Beschädigungen der Anlagen zu vermeiden.[21] Eine Unterbrechung der Energie- und Wasser- und Windversorgung führt zu Rissen in den Ofenwänden. Sie müssen - einmal erkaltet - neu ausgemauert werden.[22] Aufgrund langwieriger und kostenaufwändiger Reparaturen muss die Produktion in dem Betrieb(-steil) zumindest zeitweise eingestellt werden.[23] Das gilt ebenso für die Wetterführung, Belüftung und Entwässerung von Bergwerken, denn wenn Schächte „absaufen" oder Gruben einstürzen sind Arbeits- und Produktionsfortgang ausgeschlossen.[24] Das Bergwerk wird unbrauchbar, die noch lagernden Rohstoffe können nicht mehr erschlossen und abgebaut werden.[25]

---

16 BAGE 6, 321 (353); *Kissel* § 13 Rn. 2; EK-*Dieterich* Art. 9 Rn. 94.

17 BAGE 14, 52 (55).

18 BAG AuR 1983, 251 (252).

19 *Czerweny von Arland*, Die Arbeitskampfmittel der Gewerkschaften und der Verhältnismäßigkeitsgrundsatz 1993, S. 127.

20 *Fenn* DB 1982, 430 (430).

21 *Apfel*, Die Sicherung und Erhaltung des Betriebs bei Arbeitskämpfen 1970,S. 39; *Löwisch/Mikosch* ZfA 1978, 153 (161); *Kraus*, Erhaltungsarbeiten im Streik 2000, S. 2.

22 *Apfel* S. 39, 123; *Schiffer*, Erhaltungsarbeiten im Arbeitskampf 1975, S. 23; *Heckelmann*, Erhaltungsarbeiten im Arbeitskampf 1984, S. 7; *Otto* § 8 Rn. 27; *Kissel* § 43 Rn. 2.

23 *Apfel* S. 39, 123; *Schiffer* S. 23; *Heckelmann* S. 7.

24 *Apfel* S. 34 f.; *Schiffer* S. 23; *Heckelmann* S. 7.

25 *Kraus* S. 4.

Dass die Betriebsanlagen infolge unzureichender Wartung Schaden nehmen, zeigt sich auch am Beispiel eines landwirtschaftlichen Betriebes, in dem Tiere verenden, wenn sie nicht gefüttert, getränkt sowie medizinisch versorgt und Ställe über einen längeren Zeitraum nicht sauber gehalten werden. Zu denken ist in diesem Zusammenhang auch an Kühe, die jeden Tag gemolken werden müssen.[26]

Werden die Betriebsanlagen während eines Streiks nicht betreut und überwacht, kann dies auch zu einer Notsituation der Bevölkerung führen, etwa wenn in diesen Anlagen weiterlaufende Prozesse und chemische Reaktionen zu deren Zerstörung führen mit der Folge, dass gesundheits- und umweltgefährdende Emissionen freigesetzt werden.[27]

Die Gefahr, dass in der arbeitsteiligen Gesellschaft durch die streikbedingte Arbeitsniederlegung Dritte gefährdet oder gar geschädigt werden können, besteht vor allem in der Daseinsvorsorge. Hier hat der Staat weite Bereiche, wie die Versorgung mit Wasser und Energie, die Entsorgung von Schad- und Reststoffen sowie den für die Berufsausübung der Pendler in Großstädten unerlässlichen Bus- und Bahnverkehr, an sich gezogen;[28] Bereiche, in denen wichtige Bedürfnisse aus eigener Kraft nicht befriedigt werden können. Niemand ist mehr in der Lage für seinen eigenen täglichen Lebensbedarf und damit für seine physische Existenz vollständig selbst sorgen zu können.[29] Jeder Bürger ist vielmehr darauf angewiesen, dass lebensnotwendige Leistungen ununterbrochen erbracht und lebensnotwendige Güter ununterbrochen bereit gestellt werden.

Hingewiesen sei auch auf die Konsequenzen einer nicht vorhandenen Einsatzbereitschaft von Feuerwehr und Polizei sowie einer ausbleibenden Versorgung von Kranken und Pflegebedürftigen. Operationen sowie die Gabe von Medikamenten zur Aufrechterhaltung bzw. Wiederherstellung der Gesundheit dulden regelmäßig keinen Aufschub.[30]

Die Darstellung verdeutlicht, dass während eines Streiks eine Vielzahl von Tätigkeiten durchgeführt werden muss, wenn im Betrieb über den Produktions- und Umsatzausfall hinausgehende Schäden vermieden werden sollen. Ebenso müssen bestimmte Güter bereit gestellt und bestimmte Dienste erbracht werden,

---

26 *Apfel* S. 33; *Däubler* AuR 1997, 13 (13); *Grote*, Der Streik, Taktik und Strategie 1952, S. 85.

27 BAG AuR 1983, 251 (253); *Fenn* DB 1982, 430 (432);EK-*Dieterich* Art. 9 Rn. 185; *Otto* § 8 Rn. 27.

28 *Scherer*, Grenzen des Streikrechts in den Arbeitsbereichen der Daseinsvorsorge 2000, S. 14; siehe hierzu auch *Gamillscheg* S. 1177 ff.; *Rudkowski*, Der Streik in der Daseinsvorsorge 2010, S. 33 ff..

29 *Scherer* S. 14.

30 *Scherer* S. 14.

um eine die Bevölkerung betreffende Notsituation nicht entstehen zulassen.[31] Dieses Phänomen wird als Erhaltungs- und Notstandsarbeiten bezeichnet.

Je nachdem, ob durch die während eines Streiks verrichteten Tätigkeiten primär der bestreikte Betrieb oder am Streik unbeteiligte Dritte geschützt werden, handelt es sich entweder um Erhaltungs- oder Notstandsarbeiten,[32] d.h. um verschiedene Vorgänge, die unter dem Oberbegriff „Notarbeit" zusammengefasst werden können[33].

Notarbeiten sind Gegenstand einer stetig fortdauernden und nie beendeten Diskussion. Diskussionsbedarf besteht vor allem hinsichtlich der Art und des Umfangs dieser Arbeiten.[34] Da es bei Notarbeiten um die Erbringung von Arbeitsleistung während eines Arbeitskampfes geht, können sie sich auf die Druckwirkung des eingesetzten Kampfmittels und damit auf das Zustandekommen und die inhaltliche Sachgerechtigkeit von Tarifvereinbarungen auswirken.[35] Dass auch während einer streikbedingten Arbeitsniederlegung unter dem Aspekt der Notarbeit bestimmte Tätigkeiten verrichtet werden müssen, erkennen zwar nicht nur der/die Arbeitgeber[36], sondern auch die Gewerkschaften[37] an, umstritten ist allerdings, welche Tätigkeiten noch Notarbeit oder bereits Streikarbeit darstellen.[38] Während es bei Streikarbeit gerade darum geht, die infolge eines Streiks auf Arbeitgeberseite eintretende Schädigung zu kompensieren und diesen damit letztlich zu unterlaufen,[39] sollen Notarbeiten den Kampfmitteleinsatz weder fördern noch hindern.[40] Gleichwohl können sie zum Bestandteil der

---

31 *Lauschke*, Die Notarbeiten im Arbeitskampf 1967, S. 1.

32 Zur Abgrenzung anhand der möglichen Schadensrichtungen siehe auch *Apfel* S. 25 f.; *Schiffer* S. 24 f.; *Kraus* S. 5; Professorenentwurf 1988, S. 54 f..

33 So auch *Lauschke* DB 1970, 1175 (1175); *derselbe* S. 1 f.; *Oetker*, Die Durchführung von Not- und Erhaltungsarbeiten bei Arbeitskämpfen 1984, S. 1; den Begriff „Notdienst" verwendend *Däubler* AuR 1981, 257 (257); *Buschmann* AuR 1980, 230 (230); Anm. v. *Hromadka* SAE 1983, 59 (61). Die Terminologie ist uneinheitlich, inhaltliche Unterschiede ergeben sich daraus aber nicht, vgl. *Rudkowski* S. 116 Fn. 657.

34 *Bauer/Haußmann* DB 1996, 881 (881); *Buschmann* AuR 1980, 230 (234).

35 So auch *Fenn* DB 1982, 430 (430); *Buschmann* AuR 1980, 230 (232 f.); *Hirschberg* RdA 1986, 355 (358); *Kissel* § 43 Rn. 2.

36 Siehe Arbeitskampfrichtlinien Gesamtmetall 2006, S. 12 ff.; BAGE 79, 152 (155); *Oetker* S. 3 m.w.N. in Fn. 7; *Heckelmann* S. 8; *Löwisch/Mikosch* ZfA 1978, 153 (156).

37 Siehe Arbeitskampfrichtlinien des DGB vom 5.05.1974, abgedruckt in AuR 1974, 272 (272); BAGE 79, 152 (155); *Oetker* S. 3 m.w.N. in Fn. 8; *Heckelmann* S. 8; *Löwisch/Mikosch* ZfA 1978, 153 (156).

38 *Oetker* S. 3.

39 *Buschmann* AuR 1980, 230 (232); *Kraus* S. 8 f..

40 *Fenn* DB 1982, 430 (431); *Oetker* S. 29.

Kampfstrategie werden.[41] So könnte der bestreikte Arbeitgeber versuchen, unter dem Deckmantel der Notarbeiten den Betrieb gewinnbringend fortzuführen, während die streikführende Gewerkschaft dazu neigen könnte, ihren Forderungen dadurch Nachdruck zu verleihen, dass sie deren Durchführung verweigert.[42] Dass die Sorge, Notarbeiten konnten zu einem „verkappten Arbeitskampfmittel" umfunktioniert werden,[43] berechtigt ist, wird eindrucksvoll belegt durch einen dem Landesarbeitsgericht Frankfurt im Jahre 1969 zur Entscheidung vorgelegten Fall: Bei einer Belegschaft von 3000 Arbeitnehmern hielt der Arbeitgeber 1170 Arbeitnehmer für die Ausführung der Erhaltungsarbeiten für erforderlich, die streikführende Gewerkschaft demgegenüber nur 64 Arbeitnehmer.[44]

Angesichts dessen verwundert nicht , dass sowohl die Arbeitgeber als auch die Gewerkschaften jeweils für sich das Recht in Anspruch nehmen, die Auswahl der Arbeitnehmer zu treffen, die Notarbeiten leisten sollen.[45] Wie die Art der Notarbeiten ist auch die Entscheidung über die Anzahl der Notarbeiter „kampftaktisch von nicht unerheblicher Bedeutung".[46]

Auch wenn in Bereichen der Daseinsvorsorge gestreikt wird, stellt sich die Frage, ob und gegebenenfalls welche Einschränkungen seitens der Bevölkerung hinzunehmen sind. Wendungen wie „Sicherstellung der Mindestversorgung der Bevölkerung", „Gewährleistung des Existenzminimums" oder „Vorrang der Wahrung elementarer Rechtsgüter"[47] drücken aus, worum es bei Notstandsarbeiten in etwa geht, treffen jedoch keine konkrete Aussage über deren sachlichen wie personellen Umfang,[48] geschweige denn darüber, wem die Auswahl der sie leistenden Arbeitnehmer obliegt.

Um Notarbeit von Streikarbeit abgrenzen zu können, ist es erforderlich sich näher damit zu befassen, aus welchem Grunde diese Arbeiten während eines Streiks überhaupt erbracht werden müssen bzw. woraus sich die Pflicht der Arbeitskampfparteien zu deren Erbringung ergibt und welche Tätigkeiten zu erbringen sind (§ 2).

---

41 *Fenn* DB 1982, 430 (432 ff.); *Heckelmann* S. 9, 25 spricht von einem „Tummelfeld der Kampfstrategie".

42 *Fenn* DB 1982, 430 (430); *Söllner* AuR 1982, 233 (238); *Kissel* § 43 Rn. 17; *Hirschberg* RdA 1986, 355 (358); *Buschmann* AuR 1980, 230 (233); *Otto* § 8 Rn. 36.

43 *Buschmann* AuR 1980, 230 (233); siehe aber Notarbeiten als Kampfmaßnahme bezeichnend *Lauschke* DB 1970, 1175 (1176).

44 LAG Frankfurt a.M. SAE 1970, 185 (186); Darstellung auch bei *Heckelmann* S. 9.

45 Siehe hierzu *Leinemann* DB 1971, 2309 (2314); *Löwisch/Mikosch* ZfA 1978, 153 (156); *Däubler* AuR 1981, 257 (259); *Heckelmann* S. 11; BAG AuR 1983, 251 (252); Däubler-*Reinfelder* § 15 Rn. 46 m.w.N. in Fn. 156.

46 *Kissel* § 43 Rn. 82.

47 *Gamillscheg* S. 1176.

48 So auch *Gamillscheg* S. 1176.

Allerdings ist damit noch nicht die Frage beantwortet, auf welcher Grundlage Arbeitnehmer, deren Arbeitsleistungspflicht bei Teilnahme am Streik suspendiert ist, zur Verrichtung von Notarbeiten herangezogen werden können. Es ist festzustellen, woraus sich die Arbeitsleistungspflicht des einzelnen Arbeitnehmers ergibt und wem gegenüber sie besteht. Daran schließt sich die Überlegung an, welche Seite, Arbeitgeber oder Gewerkschaft, berechtigt ist, die zur Durchführung der Notarbeiten benötigten Arbeitnehmer auszuwählen und ob und in welchem Maße der Betriebsrat daran zu beteiligen ist (§ 3).

Im Anschluss daran stellt sich die Frage, welche Ansprüche die nicht zur Auswahl berechtigte Kampfpartei hat und wie diese durchzusetzen sind (§ 4).

Schließlich ist zu prüfen, inwieweit die Sozialpartner Regelungen über die Organisation und Durchführung der Notarbeiten treffen können. Die häufig zwischen Arbeitgeber und örtlicher Streikleitung abgeschlossenen Notarbeitsvereinbarungen sind auf ihre Rechtsqualität hin zu überprüfen, wobei zwischen Tarifverträgen, kollektiven Vereinbarungen sui generis und rein schuldrechtlichen Absprachen sowie Betriebsvereinbarungen zu unterscheiden ist (§ 5). Weiter ist zu überlegen, ob und wie im Fall der Nichteinigung eine Regelung der Modalitäten der Notarbeiten herbeigeführt werden kann (§ 6).

Abschließend sind die gefundenen Ergebnisse zusammenzufassen (§ 7).

§ 2 Pflicht der Sozialpartner zur Leistung von Notarbeiten

Grundsätzlich sind sich die Sozialpartner darüber einig, dass während eines Arbeitskampfes Notarbeiten zu leisten sind, zumindest sehen das die Arbeitskampfrichtlinien beider Seiten vor.[49] Darüber hinaus herrscht allerdings Uneinigkeit. So können den Arbeitskampfrichtlinien der Arbeitgeberverbände zum Teil ganze Kataloge von sofort bei Kampfausbruch aufzunehmenden Tätigkeiten entnommen werden,[50] während sich die Gewerkschaften in ihren Regelwerken zum Teil ausdrücklich vorbehalten, für jeden Arbeitskampf gesondert zu entscheiden, in welchen Betrieben welche Arbeiten unter dem Aspekt der Notarbeiten durchzuführen sind.[51] Schon ihrem Inhalt nach begründen die selbstgesetzten Richtlinien der Verbände daher im Zweifelsfall keine Pflicht zur Leistung der Notarbeiten. Angesichts der gravierenden Folgen unterbliebener Notarbeiten für den bestreikten Betrieb und vom Streik betroffene Dritte reicht es nicht aus, auf „freiwillige Selbstbeschränkungen" der Sozialpartner zu vertrauen, zumal diese jederzeit zurückgenommen oder beliebig abgeändert werden können.[52] Sie entfalten lediglich verbandsinterne Wirkung, verleihen Außenstehenden also keine Rechte.[53]

Da einander widerstreitende Interessen am ehesten durch eine einvernehmliche Regelung einen angemessenen Ausgleich finden, sprechen sich sowohl Rechtsprechung[54] als auch Literatur[55] dafür aus, dass die Tarifvertragsparteien

---

49 Siehe etwa Arbeitskampfrichtlinien Gesamtmetall 2006, S. 12 ff.; Arbeitskampfrichtlinien der VKA vom 11.02.2010, S. 31 ff.; §§ 7, 8 Arbeitskampfrichtlinien des DGB vom 5.05.1974, abgedruckt in AuR 1974, 272 (272) unter Ablehnung der Notarbeiten im Fall der Aussperrung; § 7 ver.di-Arbeitskampfrichtlinien vom 30.09.2010; siehe auch Darstellung bei *Löwisch/Mikosch* ZfA 1978, 153 (153 ff.); *Däubler* AuR 1981, 257 (259); Anm. v. *Fenn* SAE 1970, 189 (191); *Schiffer* S. 28 ff.; *Hoeniger* RdA 1953, 204 (205 f.).

50 So etwa Arbeitskampfrichtlinien Gesamtmetall 2006, S. 12 ff.

51 Vgl. §§ 7, 8 Arbeitskampfrichtlinien des DGB vom 5.05.1974, abgedruckt in AuR 1974, 272 (272); § 7 ver.di-Arbeitskampfrichtlinien vom 30.09.2010.

52 *Scherer* S. 15 f.; *Seiter*, Streikrecht und Aussperrungsrecht 1975, S. 546 f..

53 *Buschmann* AuR 1980, 230 (234); *Heckelmann* S. 11; *Seiter* S. 546 f.; *Reuß* AuR 1975, 1 (3).

54 BAG RdA 1971, 185 (189); AuR 1983, 251 (252); BAGE 76, 196 (204); 79, 152 (2. Ls. 157); LAG Niedersachsen AuR 1981, 285 (2. Ls., 287); LAG Frankfurt a.M. AuR 1970, 349 (1. Ls., 350 f.); LAG Hamm NZA 1994, 430 (431); ArbG Essen, Urt. v. 24.07.2003, Az.: 8 Ga 50/03-juris, Rn. 30.

die Art und den Umfang der Notarbeiten sowie die Auswahl der Notarbeiter *gemeinsam festlegen*. Wie auch der Arbeitskampf auf den Ausgleich gegenläufiger Interessen durch Einigung im Tarifvertrag gerichtet ist, soll auch bei der Thematik „Notarbeiten" als Begleiterscheinung dieses Ausgleichs ein Konsens gefunden werden.[56] Im Fall einer gemeinsamen Regelung erübrigt sich auch die bereits angesprochene, streitige Frage nach der Zuständigkeit für die Organisation und Durchführung der Notarbeiten. Hierbei wird teilweise die einseitige Anordnungsbefugnis des bestreikten Arbeitgebers[57], teilweise die Zuständigkeit der streikführenden Gewerkschaft[58], teilweise die gemeinsame Trägerschaft von Arbeitgeber und Gewerkschaft[59] befürwortet.[60]

Das Bundesarbeitsgericht hat zwar die Frage nach der Trägerschaft der Notarbeiten in seiner Entscheidung vom 30.03.1982 ausdrücklich offengelassen,[61] aber in seiner Entscheidung vom 31.01.1995 seine Vorstellungen ohne ausführliche Begründung angedeutet. Dort heißt es: „Die Regelung der Modalitäten eines arbeitskampfbedingten Notdienstes ist – zumindest zunächst – *gemeinsame Aufgabe* des Arbeitgebers und der streikführenden Gewerkschaft. Dies gilt (...) auch für die Auswahl der zum Notdienst heranzuziehenden Arbeitnehmer."[62] Das Bundesarbeitsgericht sieht es als „Aufgabe *der Arbeitskampfparteien* (an), sich um eine Regelung des Notdienstes zu bemühen", wobei es ihnen hinsichtlich „Art und Umfang" der Notarbeiten einen „Beurteilungsspielraum" zuge-

55 V*on Steinau-Steinrück/Glanz* NZA 2009, 113 (115); *Buschmann* AuR 1980, 230 (231 ff. m.w.N.); Brox/Rüthers-*Brox* Rn. 293, 349; *derselbe* JA 1981, 74 f.; *Säcker* GewMH 1972, 287 (293); Däubler-*Reinfelder* § 15 Rn. 47; *Däubler* AuR 1981, 257 (264); *Heckelmann* S. 22; *Löwisch/Mikosch* ZfA 1978, 153 (156 ff); *Löwisch*, Arbeitskampf- und Schlichtungsrecht 170.2 Rn. 225; *Müller*, Arbeitskampf und Recht 1987, S. 88; *Herschel* AuR 1972, 157 (157); *Kissel* § 43 Rn. 73; *Otto* § 8 Rn. 35; Schaub-*Treber* § 193 Rn. 82; siehe auch §§ 10, 11 Professorenentwurf 1988, S. 55 f., 58; § 4 Abs. 2 Gesetzesvorschlag Carl Friedrich v. Weizsäcker-Stiftung 2012 NZA aktuell 7/2012 IX (X f.).

56 LAG Niedersachsen AuR 1981, 285 (287); *Oetker* S. 61; *Gaumann* DB 2001, 1722 (1722).

57 So etwa *Apfel* S. 132 ff.; Anm. v. *Fenn* SAE 1970, 189 (192); *Schell* BB 1969, 1179 (1180).

58 So etwa *Grote* S. 85 f., 177; *Lauschke* S. 47; *Löwisch/Mikosch* ZfA 1978, 153 (165 ff.).

59 So etwa *Brox* JA 1981, 74 (75); ArbG Essen, Urt. v. 24.07.2003, Az.: 8 Ga 50/03-juris, Rn. 30 m.w.N..

60 Meinungsstand dargestellt bei BAG AuR 1983, 251 (252); *Gamillscheg* S. 1168 m.w.N..

61 BAG AuR 1983, 251(252).

62 BAGE 79, 152 (2. Ls.); siehe auch BAGE 60, 71 (77): „...der Arbeitnehmer, der aufgrund einer *Vereinbarung* der Arbeitskampfparteien Erhaltungsarbeiten ausführt,..."; Hervorhebung durch die Verfasserin.

steht.[63] Ist es aber gemeinsame Aufgabe der Arbeitskampfparteien, eine Regelung zu treffen, kann nicht nur eine Arbeitskampfpartei Träger der Notarbeiten sein.[64] So hält das Bundesarbeitsgericht dann auch eine die Einzelheiten der Notarbeiten regelnde Vereinbarung, sog. Notarbeitsvereinbarung[65], für „nicht nur zulässig, sondern auch wünschenswert und *vorrangig von den Arbeitskampfparteien* anzustreben."[66]

In der jahrzehntelangen Praxis der Arbeitskämpfe finden sich durchaus Fälle, in denen die Leistung von Notarbeiten trotz der starken Diskrepanzen zwischen den Arbeitskampfparteien einvernehmlich geregelt werden konnten.[67] Gezeigt hat sich aber auch, dass sich, wenn die Fronten bereits verhärtet sind und der Kampfausbruch naht, eine Einigung über die Leistung der Notarbeiten nicht erzielen lässt.[68] Da aber auch im Fall der Nichteinigung Notarbeiten zu leisten sind, kann die Einigung nicht Wirksamkeitsvoraussetzung für die Pflicht der Sozialpartner zur Leistung von Notarbeiten sein.[69]

Zu untersuchen ist, woraus sich diese stattdessen ergibt.

I. Pflicht der Sozialpartner zur Leistung von Erhaltungsarbeiten

Nachfolgend werden verschiedene Ansätze zur Herleitung der Pflicht der Sozialpartner zur Leistung von Erhaltungsarbeiten diskutiert.

---

63 BAGE 79, 152 (156 f.); Hervorhebung durch die Verfasserin.

64 So auch *Thüsing*, Anm. zu BAG, EzA Nr. 119 zu Art. 9 GG Arbeitskampf, S. 7 (13).

65 Im Rahmen dieser Bearbeitung wird nicht die Bezeichnung des BAG (E 76, 196 (203 f.) „Notdienstvereinbarung" benutzt, sondern in Weiterführung der hier verwendeten Terminologie von „Notarbeitsvereinbarung" gesprochen.

66 BAGE 79, 152 (156); 75, 186 (194); so auch *Oetker* S. 61, *Lauschke* S. 66; *Wiese* NZA 1984, 378 (382); *Gamillscheg* S. 1170; Hervorhebung durch die Verfasserin.

67 Siehe hierzu BAGE 60, 71 ff.; 76, 196 ff.; 79, 152 ff.; 80, 265 ff.; ArbG Kiel ZtR 2006, 488 ff.; ArbG Berlin, Urt. 6.05.2008, Az.: 59 Ga 6988/08-juris; ArbG Herne, Urt. v. 3.03.2010, Az.: 1 Ca 2931/09-juris; Kissel § 43 Rn. 35; *Gamillscheg* S. 1167, 1170; *Otto* § 8 Rn. 23; EK-*Dieterich* Art. 9 GG Rn. 187.

68 Siehe hierzu LAG Hamm NZA-RR 2007, 250 ff.; LAG Berlin-Brandenburg, Urt. 24.10.2007, Az.: 7 SaGa 2044/07-juris, Rn. 2; *Fenn* DB 1982, 430 (431); *Löwisch/Mikosch* ZfA 1978, 153 (156).

69 So auch BAGE 75, 186 (194); *Oetker* S. 61; *Fenn* DB 1982, 430 (431); *Löwisch/Mikosch* ZfA 1978, 153 (156, 172); *Bauer/Haußmann* DB 1996, 881 (883); *Gamillscheg* S. 1167.

1. Herleitung aus dem Eigeninteresse der Arbeitnehmer

Zur Begründung der Pflicht, Erhaltungsarbeiten zu leisten, ist mehrfach auf das eigene Interesse der Arbeitnehmer am Erhalt ihrer Arbeitsplätze hingewiesen worden. Sie wollten sofort nach Beendigung des Streiks (jedweder Zielrichtung) ihre Arbeitsplätze wieder einnehmen und gegen Entlohnung ihre Arbeit verrichten und hätten deshalb selbst ein Interesse daran, dass der Produktionsapparat trotz der Arbeitsniederlegung so intakt bleibt, dass die Arbeit nach Beendigung des Arbeitskampfes sofort wiederaufgenommen werden könne.[70]

Zutreffend ist, dass die Arbeitnehmer mit einem Streik nicht beabsichtigen, „ihre Arbeitsverhältnisse zu beenden. Sie wollen nicht mit ihrem Arbeitgeber brechen, sondern nur ihn zeitweilig bedrängen."[71] Die Instandhaltung des Betriebes liegt daher nicht nur in dem Interesse des Arbeitgebers, sich schnellstmöglich wieder vollumfänglich am Marktgeschehen zu beteiligen, sondern auch im Interesse der Arbeitnehmer.[72] Daraus aber ergibt sich allenfalls eine Verpflichtung sich selbst gegenüber. „Ein bloßer Verstoß gegen eigene Interessen kann immer nur zum Verlust eigener Ansprüche führen",[73] nicht aber eine gegenseitige Verpflichtung der Sozialpartner begründen, deren Erfüllung eingefordert werden kann und deren Verletzungen Konsequenzen hat.[74] Dieser Begründungsansatz trägt also nicht.

---

70 So etwa *Schell* BB 1969, 1179 (1179); *Apfel* S. 123 f.; *Buschmann* AuR 1980, 230 (233); Anm. v. *Fenn* SAE 1970, 189 (189); *derselbe* DB 1982, 430 (430); *Löwisch/Mikosch* ZfA 1978, 153 (157); *Kissel* § 43 Rn. 10; *Eich* NZA 1995, 149 (150): „Zwar haben die Arbeitnehmer ein Interesse an möglichst hohen materiellen Arbeitsbedingungen, dies ist aber im Verhältnis zum Interesse am Erhalt des Arbeitsplatzes ein sekundäres Interesse."

71 *Apfel* S. 119; siehe auch *Franzen* ZfA 2005, 315 (319).

72 *Schell* BB 1969, 1179 (1179);*Lauschke* S. 54 ff.; *Buschmann* AuR 1980, 230 (233); Anm. v. *Fenn* SAE 1970, 189 (189); *derselbe* DB 1982, 430 (430); *Apfel* S. 124 ff.; *Däubler* JuS 1972, 642 (645); *Schiffer* S. 22.

73 *Löwisch/Mikosch* ZfA 1978, 153 (157).

74 *Säcker* GewMH 1972, 287 (292 f.); *Buschmann* AuR 1980, 230 (234), dem zufolge ein Rechtssatz, wonach „beiderseitige partiell gleiche Interessen in eine einseitige Verpflichtung umschlagen", nicht besteht.

2. Herleitung aus der Dauerrechtsbeziehung der Sozialpartner

Lauschke versucht eine Pflicht zur Leistung von Erhaltungsarbeiten aus einer „dauerrechtlichen Beziehung beider Seiten der Industrie", einem „sozialen Kontakt als nebenvertragliche Rechtsgrundlage", einer „partiellen Friedenspflicht" sowie aus einem „vorvertraglichen Verhältnis" abzuleiten.[75] Sein Ansatz ist einer näheren Betrachtung zu unterziehen.

a) Nachwirkende Pflichten

Nach *Lauschke* obliegt den Sozialpartnern im Bereich der Erhaltungsarbeiten eine „absolute Friedenspflicht", der zufolge die dazu zählenden Arbeiten vorzunehmen bzw. zu dulden seien.[76]

Bei der Friedenspflicht handelt es sich um eine der wichtigsten obligatorischen Pflichten eines Tarifvertrages. Sie muss nicht ausdrücklich im schuldrechtlichen Teil des Tarifvertrages enthalten sein, sondern ist einem jedem Tarifvertrag immanent.[77] Zu unterscheiden sind die relative und die absolute Friedenspflicht. Während die absolute Friedenspflicht jegliche Kampfhandlungen während der Laufzeit eines Tarifvertrages und falls vereinbart auch darüber hinaus (z.B. erfolglosen Durchführung eines obligatorischen Schlichtungsverfahrens) untersagt, beinhaltet die relative Friedenspflicht die Verpflichtung der Tarifvertragsparteien, Arbeitskämpfe um tariflich geregelte Punkte zu unterlassen.[78] Nur soweit sich die Geltungsbereiche des laufenden und des angestrebten Tarifvertrages decken, besteht diese Friedenspflicht. Die tariflich geregelte Materie soll während der Laufzeit des Tarifvertrages kollektiven Auseinandersetzungen entzogen, der Arbeitsfrieden nicht grundlos gestört werden.[79] Verletzt ein Arbeitskampf die absolute oder relative Friedenspflicht, so ist er insgesamt rechtswidrig, auch wenn gleichzeitig einige kampfweise geltend gemachte Forderungen nicht mehr der relativen Friedenspflicht unterliegen.[80]

Lauschke vertritt den Standpunkt, dass Arbeitgeber und Gewerkschaft nicht nur während der Vertragslaufzeit, sondern auch im Verlauf eines Arbeitskamp-

75 Aufzählung bei *Leinemann* DB 1971, 2309 (2314).

76 *Lauschke* 82 ff.; *derselbe* DB 1970; 1175 (1176 f.).

77 BAG NJW 1983, 1750 (1750); NZA 2007, 1055 (1057); *Konzen*, FS Kissel, S. 571 (597); Däubler-*Reinfelder* § 15 Rn. 4.

78 BAG NJW 1983, 1750 (1750); NZA 2007, 1055 (1057).

79 BAG NJW 1983, 1750 (1750); NZA 2003, 734 (739); Schaub-*Schaub* § 201 Rn. 11.

80 EK-*Dieterich* Art. 9 GG Rn. 125.

fes im Bereich der Erhaltungsarbeiten den Frieden wahren müssten,[81] die Rechtsbeziehungen zwischen den Tarifvertragsparteien den konkreten Tarifvertragsabschluss insoweit überdauerten.[82] „Ob gekämpft wird, oder nicht, das Bergwerk darf in keinem Fall „absaufen".“[83] Für die zur Erhaltung der Produktionseinrichtungen notwendigen Arbeiten gelte ein generelles Kampfverbot, gestützt auf den Umstand, dass die Kampfparteien seit langer Zeit fortlaufend Tarifverträge miteinander abgeschlossen hätten und die zwischenzeitlichen Kampfphasen lediglich eine - regelmäßig kurzfristige -Unterbrechung der von beiden Seiten geschaffenen Wirtschafts- und Arbeitsordnung darstellten (tarifrechtliche Dauerrechtsbeziehung).[84] Das ständige Aushandeln von Arbeitsbedingungen in Erfüllung ihrer verfassungsrechtlichen Aufgabe schaffe zwischen den Tarifpartnern einen qualifizierten „sozialen Kontakt".[85] Die regelmäßige Wiederkehr von Tarifvertragsabschlüssen könne zu einem Rechtsverhältnis im Sinne einer laufenden Geschäftsverbindung zusammengezogen werden.[86] Diese Beziehung dauerrechtlicher Natur ergebe zwischen den Tarifverträgen eine rechtliche „Sonderverbindung", innerhalb derer der in § 242 BGB normierte, das gesamte Rechtsleben beherrschende Grundsatz, wonach jedermann in Ausübung seiner Rechte und Erfüllung seiner Pflichten nach Treu und Glauben und mit Rücksicht auf die Verkehrssitte zu handeln hat,[87] zum Tragen käme.[88]

Nach Treu und Glauben hat sich jeder Teil so zu verhalten, dass Leben, Gesundheit, Eigentum und sonstige Rechtsgüter des anderen Teils nicht geschädigt werden.[89] Der Rechtsausübung wird also dort eine Schranke gesetzt, wo sie zu untragbaren, mit Recht und Gerechtigkeit offensichtlich unvereinbaren Ergebnissen führt.[90]

Da die Auswirkungen unterlassener Erhaltungsarbeiten unerträglich seien - und zwar sowohl für den Arbeitgeber, der um den Fortbestand seines Betriebes fürchten muss, als auch wegen des mit der Zerstörung des Betriebes einherge-

---

81 Vgl. *Lauschke* S. 82 ff.

82 Vgl. *Lauschke* S. 82 ff.; *derselbe* DB 1970, 1175 (1176 f.); *Seiter* ZfA 1989, 283 (291); siehe auch *Mayer-Maly* RdA 1966, 201 (207), wonach wiederholter Vertragsschluss zusätzliche Nebenpflichten schafft.

83 *Lauschke* S. 82.

84 *Lauscke* DB 1970, 1175 (1175 ff.).

85 *Lauscke* DB 1970, 1175 (1176); *derselbe* S. 80; siehe auch *Seiter* ZfA 1989, 283 (300).

86 *Lauschke* S. 80 ff.; *Mayer-Maly* RdA 1966, 201 (207); *Reuter* JuS 1986, 19 (19); *Waas* AuR 1991, 334 (337 f.).

87 Palandt-*Grüneberg* § 242 Rn. 1, 3.

88 Vgl. *Rüthers* ZfA 1987, 1 (56); *Reuter* JuS 1986, 19 (19); *Seiter* ZfA 1989, 283 (285 f., 291, 297 ff.); *Meyer*, FS Buchner, S. 628 (637); *Dütz* BB 1980, 533 (536).

89 Palandt-*Grüneberg* § 242 Rn. 23.

90 BGH NJW 1977, 2072 (2072), 1987, 1069 (1070); Palandt-*Grüneberg* § 242 Rn. 1 f..

henden Verlusts von Arbeitsplätzen für die Arbeitnehmer - sei es den Sozialpartnern verboten, sich über Belange des jeweils anderen bzw. dessen Mitglieder hinwegzusetzen und die eigenen Interessen in einer für den anderen bzw. dessen Mitglieder unzumutbaren Weise durchzusetzen.[91] Nach Treu und Glauben seien sie zur Durchführung und Duldung von Erhaltungsarbeiten verpflichtet.[92]

Lauschkes Herleitungsversuch ist entgegen zu halten, dass die dem Tarifvertrag innewohnende Friedenspflicht auf die Dauer zwischen Inkrafttreten und Ablauf des Tarifvertrags begrenzt ist. Nur solange der Tarifvertrag besteht, stellt er eine Friedensordnung dar, nach der Kampfmaßnahmen (zur Neuregelung des Vertragsinhalts) verboten sind.[93] Nur solange ist die Beziehung der Tarifvertragsparteien durch eine ständige (Friedens-)Pflichtanspannung gekennzeichnet. Nach seinem Auslaufen ist der Arbeitsfriede nicht mehr durch die Friedenspflicht geschützt.[94] Entfällt die Friedenspflicht aber vollumfänglich, kann sie nicht weiterhin partielle Wirkungen entfalten.[95] Im nachvertraglichen Stadium ändert auch das Pflichtengefüge aus § 242 BGB daran nichts.[96] „Allein der Umstand, dass die Tarifvertragsparteien seit langer Zeit fortlaufend Tarifverträge abgeschlossen haben, führt nicht zu einer Erweiterung der tarifvertraglichen Friedenspflicht."[97]

Selbst wenn man berücksichtigt, dass die Tarifvertragsparteien den Umfang der Friedenspflicht näher ausgestalten und zumindest in zeitlicher Hinsicht erweitern können[98], bietet der Ansatz *Lauschkes* dann keine Lösung, wenn in dem vorangehenden Tarifvertrag eine entsprechende Vereinbarung nicht getroffen worden oder diese unzureichend ist. Für eine nachwirkende Friedenspflicht fehlt dann jede Rechtsgrundlage.[99]

Auch kommt der Gedanke, eine im tarifvertragslosen Zustand fortgeltende gemeinsame Verpflichtung folge aus den aufeinanderfolgenden Vertragsbeziehungen, gar nicht erst zum Tragen, wenn sich die Parteien erstmalig im Kampf

---

91 BAGE 20, 175 (222); siehe auch *Lauschke* S. 78 ff. (86, 87); *Seiter* ZfA 1989, 283 (289 f.).

92 *Lauschke* DB 1970, 1175 (1176), *Seiter* ZfA 1989, 283 (305).

93 BAG NJW 1983, 1750 (1750 f.); BAGE 46, 322 (330); *Czerweny von Arland* S. 37.

94 *Heckelmann* S. 13; *Seiter* ZfA 1989, 283 (284, 296); *Schiffer* S. 42.

95 So aber *Lauschke* S. 82.

96 BAGE 46, 322 (330); siehe auch Däubler-*Reinfelder* § 15 Rn. 6.

97 BAG NJW 1983, 1750 (2. Ls.); siehe auch Däubler-*Reinfelder* § 15 Rn. 6; *Gamillscheg* S. 1082 m.w.N. in Fn. 114.

98 BAG NJW 1983, 1750 (1750); *Gamillscheg* S. 1083; *von Hoyningen-Huene* JuS 1987, 505 (507); *Dütz* BB 1980, 533 (535).

99 *Däubler* AuR 1981, 257 (260); so auch BAGE 46, 322 (330).

gegenüberstehen. Dann fehlt es an der nach *Lauschke* verpflichtenden Dauerhaftigkeit der Beziehung.

Zwar müssen Tarifverträge grundsätzlich immer zwischen ein und denselben Vertragspartnern zustande kommen, denn anders als im marktorientierten Geschäftsverkehr ist ein Ausweichen auf andere Vertragspartner, sollte der ins Auge gefasste die ihm gegenüber erhobenen Forderungen nicht akzeptieren oder sich gar nicht erst verhandlungsbereit zeigen, nicht möglich.[100] Zu bedenken ist aber, dass sich diese Problematik infolge der Entwicklung in der Tariflandschaft - weg von dem einheitlichen, von einer Gewerkschaft abgeschlossenem Tarifwerk für die entsprechende Branche (oder auch nur den Betrieb), hin zu eigenen Tarifforderungen durch sog. Spezialisten- oder Spartengewerkschaften,[101] wie beispielsweise die Vereinigung Cockpit (VC), die Gewerkschaft der Flugsicherung (GdF), die Gewerkschaft Deutscher Lokomotivführer (GDL) und der Marburger Bund, - gerade in letzter Zeit nicht selten gestellt hat. Immer mehr Berufsgruppen fühlen sich nicht ausreichend repräsentiert von den großen etablierten Gewerkschaften, deren tarifpolitisches Interesse sehr oft auf die Stärkung der unteren Einkommen gerichtet ist, was zu Lasten höherer Einkommensgruppen und solcher Mitglieder geht, die meinen, zu niedrig in das tarifliche Gefüge der alle möglichen Berufsgruppen umfassende Tarifverträge eingeordnet worden zu sein.[102] Deswegen gehen immer mehr Berufsgruppen dazu über, ihre Interessen eigens zu verfolgen.[103] Dieser Entwicklung ebnet die Rechtsprechung den Weg.

---

100 BAGE 33, 140 (150); BAG NZA 1989, 601 (2. Ls.), wonach „eine Gewerkschaft keinen Anspruch gegen den tariflichen Gegenspieler auf Aufnahme und Führung von Tarifverhandlungen hat"; *Seiter* RdA 1986, 165 (183); *derselbe* ZfA 1989, 283 (284, 299 f.).

101 *Greiner* NZA 2007, 1023 (1023 f., Fn. 3); Der Begriff „Spartengewerkschaft" kennzeichnet eine Gewerkschaft, die die Interessen bestimmter Berufsgruppen vertritt und dabei eigenständige Tarifverträge für Angehörige dieser Berufsgruppe erstrebt (Berufsgruppengewerkschaft). Da diese oftmals gegenüber anderen in der Branche tätigen Arbeitnehmern besonders qualifiziert sind, werden ihre Zusammenschlüsse auch als „Spezialistengewerkschaft" oder „Funktionselite" bezeichnet. Diese Bezeichnung ist insoweit irreführend, als dass jede Gruppe, deren Mitglieder auf eine Art und Weise qualifiziert sind, die sie kurzfristig schwer austauschbar macht, über ein gewisses Druckpotential verfügt, vgl. *Kamanabrou* ZfA 2008, 241 (242 f.); *Hromadka* NZA 2008, 384 (384).

102 Vgl. *Scholz*, FS Buchner, S. 827 (827); *Henssler* RdA 2011, 65 (73); *Schliemann*, FS Bauer, S. 923 (932); *derselbe* RdA 2012 14 (19); *Jacobs*, FS Buchner, S. 343 (344); *Hromadka* NZA 2008, 384 (384 f.).

103 *Von Steinau-Steinrück/Glanz* NZA 2009, 113 (113); *Reichold* NZA 2007, 1262 (1263) stellen klar, dass nicht die Existenz von Spezialisten- oder Spartengewerkschaften neu

Während das Bundesarbeitsgericht in seiner Entscheidung vom 14.12.2004 zur Tariffähigkeit der Arbeitnehmervereinigung „Unabhängige Flugbegleiter Organisation e.V. (UFO)“ lediglich darauf hinwies, dass es „einer Koalition unbenommen bleiben soll, sich um den Abschluss eines spezielleren, einen konkurrierenden Tarifvertrag verdrängenden Tarifvertrags zu bemühen“,[104] änderte es im Jahre 2010 seine jahrzehntelang andauernde ständige Rechtsprechung zur Geltung des Grundsatzes der Tarifeinheit als Kollisionsregel bei Tarifpluralität („ein Betrieb, ein Tarifvertrag“[105])[106]. Tarifpluralität liegt vor, wenn der Betrieb des Arbeitgebers vom Geltungsbereich zweier von verschiedenen Gewerkschaften geschlossenen Tarifverträge für Arbeitsverhältnisse derselben Art erfasst wird, an die der Arbeitgeber gebunden ist, während für den jeweiligen Arbeitnehmer je nach Tarifgebundenheit nur einer der beiden Tarifverträge Anwendung findet.[107] Bislang löste das Bundesarbeitsgericht eine Tarifpluralität im Falle einer unmittelbaren Tarifgebundenheit des Arbeitgebers an verschiedene Tarifverträge - sei es aufgrund Allgemeinverbindlichkeitserklärung im Sinne des § 5 Abs. 4 TVG oder kraft Organisationszugehörigkeit - nach dem Grundsatz der Tarifeinheit auf. Dieser besagt, dass in einem Betrieb grundsätzlich nur ein Tarifvertrag Anwendung findet und zwar derjenige, der geeignet ist, eine Ordnung für den gesamten Betrieb zu schaffen[108]. Der dem Betrieb räumlich, betrieblich, fachlich und persönlich am nächsten stehende und deshalb den Eigenarten und Erfordernissen des Betriebes und der darin tätigen Arbeitnehmer am besten Rechnung tragende Tarifvertrag verdrängt den anderen Tarifvertrag (Spezialität).[109]

---

ist - den Marburger Bund gibt es bereits seit 1948, die GDL seit 1867 -, sondern deren Art zur Durchsetzung der Minderheiteninteressen ihrer Mitglieder.

104 BAG NZA 2005, 697 (704).

105 BAGE 4, 37 ff.; BAG NZA 1991, 736 (738 f.); NZA 1994, 1038 (1040); NZA 2007, 1111 (1115); siehe zu „Betrieb“ im Sinne dieses Grundsatzes *Bayreuther* NZA 2008, 12 (13).

106 Siehe Beschl. des Vierten Senats v. 27.01.2010, Az.: 4 AZR 537/08 (A)-juris = NZA 2010, 645 ff.; Beschl. des Zehnten Senats v. 23.06.2010, Az.: 10 AS 2/10 u .Az.: 10 AS 3/10-juris = NZA 2010, 778 (778); Beschl. v. 07.07.2010, Az.: 549/08-juris = NZA 2010 1068 ff..

107 BAG NZA 1991, 202 (203); NZA 1991, 736 (738); LAG Sachsen NZA 2008, 59 (63), zur Unterscheidung von Tarifpluralität und Tarifkonkurrenz *Reichold* RdA 2007, 321 (323 ff.).

108 BAG NZA 1991, 736 (739); NZA 1991, 202 (203); *Hromadka* NZA 2008, 384 (385).

109 BAG NZA 1991, 736 (739); NZA 1991, 202 (203); NZA 1994, 1038 (1040); NZA 2002, 1406 (1407 f.); NZA 2007, 1111 (1115); *Scholz*, FS Buchner, S. 827 (828); näher zur Verdrängung *Buchner* BB 2003, 2121 (2125) m.w.N..

An dieser zwangsweisen Auflösung der (auf privatautonome Entscheidungen zurückzuführenden[110]) Tarifpluralität will das Bundesarbeitsgericht nun nicht mehr festhalten, mit der Folge, dass in einem Betrieb auch im Fall sich überschneidender Geltungsbereiche unterschiedliche Tarifverträge zur Anwendung kommen können.[111]

War es vormals üblich, dass sich Gewerkschaften zur Durchsetzung gemeinsamer Ziele und Erhöhung der Kampfkraft zu Tarifgemeinschaften zusammenschlossen - so geschehen bei der Bahn, wo TRANSNET (Gewerkschaft der Eisenbahner Deutschlands), GDBA (Gewerkschaft Deutscher Bundesbeamten und Anwärter) sowie GDL lange Zeit einheitlich für alle Organisationen geltende Tarifverträge abgeschlossen haben[112] - oder dass konkurrierende Gewerkschaften mit der Arbeitgeberseite für die jeweiligen Mitglieder geltende, aber inhaltsgleiche Tarifverträge abschlossen[113] - so konnte sich die Lufthansa AG bislang mit ver.di (Vereinte Dienstleistungsgewerkschaft) und UFO auf gleiche Inhalte und Laufzeiten in den jeweiligen Tarifverträgen für die Flugbegleiter einigen[114] - ist es nunmehr etwa der GDL möglich, einen eigenen Tarifvertrag zu fordern, der von den gegebenen Tarifverträgen der (Mehrheits-) Gewerkschaften, in diesem Fall Transnet und GDBA, abweicht, und zu versuchen, diesen mit eigenen Streikmaßnahmen durchzusetzen.[115] Dies hat zur Folge, dass sich etwa die Luft-

---

110 Zur gewillkürten Tarifpluralität siehe *Deinert* NZA 2009, 1176 (1181 f.); *Kamanabrou* ZfA 2008, 241 (257); *Bayreuther* NZA 2006, 642 (644); *Henssler* RdA 2011, 65 (67); *Reichold* RdA 2007, 321 (325 f.); BAG, Urt. v. 11.02.2004, Az.: 4 AZR 94/03-juris, Rn. 35.

111 BAG NZA 2010, 778 (778); siehe hierzu *Löwisch* RdA 2011, 263 (264 f.) m.w.N..

112 LAG Sachsen NZA 2008, 59 (65); siehe auch *Scholz*, FS Buchner, S. 287 (230); *Meyer*, FS Buchner, S. 628 (636); *Buchner* BB 2003, 2121 (2121).

113 *Schliemann*, FS Bauer, S. 923 (932); *Meyer*, FS Buchner, S. 628 (636.); *Gerber* ZfA 2008, 311 (312).

114 „Lufthansa, Ärzte und Bahn zur Tarifeinheit - Gewerkschaftspluralität bei Lufthansa Realität", Süddeutsche-Artikel vom 24.06.2010, abrufbar unter www.sueddeutsche.de.

115 *Scholz*, FS Buchner, S. 827 (827); *Meyer*, FS Buchner, S. 628 ff.; *Konzen* JZ 2010, 1036 (1039); *Dieterich* AuR 2011, 46 (46); Kamen vormals die tariflichen Regelungen nach dem Grundsatz der Tarifeinheit (zeitweilig) nicht zur Geltung, stellte sich der sie anstrebende Streik als rechtswidrig dar, vgl. *Buchner* BB 2003, 2121 (2126, 2128 f.); *Rolfs/Clemens* NZA 2004, 410 (414); LAG Rheinland-Pfalz, Urt. v. 22.06.2004, Az.: 11 Sa 2096/03-juris, Rn. 68; *Meyer* NZA 2006, 1387 (1390); *Henssler* ZfA 2010, 397 (412); *Giesen* ZfA 2011, 1 (42 f.); *Hromadka* NZA 2008, 384 (389 f.); die darin liegende Benachteiligung der Spezialisten- und Spartengewerkschaften thematisierend *Greiner* NZA 2007, 1023 (1026); a.A. MünchArbR-*Ricken* § 200 Rn. 30, der eine Begrenzung des Streikrechts durch den Grundsatz der Tarifeinheit für nicht gerechtfertigt hält; so auch *Kamanabrou* ZfA 2008, 241 (252 ff., 259); *Reichold* RdA 2007, 321 (327); *Franzen* ZfA 2009, 297 (311 f.); *Jacobs*, FS Buchner, S. 343 (351); LAG Rheinland-

hansa AG bei der Regelung der Arbeitsbedingungen für Piloten, Fluglosten, Kabinenpersonal und sonstigen Flughafenbeschäftigten fortan mit einer Vielzahl von Arbeitnehmervereinigungen auseinandersetzen muss, darunter ver.di, GdF, UFO, Vereinigung Cockpit (VC), Vereinigung Boden (VB) und Vereinigung Luftfahrt (VL), deren fachliche und persönliche Zuständigkeitsbereiche sich teilweise überlappen.[116] Da nur die im Deutschen Gewerkschaftsbund zusammengeschlossenen Einzelgewerkschaften gemäß §§ 15, 16 DGB-Satzung von sich aus zur Vermeidung von Überschneidungen, notfalls mit Hilfe einer schiedsgerichtlichen Klärung von Konkurrenzfragen, verpflichtet sind[117], treten die restlichen Gewerkschaften zu diesen und zueinander in Konkurrenz. Eine jede Arbeitnehmervereinigung zur Kooperation anhaltende staatliche Norm fehlt.

Wenn sich von den großen Gewerkschaften abspaltende oder aus deren Schatten hervortretende kleinere Gewerkschaften erstmalig dem Arbeitgeber im Kampf um einen eigenen Tarifvertrag gegenüber stehen, gibt es keine vertraglich begründete Pflicht, die im Verhältnis zueinander nachwirken bzw. fortgelten und daher Grundlage für die Pflicht zur Leistung von Erhaltungsarbeiten sein könnte.[118] Die nunmehr zunehmend mögliche Situation des erstmaligen Kontakts wird von *Lauschkes* Ansatz insoweit nicht erfasst, wie die Beziehung zwischen dem Arbeitgeber und den Gewerkschaften zwar auf Dauer angelegt, aber noch nicht von Dauer ist.

b) Erstmaliges Aufeinandertreffen der Sozialpartner

Da im AGB-Recht bereits die erstmalige von mehrfach geplanten Verwendungen der Vertragsbedingungen gegenüber verschiedenen Partnern oder auch nur dem gleichen Partner genügt,[119] ist zu überlegen, ob ein dahinter stehender Rechtsgedanke für das hier behandelte Problem, der Pflicht der Sozialpartner zur Leistung der Erhaltungsarbeiten beim erstmaligen Gegenüberstehen im Arbeitskampf, fruchtbar gemacht werden kann. Allein dadurch, dass es sich bereits

---

Pfalz DB 2007, 2432 (2433 f.); LAG Sachsen NZA 2008, 59 (65 f.); Hessisches LAG NZA 2003, 679 (680), wonach über die Spezialität des Tarifvertrages und die daraus folgende Verdrängung eines anderen Tarifvertrags erst entschiedenen werden kann, wenn ein entsprechender Tarifvertrag zustande gekommen ist, weswegen dessen Zustandekommen einschließlich seiner streikweise Erzwingung nicht behindert werden darf.

116 Vgl. *Franzen* RdA 2008, 193 (201); *Gerber* ZfA 2008, 311 (311 ff.).

117 *Bayreuther* NZA 2006, 642 (644); *Schliemann*, FS Bauer, S. 923 (932, 939).

118 Kritisch auch *Heckelmann* S. 13; *Leinemann* DB 1971, 2309 (2315).

119 Palandt-*Grüneberg* § 305 Rn. 9 m.w.N..

bei ihrer erstmaligen Verwendung um Vertragsbedingungen im Sinne des AGB-Rechts handelt und es dafür nicht des Eingehens eines Vertragsverhältnisses, sondern nur des Angebotes ihrer Einbeziehung in dieses bedarf, werden jedoch (vor -) vertragliche Rechte und Pflichten[120] nicht begründet. Den Inhalt des Vertragsverhältnisses gestalten die Vertragsbedingungen erst bei Einbeziehung in dieses. Voraussetzung ist daher der Abschluss eines Vertrages, zu dem es zwischen den Sozialpartnern erst noch kommen soll. Daher führen in Bezug auf das AGB-Recht angestellte Überlegungen nicht weiter. Das erstmalige Stellen von Tarifforderungen begründet keine Pflicht zur Leistung der Erhaltungsarbeiten.

c) Vorvertragliches Schuldverhältnis

Um *Lauschke* gerecht zu werden, muss sein Ansatz aber noch aus einem anderen Blickwinkel als dem des vorausgegangenen Tarifvertrags und dessen nachwirkenden Pflichten betrachtet werden. Der tariflose Zustand muss dann nicht allein durch Nachwirkung gekennzeichnet sein, wenn dem ihm nachgehenden Tarifvertrag eine Vorwirkung zukommt.[121] Eine Grundlage hierfür findet sich im allgemeinen Zivilrecht. Gemäß § 311 Abs. 2 BGB ist bereits die tatsächliche Aufnahme von Vertragsverhandlungen geeignet, erhöhte Sorgfalts- und Rücksichtnahmepflichten unter den Beteiligten zu begründen. Zwar besteht noch keine Leistungspflicht, die durch die zielgerichtete Kontaktaufnahme eingegangene Sonderverbindung verpflichtet jedoch zu bestimmten Verhaltensweisen.[122] Die von § 241 Abs. 2 BGB benannten Schutzpflichten[123] dienen im Rahmen dieser Beziehung dazu, die intensivere Einwirkungsmöglichkeit auf Rechte und Rechtsgüter und auch Vermögen zu kompensieren, die dadurch entsteht, dass dem potentiellen Vertragspartner im Rahmen der Vertragsvorbereitungen die Möglichkeit zur Einwirkung auf die eigenen Güter und Interessen gewährt oder ihm diese anvertraut werden.[124] Derjenige, der seine Güter und Interessen im Hinblick auf den Vertragszweck in diese Sonderverbindung einbringt, muss erwarten dürfen, dass der andere Teil sorgfältig und rücksichtsvoll mit dem ihm

---

120 BGH NJW 1996, 2574 (2575).

121 Siehe hierzu auch *Zöllner/Loritz/Hergenröder*, Arbeitsrecht 2008, S. 439 f.; *Seiter* ZfA 1989, 283 (296).

122 Palandt-*Grüneberg* Einl. v. § 241 Rn. 4, 69; siehe hierzu auch *Zöllner/Loritz/Hergenröder* S. 439 f.; *Seiter* ZfA 1989, 283 (295); *Dütz* BB 1980, 533 (536).

123 Palandt-*Grüneberg* Einl. v. § 242 Rn. 23, wonach § 241 Abs. 2 BGB die Rücksichtspflicht zwar benennt, aber nicht begründet. Die Pflicht zur Rücksicht auf Rechte, Rechtsgüter und Interesses des anderen Teils beruht auf § 242 BGB.

124 Palandt-*Grüneberg* § 311 Rn. 23; *Konzen*, FS Kissel, S. 571 (592 f., 600 f.).

Anvertrauten verfährt.[125] Das im Rahmen dieser Sonderverbindung gesteigerte Integritätsrisiko rechtfertigt einen über das Deliktsrecht hinausgehenden Schutz.[126]

Darauf aufbauend, dass der auf den Abschluss eines Tarifvertrages gerichtete Streik rein zeitlich gesehen ein vorvertragliches Verhalten sei, zieht *Lauschke* den Schluss, dass die Unterlassung von Instandhaltungsmaßnahmen eine unzulässige Beeinträchtigung des Gegners darstellt, die nicht dem Zweck der Vertragsvorbereitung entspreche.[127] In dem vorvertraglichen Kontakt sieht *Lauschke* eine Pflicht der Kampfgegner zur „vertrauensvollen Zusammenarbeit" begründet, welche die Vornahme von Erhaltungsarbeiten gebiete.[128] Im Ergebnis wendet er also die aus dem allgemeinen Zivilrecht bekannte Rechtsfigur der culpa in contrahendo, nunmehr normiert in §§ 280 Abs. 1, 241 Abs. 2, § 311 Abs. 2 BGB, auf die Beziehungen zwischen den Kampfparteien an. Die sich bereits aus der Vertragsanbahnung ergebenden, dem Vertrag vorwirkenden Pflichten treffen nicht nur vormalige Tarifpartner. Sie sind auch dann beiderseitig zu beachten, „wenn eine tariffähige Partei erstmals an einen anderen potentiellen Tarifpartnern herantritt."[129]

Es stellt sich jedoch die Frage, ob die Rechtsfigur der vorvertraglichen Sonderbeziehung, aus der Schutzpflichten erwachsen, auf das Tarifvertragssystem übertragbar ist. Neben dem normativen Teil, der Rechtsnormen für die Arbeitsverhältnisse der Tarifunterworfenen aufstellt, enthält ein Tarifvertrag auch einen obligatorischen Teil, in dem die Rechtsbeziehungen der Tarifvertragsparteien zueinander geregelt werden. Während der Tarifvertrag im normativen Bereich Gesetz im materiellen Sinne ist, sind die schuldrechtlichen Vereinbarungen dem allgemeinen Vertragsrecht untergeordnet.[130] Da aber auch dem normativen Teil Verhandlungen vorangehen, schließlich werden die tariflichen Bestimmungen im Arbeitskampf erst ausgehandelt, geht es insgesamt um einen Vertragsabschluss.[131] Es spricht also vieles dafür, dass in der dem Vertragsschluss vorausgehenden Verhandlungsphase eine Pflicht besteht, die andere Seite vor Kampfschäden zu bewahren, d.h. zumindest Erhaltungsarbeiten vorzunehmen.

125 Vgl. *Konzen*, FS Kissel, S. 571 (600 f.).

126 Vgl. *Konzen*, FS Kissel, S. 571 (579 f., 593, 600).

127 *Lauschke* S. 78 f.; *derselbe* DB 1970, 1175 (1176); so auch *Zöllner/Loritz/Hergenröder* S. 439 f..

128 *Lauschke* S. 82; so auch *Zöllner/Loritz/Hergenröder* S. 439 f..

129 *Seiter* ZfA 1989, 283 (295).

130 *Konzen*, FS Kissel, S. 571 (605); *Kraus* S. 23.

131 *Waas* AuR 1991, 334 (335, 339); *Seiter* ZfA 1989, 283 (301).

Ausschlaggebend ist letztendlich, ob zwischen den Kampfparteien eine auf Gegenseitigkeit beruhende Vertrauensbasis besteht.[132] Die gegenüber dem Deliktsrecht gesteigerte Pflichtigkeit ist nur dann begründet, wenn sich ein Kontrahent bewusst und gewollt erhöhten Einwirkungsgefahren aus dem Verantwortungs- und Beherrschungsbereich des anderen aussetzt.[133] Insoweit besteht aber ein Unterschied zwischen arbeitskampfrechtlichen und privatrechtlichen Verhandlungsbeziehungen. Während sich die Parteien „normaler" Vertragsanbahnungen nach Angebot und Nachfrage zusammenfinden (Privatautonomie im Sinne des Art. 2 Abs. 1 GG), ist es auf kollektivrechtlicher Ebene der einen Seite erlaubt, die andere über den Weg der Druckausübung zu Verhandlungen über einen Tarifvertrag und dessen Abschluss zu bewegen (Tarifautonomie im Sinne des Art. 9 Abs. 3 GG).[134] Das Recht zur kollektiven Arbeitsverweigerung tritt sozusagen an die Stelle des Rechts zur Geschäftsverweigerung im Güter- und Dienstleistungsverkehr.[135] Dabei geht die Befugnis, zum Zwecke der Vereinbarung von Arbeitsbedingungen Druck auszuüben, also zu kämpfen, über den faktischen Kontrahierungszwang gegenüber Monopolen in marktwirtschaftlich geordneten Bereichen hinaus.[136] Während beide Seiten bei anderen Verhandlungsbeziehungen als denen zu einem Tarifvertrag von der Nichtgefährdung ihrer jeweiligen Rechtsgüter ausgehen und sich eine Gefährdung eher als eine unerwartete Ausnahme darstellt, wird im Rahmen von Tarifverhandlungen ein gewisser Gefährdungsgrad von vornherein akzeptiert, denn gerade die zielgerichtete Schadenszufügung dient der Erzwingung eines Tarifvertrages.[137] Die Einwirkungsmöglichkeit einer Kampfpartei auf die Rechtsgüter der Gegenseite folgt nicht aus einer im vorvertraglichen Stadium bestehenden Sonderbeziehung, sondern ist Bestandteil des Koalitionsprivilegs.[138] Es geht nicht darum, dass eine Kampfpartei ihre Rechtsgüter vor dem Hintergrund besonderen Vertrauens der Einwirkung der anderen öffnet.[139] Vielmehr muss der Arbeitgeber mit arbeits-

---

132 Vgl. *Konzen*, FS Kissel, S. 571 (605); *Seiter* ZfA 1989, 283 (298).

133 *Waas* AuR 1991, 334 (338); *Konzen*, FS Kissel, S. 571 (600 f.).

134 Vgl. ArbG Düsseldorf DB 1982, 387 (387); *Konzen*, FS Kissel, S. 571 (604).

135 Vgl. *Seiter* RdA 1986, 165 (183); *derselbe* ZfA 1989, 283 (284, 299 f.); Bespr. v. *Reuter*, Jus 1997, 761 (761); siehe auch BAG NZA 1989, 601 (2. Ls., 603 f.), wonach „eine Gewerkschaft keinen Anspruch gegen den tariflichen Gegenspieler auf Aufnahme und Führung von Tarifverhandlungen hat", diese aber im Wege des Arbeitskampfes erzwungen werden können; *Ricker* NJW 1980, 157 (157) hebt hervor: „Bei fehlendem Konsens auf einen Vertragsschluss zu verzichten, ist aus hier naheliegenden wirtschafts- und sozialpolitischen Gründen nicht praktikabel."

136 Dies vergleichend *Konzen*, FS Kissel, 571 (604).

137 *Kraus* S. 24; so auch ArbG Düsseldorf DB 1982, 387 (387 f.).

138 *Reuter* Jus 1986, 19 (19).

139 *Reuter* Jus 1986, 19 (19); siehe auch *Konzen*, FS Kissel, S. 571 (605 f.); *Kraus* S. 24.

kampfrechtlichen Störungen rechnen und Schäden infolge eines der Tarifautonomie dienlichen Arbeitskampfes hinnehmen.[140] Von einem Vertrauen in die Unversehrtheit der Integrität, welches sich beide Seiten entgegenbringen, kann daher nicht die Rede sein. Das Verfahren der Tariffindung darf nicht dadurch eingeschränkt werden, dass es in Rechtsinstitute auf einfachgesetzlicher Grundlage wie die Vertrauenshaftung gepresst wird.[141]

Zudem führen Verletzungen gegen die im vorvertraglichen Schuldverhältnis bestehenden Schutzpflichten lediglich zum Ersatz des daraus erwachsenden Schadens. Allenfalls können sie zu einer Unterlassung[142], nicht aber zu einem Tätigwerden in Form von Erhaltungsarbeiten verpflichten.

Letztlich vermag die Annahme einer ständigen Beziehung zwischen den Tarifvertragsparteien, die sowohl vor-, als auch nachvertragliche Pflichten begründe, aus denen „das Gebot der Vornahme von Instandhaltungsarbeiten" folge[143], nicht zu überzeugen. Sie bietet keinen Rechtsgrund für eine Pflicht zur Durchführung von Erhaltungsarbeiten.

3. Herleitung aus dem Grundsatz der Verhältnismäßigkeit

In Betracht kommt eine Herleitung der Pflicht der Sozialpartner zur Leistung von Erhaltungsarbeiten aus dem Grundsatz der Verhältnismäßigkeit, soweit dieser im Arbeitskampfrecht Anwendung findet. Anzusetzen ist bei den Rechtsmäßigkeitsanforderungen, die an einen Streik zu stellen sind. Dazu gehört nach deutschem Arbeitskampfrecht[144], dass er nur zur Durchsetzung eines tarifver-

140 Vgl. BAG AuR 1955, 218 (219); *Apfel* S. 128.

141 *Waas* AuR 1991, 334 (339 f.); siehe auch Däubler-*Nitsche* § 22 Rn. 105, wonach sich durch ein vorvertragliches Schuldverhältnis gemäß oder analog § 241 Abs. 2 BGB besondere Rücksichtspflichten, die über die allgemeinen Grundsätze zur Zulässigkeit von Arbeitskampfmaßnahmen hinausreichen, nicht begründen lassen; a.A. *Seiter* ZfA 1989, 283 (299 ff.).

142 Palandt-*Grüneberg* § 280 Rn. 33.

143 *Lauschke* S. 82.

144 Nach Meinung des vom Ministerkomitee des Europarats eingesetzte Sachverständigenausschusses ist das Verbot aller Streiks in Deutschland, die nicht auf den Abschluss eines Tarifvertrages gerichtet sind, unvereinbar mit dem eine umfassende Streikgarantie enthaltenden Art. 6 Abs. 4 ESC und daher aufzugeben. Das Ministerkomitee hat der Bundesrepublik bereits im Jahr 1998 eine entsprechende Empfehlung erteilt, abgedruckt in AuR 1998, 154 ff.. Einer Umsetzung dieser Empfehlung in deutsches Arbeitskampfrecht würde zum einen das gewerkschaftliche Streikmonopol zum Opfer fallen, so dass auch der verbandsfreie Streik zulässig wäre. Zum anderen wäre die Beschränkung auf

traglich regelbaren Gegenstandes eingesetzt werden darf[145] und deswegen von einer gemäß § 2 Abs. 1 TVG zum Abschluss eines Tarifvertrages fähigen Ge-

---

tariflich regelbare Ziele hinfällig und damit auch der Demonstrationsstreik gegen als ungerecht oder übermäßig belastend empfundene Maßnahmen wie z.B. umfangreicher Personalabbau, Betriebsschließung oder Standortverlagerung generell möglich; vgl. *Däubler* AuR 1998, 144 (145); EK-*Dieterich* Art. 9 GG Rn. 71, 105; zu dem sog. „Bündnis für Arbeit und Standorterhalt" EK-*Dieterich* Art. 9 GG Rn. 114; Däubler-*Däubler* § 17 Rn. 209; *Wolter* RdA 2002, 218 (225) u. zum sog. „Tarifsozialplan" bzw. „Sozialtarifvertrag" BAG NZA 2007, 987 (1. Ls., 995 ff.), NZA 2007, 821 (1. Ls., 824); BetrVG-*Däubler* § 111 Rn. 13 f.; zu deren Zulässigkeit und/oder Erzwingbarkeit kritisch bis ablehnend gegenüber stehend LAG Hamm NZA-RR 2000, 535 (537); LAG Schleswig Holstein SAE 2004, 227 (231); *Höfling* ZfA 2008, 1 (16 ff.); *Rieble* RdA 2005, 200 ff.; *Lobinger*, in: Rieble (Hrsg.), Zukunft des Arbeitskampfes 2005, S. 55 (64, 78 ff.); *Löwisch* DB 2005, 554 (558 f.); *Bauer/Krieger* NZA 2004, 1119 (1020 ff.); *Rolf/Clemens* NZA 2004, 410 (415 f.); *Nicolai* RdA 2006, 33 (34 ff.); R*eichold* BB 2004, 2814 (2817 f.); *Hohenstatt/Schramm* DB 2004, 2214 (2216 f.); *Otto* § 5 Rn. 13 ff. (15).

Nur die Verfolgung politischer Ziele könnte weiterhin unterbunden werden. Schließlich sollen Arbeitnehmer u. Arbeitgeber „der demokratisch gewählten und dem gesamten Volk verantwortlichen Staatsgewalt" nicht ihren Willen aufzwingen können (Verbot des politischen Arbeitskampfs), vgl. *Seiter* S. 116 ff. (121); *Hessel* BB 1951, 85 (87); *Müller* RdA 1951, 247 (248 f.).Für sich allein entfaltet die Empfehlung aber keine Bindungswirkung für die innerstaatlichen Rechtsanwender, vgl. Zurückweisung durch die Bundesregierung BT-Drucks. 13/11415 v. 3.09.1998, S. 17 f.; *Bepler*, FS Wissmann, S. 97 (106 f.); *Reuter* ZfA 1990, 535 (545). Die Frage, ob die mit der ESC eingegangene „völkerrechtliche Verpflichtung" geltendes Bundesrecht ist oder ob sie den Gesetzgeber sowie den rechtsfortbildenden Richter bindet oder Auslegungsmittel für das nationale Recht ist, hat das BVerfG (E 58, 233 (254)) offengelassen, so auch BAGE 33, 140 (156 f.); 104, 155 (169); BAG NZA 2007, 987 (994); in der Literatur ist sie seit jeher umstritten, vgl. *Otto* § 4 Rn. 55; *Däubler* AuR 1998, 144 (147 f.); *Rieble* RdA 2005, 200 (203); *Kissel* § 20 Rn. 19 ff.; Däubler-*Lörcher* § 10 Rn. 10 ff., 20 ff.; *Pfeiffer* S. 12, 80.

145 BAGE 48, 160 (168); 58, 343 (348); 62, 171 (182); BAG DB 1985, 1239 (1239 f.); NZA 2003, 734 (735); *Kissel* § 24 Rn. 2 f., 9; Brox/Rüthers-*Rüthers* Rn. 130, 138; *Gamillscheg* S. 1071; *Löwisch*, Arbeitskampf- und Schlichtungsrecht, 170. 1 Rn. 37 f., 44; so auch §§ 1, 21 Professorenentwurf 1988 mit einer eng begrenzte Möglichkeit zum Sympathiearbeitskampf in § 5 Abs. 3; die Beschränkung des Streikrechtes auf die Erzwingung von (eigenen) Tarifverträgen ablehnend Däubler-*Däubler* § 13 Rn. 5; § 9 Rn. 16; anders *Schliemann*, FS Bauer, S. 923 (937): „Aus Teil II Art. 6 Nr. 4 oder Teil V Art. 31 Abs. 1 folgt nicht, dass eine Beschränkung des rechtmäßigen Arbeitskamfes auf inter partes tarifierbare Ziele rechtswidrig wäre."; MünchArbR-*Ricken* § 200 Rn. 30 hebt hervor, dass das BAG in seiner Entscheidung vom 19.06.2007 zur Rechtmäßigkeit eines Unterstützungsstreiks (E 123, 134 ff.) die Arbeitskampffreiheit zwar sehr weit fasst, aber daran festhält, „dass letztlich der Streik nur Hilfsfunktion für die Vereinbarung eines Tarifvertrags haben darf", schließlich zielt der Unterstützungsstreik zumin-

werkschaft[146] geführt oder übernommen werden muss (gewerkschaftliches Streikprivileg)[147]. Diese Zweckorientierung des Streiks ergibt sich aus dem Wortlaut des Art. 9 Abs. 3 GG, dem nicht das Mittel der Koalitionen zur Zweckverfolgung, aber der mit Mitteln zu verfolgende Koalitionszweck, namentlich die Wahrung und Förderung der Arbeits- und Wirtschaftsbedingungen, zu entnehmen ist. Mit der Freiheit, zu diesem Zweck Koalitionen zu bilden, der Koalitionsfreiheit, geht die Freiheit einher, diesen Koalitionszweck durch „spezifisch koalitionsmäßige Betätigung" zu verfolgen, die Koalitionsbetätigungsfreiheit.[148] Art. 9 Abs. 3 GG wird als Doppelgrundrecht gedeutet. Das bedeutet, (positiv) geschützt wird zum einen der Einzelne in seiner Freiheit, Koalitionen zu gründen, ihnen beizutreten und sich innerhalb und außerhalb von ihnen koalitionsspezifisch zu betätigen, zum anderen die Koalition selbst in ihrem Bestand, ihrer organisatorischen Ausgestaltung und ihren Betätigungen, sofern diese der Wahrung und Förderung der Arbeits- und Wirtschaftsbedingungen dienen.[149] Die Koalitionen wahren und fördern die Arbeits- und Wirtschaftsbedingungen, indem sie ihre gegenläufigen Interessen und Vorstellungen autonom zum Ausgleich bringen und das Arbeitsleben betreffende Regelungen aufstellen, mithin

---

dest mittelbar auf einen Tarifvertrag ab. Es bleibt dabei, dass nur „das erstreikt werden kann, was tariflich einer Regelung zugänglich ist. (...) Insoweit gibt das Tarifrecht für den Streik die Rechtmäßigkeitsvoraussetzungen vor."

146 Zu den Anforderung an die Gewerkschaftseigenschaft und die Tariffähigkeit siehe BAGE 29, 72 (2. Ls., 79 f.); 53, 347 (355 f.); 64, 16 (19 f.); BAG JZ 1977, 470 (470 f.); NZA 2001, 160 (162); BVerfGE 18, 18 (28); 50, 290 (368, 373 ff.); 100, 214 (223); Sachs-*Höfling* Art. 9 Rn. 56 ff.; EK-*Dieterich* Art. 9 Rn. 25 f., 66.

147 Der „wilde" Streik stößt sowohl in der Rspr. als auch in der Lit. auf Bedenken u. Misstrauen: Nur Gewerkschaften bieten Gewähr für einen auf lange Sicht verantwortungsvollen Einsatz der „scharfen Waffe" des Streiks, vgl. BAGE 58, 343 (349); 30, 50 (61); 15, 174 (191 ff., 194); *Rieble* RdA 2005, 200 (209 f.); *Bepler*, FS Wissmann S. 97 (108 ff.); EK-*Dieterich* Art. 9 Rn. 97; *Löwisch*, Arbeitskampf- und Schlichtungsrecht, 170. 1 Rn. 46 ff. sieht die Beschränkung auf ein für die Gewerkschaften reserviertes Tarifvertragssystem als Funktionsbedingung für ein autonomes und effektives Tarifsystem an.

148 So BVerfGE 18, 18 (26); 19, 303 (312); 50, 290 (367); 84, 212 (224); unter Aufgabe der „Kernbereichstheorie" 93, 352 (358 ff.); 100, 271 (282); *Schwarze* JuS 1994, 653 (655); *Gamillscheg* S. 939 ff; *Reuter* Jus 1986, 19 (20); *Konzen* ZfA 1980, 77 (96); *derselbe* AcP 177 (1977), 473 (494); 25; *Friauf* RdA 1986, 188 (190): „Das Recht auf Zusammenschluss setzt voraus, dass die auf seiner Grundlage gebildete Vereinigung auch die Befugnis besitzen muss, die Zwecke tatsächlich zu verfolgen, derentwegen ihre Bildung grundrechtlich geschützt wird.".

149 BVerfG NZA 2007, 394 (395) m.w.N.; BAGE 123, 134 (136); *Dieterich*, FS Wissmann, S. 114 (119 ff.).

Tarifverträge abschließen.[150] Wie der Abschluss von Tarifverträgen sind auch auf den Abschluss von Tarifverträgen gerichtete Kampfmaßnahmen Mittel zur Verwirklichung des Koalitionszwecks.[151] Der Streik ist ein solches Mittel zum Zweck und nur in dieser Eigenschaft, nicht jedoch um seiner selbst willen, verfassungsrechtlich durch Art. 9 Abs. 3 GG gewährleistet.[152] Die Zweckorientiertheit ist demzufolge sowohl Grundlage der verfassungsrechtlichen Gewährleistung des Streiks als auch Maßstab für deren Umfang.[153]

Der Umstand, dass die Mittel zum Zweck dem Freiheitsrecht aus Art. 9 Abs. 3 GG unterfallen, bedeutet allerdings nicht, dass sie stets zulässig sind. Ihre Zulässigkeit richtet sich vielmehr nach der Ausgestaltung des auf Offenheit angelegten Grundrechts der Koalitionsfreiheit durch die Rechtsordnung.[154] Ausgestaltung bedeutet die Schaffung von Regelungen, die es erst ermöglichen, von einem Freiheitsrecht Gebrauch zu machen.[155] Der Ausgestaltung bedarf es, weil

---

150 BVerfGE 18, 18 (28): Koalitionszweck ist mitunter „in dem von der staatlicher Rechtssetzung freigelassenen Raum das Arbeitsleben im Einzelnen durch Tarifvertrag sinnvoll zu ordnen, insbesondere die Höhe der Arbeitsvergütung für die verschiedenen Berufstätigen festzulegen und so letztlich die Gesamtheit sozial zu befrieden."; siehe auch BVerfGE 58, 233 (246 f.); 94, 268 (283); BAGE 58, 343 (349); EK-*Dieterich* Art. 9 GG Rn. 51; *Konzen* AcP 177 (1977), 473 (496).

151 BVerfGE 84, 212 (225); 88, 103 (114); 92, 26 (38); 92, 365 (393 f.); BVerfG NZA 2004, 1338 (1339), wonach die Tarifautonomie „im Zentrum der den Koalitionen eingeräumten Möglichkeiten zur Verfolgung ihrer Zwecke steht.; *Konzen*, FS 50 Jahre BAG, S. 515 (524); GG-*Kannengießer* Art. 9 Rn. 23 f.; *Kissel* § 4 Rn. 45; *Dieterich* RdA 2002, 1 (8); MünchArbR-*Löwisch/Rieble* § 155 Rn. 17; *Gamillscheg* RdA 2005, 79 (81 f.).

152 Siehe zur „Hilfsfunktion für die Tarifautonomie" BAGE 58, 343 (348); 48, 160 (168); Brox/Rüthers-*Rüthers* Rn. 86, 130, 138; *Löwisch*, Arbeitskampf- und Schlichtungsrecht, 170. 1 Rn. 38; *Apfel* S. 127 f.; *Wank* RdA 2009, 1 ff.; *Hohenstatt/Schramm* NZA 2007, 1034 (1035).

153 Von Mangoldt/Klein/Starck-*Kemper* Art. 9 Rn. 127;); siehe zur Zweckbindung *Heckelmann* S. 17; *Apfel* S. 127; *Ricken* ZfA 2008, 283 (292); *Konzen*, FS 50 Jahre BAG, S. 515 (522 f.), der „zur Verwirklichung der Tarifautonomie eine Annexgarantie des Arbeitskampfs" für richtig hält, aber eine „normativ abgesicherte Begründung für den Umkehrschluss, dass alle anderen Arbeitskämpfe *widerrechtlich* sind", vermisst.; BVerfGE 92, 365 (393 f.) m.w.N.: Arbeitskampfmaßnahmen „werden jedenfalls insoweit von der Koalitionsfreiheit erfasst, als sie erforderlich sind, um eine funktionierende Tarifautonomie sicherzustellen.".

154 BAG NZA 2007, 1055 (1057); BVerfGE 93, 352 (359); ausführlich zur Prinzipienstruktur, Optimierungsgebot, Wertordnung und Abwägung Pfeiffer, Das System des Arbeitskampfrechts am Beispiel der Arbeitskampfmittel der Arbeitgeber 2006, S. 22 ff., 87 ff..

155 BVerfGE 50, 290 (368); 60, 253 (295); 74, 297 (334); 92, 26 (41); siehe auch *Konzen* JZ 2010, 1036 (1041), wonach erst die Ausgestaltung „das Grundrecht handhabbar macht".

beide Tarifvertragsparteien den Schutz des von Art. 9 Abs. 3 GG angestrebten staatsfreien Interessenausgleich „prinzipiell gleichermaßen genießen, bei seiner Ausübung aber in scharfem Gegensatz zu einander stehen.“[156] Dies erfordert koordinierende Regelungen, „die gewährleisten, dass die aufeinander bezogenen Grundrechtspositionen trotz ihres Gegensatzes nebeneinander bestehen können. Die Möglichkeit des Einsatzes von Kampfmitteln macht „rechtliche Rahmenbedingungen erforderlich, die sichern, dass Sinn und Zweck des Freiheitsrechts sowie seine Einbettung in die verfassungsrechtliche Ordnung gewahrt bleiben.“[157]

Dort, wo es um die Regelung der Beziehungen der Träger widerstreitender Interessen geht, muss sich die Ausgestaltung vor allem am Normziel des Art. 9 Abs. 3 GG orientieren.[158] Kampfmaßnahmen dienen der Herstellung eines Verhandlungsgleichgewichtes bei Tarifauseinandersetzungen (Verhandlungsparität).[159] Nur bei annähernd gleichen Verhandlungschancen sind die Tarifvertragsparteien in der Lage, die widerstreitenden Interessen angemessen zu berücksichtigen und so auszugleichen, dass das Ergebnis des Aushandelns beiden Seiten gerecht wird, den getroffenen Regelungen gar die Vermutung der Richtigkeit beigelegt wird[160]. Die Verhandlungschancen werden maßgeblich durch das Kräfteverhältnis im Arbeitskampf bestimmt, da ein gleichgewichtiges Verhandeln ausgeschlossen ist, wenn eine Partei davon ausgehen muss, bei einem auf die Verhandlungen folgenden Arbeitskampf sicher zu unterliegen.[161] Deshalb muss sichergestellt sein, dass bei einer längerfristigen und typisierenden Betrachtungsweise ein ungefähres Gleichgewicht zwischen den Parteien besteht, sog. abstrakt-materielle Parität[162]. Keineswegs darf die Ausgestaltung dazu führen, „dass die Verhandlungsfähigkeit einer Tarifvertragspartei bei Tarifauseinandersetzungen einschließlich der Fähigkeit, einen wirksamen Arbeitskampf zu führen (Kampfparität), nicht mehr gewahrt bleibt und ihre koalitionsmäßige Betätigung weitergehend beschränkt wird, als es zum Ausgleich der beiderseitigen

156 BVerfGE 88, 103 (115); siehe auch BVerfG NZA 2004, 1338 (1339); BAG NZA 2007, 1055 (1057); *Friauf* RdA 1986, 188 (190 f.).

157 BVerfGE 88, 103 (115); 92, 365 (394); siehe auch BAG NZA 2007, 1055 (1057); NZA 2009, 1347 (1351).

158 BVerfGE 92, 36 (41).

159 BAG DB 1985, 1894 (1894).

160 Vgl. BAGE 22, 144 (151); 33, 140 (149 f.); 81, 5 (13); *Kissel* § 10 Rn. 47 f.; § 32 Rn. 49 ff; Brox/Rüthers-*Rüthers* Rn. 166; MünchArbR-*Rieble/Klumpp* § 163 Rn. 8 ff.; *Enderlein* RdA 1995, 264 (264 ff., insbesondere 273 f.).

161 *Seiter* S. 159; *Wank*, FS Kissel, S. 1225 (1239).

162 BAG RdA 1971, 185 (189); BAGE 33, 140 (164); Brox/Rüthers-*Rüthers* Rn. 167 f.; *Kissel* § 32 Rn. 18 ff..

Grundrechtspositionen erforderlich ist."[163] Sie soll vielmehr dazu dienen, die Funktionsfähigkeit des Systems herzustellen bzw. zu verbessern[164], d.h. Tarifverträge und Arbeitskämpfe ermöglichen.[165] Dabei ist der Staat zur Neutralität verpflichtet.[166]

Von der am Schutzbereich ansetzenden Ausgestaltung eines Grundrechtes ist der rechtfertigungsbedürftige Eingriff in ein Grundrecht zu unterscheiden.[167] Ob eine staatliche Maßnahme noch Ausgestaltung ist oder bereits einen Eingriff darstellt, ist vor allem „eine Frage der Definition",[168] mit der sich an dieser Stelle nicht weiter auseinanderzusetzen ist. Erhaltungsarbeiten dienen der Erreichung der mit Art. 9 Abs. 3 GG verfolgten Ziele, gehören mithin zur Ausgestaltung der Koalitionsfreiheit, auch wenn der Betätigung der Koalitionsfreiheit durch eine Pflicht, sie zu leisten, (zumutbare) Grenzen gesetzt werden[169].

Die Ausgestaltung obliegt in erster Linie dem Gesetzgeber.[170] Grundsätzlich kann nur er grundrechtswesentliche Entscheidungen treffen.[171] Ungeachtet der zahlreichen Aufforderungen von Rechtsprechung[172] und Literatur[173] ist der Ge-

---

163 BVerfGE 84, 212 (229); 92, 365 (395); BAGE 132, 140 (152).

164 *Dieterich*, Tarifautonomie und Gesetzgebung 2003, S. 71; *derselbe* RdA 2002, 1 (12); *Badura* RdA 1999, 8 (13).

165 *Seiter* RdA 1986, 165 (170) m.w.N. in Fn. 55; *Pfeiffer* S. 94.

166 *Wank*, FS Kissel, S. 1225 (1244); *Seiter* S. 175 f.; *derselbe* RdA 1986, 165 (170 ff.); siehe zum Wandel des Neutralitätsverständnisses seit BAG AuR 1955, 218 ff. *Pfeiffer* S. 157 f. m.w.N..

167 Siehe hierzu allgemein Sachs-*Sachs* Vor. Art. 1 Rn. 78; Jarass/Pieroth-*Jarass* Vor Vorb. Art. 1 Rn. 26 ff., 34 f.; und in Bezug auf Art. 9 Abs. 3 GG Sachs-*Höfling* Art. 9 Rn. 115 ff.; Jarass/Pieroth-*Pieroth* Art. 9 Rn. 45 ff.; *Butzer* RdA 1994, 375 (377 ff.); *Giesen* ZfA 2011, 1 (15 ff.); *Papier/Krönke* ZfA 22011, 807 (627 ff.).

168 *Gamillscheg* S. 230; am Sinn einer Unterscheidung zweifelnd *Dieterich* RdA 2002, 1 (11 ff.); *derselbe*, Tarifautonomie und Gesetzgebung, S. 69 ff.; *Henssler* ZfA 1998, 1 (11).

169 Vgl. BVerfGE 50, 290 (368 f.); 60, 253 (295); 79, 29 (40 f.); *Dieterich* RdA 2002, 1 (9).

170 BVerfGE 19, 303 (321); 50, 290 (368 f.); 58, 233 (247); BAG NZA 2007, 1055 (1057).

171 BVerfGE 49, 89 (126 f.); 88 103 (116); *Friauf* RdA 1986, 188 (191 f.); *Wank* RdA 1989, 263 (264 f.).

172 Siehe hierzu u.a. BVerfGE 28, 295 (306); 50, 290 (368); 57, 220 (246); BAG RdA 1985, 52 (53), wo vom Gesetzgeber verlangt wird, die Voraussetzungen, Inhalt und Rechtsfolgen des Streikrechts – entsprechendes gilt für das Recht zur Aussperrung – näher" zu regeln.

173 Siehe hierzu Anm. v. *Richardi* SAE 1972, 10 (11); *Seiter* RdA 1986, 165 (169 ff.); *Friauf* RdA 1986, 188 (191 ff.); Professorenentwurf 1988, S. 30; *Wank* RdA 1989, 263 (264 ff.); *von Rosenstiehl*, Eine verfassungsrechtliche Pflichtverletzung des Gesetzgebers durch Unterlassen 2003, S. 132 f., 164 f., 185 ff.; *Buchner* BB 2008, 106 (109);

setzgeber bislang weitestgehend untätig geblieben. Dies ist u.a. auf das erhebliche Konfliktpotential der Regelungsmaterie „Arbeitskampf" zurückzuführen. Da jede gesetzgeberische Regelung die Handlungsmöglichkeiten der Sozialpartner auch begrenzen würde, wehren sie sich, vor allem die Gewerkschaften, massiv dagegen.[174] Regelmäßig scheitern das Arbeitskampfrecht umfassende oder auch nur punktuelle Regelungsinitiativen daher am Widerstand der Verbände bzw. an der mangelnden Konsensfähigkeit des entweder arbeitnehmer- oder arbeitgeberfreundlichen Lagers im Parlament („Vorbehalt des politisch Machbaren").[175] Auch werden gesetzliche Regelung für zu abstrakt und starr gehalten, um das von der Entwicklung der gesellschaftlichen und wirtschaftlichen Rahmenbedingungen abhängige Arbeitskampfrecht erfassen zu können („Vorbehalt des gesetzgeberisch Möglichen").[176] *Rüthers* fasst zusammen: „Die Gesetzgebung ist teils regelungsscheu, teils regelungsunfähig."[177]

Nur wenige bundesgesetzliche Rechtsvorschriften beziehen sich auf die Situation des Arbeitskampfes und wenn, dann nur auf dessen Rechtsfolgen in eng umgrenzten Teilbereichen, vgl. § 74 Abs. 2 BetrVG, § 66 Abs. 2 BPersVG, § 11 Abs. 5 AÜG, § 25 KSchG, § 91 Abs. 6 SGB IX, § 36 Abs. 3, § 146 und § 174 SGB III. Dazu kommen noch internationale Abkommen, denen mitunter Rahmenregelungen für die Austragung des Interessengegensatzes entnommen werden können, wie etwa Art. 11 Abs. 2 EMRK (Europäische Menschenrechtskonvention)[178], Teil II Art. 6 und Teil V Art. 31 ESC (Europäischen Sozialcharta)[179]. Sie stehen gemäß Art. 25 GG nach der Transformation durch Gesetz im Rang zwischen Verfassung und Bundesgesetz, ihre innerstaatliche unmittelbare Verbindlichkeit steht aber in Frage.[180]

Wegen der „unzureichenden Vorgaben" müssen die Gerichte „das materielle Recht mit den anerkannten Methoden der Rechtsfindung aus den allgemeinen Grundsätzen ableiten, die für das betreffende Rechtsverhältnis maßgeblich sind. Dies gilt auch dort, wo eine gesetzliche Regelung etwa wegen einer (dem Staat

---

Höfling/Engels NJW 2007, 3102 (3102 f.); *Rieble* DRiZ 2007, 340 (340); *Lehmann* BB 2010, 2237 ff..

174 *Seiter* RdA 1986, 165 (174); *von Rosenstiehl* S. 51.

175 *Seiter* RdA 1986, 165 (174 f.); *Rüthers* NZA 2010, 6 (6); *Gentz* NZA 1985, 305 (307); *Friauf* RdA 1986, 188 (188 f.); *Wank* RdA 1989, 263 (266 f., 270); *Däubler* RdA 1999, 18 (20); *Kissel* § 16 Rn. 8.

176 *Seiter* RdA 1986, 165 (179); *von Rosenstiehl* S. 48 ff.; *Gentz* NZA 1985, 305 (307); siehe auch *Wank*, Grenzen richterlicher Rechtsfortbildung, S. 119 ff. (153); *Berg*, GS Zachert, S. 469 (470 f.).

177 Rüthers NZA 2010, 6 (6).

178 BGBl. 1952 II S. 686, 953.

179 BGBl. 1964 II 1262.

180 Fn. 144.

obliegenden) verfassungsrechtlichen Schutzpflicht[181] notwendig wäre. Nur so können die Gerichte die ihnen vom Grundgesetz auferlegte Pflicht erfüllen, jeden vor sie gebrachten Rechtsstreit sachgerecht zu entscheiden".[182] Das deutsche Arbeitskampfrecht ist „reines Richterrecht".[183] Es ist aus der Notwendigkeit heraus entstanden, jede arbeitskampfbedingte Rechtsstreitigkeit auch entscheiden zu müssen und in einer Vielzahl höchstrichterlicher Entscheidungen konkretisiert worden[184]. Hierzu sind die Richter durch das aus Art. 19 Abs. 4, 101 Abs. 1

---

181 Siehe zu grundrechtlichen Schutzpflichten, „die den Staat verpflichten, Grundrechtsträger und ihre Entfaltungsmöglichkeiten durch positives Tun auch vor dem Verhalten anderer Grundrechtsträger zu schützen und so zu gewährleisten, dass die Grundrechte auch gelebt werden können" *Pfeiffer* S. 74 f.; siehe auch Sachs-*Sachs* Vor Art. 1 Rn. 35 ff.; *Burkiczak* RdA 2007, 17 (18 ff.); *von Rosenstiehl* S. 86 ff..

182 BVerfGE 88, 103 (115 f.); BAG NZA 2009, 1347 (1352); NZA 2007, 1055 (1057); siehe *Konzen*, FS 50 Jahre BAG, S. 515 (529): Die gerichtliche Ausgestaltung „scheitert nicht an einer alleinigen Kompetenz des parlamentarischen Gesetzgebers, der – nach der vom BVerfG entwickelten Wesentlichkeitstheorie für *staatliche* Eingriffe in die Freiheitssphäre der Bürger – in grundlegenden normativen Bereichen alle Entscheidungen selbst treffen muss. Das BVerfG lehnt diesen Grundsatz, der der Lehre vom Gesetzesvorbehalt staatlicher Eingriffe entstammt, für das Arbeitskampfrecht im Aussperrungsbeschluss vom 26.06.1991 zu Recht ab (BVerfGE 84, 212 (226)). Er passt nur für hoheitliches Handel (...)." Bei der richterlichen Rechtsfortbildung ist - auch im Arbeitskampfrecht – „der Vorrang des Gesetzes und seiner Wertprinzipien zu beachten. Das „Richterrecht" hat daher keine gesetzesgleiche Wirkung, seine Bindungswirkung ist begrenzt und durch bessere Gründe überwindbar. Es kann allein bei einer Gesetzeslücke ansetzen, im Arbeitskampfrecht konkret bei der verfassungsrechtlich gewährleisteten Verfahrensgarantie, wenn sie der Gesetzgeber pflichtwidrig nicht ausgestaltet hat," zur Gewährleistung eine Ausgestaltung aber erfolgen muss.; Das Prinzip der Gewaltenteilung (Art. 20 Abs. 2 S. 2 GG) steht der richterlichen Rechtsfortbildung aufgrund des Rechtsverweigerungsverbots nicht absolut entgegen, vgl. HzA-*Kalb* Gruppe 18 Rn. 1002; *Wank*, Grenzen richterlicher Rechtsfortbildung, S. 92, 117 f., 238 ff.; in diese Richtung auch *Badura* RdA 1999, 8 (13); *Ehrich* DB 1993, 1237 (1238 f.).

183 BVerfG NZA 2004, 1338 (1339) stellt klar, dass die in „gesetzesvertretender" (BAGE 23, 292 (320)) Rspr. aufgestellten Grundsätze des Arbeitskampfrechts einfaches Recht bleiben, auch wenn sie auf der Grundlage von Art. 9 Abs. 3 GG entwickelt worden sind. Die Auslegung und Anwendung dieses einfachen Rechts ist vom BVerfG nach denselben Maßstäben zu überprüfen, nach denen entsprechendes Gesetzesrecht zu überprüfen wäre; BAGE 33, 140 (159 f.) stellt klar, dass das „Richterrecht" keine gesetzesgleiche Wirkung hat. Die Bezeichnung als Richterrecht dürfe „nicht zu dem Trugschluss verführen, als könnten die Gerichte Normen setzen.".

184 Z.B. BAG AuR 1955, 218 ff. Grundsatz der freien Wahl der Kampfmittel und Rechtfertigungswirkung des Streiks; BAG RdA 1971, 185 ff. Verhältnismäßigkeitsprinzip (Gebot fairer Kampfführung und Verbot der Vernichtung des Gegners); BAGE 34, 331 ff.;

S. 2, 103 Abs. 1 GG i.V.m. Rechtsstaatsprinzip abgeleitete Rechtsverweigerungsverbot (Justizgewährleistungsanspruch) verpflichtet.[185] Sie können eine Rechtsstreitigkeit nicht unter Verweis auf fehlende Gesetze offen lassen, sondern müssen das Recht fortbilden, soweit eine grundrechtliche Schutzpflicht dies erfordert.[186] Im Wege der (zulässigen) richterlichen Rechtsfortbildung getroffene Entscheidungen können also die Grundrechtsausübung beschränken.[187]

Problematisch dabei ist zum einen, dass die Gerichte nicht initiativ, sondern erst dann tätig werden, wenn eine der Kampfparteien sie anruft.[188] Zum anderen können die Gerichte von den Arbeitskampfparteien einzuhaltende Grenzen nur an dem konkreten, ihnen zur Entscheidung vorliegenden Streitfall unter Berücksichtigung all seiner Besonderheiten aufstellen.[189] Da Rechtsprechung Rechtsanwendung im Einzelfall ist[190] und höchstrichterliche Entscheidungen oftmals erst nach Jahren ergehen, kann sich eine feste Rechtsprechung nur nach und nach etablieren und selbst dann noch ändern.[191] Um der damit einher gehenden Rechtsunsicherheit[192] etwas entgegen zusetzen, bemüht sich die Rechtsprechung seit jeher die Grenzen der Arbeitskampffreiheit zumindest in groben Zügen aufzuzeigen,[193] d.h. eine „Leitschnur für künftige Fälle“ zu geben[194].

34, 355 ff. Arbeitskampfrisikolehre; BAGE 46, 322 ff.; BAG DB 1985, 1697 ff.; BAGE 58, 364 ff. Zulässigkeit von Warnstreiks usw..

185 BVerfGE 82, 126 (155); *Kalb* RdA 1994, 385 (386, Fn. 10).

186 *Wank*, Grenzen richterlicher Rechtsfortbildung, S. 238 ff..

187 BVerfGE 74, 129 (151 f.).

188 *Hettlage* BB 1985, 2253 (2253); *Müller* DB 1981, 93 (95); siehe Däubler-*Nitsche* § 22 Rn. 159 f. die Taktik „neue Beweglichkeit“ (NZA 1984, 393 ff.); den Flashmob (NJW 2010, 631 ff.) und den Solidaritäts- bzw. Unterstützungsstreik (NZA 2007, 1055 ff.) sowie den Streik um einen Tarifsozialplan (NZA 2007, 987 ff.) als Beispiele dafür anführend, womit sich das BAG auf Initiative der Arbeitgeberseite befassen musste und wo es darum ging, die Grenzen zulässigen Handelns neu zu definieren.

189 Darauf eingehend BAGE 33, 140 (177); *Konzen*, FS 50 Jahre BAG, S. 515 (530); *Säcker* GewMH 1972, 287 (288 f.), *Kissel* § 29 Rn. 39.

190 *Picker* JZ 1984, 153 (154); siehe aber *Wank*, FS Kissel, S. 1225 (1226).

191 *Gentz* NZA 1985, 305 (306); *Hettlage* BB 1985, 2253 (2253); *Konzen*, FS 50 Jahre BAG, S. 515 (530); Däubler-*Däubler* § 9 Rn. 27 ff. (29); *Reuß* AuR 1971,353 (355); *Löwisch*, Arbeitskampf- und Schlichtungsrecht, 170.1 Rn. 146 ff.; *Müller* DB 1981, 93 (102); *derselbe* DB 1989, 42 (42) fasst zusammen: „Der Richterspruch (...) kann vor allem nicht die Verbindlichkeit einer gesetzlichen Regelung haben; er gewährleistet nicht die letzte Rechtssicherheit.“.

192 Zum Handeln der Arbeitskampfparteien „auf Verdacht“ *Friauf* RdA 1986, 188 (192); in Bezug darauf *Gaudecki* S. 26; *von Rosenstiehl* S. 62.

193 Vgl. *Konzen* SAE 2008, 1 (6); *derselbe*, FS 50 Jahre BAG, S. 515 (530); *Löwisch*, Arbeitskampf- und Schlichtungsrecht, 170.1 Rn. 145; EK-*Dieterich* Art. 9 GG Rn. 130: Die Rechtsmäßigkeit eines Arbeitskampfes muss „wegen des erheblichen Aufwands

Maßgebend für die rechtliche Ausformung grundrechtlich gewährter Freiheiten, hier der Arbeitskampffreiheit, ist der Grundsatz der Verhältnismäßigkeit im weiten Sinne[195], dem zufolge nur Beschränkungen zulässig sind, die zum Schutz anderer Rechte und Rechtsgüter geboten sind[196]. Er dient dem Gesetzgeber bzw. dem rechtsfortbildenden Richter als Vorgabe für die generelle Zulässigkeit sowie die Gestaltung der Arbeitskampfmitteln (öffentlich-rechtliche Wirkungsweise des Verhältnismäßigkeitsprinzips[197]).[198] Danach müssen Arbeitskampfmittel typischerweise geeignet und erforderlich zur wirksamen Verfolgung des Koalitionszweckes sein und dürfen in ihren Belastungen nicht außer Verhältnis zu dieser Funktion stehen (Verhältnismäßigkeit in engerem Sinne bzw. Proportionalität). Im Wege der Rechtsfortbildung hat das Bundesarbeitsgericht in seinem Beschluss vom 21.04.1971[199] Arbeitskämpfe „dem obersten Gebot der Verhältnismäßigkeit" unterstellt und damit privates Handeln „unmittelbar" an die Teilgrundsätze der Geeignetheit, Erforderlichkeit und der Verhältnismäßigkeit in engerem Sinne binden wollen.[200] Viel diskutiert[201], entspricht es

---

und der weitreichenden Folgen vorhersehbar sein. Wäre die Rechtmäßigkeit nur nachträglich im Prozesswege zu klären, würden Arbeitskämpfe praktisch undurchführbar.".

194 *Schliemann*, FS Bauer, S. 923 (939).

195 Auch bezeichnet als „Übermaßverbot"; siehe zur sinngleichen Verwendung bei nicht einheitlicher Terminologie BAGE 33, 140 (175); *von Hoyningen-Huene* JuS 1987, 505 (507); *Rüthers* ZfA 1987, 1 (34); Czerweny *von Arland* S. 42; siehe zur Herleitung des Grundsatzes der Verhältnismäßigkeit aus dem Rechtsstaatprinzip (Art. 20 Abs. 3 GG) BVerfGE 19, 343 (348 f.); 23, 127 (133); 61, 126 (134); *Wank*, FS Kissel S. 1225 (1233); *Kalb* RdA 1994, 385 (389); aus den Grundrechten BVerfGE 65, 1 (44); Übersicht bei *Pfeiffer* S. 173 ff..

196 BVerfGE 28, 295 (306); 50, 290 (369); HzA-*Kalb* Gruppe 18 Rn. 1119.

197 Siehe zur Unterscheidung zwischen der öffentlich-rechtlichen und der privatrechtlichen Wirkungsweise des Verhältnismäßigkeitsprinzips *Seiter* S. 148 ff.; *Kreuz*, Der Grundsatz der Verhältnismäßigkeit im Arbeitskampfrecht 1988, S. 45 f.; *Konzen* AcP 1977, 473 (512); HzA-*Kalb* Gruppe 18 Rn. 1119 ff.; *derselbe* RdA 1994, 385 (389).

198 *Konzen* SAE 1986, 57 (58); *Kreuz* S. 96; *Wank*, FS Kissel, S. 1225 (1226); *Pfeiffer* S. 178.

199 BAG RdA 1971, 185 (1. Ls., 188 f.).

200 *Kalb* RdA 1994, 385 (388 f.); *Konzen* AcP 177 (1977), 473 (479); *Kreuz* S. 56; siehe aber den Einwand *Säckers* GewMH 1972, 287 (297 f.), das Verhältnismäßigkeitsprinzip stelle eine Schranke für freiheitsbegrenzende staatliche Eingriffe in Grundrecht dar, dürfe aber nicht selbst zur Schranke grundrechtlicher Freiheitsausübung gemacht werden.

201 Laut BAGE 33, 140 (176) ist zum Verhältnismäßigkeitsgrundsatz, seinem Geltungsgrund u. seinem Anwendungsbereich „alles erforderliche gesagt worden"; Die Menge des zum Verhältnismäßigkeitsprinzip im Arbeitskampfrecht Geäußerten verstößt gegen den Grundsatz der Verhältnismäßigkeit, vgl. *Zöllner*, zitiert nach *Buchner*, FS Seiter, S. 21 ff; zur Diskussion siehe Czerweny von Arland, Die Arbeitskampfmittel der Gewerk-

ständiger Rechtsprechung und einer in der Literatur weit verbreiteten Auffassung, dass der Grundsatz der Verhältnismäßigkeit im weiten Sinne dem Einsatz von Arbeitskampfmitteln durch die Arbeitskampfparteien Grenzen setzt (privatrechtliche Wirkungsweise des Verhältnismäßigkeitsprinzips[202]), indem er danach fragt, ob der konkrete Gebrauch eines Arbeitskampfmittels geeignet, erforderlich und proportional, also im Einzelfall zulässig ist oder nicht.[203] Als Rechtmäßigkeitsmaßstab für konkrete Arbeitskampfmaßnahmen betrifft er nicht nur „Zeitpunkt und Ziel, sondern auch die Art der Durchführung und die Intensität eines Arbeitskampfes".[204]

a) Bezugspunkt der Verhältnismäßigkeit

Voraussetzung für die Prüfung der Verhältnismäßigkeit ist stets die Klärung des Zwecks, zu welchem ein bestimmtes Mittel in Beziehung zusetzen ist, also der Maßstab, anhand dessen die Geeignetheit, Erforderlichkeit und Verhältnismäßigkeit im engeren Sinn gemessen werden kann.[205] Ohne im Einzelnen auf die in Rechtsprechung und Literatur hierzu bestehende Meinungsvielfalt[206] eingehen zu wollen, ist an dieser Stelle festzuhalten, dass die Prüfung der Verhältnismä-

---

schaften und der Verhältnismäßigkeitsgrundsatz 1993; *Mösch*, Gilt der Grundsatz der Verhältnismäßigkeit im Arbeitskampfrecht? 1991; *Groggert*, Der Grundsatz der Verhältnismäßigkeit im deutschen Arbeitskampfrecht, Analyse und Konkretisierung dieses Rechtsinstitut im Arbeitskampfrecht 1990; *Kreuz*, Der Grundsatz der Verhältnismäßigkeit im Arbeitskampfrecht 1988; *Mayer-Maly* ZfA 1980, 473 ff. mit anschließender Diskussion 486 ff.; *Joachim* AuR 1973, 289 ff.; Däubler JuS 1972, 642 ff.; *Reuß* AuR 1971, 325 (354 f.): *Löwisch* ZfA 1971, 319 ff.; *Müller* RdA 1971, 321 ff..

202 Siehe Fn. 197.

203 Den Verhältnismäßigkeitsgrundsatz als zentralen u. angemessenen Maßstab für die Beurteilung der Rechtmäßigkeit eines Arbeitskampfes bzw. für die fachgerichtliche Überprüfung von Arbeitskampfmaßnahmen anerkennend z.B. BAG NZA 2009, 1347 (1352); NZA 2007, 1055 (1058 f.); *Kreuz* S. 54 ff. (91); *Czerweny von Arland* S. 40 ff. (60, 83); MünchArbR-*Ricken* § 200 Rn. 43 f., 46; *derselbe* ZfA 2008, 283 (292 f.); *Sunnus* AuR 2008, 1 (1); *Schliemann*, FS Bauer, S. 923 (933 f.); *Fischinger* RdA 2007, 99 (99 f.); *Scholz* ZfA 1990, 377 (397).

204 BAG RdA 1971, 185 (189).

205 BAGE 33, 140 (175); *Fischinger* RdA 2007, 99 (100); *Ricken* ZfA 2008, 283 (293 f.).

206 Siehe Darstellung der in Betracht kommenden Bezugspunkte bei *Czerweny von Arland* S. 51 ff.; *Kreuz* S. 101 ff.; MünchArbR-*Ricken* § 200 Rn. 52 f.; zur Auswechselung des Bezugspunktes *Wank*, FS Kissel, S. 1225 (1234, 1236;); kritisch dazu *Hensche/Wolter*, GS Zachert, S. 544 (550, Fn. 42).

ßigkeit im Arbeitskampfrecht nicht zu einer Tarifzensur führen darf[207]. Eine gerichtliche Kontrolle der Tarifziele ließe sich aber dann nicht mehr vermeiden, wenn der Inhalt der Tarifforderungen wie etwa eine zwei- bzw. zwanzigprozentige Lohnerhöhung in Beziehung zum Arbeitskampfmittel zu setzen wäre.[208] Dies stünde im Widerspruch zur Tarifautonomie, denn nicht die Tarifparteien „im freien Spiel der Kräfte", sondern die Gerichte würden dann über die Lösung des Interessenkonflikts zwischen Arbeitgeber- und Arbeitnehmerseite entscheiden.[209] Von daher ist nicht der Tarifinhalt, sondern eher der Tarifabschluss, genauer die darauf gerichtete „Willensbeeinflussung des Kampfgegners"[210], als der mit einer Arbeitskampfmaßnahme angestrebte Zweck anzusehen.

b) Geeignetheit und Erforderlichkeit

Das Mittel, d.h. die Kampfmaßnahme, mit der Druck auf den Kampfgegner ausgeübt werden soll, ist geeignet, wenn sie zur Förderung des angestrebten Zwecks taugt,[211] d.h. ein Näherrücken des Erfolges möglich erscheinen lässt.[212]

Bei der Erforderlichkeit ist zu differenzieren. Erforderlich ist die Kampfmaßnahme zum einen, wenn ein Arbeitskampf überhaupt erforderlich ist, weil etwa die Gegenseite die erhobene Tarifforderung nicht akzeptiert.[213] Das Mittel muss „ultima ratio" sein, es darf nur nach Ausschöpfung aller Verständigungsmöglichkeiten, „als das letzte mögliche Mittel" ergriffen werden.[214] Allerdings

---

207 BAGE 33, 140 (176); BAG NZA 2007, 987 (996 f.); *Löwisch* ZfA 1988, 137 (148); *Kalb* RdA 1994, 385 (389); siehe fälschlicherweise zur Vermeidung einer Tarifzensur zwischen Angriffs- und Abwehrmaßnahmen differenzierend BVerfGE 84, 212 (231).

208 *Ricken* ZfA 2008, 283 (295); *Seiter* S. 178 f.; *von Hoyningen-Huene* JuS 1987, 505 (508); *Rüthers* ZfA 1987, 1 (42); siehe aber BAGE 33, 140 (176), wonach dies in Extremfällen „vielleicht" zulässig ist; auch *Otto* § 8 Rn. 41 erwägt „unter dem Gesichtspunkt der Wirtschaftlichkeit offensichtlich weit überzogene Tarifforderungen" eine Lockerung des Verbots der Tarifzensur; kritisch *Hensche/Wolter*, GS Zachert, S. 544 (549).

209 BAG RdA 1971, 185 (189); *Löwisch* ZfA 1971, 319, (334 f.); *derselbe*, Arbeitskampf- und Schlichtungsrecht, 170.1 Rn. 77; *Reuß* AuR 1971, 353 (358).

210 So etwa *von Hoyningen-Huene* JuS 1987, 505 (507); *Rüthers* ZfA 1987, 1 (42); *Czerweny von Arland* S. 59; BAG AuR 1983, 251 (252 f.); NZA 2007, 1055 (1058); einschränkend *Fischinger* RdA 2007, 99 (100 f.), der auf die „Durchsetzung der von der Gewerkschaft erhobenen Tarifforderungen", d.h. auf die Durchsetzung eines Tarifvertrags „mit bestimmten Inhalt" abstellt; a.A. *Jacobs* ZfA 2011, 71 (80, 88 f.).

211 BAG NZA 2007, 1055 (1058); *Gentz* NJW 1968, 1600 (1603).

212 BVerfGE 30, 292 (316); 33, 171 (187); *Gamillscheg* S. 1133 f.; *Jacobs* ZfA 2011, 71 (88).

213 *Kissel* § 29 Rn. 28; *Jacobs* ZfA 2011, 71 (88).

214 BAGE 23, 292 (306).

wird der kampfführenden Arbeitskampfpartei hierbei eine „Einschätzungsprärogative“ zugebilligt.[215] Dem Bundesarbeitsgericht zufolge genügt es, wenn sie nach einer Verhandlung mit der Arbeitgeberseite zu dem Ergebnis kommt, „druckfreies Verhandeln“ bringe keinen Fortschritt oder wenn die Arbeitgeberseite Verhandlungen über die erhobenen Forderungen überhaupt ablehnt.[216] Weder die Durchführung eines Schlichtungsverfahrens[217] noch die offizielle Erklärung des Scheiterns der Tarifverhandlungen[218] ist generelle Rechtmäßigkeitsvoraussetzung einer Kampfmaßnahme.

Zum anderen ist die Kampfmaßnahme erforderlich, wenn sie unter mehreren gleichsam wirksamen Mitteln, dasjenige darstellt, das für den Kampfgegner das geringste Übel bedeutet, ihn am wenigsten belastet.[219] Für das Arbeitskampfrecht heißt das jedoch nicht, dass stets nur das - ex post betrachtet - schonendste Mittel anwendbar ist. Gerade in der Kampfsituation wird es regelmäßig das schärfste Mittel sein, welches die größte Erfolgswahrscheinlichkeit für den Abschluss des ins Auge gefassten Tarifvertrags bietet und zu einer raschen Wiederherstellung des Arbeitsfriedens führt.[220] Das Bundesarbeitsgericht ist dazu übergegangenen, der kampfführenden Arbeitskampfpartei auch bei der Erforderlichkeit[221] einen weiten Beurteilungsspielraum einzuräumen. Sie soll grundsätzlich selbst befinden, welches Kampfmittel sie zu welchem Zeitpunkt und in welchem Umfang einsetzen will,[222] ihre Wahl soll lediglich einer Rechtsmiss-

215 BAGE 58, 364 (381); Däubler-*Däubler* § 14 Rn. 9.

216 BAGE 58, 364 (381); 105, 5 (14).

217 In seiner Entscheidung vom 21.04.1971 (E 23, 292 (306)) hielt das BAG die Vereinbarung eines Schlichtungsverfahrens u. dessen Durchführung vor Kampfbeginn nach dem ultima ratio-Prinzip noch für erforderlich, später aber nicht mehr, vgl. E 46, 322 (347 ff.); *Picker* RdA 1982, 331 (349 ff., insbesondere Fn. 139); *Löwisch* ZfA 1985, 53 (55); *Gamillscheg* S. 1150; *Rüthers* ZfA 1987, 1 (34), dem zufolge die Entscheidungen dem Großen Senat nach § 45 Abs. 2 ArbGG vorzulegen gewesen wären; auch *Rieble* FA 2012, 130 (130) kritisiert, dass „der Arbeitskampfsenat von der Rechtsprechung des eigenen Hauses nebst Bindungswirkung nichts wissen“ wolle; ähnlich *Buchner* BB 2007, 2520 (2521 f.).

218 BAGE 58, 364 (381); 105, 5 (14); dagegen Brox/Rüthers-*Rüthers* Rn. 201; kritisch auch *Gamillscheg* S. 1152; *Kissel* § 30 Rn. 27 ff. m.w.N..

219 *Kissel* § 29 Rn. 29 f.; *Joachim* AuR 1973, 289 (291); *Löwisch/Mikosch* ZfA 1978, 153 (159); *Kreuz* S. 131.

220 MünchArbR-*Ricken* § 200 Rn. 54; *Rüthers* ZfA 1987, 1 (36 f.); Anm. v. *Rieble* SAE 1997, 285 (286); *Löwisch*, Arbeitskampf- und Schlichtungsrecht, 170.2 Rn. 251, 254.

221 BAG NZA 2007, 1055 (1060); NZA 2009, 1347 (1352).

222 Siehe zur Freiheit in der Wahl der Arbeitskampfmittel auch BVerfGE 18, 18 (32); 50, 290 (368); 84, 212 (224 f.); 88, 103 (114); BVerfG NZA 2004, 1338 (1339); BAG AuR 1955, 218 (4. Leitsatz, 222); *Rolfs* DB 1994, 1237 (1238, Fn. 17): „Wegen der dienenden Funktion des Arbeitskampfs für das Tarifvertragssystem genießen grundsätzlich nur

brauchskontrolle unterliegen[223]. Durften vormals „die Mittel des Arbeitskampfes (…) ihrer Art nach nicht über das hinausgehen, was zur Durchsetzung des erstrebten Ziels jeweils erforderlich ist“[224], sind sie nunmehr allenfalls dann rechtswidrig, wenn sie zur Förderung der verfolgten Ziele „offensichtlich ungeeignet“ oder „offenkundig nicht erforderlich“[225] sind. Die damit einhergehende Erweiterung der Kampfmittel bei Reduzierung der Rechtskontrolle ist in der Literatur auf heftige Kritik gestoßen.[226] Sich näher mit ihr auseinanderzusetzen ist aber nur insoweit notwendig, wie diese „Rechtssprechungsänderung“[227] für die hier vorzunehmende Prüfung erheblich ist.

Kampftaktik eines Streiks ist es, dem Arbeitgeber die Arbeitskraft und deren wirtschaftlichen Nutzen vorübergehend zu entziehen, um bei ihm durch den Einkommensverlust bei andauernden Generalkosten, Markteinbußen und sonstigen wirtschaftlichen Nachteilen (Begleitschäden des Arbeitskampfes) Verhandlungsbereitschaft und Nachgiebigkeit zu erzeugen, ihn oder den Verband, dem er angehört, zum Abschluss eines Tarifvertrages zu bewegen.[228] Direkt im Anschluss an die Einigung über die Tarifforderungen soll die Arbeit - wenn auch unter den neu errungenen Bedingungen - „an der Stelle wieder aufgenommen werden, an der sie bei Beginn des Kampfes unterbrochen worden ist.“[229] Voraussetzung für die Fortführung der Arbeit ist die Fortführung des Betriebes. Der Betrieb ist die organisatorische Einheit, innerhalb derer jemand allein oder zu-

---

solche Kampfmittel Grundrechtsschutz, die aus Gründen der wirksamen Interessendurchsetzung für die Koalition notwendig – je nach Sprachgebrauch auch: erforderlich, allgemein erforderlich oder unverzichtbar – sind.“; *Otto* § 10 Rn. 25, wonach die Wahlfreiheit von vornherein nur bezüglich solcher Kampfmittel besteht, die sich mit der Rechtsordnung vereinbaren lassen.

223 BAG NZA 2007, 1055 (1060); NZA 2009, 1347 (1352); dieser weitreichenden Deutung ggü. kritisch bzw. ablehend *Henssler* ZfA 2010, 397 (405 ff.); *Jacobs* ZfA 2011, 71 (78 ff., insbesondere 85 f., 90); *Konzen*, FS Reuter, S. 603 (624 f.); *Wank* RdA 2009, 1 (3).

224 Ständige Rspr. seit BAG RdA 1971, 185 (189); auch noch nach BVerfG NZA 2004, 1338 (1339) sind Arbeitskampfmaßnahmen nur dann von der Koalitionsfreiheit erfasst, wenn sie zur Sicherung der Tarifautonomie erforderlich sind.

225 BAG NZA 2007, 1055 (1059 f.).

226 Siehe u.a. *Jacobs* ZfA 2011, 71 (80 ff., 90); *Konzen*, FS Reuter, S. 603 (613 ff.); *derselbe* SAE 2008, 1 (4 ff.); *Rieble* FA Arbeitsrecht 2012, 130 (130).

227 Nach *Thüsing/Waldhoff* ZfA 2011, 329 (370 ff.); *Kentner*, Arbeitskampfmittel der Arbeitgeber 2009, S. 79 f. kann von der Beurteilung, ob eine Kampfmaßnahme auch erforderlich ist, nicht ohne eine Divergenzvorlage an den Großen Senat nach § 45 Abs. 2 ArbGG abgesehen werden, um nicht einen Verfassungsverstoß nach Art. 101 GG zu riskieren.

228 BAG AuR 1983, 251 (252); *Löwisch/Mikosch* ZfA 1978, 153 (159); EK-*Dieterich* Art. 9 GG Rn. 141.

229 BAG AuR 1983, 251 (253).

sammen mit seinen Mitarbeitern mit Hilfe sächlicher oder immaterieller Mittel einen arbeitstechnischen Zweck fortgesetzt verfolgt.[230] Zu den sächlichen Arbeitsmitteln gehören die Betriebsstätte (Gebäude und Fabrikgelände) und die Betriebseinrichtungen (Werkzeuge, Maschinen, Transport- und Fördermittel) sowie das Material (Roh-, Hilfs- und Betriebsstoffe der Fertigung sowie Naturerzeugnisse und (Halb-)Fertigware).[231]

Die Fortführung des Betriebes ist aber dann nicht möglich, wenn es infolge des Streiks nicht nur zu Produktionsausfallschäden, sondern auch zu die Funktionsfähigkeit des Betriebes aufhebenden oder auch nur beeinträchtigenden Substanzschäden an der Betriebsstätte und den Betriebseinrichtungen kommt.[232] Nimmt die streikbedingte Schädigung ein die Fortführung des Betriebes und damit die Fortführung der Arbeit ausschließendes Ausmaß an, kann ein ausgehandelter Tarifvertrag nicht realisiert werden, er verliert seinen Sinn.[233] Ein solcher Streik dient nicht der Konfliktlösung, sondern läuft seinem Zweck, den Willen des Arbeitgebers zu beugen, um unter veränderten Arbeits- und Wirtschaftsbedingungen die Arbeit fortzusetzen,[234] zu wider.[235] Damit der Streik das mit ihm verfolgte Ziel nicht konterkariert, sind auch während dessen diejenigen Arbeiten zu verrichten, die erforderlich sind, um den Betrieb während des Streiks so zu erhalten, dass nach Beendigung des Kampfes die Betriebstätigkeit fortgesetzt werden kann.[236] Es sind zumindest die Vorkehrungen zu treffen, die außerhalb der normalen Arbeits- bzw. Dienstzeit, etwa bei zeitweiliger (nächtlicher) Schließung des Betriebes, üblich sind,[237] deren Verweigerung aber zur Vernichtung der *technischen* Existenz des Betriebes führt.

Eine derartige Vernichtung ist nicht, wie vom Bundesarbeitsgericht in seinem Beschluss vom 21.04. 1971[238] verlangt. „zur Erreichung rechtmäßiger Kampfziele und des nachfolgenden Arbeitsfriedens geeignet und sachlich erforderlich“, was im Sinne seiner jüngeren Handhabung des Verhältnismäßigkeitsgrundsatzes auch „offensichtlich“ ist.

---

230 So die aus dem Betriebsverfassungsrecht stammende Definition der Rspr. BAG NZA 1987, 708 (710).

231 Ausführlich *Apfel* S. 31 f..

232 BAG AuR 1983, 251 (252 f.); *Schiffer* S. 23.

233 *Heckelmann* S. 7, 17; *Oetker* S. 6; siehe auch *Müller* S. 87.

234 *Von Hoyningen-Huene* JuS 1987, 505 (507 f.); *Rüthers* ZfA 1987, 1 (42); *Seiter* 540.

235 *Hoeniger* RdA 1953, 204 (205); *Löwisch/Mikosch* ZfA 1978, 153 (159).

236 BAG AuR 1983, 251 (253); BAGE 79, 152 (155); *Otto* § 8 Rn. 27; EK-*Dieterich* Art. 9 GG Rn. 180 f.; *Bauer/Haußmann* DB 1996, 881 (881); *Schell* BB 1969, 1179 (1179); *Fenn* DB 1982, 430 (432).

237 BAG AuR 251 (253); BAG, Urt. v. 8.06.1982, Az.: 1 AZR 464/80-juris, Rn. 51; dies als „Obergrenze“ verstehende *Buschmann* AuR 1980 231 (234 f.).

238 BAG RdA 1971, 185 (188).

Durch die wirtschaftlichen Nachteile, die wegen der Arbeitsniederlegung eingetreten und im Fall ihrer Fortführung weiter zu erwarten sind, wird hinreichend Druck auf den vom Streik betroffenen Arbeitgeber ausgeübt. Eine darüber hinausgehende Schädigung braucht es nicht.[239] Sie würde ein „Übermaß an Schädigung" bedeuten,[240] ruft die Verweigerung von die Betriebsstätte und Betriebseinrichtungen erhaltenden und damit die Funktionsfähigkeit des Betriebes nach Streikende gewährleistenden Tätigkeiten doch Folgen hervor, die denen von gegen das geltende Recht verstoßenden, aktiven Schädigungshandlungen wie beispielsweise die gemäß § 303 StGB strafbewährte Sachbeschädigung gleichstehen.[241] Dann aber wird der Arbeitskampf nicht mehr wie vom Bundesarbeitsgericht im obigen Beschluss gefordert „nach Regeln eines fairen Kampfes geführt" [242]. Durch dieses „Gebot der fairen Kampfführung" hat das Bundesarbeitsgericht den Grundsatz der Verhältnismäßigkeit konkretisiert.[243] Es besagt, dass die kampfführende Partei von ihrem Recht auf den Kampfgegner Druck auszuüben „nicht objektiv zweckwidrig und rücksichtslos" Gebrauch machen darf.[244] Bei einem Verstoß gegen das Fairnessgebot ist die Arbeitskampfmaßnahme nicht von Art. 9 Abs. 3 GG gedeckt. So hat das Bundesarbeitsgericht dann auch in seiner Entscheidung vom 30.03.1982 klargestellt, dass während eines Arbeitskampfes Erhaltungsarbeiten zu leisten sind und diese als diejenigen Arbeiten definiert, „die erforderlich sind, um für die Dauer des Arbeitskampfes die sächlichen Betriebsmittel in dem Zustand zu erhalten, in dem sie sich bei Beginn des Arbeitskampfes befanden."[245] Zur Betriebssicherung und -erhaltung erforderliche Verrichtungen sind daher nicht Gegenstand der für den Streik typischen Arbeitseinstellung.[246] Sie gewährleisten die Fortführung des Betriebes und der Arbeit nach Beendigung der Kampfmaßnahme, ohne den mit ihr bezweckten Tarifvertragsschluss zu gefährden.

---

239 *Apfel* S. 129 f.: „Rechtlich geduldet ist nur die *Ertragsschädigung*, nicht die Substanzschädigung, Erlaubt ist eine *Betriebsstörung*, aber nicht eine Betriebszerstörung."; siehe auch Anm. v. *Hromadka* SAE 1983, 59 (61).

240 *Seiter* S. 533; *Löwisch/Mikosch* ZfA 1978, 153 (158).

241 *Löwisch/Mikosch* ZfA 1978, 153 (158); *Lauschke* DB 1970, 1175 (1175); *Hoeniger* RdA 1953, 204 (204 f.); Die Begehung von Straftaten ist die äußerste Grenze zulässigen Kampfverhaltens, vgl. *Kalb* RdA 1994, 385 (390); *von Hoyningen-Huene* JuS 1987, 505 (508).

242 BAG RdA 1971, 185 (189).

243 *Rüthers* ZfA 1987, 1 (34).

244 Siehe hierzu *Otto* § 8 Rn. 8; EK-*Dieterich* Art. 9 GG Rn. 131.

245 BAG AuR 1983, 251 (253).

246 *Apfel* S. 120.

Das Fairnessgebot beinhaltet weiter, dass die jeweilige Kampfmaßnahme nicht auf die Existenzvernichtung des Gegners *abzielen* darf.[247] Soweit aber zur Begründung einer Pflicht zur Leistung von Erhaltungsarbeiten auf das vom Bundesarbeitsgericht in seinem Beschluss vom 21.04.1971 aufgestellte „Verbot der Existenzvernichtung"[248] abgestellt wird[249], ist zwischen der technischen und der wirtschaftlichen Vernichtung zu unterscheiden. Die *technische* Vernichtung liegt vor, wenn infolge der Unterlassung der je nach Art des Betriebes erforderlichen Erhaltungsarbeiten die Anlagen und/oder sonstige sächlichen Betriebsmittel in ihrer Substanz vernichtet werden[250], d.h. die Funktionsfähigkeit des unmittelbar bestreikten Betriebes aufgehoben wird. Sie ist zu verhindern. Von der *wirtschaftlichen* Vernichtung spricht man, wenn infolge des Arbeitskampfes ein Unternehmen trotz aller Vorsorgemaßnahmen nicht mehr konkurrenzfähig ist und den Betrieb einstellen muss, weil die mit dem Arbeitskampf verbundenen wirtschaftlichen Nachteile dessen finanzielle Leistungsfähigkeit überschreiten.[251] Die Wiederaufnahme der Arbeit nach Beendigung des Arbeitskampfs ist dann zwar technisch möglich, wirtschaftlich aber auf lange Sicht nicht sinnvoll.[252] Da auch die wirtschaftliche Schädigung infolge des streikbedingten Produktionsausfalls der Fortführung des Betriebes nach Beendigung des Streiks entgegenstehen kann, stellt sich die Frage, ob auch eine Pflicht zur Verrichtung produktiver Tätigkeiten besteht, um durch die Herstellung von Gütern und deren Absatz, die Vernichtung der *wirtschaftlichen* Existenz des Betriebes und damit den Verlust von Arbeitsplätze abzuwenden.[253] Die Beantwortung dieser Frage

---

247 BAGE 73, 141 (149); Brox/Rüthers-*Rüthers* Rn. 165; *Kissel* § 31 Rn. 5 ff..

248 BAG RdA 1971, 185 (189); Das Verbot der Vernichtung des Gegners wird entweder als wesentlicher Inhalt des Fairnessgebots angesehen (BAGE 73, 141 (149), oder als eigenständige Konkretisierung des Grundsatz der Verhältnismäßigkeit (EK-*Dieterich* Art. 9 GG Rn. 131) verstanden.

249 *Däubler* AuR 1981, 257 (261): „Die Pflicht zu Erhaltungsarbeiten stellt daher nichts anderes als einen konkreten Anwendungsfall des Verbots existenzvernichtender Arbeitskämpfe dar.".

250 *Seiter* S. 533.

251 LAG Baden Württemberg NZA 2009, 631 (634); *Otto* § 8 Rn. 41; *Seiter* S. 534; *Rüthers* AfP 1977, 305 (320); Gemeint ist, dass das Unternehmen an den Folgen der streikbedingten Produktionsausfälle zugrunde geht; auf die erstrittene Lohnerhöhung kommt es nicht an.; siehe zur Existenzvernichtung infolge überhöhter Tarifabschlüsse *Loritz*, FS Picker, S. 1033 (1047 f.).

252 *Kraus* S. 45.

253 *Oetker* S. 8 spricht in diesem Zusammenhang vom „Ruinverbot", welches auf das RG (Z 51, 369 (385); 64, 155 (158)) zurückzuführen ist, wonach das dem Kampfgegner zugefügte Nachteil nicht so erheblich sein darf, dass dadurch dessen wirtschaftlicher Ruin

bereitet insofern Probleme, als dass den Arbeitnehmern im Interesse einer funktionierenden Tarifautonomie nicht die Möglichkeit genommen werden darf, möglichst großen Druck auf den Willen des Arbeitgebers bzw. Arbeitgeberverbandes auszuüben.[254] Dieser Möglichkeit wären sie aber beraubt, ließe man die wirtschaftliche Schädigung als Folge der Arbeitsniederlegung nur in einem von vornherein begrenzten Umfang zu. Denn erst durch die Zufügung wirtschaftlicher Nachteile wird der Arbeitgeber unter Druck gesetzt, lässt ihn den Zwang zur tariflichen Einigung verspüren[255] bzw. bringt ihn dazu, entsprechend auf seinen Verband einzuwirken. Ohne die Möglichkeit der Druckausübung wären Tarifforderungen und -verhandlungen von Seiten der Arbeitnehmer nicht mehr als „kollektives Betteln".[256] Genau darauf liefe es aber hinaus, wenn bei einem Streik um einen Verbandstarifvertrag, der eine Vielzahl von Unternehmen mit mehreren Betrieben oder auch nur einem Betrieb bindet, oder bei einem Streik um einen Firmentarifvertrag gegen ein Unternehmen mit mehreren Betrieben oder auch nur einem Betrieb, jeder einzelne bestreikte Betrieb oder Betriebsteil nicht nur vor der technischen, sondern auch vor der wirtschaftlichen und damit einer durch „die normalen Folgen eines Arbeitskampfs herbeigeführte Existenzbedrohung"[257] zu schützen wäre. Wäre die Widerstandsfähigkeit des finanziell schwächsten Betriebes oder Betriebsteils maßgebend, könnten die Arbeitnehmer ein Unternehmen nicht so unter Druck setzen, dass es „in der Tarifauseinandersetzung nachgibt, sei es, dass es für eine Kompromissbereitschaft seines Arbeitgeberverbandes sorgt oder dass es selbst durch einen Firmentarifvertrag Frieden mit der kampfführenden Gewerkschaft schließt."[258] Auch eine die wirtschaftliche Existenz des bestreikten Betriebes oder Betriebsteils gefährdende Schädi-

---

herbeigeführt wird.; siehe auch *Seiter* S. 532, 534 f.; *Rüthers* 1987, 1 (42 f.); Schaub-*Treber* § 193 Rn. 79.

254 *Czerweny von Arland* S. 196.

255 Siehe hierzu BAG NZA 2007, 1055 (1058); ArbG Essen, Urt. v. 24.07.2003, Az.: 8 Ga 50/03-juris, Rn. 32, wonach es gerade Sinn eines gewerkschaftlichen Streiks ist, auf den Arbeitgeber einen wirtschaftlichen Druck auszuüben; *Buschmann* AuR 1980, 230 (235) spricht von „Sachlogik des Streits".; *Oetker* S. 19; Däubler-*Reinfelder* § 15 Rn. 41; *Bauer/Haußmann* DB 1996, 881 (881) stellen klar: „Verfassungsmäßig garantiertes Kampfmittel ist nicht die Schädigung des Arbeitsgebers, sondern die Arbeitsniederlegung in Form des Streiks, die Zurückbehaltung der Arbeitskraft.".

256 BAGE 33, 140 (151); 46, 322 (346).

257 *Löwisch* ZfA 1988, 137 (147); *derselbe*, Arbeitskampf- und Schlichtungsrecht, 170.2 Rn. 232.

258 *Löwisch* ZfA 1988, 137 (147); *derselbe*, Arbeitskampf- und Schlichtungsrecht, 170.2 Rn. 232; so auch *Gamillscheg* S. 1165.

gung entspricht mithin dem „Wirkungsmechanismus des Arbeitskampfes".[259] Sie von vornherein auszuschließen, würde eine Verkürzung der Streikfreiheit in einer mit Art. 9 Abs. 3 GG unvereinbaren Weise bedeuten.[260] Dem Bundesarbeitsgericht zufolge darf ein Arbeitskampf auch nur nicht auf die Vernichtung des *Gegners* abstellen.[261] Gegner eines Streiks um einen Verbandstarifvertrag ist aber der Verband mehrerer Unternehmen, Gegner eines Streiks um einen Firmentarifvertrag das Unternehmen mit oftmals mehreren Betrieben. Den Gegner zu vernichten, würde beinhalten nahezu alle in dem Verband zusammengeschlossenen Unternehmen bzw. nahezu alle in dem Unternehmen zusammengefassten Betriebe in die Insolvenz zu treiben. Dies aber ist zur Verwirklichung des mit dem Streik verfolgten Zwecks (offensichtlich) nicht erforderlich, denn wenn nahezu alle Unternehmen bzw. nahezu alle Betriebe vernichtet werden, fallen auch nahezu alle Arbeitsplätze in dem Geltungsbereich des errungenen Tarifvertrages weg, so dass dieser seinen Sinn verliert.[262] Von dem Zusammenbruch einzelner Unternehmen eines Verbandes wie auch dem Untergang einzelner Betriebe oder einzelner Betriebsteile eines Unternehmens infolge eines Arbeitskampfes bleibt die Existenz des Gegners hingegen unberührt, lediglich Teile des Gegners werden vernichtet.[263] Es verbleiben Arbeitsplätze, auf die der erkämpfte Tarifvertrag Anwendung finden kann. Die infolge der wirtschaftlichen Schädigung drohende Vernichtung von Teilen des Gegners vermag eine Verpflichtung zur Erbringung von produktiven Tätigkeiten nicht zu begründen, ist sie doch mitunter erforderlich, um der Verhandlungsposition der Arbeitnehmerseite den nötigen Nachdruck zu verschaffen.[264]

Bislang wurde herausgearbeitet, dass eine Pflicht zur Verrichtung von Tätigkeiten besteht, die Substanzschäden an den Anlagen und Einrichtungen des jeweils bestreikten Betriebes vermeiden, nicht aber solche, die bei dem jeweils bestreikten Betrieb eintretende Vermögensschäden abwenden oder auch nur mindern sollen.[265] Für die Begründung einer Pflicht zur Leistung von Erhaltungsarbeiten ist es folglich ohne Bedeutung, dass ein Schaden an einer zur Produktion benötigten Maschine bereits mit geringem finanziellen Aufwand behoben werden könnte, während ein auf den streikbedingten Produktionsausfall beruhender Schaden in Millionenhöhe für das betroffene Unternehmen kaum ver-

259 *Löwisch* ZfA 1988, 137 (147); *derselbe*, Arbeitskampf- und Schlichtungsrecht, 170.2 Rn. 232.

260 *Oetker* S. 8.

261 BAG RdA 1971, 185 (189).

262 *Oetker* S. 6; siehe auch *Heckelmann* S. 7, 17; *Müller* S. 87.

263 *Oetker* S. 9.

264 In diese Richtung auch BAG AuR 1983, 251 (253).

265 So auch *Fenn* DB 1982, 430 (432); *Buschmann* AuR 1980, 230 (234 f.); *Lauschke* S. 2.

kraftbar wäre. Der dies rechtfertigende Unterschied liegt darin, dass unverzüglich, d.h. ohne schuldhafte Verzögerung (Legaldefinition in § 121 BGB),[266] nach Streikende die Produktion an funktionierenden Maschinen wieder aufgenommen werden können muss, was nicht möglich wäre, wenn die Maschinen zunächst, mitunter langwierig, repariert werden müssten. Der Streik ist ein vorübergehender Zustand,[267] die mit ihm verbundenen finanziellen Nachteile der Arbeitgeberseite sollen möglichst auf die Streikphase beschränkt sein. Hat die Arbeitgeberseite bereits nachgegeben und ist eine tarifliche Einigung zustande gekommen, ist ein darüber hinaus anhaltender Produktionsausfall nicht erforderlich.

c) Verhältnismäßigkeit im engeren Sinne

Die Überprüfung der Verhältnismäßigkeit im weiten Sinne ist allerdings nicht auf die Frage der Erforderlichkeit beschränkt. Dort, wo die Erbringung der Arbeitsleistung als nicht mehr erforderlich anzusehen ist, muss mit der Verhältnismäßigkeit im engeren Sinne (Proportionalität) danach gefragt werden, ob ihre Verweigerung nicht „außer Verhältnis" zu dem mit ihr angestrebten Zweck steht.[268] So halten es einige Autoren für nicht gerechtfertigt, streikbedingte und zur Gefährdung der wirtschaftlichen Existenz führende Verluste in Millionenhöhe als rechtmäßig, bereits geringfügige Substanzschäden aber als rechtswidrig einzustufen.[269] Sie wollen auch die wirtschaftlichen Folgeschäden eines Streiks einer Bewertung anhand der Verhältnismäßigkeit unterziehen und deren Eintritt gegebenenfalls durch Erhaltungsarbeiten verhindert wissen.[270]

In der Tat ist zu bezweifeln, ob angesichts der Bemühungen zur Bekämpfung der Arbeitslosigkeit in der Bundesrepublik Deutschland wirtschaftliche Zusammenbrüche einzelner Unternehmen als ungewollte Nebenfolge eines Verbandsarbeitskampfes hingenommen werden können oder ob sich, wenn auch

---

266 So etwa *Apfel* S. 29; Anm. v. *Fenn* SAE 1970, 189 (189); *derselbe* DB 1982, 430 (432); *Oetker* S. 4; ähnlich Schell BB 1969, 1179 (1179), wonach dies „sofort" nach Kampfende erfolgen soll.

267 Vgl. BAG RdA 1971, 185 (188 f.); Scheuner RdA 1971, 327 (328, 332); *Brox* JA 1981, 74 (74); Däubler-*Däubler* § 15 Rn. 37.

268 *Von Hoyningen-Huene* JuS 1987, 505 (508); *Löwisch* ZfA 1971, 319 (321); *Reuß* AuR 1971, 353 (357); *Kreuz* S. 39 ff.; vom „Verbot des grob Unverhältnismäßigen", auch verstanden als „Korrektur der Erforderlichkeit" sprechend *Seiter* S. 149 ff., 538; *Konzen* AcP 177 (1977) 473 (501, 510 ff.); *Rebel* RdA 1979, 207 (211); aus der negativ Formulierung auf eine Exzesskontrolle schließend Professorenentwurf 1988 S. 20, 34 f..

269 So etwa *Däubler* AuR 1981, 257 (260); *Heckelmann* S. 19.

270 So etwa *Däubler* AuR 1981, 257 (260); *Heckelmann* S. 19; *Bauer/Haußmann* DB 1996, 881 (881 f.); Anm. v. *Hromadka* SAE 1983, 59 (61), der in diesem Zusammenhang von „Erhaltungsarbeiten im weiteren Sinne" spricht.

nicht der Verbandsarbeitskampf insgesamt, dann aber die gegen diese Unternehmen gerichtete Maßnahmen nicht als unverhältnismäßig und damit rechtswidrig darstellen.[271]

Das Bundesarbeitsgericht wendet ein, es sei nicht „Sinn" der Erhaltungsarbeiten, einen solchen Schaden zu verhindern, der dem Arbeitgeber dadurch entstehe, dass er die zurückgehaltende Arbeitskraft nicht unter Fortführung des Betriebes nutzen könne; auf die Höhe dieses Schadens komme es daher grundsätzlich nicht an.[272] „Welcher Schaden durch das Unterlassen bestimmter Arbeiten entstehen kann und ob dieser schließlich sich als unverhältnismäßiger Schaden herausstellt, ist im Voraus verlässlich nicht zu beurteilen."[273]

Zutreffend an der Argumentation des Bundesarbeitsgerichts ist, dass erst eine ex post Betrachtung darüber Aufschluss gegeben kann, ob es infolge des Streiks zu einer unverhältnismäßigen, im Sinne von die wirtschaftliche Existenz des bestreikten Betriebes gefährdenden, Schädigung gekommen ist. Anders als bei der Vernichtung der technischen Existenz des Betriebes, die in der Regel unmittelbar eintritt, zeigt sich oftmals erst im weiteren Fortgang, ob der Betrieb unter wirtschaftlichen Gesichtspunkten fortbestehen kann.[274] Dass Auftragsverluste und Kundenabwanderungen zu Betriebsverkleinerungen oder -schließungen zwingen, ist häufig erst eine Folgeerscheinung des Arbeitskampfes.[275] Im Wege einer ex ante Betrachtung für jeden der vom Streik betroffenen Betrieb gesondert festzustellen, wann die Schädigung ein existenzgefährdendes Ausmaß erreicht und sich als unverhältnismäßig erweist, ist kaum möglich.[276] Die hierzu von der Literatur unterbreiteten Vorschläge, wonach dies etwa dann der Fall sein solle, wenn Auftragsverluste in Höhe von 80 Prozent zu befürchten seien[277] oder wenn von dem Arbeitgeber unter Eigentumsvorbehalt erworbenen betriebsnotwendige Maschinen wegen seines Zahlungsverzugs aufgrund seines streikbedingten Liquiditätsengpasses jederzeit abgeholt werden könnten[278], füh-

271 So etwa Anm. v. *Hromadka* SAE 1983, 59 (61); *Löwisch* ZfA 1988, 137 (147); *Seiter* S. 534; *Kissel* § 43 Rn. 6 ff..

272 BAG AuR 1983, 251 (252 f.).

273 BAG AuR 1983, 251 (253); so auch Anm. v. *Buschmann* AuR 1983, 254 (256).

274 *Seiter* S. 534; ähnlich *Henniges*, Einstweiliger Rechtsschutz gegen gewerkschaftliche Streiks 1987, S. 77.

275 *Seiter* S. 534; *Fenn* DB 1982, 430 (432); siehe auf den Unterschied zwischen der wirtschaftlichen Belastung durch den Arbeitskampf selbst und der durch das Verhandlungsergebnis hinweisend *Otto* § 8 Rn. 41 f..

276 *Seiter* S. 534; *Hoeniger* RdA 1953, 204 (210); zur Problematik der konkreten Feststellung, wann ein unverhältnismäßiger Schaden vorliegt und zur „Unsicherheit solcher Prognosen" siehe *Kissel* § 29 Rn. 27; *Oetker* S. 11.

277 *Bauer/Haußmann* DB 1996, 881 (882).

278 *Kissel* § 43 Rn. 20.

ren nicht weiter. Der streikführenden Gewerkschaft ist es weder möglich, dies sicher festzustellen, noch eine vom Arbeitgeber diesbezüglich getroffene Feststellung zu überprüfen. Dafür müsste sie zum einen die gesamtwirtschaftliche Situation des bestreikten Betriebes (allgemeine Konjunkturlage, konkrete Auftragssituation, saisonale Abhängigkeiten etc.) überblicken und zum anderen beurteilen können, über welche Rücklagen der Betrieb verfügt, also Einsicht in die Betriebsbücher nehmen können. Deren Offenlegung kann aber kaum von dem Betriebsinhaber verlangt werden, zumal eine umfassende Prüfung der Bücher angesichts eines drohenden Zusammenbruchs zu viel Zeit beanspruchen würde.

Auch nach der oben dargestellten Rechtsprechung des Bundesarbeitsgerichts spricht aber nichts dagegen, den durch ausfallende Arbeit anfallenden Schaden dann zur Begründung einer Pflicht zur Leistung von Erhaltungsarbeiten heranzuziehen, wenn im Wege einer ex ante Betrachtung die Unverhältnismäßigkeit des Schadens zuverlässig festgestellt werden kann.[279] In Betracht kommen Fälle, in denen infolge der (an sich freien) Wahl des Kampfzeitpunktes und damit vorhersehbar außergewöhnlich hohe Schäden entstehen.[280] Welche gravierenden Auswirkungen es haben kann, wenn ein Streik zu einem Zeitpunkt stattfindet, in dem das Unternehmen besonders empfindlich getroffen wird, zeigt sich am Beispiel des landwirtschaftliche Erzeugnisse produzierenden Betrieb, dem die gesamte Jahresernte zu verderben droht.[281] Zu denken ist weiter an einen Fluglinienbetreiber, der bei einem in die Hauptreisezeit fallenden Streik enorme Verluste zu verzeichnen hat oder an einen sonstigen Betriebsinhaber, dem ein Großauftrag entgeht oder der wegen Verzögerung dessen Erfüllung eine erhebliche Vertragsstrafe bezahlen muss.[282]

Ob sich in derartigen Fällen die Schädigung als unangemessen darstellt - sie wegen der *bewussten* Inkaufnahme des wirtschaftlichen Zusammenbruchs des bestreikten Unternehmens als Verstoß gegen das Verbot der Existenzvernichtung zu werten ist[283] - und unter dem Aspekt der Erhaltungsarbeiten eine Pflicht

---

279 *Oetker* S. 11.

280 Siehe hierzu *Seiter* S. 535 f., der aber einräumt, dass es grundsätzlich zulässig ist, den Kampf auf einen Zeitpunkt zu verlegen, in dem der Gegner besonders empfindlich getroffen wird; so auch BAGE 23, 484 (501); LAG Frankfurt a.M. RdA 1950, 427 (431).

281 *Löwisch*, Arbeitskampf- und Schlichtungsrecht, 170.2 Rn. 222; *derselbe/Mikosch* ZfA 1978, 153 (162).

282 Siehe hierzu *Reichhold*, FS Buchner, S. 721 (730); *Kissel* § 39 Rn. 6; Däubler-*Däubler* § 14 Rn. 14.

283 Nach *Seiter* S. 534 ist die Grenze zulässiger Schädigung zumindest dann erreicht, wenn sich der wirtschaftliche Zusammenbruch des bestreikten Unternehmens bereits abzeichnet und von der Gewerkschaft mit der Fortsetzung des Streiks bewusst in Kauf genommen wird.; ähnlich *Otto* § 8 Rn. 41.

zur Erbringung von ihr entgegenwirkenden Arbeitsleistungen begründet,[284] lässt sich nur klären, wenn man unter Anwendung des Grundsatzes der Verhältnismäßigkeit rechtlich geschützte Sphären voneinander abgrenzt[285].

d) Rückgriff auf kollidierendes Verfassungsrecht

Die Abgrenzung rechtlich geschützter Sphären ist im Hinblick auf Art. 9 Abs. 3 GG insoweit erforderlich, als dass die Ausübung der verfassungsrechtlich gewährten Koalitionsbetätigungsfreiheit zwangsläufig zu Beeinträchtigungen ebenfalls verfassungsrechtlich geschützter Rechtspositionen des unmittelbaren Kampfgegners führt, wie etwa Vertragsfreiheit (Art. 2 Abs. 1 GG) und Berufsfreiheit (Art. 12 Abs. 1 GG), Eigentumsgarantie bzw. Recht am eingerichteten und ausgeübten Gewerbebetrieb (Art. 14 Abs. 1 GG).[286] Darüber hinaus wirkt sich ein Arbeitskampf immer auch auf Nichtstreikende und sonstige Dritte sowie die Allgemeinheit aus.[287]

Zur Verdeutlichung der Drittbetroffenheit dient das Beispiel eines bestreikten Produktionsbetriebes der Automobilbranche[288]: Wird in einem metallverarbeitenden Zulieferbetrieb für die Fahrzeugindustrie gestreikt, so hat dies nicht nur für den Inhaber des Zulieferbetriebes Konsequenzen, sondern auch für die Abnehmerbetriebe, nämlich die Fahrzeugbauer. Da sie die benötigten Teile von dem bestreikten Zulieferbetrieb nicht geliefert bekommen, verzögert oder verringert sich ihre Produktion, wodurch sie Einbußen erleiden. Die Abnehmer der Fahrzeuge, also die Fahrzeughändler, können – aufgrund von Überschreitungen des zugesagten Liefertermins - ebenfalls Beeinträchtigungen erleiden. Gleiches gilt für die Endverbraucher, die das bestellte Auto erst mit Verspätung erhalten können.

Anhand dieses Beispiels zeigt sich, dass Arbeitskämpfe zwangsläufig zu Störungen auch bei solchen Unternehmen führen, die nicht unmittelbar vom Ar-

---

284 So etwa *Löwisch,* Arbeitskampf- und Schlichtungsrecht, 170.2 Rn. 222; derselbe/Mikosch ZfA 1978, 153 (162); *Kissel* § 43 Rn. 26; *Heckelmann* 20.

285 Vgl. BAG NZA 2009, 1347 (1352); 2007, 1055 (1058); Däubler-*Däubler* § 14 Rn. 4; MünchArbR-*Ricken* § 200 Rn. 45; *derselbe* ZfA 2008, 283 (293); *Scholz* ZfA 1990, 377 (397 f.); *Kreuz* S. 35, 88 ff.; *Raiser* JZ 1989, 405 (409).

286 Vgl. Däubler-*Däubler* § 14 Rn. 14; *Kissel* § 28 Rn. 2; *Kempen* AuR 1990, 237 (240 f.); *Greiner* NZA 2007, 1023 (1024); Sachs-*Höfling* Art. 9 Rn. 133 m.w.N..

287 BAG RdA 1971, 185 (188).

288 *Richardi* JuS 1984, 825 (825); *Scherer* S. 32 f.; siehe auch *Bayreuther* BB 2005, 2633 (2634 f.); *Rüthers* NZA 2010, 6 (8) mit folgendem Beispiel: „Der Streik in der automatisierten Lackiererei (30 Beschäftigte) eines großen Automobilwerkes kann die gesamte Produktion (30 000 Beschäftigte) lahmlegen. Der Streik bei einem spezialisierten Zulieferer lähmt binnen kurzem große Teile der Automobilindustrie.".

beitskampf betroffen sind, aber mit unmittelbar kampfbetroffenen Unternehmen in Geschäftsbeziehungen stehen (Fernwirkung).[289] Bleiben betriebsnotwendige Materialien oder Halbfertigprodukte aus oder stockt der Absatz in einem so starken Umfang, dass die weitere Produktion unmöglich oder sinnlos wird,[290] wird nicht nur das Recht der mittelbar kampfbetroffenen Unternehmer auf ungestörte berufliche Betätigung (Art. 12 Abs. 1 GG), sondern auch das Interesse der dort Beschäftigten an Arbeit und Lohn beeinträchtigt. Zwar trägt grundsätzlich der Arbeitgeber das sog. Betriebs- und Wirtschaftsrisiko, d.h. er muss den Lohn auch dann zahlen, wenn er seine Arbeitnehmer ohne sein Verschulden aus betriebstechnischen Gründen nicht beschäftigen kann (Betriebsrisiko) oder wenn die Fortsetzung des Betriebes etwa wegen Auftrags- oder Absatzmangels wirtschaftlich sinnlos wird (Wirtschaftsrisiko), jedoch ist davon das besondere Risiko der Betriebsstörung durch einen legitimen Arbeitskampf (Arbeitskampfrisiko) zu trennen.[291] Dieses sog. Arbeitskampfrisiko ist nach den Grundsätzen der arbeitskampfrechtlichen Parität zu verteilen: Können Auswirkungen eines rechtmäßigen Streiks oder einer rechtmäßigen Aussperrung das Kräfteverhältnis der kampfführenden Parteien beeinflussen, tragen beide Seiten das Risiko mit der Folge, dass der Arbeitgeber, dem die Fortsetzung des Betriebes oder Betriebsteils technisch unmöglich oder wirtschaftlich unzumutbar ist, den Arbeitnehmern, die er nicht beschäftigt, keinen Lohn zahlen muss (Arbeitskampfrisikolehre).[292]

Des weiteren wird auch das Interesse der Kunden und Verbraucher an störungsfreien Lieferung- und Abnahmevorgängen (Art. 14 Abs. 1, 12 Abs. 1, 2 Abs. 1 GG) beeinträchtigt.[293] Mitunter kann der Staat in seinem gesamten wirtschaftlichen Gefüge erschüttert werden.[294]

Angesichts dieser Auswirkungen hat das Bundesarbeitsgericht in seinem Beschluss vom 21.04.1971 ausgeführt: „Arbeitskämpfe müssen zwar nach unserem freiheitlichen Tarifvertragssystem möglich sein, um Interessenkonflikte über Arbeits- und Wirtschaftsbedingungen im äußersten Fall austragen und ausgleichen zu können. In unserer verflochtenen und wechselseitig abhängigen Gesellschaft berühren aber Streik wie Aussperrung auch nicht nur die am Arbeitskampf unmittelbar Beteiligten, sondern auch Nichtstreikende und sonstige Dritte

289 BAGE 34, 331 (339 f.).

290 BAGE 34, 331 (340).

291 BAGE 34, 331 (337, 339 ff.); 75, 186 (190); *Kissel* § 33 Rn. 29.

292 Siehe zur Anwendung der Arbeitskampfrisikolehre in mittelbar kampfbetroffenen Betrieben BAGE 34, 331 (340); siehe zur Anwendung der Arbeitskampflehre im unmittelbar kampfbetroffenen Betrieb (-steil) BAGE 75, 186 (190 f.); 80 265 (272).

293 *Reuter* JuS 1973. 284 (284 f.); *Czerweny von Arland* S. 167 f..

294 BAG AuR 1955, 218 (219); *Seiter* S. 542; *Gamillscheg* S. 1181 f..

sowie die Allgemeinheit vielfach nachhaltig. Arbeitskämpfe müssen *deshalb* unter dem obersten Gebot der Verhältnismäßigkeit stehen."[295]

Bei dem Grundsatz der Verhältnismäßigkeit geht es also darum, Rechtspositionen aufeinander abzustimmen. Denn wäre der Arbeitnehmerschaft das Recht zu streiken „unbegrenzt und unbegrenzbar" zugesprochen und ihnen damit eine Verfolgung tariflicher Forderungen um jeden Preis erlaubt, würde für die damit kollidierenden Rechte und Rechtsgüter aller anderen kein Raum verblieben.[296] Dies kann aber schon deswegen nicht hingenommen werden, weil Arbeitskämpfe in die bestehende Gesamtordnung des Grundgesetzes eingeordnet sind und sich in dem von der Rechtsordnung vorgegebenen Rahmen zu bewegen haben.[297] Den im Wortlaut des Art. 9 Abs. 3 GG vorbehaltlos gewährleisteten Freiheiten sind durch das Grundgesetz selbst Grenzen gesetzt.[298] Mit der Wahrnehmung dieser Freiheiten kollidierende, ebenfalls verfassungsrechtlich verbürgte Rechte und Rechtsgüter bilden verfassungsimmanente Schranken[299].

---

295 BAG RdA 1971, 185 (188); *Müller* RdA 1971, 321 (324): „In unserer eng verflochtenen Gesellschaft treten die legitimen Rechtspositionen der einzelnen Angehörigen der Gesellschaft und ihrer verschiedenen Gruppen trotz und bei aller ihrer Legitimität immer und immer wieder mit den Rechtspositionen Dritter und anderer Gruppen in Konflikt. Aus einer solchen gesellschaftlichen Situation heraus ist das Übermaßverbot erwachsen; seine Geltung ist für den Bestand der Gesellschaft und zur Sicherung des Rechtsstandes ihrer Angehörigen erforderlich. In einer solchen Situation gründet auch das Gebot der Verhältnismäßigkeit im Arbeitskampfrecht."; *Scholz*, FS Buchner, S. 827 (832 f.) unterscheidet in unmittelbar, d.h. im Verhältnis zum Gegner, und mittelbar, d.h. im Verhältnis zu Drittbetroffenen, verhältnismäßige Arbeitskämpfe.; Hervorhebung durch die Verfasserin.

296 Vgl. BVerfGE 38, 386 (393); 50, 290 (368).

297 Vgl. BVerfGE 28, 243 (260 f.); 32, 98 (107 f.); 49, 24 (55 f.); BAG NZA 2009, 1347 (1352); *von Hoyningen-Huene* JuS 1987, 505 (506); *Kreuz* S. 75; Scholz ZfA 1990, 377 (388 f.); *Scheuner* RdA 1971, 327 (330, 333); *Loritz* ZfA 1985, 185 (208); von Mangoldt/Klein/Starck-*Kemper* Art. 9 Rn. 122 ff.: „Das Grundrecht aus Art. 9 Abs. 3 GG schützt nicht davor, bei der Zweckverfolgung die für alle und alle Betätigungsbereiche geltende Rechtsordnung einhalten zu müssen."

298 Siehe hierzu BVerfGE 84, 212 (228) m.w.N.; *Kreuz* S. 90, wonach jedes Grundrecht seine Begrenzung durch weitere Grundrechte oder sonstige Rechtsgüter von Verfassungsrang erfährt.; siehe aber *Seiter* RdA 1986, 165 (172); *Konzen* SAE 1991, 335 (338); *Henssler* ZfA 1998, 1 (4 ff.); wonach nur die Bildungsgarantie, nicht aber die über den Wortlaut des Art. 9 Abs. 3 GG hinaus entwickelte Betätigungsfreiheit vorbehaltlos konzipiert ist.; diese Unterscheidung ablehnend *Pfeiffer* S. 92.

299 BVerfGE 84, 212 (228); BAG NZA 2005, 592 (594); *Scherer* S. 51 ff., 63 ff., 109; *Scholz*, FS Buchner, S. 827 (832) m.w.N. in Fn. 23 f.; EK-*Dieterich* Art. 9 GG Rn. 49.

Die Kollision zweier oder auch mehrerer Grundrechte selbst ist nach Maßgabe der praktischen Konkordanz aufzulösen.[300] Hierfür ist der Schutz des von Art. 9 Abs. 3 GG angestrebten staatsfreien Interessenausgleichs gegen den Schutz der kollidierenden Verfassungsrechtsgüter abzuwägen, die Intensität der Beeinträchtigung dem Gewicht der Rechtsgüter gegenüberzustellen und anzustreben, dass sie möglichst optimal zur Geltung kommen.[301] Das heißt, dass nicht eines der widerstreitenden Rechtsgüter „bevorzugt und maximal behauptet wird, sondern alle einen möglichst schonenden Ausgleich erfahren."[302]

Selbst wenn der eine grundrechtliche Wert abstrakt größeres Gewicht als der andere besitzt, sind immer auch die konkreten Umstände des Einzelfalls zu berücksichtigen und es ist nach dem Grundsatz der Verhältnismäßigkeit zu entscheiden, welches Interesse zurückzutreten hat.[303] Dies kann auch eines des Art. 9 Abs. 3 GG sein.[304] Dabei handelt es sich um eine rein rechtliche Wertungsfrage,[305] bei deren Beantwortung kein Beurteilungsspielraum besteht, auch wenn dies durch die Formulierung des Bundesarbeitsgerichts suggeriert wird: „Verhältnismäßig im engeren Sinne (proportional) ist ein Arbeitskampfmittel, das sich *unter hinreichender Würdigung* der grundrechtlich gewährleisteten Betätigungsfreiheit zur Erreichung des angestrebten Kampfziels *unter Berücksichtigung* der Rechtspositionen der von der Kampfmaßnahme unmittelbar oder mittelbar Betroffenen *als angemessen* darstellt."[306]

Die Ausübung der Arbeitskampffreiheit ist dann „unverhältnismäßig", wenn ebenfalls verfassungsrechtlich geschützte Rechtspositionen „in nicht mehr hinnehmbaren Umfang" beeinträchtigt werden.[307] Dies ist gerichtlich zu überprüfen; es sind Regelungen aufzustellen, die allen Betroffenen gerecht werden. Insoweit wirken sich die in den Grundrechten enthaltenen Wertentscheidungen auf die sich kampfweise betätigenden Arbeitskampfparteien aus.[308]

---

300 BVerfGE 93, 1 (21); BAG NZA 2005, 592 (594); *Hesse*, Grundzüge des Verfassungsrechts der Bundesrepublik Deutschland 1995, Rn. 317 ff..

301 Siehe hierzu BVerfG NZA 2007, 394 (395) m.w.N.; *Hesse* Rn. 317 ff.; MünchArbR-*Ricken* § 200 Rn. 45.

302 BVerfGE 93, 1 (21) m.w.N.

303 BVerfGE 35, 202 (225); 63, 131 (144); 67, 213 (228).

304 Vgl. BVerfGE 50, 290 (369); 58, 233 (247 f.); BAGE 46, 322 (346 f.); *Kempen* AuR 1990, 237 (240).

305 EK-*Dieterich* Art. 9 GG Rn. 130 a.

306 BAG NZA 2007, 1055 (1058); NZA 2009, 1347 (1352); Hervorhebung durch die Verfasserin.

307 Däubler-*Däubler* § 14 Rn. 4.

308 Vgl. *Rieble* ZfA 2000, 5 (26); für eine mittelbaren Drittwirkung der Grundrechte BAGE 88, 118 (123 f.); 95, 277 (282 ff.); *Kissel* § 35 Rn. 3, 30; MünchArbR-*Löwisch/Rieble*,

Nur eine Abwägung der aufeinander bezogenen wie auch der gegenläufigen grundrechtlich geschützten Interessen kann daher Aufschluss darüber geben, in welchem Umfang die Sozialpartner zur Leistung von weiteren Erhaltungsarbeiten verpflichtet sind.

e) Abgrenzung der Erhaltungsarbeiten

Im Folgenden ist zu untersuchen, welche Tätigkeiten unter dem Aspekt der Erhaltungsarbeiten zur Wahrung der Grundrechte und anderer Rechtsgüter von Verfassungsrang verrichtet werden müssen, ohne dass es zu einer Verdrängung der durch Art. 9 Abs. 3 GG mittelbar geschützten Arbeitskampffreiheit kommt. Allerdings lässt sich nur eine abstrakt-generelle Aussage treffen, denn maßgebend sind die konkreten Umstände des Einzelfalls[309]. Änderungen können sich aus Form, Umfang und Dauer, aber auch aus dem Zeitpunkt eines Streiks ergeben.[310]

(1) Schutz der Produktionsanlagen

Bei den Produktionsanlagen (Betriebsstätte und Betriebseinrichtungen) handelt es sich um konkrete vermögenswerte Rechtspositionen des Unternehmers im Sinne von Art. 14 Abs. 1 GG.[311] In ihnen steckt ein Großteil des Kapitals. Ihre Anschaffung, ob nun durch Kauf oder Pacht, beruht auf einer nach Art. 12 Abs. 1 GG freien Investitionsentscheidung des Unternehmers[312]. Diese längerfristige Investitionsentscheidung würde durchkreuzt werden, wenn die Produktionsanlagen und damit das Betriebseigentum infolge der Verweigerung von Arbeiten zerstört und beschädigt werden.[313] Es ist daher eine Abwägung der die „Funktionsfähigkeit des Unternehmens" schützenden grundrechtlichen Freiheiten[314] mit der Arbeitskampffreiheit vorzunehmen, wie sie oben bereits ansatzweise erfolgt ist und ergeben hat, dass die Wartung und Instandhaltung der Produktionsanla-

---

2. Auflage, § 246 Rn. 72; für eine unmittelbare Grundrechtsbindung der Sozialpartner BAGE 1, 185 (193); *Gamillscheg* S. 313 ff., 666 ff..

309 Vgl. Brox/Rüthers-*Brox* § 9 Rn. 292; Däubler-*Reinfelder* § 15 Rn. 39 f.; *Gamillscheg* S. 1167.

310 Vgl. BAG, Urt. v. 8.06.1982, Az.: 1AZR 464/80-juris, Rn. 44; Anm. v. *Buschmann* AuR 1983, 254 (256); *Kissel* § 43 Rn. 17; EK-*Dieterich* Art. 9 GG Rn. 181; Däubler-*Reinfelder* § 15 Rn. 40; *Seiter* S. 535; *Oetker* S. 20.

311 Jarass/Pieroth-*Jarass* Art. 14 Rn. 9.

312 BVerfGE 9, 83 (87 f.); 41, 360 (370); Maunz/Dürig-*Scholz* Art. 12 Rn. 132; von Mangoldt/Klein/Stark-*Manssen* Art. 12 Rn. 69.

313 *Kraus* S. 42.

314 BVerfGE 50, 290 (352).

gen unabdingbare Voraussetzung für die Durchführung eines rechtmäßigen Arbeitskampfs ist.[315] Dies gilt im Hinblick auf § 90 a BGB auch für die Versorgung gewerblich genutzter Tiere.[316] Es zu zulassen, dass infolge eines Streiks die Funktionsfähigkeit der Produktionsanlagen aufgehoben wird, wäre eine nicht hinnehmbare Verabsolutierung der Koalitionsbetätigungsfreiheit aus Art. 9 Abs. 3 GG gegenüber den Arbeitgebergrundrechten aus Art. 12 Abs. 1, 14 Abs. 1 GG.[317] Dass die Versorgung von Tieren bei einem gegen Viehzüchter, Milchbauern oder Legehennenhaltern gerichteten Streik nicht unterbleiben darf, ergibt sich zudem aus dem Tierschutz als anderem Rechtsgut von Verfassungsrang, vgl. Art. 20 a GG.[318] *Fenn* fasst zutreffend zusammen, der Arbeitskampf müsse an den Produktionsanlagen vorbeirollen, dürfe sie nicht überrollen.[319]

Der Schutz der Produktionsanlagen bedingt auch teilweise produktive Tätigkeiten, wenn die Aufrechterhaltung der Produktion der geeignete Weg ist, sie zu sichern oder zu erhalten.[320] So ist, wie bereits dargestellt, etwa die Hochofenproduktion aufrechtzuerhalten, weil eine Stilllegung Schäden an der Substanz verursachen würde.[321] Bei der für den Schutz der Produktionsanlagen unerlässlichen Weiterproduktion reicht aber häufig eine gedrosselte Fertigung aus, schließlich soll der durch den Produktionsausfall verursachte Schaden durch Erhaltungsarbeiten gerade nicht verhindert werden.[322]

Ist hingegen eine Stilllegung der Anlage möglich, hat diese fachgerecht zu erfolgen.[323] Um Explosionen infolge plötzlichen Abschaltens chemischer Anlagen zu verhüten, sind die dort ablaufenden chemischen Prozesse zunächst zu beenden. Weiter sind angesetzte Produktionsgrundstoffe zu entsorgen, die sonst

---

315 *Apfel* S. 38 f.; *Leinemann* DB 1971, 2309 (2309); *Oetker* S. 20 f.; *Kissel* § 43 Rn. 4.

316 Apfel S. 33; Oetker S. 21

317 Däubler-*Däubler* § 14 Rn. 15; *Seiter* ZfA 1989, 283 (299).

318 *Däubler* AuR 1997, 13 (13); Däubler-*Reinfelder* § 15 Rn. 40; zum Rechtscharakter als Staatszielbestimmung Sachs-*Murswiek* Art. 9 Rn. 12 ff..

319 *Fenn* DB 1982, 430 (432).

320 BAG AuR 1983, 251 (253); *Apfel* S. 39; *Löwisch/Mikosch* ZfA 1978, 153 (161); *Fenn* DB 1982, 430 (432); *Heckelmann* S. 20; *Oetker* S. 21 f..

321 BAG AuR 1983, 251 (253); *Löwisch*, Arbeitskampf- und Schlichtungsrecht, 170.2 Rn. 219; *Kissel* § 43 Rn. 23.

322 *Kraus* S. 38; *Oetker* S. 22; *Apfel* S. 40; *Kissel* § 43 Rn. 23; EK-*Dieterich* Art. 9 GG Rn. 183.

323 BAG AuR 1983, 251 (253); *Löwisch*, Arbeitskampf- und Schlichtungsrecht, 170.2 Rn. 219; *Kissel* § 43 Rn. 23.

in den Herstellungsapparaturen zu deren Beschädigung oder Zerstörung führen.[324]

Wenn andernfalls Schäden an den Produktionsanlagen zu befürchten sind (z.B. durch trocknenden Lehm), gehört mitunter auch das Sauberhalten des Betriebes zu den Erhaltungsarbeiten.[325]

(2) Werksschutz

Nicht nur Arbeiten zur Abwendung einer im Fall ihrer Verweigerung mit Sicherheit eintretenden Beschädigung und Zerstörung der Produktionsanlagen zählen zu den Erhaltungsarbeiten. Dazu zählen auch Arbeiten, die nur möglicherweise eintretende Schäden verhindern sollen,[326] wie die Sicherung der Werksanlagen vor unbefugten Zugriffen Dritter (Diebstahl, Sachbeschädigung, Terroranschlägen etc.) und Umweltschädigungen (Feuer, Wasser, Frost) während eines Arbeitskampfes.[327] Um den Pförtner- und Wachdienst verrichtenden Arbeitnehmern des bestreikten Betriebes das Streikrecht zu erhalten, befürworten einige Autoren die Einschaltung eines Bewachungsunternehmens im Vorfeld eines Streiks, sofern die Betriebsbewachung keine allzu detaillierten Sachkenntnisse erfordert und nach einer kurzen Einweisung für das konkrete Objekt erfolgen kann.[328] Dazu verpflichtet ist der Arbeitgeber jedoch nicht. Sieht er von der Beauftragung eines Wachdienstunternehmens ab, müssen die Sicherungstätigkeiten von dem Betrieb angehörigen Arbeitnehmern verrichtet werden. Nur wenn der Werksschutz ohnehin von einer externen Firma durchgeführt wird, ist die Bewachung des Betriebes keine von den dort beschäftigten Arbeitnehmern zu verrichtende Erhaltungsarbeit.[329]

---

324 Vgl. den engen Zusammenhang mit den sog. Abwicklungsarbeiten aufzeigend *Fenn* DB 1982, 430 (432); *Löwisch/Mikosch* ZfA 1987, 153 (161); *Bauer/Haußmann* DB 1996, 881 (882); *Oetker* S. 20 ff.; *Kraus* S. 43 f..

325 *Kissel* § 43 Rn. 23; *Oetker* S. 27; *Apfel* S. 38.

326 *Löwisch/Mikosch* ZfA 1978, 153 (161).

327 *Bauer/Haußmann* DB 1996, 881 (882); *Buschmann* AuR 1980, 230 (234 f.); *Schell* BB 1969, 1179 (1180); EK-*Dieterich* Art. 9 GG Rn. 183; *Apfel* S. 36 f. unter Hinweis auf den im Jahre 1963 bei einem Arbeitskampf in der Metallindustrie Baden Württembergs am dritten Streiktag ausgebrochenen Brand in einem Stuttgarter Unternehmen, der deshalb keine allzu großen Schäden anrichten konnte, weil die zur Notarbeit eingeteilte Betriebsfeuerwehr sofort zur Stelle war.

328 *Däubler* AuR 1981, 257 (261); *Hirschberg* RdA 1986, 355 (357); *Löwisch/Mikosch* ZfA 1978, 153 (161).

329 So auch *Kraus* S. 39.

(3) Abwicklungsarbeiten

Zu Abwicklungsarbeiten zählen solche Arbeiten, die der Abwicklung der Arbeitseinstellung dienen und den Verderb von Rohstoffen, Naturerzeugnissen und bereits produzierter Ware verhindern.[330] Neben der sachgerechten Lagerung und/oder Weiterverarbeitung werden auch dem Warenaustausch dienende Tätigkeiten wie das Ausliefern bereits produzierter Ware und die Entgegennahme bereits bestellter Zulieferungen überwiegend als Abwicklungsarbeiten bezeichnet.[331] Abwicklungsarbeiten können sich auf das Ausmaß der aus der Zurückbehaltung der Arbeitskraft resultierenden Schädigung auswirken, ihre Durchführung kann de facto eine Weiterführung des Betriebs bedeuten und damit den Wirkungsmechanismus eines Streiks aushebeln.[332] Deswegen wird davor gewarnt, durch die missbräuchliche Anordnung solcher Arbeiten Streikarbeit durchführen zulassen.[333] Anlass zur Warnung gibt der bereits angesprochene dem Landesarbeitsgericht Frankfurt am Main im Jahr 1969 zur Entscheidung vorgelegte Fall: Von den 1170 Arbeitnehmern, die der Arbeitgeber, zur Verrichtung von Erhaltungsarbeiten herangezogen hatte, sollten 264 Arbeitnehmer mit eigentlichen Erhaltungsarbeiten und weitere 906 Arbeitnehmer mit Abwicklungsarbeiten beschäftigt werden.[334] Um den Arbeitgeber auch unter diesen Umständen noch effektiv unter Druck zu setzen, müsste die Arbeit unter Hinnahme des weiteren Lohnausfalls über einen viel längeren Zeitraum niedergelegt werden. Eine durch Abwicklungsarbeiten erst erforderlich werdende Verlängerung des Produktionsausfalls ist aber angesichts der andauernden Fernwirkung und dem der Volkswirtschaft entstehenden Schäden unerwünscht.[335]

Nachfolgend soll ermittelt werden, inwieweit Abwicklungsarbeiten Erhaltungsarbeit darstellen.

---

330 LAG Frankfurt AuR 1970, 349 (350); *Löwisch/Mikosch* ZfA 1978, 153 (162); *Oetker* S. 17 f.; *Schell* BB 1969, 1179 (1180); EK-*Dieterich* Art. 9 GG Rn. 184; *Kissel* § 43 Rn. 26.

331 *Apfel* S. 40 ff.; *Löwisch/Mikosch* ZfA 1978, 153 (162).

332 *Kissel* § 43 Rn. 17, § 29 Rn. 27; Anm. v. *Buschmann* AuR 1983, 254 (255); *Kraus* S. 41.

333 So etwa Buschmann AuR 1980, 230 (234 f.); Däubler AuR 1981, 257 (261); Fenn DB 1982, 430 (432).

334 LAG Frankfurt a.M. SAE 1970, 185 8186); *Buschmann* AuR 1980, 230 (235).

335 *Oetker* S. 19, 30 f.; nach BAG AuR 1955, 218 (219) sind „Arbeitskämpfe im Allgemeinen unerwünscht".

(a) Weiterverarbeitung von empfindlichen Rohstoffen, Naturerzeugnissen und (Halb-)Fertigwaren

Nichtarbeit kann dazu führen, dass zur Produktion benötigte Rohstoffe und Naturerzeugnisse sowie (Halb-)Fertigware verderben. Besonders empfindliche Stoffe und Materialen drohen schon dann zu verderben, wenn nur für kurze Zeit nichts dagegen unternommen wird. Deswegen erlaubt § 10 Abs. 1 Nr. 15 ArbZG als Ausnahme von dem Beschäftigungsverbot an Sonn- und Feiertagen aus § 9 Abs. 1 ArbZG die Beschäftigung von Arbeitnehmern zur Verhütung des Verderbens von Naturerzeugnissen oder Rohstoffen oder des Misslingens von Arbeitsergebnissen. Der Ausnahmetatbestand ist erfüllt, wenn wegen der Unterbrechung an Sonn- und Feiertagen nicht oder fehlerhaft gelungene Arbeitserzeugnisse in Höhe von 5 Prozent einer Wochenproduktion an fehlerfreien Arbeitserzeugnisses anfallen. Ein unterhalb der 5 Prozent-Grenze liegender Verlust ist im Interesse der gemäß Art. 140 GG i.V.m. Art. 139 WRV verfassungsrechtlich garantierten Sonn- und Feiertagsruhe hinzunehmen.[336] Wenn der Arbeitgeber aber schon im Normalfall einen gewissen Vermögensschaden infolge des Materialverlustes erdulden muss, muss er dies erst recht im Fall eines der Wahrung und Förderung der Arbeitsbedingungen im Sinne von Art. 9 Abs. 3 GG dienenden Streiks.[337] Der finanzielle Verlust infolge des Unbrauchbarwerdens der vom Arbeitgeber zur Weiterverarbeitung angeschafften Rohstoffe, Erzeugnisse und Waren macht „häufig den eigentlichen Inhalt des Streiks aus."[338] Die Verweigerung von ihm entgegenwirkenden Arbeiten liegt in der „Sachlogik des Streiks".[339] Die mit dem Materialverlust einhergehende Beeinträchtigung der durch Art. 14 Abs. 1 GG geschützten Produktionsmittel (Betriebseigentum)[340], muss der Arbeitgeber grundsätzlich auch dann hinnehmen, wenn ihm dadurch ein erheblicher Vermögensschaden entsteht.[341] Dieser unterfällt seinem unternehmerischen Risiko.[342]

Hinzu kommt, dass die zur Produktion benötigten Rohstoffe, Erzeugnisse und Waren in der Regel schnell und unproblematisch wiederzubeschaffen sind,

---

336 *Anzinger/Koberski*, ArbZG, § 10 Rn. 166 ff.; kritisch *Buschmann/Ulber*, ArbZG, § 10 Rn. 17.

337 *Kraus* S. 43.

338 *Däubler* AuR 1997, 13 (15).

339 *Buschmann* AuR 1980, 230 (235); siehe auch *Löwisch/Mikosch* ZfA 1978, 153 (162); *Oetker* S. 12; Däubler-*Reinfelder* § 15 Rn. 41.

340 Jarass/Pieroth-*Jarass* Art. 14 Rn. 9.

341 *Heckelmann* S. 20; *Oetker* S. 19;

342 *Buschmann* AuR 1980, 230 (235); *Fenn* DB 1982, 430 (432); *Kraus* S. 43; siehe auch von „dem Streik immanenten Schäden" sprechend *Kissel* § 43 Rn. 26; EK-*Dieterich* Art. 9 GG Rn. 184.

liegt es doch in der Natur der Sache, dass sie bei der Produktion verbraucht und daher immer wieder erneuert werden müssen.[343] Anders als die Produktionsanlagen binden die Produktionsmittel das Kapital nicht dauerhaft, ihnen liegt eine weniger bedeutende Investitionsentscheidung im Sinne von Art. 12 Abs. 1 GG zu Grunde.[344] Die Grundrechte des Arbeitgebers werden durch das Unbrauchbarwerden von Produktionsmitteln nicht in vergleichbarem Maße beeinträchtigt wie bei der Beschädigung und Zerstörung von Produktionsanlagen, zumal der grundrechtliche Schutz desjenigen, der sich der abhängigen Arbeit anderer bedient, von vornherein durch die in Art. 9 Abs. 3 GG gewährleistete kollektive Vereinbarungsbefugnis und Konfliktaustragung geprägt ist.[345] Daraus folgt, dass Rohstoffe, Erzeugnisse und Waren nur in dem Umfang vor dem Verderb zu bewahren sind, in dem sie zur Erhaltung der Produktionsanlagen notwendigen Weiterführung der Produktion benötigt werden.[346] Ansonsten steht das Unbrauchbarwerden von Produktionsmitteln im Hinblick auf die Möglichkeit ihrer Wiederbeschaffung der Wiederaufnahme der betrieblichen Tätigkeit nach Streikende nicht entgegen,[347] auch wenn sie genaugenommen nicht „an der Stelle“ erfolgt, an der die Arbeit bei Streikbeginn unterbrochen worden ist und nicht sämtliche sächlichen Betriebsmittel sich in „dem Zustand“ befinden, in dem sie sich bei Streikbeginn befanden.[348] Durch die Wiederbeschaffung nach Kampfende wird die Wiederaufnahme der Arbeit allenfalls kurzfristig verzögert. Dies ist hinzunehmen,[349] zumal sich der Schaden, der durch einen wegen der Verzögerung über das Kampfende hinausgehenden Produktionsausfall entsteht, in Grenzen hält, weil der Arbeitgeber für den Zeitraum, in dem ihm die Beschäftigung seiner Arbeitnehmer infolge des vorangegangenen Streiks nicht möglich

343 *Kraus* S. 42 m.w.N. in Fn. 183.

344 *Kraus* S. 42 m.w.N. in Fn. 181; a.A. *Kreissl* JZ 1995, 695 (699 f.), dem zufolge die mit dem Zugriff auf „bereits vorhandene Vermögenswerte“ verbundene Schmälerung des Unternehmenskapitals mit dem Sinn und Zweck des Arbeitskampfs unvereinbar ist.

345 *Hensche/Wolter*, GS Zachert, S. 544 (557 f.).

346 *Schiffer* S. 83; EK-*Dieterich* Art. 9 GG Rn. 184; anders *Otto* § 8 Rn. 28; BAG AuR 1983, 251 (253).

347 *Däubler* AuR 1981, 257 (261); *derselbe* AuR 1997, 13 (15); *Kissel* § 43 Rn. 26.

348 So fordert es zwar das BAG AuR 1983, 251 (253), lässt aber offen, ob und unter welchen Voraussetzung der Verderb von Halb-und Fertigerzeugnissen unter dem Aspekt der Erhaltungsarbeiten zu verhindern ist.

349 *Löwisch/Mikosch* ZfA 1978, 153 (162), die eine Verzögerung von ein bis zwei Tagen für hinnehmbar halten; *Löwisch*, Arbeitskampf- und Schlichtungsrecht, 170.2 Rn. 223: „Dass die Wiederaufnahme der Produktion nach Arbeitskampfende besonders aufwendig ist, macht den Arbeitskampf nicht unverhältnismäßig.“.

ist, von seiner Lohnzahlungspflicht befreit ist.[350] Was bleibt, ist der mit dem Materialverlust einhergehende finanzielle Verlust, der aber auf die Dauer des Streiks beschränkt ist.[351]

Grundsätzlich besteht also keine Pflicht zur Weiterverarbeitung verderblicher Rohstoffe, Naturerzeugnisse oder (Halb)Fertigwaren; derartig produktive Tätigkeiten stellen keine Erhaltungsarbeiten dar.[352]

Im nicht produzierenden Gewerbe gilt nichts anderes. Wird beispielsweise in auf den Handel mit organischen Stoffen spezialisierten Unternehmen gestreikt, stellt der Verderb von Obst und Gemüse, Milch und Backwaren ebenso wie der durch deren Nichtverkauf entstehende Umsatzverlust grundsätzlich eine „natürliche und hinzunehmende Folge eines Streiks" dar.[353] Dass Frischware innerhalb kürzester Zeit unverkäuflich wird, steht der streikweise Einstellung von Handelstätigkeiten nicht entgegen.[354] Vor dem Hintergrund, dass auch bei normalem Geschäftsgang täglich tonnenweise Lebensmittel in den Abfallcontainern der Supermärkt landen,[355] kann auch nicht angenommen werden, ihnen liege ein Investitionseinsatz zugrunde, der dem der Produktionsanlagen gleichstehe und deswegen - auch bei nur kurzer Streikdauer[356] - Arbeiten zu ihrem Schutz rechtfertige.[357] Allenfalls Maßnahmen, die geeignet sind, vorhandene Ware vor dem Verderben zu bewahren, ohne diese zugleich umzusetzen, müssen ergriffen werden. So muss etwa Tiefkühlware dem Streik nicht zum Opfer fallen.[358]

(b) Auslieferung gefertigter Ware

Es stellt sich die Frage, ob die Auslieferung von vor dem Arbeitskampf produzierter und lagerungsfähiger Ware Erhaltungsarbeit darstellt.

Grundsätzlich besteht der vertragliche Erfüllungsanspruch des Vertragspartners (§§ 433 Abs. 1, 631 Abs. 1 BGB) eines von einem rechtmäßigen Arbeits-

---

350 Vgl. BAGE 23, 512 (517 f.); *Fenn* DB 1982, 430 (432) Fn. 31; *Kraus* S. 44 m.w.N. in Fn. 189.

351 *Däubler* AuR 1997, 13 (15).

352 So auch *Buschmann* AuR 1980, 230 (234 f.); *Däubler* AuR 1981, 257 (261); *Fenn* DB 1982, 430 (432); *Schiffer* S. 83; *Löwisch/Mikosch* ZfA 1978, 153 (162).

353 Däubler-*Reinfelder* § 15 Rn. 41; *Däubler* AuR 1997, 13 (15).

354 In diese Richtung auch *Buschmann* AuR 1980, 230 (234).

355 Siehe hierzu „Supermärkte entsorgen tonnenweise Lebensmittel", WELT ONLINE-Artikel vom 18.02.2011, abrufbar unter www.welt.de; „Deutschland, die Wegwerf-Republik", FOCUS ONLINE-Artikel vom 31.03.2012, abrufbar unter www.focus.de.

356 Siehe zur 2,5 – 3 stündigen Dauer der Warnstreiks im Einzelhandel BAG AuR 1982, 251 (251); BAG; Urt. v. 8.06.1982, Az.: 1 AZR 464/80-juris, Rn. 10; LAG Niedersachsen AuR 1981, 285 (286).

357 So aber *Kraus* S. 43.

358 Siehe hierzu *Otto* § 8 Rn. 28.

kampf betroffenen Unternehmens fort. Er kann aber gemäß § 376 Abs. 1 S. 2 HGB (Fixhandelskauf) oder unter den Voraussetzungen des § 275 Abs. 1 BGB entfallen, wenn die Leistung für den kämpfenden Arbeitgeber unmöglich wird, was zum Beispiel beim Vorliegen eines in den Zeitraum des Streiks fallenden absoluten Fixgeschäfts (just-in-time-Produktion) der Fall wäre. Gemäß § 326 Abs. 1 BGB verliert der Unternehmer seinen Anspruch auf die Gegenleistung, d.h. ihm entgeht der Gewinn. Hinzu kommt, dass er infolge der Nichtleistung (§ 283 BGB) oder wegen Verzuges (§ 286 BGB, § 376 HGB) schadensersatzpflichtig werden kann. Gegebenenfalls verwirkt er eine mit der nicht rechtzeitigen Leistung verbundene Vertragsstrafe (§§ 339 ff. BGB). Darüber hinaus kann das Nichteinhalten der Liefertermine den Vertragspartner dazu berechtigen, sich von der Vertragsbeziehung zu lösen. Daraus können sich insoweit Probleme ergeben, als dass sich etwa für den auf ein ganz bestimmtes Produkt seines Abnehmers spezialisierten Zulieferer bereits der Wegfall dieser Geschäftsbeziehung als ruinös erweisen kann.[359] Mitunter können bei der Durchführung von Lieferverträgen arbeitskampfbedingt auftretende Leistungsstörungen also zu einer die Existenz gefährdenden finanziellen Belastung des kampfbeteiligten Unternehmens führen.

Allerdings wird zum einen oft aus Kulanzgründen von der Geltendmachung etwaiger Ansprüche abgesehen[360] und dem Arbeitgebern zum anderen angetragen, im Vorfeld eines Streiks Maßnahmen zur Schadensverminderung zu ergreifen. So wird in den Arbeitskampfrichtlinien Gesamtmetall empfohlen, in die Liefer- und Abnahmebedingungen vorsorgliche Freizeichnungsklauseln bzw. Haftungsausschlüsse für den Fall des Arbeitskampfes aufzunehmen und/oder Vereinbarungen mit den Vertragspartnern über die Verlängerung der Lieferfristen zu treffen.[361] Weiter wird dazu geraten, Lieferungen soweit wie noch möglich abzuwickeln und zu prüfen, ob und inwieweit die Erfüllung von Lieferverpflichtungen von anderen, voraussichtlich nicht in den Arbeitskampf verwickelten Unternehmen übernommen werden können.[362] Ferner erfolgt ein Hinweis auf

---

359 *Kraus* S. 45 f..

360 Siehe *Däubler* AuR 1997, 13 (17 f.); *Wendeling-Schröder* NZA 1993, 49 (51).

361 Arbeitskampfrichtlinien Gesamtmetall S. 15, 17; siehe auch *Löwisch* AcP 174 (1974), 202 (208 ff.); *derselbe* BB 1974, 1493 ff.; näher zur Freizeichnung in Allgemeinen Geschäftsbedingungen *Otto* § 16 Rn. 112 ff.; Brox/Rüthers-*Schlüter* Rn. 395 ff.; *Pietras*, Arbeitskampf und Vertragsbindung 1981, S. 169 ff..

362 Arbeitskampfrichtlinien Gesamtmetall S. 12, 15; siehe auch Brox/Rüthers-*Schlüter* Rn. 389; Im Hinblick auf die Möglichkeit des Führens eines Unterstützungsstreiks (BAG NZA 2007, 1055 ff.) ist allerdings fraglich, inwieweit die Übernahme von Produktion, Lieferungen etc. durch andere noch eine effektive, präventive Gegenmaßnahme des vom Hauptarbeitskampf betroffenen Arbeitgebers darstellt.

die Möglichkeit des Unternehmens, sich gegen entstandene Streikschäden zu versichern.[363]

Da aber vorsorgliche Maßnahmen nicht immer ergriffen werden können und auch mit ihnen nicht jeglicher Schadenseintritt vermieden werden kann, besteht in der Literatur die Befürchtung, dass der Arbeitgeber im Interesse der Erfüllung seiner Leistungspflichten auf die Tarifforderungen der Streikenden eingehe. Wenn aber die Belastung des arbeitskampfbetroffenen Unternehmers mit Zahlungsansprüchen seiner Geschäftspartner „aus dem Druck zum Verhandeln einen Zwang zum Abschluss" eines im wesentlichen von der streikführenden Gewerkschaft vorgegebenen Tarifvertrages mache, könne der bestreikte Arbeitgeber seine Funktion als Sozialpartner bei der Gestaltung der Arbeits- und Wirtschaftsbedingungen (Art. 9 Abs. 3 GG) nicht mehr wahrnehmen.[364] Dass Funktionieren der Tarifautonomie wäre in Frage gestellt.[365] Die vorherrschende Literatur begegnet dem Problem der Haftung des bestreikten Unternehmers, indem sie ihn - wenn auch mit unterschiedlichen Begründungen - von der Pflicht entlastet, bei auf der reinen Kampfbeteiligung beruhenden Leistungsstörungen Schadensersatz zu leisten.[366] Wenn er aber das Risiko arbeitskampfbedingter Leistungsstörungen übernommen hat, gar ein Garantieversprechen abgegeben hat, soll der Arbeitgeber dafür einstehen müssen.[367] Einige Autoren zufolge soll der betroffene Arbeitgeber zumindest für die Dauer des Arbeitskampfes ganz von seiner Erfüllungsverpflichtung frei werden mit der Folge, dass auf vertragswidrigem Verhalten beruhende Gestaltungsrechte oder Schadensersatzansprüche der Vertragspartner gar nicht erst entstehen und Vertragsstrafen nicht verwirkt werden können (§§ 323, 326 Abs. 5, 441, 638, 651 d BGB).[368] Nicht in Frage gestellt wird zwar, dass ein Streik gerade darauf angelegt ist, für den Kampfgegner hohe Kosten zu verursachen, um möglichst schnell zu einem Tarifvertragsabschluss zu gelangen und dass die aus der Zurückhaltung der Arbeitskraft resultierende Schädigung in Form des finanziellen Nachteils Bestand-

---

363 Siehe hierzu *Löwisch* AcP 174 (1974), 202 (213 ff.); *Oetker* S. 13; anders *Kreissl* JZ 1995, 695 (696), der angesichts des potentiellen Schadenshöhe eine Versicherung des Schadensrisikos für keine finanzierbare Alternative hält; *Pietras* S. 177 ff..

364 *Kreissl* JZ 1995, 695 (698); so auch *Löwisch* AcP 174 (1974), 202 (233 ff.); *Esser* JZ 1963, 489 (491); *Däubler* AuR 1997 13 (19 f.).

365 Brox/Rüthers-*Schlüter* Rn. 384.

366 Siehe hierzu *Löwisch* DB 1962, 761 (762 f.); *derselbe* AcP 174 (1974), 202 (233 ff.); *derselbe* BB 1974, 1493 (1495 f.); *Esser* JZ 1963, 489 ff.; *Lauschke* DB 1966, 137 ff.; *Richardi* JuS 1984, 825 (828 ff.); *Müller*, Das Arbeitsrecht der Gegenwart 1966, 71 (81 ff.); Brox/Rüthers-*Schlüter* Rn. 380 - 392.

367 siehe hierzu *Löwisch* AcP 174 (1974), 202 (240 ff.); Brox/Rüthers-*Schlüter* Rn. 381, 387 ff. (392); *Oetker* S. 13; siehe aber auch *Kreissl* MDR 1994, 958 ff..

368 *Kreissl* JZ 1995, 695 (698 ff.); *Däubler* AuR 1997, 13 (20).

teil des auf den Arbeitgeber auszuübenden Drucks ist, ohne den ein Streik sinnlos wäre.[369] Diskutiert wird jedoch, ob es einen Unterschied macht, in welcher Form sich der finanzielle Nachteil realisiert. So akzeptiert *Kreissl* im Rahmen eines Arbeitskampfes lediglich die Verhinderung weiterer Vermögensmehrung (entgangener Gewinn), nicht jedoch die Zufügung von Vermögensnachteilen durch Schadensersatzverpflichtungen.[370] Der Betrieb des Lieferanten, der streikbedingt schon keine Gewinne mehr erzielen kann, solle nicht auch noch Schadensersatz wegen Nichterfüllung leisten müssen.[371] Zu diesem Ergebnis kommt *Kreissl* aufgrund von Paritätserwägungen.

Parität ist Voraussetzung für das freie Aushandeln der Arbeits- und Wirtschaftsbedingungen.[372] Durch sie soll verhindert werden, dass eine Tarifvertragspartei aufgrund einer übermächtigen Verhandlungsposition der anderen ihren Willen aufzwingen kann und den Inhalt von Tarifverträgen diktiert.[373] Da es erpressten Tarifen aufgrund des naturgegebenen Interessengegensatzes der Tarifvertragsparteien an Ausgewogenheit fehlt,[374] sollen möglichst gleiche Verhandlungschancen bestehen.[375] Aufgabe des Arbeitskampfrechts ist es, für Parität zwischen den Tarifvertragsparteien zu sorgen, so dass ein Ungleichgewicht zwischen ihnen gar nicht erst entsteht.[376] Maßgebend für die Gleichgewichtslage sind die generellen Kräfteverhältnisse und Gestaltungschancen; das Gleichgewicht eines konkreten einzelnen Arbeitskampfs beeinflussende, situationsbedingte Vorteile (wirtschaftliche Lage, Konkurrenzsituation, organisationsgrad) bleiben bei der Beurteilung außer Betracht.[377] Ist das Verhandlungsgleichgewicht bei Tarifauseinandersetzungen generell und offensichtlich gestört, muss die Rechtsordnung eingreifen und entweder der überlegenen Seite Einhalt gebie-

---

369 Siehe hierzu BAG NZA 2009, 1347 (1352); BAGE 73, 141 (149 f.); *Löwisch* BB 1987, 1030 (1034); *derselbe* AcP 174 (1974), 202 (234 f., 241, 245); *Däubler* AuR 1997, 13 (14); *Bauer/Haußmann* DB 1996, 881 (881).

370 *Kreissl* JZ 1995, 695 (700); a.A. *Kraus* S. 46.

371 *Kreissl* JZ 1995, 695 (700).

372 BAG RdA 23, 292 (308); 33, 140 (154); *Löwisch*, Arbeitskampf- und Schlichtungsrecht, 170.1 Rn. 64.

373 BAG RdA 1971, 185 (189); DB 1985, 1894 (1894); BAGE 33, 140 (154, 162 ff.); BVerfG NZA 1991, 809 (811); siehe auch *Rüthers* ZfA 1987, 1 (8 f.); *Enderlein* RdA 1995, 264 (273).

374 *Joachim* AuR 1973, 289 (293) spricht in diesem Zusammenhang vom „Tod der Tarifautonomie".

375 BAG RdA 1971, 185 (189); BAGE 33, 140 (154); BVerfG NZA 1991, 809 (811); siehe auch *Rüthers* ZfA 1987, 1 (8 f.); *Enderlein* RdA 1995, 264 (273).

376 BAGE 33, 130 (154); BAG NJW 1981, 937 (938); *Wank*, FS Kissel, S. 1225 (1239).

377 BAGE 33, 140 (164); LAG Sachsen NZA 2008, 59 (66); *Rüthers* ZfA 1987, 1 (10 f.).

ten oder der unterlegenen Seite Kampfmittel zur Verfügung stellen, die sie zum Führen eines Arbeitskampfes befähigen.[378]

Dies könnte, wie von *Kreissl* vorgeschlagen, durch eine von den Zurechnungskriterien des bürgerrechtlichen Leistungsstörungsrechts losgelöste Freistellung des Arbeitgebers von vertraglichen Lieferverpflichtungen erfolgen. Folge davon wäre, dass der vom Streik betroffene Unternehmer den aufgrund der arbeitskampfbedingten Leistungsstörungen entstehenden Schaden nicht alleine tragen müsste. Der Verlust würde sich dann auf alle an einer Lieferkette beteiligten Unternehmen derart verteilen, dass jedem Unternehmer der ihm entgangene Gewinn verbliebe, den er nicht auf einen Zulieferer abwälzen könnte.[379] Umgekehrt würde er seinem Abnehmer (und dessen Abnehmern) nicht für dessen (deren) entgangenen Gewinn als Folgeschaden haften.[380] Die Geschäftspartner würden im Interesse der Verhandlungsfähigkeit des einzelnen Arbeitgebers so behandelt werden, als ob die Arbeitsniederlegung in deren Betrieben stattfindet.[381]

Anhand dieser Überlegungen wird deutlich, dass die Abwendung einer Schädigung des Arbeitgebers nicht notwendig eine Frage der von den Arbeitnehmern zu erbringenden Erhaltungsarbeiten ist, denn wenn in der Situation des Arbeitskampfes die Lieferverpflichtungen des Arbeitgebers entfallen, können dessen Mitarbeiter denklogisch nicht zur Auslieferung, gleich in welchem Umfang, verpflichtet sein. So wie der mittelbar von einem Arbeitskampf betroffene Arbeitgeber nach der Arbeitskampfrisikolehre des Bundesarbeitsgerichts die Lohnzahlung verweigern kann, soweit ihm die Weiterbeschäftigung seiner Arbeitnehmer ganz oder teilweise unmöglich oder wirtschaftlich unzumutbar ist, weil die Zahlungspflicht zu einem paritätswidrigen Zustand im umkämpften Tarifgebiet führen würde[382], kommt auch hier aus Gründen der Parität ein Abweichen von den Vorschriften des BGB über das Leistungsstörungsrecht in Betracht. Würden sich die Streikfolgen bei entsprechender Modifizierung der Leistungsstörungsregelungen auf den Einnahmeausfall für die Dauer des Streiks beschränken, wäre der Eintritt existenzgefährdender Schäden nicht zu erwarten.[383] Ihr „wichtigster Anlass“, potentielle Schadensersatzansprüche und Kündigungen

378 *Wank*, FS Kissel, S. 1225 (1241); *Löwisch*, Arbeitskampf- und Schlichtungsrecht, 170.1 Rn. 65; ausführlich zum Unterschied zwischen dem ökonomischen u. arbeitsrechtlichen Wettbewerb *Scholz* ZfA 1990, 377 (383 ff, insbesondere 391).

379 *Kreissl* JZ 1995, 695 (702).

380 *Kreissl* JZ 1995, 695 (702).

381 *Kreissl* JZ 1995, 695 (702); siehe auch *Däubler* AuR 1997, 13 (19).

382 Siehe zur Lehre vom Arbeitskampfrisiko BAGE 34, 331 ff.; EK-*Dieterich* Art. 9 GG Rn. 141 ff..

383 *Däubler* AuR 1997, 13 (15).

durch Vertragspartner, würden ausscheiden.[384] Ob die Parität zwischen den Tarifvertragsparteien gestört ist und wie sich eine Regelung (auch diesen Inhalts) auf das Kräfteverhältnis auswirkt, hat aber der Gesetzgeber zu beurteilen, wobei ihm ein weiter Einschätzungs- und Beurteilungsspielraum eingeräumt ist.[385] Weder er noch das als „Ersatzgesetzgeber"[386] bezeichnete Bundesarbeitsgericht sind in diesem Sinne aktiv geworden.

Die gesamte Diskussion über die Problematik der Unternehmenshaftung dreht sich letztlich um den (Nicht-) Eintritt eines dem Streik immanenten und damit in den Risikobereich des Arbeitgebers fallenden Schadens.[387] Insoweit macht es keinen Unterschied, ob Ware gar nicht erst produziert oder nur nicht ausgeliefert wird.[388] Das Vermögen als solches ist weder davor geschützt, dass es sich infolge eines Streiks nicht vermehrt, noch davor, dass es sich infolge eines Streiks schmälert. Vertragsstrafen rechtfertigen Erhaltungsarbeiten ebenso wenig wie die sonstigen Nachteile, die dem Arbeitgeber wegen der streikbedingt nicht rechtzeitigen Leistung im Rahmen von Verträgen mit Dritten drohen.[389] Der Grundrechtsschutz des Arbeitgebers erstreckt sich nicht auf Erwartungen und Aussichten auf Fortbestand bestehender Geschäftsbeziehungen.[390] Dem Arbeitgeber ist es überlassen, Maßnahmen zu ergreifen, um eine Realisierung dieses unternehmerischen Risikos zu vermeiden.[391] Sieht er aber davon ab und/oder geht durch Abgabe von Garantien ein zusätzliches Risiko ein, darf dies im Hinblick auf den Rechtsgedanken des § 162 BGB nicht zu einer Erweiterung der Erhaltungsarbeiten führen.

Die Auslieferung von Ware gehört grundsätzlich nicht zu den Erhaltungsarbeiten.[392] Davon ist aber dann eine Ausnahme zu machen, wenn fertig produzierte Ware zu verderben droht.[393] In gewissen Konstellationen kann das Produktionsergebnis den Produktionsanlagen hinsichtlich des Investitionseinsatzes gleichstehen, so dass sich die Verweigerung von dessen Verderb verhindernden Tätigkeiten, wie die ihm zuvorkommende Auslieferung, ebenfalls als mit den Grundrechten des Arbeitgebers unvereinbar und damit als unverhältnismäßig

384 *Däubler* AuR 1997, 13 (15).

385 BVerfGE 92, 365 (394 f.); *Rüfner* RdA 1997, 130 (133 f.).

386 *Konzen* AcP 177 (1977), 473 (479)

387 So auch Brox/Rüthers-*Brox* Rn. 292; *Däubler* AuR 1997, 13 (19).

388 So auch *Kraus* S. 46.

389 EK-*Dieterich* Art. 9 GG Rn. 182; *Kissel* § 43 Rn. 22; Däubler-*Däubler* § 14 Rn. 14.

390 BGHZ 117, 236 (237); BVerfGE 105, 17 (17 f.); 77, 84 (118); Jarass/Pieroth-*Jarass* Art. 14 Rn. 22; Sachs-*Wendt* Art. 14 Rn. 44.

391 *Oetker* S. 13.

392 LAG Baden-Württemberg DB 1980, 932 (933).

393 *Oetker* S. 20.

erweisen kann.[394] So etwa bei einem landwirtschaftlichen Betrieb, dem durch „eine geschickte Terminierung des Streikbeginns“[395] die gesamte Jahresernte zu verderben droht.[396]

Der Unterschied zu dem bereits angesprochenen Fall der streikbedingt ausfallenden Flugverbindungen liegt darin, dass dem Inhaber des landwirtschaftlichen Betriebes die von Art. 12 Abs. 1 GG geschützte Verwertung bereits erbrachter Arbeitsleistungen[397] nicht mehr möglich ist, während der Fluglinienbetreiber lediglich grundrechtlich nicht (vergleichbar) geschützte Verdienstmöglichkeiten und Erwerbschancen[398] nicht wahrnehmen kann, seine bloßen Erwartungen enttäuscht werden.

(c) Entgegennahme bestellter Ware

Nach den Vorschriften des BGB gerät der Arbeitgeber dadurch, dass er zu einem früherem Zeitpunkt bestellte Lieferungen wegen eines rechtmäßigen Arbeitskampfes nicht entgegen nehmen kann, verschuldensunabhängig in Annahmeverzug (§§ 293 ff. BGB). Der Annahmeverzug kann zu erheblichen wirtschaftlichen Nachteilen führen. Zum einen steht dem gemäß § 326 Abs. 2 S. 1 2. Alt. BGB zu zahlenden Kaufpreis dann kein entsprechender Gegenwert gegenüber, wenn in der Streikzeit erhaltene Lieferungen verderben oder aber für ihre Verwertung nach Beendigung des Arbeitskampfes die Kapazitäten fehlen.[399] Zum anderen haftet der Lieferant bei Untergang bzw. Verlust des Leistungsgegenstandes nur bei vorsätzlicher oder grob fahrlässiger Verursachung (§ 300 Abs. 1 BGB) und/oder kann sich seiner (nach § 300 Abs. 2 BGB reduzierten) Erfüllungsverpflichtung durch Hinterlegung, Versteigerung (§§ 372, 383 BGB) oder Selbsthilfekauf (§ 373 HGB) entledigen. Erreicht der Erlös des Selbsthilfekaufs nicht den vereinbarten Preis, geht dies zu Lasten des bestreikten Arbeitgebers. Zudem hat er die Mehraufwendungen für das erfolglose Angebot, die Aufbewahrung (z.B. Lagerungskosten im Sinne des § 354 HGB) und Erhaltung (u.a.

---

394 So etwa auch *Otto* § 8 Rn. 28; *Kissel* § 43 Rn. 26; *Heckelmann* 20; *Oetker* S. 20; *Schell* BB 1969, 1179 (1180).

395 *Oetker* S. 12, 20 sieht darin eine „zusätzliche Schädigung“.

396 *Löwisch*, Arbeitskampf- und Schlichtungsrecht, 170.2 Rn. 222; *derselbe/Mikosch* ZfA 1978, 153 (162).

397 Von Mangoldt/Klein/Stark-*Manssen* Art. 12 Rn. 69.

398 BVerfGE 28, 119 (142); 30, 292 (335); 68, 193 (222 f.); 74, 129 (148); 105, 252 (265); BVerwGE 95, 173/ (187 f.); BGHZ 132, 181 (187); 98, 341 (351 f.) Jarass/Pieroth-*Jarass* Art. 14 Rn. 22, 25, Art. 12 Rn. 15; differenzierend von Mangoldt/Klein/Stark-*Depenheuer* Art. 14 Rn. 134 f.; Sachs-*Wendt* Art. 14 Rn. 44, 47 ff..

399 *Kreissl* JZ 1995, 695 (695, 696 f.); *Däubler* AuR 1997, 13 (19).

Versicherungsprämien) des geschuldeten Gegenstandes gemäß § 304 BGB zu ersetzen.

Die überwiegende Literatur stellt sich auf den Standpunkt, dass die finanziellen Belastungen infolge der Nichtannahme „mit dem Wirkungsmechanismus des Arbeitskampfes durchaus vereinbar seien", so dass die Folgen des Annahmeverzuges den bestreikten Arbeitgeber treffen.[400] Demgegenüber sehen einige Autoren die paritätische Verhandlungssituation infolge der mit dem Annahmeverzug verbundenen Nachteile nachhaltig beeinträchtigt und sprechen sich für eine Suspendierung der Annahmeverpflichtung (§§ 433 Abs. 2, 640 Abs. 1 BGB) aus.[401] Während nach der zuletzt genannten Ansicht die Entgegennahme von Lieferungen nicht zu den Erhaltungsarbeiten gezählt werden kann, bedarf dies bezüglich der anderen Ansicht einer näheren Betrachtung. Soweit das Ergreifen vorsorglicher Maßnahmen, wie das Anlegen von Vorräten, wegen deren Verderblichkeit oder mangels Lagerungskapazitäten[402] von vornherein ausscheidet, wird teilweise die Annahme derjenigen Rohstoffe, Erzeugnisse oder Ware zu den Erhaltungsarbeiten gerechnet, ohne die eine unverzügliche Betriebsfortsetzung nicht erfolgen kann.[403] Die Annahmeverpflichtung beziehe sich jedoch nur auf den für die Wiederaufnahme der Produktion erforderlichen Materialbedarf, wobei Lieferfristen zu beachten seien.[404]

Folgte man diesem, wären nicht nur Differenzen darüber vorprogrammiert, wie viel tatsächlich zur Wiederaufnahme der Produktion benötigt werde und deswegen angenommen werden müsse. Vor allem würde, insbesondere, wenn der Materialbedarf anhand der Lieferverpflichtungen zu errechnen wäre, der Eintritt eines Vermögensschadens diesbezüglich verhindert und der Streik dadurch zumindest teilweise unterlaufen werden.[405] Dass das Unternehmen seinen Lieferverpflichtungen in der ersten Zeit nach Kampfende nicht vollumfänglich nachkommen kann, ist auf die verfassungsmäßige Vorenthaltung der Arbeit zurückzuführen und als streikbedingte Nachwehen vom Arbeitgeber in Kauf zu nehmen.[406]

---

400 So etwa *Löwisch* AcP 174 (1974), 202 (253 ff.); Brox/Rüthers-*Brox* Rn. 393; *Richardi* JuS 1984, 825 (833 f.).

401 So etwa *Kreissl* JZ 1995, 695 (697, 702 f.); *Däubler* AuR 1997, 13 (20 f.).

402 Vgl. Brox/Rüthers-*Schlüter* Rn. 389; *Otto* § 16 Rn. 96; *Däubler* AuR 1997, 13 (19): „Bei Just-in-Time-Produktion ist der Arbeitgeber (...) nicht zur Schaffung zusätzlicher Lagerungskapazitäten verpflichtet."

403 *Apfel* S. 41; *Bauer/Haußmann* DB 1996, 881 (882); *Kissel* § 43 Rn. 27.

404 Vgl. *Oetker* S. 26; EK-*Dieterich* Art. 9 GG Rn. 184; *Lauschke* DB 1970, 1175 (1179).

405 Ähnlich *Otto* § 8 Rn. 29.

406 Siehe hierzu *Löwisch/Mikosch* 1978, 153 (162); siehe auch das LAG Berlin-Brandenburg, Urt. v. 24.10.2007, Az.: 7 SaGa 2044/07-juris, Rn. 37, welches bezwei-

Es ist lediglich dafür zu sorgen, dass die Materialen zur Verfügung stehen, die im Rahmen der zur Erhaltung der Produktionsanlagen notwendigen Weiterführung der Produktion benötigt werden. Im Ergebnis handelt es sich bei der Entgegennahme von Lieferungen ebenso wenig um Erhaltungsarbeiten wie bei der Auslieferung,[407] grundsätzlich auch nicht bei Gefahr des Verderbens.[408]

(4) Schutz immaterieller Betriebsmittel

Zu den immateriellen Betriebsmitteln, über das ein Unternehmen verfügt, gehören auch ein gesicherter Kundenstamm und der gute Ruf, zu deren Erhaltung es der Kundenbetreuung und der Auftragssicherung bedarf. Allerdings ist dies kein Grund, ganze Verwaltungsabteilungen des bestreikten Betriebes unter dem Gesichtspunkt der Erhaltungsarbeiten von einem Streik auszunehmen.[409] Gewährleistet sein muss lediglich eine grundsätzliche Aufrechterhaltung einer Verbindung nach außen.[410]

Weder der gute Ruf eines Unternehmens[411] noch die Erwartungen und Aussichten des Unternehmers auf den Fortbestand des erworbenen Kundenstammes oder der Marktstellung sind grundrechtlich geschützt.[412] Dass es infolge eines Streiks zu Auftragsverlusten und Kundenabwanderungen kommen kann, gehört zum Risiko des Unternehmers. Diese Risikoverteilung wird nicht wegen der mittelbar bestehenden Gefahr umgekehrt, dass die kampfbedingt schlechte Auftragslage zum Verlust von Arbeitsplätzen führt.[413] Tätigkeiten, die primär zur Abwendung dieser Folgen verrichtet werden, stellen grundsätzlich keine Erhaltungsarbeiten dar.[414] Dies gilt auch für Akquisitionstätigkeiten.[415] Zu Recht wendet sich *Säcker* gegen eine Einbeziehung der Wahrung des Kundenstammes

---

felt, ob unter dem Gesichtspunkt der Erhaltungsarbeiten von vornherein mehr zu leisten ist, nur weil es nach Beendigung der Streikmaßnahmen noch mehrere Stunden dauert, bis der Zugverkehr wieder planmäßig rollt.

407 So auch *Buschmann* AuR 1980, 230 (235); *Fenn* DB 1982, 430 (432); *Löwisch/Mikosch* ZfA 1978, 153 (162); *Kraus* S. 47.

408 *Kissel* § 43 Rn. 27; EK-*Dieterich* Art. 9 GG Rn. 184; anders BAG, Urt. v. 8.06.1982, Az.: 1 AZR 464/80-juris, Rn. 52.

409 *Löwisch/Mikosch* ZfA 1978, 153 (163); *Däubler* AuR 1981, 257 (261); *Heckelmann* S. 20 f..

410 *Schell* BB 1969, 1179 (1180); *Apfel* S. 38; *Kraus* S. 48.

411 BVerfGE 105, 252 (278); Jarass/Pieroth-*Jarass* Art. 14 Rn. 25.

412 BGHZ 117, 236 (237); BVerfGE 105, 17 (17 f.); 77, 84 (118); Jarass/Pieroth-*Jarass* Art. 14 Rn. 22; Sachs-*Wendt* Art. 14 Rn. 44.

413 *Oetker* S. 22 f.; siehe auch *Fenn* DB 1982, 430 (432).

414 So auch *Fenn* DB 1982, 430 (432); Brox/Rüthers-*Brox* Rn. 292; EK-*Dieterich* Art. 9 GG Rn. 182.

415 A.A. Arbeitskampfleitfaden für die Bauwirtschaft, Stand 5/2002, S. 17.

und des kaufmännischen Rufes mit der Frage, wie dann überhaupt noch gestreikt werden könne.[416]

Der Schutz immaterieller Betriebsmittel ist nicht Zweck der Erhaltungsarbeiten.[417]

(5) Annexarbeiten

Bei Annexarbeiten handelt es sich um für die Erbringung von Erhaltungsarbeiten notwendige Tätigkeiten, also Vorarbeiten, Hilfs- und Unterstützungsdienste wie z.B. die Besetzung von Reparaturwerkstätten und Ersatzteillagern.[418] Da ohne sie die Erbringung der eigentlichen Erhaltungsarbeiten ausgeschlossen ist, ist ihre Verrichtung erforderlich.

Aber auch hier ist eine Eingrenzung geboten. Geleistet werden muss nur, was zur Gewährleistung einer sachgerechten Durchführung der Erhaltungsarbeiten notwendig ist. Durch darüber hinausgehende Annexarbeiten wird die Fortführung des Betriebes ermöglicht[419], eine effektive Druckwirkung also sehr erschwert.

Im Zusammenhang mit den Annexarbeiten wird auch diskutiert, ob Sicherungs- und Überwachungstätigkeiten den Erhaltungsarbeiten zuzurechnen sind. Dabei ist zu berücksichtigen, dass es dem Arbeitgeber frei steht, den bestreikten Betrieb oder Betriebsteil für die Dauer des Streiks zu schließen, selbst wenn ihm die teilweise Aufrechterhaltung technisch möglich und wirtschaftlich zumutbar ist.[420] Vor diesem Hintergrund gehören Sicherungs- und Überwachungstätigkeiten dann nicht zu den Erhaltungsarbeiten, wenn sie nicht aus dem Erhaltungs- und Sicherungsinteresse hinsichtlich der Betriebsanlagen und -mittel, sondern erst aus dem Umstand folgen, dass der Betrieb geöffnet ist und in ihm gearbeitet wird.[421] Die aus einer Öffnung des Betriebes und einer teilweisen Fortführung der Verkaufstätigkeit folgende Notwendigkeit, bestimmte begleitende Arbeiten vornehmen zu lassen, macht diese Arbeiten noch nicht zu Erhaltungsarbeiten, deren Ausführung auch während eines Streiks gewährleistet bleiben muss.[422]

---

416 *Säcker* GewMH 1972, 287 (292).

417 *Oetker* S. 25 unter Verweis auf BAG AuR 1983, 251 (253), wo von „sächlichen Betriebsmitteln" die Rede ist.

418 *Oetker* S. 28; siehe auch *Löwisch/Mikosch* ZfA 1987, 153 (161); *Apfel* S. 38.

419 *Buschmann* AuR 1980, 320 (325); *Heckelmann* S. 21; *Löwisch/Mikosch* ZfA 1987, 153 (161 f.).

420 BAG NZA 2009, 1347 (1354) m.w.N..

421 BAG AuR 1983, 251 (253); Anm. v. *Buschmann* AuR 1983, 254 (255); *Oetker* S. 28 f.; *Heckelmann* S. 21.

422 BAG AuR 1982, 224 (225); siehe auch *Löwisch*, Arbeitskampf- und Schlichtungsrecht, 170.1 Rn. 221.

„Erhaltungsarbeiten dienen nicht dazu, die Fortführung des Betriebes mit arbeitswilligen Arbeitnehmern zu ermöglichen.“[423]

Etwas anderes gilt aber im Falle eines Warnstreiks während des laufenden Geschäftsbetriebs. Befinden sich zu Beginn eines Warnstreiks Kunden oder Arbeitnehmer in den Geschäftsräumen, was deren Sicherung und die Sicherung von Waren erforderlich machen kann, stellen die entsprechenden Tätigkeiten Erhaltungsarbeiten dar.[424] Nur die Schaffung eines *vermeidbaren* Bedarfs von „Erhaltungsarbeiten“ verpflichtet nicht zur Weiterarbeit.[425] Ebenso wie der Kundenverkehr erfordert die Beschäftigung der zur Erhaltungsarbeit eingeteilten Arbeitnehmer die Einhaltung öffentlich-rechtlicher Vorschriften wie z.B. Vorschriften des Gewerberechts sowie des Arbeits- und Gesundheitsschutzes.[426] Bei der Beachtung dieser Vorschriften handelt es sich um Erhaltungsarbeit, durch die der rechtliche Bestand des Betriebes gesichert wird. Die infolge der Nichtbeachtung öffentlich-rechtlicher Vorschriften drohende Betriebsschließung (Widerruf einer Genehmigung etc.) ist mit der Vernichtung der Produktionsanlagen gleichzustellen und daher zu vermeiden.[427]

(6) Abwehr von Gemeingefahren

Es bleibt noch darauf hinzuweisen, dass es sich auch bei der Verrichtung von Tätigkeiten zur Abwehr der von den Betriebsanlagen ausgehenden Gefahren um Erhaltungsarbeiten handelt.[428] Tätigkeiten wie die Verhütung von Explosionen durch das sachgerechte Abfahren chemischer Anlagen und die Überwachung der Strahlenbelastung auf dem Betriebsgelände eines Kernkraftwerkes,[429] allgemein die Vermeidung von umwelt- und gesundheitsgefährdender Emissionen, dienen

423 BAG AuR 1983, 251 (253): Anm. v. *Hromadka* SAE 1983, 59 (59).

424 BAG AuR 1983, 251 (253).

425 *Däubler* AuR 1997, 13 (17).

426 BAG AuR 1983, 251 (253); *Meyer*, FS Adomeit, S. 459 (468).

427 BAG AuR 1983, 251 (253); *Oetker* S. 29; EK-*Dieterich* Art. 9 GG Rn. 185; siehe auch *Däubler* AuR 1997, 13 (13, 16 f.) zur Beseitigung tierischer Erzeugnisse nach dem Tierkörperbeseitigungsgesetz sowie zur Erweiterung der Erhaltungsarbeiten in Schlachthöfen aus tierschutzrechtlichen Gründen; einschränkend *Kissel* § 43 Rn. 29, dem zufolge die Gefahr der Verhängung von Bußgeldern Erhaltungsarbeiten nicht rechtfertigt.

428 *Apfel* S. 37; *Schell* BB 1969, 1179 (1180); *Fenn* DB 1982, 430 (432).

429 siehe hierzu *Gamillscheg* S. 1175, 1178, der sich für ein Streikverbot des (technischen) Bedienungspersonals eines Kernkraftwerks ausspricht; LAG Baden-Württemberg NZA 2009, 631 (633), wonach eine Versagung des Streikrechts in dem „von Gamillscheg gewählten Extrembeispiel des Kernkraftwerks“ zwar „theoretisch denkbar“ ist, aber „mit der geschichtlichen Entwicklung des Arbeitskampfes in der Bundesrepublik Deutschland, der deutschen Gewerkschaftsstruktur (...) nichts zu tun“ hat.

zwar auch dem Schutz des Lebens und der Gesundheit Dritter (Art. 2 Abs. 2 S. 1 GG), da durch ihre Verrichtung aber auch die gefährliche Anlage selbst vor Schaden bewahrt wird, dienen sie immer auch dem Betriebserhalt.[430]

Werden Vorschriften, wie beispielsweise § 10 Bundesseuchenschutzgesetz, § 16 Infektionsschutzgesetz, §§ 5 ff., 26 ff., 53 ff. Bundesimmissionsschutzgesetz und § 3 Tierkörperbeseitigungsgesetz nicht eingehalten, kann dies zudem von der zuständigen Behörde sanktioniert, die Anlage gegebenenfalls geschlossen werden.

f) Zusammenfassung

Festzuhalten ist, dass die Sozialpartner dafür Sorge zu tragen haben, dass bei einem Streik unter dem Aspekt der Erhaltungsarbeiten die Tätigkeiten verrichtet werden, die zur Wahrung schutzwürdiger Grundrechtspositionen (vor allem des Arbeitgebers) und damit zur Einhaltung des Grundsatzes der Verhältnismäßigkeit erforderlich sind. Generell gilt dabei, dass Art und Umfang dieser Tätigkeiten im Hinblick auf die durch Art. 9 Abs. 3 GG geschützte Arbeitskampffreiheit „auf das unerlässliche Maß" zu beschränken sind.[431] Welche Tätigkeiten im Einzelnen durchzuführen sind, richtet sich nach den branchentypischen Verhältnissen unter Einbeziehung der allgemein-industriellen und der speziell-betrieblichen Gegebenheiten,[432] schließlich erfordert ein Streik in einem Stahlwerk andere Maßnahmen als im Einzelhandel.[433]

Generell gehören dazu Arbeiten, die erforderlich sind, um die Betriebsstätte und Betriebseinrichtungen während des Streiks so zu erhalten, dass nach dessen Beendigung die Arbeit wieder aufgenommen werden kann.

Generell nicht dazu gehören Arbeiten, die während eines Streiks eine nahezu unveränderte Produktion zur Folge haben oder das unternehmerische Risiko auf die Arbeitnehmer umverlagern.[434] „Das unternehmerische Risiko obliegt ausschließlich dem Grundrechtsträger (Unternehmer) selbst und wird ihm nicht von der Verfassung abgenommen."[435] Weder aus Art. 14 Abs. 1 GG noch aus Art. 12 Abs. 1 GG folgt, dass auch der „Bestand des Betriebes in einer Wettbe-

---

430 *Apfel* S. 37; *Fenn* DB 1982, 430 (432); Brox/Rüthers-*Brox* Rn. 292; *Oetker* S. 54.

431 *Fenn* DB 1982, 430 (431); siehe auch Däubler-*Reinfelde*r § 15 Rn. 39, 44; Professorenentwurf 1988, S. 56.

432 BAG AuR 1983, 251 (253); Anm. v. *Fenn* SAE 1970, 189 (191); *derselbe* DB 1982, 430 (431); Anm. v. *Herschel* AuR 1970, 352 (352); *Leinemann* DB 1971, 2309 (2309); Brox/Rüthers-*Brox* Rn 292; *Kissel* § 43 Rn. 16 f..

433 Däubler-*Reinfelder* § 15 Rn. 40.

434 BAG, BAG; Urt. v. 8.06.1982, Az.: 1 AZR 464/80-juris, Rn. 51; *Oetker* S. 15.

435 Von Mangoldt/Klein/Starck-*Depenheuer* Art. 14 Rn. 135.

werbswirtschaft“ und/oder vor Konkurrenz durch andere Betriebe geschützt wird.[436]

Soweit dennoch allzu oft die Gefährdung der wirtschaftlichen Existenz des bestreikten Betriebes als Grundlage für eine unter Verhältnismäßigkeitsgesichtspunkten notwendige Ausdehnung der Erhaltungsarbeiten bemüht wird,[437] bleibt dabei außer Acht, dass sich dieses Problem wegen des Eigeninteresses der Belegschaft an der Erhaltung ihrer Arbeitsplätze in der Praxis kaum stellt.[438] Wenn Auftragsverluste und Kundenabwanderungen zur Betriebs(teil)stilllegung oder Betriebsverlagerung in „Billiglohn-Länder“ zwingen, wird das Wirtschaftsrisiko des Arbeitgebers zum Arbeitsplatzrisiko der Arbeitnehmer.[439] Erfahrungsgemäß nehmen diese bei einem Streik nicht einmal Markteinbußen größeren Umfangs in Kauf, weil vom Erhalt der Marktanteile ihre weitere Beschäftigung abhängt.[440] Eher verzichten sie von vornherein auf einen Streik oder geben sich bereits mit äußerst bescheidenen Verbesserungen zufrieden.[441]

Dass auch während eines Streiks in dem davon betroffenen Betrieb auch produktive Tätigkeiten verrichtet werden, ist grundsätzlich keine Frage der Erhaltungsarbeit, sondern darauf zurückzuführen, dass die Belegschaft in der Regel nicht geschlossen an diesem teilnimmt, so dass dem Arbeitgeber einige Mitarbeiter weiter zur Verfügung stehen. Die arbeitsvertragliche Hauptleistungspflicht dieser Arbeitswilligen ist mangels Streikteilnahme nicht suspendiert, d.h. sie müssen weiterhin die Arbeiten leisten, zu denen sie vertraglich verpflichtet sind.[442] Der Arbeitgeber kann zudem versuchen, seine Mitarbeiter durch vor oder während des Streiks zugesagte Sonderleistungen dazu zu bewegen, nicht

---

436 Vgl. BVerfGE 105, 252 (265); 55, 261 (269); 34, 252 (256); von Mangoldt/Klein/Stark-*Depenheuer* Art. 14 Rn. 135; von Mangoldt/Klein/Stark-*Manssen* Art. 12 Rn. 71; Jarass/Pieroth-*Jarass* Art. 12 Rn. 15.

437 So etwa *Otto* § 8 Rn. 28; Kissel § 43 Rn. 26; *Heckelmann* 20; in eng umgrenzten Ausnahmefällen auch *Löwisch*, Arbeitskampf- und Schlichtungsrecht, 170.2 Rn. 222; *derselbe/Mikosch* ZfA 1978, 153 (162, 176 Nr. 3).

438 Däubler-*Däubler* § 14 Rn. 14; *derselbe* AuR 1981, 257 (261).

439 *Fenn* DB 1982, 430 (432); *Seiter* S. 538, 360 unter Bezugnahme auf BAG AuR 1955, 218 (223), wonach das Arbeitsplatzrisiko das „Äquivalent“ für das den Arbeitgeber treffende „Risiko steigender großer Verluste und Schäden bis zum wirtschaftlichen Zusammenbruch“ ist.

440 *Schell* BB 1969, 1179 (1179); *Lauscke* S. 57; siehe auch *Eich* NZA 1995, 149 (150), wonach in Krisensituation das Interesse der Arbeitnehmer am Erhalt ihrer Arbeitsplätze die Oberhand gewinnt; *Rüthers* NZA 2010, 6 (8), der im Hinblick auf den Standorterhalt davon spricht, dass die Interessengemeinsamkeiten stärker sein können als die Interessengegensätze zwischen Arbeitgebern und Arbeitnehmern.

441 *Däubler* AuR 1997, 13 (20).

442 *Leinemann* DB 1971, 2309 (2313).

am Streik teilzunehmen, so dass er weiter auf deren Arbeitskraft zugreifen kann.[443] Auch kann er den nicht am Streik teilnehmenden Arbeitnehmern durch Inaussichtstellen einer Zulage einen finanziellen Anreiz dafür geben, Überstunden und Mehrarbeit zu leisten wie auch unter Umständen andere Arbeitsplätze einzunehmen.[444] Je nach Streikbeteiligung können schon die von den Arbeitswilligen erbrachten Arbeitsleistungen ausreichen, um den Eintritt einer die wirtschaftliche Existenz gefährdenden Schädigung zu verhindern.[445]

Ferner steht es dem Arbeitgeber frei, gewisse Arbeiten von Fremdfirmen durchführen zu lassen und zu versuchen, durch den Einsatz von Leiharbeitern die Auswirkungen eines Streiks auf seinen Betrieb zu mindern.[446] Dies kann sich allerdings insoweit als schwierig erweisen, als dass die Inanspruchnahme der Dienste von Zeitarbeitsfirmen bei Streikausbruch wegen der oftmals kurzen Streikdauer organisatorisch nicht möglich ist. Auch können sich Leiharbeiter gemäß § 11 Abs. 5 AÜG weigern, bei dem bestreikten Arbeitgeber tätig zu werden (Leistungsverweigerungsrecht) mit der Folge, dass trotz Heranziehung von Fremdkräften nicht genügend Arbeitnehmer zur Aufrechterhaltung der Betriebstätigkeit bereit stehen.[447] Selbst in diesem Fall kann aber von der streikführenden Gewerkschaft nicht mit dem Hinweis auf die Pflicht, Erhaltungsarbeiten zu leisten, verlangt werden, produktive Tätigkeiten verrichten zu lassen bzw. deren Verrichtung zu dulden.[448]

Soweit angedeutet wird, die Sozialpartner seien zum Erhalt der Arbeitsplätze verpflichtet,[449] ist einzuwenden, dass es ein „Grundrecht auf Arbeit" dergestalt, dass ein Jeder (Deutsche) einen Arbeitsplatz für sich beanspruchen kann, nicht gibt.[450] Obwohl der Arbeitsplatz trotz aller sozialstaatlicher Absicherungen

---

443 Siehe zur Zulässigkeit streikbedingter Sonderzuwendungen BAG DB 1993, 1479 ff.; DB 1994, 48 ff.; *Belling* NZA 1990, 214 (215 ff.); *derselbe/von Steinau-Steinbrück* DB 1993, 534 (535 ff.); *Rolfs* DB 1994, 1237 (1238 ff., 1241 f.); anders noch BAG DB 1993, 234 ff.; „reinen Streikbruchprämien" ggü. kritisch *Otto* § 12 Rn. 45.

444 *Belling/von Steinau-Steinbrück* DB 1993, 534 (536).

445 Siehe *Seiter* S. 357 f., wonach sich während eines Streiks vielfach die Möglichkeit biete, „durch neue Arbeitsverteilung bisher bestehenden Leerlauf zu vermeiden und mit den Arbeitswilligen den Betrieb notdürftig aufrechtzuerhalten.

446 *Oetker* S. 68; *Kissel* § 42 Rn. 96; kritisch und daher § 17 Abs. 1 des DGB/BZA-Tarifvertrags Leiharbeit begrüßend, wonach der Einsatz von Leiharbeitnehmern in bestreikten Entleiherbetrieben unzulässig ist B/P/S/ U-AKR Rn. 307, 488.

447 *Kraus* S. 40.

448 *Fenn* DB 1982, 430 (432).

449 So etwa *Schell* BB 1969, 1179 (1179 f.).

450 *Dieterich*, Tarifautonomie und Gesetzgebung, S. 15 f.; von Mangoldt/Klein/Stark-*Manssen* Art. 12 Rn. 10 ff.; Sachs-*Mann* Art. 12 Rn. 20, 88; Dreier-*Wieland* Art. 12 Rn. 39.

und privatem Vermögen die Grundlage der ökonomischen Existenz breiter Schichten der Bevölkerung bildet und in erheblichem Umfang relevant für die Persönlichkeitsentfaltung des Einzelnen ist, sich sein Verlust also existenziell auf Identität und Status einer Person auswirkt, steht dem Einzelnen kein Anspruch auf Erhalt seines Arbeitsplatzes zu.[451]

Allerdings sind die Gewerkschaften als Repräsentanten ihrer Mitglieder selbst daran interessiert, die Arbeitsplätze ihrer Mitglieder zu erhalten. Dieses Interesse reicht mitunter soweit, dass die Gewerkschaften Zugeständnisse entgegen dem Inhalt geltender, gegebenenfalls hart erkämpfter Tarifverträge machen und etwa die Streichung von tariflichen Einmalzahlungen und Zuschlägen und/oder die Verlängerung der Arbeitszeit ohne Lohnausgleich hinnehmen, wenn durch Senkung der Personalkosten und Steigerung der Effizienz der Personalabbau und/oder die Produktionsverlagerungen in „Niedriglohn-Ländern" abgewendet werden kann.[452]

Ungeachtet dessen, was in dem Interesse an der Standort- und Beschäftigungssicherung unternommen wird, verdichtet es sich jedoch auch im Hinblick auf die Grundrechte der in dem bestreikten Betrieb Beschäftigten (Art. 12 Abs. 1, 2 Abs. 1[453] GG) nicht zu einer Verpflichtung dergestalt, dass die Gewerkschaften eine möglichst schonende Kampfführung an den Tag legen müssen.

Ebenso wenig folgt aus den Grundrechten der Betriebsangehörigen eine Verpflichtung des Arbeitgebers, seinen Betrieb zu erhalten,[454] würde dies doch bedeuten, ihn unter Verdrängung seiner Unternehmensführungsfreiheit aus Art. 12 Abs. 1 GG dazu zu verpflichten, auch einen unwirtschaftlichen Betrieb unverändert fortzuführen.[455]

---

451 Siehe hierzu BVerfGE 84, 133 (146 f.); BVerwGE 97, 154 (158); BAG NJW 1964, 1921 (1922); Sachs-*Mann* Art. 12 Rn. 88; von Mangoldt/Klein/Stark-*Manssen* Art. 12 Rn. 10, 12; Palandt-*Sprau* § 823 Rn. 20; siehe aber auch *Heckelmann* AuR 1970, 166 (174 f.).

452 Siehe zu den sog. „Bündnissen für Arbeit" *Gentz*, FS Schaub, S. 205 (205 f.); *Wendeling-Schröder*, FS Wissmann, S. 174 (179); *Wolter* RdA 2002, 218 (218); *Hensche* AuR 2004, 443 (444).

453 Der Anwendungsbereich des Auffanggrundrechts aus Art 2 Abs. 1 GG ist eröffnet, wenn es sich um ausländische Arbeitnehmer handelt, da Art. 12 Abs. 1 GG als Deutschengrundrecht sie nicht schützt.

454 So auch *Kissel* § 43 Rn. 75; *Schiffer* S. 60; *Buschmann* AuR 1980, 230 (233); a.A. *Schell* BB 1969, 1179 (1180).

455 Siehe zur Freiheit des Unternehmers darüber zu entscheiden, ob er einen Betrieb aufrechterhalten, verkleinern, stilllegen oder verlagern will LAG Hamm NZA-RR 2000, 535 (537); LAG Schleswig Holstein SAE 2004, 227 (231 f.); BVerfGE 29, 260 (267); 50, 290 (366); *Kissel* § 35 Rn. 23, 26; *Wank* RdA 2008, 1 (6 ff.); Anm. v. *Nicolai* SAE 2004, 240 (241 ff.); *Rolfs/Clemens* DB 2003, 15/1678 (1680); *Meyer* NZA 2004, 366

4. Ergebnis

Das Leisten von Erhaltungsarbeiten ist eine „rechtliche Rahmenbedingung" des Einsatzes von Kampfmitteln, die sichert, dass der Zweck der durch Art. 9 Abs. 3 GG garantierten Freiheit sowie deren Einbettung in die verfassungsrechtliche Ordnung gewahrt bleiben. Die Pflicht der Sozialpartner zur Leistung dieser Arbeiten folgt aus dem Grundsatz der Verhältnismäßigkeit.[456] Erhaltungsarbeiten stellen somit eine Beschränkung der Koalitionsbetätigungsfreiheit dar. Im Falle der Verweigerung der Erhaltungsarbeiten steht die koalitionsmäßige Betätigung, also die Kampfmaßnahme, wegen der Verletzung von Arbeitgebergrundrechten außer Verhältnis zum angestrebten Ziel und ist rechtswidrig.

II. Pflicht der Sozialpartner zur Leistung von Notstandsarbeiten

Als das Bundesarbeitsgericht mit Beschluss vom 21.04.1971 Arbeitskämpfe vor allem wegen ihrer Auswirkungen auf Dritte und die Allgemeinheit dem Grundsatz der Verhältnismäßigkeit unterstellte, führte es dazu weiter aus: „Dabei sind die wirtschaftlichen Gegebenheiten zu berücksichtigen, und das Gemeinwohl darf nicht offensichtlich verletzt werden."[457] Dieser Aussage liegt die Überlegung zugrunde, dass die Sozialpartner „bei ihren Entscheidungen und ihren zur Entscheidungsfindung führenden Handlungen" das gemeine Wohl beachten und im Fall einer Beeinträchtigung dessen gruppenegoistische Wünsche diesem unterordnen sollen.[458] In diese Richtung deutet auch eine Entscheidung des Bundesverfassungsgerichts vom 18.12.1974. Dort heißt es: „Selbstverständlich müssen auch die Gewerkschaften angesichts der Bedeutung ihrer Tätigkeit für die gesamte Wirtschaft und ihres (auch geistigen) Einflusses auf weitere Bereiche

(368); *Bauer/Krieger* NZA 2004, 1019 (1022); *Löwisch* DB 2005, 554 (556 ff.); *Reichhold* BB 2004, 2814 (2817); *Henssler*, FS Richardi, S. 553 (558 f.); *Wiedemann* RdA 1986, 231 (233 ff., insbesondere 236, wonach die Erzwingung der Unternehmensfortführung gegen den Willen des Unternehmers unzulässig ist.).

456 So auch *Löwisch/Mikosch* ZfA 1978, 153 (159 ff.); Brox/Rüthers-*Brox* Rn. 291, 349; *derselbe* JA 1981, 74 (74); Oetker S. 6 ff., 14; Schaub-*Treber* § 193 Rn. 79; *Czerweny von Arland* S. 113; *Kraus* S. 36; *Pfohl* PersV 1993, 192 (197).

457 BAG RdA 1971, 185 (188).

458 *Bulla*, FS Nipperdey, Band 2, S. 79 (83, 90); *Scheuner* RdA 1971, 327 (332); *Schell* BB 1969, 1179 (1179).

des öffentlichen Lebens bei allen ihren Aktivitäten das Gemeinwohl berücksichtigen.“[459]

Durch die „Bindung an das Gemeinwohl“, zumeist verstanden als „Ausprägung des Verhältnismäßigkeitsgrundsatzes“,[460] scheinen die durch Art. 9 Abs. 3 GG gewährten Freiheiten eine Beschränkung zu erfahren, zumindest insoweit, als dass es nicht um den Inhalt der Kampfforderungen, aber um das zum Interessenausgleich führende Verfahren, den Arbeitskampf, geht.[461] Ob dem so ist und ob sich daraus eine Pflicht der Sozialpartner zur Leistung von Notstandsarbeiten ergibt, lässt sich nur nach einer näheren Befassung mit dem Begriff des Gemeinwohls herausfinden.

1. Begriff des Gemeinwohls

Unter dem Begriff des Gemeinwohls werden die „überragenden Belange der Allgemeinheit“[462], das „Interesse des gesellschaftlichen Ganzen“[463] oder auch das „öffentliche Interesse“ verstanden. Diese Bezeichnungen beinhalten, dass die Interessen der Allgemeinheit im Gegensatz zu den Interessen Einzelner maßgeblich sein sollen.[464] Was beispielsweise darunter verstanden wird, ergibt sich aus einer Entscheidung des Europäischen Gerichtshof vom 11.12.2007. Dort heißt es, dass Beschränkungen der Niederlassungsfreiheit aus Art. 43 EGV „durch einen zwingenden Grund des *Allgemeininteresses* wie etwa den *Arbeitnehmerschutz* gerechtfertigt sein“ können.[465] Bei einer näheren Betrachtung zeigt sich aber, dass gerade Themen wie der Arbeitnehmerschutz kontrovers diskutiert werden. Ins Auge fällt vor allem der von der Arbeitgeberseite herausgestellte Aspekt der Wirtschaftlichkeit. „Lohnerhöhungen, sonstige Verbesserungen der Arbeitsbedingungen, Arbeitszeitverkürzungen, längere Urlaubszeiten u.a. können nicht unter Außerachtlassung der güterwirtschaftlichen und gesamtvolkswirtschaftlichen Entwicklung vorgenommen werden, wenn nicht hierdurch

---

459 BVerfGE 38, 281 (307).

460 MünchArbR-*Ricken* § 200 Rn. 58; *Rüfner* RdA 1985, 193 (196 f.); ArbG Chemnitz AuR 2007, 393 (393 f.).

461 Vgl. *Scholz/Konzen*, Die Aussperrung im System von Arbeitsverfassung und kollektivem Arbeitsrecht 1981, S 167 f.; *Reuß* AuR 1971, 353 (356 ff.); *Löwisch*, Arbeitskampf- und Schlichtungsrecht, 170.2 Rn. 242 ff.; *Kalb* RdA 1994, 385 (390).

462 *Däubler*, Der Streik im öffentlichen Dienst 1971, S. 81; *Bulla*, FS Nipperdey, Band 2, S. 79 (83).

463 *Köbler*, Juristisches Wörterbuch 2001, Erläuterung des Begriffs „Allgemeinwohl“ S. 13.

464 *Mösch* S. 13; *Däubler* S. 83.

465 EuGH AuR 2008, 55 (3. Leitsatz, 58); siehe auch EuGH AuR 2008, 59 ff. in Bezug auf die Dienstleistungsfreiheit aus Art. 49 EGV; Hervorhebung durch die Verfasserin.

ernste, also die Lebensinteressen weiter Bevölkerungsteile und den Staat in seinen (...) Grundlagen berührende Gefahren beschworen werden sollen."[466] Daran wird deutlich, dass die Allgemeinheit aus einer Vielzahl von Einzelpersonen mit nicht nur gemeinsamen, sondern auch unterschiedlichen und sogar gegenläufigen Interessen besteht.[467] Ein überindividuelles Allgemeininteresse, also ein einheitliches Interesse der die Allgemeinheit bildenden Personen, ist objektiv nicht feststellbar.[468] Um eine allgemeingültige Aussage treffen zu können, müssten bei der Festlegung eines im Rahmen von Arbeitskämpfen zu berücksichtigenden Gemeinwohls zunächst alle Personen berücksichtigt werden, die durch eine Kampfhandlung irgendwie in ihren Interessen betroffen sind. Des weiteren müsste ermittelt werden, wie viele Personen Interessen gemeinsam haben und wie stark diese Interessen sind. Ob das eine dem anderen gegenüber vorgehe, könnte allenfalls eine wertende Abwägung der Individualinteressen im Einzelfall ergeben.[469] Einen vorgegebenen, allgemein anerkannten und damit justitiablen Begriff" des Gemeinwohls gibt es hingegen nicht.[470]

Sich dessen bewusst, fordert das Bundesarbeitsgericht die „Offensichtlichkeit" der Gemeinwohlverletzung.[471] „Offensichtlich" gemeinwohlverletzend kann nur das sein, worauf sich alle einigen können, „der kleinste gemeinsame Nenner".[472]

2. Bindung an das Gemeinwohl

Aber selbst wenn man die in einer Gemeinschaft vorherrschenden Belange, wie etwa das Interesse an der Aufrechterhaltung des gesamtwirtschaftlichen Gleich-

466 *Bulla*, FS Nipperdey, Band 2, S. 79 (85).

467 *Mösch* S. 13; *Däubler* S. 81 ff. (insbesondere 83); *Reuß* ZfA 1970, 319 (320 f.).

468 So auch *Reuß* ZfA 1970, 319 (320 ff.); *Waltermann* NZA 1991, 754 (760); *Kempen* AuR 1990, 237 (239).

469 *Mösch* S. 17, 19; siehe auch *Reuß* AuR 1971, 353 (356).

470 *Reuß* AuR 1971,353 (356): „Es gibt keinen allgemeingültigen Begriff Gemeinwohl; es gibt überhaupt keinen absoluten, objektiven Inhalt dieses Begriffs. Er ist weitgehend von subjektiven Wertungen abhängig und so flexibel und auslegungsfähig, dass er mangels eindeutig feststellbaren Inhalts als rechtliches Kriterium für die äußerst wichtige Frage, ob eine bestimmte Arbeitskampfmaßnahme rechtens ist, unbrauchbar ist."; ähnlich *Kempen* AuR 1990, 237 (239); *Hufen* NJW 1994, 2913 (2918), wonach es „in der pluralistischen Demokratie (liegt), dass wir nicht positiv wissen können, was Gemeinwohl ist."; ähnlich *Sunnus* AuR 2008, 1 (8).

471 BAG RdA 1971, 185 (188).

472 *Rudkowski* S. 20.

gewichts, unter dem Gemeinwohl zusammenfassen will, bleibt fraglich, ob es dem Arbeitskampf Grenzen setzen kann.

a) Tarifautonomie als öffentliche Aufgabe

Der Arbeitskampf ist ein „Hilfsinstrument der Tarifautonomie".[473] Versteht man die Tarifautonomie als eine den Tarifvertragsparteien vom Staat zugewiesene „öffentliche Aufgabe", welcher diese durch Wahrnehmung des ihnen eingeräumten Rechts zur Normsetzung nachkommen, lässt sich deren Bindung an das Gemeinwohl wegen der ihren Tarifverträgen zukommenden „bedeutungsvollen Ordnungsfunktion im Interesse der gesamten Volkswirtschaft"[474] annehmen.[475] Da aber der Arbeitskampf um des Tarifvertrags willen, also *zur* Schaffung bzw. Aufrechterhaltung der Ordnung geführt wird, sind Arbeitskampf und Gemeinwohl nicht in einer ausschließlichen Frontstellung zu sehen.[476] Vielmehr ist der Arbeitskampf dann selbst Bestandteil des Gemeinwohls.[477] Entgegen der im Jahr 1955 im Hinblick auf die durch Kampfmaßnahmen verursachten volkswirtschaftlichen Schäden geäußerten Ansicht des Bundesarbeitsgerichts,[478] kann er nicht generell als gemeinschädlich eingestuft werden. Denn auch wenn er sich auf einzelne Bürger schädlich auswirkt, kann der Arbeitskampf für die gesamte Bevölkerung in seinen Wirkungen „neutral" seien, weil die Nachteile einiger durch die im Tarifergebnis liegenden Vorteile anderer (z.B. Steigerung der Massenkaufkraft durch Lohnerhöhungen[479]) aufgewogen werden.[480] In diesem Sinne

---

473 BAGE 58, 343 (348).

474 Von einer tatsächlichen Ordnungsfunktion der Tarifverträge ausgehend, eine Pflicht oder Aufgabe der Tarifvertragsparteien zur Ordnung aber ablehnend *Belling* ZfA 1999, 547 (609); *Pfeiffer* S. 82.

475 So etwa BVerfGE 28, 295 (304 f.); BAGE 1, 258 (262 ff.); *Gamillscheg* S. 263 ff.; *Waltermann* ZfA 2000, 53 (77 f.); *Wiedemann* RdA 1969, 321 ff..

476 *Seiter* S. 545, so auch *Rüthers* ZfA 1987, 1 (48).

477 *Seiter* S. 545, so auch *Rüthers* ZfA 1987, 1 (48); MünchARbR-*Ricken* § 200 Rn. 63; *Hensche/Wolter*, GS Zachert, S. 544 (559 f.), wonach „in einer freiheitlichen Tarifordnung das Gemeinwohl in der offenen, staatlich nicht reglementierten Tarifauseinandersetzung realisiert wird, nicht dagegen als hoheitliche oder richterliche Entscheidungen gegen die Ausübung kollektiver Freiheiten dekretiert werden kann.".

478 BAG AuR 1955, 218 (219).

479 *Kissel* § 27 Rn. 3.

480 *Mösch* S. 54.

kann ein Arbeitskampf „gleichermaßen gemeinschädlich wie gemeinnützig“ sein.[481]

Gleichwohl können sich Kampfmaßnahmen schädlich auf die gesamtwirtschaftliche Lage auswirken, bringen sie doch „Nachteile für die Leistungs- und Wettbewerbsfähigkeit ganzer Industriezweige, vor allem im internationalen Wettbewerb mit vielfachen Konsequenzen, und Nachteilen hinsichtlich des Aufkommens an Steuern und Sozialversicherungsbeiträgen“ mit sich.[482] So war etwa im Rahmen eines Rechtsstreits vor dem Sächsischen Landesarbeitsgerichts im Jahre 2007 die Rede davon, dass sich der volkswirtschaftliche Schaden eines Streiks im Güterverkehr auf 167 Millionen Euro pro Streiktag belaufe, es zu Werkstillständen sowie Kraftwerksausfällen führenden, gravierenden Engpässen in den Bereichen Kohle, Metalle, Chemie und Fertigteile für Fahrzeugbau kommen könne und dadurch ca. 15.000 Arbeitsplätze gefährdet werden würden.[483] Bei einem von der Vereinigung Cockpit geführten Streik der Lufthansa-Flugzeugpiloten im Februar 2010 entstand an nur einem Tag der Volkswirtschaft ein Schaden in Höhe von 48 Millionen Euro, als ein Großteil der 4000 zum Streik aufgerufenen Lufthansapiloten diesen befolgte und infolgedessen bundesweit die Hälfte aller Lufthansaflüge (rund 2000) ausfiel und Transportverpflichtungen in einem hohen Grad nicht erfüllt wurden.[484] Elf Streiktage des bundesweiten Streiks im öffentlichen Dienst im Frühjahr 1992 führten zu 500 Millionen DM volkswirtschaftlichem Schaden, davon 200 Millionen DM in der Privatwirtschaft.[485] Nicht zu vergessen ist auch der sieben Wochen andauernde Streik um die 35-Stunden-Woche in der Metallindustrie im Jahr 1984, der zu einem Produktionsausfallschaden in Höhe von 12 Milliarden DM führte; die Steuerverluste für den Fiskus betrugen 1,3 Milliarden DM.[486]

---

481 *Mösch* S. 24; siehe auch *Thüsing*, FS 50 Jahre BAG, S. 898 (893 f.), der im Hinblick auf den durch Tarifverträge entwickelten arbeitsrechtlichen Mindestschutz von einem „gesamtgesellschaftlichen Plus“ spricht.

482 *Kissel* § 27 Rn. 3, 6 f.; nach *Hensche/Wolter*, GS Zachert, S. 544 (552), geben diese „mittelbaren Folgen des Streiks das Hauptmotiv seiner Zügelung“ ab.

483 LAG Sachsen NZA 2008, 59 (68 f.), allerdings wurde diese Behauptungen von der Kammer als reine Mutmaßungen entlarvt; siehe die Schäden eines Streiks der GDL auf täglich mindestens 500.000 Euro schätzend *Meyer*, FS Adomeit, S. 459 (467 m.w.N.).

484 „Lufthansa droht Piloten mit Klage“, SPIEGEL ONLINE-Artikel vom 31.03.2010, abrufbar unter www.spiegel.de; „Lufthansa-Streik abewendet – einsteigen, anschnallen, abheben“, Süddeutsche Artikel vom 7.04.2010; abrufbar unter www.sueddeutsche.de.

485 *Pfohl* PersV 1993, 193 8193).

486 Zahlen bei *Kirchner* RdA 1986, 159 (159 f.).

All diese Feststellungen konnten aber naturgemäß erst im Nachhinein getroffen werden.[487] Müsste ein Gericht im Vorfeld oder im Verlauf einer Kampfmaßnahme auf deren ökonomischen Folgen und damit deren „Gemeinwohlverträglichkeit" hin überprüfen, müsste es eine wirtschaftliche Prognose ihrer Auswirkungen vornehmen, wozu der Richter, im Allgemeinen ein wirtschaftswissenschaftlicher Laie, außerstande ist.[488] Das Gericht sehe sich gezwungen, sich gemäß §§ 402 ff. ZPO eines Sachverständigengutachtens zu bedienen. Fraglich aber bliebe, ob der Sachverständige, befähigt durch seine besondere Sachkunde, Wissen und Horizont des Richters tatsächlich erweitern kann. Das Problem liegt darin, dass volkswirtschaftliche Entwicklungen kaum sicher vorherzusagen und die Folgen von Arbeitskämpfen hinsichtlich Nutzen oder Schaden je nach Blickwinkel unterschiedlich bewertet werden.[489] „Das Gericht wäre dem Sachverständigenspiel mit Gutachten, Gegengutachten und Obergutachten ausgeliefert und in jedenfalls sehr vielen Fällen bliebe alles doch in einer letzten Ungewissheit stehen."[490] Letztlich müsste der Richter die subjektive Entscheidung treffen, welche der gegenläufigen vor allem wirtschaftlichen Interessen er höher bewertet und was damit für das „Gemeinwohl" ausschlaggebend sein soll.[491] Eine von ihm getroffenen „Gemeinwohlentscheidung beliebiger Art" kann aber grundsätzlich nicht ausschlaggebend für die Rechtmäßigkeit von Arbeitskampfmaßnahmen sein.[492]

---

487 LAG Sachsen NZA 2008, 59 (69): „Was die Untersagung des Streiks im Personen- und Güterverkehr betrifft, so muss zunächst beachtet werden, dass zum Zeitpunkt der Entscheidung über die Unterlassung von Streikmaßnahmen über die Auswirkungen eines Streiks nur Mutmaßungen angestellt werden können. Dies betrifft sowohl die erwarteten Beeinträchtigungen gegenüber Dritten, als auch die damit verbundenen finanziellen Auswirkungen auf die Volkswirtschaft.".

488 *Mösch* S. 20; siehe auch *Reuß* AuR 1971, 353 (357); *Pachtner*, Streik und Allgemeininteresse 1971, S. 43Däubler-*Hensche* § 18 Rn. 54 f..

489 *Mösch* S. 21; siehe auch *Kissel* § 27 Rn. 3: „Die wirtschaftlichen Gegebenheiten (...) sind insgesamt diffus und einer exakten wissenschaftlichen Feststellung in Empirie und Prognose einer übereinstimmenden Bewertung erfahrungsgemäß unzugänglich und deshalb als Grundlage für eine rechtliche Bewertung ungeeignet.".

490 *Müller* RdA 1971, 321 (324).

491 *Mösch* S. 21; siehe auch *Reuß* AuR 1971, 353 (356 f.); Kissel § 27 Rn. 3, wonach es hier um nicht justitiable wirtschafts- und sozialpolitische Überlegungen, Zielsetzungen und Auseinandersetzungen geht.

492 Siehe hierzu Scholz/Konzen S. 166.

b) Tarifautonomie als kollektive Privatautonomie

Da sie Bestandteil eines Freiheitsrechts ist, spricht mehr dafür, die Tarifautonomie als einen Freiraum der Koalitionen zur Austragung ihres Interessengegensatzes anzusehen, in dem sie, von ihren Mitgliedern dazu legitimiert, die individualvertragliche Privatautonomie auf kollektiver Ebene fortsetzen, auch um deren Defizite auszugleichen.[493] Dann aber handelt es sich bei den Gestaltungs- und Arbeitskampfmöglichkeiten der Koalitionen nicht um eine Art „öffentliche Gewalt im weiteren Sinne“, sondern um „Macht von Privaten“.[494] Private sind bei der Ausübung individueller Privatautonomie nicht auf das Gemeinwohl verpflichtet; ebenso wenig können es die Koalitionen bei der Wahrnehmung kollektiver Privatautonomie sein.[495] Da sie ihre Mitglieder repräsentieren, kann von den Koalitionen nicht verlangt werden, sich dem Gemeinwohl zu verschreiben, verfolgen sie doch lediglich Partikularinteressen.[496] Eine Gemeinwohlbindung im Sinne der Verhinderung schädlicher Auswirkungen auf das öffentliche Interesse ist mit dem freiheitlichen Ansatz des Grundgesetzes nicht zu vereinbaren.[497] Freiheit, auch die des Art. 9 Abs. 3 GG, ist nicht auf „Richtigkeit und Gemeinwohl“ ausgerichtet.[498]

Das Problem der schädlichen Auswirkungen von Arbeitskämpfen auf Dritte kann nicht mittels einer Gemeinwohlverpflichtung der Arbeitskampfparteien aus der Welt geschafft werden, es ist vielmehr über das Konzept der grundrechtlichen Schutzpflichten des Staates für konkrete Rechtspositionen zu lösen.[499] Versteht man unter dem Gemeinwohl die verfassungsrechtlich gewährten Rechte und Rechtsgüter Dritter, die durch den Arbeitskampf berührt werden, ergibt sich

---

493 Vgl. BVerfGE 88, 103 (114); 50, 290 (367); 34, 307 (316 f.); *Dieterich*, Tarifautonomie und Gesetzgebung, S. 95, *derselbe* RdA 2002, 1 (9); *Jacobs* ZfA 2011, 71 (83); *Belling* ZfA 1999, 547 (607 f.).

494 *Pfeiffer* S. 82 f. m.w.N..

495 Vgl. *Höfling/Burkiczak* RdA 2004, 263 (264 f.); *Kentner* S. 67; *Mösch* S. 45 f..

496 Siehe hierzu *Belling* ZfA 1999, 547 (607 f.); *Zacher*, FS Berber, S. 549 (559): „Gewerkschaftsinteressen sind nicht Gemeinwohlinteressen.“; mit Bezug darauf *Henssler* ZfA 1998, 1 (21); siehe auch EK-*Dieterich* Art. 9 GG Rn. 39, wonach Koalitionen „nicht nur Vertreter oder Treuhänder ihrer Mitglieder“ sind und die Individualinteressen nicht zwangsläufig mit den koalitionsspezifischen Interessen der Gesamtheit übereinstimmen und im Kollisionsfall auch nicht ohne weiteres Vorrang haben.

497 *Dieterich* RdA 2002, 1 (10 f.); *Pfeiffer* S. 96.

498 *Pfeiffer* S. 96.

499 *Pfeiffer* S. 96; *Kentner* S. 67.

je nach Lage des Falls eine „Bindung“ der Kampfparteien an selbiges,[500] versteckt sich doch hinter der Bezeichnung „Gemeinwohlbindung“ dann nichts anderes als eine „Erscheinungsform der Grundrechtsabwägung“[501]. Da nicht zwischen der Rechtmäßigkeit der Kampfmaßnahme zwischen den unmittelbar Kampfbeteiligten und der gegenüber unbeteiligten Dritten getrennt werden kann, muss sich die Prüfung der Verhältnismäßigkeit auch auf die Rechte und Rechtsgüter letzterer erstrecken und der Arbeitskampf im Fall deren Verletzung unverhältnismäßig sein.[502]

Dementsprechend unternahm der Bundesgerichtshof in seiner den Bummelstreik[503] der Fluglotsen aus dem Jahr 1973 betreffenden Entscheidung vom 31.01.1978 auch eine Abwägung zwischen den Interessen der Arbeitnehmer an der Willensbeeinflussung des Arbeitgebers und den durch die Kampfaktion verursachten Beeinträchtigungen unbeteiligter Dritter.[504] Zu der Beurteilung, der Kampfeinsatz der Fluglotsen sei unverhältnismäßig und daher nicht durch Art. 9 Abs. 3 GG gerechtfertigt, gar sittenwidrig im Sinne des § 826 BGB gelangte er u.a. wegen des ungewöhnlichen, weit über das mit Streiks sonst verbundenen Maßes von Nachteilen und Belastungen für unbeteiligte Dritte, die keinerlei Einfluss auf diese Vorgänge nehmen konnten.[505] Die planmäßige und ausgedehnte Störung der Flugsicherung sei bewusst in die Hauptreisezeit gelegt worden und deshalb sei ein besonders großer Personenkreis monatelang schweren Beeinträchtigungen und Gefährdungen ausgesetzt gewesen.[506]

500 So auch *Oetker* S. 39; *Greiner* NZA 2007, 1023 (1028); *Sunnus* AuR 2008, 1 (11); MünchArbR-*Ricken* § 200 Rn. 63; einer Gleichsetzung des Gemeinwohls u. der jeweils betroffenen Individualinteressen ggü. kritisch *Kissel* § 27 Rn. 7 f..

501 Däubler-*Däubler* § 14 Rn. 16.

502 So auch *Scholz*, FS Buchner, S. 827 (832); *Buchner* BB 2007, 2520 (2521); *Greiner* NZA 2007, 1023 (1028); *Bauer/Haußmann* DB 1996, 881 (881); *Rudkowski* S. 17.

503 Bei einem Bummelstreik wird zwar weitergearbeitet, aber langsamer und damit weniger als geschuldet., vgl. Müller S. 111; auch der sogenannte „Dienst nach Vorschrift“ ist wegen der bewusst übertriebenen Beachtung von Ordnungs- und Sicherheitsvorschriften nicht im Interesse eines schnellen und reibungslosen Betriebsablaufs, vgl. Brox/Rüthers-*Brox* § 3 Rn. 28; Däubler-*Däubler* § 29 Rn. 20 ff..

504 BGHZ 70, 277 ff.; siehe zu den Auswirkungen auf Reiseveranstalter und Reisende BGHZ 69, 128 ff.; LG Hannover, Urt. v. 30.03.1989, Az.: 3 S 451/88-juris, Rn. 4 ff.; AG Schöneberg, Urt. v. 04.06.2002, Az.: 11 C 581/01-juris, Rn. 7 ff..

505 Der BGH hat die Arbeitskampfmaßnahme nicht allein deswegen für sittenwidrig erachtet, weil davon Dritte betroffen waren, sondern wegen der konkreten Umstände des Einzelfalls, wie etwa die beamtenrechtliche Situation und die gewählten Kampfmittel („go sick“, „go slow“), vgl. Z 70, 277 (281 f.).

506 BGHZ 70, 277 (282).

Soweit der Bundesgerichtshof aber darauf abgestellt hat, dass durch die Kampfmaßnahmen Millionenschäden für die Volkswirtschaft angerichtet worden seien,[507] ist einzuwenden, dass das gesamtwirtschaftliche Gleichgewicht im Sinne von Art. 109 Abs. 2 GG, einfach gesetzlich durch § 1 Abs. 2 Gesetz zur Förderung der Stabilität und des Wachstums der Wirtschaft (StWG) näher bestimmt als Preisstabilität, hoher Beschäftigungsstand, außenwirtschaftliches Gleichgewicht, stetiges und angemessenes Wirtschaftswachstum, nicht im gleichen Maße wie die Grundrechte verfassungsrechtlich geschützt wird.[508] Trotz seiner Leitfunktion wird durch Art. 109 Abs. 2 GG weder eine Verpflichtung der Sozialpartner begründet[509], noch der Staat dazu ermächtigt, das Freiheitsrecht des Art. 9 Abs. 3 GG zu verkürzen[510]. Würden wirtschaftliche und soziale Erwägungen zu Verfassungsgütern erhoben werden, könnte damit die Entscheidung des Verfassungsgebers, die Koalitionsfreiheit vorbehaltlos zu gewährleisten, allzu schnell unterlaufen werden.[511] Das gesamtwirtschaftliche Gleichgewicht stellt daher grundsätzlich keine verfassungsimmanente Schranke für die Ausübung der Arbeitskampffreiheit dar.[512] Ihre Grenzen ergeben sich in erster Linie aus dem Katalog der Grundrechte.[513] In diesem findet der Begriff des Ge-

---

507 BGHZ 70, 277 (282); in diese Richtung auch ArbG Nürnberg AuR 2007, 320 (321).

508 BVerfGE 84, 212 (223): Diese Norm verbürgt kein Grundrecht oder grundrechtgleiches Recht.

509 Sachs-*Siekmann* Art. 109 Rn. 19; von Münch/Kunig-*Heintzen*, Band 3, Art. 109 Rn. 17; *Seiter* S. 557 ff..

510 Von Mangoldt/Klein/Starck-*Kirchhof* Art. 109 Abs. 2 Rn. 64; von Mangoldt/Klein/Starck-*Kemper* Art. 9 Rn. 118; von Münch/Kunig-*Heintzen* Art. 109 Rn. 16; siehe aber auch BVerfGE 100, 271 (283 ff., insbesondere 285) zu Lohnabstandsklauseln (§§ 275 Abs. 2, 265 Abs. 1 SGB III), wonach zur Bekämpfung von Arbeitslosigkeit ausnahmsweise „einschränkende Auswirkungen auf die Tarifautonomie" gerechtfertigt sein können. Hierbei geht es um gesetzliche Vorgaben, die den Spielraum der Gewerkschaften bei Lohnverhandlungen einschränken. Die Regelungen setzen bereits bei der Willensbildung an, zumal sich die Frage nach der Willensbeugung bei Arbeitsbeschaffungsmaßnahmen kaum stellt.

511 Einer „weitherzigen Anerkennung von Verfassungsgütern" kritisch ggü. Däubler-*Hensche* § 18 Rn. 49; *derselbe/Wolter*, GS Zachert, S. 544 (558 f.); *Greiner* NZA 2007, 1023 (1028); *Sunnus* AuR 2008, 1 (8 f.); *Kolmetz,* Einsatz von Beamten bei Streik im öffentlichen Dienst aus verfassungsrechtlicher Sicht 1988, S. 90, 98 ff..

512 So etwa auch von Mangoldt/Klein/Starck-*Kemper* Art. 9 Rn. 118; *Czerweny von Arland* S. 168 f.; *Greiner* NZA 2007, 1023 (1028); *Reuß* ZfA 1970, 319 (332 ff.).

513 Nach *Plander* AuR 1986, 65 (76); *Greiner* NZA 2007, 1023 (1028); *Sunnus* AuR 2008, 1 (9) können nur Grundrechte, nach BVerfGE 33, 52 (71) nur „andere oberste Grundwerte der Verfassung", nach BVerfGE 44, 37 (50); 83, 130 (139) „Verfassungsbestimmungen aller Art" als Beschränkung dienen.; vermittelnd *Pfeiffer* S. 92: „Da Ausgangs-

meinwohls aber nur im Zusammenhang mit der Eigentumsgarantie in Art. 14 Abs. 2 S. 2, Abs. 3 S. 1 GG Verwendung. Danach soll der Gebrauch des Eigentums dem „Wohle der Allgemeinheit“ dienen und umgekehrt Enteignungen nur zum „Wohle der Allgemeinheit“ zulässig seien. Darüber hinaus lässt sich den materiellen Bestimmungen des Grundgesetzes[514] kein Hinweis auf eine Bindung an das Gemeinwohl entnehmen, weswegen ihr keine die koalitionsspezifische Betätigung beschränkende Wirkung zugesprochen werden darf.[515] Eine analoge Anwendung der Sozialpflichtigkeit des Art. 14 Abs. 2 S. 2 GG[516] ist mangels einer planwidrigen Regelungslücke in der Verfassung ebenso abzulehnen wie eine großzügige Anerkennung von Gemeinschaftsbelangen mit Verfassungsrang[517] oder die Annahme, die Arbeitskampffreiheit unterstehe einem ungeschriebenen Gemeinwohlvorbehalt[518]. Das differenzierte Schrankensystem, das von einem einfachen Gesetzesvorbehalt über die allgemeinen Gesetze in Art. 5 Abs. 2 GG bis hin zum Fehlen jeder Beschränkungsmöglichkeit im Verfassungstext reicht, würde dadurch „nivelliert“ werden.[519]

Einschränkungen der Arbeitskampffreiheit können sich daher nur im Hinblick auf von der jeweiligen Kampfmaßnahme betroffene Grundrechtspositionen Dritter ergeben. Die Höhe des durch die Kampfmaßnahme verursachten Schadens ist für die Rechtmäßigkeit eines Arbeitskampfes hingegen grundsätzlich irrelevant.[520] Dass die Konjunktur leidet, wenn etwa durch Streiks im Einzelhandel die Weihnachtseinkäufe der Kunden erschwert werden, rechtfertigt deren Einschränkung nicht.[521] Allenfalls dann, wenn der Arbeitskampf augenscheinlich „ganze Industriezweige ins Schleudern bringt“, ist daran zu denken, dessen

---

punkt die Einheit der Verfassung ist, müssen sich die Positionen, die der Koalitionsfreiheit entgegenstehen, nicht unbedingt nur im Grundrechtsteil finden.“.

514 Zur Typisierung der Normen des Grundgesetzes siehe Sachs-*Sachs* Einführung Rn. 32 ff..

515 So auch Sachs-*Höfling* Art. 9 Rn. 138; Jarass/Pieroth-*Jarass* Art. 9 Rn. 49; *Kolmetz* S. 79, 141 Nr. 13.

516 So etwa ArbG Chemnitz AuR 2007, 393 (393 f.); *Butzer* RdA 1996, 375 (381); *Rüfner* RdA 1985, 193 (194).

517 Sachs-*Höfling* Art. 9 Rn. 138; siehe aber die Erhaltung des gesamtwirtschaftlichen Gleichgewichts i.S.v. Art. 109 Abs. 2 GG als einen solchen Belang bezeichnend *Butzer* RdA 1996, 375 (382).

518 *Plander* AuR 1986, 65 (74 ff.); *Kentner* S. 67 m.w.N. in Fn. 241.

519 Däubler-*Däubler* § 14 Rn. 19; so auch *Kolmetz* S. 74 ff. (76).

520 BAGE 38, 207 (216); *Zachert* DRiZ 2007, 341 (341).

521 So auch *Sunnus* AuR 2008, 1 (9); *Bayreuther* NZA 2008, 12 (13); *Greiner* NZA 2007, 1023 (1028).

(vorläufige) Einstellung zu verfügen.[522] Dem stehen weder die bisherigen Ausführungen noch die „Notstandsklausel" des Art. 9 Abs. 3 S. 3 GG entgegen, denn wenn ein Arbeitskampf zur Entstehung „extremer Notlagen" führt, sind immer auch grundrechtlich geschützte höchste Rechtsgüter betroffen.[523] Art. 9 Abs. 3 S. 3 GG stellt lediglich klar, dass rechtmäßige Arbeitskämpfe bei einem Notstand nicht weiter beschränkt werden dürfen, als es ansonsten zulässig ist.[524] Ein Arbeitskampf der grundrechtlich geschützte höchste Rechtsgüter verletzt, ist aber nicht rechtmäßig.

3. Wahrung der Grundrechtspositionen unbeteiligter Dritter

Ein streikbedingter Ausfall von Leistungen und Gütern kann zu Beeinträchtigungen von Rechten und Rechtsgütern ganz unterschiedlicher Art führen sowie vielfältige Ärgernisse verursachen.[525] Züge fahren nicht wegen eines Ausstands der Lokführer, Kinder müssen zu Hause versorgt werden, weil in den Kindertagesstätten gestreikt wird,[526] und der Müll verbleibt in den Wohnquartieren der Bevölkerung, weil die Angestellten der Müllabfuhr die Arbeit niedergelegt haben.[527]

Die Drittbetroffenheit als solche lässt eine Kampfmaßnahme jedoch nicht unverhältnismäßig werden.[528] Da so gut wie jeder Arbeitskampf über die Sphäre der unmittelbar Beteiligten hinaus wirkt[529], bliebe andernfalls von den aus Art. 9 Abs. 3 GG folgenden Freiheiten der sozialen Gegenspieler nichts mehr übrig. Um zu verhindern, dass eines der durch die Verfassung geschützten Rechtsgüter vollständig verdrängt wird, muss ein schonender Ausgleich dieser Gegensätze hergestellt werden.[530] Das bedeutet zum einen, dass an einem Arbeitskampf unbeteiligte Dritte ein gewisses Maß an Beeinträchtigung ihrer Rechte und Rechtsgüter hinnehmen müssen.[531] Angesichts der hohen Verflechtungen des gesamten

---

522 *Gamillscheg* S. 1173 f., 1304 unter Hinweis darauf, dass „es in der Geschichte der Bundesrepublik Anlass und Beispiel hierfür nicht gegeben" hat.

523 *Gamillscheg* S. 1173 f..

524 BAG JZ 1989, 750 (752).

525 *Kissel* § 29 Rn. 45.

526 Däubler-*Däubler* § 14 Rn. 17.

527 *Scherer S.* 81.

528 *Zollner/Loritz/Hergenröder* S. 438; B/P/S/U-AKR Rn. 174.

529 Professorenentwurf 1988, S. 56.

530 *Oetker* S. 38.

531 Vgl. *Kalb*, Arbeitskampfrecht 1986, Rn. 140, wonach die nachteiligen Auswirkungen des Streiks auf unbeteiligte Dritte selbst dann grundsätzlich nicht zu dessen Rechtswid-

Wirtschafts- und Soziallebens könnte ein wirksamer Arbeitskampf ansonsten nicht geführt werden.[532] Zum anderen sind aber auch der Ausübung der Arbeitskampffreiheit Grenzen gesetzt, muss sie doch im Einklang mit dem Grundgesetz erfolgen. Diese Grenzen sind zumindest dann erreicht, wenn durch einen Streik in einem Krankenhaus das in Art. 2 Abs. 2 S. 1 GG garantierte Grundrecht auf Leben und körperliche Unversehrtheit beeinträchtigt wird. Diese elementaren Rechtsgüter sind im Gegensatz zu der Arbeitskampffreiheit um ihrer selbst willen vorbehaltlos geschützt, sie haben ihr gegenüber Vorrang.[533]

Verweigert etwa das in einem Krankenhaus und damit in einem lebensnotwendigen Betrieb beschäftigte Personal streikweise die ärztliche, medikamentöse und pflegerische Betreuung und damit drittbezogene Versorgungsleistungen, werden dadurch die Gesundheit und das Leben der Patienten gezielt gefährdet.[534] Eine Beeinträchtigung der höchstpersönlichen Rechtsgüter aus Art. 2 Abs. 2 S. 1 GG ist aber selbst dann nicht durch die Arbeitskampffreiheit aus Art. 9 Abs. 3 GG gerechtfertigt, wenn die Arbeitsniederlegung nicht zur Durchsetzung einer Lohnforderung, sondern darum erfolgt, eine im Interesse der Patienten liegende bessere Versorgung zu erreichen.[535] Zwar sind meist die Patienten die Leidtragenden der in Krankenhäuser oftmals herrschenden schwierigen Arbeitsbedingungen (Personalmangel, zu lange Arbeitszeiten etc.), auf die die Belegschaft mittels des Streiks aufmerksam machen will[536], jedoch dürfen die Gesundheit oder das Leben von Patienten nicht beeinträchtigt werden, um den jeweiligen Krankenhausträger zu zwingen, anderweit bestehende Gefahren für die Patienten zu beheben.[537] Dazu aber kommt es unweigerlich, wenn in sämtlichen Krankenhäusern einer Stadt/Region gleichzeitig gestreikt wird, so dass nicht einmal mehr eine Notfallversorgung gewährleistet ist.[538]

Dennoch muss nicht jeweils der gesamte Krankenhausbetrieb aufrecht erhalten bleiben mit der Folge, dass den Ärzten, dem Pflegepersonal und den sonstigen Angestellten (z.B. Reinigungs- und Kantinenpersonal) eines Krankenhauses

---

rigkeit führen, „wenn der Drittschaden größer ist als der dem unmittelbaren Kampfgegner zugefügte Schaden oder die Allgemeinheit in besonders nachhaltiger Weise betroffen ist"; ArbG Frankfurt, Urt. v. 2703.2012, 10 Ca 3468/11-juris, 2 Ls.; *Bayreuther* NZA 2008, 12 (13); *Schliemann*, FS Bauer, S. 923 (928).

532 Professorenentwurf 1988 S. 56; siehe auch *Scherer* S. 33; 110 f.

533 Vgl. *Kalb* RdA 1994, 385 (390); *Däubler* AuR 1981, 257 (261 f.); *Hensche/Wolter*, GS Zachert, S. 544 (558).

534 *Seiter* S. 550; MünchArbR-*Ricken* § 200 Rn. 60.

535 *Seiter* S. 550; in diese Richtung aber *Uhlenbruck* RdA 1972, 327 (331 f.).

536 Deswegen haben Ärzte und Pflegepersonal bei Streiks die öffentliche Meinung weitgehend hinter sich haben, vgl. *von Rosenstiehl* S. 17; *Rudkowski* S. 177, Fn. 1053.

537 *Seiter* S. 550.

538 Vgl. Däubler-*Däubler* § 14 Rn. 18; *Schneider/Sittard* DöD 2006, 244 (248).

das Recht zu streiken gänzlich abgesprochen wird.[539] Keineswegs dient jede Tätigkeit in einem Krankenhaus der Aufrechterhaltung oder Wiederherstellung der Gesundheit der Patienten oder zumindest der Linderung von Beschwerden und Schmerzen. Hinsichtlich einer Arbeitsniederlegung, von der lediglich nicht akute Fälle - wie etwa aufschiebbare Schönheitsoperationen, oder Routineoperationen, wie das Entfernen der Rachenmandeln oder das Einsetzen elektiver Herzkatheter - sowie Verwaltungstätigkeiten - wie etwa die Auswertung von klinischen Berichten für Forschungszwecke oder das Erstellen von Abrechnungen für Kassen oder Patienten, an deren Vornahme in erster Linie der Krankenhausbetreiber interessiert ist - betroffen sind, bestehen keine rechtlichen Bedenken.[540] Folglich müssen all diejenigen Arbeiten geleistet werden, die erforderlich sind, um eine Gefährdung von Patienten auszuschließen. Nicht in Betracht kommt etwa die Intensivstation zu bestreiken, weil dies die aufwändige und regelmäßig gesundheitsgefährdende Verlegung der Patienten in andere Krankenhäuser erfordern würde.[541] Ebenso ausgeschlossen ist die Einstellung von lebenserhaltenden Maßnahmen wie zum Beispiel die Dialyse-Behandlung, soweit ein Ausweichen auf die ambulante Versorgung in hierauf spezialisierte Praxen nicht in Betracht kommt.[542] Auch die Erbringung unaufschiebbarer, wenn auch nicht unmittelbar lebenserhaltender, Leistungen muss gewährleistet sein.[543] Die Untersuchung von während einer Operation entnommenen verdächtigen Gewebes muss umgehend erfolgen, wenn sie für den Fortgang der Operation ausschlaggebend ist. Eine zweite Operation, die nur deswegen erfolgen muss, weil der histologische Befund wegen des Streiks auf sich warten lässt, ist dem Patienten nicht zuzumuten.[544] Operationen sind stets mit Risiken verbunden.

Pflegerische Tätigkeiten, auf deren Leistung die Patienten eines Krankenhauses ebenso wie die Bewohner einer Pflege- oder Alteneinrichtung existen-

539 Vgl. *Däubler* AuR 1981, 257 (262); *Pfohl* PersV 1993, 193 (195); *Reuß*, RdA 1972, 321 (323 ff.); *derselbe*, FS Heymann Verlag, S. 253 (262); *Schneider/Sittard* DöD 2006, 244 (246); *Pachtner* S. 47; ArbG Kiel ZtR 2006, 488 (491), wonach angestellten Ärzten der Streik nicht grundsätzlich wegen Gefährdung des Gemeinwohles verboten ist; a.A. *Küchenhoff* RdA 1959, 201 (205), dem zufolge ein Streik angestellter Ärzte standeswidrig und von strafrechtlicher Relevanz ist.

540 Vgl. *Reuß*, RdA 1972, 321 (zum sog. Bleistift- und Verwaltungsstreik" 322, 324 ff.); *derselbe*, FS Heymann Verlag, S. 253 (262); *Gamillscheg* S. 1179; *Däubler* S. 236; *derselbe* AuR 1981, 257 (262); *Oetker* S. 44; *von Rosenstiehl* S. 18; *Scherer* S. 121.

541 *Schneider/Sittard* DöD 2006, 244 (248).

542 *Kolbe* BB 2009, 1414 (1414); *Schneider/Sittard* DöD 2006, 244 (248); *Kissel* § 43 Rn. 133.

543 Zur Differenzierung zwischen „lebensnotwendigen" und „unaufschiebbaren" Leistungen und der hierfür erforderlichen medizinischen Kenntnis *Rudkowski* S. 180.

544 So auch *Rudkowski* S. 180.

ziell angewiesen sind, müssen weiterhin erbracht werden.[545] Auch Rehabilitationsmaßnahmen, deren Verzögerung eine Verschlechterung der Heilungschancen zur Folge hat, müssen durchgeführt werden.[546]

Ferner ist die Herstellung und Auslieferung akut benötigter Medikamente durch pharmazeutische Unternehmen sicherzustellen, wenn diese anderweitig nicht zu beschaffen sind.[547] Andernfalls wäre ein Streik wegen seiner unverhältnismäßigen Wirkungen zulasten Dritter rechtswidrig.

Was aber gilt, wenn es nicht, zumindest nicht auf den ersten Blick, wie bei der Gesundheitsfürsorge um existenzielle Rechtsgüter wie Leben und Gesundheit geht, sondern um andere Bedürfnisse, deren Befriedigung im Interesse der Würde der freien, sich selbst bestimmten Person (Art. 1 Abs. 1, 2 Abs. 1 GG) in Verbindung mit dem Sozialstaatsprinzip (Art. 20 Abs. 1 GG) erfolgen und Voraussetzung für das alltägliche Leben in einer Zivilgesellschaft sind?[548] Gemeint sind damit insbesondere die Versorgung mit Gütern und Leistungen wie Wasser und Energie, aber auch der Verkehr, die Entsorgung, das Erziehungswesen und die Kinderbetreuung sowie die Kommunikationsinfrastruktur.[549] Die Erfüllung dieser Bedürfnisse erfolgt durch Betriebe aus dem Bereich der Daseinsvorsorge, dem auch die Gesundheitsfürsorge unterfällt.[550]

Ein Streik in diesem Bereich unterscheidet sich in seinen Auswirkungen auf die Bevölkerung von einem Streik außerhalb dieses Bereichs. Bei letzterem wird dem bestreikten Arbeitgeber gezielt und planmäßig Schaden zugefügt.[551] Er kann die ihm durch den Streik entstehenden Schäden vermeiden oder zumindest reduzieren, indem er auf die Forderungen der Arbeitnehmerseite eingeht, d.h. der Druckausübung durch Bewilligung der Kampfforderung ein Ende bereiten.[552] Eine Beeinträchtigung am Arbeitskampf unbeteiligter Dritter ist allenfalls auf einen Reflex des Streiks zurückzuführen.[553] Im Gegensatz dazu richtet sich

545 *Scherer* S. 121.

546 *Rudkowski* S. 187.

547 *Seiter* S. 550; Däubler-*Hensche* § 18 Rn. 1.

548 Siehe hierzu *Seiter* S. 551; Däubler AuR 1981, 257 (262); *Rüthers* ZfA 1987, 1 (49); *Schliemann*, FS Bauer, S. 923 (926); *Scholz*, FS Buchner, S. 827 (834); EK-*Dieterich* Einl. GG Rn. 78 f., Art. 1 GG Rn. 7 ff..

549 Vgl. § 11 Abs. 2 Professorenentwurf 1988; § 2 Gesetzesvorschlag Carl Friedrich v. Weizsäcker-Stiftung 2012 NZA aktuell 7/2012 IX (X); *Scherer* S. 37; *Schliemann*, FS Bauer, S. 923 (926); *Rüthers* ZfA 1987, 1 (49).

550 Siehe zu dem Begriff der Daseinsvorsorge und der Zuordnung einzelner Branchen *Rudkowski* S. 33 ff. (303); *Kissel* § 34 Rn. 69; § 2 Gesetzesvorschlag Carl Friedrich v. Weizsäcker-Stiftung 2012 NZA aktuell 7/2012 IX (X).

551 *Scherer* S. 35.

552 *Seiter* S. 555; *Scherer* S. 35, 107; *Heinze*, FS 50 Jahre BAG, S. 493 (507).

553 *Scherer* S. 36; *Kissel* § 28 Rn. 5.

der Streik in dem Bereich der Daseinsvorsorge direkt gegen den Bürger und damit gegen Personen, die die Tarifforderungen gar nicht erfüllen können und daher keine Möglichkeit zur Schadensabwendung haben.[554] Diese Stoßrichtung ist darauf zurückzuführen, dass durch einen Entzug der Versorgungsleistungen und –güter auf den Versorgungsträger kaum nennenswerter Druck ausgeübt werden kann.[555] Anders als ein in der Automobilindustrie angesiedelter Arbeitgeber hat der Versorgungsträger Kundenabwanderungen kaum zu befürchten. Während sich der Endverbraucher aus dem oben angeführten Beispiel[556] bei streikbedingter Lieferungsschwierigkeiten an einen anderen Fahrzeughändler halten kann, ohne weiterhin an den alten Kaufvertrag gebunden zu sein (§ 326 BGB), er also die Möglichkeit hat, den ihm mittelbar streikbedingt drohenden Schaden abzuwenden,[557] ist der die Leistungen beziehende Bürger in der Regel auf die Versorgung durch eben den bestreikten Betrieb angewiesen. Bei Wasser und Energie, Krankenversorgung und Pflege, Entsorgung von Abfällen (Müllabfuhr, Kläranlagen etc.) sowie Kindertagesstätten und Schulen besteht in der Regel nicht die Möglichkeit, auf andere Anbieter auszuweichen oder sich selbst zu versorgen.[558] Dies gilt trotz steigender (Teil-) Privatisierungen[559] in Bereichen der Daseinsvorsorge nach wie vor, etwa wenn die marktbeherrschende Position ehemaliger Monopolunternehmen fortwirkt. Deswegen sieht die Rechtsordnung für bestimmte Leistung auch einen Kontrahierungszwang vor.[560] Insoweit macht

---

554 *Seiter* S. 555; *Scherer* S. 37,106 ff.; *Heinze*, FS 50 Jahre BAG, S. 493 (507), *Rüthers* NZA 2010, 6 (9).

555 *Seiter* S. 552; *Scherer* S. 37.

556 Siehe unter § 2 I. 3. d).

557 *Scherer* S. 35; *Loritz*, FS Picker, S. 1033 (1041).

558 Vgl. *von Rosenstiehl* S. 17; *Rüthers* NZA 2010, 6 (9); *Lehmann*, FS Buchner, S. 529 (535); *Scherer* S. 37 f.; *Schliemann*, FS Bauer, S. 923 (926 f.); siehe auch *Buchner* BB 2007, 2520 (2521): „Die Bahn ist im Verkehrsbereich nicht ein beliebig austauschbarer Anbieter. Sie hat marktbeherrschende Stellung i.S. § 19 Abs. 1, 2 GWB.“; *Heinze*, FS 50 Jahre BAG, S. 493 (507 f.): „Soweit im Tätigkeitsbereich der Flugsicherung die Arbeit niedergelegt wird, besteht (…) keine Möglichkeit einer Vermeidung von Beeinträchtigung durch ein Ausweichen auf andere Anbieter oder durch Selbstversorgung.“

559 Aufgaben der Daseinsvorsorge müssen nicht notwendigerweise vom Staat selbst erbracht werden, vgl. BVerfGE 107, 59 (93); 30, 292 (311); siehe zur Unterscheidung zwischen materieller (Aufgaben-); funktionaler (Erfüllungs-) und formeller (Organisations-) Privatisierung, den Mischformen und Ausdifferenzierungen *Kirchhof* AöR 2007 (132), 215 (224 ff.); *Gersdorf* JZ 2008, 831 ff. u. zur Erforderlichkeit einer gesetzlichen Ermächtigung *Stellmann* NVwZ 2008, 817 (819 ff.).

560 *Rieble* FA 2012, 130 (130); siehe den Hinweis auf das Monopol oder jedenfalls eine marktbeherrschende Stellung sowie auf Pflichtleistungstatbestände wie §§ 11 Abs. 2 u. 3 PostG, §§ 22, 47 PBefG und § 21 Abs. 2 S. 2 LuftVerkG, §§ 17, 18, 36 EnWG; § 10 AEG bei Däubler-*Reinfelder* § 15 Rn. 43; *Bayreuther* NZA 2008, 12 (14 f.); *Richter* S.

es keinen Unterschied, ob die dringend benötigte Leistung durch ein öffentliches oder privates Unternehmen erbracht wird.[561]

Entfallen streikbedingt Leistungen und Produkte, die für die alltägliche Existenzbewältigung unerlässlich sind, wird die Bevölkerung quasi als „Geisel" benutzt, um auf den Verhandlungsgegner Druck auszuüben.[562] Dieser öffentliche Druck auf den Inhaber eines Betriebes der Daseinsvorsorge ist häufig entscheidender als der finanzielle, auch weil die streikbedingt entfallende Leistung oftmals im Voraus bezahlt worden ist (z.B. Monatskarte für öffentliche Verkehrsmittel) und sich Rückforderungen bei zeitweisem Leistungsausfall schwierig gestalten[563] oder weil eine Refinanzierung durch die öffentliche Hand erfolgt, letztlich also finanzielle Belastungen durch Steuer- und Abgabenerhöhung auf die Bevölkerung abgewälzt werden.[564]

Sind von einem Streik in der öffentlichen Verwaltung etwa Bundesdruckerei[565] oder Bürgerämter betroffen, kann sich die Ausstellung von Dokumenten wie Personalausweis, Reisepass und Führerschein verzögern, auf die die Bürger angewiesen sind, wollen sie den öffentlich-rechtlichen Pflichten wie § 1 Abs. 1 PAuswG und § 4 Abs. 2 FeV genügen,[566] d.h. nicht gegen Gesetze verstoßen.[567]

267; *Heinze*, FS 50 Jahre BAG, S. 493 (508 f., 513); *Schliemann*, FS Bauer, S. 923 (926 f.).

561 *Bayreuther* NZA 2008, 12 (15); so auch *Schliemann*, FS Bauer, S. 923 (927); *von Steinau-Steinrück/Glanz* NZA 2009, 113 (115); *Gamillscheg* S. 1177; *Kissel* § 28 Rn. 20; *Scherer* S. 136 unter Hinweis darauf, dass die Anteile an den Aufgaben der Daseinsvorsorge erfüllenden Privatunternehmen häufig vollständig in öffentlicher Hand sind.

562 Vgl. *von Rosenstiehl* S. 17; *Kissel* § 28 Rn. 5; *Scherer* S. 36; *Heinze*, FS 50 Jahre BAG, S. 493 (510); *Gamillscheg* S. 1178; *Seiter* S. 552; *Schliemann*, FS Bauer, S. 923 (923 f., 925); *Pusch* S. 196 ff., 219 zum Druck der Öffentlichkeit über den politischen Prozess (Wählerstimmen) auf den Arbeitgeber im öffentlichen Dienst.

563 Siehe zu den Schwierigkeiten den entsprechenden Minderwert der Leistung z.B. der Abfallbeseitigung zu berechnen und die Rückforderung nur geringe Beträge durchzusetzen *Hirte* NJW 2006, 1490 (1490 f.); siehe zur Möglichkeit der Haftungsfreizeichnung bei Ausfall von Beförderungsleistungen *Bayreuther* NZA 2008, 12 (14); *Wank* RdA 2009, 1 (12 f.) unter Hinweis auf § 17 EVO a.F.; siehe weiter BGH, Urt. v. 21.08.2012, Az.: X ZR 138/11, wonach es sich bei einem Streik der Piloten um „außergewöhnliche Umstände" handelt, bei denen die Fluggesellschaften den Passagieren keine Ausgleichszahlungen leisten müssen.

564 *Scherer* S. 136; *Rieger*, Die arbeitskampfbedingte Betriebsstilllegung 2004, S. 158.

565 Das Unternehmen befindet sich nach der Privatisierung 2000 und verschiedenen Eigentümerwechseln durch Rückkauf des Bundes seit 2009 wieder im Staatsbesitz.

566 *Rudkowski* S. 269.

567 Gemäß §§ 1 Abs. 1 S. 1, 5 Nr. 2 PAuswG handelt ordnungswidrig, wer es unterlässt, einen Ausweis auf Verlangen einer zuständigen Stelle vorzulegen. Gemäß §§ 75 Nr. 4,

Der durch die gezielte Beeinträchtigung unbeteiligter Dritter entstehende Unmut in der Bevölkerung dient als psychologisches Druckmittel gegen den Versorgungsträger.[568] Veranschaulicht werden kann diese Wirkungsweise anhand der Vorkommnisse während des Arbeitskampfs in der öffentlichen Verwaltung 2008 in Berlin. Dort kam es zu Tumulten und Handgreiflichkeiten in den öffentlichen Einrichtungen, als die Bürger die streikbedingt sehr langen Wartezeiten von mehr als vier Stunden und die insgesamt begrenzte Ausgabe von Wartenummern nicht mehr hinnehmen wollten.[569] Pressemeldungen wie „Frust und Verzweiflung sind allgegenwärtig im Kampf um die Abfertigung.", „Mitarbeiter werden tätlich angegriffen, Menschen ringen um Wartenummern, weinen und schreien." oder „Im Bürgeramt Neukölln und in einer Kfz-Zulassungsstelle in Kreuzberg ist die Situation bereits eskaliert", dort haben „aufgebrachte Antragsteller am Dienstag Mitarbeiter zusammengeschlagen." begleiteten die Arbeitskampfmaßnahmen.[570] Da die Sicherheit der weiterhin ihrer Arbeit nachgehenden Verwaltungsbeamten und –angestellten sowie der Besucher trotz Polizeipräsenz und/oder Einsatzes von Wachschützern und Sicherheitsdienstlern nicht mehr gewährleistet war, mussten einige Ämter sogar geschlossen werden,[571] was zu einer weiteren Verringerung der Leistungen und damit zu einer Verschärfung der Belastungen sowohl für die Bürger als auch für die geöffneten Ämter führte.

a) Generelles Streikverbot

Angesichts der mitunter erheblichen Belastungen Dritter warf das Bundesarbeitsgericht in seiner Entscheidung vom 21.04.1971 die Frage auf, „ob und welche für die Allgemeinheit lebensnotwendigen Betriebe vom Arbeitskampf ausgenommen werden" sollten.[572] Hierzu werden in der Literatur unterschiedliche Auffassungen vertreten. Während nach einer Auffassung Streiks bei Gewährleistung von Notstandsarbeiten hinzunehmen sind,[573] sind nach der anderen Auf-

---

4 Abs. 2 S. 2 FeV handelt ordnungswidrig, wer beim Führen von Kraftfahrzeugen den Führerschein als Nachweis für die Fahrerlaubnis nicht mitführt und zuständigen Personen auf Verlangen zur Prüfung aushändigt.

568 Vgl. *Seiter* S. 552; *Scherer* S. 111 f.; *Richter* S. 267 f.; *Heinze*, FS 50 Jahre BAG, S. 493 (510); *Kissel* § 28 Rn. 5.

569 „Berliner prügeln sich wegen Streik im öffentlichen Dienst", WELT ONLINE-Artikel vom 10.07.2008, abrufbar unter www.welt.de.

570 Wie vorstehend.

571 Wie vorstehend.

572 BAG RdA 1971, 185 (189).

573 So etwa *Richter*, Grenzen aktiver Produktionsbehinderung im Streik 2004, S. 269; *Otto* § 8 Rn. 71; *Kissel* § 28 Rn. 26; § 43 Rn. 134; Brox/Rüthers-*Schlüter* Rn. 539; *Ricker* NJW 1980, 157 (158).

fassung Streiks in bestimmten Bereichen generell zu verbieten,[574] wobei wiederum unterschiedlich beurteilt wird, in welchen Bereichen dies der Fall sein soll.

(1) Charakter des Betriebes

Ausschlaggebend für den Wegfall des Streikrechts ist nach einer Ansicht der Charakter des Betriebes.[575] Danach entfällt das Streikrecht nur in „lebenswichtigen Versorgungsbetrieben", d.h. in Betrieben, die für das allgemeine Wohl unentbehrlich oder von besonderer Bedeutung sind.[576] Dazu zählen mit der Wasser-, Energie- und Krankenversorgung befasste Betriebe und solche, die Zwecken der öffentlichen Sicherheit (Polizei, Feuerwehr etc.) dienen.[577] In den weiteren Bereichen der Daseinsvorsorge, in den es um für die Allgemeinheit zwar wichtige, aber nicht unverzichtbare Leistungen und Güter gehe, wie den Bereichen des öffentlichen Verkehrs und der Nachrichtenübermittlung, könne das Streikrecht hingegen nicht generell verneint werden.[578]

(2) Drittbezogenheit der Versorgungsleistung

Eine andere Ansicht stellt auf den Charakter der zu erbringenden Leistung ab und begründet die Aufhebung des Streikrechts mit der Drittbezogenheit der Versorgungsleistungen.[579] Die streikbedingte Einstellung von Tätigkeiten mit Einfluss auf die Versorgung Dritter sei unzulässig, die Versorgung müsse umfassend aufrechterhalten werden.[580]

---

574 So etwa *Thieme*, Der öffentliche Dienst in der Verfassungsordnung des Grundgesetzes 1961, S. 75.; *von Münch* DÖV 1960, 294 (298 f.); *Scherer* S. 108.

575 So etwa *Zöllner/Loritz/Hergenröder* S. 438.

576 *Löffler* NJW 1962, 1601 (1603); Darüber, dass durch ein - wie auch immer geartetes – Streikrecht nicht die Möglichkeit eröffnet werden sollte, „lebenswichtige Versorgungsbetriebe lahmzulegen" war sich der Hauptausschuss des Parlamentarischen Rates zwar einig, zu einer Aufnahme der Sonderstellung lebensnotwendiger Betriebe in das Grundgesetz kam es aber dennoch nicht, vgl. Parlamentarischer Rat, Verhandlungen des Hauptausschusses, S. 211 f..

577 *Zöllner/Loritz/Hergenröder* S. 438 f..

578 *Zöllner/Loritz/Hergenröder* S. 438; *Rüthers ZfA* 1987, 1 (49); Brox/Rüthers-*Schlüter* Rn. 539.

579 *Seiter* S. 533.

580 *Seiter* S. 553; siehe auch *Reuß*, FS Heymanns Verlag, S. 253 (261 f.); *Scholz/Konzen* S. 163: „So ist beispielsweise den Ärzten der Arbeitskampf ebenso untersagt wie den Angehörigen anderer Funktionseliten, deren Berufsbild gerade durch besondere Gemeinwohlpflichten o.ä. gekennzeichnet ist.".

(3) Gezielte Drittschädigung

Zur Unzulässigkeit des Streiks in den Bereichen der Daseinsvorsorge kommt eine weitere, ebenfalls auf die Wirkung der streikweisen Arbeitseinstellung abstellende Ansicht. Danach müsse die gezielte Schadenszufügung als Mittel des Einigungszwangs mit der Möglichkeit der Schadensvermeidung durch Nachgeben korrespondieren. Wenn unbeteiligte Dritte, die weder die Tarifforderungen der Arbeitnehmerseite erfüllen noch ihrerseits Kampfmaßnahmen ergreifen können, zum wehrlosen Objekt der Kampfführung gemacht werden, entfalle die der Tarifautonomie immanente Rechtfertigung der Druckausübung mittels Schadenszufügung.[581] Wegen der Instrumentalisierung unbeteiligter Dritter sei die Kampfmaßnahme nicht von der Koalitionsfreiheit gedeckt und als rechtswidrig einzuordnen.[582]

b) Stellungnahme

Gegen ein generelles Streikverbot spricht, dass aus Art. 9 Abs. 3 GG „für jedermann und für alle Berufe“ das Recht auf koalitionsmäßige Betätigung folgt, ein vollständiger Entzug des Streikrechts bestimmter Arbeitnehmergruppen also im Widerspruch zum Grundgesetz stünde.[583] Auch bei dem Bereich der Daseinsvorsorge handelt es sich daher nicht um einen per se streikfreien Raum.[584] Ausschlaggebend sind allein die der Arbeitskampffreiheit im Einzelfall entgegenstehenden verfassungsmäßigen Rechte anderer.[585] Sie sind „nach dem Prinzip des schonendsten Ausgleichs zur Geltung zu bringen“[586]. Dafür braucht es aber in der Regel nicht ein völliges Zurücktreten der Arbeitskampffreiheit. Zu bedenken ist, dass dort, wo ein Recht zu streiken nicht besteht, es auch nicht möglich ist, den Tarifkonflikt allein durch das Signalisieren von Kampfbereitschaft unter dem Druck der Öffentlichkeit zu lösen, wie es etwa in der Tarifrunde für die

581 *Scherer* S. 107 ff. (108, 112, 114); *Heinze*, FS 50 Jahre BAG, S. 493 (507, 510).

582 *Scherer* S. 118.

583 *Kissel* § 28 Rn. 1: „Ohne jede Möglichkeit des notfalls (ultima ratio) als Betätigungsmittel der Koalitionsfreiheit einzusetzenden Arbeitskampfs wäre das Grundrecht völlig entleert.“

584 *Isele*, FS für Schnorr von Carolsfeld, S. 219 (223, 226); *Bayreuther* NZA 2008, 12 (13); MünchArbR-*Ricken* § 200 Rn. 59; *Schliemann*, FS Bauer, S. 923 (935); *Kolbe* BB 2009, 1414 (1414).

585 *Bayreuther* NZA 2008, 12 (15); *Kissel* § 28 Rn. 1.

586 BVerfGE 93, 1 (21); siehe auch LAG Sachsen NZA 2008, 59 (68); *Oetker* S. 41; *Kissel* § 28 Rn. 25 f..

Ärzte an kommunalen Krankenhäusern 2011 der Fall war.[587] Die Wahrnehmung der sich aus Art. 9 Abs. 3 GG ergebenden Freiheiten ist daher nur insoweit einzuschränken, als dies zum Schutz grundrechtlich geschützter Drittinteressen unabdingbar notwendig ist.[588]

Wenn aber selbst den Krankenhausärzten und dem Pflegepersonal das Recht zu streiken nicht gänzlich abgesprochen wird, obschon sie drittbezogene Versorgungsleistungen in lebensnotwendigen Betrieben erbringen, deren Einstellung unweigerlich zu Lasten Dritter gehen würde, kann auch in anderen Bereichen ein Streikverbot nicht begründet werden. Tätigkeiten, wie das Erstellen von Steuerbescheiden durch die Finanzämter oder das Erheben von Bußgeldern gegenüber Verkehrssündern durch die Ordnungsämter (Bußgeldstelle), sind zwar direkt den Bürgern gegenüber zu erbringen, denen hierbei weder ein „Ausweichen auf andere Anbieter“, noch die „Selbstversorgung“ möglich ist. Ihrer streikweise Einstellung stehen aber Drittinteressen nicht entgegen; allgemein wird eher deren Ausfall, nicht deren Erbringung begrüßt.[589] Die Zielrichtung der Schadenszufügung erscheint im Vergleich schon eher geeignet, eine Aussage über die Notwendigkeit von Notstandsarbeiten zu treffen, geht es doch primär zu Lasten des Staates und nicht der Bevölkerung, wenn die Erhebung von Steuern, Bußgeldern etc. unterbleibt[590]. Hingegen sind die Bürger belastet, wenn es um die Rückerstattung überzahlter Steuern geht, darauf haben sie gemäß Art. 14 Abs. 1 GG Anspruch[591]. Streikbedingte Verzögerungen hierbei sind aber, anders als bei den staatlichen Unterstützungsleistungen im Sinne von Art. 1 Abs. 1 GG i.V.m. Art. 20 Abs. 1 GG, die dem Empfänger die Führung eines der Würde des Menschen entsprechenden Lebens ermöglichen sollen,[592] zumutbar. Dies verdeutlicht, dass auch die Schadensrichtung der Arbeitseinstellung nicht in jedem Fall für eine Begrenzung des Streikrechts ausschlaggebend ist. Aber auch die Tatsache, dass es sich um ein Sozialamt handelt, erfordert nicht zwingend des-

---

587 Die Tarifrunde für die Ärzte an kommunalen Krankenhäusern konnte ohne Arbeitskampf beendet, der vom Marburger Bund angekündigte Streik verhindert werden, vgl. Pressemitteilung VKA vom 23.01.2012, abrufbar unterwww.vka.de. „MB und TdL erzielen Einigung – kein Streik an Unikliniken“, Mitteilung des Marburger Bund vom 5.11.2011, abrufbar unter www.marburger-bund.de.

588 *Oetker* S. 39; *Rüthers* ZfA 1987, 1 (48); LAG Hamm NZA-RR 2007, 250 (251).

589 So auch *Däubler* S. 240; *Scherer* S. 130 f.; *Rudkowski* S. 269 f..

590 So auch *Däubler* S. 240; *Scherer* S. 130 f.; *Rudkowski* S. 270 f..

591 BVerfGE 70, 278 (285); Jarass/Pieroth-*Jarass* Art. 14 Rn. 12.

592 So etwa *Däubler* S. 238; *Rüthers* AuR 1987, 37 (45); *Oetker* S. 51; unentschieden *Kissel*, der unter § 43 Rn. 132 die Gewährleistung des wirtschaftlichen Existenzminimums durch Auszahlung von Sozialhilfe und Renten im Streikfall durch Notstandsarbeiten sicherstellen will, unter § 43 Rn. 146 aber erklärt, dass ein vorübergehend Zahlungsausfall zumutbar sei und keine Notstandsarbeiten erfordere.

sen uneingeschränkte Fortführung. Da Sozialhilfe notwendige Voraussetzung der Existenzbewältigung für die Sozialhilfeberechtigten ist, also für Personen, die sich gerade nicht selbst versorgen können, müssen zur erstmaligen wie auch wiederholten Bewilligung oder Auszahlung der „Hilfe zum Lebensunterhalt" oder der „Grundsicherung" erforderliche Tätigkeiten weiterhin verrichtet werden.[593] Dass Sozialleistungen streikbedingt entfallen, kann den darauf Angewiesenen nicht zugemutet werden und muss durch Notstandsarbeitenden verhindert werden. Hierfür muss das Amt aber nicht voll besetzt sein. Auf den Betrieb abzustellen würde bedeuten, auch den Angehörigen der im Sozialamt tätig werdenden Putzkolonne die Ausübung ihres Streikrechts zu versagen,[594] obwohl Dritte dadurch nicht beeinträchtigt werden.

Zwischen der Arbeitskampffreiheit und den mit ihrer Ausübung kollidierenden Grundrechtspositionen Dritter wird in der Regel bereits dann der geforderte schonende Ausgleich hergestellt, wenn die Arbeitsniederlegung nicht allumfassend ist und während dessen bestimmte Arbeitsleistungen unter dem Aspekt der Notstandsarbeiten erbracht werden.[595] Nur insoweit ist von den Sozialpartnern Zurückhaltung zu erwarten.[596]

c) Abgrenzung von Notstandsarbeiten

Der Entwurf eines Gesetzes zur Regelung kollektiver Arbeitskonflikte aus dem Jahre 1988 sieht in § 11 Abs. 2 die Sicherstellung einer Mindestversorgung in folgenden Bereichen vor: a) Nahrung und Gesundheit, b) Energie und Wasser, c) Verkehr, d) Post, Fernmeldewesen, Rundfunk und Fernsehen, e) Feuerwehr, Bestattung, Müllbeseitigung, f) Landesverteidigung und innere Sicherheit.[597] Diese Aufzählung der Bereiche, für die Notstandsarbeiten organisiert werden müssen, beseitigt jedoch nicht die Unklarheit hinsichtlich des Umfangs der im konkreten Einzelfall zu verrichtenden Tätigkeiten. Verlangt wird lediglich, dass „das lebensnotwendige Mindestmaß an Lieferungen und Leistungen sichergestellt", d.h. „die Bevölkerung hinreichend versorgt" und die „Gefährdung des Existenzminimums abzuwenden" ist.

Auch der Vorschlag eines Gesetzes zur Regelung kollektiver Arbeitskonflikte in der Daseinsvorsorge vom 19.03.2012 im Auftrag der Carl Friedrich v.

---

593 So etwa auch *Scherer* S. 130; *Rudkowski* S. 271.

594 *Scherer* S. 79

595 Siehe hierzu *Bayreuther* NZA 2008, 12 (13); *Kissel* § 28 Rn. 26; § 43 Rn. 134; Brox/Rüthers-*Schlüter* Rn. 539; *Richter* S. 269; *Däubler* AuR 1981, 257 (261 f.); *Ricker* NJW 1980, 157 (158).

596 *Otto* § 8 Rn. 71; *Richter* S. 269.

597 § 11 Abs. 2 Professorenentwurf 1988.

Weizsäcker-Stiftung enthält in § 2 lediglich eine im Wesentlichen übereinstimmende Aufzählung der zur Daseinsvorsorge gehörenden Bereiche.[598] Gemäß § 4 Abs. 1 S. 1 haben die Arbeitskampfparteien „dafür zu sorgen, dass die zur Befriedigung der elementaren persönlichen, sozialen und öffentlichen Bedürfnisse erforderliche Grundversorgung aufrechterhalten wird."[599]

Aus beiden Entwürfen folgt zwar, dass im Streikfall nicht genau das bisherige Angebot an Diensten und Gütern aufrechtzuerhalten ist, nicht aber, was das im Einzelfall bedeutet.

Eine abschließende Bestimmung der zu erbringenden Leistungen fällt insofern schwer, als dass immer wieder neue Erkenntnisse über die Grundbedürfnisse der Menschen gewonnen werden, weil diese einem ständigen Wandel unterworfen sind.[600] Je nach Stand der Kultur und der Lebensumstände, vor allem dem Stand und Standard bei Ernährung, Hygiene und Medizin, dem Wohnen, der Erwerbsarbeit und damit auch dem Bedürfnis, den Arbeitsplatz zu erreichen und/oder Kinder während der eigenen arbeitsbedingten Abwesenheit in Obhut (Kindergarten, Schule etc.) geben zu können, treten weitere Aspekte für das Funktionieren des alltäglichen Lebens hinzu.[601] So hängt vom Stand der Technik und deren Verfügbarkeit ab, inwieweit Telekommunikation und Briefpost und auch die Presse hinzu zu zählen sind.[602] Dass für die Einordnung einer Leistung oder eines Gutes als unbedingt notwendig nicht allein die Umsetzung verfassungsrechtlicher Wertung in einfaches Gesetzesrecht wie etwa die Anspruchsgrundlage des § 5 ABVWasserV, der Kontrahierungszwang nach §§ 17, 18, 36 EnWG, die Beförderungspflicht nach § 10 AEG, §§ 22, 47 PBefG oder die Eingriffsnorm des § 9 Abs. 2 TrinkwasserVO ausschlaggebend ist, liegt u.a. daran, dass der Gesetzgeber zuweilen spät oder gar nicht mit Normen auf die sich verändernden Bedürfnisse der Gesellschaft reagiert.[603] Da aber auch in solchen Fällen für einen Ausgleich der gegenläufigen Interessen verschiedener Grund-

598 § 2 Gesetzesvorschlag Carl Friedrich v. Weizsäcker-Stiftung 2012 NZA aktuell 7/2012 IX (X).

599 § 4 Gesetzesvorschlag Carl Friedrich v. Weizsäcker-Stiftung 2012 NZA aktuell 7/2012 IX (X).

600 *Seiter* S. 551; *Gaudecki* S. 50 f..

601 *Schliemann* RdA 2012, 14 (17).

602 *Schliemann* RdA 2012, 14 (17); zur überkommenden Zuordnung der Medien zur Daseinsvorsorge siehe *Rudkowski* S. 263, anders noch *Müller* DB 1989, 42 (44).

603 *Schliemann* RdA 2012, 14 (22), demzufolge etwa in dem Bereich der weltweiten Vernetzung (Internet) eine tatsächliche Entwicklung stattgefunden hat, deren verfassungsrechtliche Entsprechung noch aussteht (17).

rechtsträger gesorgt werden muss, sind Art und Umfang der Notstandsarbeiten unter Anwendung des Grundsatzes der Verhältnismäßigkeit zu ermitteln.[604]

Von Bedeutung ist zunächst, welche Rechte und Rechtsgüter infolge eines Streiks beeinträchtigt werden könnten.[605] So verlangt der von Art. 2 Abs. 2 S. 1 GG gewährleistete Schutz von Leben und Gesundheit die ständige Einsatzbereitschaft der Berufsfeuerwehr, soweit es um die Brandbekämpfung Unfallrettung und – je nach Organisation – um die Beseitigung eingetretener nachhaltiger Umweltgefahren (z.B. Hochwasser, Ölverschmutzung) geht,[606] nicht aber die tägliche Briefbeförderung und Paketzustellung.[607]

Von einem Streik im Postbereich wie auch im Verkehrswesen sind regelmäßig keine zu Art. 9 Abs. 3 GG höherrangigen Grundrechte betroffen, die das Streikrecht prinzipiell zurücktreten lassen. Zwar erleichtern es die Verkehrsangebote der Bahn, der Luftfahrt und anderer Unternehmen der Personenbeförderung den Bürgern, von der Freizügigkeit aus Art. 11 GG Gebrauch zu machen, da dieses Grundrecht jedoch keinen Anspruch auf Bereitstellung entsprechender Transportmittel oder –wege gibt,[608] ist von einem streikbedingten Ausfall der Leistung nicht Art. 11 GG, sondern lediglich die allgemeine Handlungsfreiheit aus Art. 2 Abs. 1 GG betroffen.[609] Auch aus diesem Grundrecht ergibt sich aber kein subjektives Recht auf Beförderung mit öffentlichen im Sinne von allgemein zugänglichen Verkehrsmitteln.[610]

Das bedeutet jedoch nicht, dass, wie von *Däubler* Anfang der achtziger Jahre vertreten, der öffentliche Personennahverkehr über einen längeren Zeitraum in vollem Umfang bestreikt werden könne.[611] Zu bedenken ist, dass der öffentliche Personennahverkehr seit den achtziger Jahren infolge zunehmender Verstädterung und angesichts steigender Kraftstoffpreise erheblichen Zuwachs zu ver-

---

604 Siehe hierzu *Czerweny von Arland* S. 110 f. m.w.N. in Fn. 379, wonach gerade das Fehlen einer inhaltlichen Fixierung des Begriffs der Verhältnismäßigkeit den Weg zu maximaler Einzelfallgerechtigkeit eröffnet; ähnlich *Müller* DB 1989, 42 (42 ff.), der Generalklauseln, anhand derer auch neue tatsächliche Entwicklung beurteilt werden können, befürwortet.

605 So auch LAG Sachsen NZA 2008, 59 (68); *Heinze*, FS 50 Jahre BAG, S. 493 (508); Däubler-*Reinfelder* § 15 Rn. 44; *Rüthers* ZfA 1987, 1 (49).

606 *Gamillscheg* S. 1178; *Kissel* § 28 Rn. 26; *Scherer* S. 121 f. unter Hinweis auf den einem Streik entgegenstehenden Beamtenstatus.

607 Professorenentwurf 1988, S. 57.

608 BVerfGE 80, 137 (150, 153 ff.); 110, 177 (190 ff.); Jarass/Pieroth-*Jarass* Art. 11 Rn. 9; Däubler-*Hensche* § 18 Rn. 36.

609 So auch *Scherer* S. 124.

610 So auch *Rudkowski* S. 220 m.w.N. in Fn. 1347.

611 *Däubler* AuR 1981, 257 (262); *derselbe* S. 232; so auch *Oetker* S. 43; Däubler-*Hensche* § 18 Rn. 36.

zeichnen hat[612] und dass, dank des Ausbaus des Nahverkehrsnetzes zur Entlastung der Straße, auch aus Gründen des Umweltschutzes (Art. 20 a GG), heutzutage allein der schienengebundene Personennahverkehr täglich von 4,6 Millionen Fahrgästen genutzt wird,[613] wobei in den kommenden Jahren weitere Steigerungen zu erwarten sind.[614] Weiter ist zu berücksichtigen, dass von einer Arbeitsniederlegung der Beschäftigten der Verkehrsbetriebe insbesondere Berufspendler betroffen sind.[615] Sie werden gezwungen, auf den eigenen PKW zurückzugreifen oder Unkosten für die Anmietung eines PKWs bzw. Taxifahrten auf sich zu nehmen.[616] Hinzu kommt, dass die Pendler aufgrund des infolge Mehraufkommens entstehenden Verkehrschaos gar nicht oder erst mit stundenlanger Verspätung zur Arbeit kommen.[617] Es verstreicht nicht nur „wertvolle" Arbeitszeit und Termine werden versäumt, zudem sind finanzielle Einbußen der Arbeitnehmer die Folge, da sie nach geltendem Recht ihren arbeitsvertraglichen Anspruch auf Lohn zumindest anteilig verlieren[618], so dass der Schutzbereich des Art. 12 Abs. 1 GG eröffnet ist. Gelangen Schüler, die nicht ohne weiteres auf andere Verkehrsmittel ausweichen können,[619] zu spät zur Schule, kommt

---

612 Siehe hierzu „Straße und Schiene – Daten, Fakten und Bewertungen" der Bundesvereinigung der Straßenbau - und Verkehrsingenieure e.V., Dezember 2004, insbesondere S. 9, Diagramm 8, abrufbar unter www.bsvi.de - Downloads; „Verkehr und Umwelt – Herausforderungen" thematisiert vom Bundesministerium für Umwelt, Naturschutz und Reaktorsicherheit, September 2007, abrufbar unter www.bmu.de.

613 LAG Sachsen NZA 2008, 59 (68); siehe auch LAG Berlin-Brandenburg AuR 2008, 66 (67); *Scholz,* FS Buchner, S. 827 (831, 833); *Meyer*, FS Buchner, S. 628 (632).

614 Siehe hierzu „Straße und Schiene – Daten, Fakten und Bewertungen", aaO, S. 5.

615 *Rüthers* NZA 2010, 6 (9); *Scherer* S. 127; *Meyer*, FS Buchner, S. 628 (632).

616 *Scherer* S. 26; LAG Sachsen NZA 2008, 59 (68), wonach sich die den vom Lokführerstreik 2007 betroffenen Pendlern für Taxifahrten angefallenen Kosten auf 10 Millionen Euro beliefen.

617 Bei einem Warnstreik des öffentlichen Diensts im März 2012, an dem in NRW 55.000 Beschäftigte teilnahmen, waren die Auswirkungen „besonders drastisch" im öffentlichen Nahverkehr. NRW „ist das bevölkerungsreichste Bundesland und auch die Region mit den größten Ballungsräumen. Nirgendwo pendeln so viele Menschen zur Arbeit (...). Sie alle standen im Stau oder kamen gar nicht zur Arbeit" als streikbedingt „weit über 90 Prozent der Verkehrskapazität" wegfielen. Allein in Düsseldorf fuhr keine Straßen- und keine U-Bahn, nur 100 statt 500 Busse, vgl. Süddeutsche Zeitung vom 8.03.2012, S. 6.

618 Siehe hierzu EK-*Dörner* § 616 BGB Rn. 3; *Rüthers* NZA 2010, 6 (9); *Scherer* S. 26 f., 127; BVerwG NJW 1995, 1441 ff., wonach bei Versäumen einer mündlichen Verhandlung wegen arbeitskampfbedingter Störungen bei öffentlichen Verkehrsmitteln den Verfahrensbeteiligten keine Versäumnisfolgen treffen, wenn die Verkehrsstörung nicht voraussehbar war oder die Benutzung eines eigenen Kraftfahrzeugs nicht zumutbar war.

619 LAG Sachsen NZA 2008, 59 (68).

neben einer Beeinträchtigung von Art. 12 Abs. 1 GG auch eine solche von Art. 7 Abs. 1 GG in Betracht.[620] Zwar tritt Art. 9 Abs. 3 GG hinter keines dieser Grundrechte prinzipiell zurück, jedoch kann ein Streik im Personennahverkehr durchaus auch zu Gefahren so hochrangiger Rechtsgüter wie denen des Art. 2 Abs. 2 S. 1 GG führen. So kam es infolge der streikbedingten Ausfälle im Personenverkehr im Februar 1974[621] zu Schwierigkeiten bei der ärztlichen Versorgung der Bevölkerung durch die frei praktizierenden Ärzte und damit zur Gefährdung von Leben und Gesundheit. Grund hierfür war unter anderem, dass das Personal der Arztpraxen gar nicht oder nur mit erheblichen Verspätungen zum Dienst erschien. Da es den Patienten vielfach nicht möglich war, zu den Ärzten zu gelangen, baten sie um Hausbesuche, bei denen es jedoch aufgrund der problematischen Verkehrslage ebenfalls zu erheblichen Engpässen kam.[622] In diesem Zusammenhang ist auch an den Nierenkranken zu denken, der nicht zur Dialyse gelangen kann, „weil das Taxi im Gewühl nicht voran kommt".[623] Zumindest auf diese Leistungsempfänger muss Rücksicht genommen werden. Da aber eine entsprechende Selektion von Leistungsempfängern mangels Durchführbarkeit ausscheidet, müssen auch während eines den öffentlichen Personennahverkehr betreffenden Streiks Beförderungsleistungen erbracht werden, nur eben nicht in dem Umfang wie zu Friedenszeiten.

In Ballungszentren kann die Bevölkerung wegen des zu erwartenden Verkehrschaos nicht ausschließlich auf Ausweichmöglichkeiten wie die Nutzung von Privat- oder Mietfahrzeugen, Bildung von Fahrgemeinschaften, Taxi- und Radfahrten sowie Fußmärsche verwiesen werden.[624] Dessen bewusst äußern sich auch die damit befassten Gerichte und diverse Autoren dahingehend, dass Streiks im Bereich des Verkehrswesens zwar nicht von vornherein unverhältnismäßig seien, es jedoch würden, wenn kein Ausweichen mehr möglich sei oder wenn hierdurch sämtliche Versorgungsleistungen gänzlich zum Erliegen kämen.[625] Insoweit kann die Abwägung kollidierender Grundrechte also auch

---

620 LAG Berlin-Brandenburg AuR 2008, 66 (67).

621 Am Streik des öffentlichen Dienstes vom 10. bis zum 13.02.1974 nahmen bundesweit über 200.000 Arbeitnehmer aus nahezu allen Bereichen der Daseinsvorsorge teil. Hauptsächlich bestreikt wurde neben der Müllabfuhr der Nahverkehr, was vielerorts zu einem Zusammenbruch des Straßenverkehrs führte, vgl. Streikübersicht der ÖTV, abgedruckt bei *Scherer* S. 22; *Pusch*, Alternativen zum Arbeitskampf im öffentlichen Dienst 2002, S. 179.

622 *Von Rosenstiehl* S. 18 f..

623 *Gamillscheg* S. 1179.

624 *Scherer* S. 127; *Kissel* § 43 Rn. 136; *von Münch* DÖV 1960, 294 (299); a.A. *Däubler* S. 233; *Oetker* S. 43.

625 LAG Sachsen NZA 2008, 59 (68); *Gamillscheg* S. 1179; allgemein *Zöllner/Loritz/Hergenröder* S. 438 f.; *Löffler* NJW 1962, 1601 (1603), wonach ein Streik

ergeben, dass der allgemeinen Handlungsfreiheit der Vorrang gegenüber der prinzipiell höherrangigen Freiheit des Art. 9 Abs. 3 GG gebührt.[626]

Neben der Art der vom Streik betroffenen Rechte und Rechtsgüter ist für die Abgrenzung der Notstandsarbeiten somit entscheidend, ob es dem Streikgegner möglich ist, Ersatzdienstleistungen anzubieten, in welchem Umfang tatsächlich Personen von einem Streik betroffen sind und ob bzw. welche Ausweichmöglichkeiten für diese bestehen. Dies ist nachfolgend zu vertiefen.

Deutlich geworden ist auch, dass der Schutz der immateriellen Interessen des Art. 2 Abs. 2 S. 1 GG präventiv erfolgen,[627] d.h. während des Streiks durch zu erbringende Notstandsarbeiten gewährleistet sein muss.[628] Derjenige, der im Zeitraum der Arbeitsniederlegung dringend auf einen Krankentransport, ärztliche und medikamentöse Versorgung angewiesen ist, kann nicht darauf verwiesen werden, im Nachhinein Ersatz seines „Schadens" verlangen zu können. „Dulde und liquidiere" ist hier keine Option.

(1) Medizinische Versorgung (Beispiel: Versorgung mit Blutkonserven)

Da die Notwendigkeit einer umfangreichen medizinischen und pflegerischen Versorgung bereits ausgeführt wurde, soll hier nur die dies bestätigende, einen Streik gegen Betriebe eines Blutspendendienstes betreffende Entscheidung des Landesarbeitsgerichts Hamm (Westfalen) vom 16.01.2007[629] hervorgehoben werden. Dem Landesarbeitsgericht Hamm zufolge darf das Sammeln von Blutspenden durch die in dem bestreikten Betrieb tätigen Mitarbeiter nicht vollständig, sondern nur in dem Umfang verweigert werden, wie die lokale Versorgung mit Blutprodukten, meist Erythrozyten-Konzentrat (Blutkonserven), auch im Katastrophenfall oder bei Großunfällen sowie bei sonstigen nicht aufschiebbaren medizinischen Eingriffen sichergestellt ist.[630] Zu dem Schluss, dass zur Gewährleistung eines für die Versorgung der Bevölkerung ausreichenden Bestandes an Blutkonserven immer nur eine begrenzte Anzahl von Blutentnahme-Teams bestreikt werden dürfe,[631] kam das Gericht, nachdem es sich einerseits mit der im Transfusionsgesetz geregelten Zusammenarbeit verschiedener Blutspendendienste bei Notfällen sowie die Möglichkeit externer Zukäufe befasste und an-

---

unzulässig ist, wenn die Versorgung der Bevölkerung durch Bestreikung aller Betriebe einer bestimmten Art gefährdet wird.

626 So auch *Rudkowski* S. 220.

627 MünchArbR-*Ricken* § 200 Rn. 61.

628 So auch *Scherer* S. 116; *Heinze*, FS 50 Jahre BAG, S. 473 (504); *Reuß* AuR 1971, 353 (357).

629 LAG Hamm NZA-RR 2007, 250 ff..

630 LAG Hamm NZA-RR 2007, 250 (252 f.).

631 LAG Hamm NZA-RR 2007, 250 (253); so bereits Gamillscheg S. 1179.

derseits berücksichtigte, dass eine langfristige Lagerung von Vorräten wegen der nur kurzen Haltbarkeit des Erythrozyten-Konzentrats ausscheidet.[632] Weiter verwies es auf die durch die Spendenwilligkeit der Bevölkerung bedingten Schwankungen bei der Sammlung von Blutspenden sowie bei dem Gesamtverbrauch.[633] Zudem berücksichtigte das Gericht die Ungewissheit darüber, „welcher Anteil der gelieferten Blutkonserven zur Versorgung akuter Notfälle oder nicht verschiebbarer Operationen einerseits und elektiver medizinischer Eingriffe andererseits verwendet wird."[634]

Dem Landesarbeitsgericht Hamm[635] ist dahingehend zu folgen, dass nicht erst der tatsächliche Ausfall der Versorgung durch Aufbrauchen der Vorräte, sondern bereits die ernstliche Gefahr einer solchen Situation eine Streikbeschränkung in Form von Notstandsarbeiten notwendig macht. Da eine Versorgungsgefährdung immer nur aktuell beurteilt werden kann, ist der Umfang der Notstandsarbeiten zu erweitern, wenn eine an die sich laufend verändernden Umstände angepasste Gefahrenprognose dies erfordert.

Die gängige Praxis bei der Blutbedarfsberechnung, wonach vor einer unaufschiebbaren Operation die doppelte oder dreifache Menge zugrundegelegt, der Blutverlust also bewusst überschätzt wird, ist auch im Rahmen streikbedingter Notstandsarbeiten nicht zu beanstanden, da eine Unterversorgung sich auf die Gesundheit und das Leben des Patienten und damit auf die höchstpersönlichen Rechtsgüter des Art. 2 Abs. 2 S. 1 GG auswirken kann.[636]

(2) Versorgung mit Wasser und Energie

„Trinkwasserversorgung - gleichgültig, ob das Wasser der menschlichen Ernährung oder der Hygiene dient – (ist) Grundlage der Gesundheit der Bevölkerung schlechthin."[637] Tätigkeiten, die im Zusammenhang mit der Versorgung der Bevölkerung mit Trinkwasser stehen, wie die Wassergewinnung, die Filterung und Beprobung, das Instandhalten der Leitungssysteme und die Abwasserentsorgung etc., dürfen nicht in einer die Versorgung beeinträchtigenden Weise streikweise eingestellt werden.[638] In diesen Bereichen Beschäftigte können zahlenmäßig nur

---

632 LAG Hamm NZA-RR 2007, 250 (252 f.).

633 LAG Hamm NZA-RR 2007, 250 (252).

634 LAG Hamm NZA-RR 2007, 250 (253); siehe *Rudkowski* S. 189 f., Fn. 1144, wonach die meisten Blutkonserven bei planbaren Operationen eingesetzt werden, hier aber auch Eigenblut und Autotransfusionsverfahren in Betracht zu ziehen sind.

635 LAG Hamm NZA-RR 2007, 250 (252 f.).

636 So auch *Rudkowski* S. 189.

637 *Scherer* S. 119.

638 So auch *Rudkowski* S. 148 ff.; siehe aber *Scherer* S. 119 f., 123, der zufolge jede Tätigkeit, die der Versorgung der Bevölkerung mit Trinkwasser (oder der Entsorgung des

insoweit in den Ausstand treten, wie sie nicht währenddessen zur Aufrechterhaltung der Wasserversorgung benötigt werden.

Auch die Versorgung mit Fernwärme, Gas und Strom dient der Vermeidung von Erkrankungen, insbesondere bei Kleinkindern und alten Menschen.[639] Fühlbare Einschränkungen in diesen Bereichen sind im Hinblick auf Art. 1 Abs. 1, 2 Abs. 2, 2 Abs. 1 GG in Verbindung mit dem in Art. 20 Abs. 1 GG verankerten Sozialstaatgebot nicht durch Art. 9 Abs. 3 GG gerechtfertigt.[640]

Däubler allerdings hält eine halb- bis ganztägige Absperrung von Elektrizität und Trinkwasser sowie eine noch längere Unterbrechung der Versorgung mit Gas und Fernwärme für zulässig, „wenn durch vorherige Bekanntgabe des Termins die Betroffenen in die Lage versetzt werden, die erforderlichen Vorkehrungen zu treffen."[641] Fraglich daran ist bereits, welche Vorkehrungen ihm zufolge getroffen werden sollen, um den Entzug dieser existenziellen Versorgungsleistungen überbrücken zu können, ob diese den Bürgern zuzumuten sind und ob alle von einer Absperrung betroffenen Personen, also auch körperlich beeinträchtigte Menschen, fähig sind, diese zu treffen. Zu denken ist an die Anschaffung von Wasservorräten in Flaschen, Kerzen, Batterien, Eimern für die Notdurft und, soweit ein Ofen vorhanden ist, Brennholz zur Beheizung, vor allem bei Minusgraden etc.. Problematisch ist ferner, dass selbst bei wiederholter Mitteilung des Streiktermins in Rundfunk, Fernsehen, Presse und sonstigen Medien nicht ausgeschlossen werden kann, dass sich der ein oder andere in Unkenntnis der Maßnahme nicht vorbereitet. Eine streikbedingte Absperrung des Wassers kann insbesondere nicht damit gleichgesetzt werden, dass aufgrund von Wartungsarbeiten in einzelnen Haushalten die Wasserzufuhr stundenweise unterbrochen wird. Hierüber werden die jeweils betroffenen Haushalte rechtzeitig schriftlich oder telefonisch informiert, so dass sich die den betroffenen Haushalten zugehörigen Personen auf die nur kurzzeitige Absperrung vorbereiten können, indem sie beispielsweise die Badewanne füllen. Auf derartige Vorkehrungen kann sogar verzichtet werden, wenn sich die Personen im Zeitpunkt der Absperrung anderenorts aufhalten. Vorübergehende Ortsabwesenheit schützt aber dann nicht mehr vor Entbehrungen, wenn die Absperrung flächendeckend er-

---

Abwassers) dient, nicht bestreik werden darf und „im Wasserwerk" nur Telefonist oder Pförtner in den Ausstand treten dürfen.

639 *Scherer* S. 14, 120.

640 Vgl. BVerfGE 66, 248 (258); *Rüthers* AuR 1987, 37 (45); *von Münch* DöV 1960, 298 (299); *Gamillscheg* S. 1178.

641 *Däubler* S. 232 f.; *derselbe* AuR 1981, 257 (262,) wonach „eine kürzere Einstellung" der Versorgung mit Gas, Wasser und Elektrizität einen Streik nicht unverhältnismäßig werden lässt; ähnlich *Oetker* S. 42; nach *Rieble* FA 2012, 130 (130) wäre eine Begrenzung auf zwei Stunden Stromausfall am Tag denkbar.

folgt. Auch eine Ankündigung des streikbedingten Ausfalls dieser Versorgungsleistungen ist nicht geeignet, eine abstrakte Gefährdung der höchstpersönlichen Rechtsgüter aus Art. 2 Abs. 2 GG vollständig abzuwenden; Wasser und Elektrizität müssen jederzeit verfügbar sein. Darüber sind sich auch die Gewerkschaften im Klaren und stellten die Versorgung im Streikfall bisher stets sicher. Zu einer Beeinträchtigung der Bevölkerung und dem von *Isele* schon bei einem nur kurzzeitigen Entzug von Elektrizität und Trinkwasser befürchteten „zivilisatorischen Chaos“[642] ist es bislang nicht gekommen. Erfahrungswerte konnten bislang nur mit Stromausfällen infolge technischer Störungen gesammelt werden, wie etwa bei dem Münsterländer Schneechaos im November 2005 als Strommasten unter dem Gewicht des Schnees umknickten oder entzwei brachen und auf Stromleitungen gefallene Äste zu Leitungsbrüchen und Kurzschlüssen führten. Von der Unterbrechung der Stromversorgen waren rund 250.000 Menschen in 25 Gemeinden betroffen. Hingegen führten die Warnstreiks bei dem Kraftwerkbetreiber E.on Energie im Frühjahr 2008 im Bereich der Stromerzeugung, bei denen sich von rund 30.000 Beschäftigten rund 7.000 in den Ausstand begaben, nicht zu Beeinträchtigungen der etwa 7 Millionen Kunden.[643]

Dass selbst kleine Unregelmäßigkeiten und Einschnitte im Bereich der (Wasser- und) Energieversorgung zu empfindlichen Nachteilen für die Betroffenen führen können,[644] wird durch die gesteigerte Unfallgefahr bei einem Ausfall der Verkehrsampeln veranschaulicht. Soweit *Däubler* dennoch eine Unterbrechung einer ausschließlich gewerblichen Interessen dienenden Wasser- und Elektrizitätszufuhr sogar „ohne zeitliche Schranke“ für zulässig erachtet,[645] ist dies nach den zu den Erhaltungsarbeiten aufgestellten Grundsätzen[646] nicht mit den Grundrechten der von der Absperrung betroffenen Unternehmern aus Art. 12, 14 GG zu vereinbaren, die auf diese Leistungen nicht nur bei dem Betreiben ihres Gewerbes, sondern auch bei der Erhaltung ihrer Produktionsanlagen angewiesen sind. Die Durchführung der hierzu unbedingt erforderlichen Arbeiten muss möglich bleiben.

---

642 *Isele*, FS Schnorr von Carolsfeld, S. 219 (227, 234); ähnlich *Löffler* NJW 1962, 1601 (1605) der bei Ausfall von Licht und Wasser von einem „akuten sozialen Notstand“ spricht; *von Münch* DöV 1960, 298 (299) zufolge verstoßen streikbedingte Ausfälle von Strom, Gas und Wasser gegen die öffentliche Ordnung im Sinne der polizeirechtlichen Generalklauseln.

643 „Tausend E.on Mitarbeiter streiken für mehr Geld“, WELT ONLINE Artikel vom 21.05.2008, abrufbar unter www.welt.de.

644 *Scherer* S. 14.

645 *Däubler* S. 233; so auch *Oetker* S. 42.

646 Siehe unter § 2 I. 3. e) ff..

Davon abgesehen erscheint eine Unterscheidung zwischen Gewerbebetrieben und Privathaushalten nicht praktikabel, müssten in Mischgebieten, die dem Wohnen und der Unterbringen von Gewerbebetrieben dienen (§ 6 BauNVO), oder bei gemischt genutzten Gebäuden (z.B. Erdgeschoss gewerblich genutzt, Obergeschosse Wohnungen) „die Streikenden schon persönlich vorbeikommen, um haus- oder wohnungsweise das Wasser abzustellen.“[647]

Eine Unterbrechung der Versorgung mit Wasser und Elektrizität bei Krankenhäusern und Pflegeheimen zieht auch *Däubler* von vornherein nicht in Betracht; hier muss selbst ihm zufolge die Versorgung aufrechterhalten werden.[648] Die Einschaltung der Notstromaggregate ist technischen Störungen vorbehalten und nicht dazu da, die Ausübung des Streikrechts der im Bereich der Stromversorgung Beschäftigten zu ermöglichen.[649]

(3) Abfallentsorgung

Die im Rahmen der Abfallentsorgung zu erbringenden Leistungen „beschränken sich nicht auf die in einer bestimmten Häufigkeit zu erbringende Abfuhr des Hausmülls, sondern umfassen die Vorhaltung eines den gesetzlichen Anforderungen genügenden Entsorgungssystems beginnend mit der Einrichtung entsprechender personeller und sächlicher Mittel, der Bereitstellung von Müllgefäßen, Einsammeln, Transport und Lagerung des Abfalls, Anlage und Betrieb von Deponien bis hin zur getrennten Sammlung und Verwertung der wiederverwertbaren Stoffe und Information der Bevölkerung über Abfallvermeidung.[650] Da die Bevölkerung aber den streikbedingten Ausfall der Müllabfuhr gleich zu spüren bekommt, weil Mülltonnen überquellen und sich Müllberge in den Straßen türmen, wenn auch nur eine Leerung unterbleibt, soll sich die folgende Darstellung darauf konzentrieren.

(a) Selbsthilfe der Bürger

So wie die öffentlich-rechtlichen Entsorgungsträger gemäß § 15 Krw-/AbfG verpflichtet sind, alle in privaten Haushalten anfallenden Abfälle zu verwerten oder zu beseitigen,[651] sind die Bürger verpflichtet, ihren Müll auf dem nach dem KrW-/AbfG und den Abfallgesetzen der Länder vorgesehenen Weg zu entsor-

---

647 *Rudkowski* S. 145.

648 *Däubler* S. 236.

649 In diese Richtung auch *Gamillscheg* S. 1178.

650 VG Köln DB 1993, 1568 (1568 f.).

651 Siehe zum Für und Wider der in Deutschland auf Grundlage des § 16 KrW-/AfG praktizierten Ausgliederung kommunaler Müllentsorgung an Privatunternehmen „Öffentlicher Dienst – Kampf um den Müll“, in: Der Spiegel 9/2006, S. 108 ff..

gen. Folglich sind sie nur begrenzt zur Selbsthilfe fähig.[652] So können zur Vermeidung und Verwertung von Hausmüll Verkaufsverpackungen an die nach § 6 auf Grundlage des Krw-/AbfG erlassenden Verpackungsverordnung[653] zur Rücknahme und Mitwirkung bei der Entsorgung verpflichteten Hersteller und Händler zurückgegeben werden, bereits angefallene Abfälle aber nicht eigens verbrannt, vergraben oder versenkt werden. Dabei handelt es sich um Straftaten gegen die Umwelt im Sinne der §§ 324 ff. StGB. Da aber nicht jegliche Art von Abfällen auf dem Grundstück des Erzeugers dem Entsorger im Sinne des § 13 Krw-/AbfG überlassen, d.h. getrennt zur Abholung bereitgestellt wird (Holsystem) - so werden etwa Altglas und Altkleider über zentral aufgestellte Container erfasst, während zumindest kleinere Elektrogeräte wie Toaster, Mixer, DVD-Player, Problemabfälle wie Farbeimer und Lackdosen und Bauelemente wie Stecklaminatelemente, Toilettenschüsseln und Waschbecken eigens zu Recyclinghöfen gebracht werden müssen (Bringsystem)[654] - ist zu überlegen, ob den Bürgern zugemutet werden kann, ihren Müll im Streikfall selbst zum Entsorger zu bringen. Hierzu hat das Bundesverwaltungsgericht in seiner Entscheidung vom 27.07.1995[655] klargestellt, dass für die Einführung von Bringsystemen abfallwirtschaftlich plausible Gründe bestehen müssen: „Eine undifferenzierte, umfassende Bringpflicht für alle Abfälle ist in aller Regel unzulässig.“ Weiter führt das Gericht aus, dass sich nach Zahl und Standorten der zentralen Sammelstellen die vom Abfallbesitzer verlangte Verbringung nicht bereits als wesentlicher Teil der dem Entsorgungspflichtigen obliegenden Tätigkeit des Einsammelns und Beförderns darstellen darf. Diese Grenze sei aber dann überschritten, wenn für das Verbringen der Abfälle zur zentralen Sammelstelle eine Strecke von zwei Kilometern und mehr zurückgelegt werden müsste, denn diese Entfernung werde üblicherweise nicht mehr zu Fuß bewältigt. Der Transport von Abfällen in Kraftfahrzeugen gehöre aber typischerweise bereits zum Bereich des Einsammelns und Beförderns durch den Entsorgungspflichtigen und sei nicht vom Abfallbesitzer zu bewerkstelligen.

Die vom Bundesverwaltungsgericht aufgestellten Zumutbarkeitsgrenzen des Bringsystems finden auch im Streikfall Anwendung. Da die wenigsten Bürger ihren Wohnsitz in einem Radius von zwei Kilometern zu einem Recyclinghof

---

652 Auf die „Fähigkeit des Einzelnen zur improvisierten Selbsthilfe“ verweisend *Däubler* S. 238; dagegen wendet sich *Scherer* S. 126 unter Hinweis darauf, dass eine Entsorgung auf „wilden“ Müllkippen verboten sei und auf zugelassenen Müllkippen eine Müllablagerung von Privatpersonen nicht geduldet werde.

653 VerpackV vom 21.08.1998, BGBl. I S. 2379 mit Änderung vom 6.02.2012, BGBl. I S. 148, 181 f..

654 www.awm.muenster.de.

655 BVerwG NVwZ 1996, 63 (64).

haben und sich der Transport von größeren Müllmengen durch einen Fußgänger, etwa der Müllcontainer einer Wohnanlage durch den Hausmeister, bereits bei einer Entfernung von weniger als zwei Kilometern als problematisch erweisen kann, kommt nicht in Betracht, dass die vom Streik der Müllabfuhr betroffenen Bürger ihren Haushaltsmüll selbst zur (weiteren) Entsorgung bringen.[656]

(b) Zeitliche Begrenzung

Grundsätzlich orientieren sich die Größen der Abfallbehälter für das jeweilige Grundstück sowie die Zeitabstände der Entleerungen an den durch Erfahrung gewonnenen unteren Durchschnittswerten, um die Belastung der Bürger mit Gebühren gering zu halten und gleichzeitig einen Anreiz zur Vermeidung und Verwertung von Abfällen zu schaffen.[657] Danach erfolgt in Privathaushalten die Leerung der braunen Biomülltonne wöchentlich, die der grauen Restabfalltonne, der blauen Papiertonne und des gelben Sacks grundsätzlich zweiwöchentlich, bei Bedarf/auf Wunsch auch wöchentlich oder häufiger.[658] Während ein streikbedingter Wegfall der auf Wunsch in kürzeren Zeitabständen durchgeführten Abfallbeseitigung wohl noch hinnehmbar ist, stößt bereits eine Überschreitung des grundsätzlich vorgesehenen Turnus auf Bedenken. Unterbleibt das Abfahren des Mülls, sind nicht nur Beeinträchtigungen der Ästhetik und Geruchsbelästigungen zu erwarten.[659] Eine besonders unangenehme Begleiterscheinung von Müll ist, dass er die Vermehrung von Ratten begünstigt, welche Träger einer Vielzahl von Krankheitserregern sind und sonstiges Ungeziefer anziehen.[660] Die Leistung der Müllabfuhr stellt von daher eine Art Prophylaxe für eine Vielzahl von Krankheiten dar.[661] Dennoch kann sie eine Zeit lang unterbrochen werden.[662] So soll der Bevölkerung ein ein[663]- oder zweiwöchiger[664] Entleerungsstopp unter der Bedingung zugemutet werden können, dass danach der Streik

656 So auch *Rudkowski* S. 257.

657 Auskunft der Abfallwirtschaftsbetriebe Münster.

658 www.awm.muenster.de.

659 *Scherer* S. 123 f..

660 *Scherer* S. 123 f.; siehe auch *Kissel* § 43 Rn. 135, den Umweltschutz anführend.

661 *Scherer* S. 123 f..

662 *Gamillscheg S.* 1179; siehe auch *Bayreuther* NZA 2008, 12 (14); die Zeitspanne nach Jahreszeiten differenzierend *Lieb*, Arbeitskampf im öffentlichen Dienst 2003, S. 504.

663 *Rudkowski* S. 256.

664 *Däubler* S. 238 möchte den Streik der Müllabfuhr auf zwei Wochen begrenzen.

ausgesetzt und die entfallenden Leerungen nachgeholt werden müssten, bevor wiederholt die Arbeit für eine Woche eingestellt werden könnte.[665]

Zutreffend muss ein Rückstand bei der Leerung wieder aufgearbeitet werden.[666] Da aber die Kapazitäten der Entsorger (Personal und Fahrzeuge) begrenzt sind und die im Anschluss eines Streiks zur Nachholung der Entleerung erforderlichen Sonderschichten von den sie Leistenden als besonders belastend empfunden werden, sind je nach Dauer der kämpferischen Auseinandersetzung auch währenddessen durchgeführte Notstandsarbeiten dazu geeignet, die Auswirkungen des Streiks für die Bevölkerung, aber eben auch für die bei der Müllabfuhr Beschäftigten nicht ausufern zu lassen.

Da in gewerblichen Einrichtungen andere Abfälle und größere Mengen als in Privathaushalten anfallen, bieten die Abfallwirtschaftsbetriebe diesen regelmäßig individuell abgestimmte Entsorgungskonzepte an. Welche streikbedingten Einschränkungen hierbei geduldet werden können oder durch Notstandsarbeiten abgefedert werden müssen, hängt von der Art des Gewerbes und dem verbunden der Art und dem Umfang der dort anfallenden Abfälle ab.

Allein die schnell entstehende Geruchsbelästigung der Anwohner eines Fischhändlers oder eines hauptsächlich Fisch verarbeitenden Gastronomiebetriebes machen Notstandsarbeiten zwar nicht erforderlich, wohl aber die Gefahr irreversiblen Schäden, etwa Gewässerverschmutzung.[667] Den Besonderheiten des im Gesundheitsdienst entstehenden Infektionsmülls, der gefährlichen Chemikalien und Zytostatika[668] ist auch im Streikfall Beachtung zu schenken und Krankenhäuser und Altenheime etc. weiterhin anzufahren.[669]

(4) Verkehr

Einem Streik im Verkehrswesen stehen Art. 87 d und 87 e GG nicht entgegen, auch wenn nach Art. 87 e Abs. 4 S. 1GG der Bund gewährleistet, „dass dem

665 In einem anderen Zusammenhang übt LAG Hamm NZA-RR 2007, 250 (253) Kritik an einer Aussetzung des Streiks, „weil damit letztlich ein effektiver Arbeitskampf überhaupt verhindert werden würde“.

666 Siehe hierzu *Kissel* § 43 Rn. 135.

667 *Kissel* § 43 Rn. 135; nicht ohne Grund unterliegen etwa Speiseabfälle und –altöle, die aus der Bewirtung von Gästen herrühren dem tierischen Nebenprodukte Beseitigungsgesetz.

668 Ausführlich hierzu „Abfallentsorgung – Information zur sicheren Entsorgung von Abfällen im Gesundheitsdienst“, herausgegeben von der Berufsgenossenschaft für Gesundheitsdienst und Wohlfahrtspflege, Januar 2007, abrufbar unter www.bgw-online.de.

669 „Großer Streik-Service von Abfall bis Zulassungsstelle“, Bild-Artikel vom 16.03.2012, abrufbar unter www.bild.de.

Wohl der Allgemeinheit, insbesondere den Verkehrsbedürfnissen, beim Ausbau und Erhalt des Schienennetzes der Eisenbahnen des Bundes sowie bei deren Verkehrsangeboten auf diesem Schienennetz, soweit diese nicht den Schienenpersonennahverkehr betreffen, Rechnung getragen wird." Der darin enthaltene „Infrastrukturauftrag" erstreckt sich auf den langfristigen Ausbau und Erhalt des öffentlichen Schienennetzes in einem verkehrsgeeigneten Zustand und ist hier nicht relevant. Soweit neben der Bereitstellung der Infrastruktur eine grundsätzliche Versorgung der Bevölkerung mit Verkehrsleistungen sicherzustellen ist,[670] handelt es sich dabei um eine „Pflichtaufgabe" des Bundes[671]; Verantwortlichkeiten für privatisierte Unternehmen, wie die Deutsche Bahn, werden nicht begründet.[672] Für diese gilt das Wirtschaftlichkeitsgebot des Art. 87 e Abs. 3 S. 1 GG; sie sind privat-rechtlich organisiert und werden gewinnorientiert geführt.[673] Weiter ist gemäß Art. 87 e Abs. 4 S. 2 GG, § 1 Abs. 1 S. 1 AEG einfachgesetzlich „die Sicherstellung eines wirksamen und unverfälschten Wettbewerbs auf der Schiene bei dem Erbringen von Eisenbahnverkehrsleistungen" garantiert. Privatwirtschaftlichkeit und Wettbewerb stehen einer gemeinnützigen Beschränkungen konkurrierender Unternehmen grundsätzlich entgegen.[674] Wenn der Staat wichtige Versorgungsleistungen privatisiert, kann er nicht verlangen, „dass diese ganz unbedingt im Interesse der Allgemeinheit aufrechterhalten werden müssen."[675] Mit der Privatisierung des Bahnverkehrs setzt der Staat sich zwangsläufig dem Risiko einer streikbedingten Lahmlegung aus.[676] So heißt es dann auch in § 10 Nr. 3 AEG, dass die Bahnunternehmen zwar einer grundlegenden Betriebs- und Beförderungspflicht unterstehen, diese aber dort ihre

---

670 Vgl. Sachs-*Windthorst* Art. 87 e Rn. 58, 66; *Scholz*, FS Buchner, 287 (234 f.); ausführlich zur Verwirklichung des Gewährleistungsauftrags durch Einwirkung von Mangoldt/Klein/Starck-*Gersdorf* Art. 87 e Abs. 4 Rn. 78 ff..

671 LAG Sachsen NZA 2008, 59 (69); von Mangoldt/Klein/Starck-*Gersdorf* Art. 87 e Abs. 4 Rn. 74; Sachs-*Windthorst* Art. 87 e Rn. 62.

672 LAG Sachsen NZA 2008, 59 (69); *Scholz*, FS Buchner, S. 827 (834); von Mangoldt/Klein/Starck-*Gersdorf* Art. 87 e Abs. 3 Rn. 48; in diese Richtung aber *Meyer*, FS Buchner, S. 628 (629).

673 Von Mangoldt/Klein/Starck-*Gersdorf* Art. 87 e Abs. 3 Rn. 48.

674 Vgl. Sachs-*Windthorst* Art. 87 e Rn. 64; von Mangoldt/Klein/Starck-*Gersdorf* Art. 87 e Abs. 3 Rn. 47.

675 *Bayreuther* NZA 2008 12 (14); siehe auch *Greiner* NZA 2007, 1023 (1028); *Scholz,* FS Buchner, S. 827 (836).

676 *Bayreuther* NZA 2008 12 (14) fühlt „sich unbehaglich, sollen zu Lasten der Belegschaft die „Nachteile" des öffentlichen Dienstes mit denjenigen der Privatwirtschaft kombiniert werden."; ähnlich *Greiner* NZA 2007, 1023 (1028), wonach es zur Vermeidung streikbedingter Ausfälle der Umkehrung der Privatisierung der Deutschen Bahn AG und des Einsatzes von Beamten bedarf.

Grenzen findet, wo „Beförderungen nicht durch Umstände verhindert werden, welche das Eisenbahnverkehrsunternehmen nicht abwenden und denen es auch nicht abhelfen konnte". Gerade dies trifft aber auf die Situation eines bestreikten Bahnunternehmens zu. Führt die Beschäftigung von Arbeitnehmern zu arbeitskampfbedingten Störungen, kann das Unternehmen keine Abhilfe schaffen. Im Interesse einer im Sinne des Art. 9 Abs. 3 GG funktionierenden Tarifautonomie darf es nicht widerstandslos auf die erhobenen Tarifforderungen eingehen; zumal die damit oftmals einhergehende wirtschaftliche Belastung gegen das Wirtschaftlichkeitsgebot verstieße.

Art. 87 e Abs. 4 GG gibt für eine Streikbeschränkung nichts her, insbesondere enthält der Artikel kein subjektives Recht des Einzelnen auf Beförderung mit der Bahn.[677] Damit verbleibt es bei der unter § 2 II. 3. c) aufgezeigten Betroffenheit des Art. 2 Abs. 1 GG.

Um eine Aussage über den Umfang der Notstandsarbeiten bei Streiks im Verkehrswesen treffen zu können, ist nach Einzelbereichen zu differenzieren.

(a) Personennah- und Regionalverkehr

Bei einem Streik im Fahrdienst kommt es darauf an, ob davon nur S- und Regionalbahnen betroffen sind, so dass Busse, U-Bahnen und Trams weiter zur Verfügung stehen oder ob auch sie streikbedingt ausfallen. Weiter ist zu berücksichtigen, inwieweit durch nicht vom Streik betroffene Verkehrsunternehmen Verkehrsverbindungen aufrechterhalten werden können.[678] Verbleiben keine Ausweichmöglichkeiten dieser Art muss zur Abmilderung der erheblichen Beeinträchtigung der Bevölkerung in ihrer täglichen Existenzbewältigung ein sich an der Auslastung des jeweiligen Verkehrsmittels auf den einzelnen Linien orientierender Fahrbetrieb aufrechterhalten werden.[679] Es ist eine „verlässliche Minimalversorgung" sicher zu stellen.[680] Dabei ist, soweit möglich, auf besondere Leistungsempfänger Rücksicht zu nehmen. Da insbesondere jüngeren Schulkindern lange Wartezeiten oder riskante Umwege nicht zuzumuten sind, sind reine Schulbusse weitestgehend vom Streik auszunehmen.[681] Wegen der mitunter gra-

---

677 So auch *Rudkowski* S. 230 f..

678 So konnten bei dem Warnstreik im öffentlichen Dienst in NRW im März 2012 in Düsseldorf mit privaten Unternehmern ein Bus-Notnetz von 13 Linien aufrechterhalten und in Köln ein Drittel aller Buslinien ersetzt werden, Süddeutsche Zeitung vom 8.03.2012, S. 6.

679 Siehe hierzu LAG Sachsen NZA 2008, 59 (69); LAG Berlin-Brandenburg AuR 2008, 66 (67); *Bayreuther* NZA 2008, 12 (14); *Kissel* § 43 Rn. 136; a.A. Däubler-*Hensche* § 18 Rn. 36.

680 So auch *Bayreuther* NZA 2008, 12 (14, 17).

681 So auch LAG Düsseldorf ZTR 1993, 466 (1. Ls.); *Gamillscheg* S. 1180.

vierenden Auswirkungen sind Fehleinschätzungen wie etwa seitens der Gewerkschaft ver.di bei dem für den 26.03.2012 geplanten Streik der Bus- und Bahnfahrer der Stuttgarter Straßenbahn AG (SBB) nicht hinnehmbar. Die Gewerkschaft ver.di hatte nicht bedacht, dass an diesem Tag nicht nur 173 Lateinabiturienten an zehn Gymnasien, sondern weitere 743 Prüflinge an beruflichen Gymnasien ihre Abiturprüfung ablegen sollten.[682] Erst nachdem das Oberschulamt sie in Kenntnis des Streiktermins „mit Nachdruck" darauf hinwies, sorgte sie dafür, dass am Hauptbahnhof um 6:45 und um 7:00 Uhr zwei Busse mit der Aufschrift „Abiturfahrt" bereitstanden, um sicherzustellen, dass auch jene Prüflinge rechtzeitig zu ihrer an diesem Tag stattfindenden Abiturprüfung kommen, also spätestens um 8 Uhr in ihren Schulen sind, die nicht in der Nähe eines S-Bahn-Anschlusses liegen.[683]

Darüber hinaus sind Notfahrpläne zu erstellen und durchzuführen. Dabei geht es nicht darum, den normalen Fahrbetrieb „so weit wie möglich" aufrecht zu erhalten, sondern darum eine Mindestversorgung sicherzustellen.[684] So muss auf stark frequentierten Strecken wenigstens eine Fahrgelegenheit pro Stunde zur Verfügung stehen, wobei darauf zu achten sei, dass die Passagiere in zumutbarer Weise Anschluss an andere Verkehrsmittel erhalten und ihren Weg zeitnah fortsetzen können.[685]

(b) Personenfernverkehr

Bei einem streikbedingten Ausfall des Personenfernverkehrs stellt sich zunächst die Frage, ob der Luftverkehr sowohl in preislicher als auch in zeitlicher Hinsicht als Ersatz dienen kann. Der Umstieg auf ein Flugzeug kommt zunächst allerdings nur im Rahmen bestehender Fluganbindungen und damit nur eingeschränkt in Betracht. Weiter muss es den Fluglinien möglich sein, sich auch kurzfristig auf das streikbedingte Mehraufkommen von Fluggästen einzustellen. Im Regelfall ist dies wegen der eng kalkulierten Streckennetze und planmäßigen Auslastung der Fluglinien nicht der Fall. Es ist zwar schon vorgekommen, dass eine regionale Fluglinie auf einen sechs stündigen Streik der Lokführer der Deutschen Bahn im Frühjahr 2011 mit Ersatzflugangeboten dergestalt reagierte, dass gestrandete Bahnreisende mit den Zielorten Berlin, Düsseldorf, Friedrichshafen, Hamburg und Münster/Osnabrück ihre Bahntickets problemlos am linie-

---

682 „Warnstreik in Stuttgart – zwei Busse für Abiturienten", Stuttgarter Zeitung-Artikel vom 23.03.2012, abrufbar unter www.stuttgarter-zeitung.de.

683 Wie vorstehend.

684 LAG Berlin-Brandenburg, Urt. v. 24.10.2007, Az.: 24 Ga 16462/07-juris, Ls., Rn. 30 ff..

685 *Rudkowski* S. 226, 235 f..

eigenen Check-In-Schalter gegen eine Beförderungsgebühr umtauschen konnten.[686] Dabei handelte es sich jedoch um einmalige Sonderangebote, die zu unterbreiten die noch junge Fluglinie in der Lage und vor allem unter Werbungsaspekten bereit war. In der Regel sind kurzfristige Buchungen von Flügen aber mit erheblichen Kosten verbunden und, wenn überhaupt, nicht ohne Zeitverlust zu bekommen. Der Luftverkehr stellt vor allem bei Strecken innerhalb des nationalen Bereichs oder ins benachbarte Ausland daher keine gleichwertige Alternative zur Personenbeförderung mit der Bahn dar. Es bleibt nur die Nutzung von PKWs, die aber nicht jedem ohne weiteres möglich ist.[687]

Der Fernverkehr wird zwar seltener als der Regional- und Nahverkehr in Anspruch genommen und ist daher von geringerer Bedeutung.[688] Da aber auch hier das Bedürfnis besteht, „im Falle eines Arbeitskampfes keine unverhältnismäßigen Folgen für die Versorgung der Bevölkerung mit Leistungen des Schienenverkehrs“ eintreten zu lassen,[689] sind Notfahrpläne zu erstellen und durchzuführen, wenn auch nicht in dem Umfang, wie ihn der Streik im Regional- und Nahverkehr erfordert.[690]

(c) Güterverkehr

Sollte sich bei einem länger andauernden Streik im Güterverkehr abzeichnen, dass es zu einer Unterbrechung der Versorgung der Bevölkerung mit lebenswichtigen Gütern wie Medikamente, Lebensmittel und Brennstoffe für Kraftwerke kommen könnte, muss durch Notstandsabreiten (periodischen Streikunterbrechungen oder Teilbetrieb[691]) Abhilfe geschaffen werden.[692] Da aber rund 70 % der Beförderungsleistungen des inländischen Güterverkehrs auf der Straße (LKW) und nur ca. 17 % auf der Schiene (Bahn) stattfinden - die Binnenschifffahrt ist mit ca. 10 %, vorwiegend durch ausländische Güterschiffe erbracht, an dieser Stelle ebenso zu vernachlässigen wie die Luftfracht[693] - ist damit eher

---

686 „Bahnstreik- Rettungsaktion: sänk ju vor träveling wis intersky“, Bodensee-Woche-Artikel vom 12.03.2011, abrufbar unter www.bodensee-woche.de.

687 *Rudkowski* S. 230.

688 *Rudkowski* S. 236.

689 *Scholz*, FS Buchner, S. 827 (834).

690 *Kissel* § 43 Rn. 136; *Meyer*, FS Adomeit, S. 459 (469).

691 *Bayreuther* NZA 2008, 12 (14.

692 *Däubler* S. 233; *Kissel* § 43 Rn. 138; siehe auch ArbG Chemnitz AuR 2007, 393 (394).

693 Siehe hierzu „Verkehr – Verkehr im Überblick, Fachserie 8, Reihe 1.2 des Statistischen Bundesamt 2010, abrufbar unter www.destatis.de; „Verkehr in Zahlen 2010/2011, herausgegeben vom Bundesministerium für Verkehr, Bau- und Städteentwicklung, abrufbar unter www.umweltbundesamt-daten-zur-umwelt.de; „Verkehr und Umwelt – Herausforderungen“ thematisiert vom Bundesministerium für Umwelt, Naturschutz und

nicht zu rechnen.[694] Soweit der Transport lebenswichtiger Güter überhaupt auf der Schiene stattfindet, ist zunächst daran zu denken, ihn auf die Straße zu verlegen und mit Lastkraftwagen zu bewältigen. Nur bei Spezialtransporten (z.B. radioaktive Stoffe), die mit anderen Verkehrsmitteln und/oder von anderen Anbietern nicht zu bewerkstelligen sind, ist ausnahmsweise der Fahrbetrieb aufrechtzuerhalten.[695]

Von einem Streik im Güterverkehr betroffen sind vor allem Unternehmen, deren Belieferung (oder Auslieferung) ins Stocken gerät. Dies kann sich für ein Unternehmen mit just-in-time-Produktion ohne Lagerhaltung existenzbedrohend auswirken, was aber einer stark vernetzten Wirtschaft geschuldet ist.[696] Notstandsarbeiten sind hier nur dann gerechtfertigt, wenn ein für die Versorgung der Bevölkerung unerlässliches Unternehmen betroffen ist.

(d) Luftverkehr

Für den Luftverkehr gilt, dass hinsichtlich der zum Teil nur durch ihn zu überwindenden Entfernungen ein Ausweichen auf andere Verkehrsmittel ausscheidet. Anders als bei Kurzstreckenflügen[697] ist bei Lang- und Mittelstreckenflügen ein Ausweichen auf Bahn, Bus und Auto regelmäßig ausgeschlossen. Da es heutzutage keinem Reisenden zuzumuten ist, „zum Termin in New York eine Woche vorher auf einem Dampfer an Bord zu gehen oder in der Eisenbahn nach China zu schaukeln“[698], kommt allenfalls ein Wechsel zu Konkurrenzunterneh-

---

Reaktorsicherheit, September 2007, S. 2, Tabellenblatt: Gütertransportleistungen in Deutschland in Mrd. tkm 1991 – 2006, abrufbar unter www bmu.de; Bundesvereinigung der Straßenbau- und Verkehrsingenieure e.V., Dezember 2004, S. 5, abrufbar unter www.bsvi.de - Downloads; siehe weiter zur untergeordneten Rolle der Luftfracht *Rudkowski* S. 244 f. und zur geringen Bedeutung des Seeverkehrs für das deutsche Arbeitskampfrecht S. 252.

694 Anders noch LG II Berlin JW 1923. 244 (246), das den Streik der Eisenbahner, zu dieser Zeit noch ausnahmslos Beamte, im Jahr 1922 für sittenwidrig hielt, weil „die Stilllegung der Eisenbahn im ganzen Reich die ganze Existenz eines jeden einzelnen Staatsbürger in Frage stellte.“

695 So auch ArbG Chemnitz AuR 2007, 393 (394).

696 Vgl. *MünchArbR-Ricken § 200 Rn. 62; Kissel § 27 Rn. 8; Däubler-Hensche § 18 Rn. 36; Schliemann*, FS Bauer, S. 923 (924), wonach die Kunden von einem Streik in dem Güterverkehr wirtschaftlich weit stärker getroffen werden als die bestreikte Bahn.

697 Die streikgeprüfte Lufthansa kooperiert mit der Deutschen Bahn dergestalt, dass Flugreisende, deren innerdeutschen Flüge ausfallen, mit dem Flugschein oder dem Flugcoupon auf der eingetragenen Strecke den Zug nehmen können, vgl. „Piloten-Streik“, SPIEGEL ONLINE-Artikel vom 19.02.2010, abrufbar unter www.spiegel.de.

698 *Rudkowski* S. 247.

men in Betracht.[699] So buchen bestreikte Fluglinien in der Hoffnung, einen Imageschaden zu vermeiden, freiwillig Passagiere auf andere Gesellschaften um.[700] Ein Ausweichen auf andere Fluglinien ist allerdings nur bei einem Streik der Piloten oder der Flugbegleiter einzelner Fluggesellschaften, nicht aber bei einem fluglinienübergreifenden Streik der Fluglotsen, Ingenieure oder Techniker am Boden möglich. Hier sind Notstandsarbeiten zu leisten, deren Umfang entsprechend auch das übrige Bodenpersonal (Abfertigung, Sicherheit, Gepäcktransport, Fluggastbrücken- und Fahrdienste) tätig werden muss.

Obwohl der Ausfall der Flugsicherung die Sicherheit des Flugverkehrs gefährdet und ihn somit unmöglich macht, sind Arbeitskämpfe in diesem und anderen für den Luftverkehr unverzichtbaren Bereichen des Flughafenbetriebes, wie beispielsweise den der Flugzeugtechnik oder der Flughafenfeuerwehr, nicht von vornherein ausgeschlossen.[701] Arbeitskampfbedingte Ausfälle auch größeren Umfangs sind grundsätzlich hinzunehmen.[702] Allerdings ist die Durchführung „wichtiger Flüge“ wie Not- und Katastropheneinsätze einschließlich humanitärer Flüge sowie Regierungsflüge und der Flugbetrieb der Streitkräfte zu jeder Zeit durch Notarbeit sicherzustellen.[703] Darüber hinaus garantiert die Gewerkschaft der Flugsicherung (GdF) der Deutschen Flugsicherung GmbH (DFS) als absolute Untergrenze die sichere Durchführung von 25 % des planmäßigen Luftverkehrs, der in dem vom Arbeitskampf betroffenem/n Sektor/en/Tower/n üblicherweise durchgeführt wird, vgl. § 2 Abs. 2 der Notdienstvereinbarung vom 26.07.2006. Daran zeigt sich nach der Ansicht des Landesarbeitsgerichts

---

699 So auch *Rüthers* ZfA 1987, 1 (49); von *Steinau-Steinrück/Glanz* NZA 2009, 113 (115); *Kissel* § 43 Rn. 139.

700 Vgl. „Piloten-Streik“, SPIEGEL ONLINE-Artikel vom 19.02.2010, aaO.

701 Hessisches LAG, Urt. v. 22.07.2004, Az.: 9 SaGa 593/04-juris, Rn. 19; LAG Rheinland-Pfalz, Urt. v. 22.06.2004, Az.: 11 Sa 2096/03-juris, Rn. 39; LAG Baden-Württemberg NZA 2009, 631 (633); ArbG Frankfurt, Urt. v. 27.03.2012, Az.: 10 Ca 3468/11-juris, Rn. 139; *Löwisch* ZfA 1988, 137 (148 ff.); *Rüthers* ZfA 1987, 1 (28 f., 39, 42 ff.); einschränkend *Rudkowski* S. 250, wonach ein Streikverbot für die Flughafenfeuerwehr gerechtfertigt ist, weil ohne deren Einsatzbereitschaft Starts u. Landungen nicht zulässig sind.; *Heinze*, FS 50 Jahre BAG, S. 473 (493 ff., 511); siehe hierzu auch *Rieble*, Verfassungsfragen der Tarifeinheit 2010, Rn. 384 f., der darüber nachdenkt, die Werksfeuerwehren „als Außenstellen staatlicher Feuerwehren mit Beamten“ zu betreiben.

702 Siehe hierzu *Rüthers* ZfA 1987, 1 (49); *Kissel* § 43 Rn. 139, 141; Art. 87 d GG steht dem nicht entgegen, vgl. von Mangoldt/Klein/Starck-*Horn* Art. 87 d Abs. 1 Rn. 12, 20.

703 § 6 der im Jahr 1995 neugefassten Rahmenvereinbarung vom 23.12.1992 zwischen der Bundesrepublik, und der DFS Deutsche Flugsicherung GmbH anlässlich der Privatisierung der Flugsicherung; LAG Baden-Württemberg NZA 2009, 631 (633); *Löwisch*, Arbeitskampf- und Schlichtungsrecht, 170.2 Rn. 247.

Baden-Württemberg, dass die Tarifvertragsparteien „mit der besonderen Eingriffsempfindlichkeit des Luftverkehrs verantwortungsvoll umgehen können".[704]

(e) Verkehr allgemein

Die Problematik einer Arbeitsniederlegung im Fahr- und Flugdienst besteht darin, dass der streikbedingte Ausfall eines Verkehrssystems durch andere Verkehrssysteme kaum übernommen werden kann.[705] Hinzu kommt, dass Transportleistungen im Rahmen der Just-in-time-Produktion zeitgebunden und kaum nachholbar sind, so dass eingetretene Einbußen durch Mehrarbeit grundsätzlich nicht ausgeglichen werden können[706], dem bestreikten Verkehrsbetrieb also exorbitante Schäden drohen. Immense Schäden für Dritte oder die Volkswirtschaft, die durch einen Streik „insbesondere in der Hauptreisezeit" drohen, führen jedoch nicht zu dessen Rechtswidrigkeit.[707] Die Gewerkschaften sind nicht angehalten, anstatt in der Hauptreisezeit mehrstündig, zu einem anderen Zeitpunkt ganz- oder mehrtätig zu streiken, um gleich effektiven Druck auf den Arbeitgeber auszuüben. „Gerade der Streik zu Stoßzeiten bewirkt die größte Aufmerksamkeit"[708] und kostet die Gewerkschaften wegen der bei kurzer Streikdauer überschaubaren Unterstützungsleistungen weniger.

Auch der mitunter hohe Lästigkeitswert für die Bevölkerung rechtfertigt unter Verhältnismäßigkeitsgesichtspunkten noch keine Einschränkung des Streikrechts.[709] Erst dann wenn es nicht mehr nur um das Ärgernis der Passagiere darüber geht, dass es arbeitskampfbedingt zu Verzögerungen oder Ausfällen im Verkehr kommt, sondern sich echte Gefahrensituationen abzeichnen, muss jeweils ein eingeschränkter Flug- und Fahrbetrieb aufrechterhalten werden.[710] Insoweit muss immer auch Personal zur Beseitigung von Störungen in der Infrastruktur (Verkehrsnetze) und zur Wartung und Reparatur der im Rahmen der

---

704 LAG Baden-Württemberg NZA 2009, 631 (633).

705 Vgl. *Kissel* § 43 Rn. 136.

706 Vgl. LAG Rheinland-Pfalz, Urt. v. 22.06.2004, Az.: 11 Sa 2096/03-juris, Rn. 82; Rüthers ZfA 1987, 1 (28 f.); laut *Gerber* ZfA 2008, 311 (314) würde ein die Flugsicherung betreffender Arbeitskampf von vierwöchiger Dauer den Lufthansa-Konzern in den Ruin treiben.

707 So *Bayreuther* NZA 2008, 12 (14); Däubler-*Reinfelder* § 15 Rn. 55; ArbG Frankfurt, Urt. v. 27.03.2012, Az.: 10 Ca 3468/11-juris, Rn. 155; a.A. BGHZ 70, 277 (282); ähnlich ArbG Nürnberg AuR 2007, 320 (321).

708 *Rudkowski* S. 225.

709 *Henssler* ZfA 2010, 397 (418); ArbG Frankfurt, Urt. v. 27.03.2012, Az.: 10 Ca 3468/11-juris, Rn. 155.

710 Notstandsarbeiten zur Aufrechterhaltung des Flugverkehrs ablehnend Kissel § 43 Rn. 141.

Notstandsarbeit eingesetzten Lokomotiven, Wagons, Busse und Flugzeuge bereit stehen.[711] Mit den während eines Streiks erbrachten Leistungen im Bereich Flug- und Fahrdienst sind also bestimmte Leistungen im Bereich Technik verbunden. Diese Verzahnung von Notstands- und Erhaltungsarbeiten wird nicht nur anhand der genannten Tätigkeiten deutlich. Dass auch Abwicklungsarbeiten im Rahmen eines Streiks der Lokführer, Flugzeugpiloten oder Fluglotsen durchzuführen sind, ist insoweit unstreitig, als dass es sich von selbst versteht, dass Streikmaßnahmen, die sich auf den bereits in der Luft befindlichen Flugverkehr auswirken, „tunlichst zu unterlassen sind“[712]. So haben etwa Fluglotsen nicht nur die Nahzone um den jeweiligen Flughafen und die dortigen Starts und Landungen und die Anflugkontrolle, sondern auch den weiteren Teil des ihnen zugewiesenen Luftraumes zu überwachen und zu leiten.[713] Ebenso wenig ist es Lokführern erlaubt, einen besetzten Personenzug auf offener Strecke abzustellen, so dass die Fahrgäste daran gehindert sind, den Zug zu verlassen. Dies würde eine erhebliche und gegebenenfalls durch §§ 239, 240 StGB zu bestrafende Beeinträchtigung der durch Art. 2 Abs. 2 S. 2 GG grundrechtlich geschützten Fortbewegungsfreiheit Dritter darstellen, die Art. 9 Abs. 3 GG nicht zu rechtfertigen vermag.[714] Ein Streik darf daher nur am Start- oder Zielort einsetzen.[715]

Hingegen sind in dem Bereich Fahrkartenverkauf und –kontrolle kaum Notstandsarbeiten zu erbringen,[716] denn Fahrkarten können an Automaten in den Bahnhöfen oder direkt in den Bahnen und Bussen gelöst werden. Angesichts der Erfahrungen vom 11.09.2001 kann an Flughäfen aber, insbesondere bei internationalen Flügen, nicht gänzlich auf die Einhaltung von Sicherheitsbestimmungen gegenüber den Passagieren und Gepäckstücken verzichtet werden.

(5) Straßen- und Autobahnmeistereien

In Deutschland gewährleisten etwa 180 Autobahnmeistereien und ungefähr 580 Straßenmeistereien die Aufrechterhaltung eines funktionierenden Straßennetzes. Das weitläufige Aufgabenfeld der Straßen- und Autobahnmeisterei umfasst u.a. die Absicherung von Arbeits- und Unfallstellen, die Montage, Reparatur und Wartung von Verkehrszeichen und Verkehrseinrichtungen und die Reparatur

711 So auch LAG Berlin-Brandenburg AuR 2008, 66 (67).

712 *Heinze*, FS 50 Jahre BAG, S. 473 (504); siehe auch LAG Baden-Württemberg NZA 2009, 631 (635).

713 *Schliemann* RdA 2012, 14 (25).

714 MünchArbR-*Ricken* § 200 Rn. 60; Däubler-*Reinfelder* § 15 Rn. 42; so auch LAG Berlin-Brandenburg, Urt. v. 24.10.2007, Az.: 7 SaGa 2044/07-juris, Rn. 38.

715 *Kissel* § 43 Rn. 137.

716 So etwa auch *Scherer* S. 127 f..

von Fahrbahndecken sowie den Winterdienst. Je nach den konkreten Umständen des Einzelfalls sind hier Notstandsarbeiten zu verrichten.

Wenn bei entsprechender Wetterlage Streu- und Räumungsarbeiten unterbleiben, ist das nicht nur ärgerlich, sondern mitunter lebensgefährlich.[717] Dem ist zwar in erster Linie mit einer Anpassung der Fahrweise oder durch einen Umstieg auf andere Transportmittel zu begegnen. Im Rahmen von Notstandsarbeiten ist aber dafür zu sorgen, dass kritische Strecken zu Zeiten des Berufsverkehrs befahrbar sind. So werden etwa auf Autobahnen mindestens eine Fahrspur geräumt und auch auf Bundes- und Landstraßen Räumungsfahrzeuge eingesetzt, wenn auch mit zeitlichen Verzögerungen.[718]

(6) Kinderbetreuung, Schulwesen und betriebliche Ausbildung

Dass auch eine zuverlässige Kinderbetreuung notwendig für die alltägliche Existenzbewältigung ist, ergibt sich aus der Tatsache, dass die Unterbringung in Kindergärten oder Kindertagesstätten für zahllose Berufstätige und damit nicht nur für Alleinerziehende unerlässliche Voraussetzung der Berufsausübung ist.[719] Entfallen streikweise die vom Personal dieser Einrichtungen zu erbringenden Betreuungs- und Aufsichtsleistungen werden die den Eltern bzw. dem Elternteil durch Art. 12 Abs. 1, 2 Abs. 1 GG gewährten Freiheiten berührt. Um einen schonenden Ausgleich des kollidierenden Grundrechts zu schaffen, müssen im Verlauf des Streiks zumindest diejenigen Kinder betreut werden, deren Unterbringung anders nicht gesichert wäre.[720] Das Problem liegt hierbei vor allem darin, dass es den betroffenen Eltern nur dann möglich ist, auf anderweitige Betreuungsmöglichkeiten auszuweichen, wenn die kampfführende Gewerkschaft die streikweise Schließung sowie deren Form und Dauer (weit) im Vorfeld ankündigt.[721] Ist ihnen die Mitnahme des Kindes/der Kinder zur Arbeit nicht möglich, muss andernfalls ein Elternteil zu Hause bleiben und die Betreuung und Beaufsichtigung selbst übernehmen. Ist dieser Elternteil abhängig beschäftigt, ist ihm trotz seiner nicht erbachten Arbeitsleistung das Entgelt allenfalls für

717 *Rudkowski* S. 269; siehe auch *Loritz*, FS Picker S. 1033 (1035, Fn. 21).

718 So sahen es zwischen ver.di und den jeweils betroffenen Dienststellen im Februar 2009 abgeschlossene Vereinbarungen vor, vgl. Pressemitteilung ver.di Bayern vom 11.02.2009, abrufbar unter www.verdi.de.

719 Vgl. BAGE 79, 152 (156); *Scherer* S. 129 f.; *Schliemann*, FS Bauer, S. 923 (925).

720 Vgl. BAGE 79, 152 (156); LAG Hamm, Beschl. v. 29.10.2009, Az.: 8 SaGa 22/09– juris, Rn. 8.

721 Siehe hierzu *Rudkowski* S. 267, die eine Ankündigung von Ort, Zeit und Dauer des Streiks in der Tageszeitung eine Woche vorher verlangt; anders aber *Scherer* S. 129 f., wonach lediglich Verwaltungsarbeiten und Beratungstätigkeiten eingestellt, Betreuungs- und Aufsichtstätigkeiten in ihrem Umfang aber nicht geschmälert werden dürfen.

eine kurze Zeitspanne (bis zu fünf Tagen) fortzuzahlen, wenn er nachweisen kann, sich ausreichend um alternative Betreuung bemüht zu haben, vgl. § 616 BGB.[722] Ist die zeitliche Grenze überschritten, z.B. weil die Erzieher je punktuell für einige Tage pro Woche streiken, entfällt der Anspruch auf Entgeltfortzahlung gemäß §§ 275 Abs. 3, 326 Abs. 1 BGB und dem Elternteil bleibt, auch im Fall seiner Selbstständigkeit, nichts anderes übrig, als den damit verbundenen Verdienst- bzw. Einkommensausfall und gegebenenfalls weitere Konsequenzen hinzunehmen. Den Eltern bleibt dann „nur die Hoffnung auf eine verantwortungsvolle Kampftaktik der Gewerkschaft, in deren Rahmen die Streiktage möglichst frühzeitig bekannt gegeben werden."[723] In der Regel handeln die Gewerkschaften entsprechend. Als etwa in der Tarifrunde des öffentlichen Dienstes am 8.03.2012 65 % der 423 Kindertageseinrichtungen in München streikbedingt geschlossen blieben, waren die jeweiligen Leitungen laut eigener Aussage der Gewerkschaft für Erziehung und Wissenschaft „gebeten worden", die Eltern im Vorfeld über geplante Schließungen oder Einschränkungen zu informieren.[724]

Zur Wahrung des Streikrechts der Erzieher[725] ist es aber hinzunehmen, wenn im Rahmen eines streikbedingten Notdienstes vom pädagogischen Normalkonzept abgewichen wird und größere Kindergruppen als gewöhnlich gebildet und Kinder ihnen unbekannten Betreuungspersonen anvertraut bzw. in ihnen unbekannte Tagesstätten abgegeben werden müssen.[726] Der streikbedingte Ausfall der regulären Kinderbetreuung in der von den Eltern gewählten Tagesstätte kann weder als Eingriff in das Elternrecht aus Art. 6 Abs. 2 S. 1 GG angesehen werden, noch stellt er eine Gefahr für die durch Art. 2 Abs. 2 S. 1 GG geschützte psychische Entwicklung und das körperliche Wohl der Kinder dar.[727]

---

722 *Kolbe* BB 2009, 1414 (1416); siehe auch *Diller/Krieger*, FS Leinemann, S. 65 (68 ff.), wonach aber aus Gründen der Parität bei Beschäftigung der Eltern im Öffentlichen Dienst kein Anspruch auf Vergütung für ausgefallene Arbeitszeit besteht.

723 *Kolbe* BB 2009, 1414 (1416).

724 Pressemitteilung GEW vom 9.03.2012, abrufbar www.gew-tarifrunde-tvoed.de; so auch die Vorgehensweise in dem ArbG Herne, Urt. v. 3.03.2010, Az.: 1 Ca 2931/09-juris; Rn. 26 zugrundeliegenden Fall.

725 Aus Gründen der Lesbarkeit wird ausschließlich die männliche Form verwendet. Nichtsdestoweniger beziehen sich die Ausführungen auf Angehörige beider Geschlechter.

726 LAG Hamm, Beschl. vom 29.10.2009, Az.: 8 SaGa 22/09-juris, 1. Ls., Rn. 8; zur Gebührenfortzahlung *Kolbe* BB 2009, 1414 ff..

727 LAG Hamm, Beschl. vom 29.10.2009, Az.: 8 SaGa 22/09–juris, 1. Ls. Rn. 8: „Soweit der eingerichtete Notdienst im Einzelfall nicht genügen sollte, um ernsthafte Gesundheitsbeeinträchtigungen zu vermeiden, wäre es gegebenenfalls Sache der Eltern, selbst um eine entsprechende Kinderbetreuung besorgt zu sein."; unter Hinweis auf kommerzielle Anbieter *Kolbe* BB 2009, 1414 (1415).

Auch wenn in Schulen gestreikt wird, stehen Eltern, vor allem von Kindern im Alter der Primarstufe, vor dem Problem, dass die von den Lehrern erbrachten Aufsichts- und Bereuungsleistungen entfallen. Hier ist ebenfalls durch Notstandsarbeiten eine Betreuung der Kinder bis zum planmäßigen Unterrichtsende zu gewährleisten.[728]

Die Schüler sind allenfalls in ihrer allgemeinen Handlungsfreiheit aus Art. 2 Abs. 1 GG betroffen, ihre Berufsfreiheit aus Art. 12 Abs. 1 GG bleibt hingegen unberührt. Entgegen *Däubler*[729] verleiht Art. 12 Abs. 1 GG kein „Recht auf Bildung", welches durch einen monatelang andauernden Lehrerstreik verletzt werden würde.[730] Soweit auch *Scherer* den Unterricht als notwendigen Bestandteil und Voraussetzung der (zukünftigen) Existenzbewältigung der Schüler und seinen streikbedingten Ausfall sogar als unzulässig ansehen will,[731] ist dem entgegenzuhalten, dass auch aus Art. 2 Abs. 1 GG, auch nicht in Verbindung mit Art. 7 GG, kein der streikweisen Einstellung der Unterrichtserbringung entgegenstehendes „Recht auf Bildung" folgt.[732] Der Grundrechtsverwirklichung seitens der Lehrkräfte im Sinne von Art. 9 Abs. 3 GG sind durch Art. 7 Abs. 1 GG lediglich dort Grenzen gesetzt, wo dies die Aufrechterhaltung der Funktionsfähigkeit der Verfassungsinstitution „Schule" und die Erfüllung ihres Bildungsauftrages erforderlich macht.[733] Eine Gefährdung etwa der Vorbereitung und Durchführung von Abschlussprüfungen, die *Däubler* mit Notstandsarbeiten[734] und *Löwisch* mit einer zeitlichen Begrenzung des Streiks auf höchstens zwei bis drei Wochen[735] vermeiden will, ist aber ohnehin nicht zu erwarten.[736] Da lediglich die tarifbe-

728 Anlässlich des Lehrerstreiks im Frühjahr 2011 schlossen die Gewerkschaft für Erziehung und Wissenschaft und das Bildundministerium Mecklenburg-Vorpommern für den Bereich der Grund- und Förderschulen eine Notdienstvereinbarung dieses Inhalts, vgl. Pressemitteilung des Ministeriums für Bildung, Wissenschaft und Kultur Mecklenburg Vorpommern vom 1.03.201.

729 *Däubler* S. 234.

730 *Jarass* DöV 1995, 674 (675); *Rudkowski* S. 265.

731 *Scherer* S. 128 f..

732 Sachs-*Murswiek* Art. 2 Rn. 111; Sachs-*Schmitt-Kammler* Art. 7 Rn. 11.

733 Sachs-*Schmitt-Kammler* Art. 7 Rn. 18 f.

734 *Däubler* S. 235; kritisch *Kissel* § 43 Rn. 143.

735 *Löwisch*, Zulässiger und unzulässiger Arbeitskampf im öffentlichen Dienst 1980, S. 29.

736 Allgemein sind die Ausstände der Lehrer nur von kurzer Dauer. Üblicherweise beginnen Streikaktionen gegen zwölf Uhr, erfolgen also nur stundenweise, allenfalls ganztätig, selten mehrtägig. Anlässlich des Lehrerstreiks in Berlin im Oktober 2008 äußerte Rose-Marie Seggelke, Vorsitzende der Lehrergewerkschaft GEW: „Um den Druck auf den Senat zu erhöhen, wird jetzt auch darüber diskutiert, den Streik in die Zeit der Abitur- und MSA-Prüfungen und der Zensurengebung hineinzutragen.", vgl. „Lehrerstreik

schäftigten Lehrkräfte, nicht aber die verbeamteten Lehrer streiken dürfen[737] und deren Anteil den der angestellten in den meisten Bundesländern bei weitem überwiegt[738], kann dem streikbedingten Unterrichtsausfall mit Vertretungsstunden begegnet und dieser weitgehend kompensiert werden.

Soweit in Berufsschulen, in denen die Lehrer überwiegend angestellt sind, der Unterricht streikbedingt ausfällt, ist zu bedenken, dass in dem dualen System die betriebliche Ausbildung im Vordergrund steht und wohl erst ein langfristiger Unterrichtsausfall zu spürbaren Beeinträchtigungen führt.[739] Ansonsten gilt das zum allgemeinen Schulwesen Gesagte entsprechend.

Da nach der Rechtsprechung und dem überwiegenden Schrifttum auch Auszubildenden ein Streikrecht zusteht,[740] ist es ihnen zuzumuten, dass auch ihre Ausbildung durch einen Streik der Ausbilder vorübergehend beeinträchtigt wird.[741]

(7) Massenmedien, insbesondere Presse

Weiter ist an eine Arbeitsniederlegung zu denken, die das Nichterscheinen von Druckerzeugnissen zur Folge hat und deswegen einen Arbeitgeber im Pressebe-

---

zu Prüfungszeiten", Berliner Morgenpost-Artikel vom 17.10.2008, abrufbar unter www.morgenpost.de. Dazu gekommen ist es aber bislang auch andernorts nicht.

737 Näher hierzu unter § 5 I. 4. a.

738 Am 1.01.2012 waren in Nordrhein-Westfalen 192.000 Lehrer im Schuldienst tätig, davon aber nur 34.000 tarifbeschäftigt, d.h. jeder sechste ist nicht verbeamtet, vgl. www.tresselt.de; Obwohl in Berlin neu eingestellte Lehrkräfte seit 2003 nicht mehr verbeamtet werden, ist nur jeder 5 von insgesamt 28.700 Lehrern tarifbeschäftigt, der Rest verbeamtet, vgl. Senatsverwaltung für Bildung, Wissenschaft und Forschung (Hrsg.), „Bildung für Berlin", Blickpunkte 2010/2011; Selbst die Länder, in den die angestellten Lehrer überwiegen, Sachsen und Mecklenburg- Vorpommern, nehmen von ihrem „Anstellungsmodell" Abstand. Junge Lehrer sollen wieder verbeamtet, die Bundesländer angesichts des drohenden Lehrermangels wieder attraktiver werden, vgl. „Lehrermangel - Auf Wiedersehen im Nordosten", FAZ-Artikel vom 3.03.2009, abrufbar unter www.faz.net; „Lehrergehälter – Gericht kippt Beamtengesetz", FOCUS online-Artikel vom 20.02.2009, abrufbar unter www.focus.de; Welche Auswirkungen ein Streik der Lehrer hat, hängt stark von der Streikbeteiligung ab. So hat die GEW ihren Streikaufruf für den 28.09.2011 zurückgezogen, weil sie eine zu geringe Beteiligung fürchtete, vgl. „Gewerkschaft fürchtet zu geringe Beteiligung – Lehrerstreik abgesagt", Berliner Zeitung-Artikel vom 24.09.2011, abrufbar unter www.berliner-zeitung.de.

739 Vgl. *Rudkowski* S. 265.

740 Siehe hierzu BAG AuR 1995, 38 (38 f.); BAGE 46, 322 (356 f.); EK-*Dieterich* Art. 9 GG Rn. 164; *Kissel* § 42 Rn. 38; Brox/Rüthers-*Brox* Rn. 674; *Kittner* AuR 1981, 289 (299).

741 *Kissel* § 43 Rn. 144; davon ausgehend, dass Auszubildende nicht, aber Ausbilder streiken dürfen *Buschmann* AuR 1980, 230 (235).

reich unter Druck setzt. Da diese Druckausübung im Normalfall dem Abschluss eines Tarifvertrags dient, ist sie in die Untersuchung einzubeziehen. Hingegen bleiben Betriebsbesetzungen und Betriebsblockaden zur Verhinderung der Auslieferung von Druckerzeugnissen[742] sowie der sich gegen bestimmte Presseunternehmen richtende Richtungsstreik[743] und das Problem der „weißen Flecken"[744] außer Betracht.

(a) Pressefreiheit

Einschränkungen der Arbeitskampffreiheit aus Art. 9 Abs. 3 GG im Pressebereich ergeben sich nicht bereits aus der Pressefreiheit im Sinne des Art. 5 Abs. 1 S. 2, 1. Alt. GG der Presseunternehmen.[745] Dieses Grundrecht setzt privatwirtschaftlich organisierte Presseunternehmen voraus,[746] denn nur eine freie, in einer gewissen Regelmäßigkeit erscheinende[747], nicht von dem Staat gelenkte, keiner Zensur unterworfene Presse macht „den geistigen Kampf, die Auseinandersetzung der Ideen und Interessen" möglich und schafft dadurch die Voraussetzungen für die in einer freiheitlichen demokratischen Grundordnung unentbehrlichen Bildung der öffentlichen Meinung.[748] Wenn aber die Presseunternehmen privatwirtschaftlich organisiert sind, unterliegen sie wie alle anderen privaten Unternehmen auch den Risiken des (Arbeits-) Markts und damit auch der mit der Beschäftigung von Arbeitnehmern einhergehende Gefahr, arbeitskampfbedingter Produktionsstörungen.[749] „Art. 9 Abs. 3 GG garantiert auch in dieser

---

742 Siehe hierzu *Rüthers* AfP 1977, 305 (324); *Buchner* RdA 1987, 209 (217 ff.) m.w.N..

743 siehe hierzu *Buchner* RdA 1987, 209 (214); Brox/Rüthers-*Rüthers* Rn. 96; *Kissel* § 43 Rn. 170 ff..

744 Siehe hierzu *Ricker* NJW 1980, 157 (158); *Buchner* RdA 1987, 209 (214 f.); *Löwisch* RdA 1987, 219 (222); *Gamillscheg* S. 1107; *Kissel* § 43 Rn. 173.

745 Siehe hierzu *Kisker* RdA 1987, 194 (195); *Buchner* RdA 1987, 209 (210 f.); *Kämereit*, Pressefreiheit und Arbeitskampfrecht 1995, S. 77 ff.; *Auktor*, Der Wellenstreik im System des Arbeitskampfrechts 2002, S. 53 ff..

746 Vgl. *Rüthers* AfP 1977, 305 (314 f., 319); Brox/Rüthers-*Rüthers* Rn. 96; *Weiss* AuR 1984, 97 (98); BAGE 48, 195 (204); BVerfGE 20, 162 (175); offen bleibend bei *Buchner* RdA 1987, 209 (210).

747 Näher hierzu *Weiss* AuR 1984, 97 (102); *Buchner* RdA 1987, 209 (211).

748 Vgl. BVerfGE 5, 85 (205); 7, 198 (208); 20, 162 (174 f.); BAGE 48, 195 (205); *Ricker*, Freiheit und Aufgabe der Presse 1983, S. 72 f..

749 Vgl. *Rüthers* NJW 1984, 201 (204, 207 Nr. 1); *Ricker* NJW 1980, 157 (158); *Weiss* AuR 1984, 97 (102); *Kisker* RdA 1987, 194 (195); *Buchner* RdA 1987, 209 (210); *Kämereit* S. 77 ff. (insbesondere 94 f.); *Auktor* S. 53 f.; *Gamillscheg* S. 1106, wonach ohne die Möglichkeit des Führens eines Arbeitskampfs zum Abschluss eines Tarifvertrages nur die Einrichtung einer staatlichen oder zumindest öffentlichen Zwangsschlichtung bliebe.

Branche den autonomen Lohnfindungsprozess und damit den Arbeitskampf, der das Erscheinen von Presseerzeugnissen teilweise oder ganz verhindern kann."[750] Daher sind gegen die Presse gerichtete Arbeitskampfmaßnahmen auch im Hinblick auf Art. Abs. 1 S. 2, 1. Alt. GG grundsätzlich zulässig.[751]

(b) Informationsfreiheit

Allerdings berührt die streikbedingte Verhinderung der Herstellung von Druckerzeugnissen auch das Informationsbedürfnis der Bevölkerung, so dass nach Einschränkungen der Arbeitskampffreiheit im Hinblick auf die Informationsfreiheit im Sinne des Art. 5 Abs. 1 S. 1, 2. Hs. GG zu fragen ist. Dieses Grundrecht garantiert jedermann, sich ungehindert aus allgemein zugänglichen Quellen zu informieren.[752] Allgemein zugänglich wird eine Information oder Meinung aber erst dann, wenn sie die „Sphäre des sich Äußernden" verlassen hat.[753] Dazu kommt es aber nicht, wenn infolge streikbedingter Störungen die Produktion, also das Drucken der Auflage sowie die journalistische und redaktionelle Vorarbeit, ausfällt.[754] Bei einer nicht gedruckten, nicht ausgelieferten oder nicht zum Verkauf angebotenen Zeitung fehlt es an der Zugänglichmachung gegenüber der Allgemeinheit und damit an der Eigenschaft als Informationsquelle im Sinne des Art. 5 Abs. 1 S. 1, 2. Hs. GG.[755] Es besteht kein Anspruch auf das tägliche Erscheinen einer bestimmten Zeitung.[756]

Die Informationsverknappung infolge arbeitskampfbedingter Störungen vor dem Verlassen des presseinternen Bereich berührt nur das Informationsbedürfnis der Rezipienten, nicht jedoch deren Informationsfreiheit.[757] Dem allgemeinen

---

750 BAGE 48, 195 (204); Brox/Rüthers-*Rüthers* Rn. 96; *derselbe* AfP 1977, 305 (315); *Ricker* S. 74.

751 BGH NJW 1978, 990 (991); *Buchner* RdA 1987, 209 (210, 211 f.); *Ricker* NJW 1980, 157 (160); EK-*Schmidt* Art. 5 GG Rn. 82.

752 *Ricker* NJW 1980, 157 (157); *Heinze* RdA 1987, 225 (227).

753 *Kämereit* S. 82 ff.; *Hernekamp* BB 1976, 1329 (1329 f.); *Löwer* JZ 1981, 730 (733).

754 *Kämereit* S. 83 f..

755 *Hernekamp* BB 1976, 1329 (1329 f.); *Brodmann*, Arbeitskampf und Pressefreiheit 1982, S. 96, 156; *Kämereit* S. 82 ff., 216; a.A. *Heinze* RdA 1987, 225 (227 ff., insbesondere 232); *Ricker* NJW 1980, 157 (157).

756 Siehe hierzu BGH NJW 1978, 990 (991); GG-*Kannengießer* Art. 5 Rn. 9; *Oetker* S. 50; *Kämereit* S. 216; *Brodmann* S. 156; *Weiss* AuR 1984, 97 (102); a.A. *Heinze* RdA 1987, 225 (227 ff.).

757 *Hernekamp* BB 1976, 1329 (1330); *Brodmann* S. 156; *Kämereit* S. 82 ff..

Informationsbedürfnis trägt aber die Pressefreiheit in Form der institutionellen Garantie der „freien Presse“ Rechnung.[758]

(c) Freie Presse

Der Presse kommt die Funktion zu, die Allgemeinheit mit den für die freiheitliche Demokratie notwendigen Informationen zu versorgen.[759] Das Bundesverfassungsgericht führt hierzu aus: „Soll der Bürger politische Entscheidungen treffen, muss er umfassend informiert sein, aber auch die Meinungen kennen und gegeneinander abwägen können, die andere sich gebildet haben. Die Presse hält diese ständige Diskussion in Gang.“[760] Für eine pointierte Meinungsbildung (z.B. als Grundlage einer Wahlentscheidung) bedarf es neben der Tatsachenkenntnis also auch der Aufrechterhaltung der Meinungsvielfalt in Form von Kommentierungen des Tagesgeschehens[761], d.h. „einer relativ großen Zahl selbstständiger und nach ihrer Tendenz, politischen Färbung oder weltanschaulicher Grundhaltung miteinander konkurrierender Presseerzeugnisse“.[762]

Wird dadurch, dass Zeitungen zeitweise nicht erscheinen, das Meinungs- und Informationsangebot reduziert,[763] stellt sich die Frage, ob als Kompromiss zwischen Nichterscheinen einer Zeitung und deren Volltext sogenannte Notzeitungen herauszugeben sind. Inhaltlich sollten sich diese Ausgaben auf bestimmte, zur Aufrechterhaltung eines Mindeststandards für den Bürger notwendige Mitteilungen beschränken.[764] Entfallen (bzw. stark beschränkt werden) könnten beispielsweise Anzeigenteil[765], Wetterbericht, Sportnachrichten, Aktienkurse

---

758 Kämereit S. 82 f., 86 f.; ähnlich *Auktor* S. 54 f.; *Buchner* RdA 1987, 209 (211); *Hernekamp* BB 1976, 1329 (1329 f.); siehe zur institutionellen Eigenständigkeit der Presse BVerfGE 10, 118 (121); 20,162 (175 f.); zum Spannungsverhältnis mit der Arbeitskampffreiheit BAGE 48, 195 (204 f., 210).

759 BVerfGE 20, 162 (174) bezeichnet die Presse „als ständiges Verbindungs- und Kontrollorgan zwischen dem und seien gewählten Vertretern im Parlament und Volk und Regierung.“; BAGE 48, 195 (205).

760 BVerfGE 20, 162 (174); siehe auch *Ricker* NJW 1980, 157 (157).

761 Vgl. *Ricker* NJW 1980, 157 (157); *Löffler* NJW 1962, 1601 (1604).

762 *Kissel* § 43 Rn. 187; ähnlich *Löffler* NJW 1962, 1601 (1604).

763 So etwa *Weiss* AuR 1984, 97 (102); *Hernekamp* BB 1976, 1329 (1329); *Ricker* S. 72; BAGE 48, 195 (204 f.).

764 *Hernekamp* BB 1976, 1329 (1333); *Ricker* NJW 1980, 157 (158); kritisch *Kämereit* S. 95 ff..

765 Kritisch unter Hinweis auf dessen Kommunikationsfunktion *Brodmann* S. 161 f.; *Heinze* RdA 1987, 225 (231) u. unter Hinweis auf die Einnahmen aus dem Anzeigengeschäft BGHZ 19, 392 (398 f.); *Rüthers* AfP 1977, 305 (329).

und Werbung[766] sowie Beiträge zur Unterhaltung und Berichte über das kulturelle Leben sowie über wissenschaftliche Entwicklungen[767], denn diesbezüglich ist ein Informationsfluss nicht von „fundamentaler Bedeutung für ein demokratisches Staatswesen“ und daher eine Einschränkung der Arbeitskampffreiheit nicht geboten.[768]

Gegen die Notwendigkeit der Herausgabe einer Notzeitung spricht aber zum einen, dass im Regelfall nicht alle Presseunternehmen vom Arbeitskampf betroffen sind, „so dass der unaufschiebbare Bedarf vorübergehend auch durch die Lektüre von Zeitungen und Zeitschriften der Konkurrenz gedeckt werden kann.“[769] Zum anderen lässt sich einwenden, dass heutzutage selbst das Informations- und Meinungsminus eines (kurzfristigen) Totalausfalls aller Printmedien durch Hörfunk, Fernsehen, Videotext und dem Internet kompensiert werden kann.[770] Weder besteht eine Unterversorgung der Bevölkerung mit Radio- und Fernsehgeräten[771], wie sie Löffler im Jahr 1962 anführte[772], noch mangelt es den elektronischen Medien an einer inhaltlichen Ersatzfunktion im lokalen und regionalen Bereich[773]. Ebenso wenig steht die Ausgewogenheitsverpflichtung der

---

766 Kritisch wegen der finanziellen Belastungen für den Arbeitgeber bei dem Wegfall der Werbung als wirtschaftliche Grundlage des Presseunternehmens *Buchner* RdA 1987, 209 (214); *Brodmann* S. 162; *Kissel* § 43 Rn. 181.

767 *Kissel* § 43 Rn. 183; siehe aber BVerfGE 101, 361 (389 f.), wonach auch in unterhaltenden Beiträgen Meinungsbildung stattfindet.

768 Siehe *Oetker* S.46, 48; BGHZ 119, 392 (399); *Kämereit* S. 96; *Brodmann* S. 154; *Rüthers* AfP 1977, 305 (329), wonach Notausgaben gerade wegen ihres reduzierten Umfangs normale Zeitungen nicht ersetzen können.

769 *Auktor* S. 54; *Kämereit* S. 96, 217, wonach aufgrund der technologischen Entwicklungen ein vollständiger Produktionsausfall im Druckbereich nicht mehr herbeigeführt werden kann, die Durchschlagskraft von Streiks also stark vermindert ist; ähnlich *Buchner* RdA 1987, 209 (210); Däubler-*Reinfelder* § 15 Rn. 43.

770 Vgl. *Löwisch*, Arbeitskampf- und Schlichtungsrecht, 170.2 Rn. 248; *Rüthers* AfP 1977, 305 (329); *Buchner* RdA 1987, 209 (212 f.); *Weiss* AuR 1984, 97 (103); Brox/Rüthers-*Rüthers* Rn. 97; *Auktor* S. 55; *Kämereit* S. 96, 115, 216, 218 ff..

771 *Oetker* S. 48; *Auktor* S. 55; *Kissel* § 43 Rn. 169; BSGE 102, 274 (278); Ein Fernsehgerät ist ein Gebrauchsgut zur Erfüllung von persönlichen Bedürfnissen des täglichen Lebens und gehört zum Bedarf für den notwendigen Lebensunterhalt i.S.v. § 12 Abs. 1 BSHG, vgl. BVerwG NJW 1998, 1967 (1967 f.).; Gemäß § 811 Abs. 1 Nr. 1 ZPO ist ein Fernsehgerät selbst dann von der Pfändung ausgeschlossen, wenn der Schuldner daneben noch ein Radio besitzt; ihm wird die Möglichkeit zugestanden, sich aus den unterschiedlichen Erscheinungsformen drahtloser Informationsdienste zu bedienen, vgl. BFH NJW 1990, 1871 (1871 f.)..

772 *Löffler* NJW 1962, 1601 (1604).

773 Unter Hinweis auf die weit verbreiteten Regionalsendungen in Funk und Fernsehen *Brodmann* S.160 f.; *Auktor* S. 55; *Kämereit* S. 221; siehe auch *Buchner* RdA 1987, 209

öffentlich-rechtlichen Anstalten einer publizistischen Meinungs- und Informationsvielfalt entgegen.[774] Angesichts der Vielzahl der problemlos über Kabel- oder Satellitentechnik, aber weitestgehend auch als digitales Antennenfernsehen (DVB-T) zu empfangenden nationalen und internationalen Privatsender - darunter auch reine Nachrichtensender wie die US-amerikanische CNN (Cable Network News) oder deren deutsche Tochter n-tv – wird das Informationsbedürfnis der Öffentlichkeit befriedigt.[775]

Dies gilt umso mehr, als dass „netzgeeignete Leistungen ausgelagert werden und damit ungestört weiterlaufen" können „bis hin zur Herstellung von Druckwerken".[776] Das allgemein zugängliche[777] „Internet stellt mittlerweile ein immer bedeutender werdendes Informationsmedium von hoher Vielfalt und Aktualität dar."[778] Dabei können nicht nur weltweit Nachrichten und sonstige Informationen, sondern ganze Zeitungsartikel sowie Rundfunk- und Fernsehsendungen jederzeit und mit Hilfe von WLAN (Wireless Local Area Network) und UMTS (Universal Mobile Telecommunications Systems) nahezu überall abgerufen werden.[779] „Über vielfältige Diskussionsforen zu politischen, sozialen, zwischenmenschlichen und vielen anderen Themen kann der Nutzer zusätzlich an einem örtlich und zeitlich unbeschränkten Meinungsaustausch teilnehmen."[780] In Anbetracht dessen lässt sich auch der Einwand, der Rezipient sei auf das laufende Programm in Funk und Fernsehen angewiesen und könne die gewünschten

---

(212); *Oetker* S. 48 f.; so aber noch *Löffler* NJW 1962, 1601 (1604); *Hernekamp* BB 1976, 1329 (1333); *Ricker* S. 73; *derselbe* NJW 1980, 157 (157).

774 So aber noch *Hernekamp* BB 1976, 1329 (1333); *Ricker* S. 73; *derselbe* NJW 1980, 157 (157); zur Ausgewogenheit BVerfGE 12, 205 (263); BVerfG NJW 1981, 1774 (1777).

775 Unter Hinweis auf Sendungen der Zeitungs- und Zeitschriftenverlagen wie Spiegel-, Stern- und Zeit-TV sowie Süddeutsche TV Reportagen etc. *Kämereit* S. 221 f.; siehe auch *Buchner* RdA 1987, 209 (212); *Auktor* S. 55.

776 *Kissel* § 32 Rn. 66.

777 Jedermann steht es frei, gegen Entgelt ein Internetcafé zu nutzen.; siehe zur Beihilfe des Sozialhilfeträgers bei Beschaffung eines Personalcomputers mit Internetanschluss OVG Lüneburg, Urt. v. 11.06.2003, Az.: 4 LB 279/02-juris; VG Schleswig, Beschl. v. 03.09.2004, Az.: 7 B 127/04-juris; VG Münster, Urt. v. 25.08.2005, Az.: 11 K 1213/04-juris, Rn. 24 unter Hinweis auf den Verbreitungsgrad von PC und Internetanschluss nach Angaben des Statistischen Bundesamt, wonach im Jahr 2009 73% der privaten Haushalte über einen Internetanschluss verfügten, abrufbar unter www.destatis de.

778 VG Sigmaringen, Urt. v. 17.05.2001, Az.: 6 K 148/99-juris, Rn. 17.

779 Vgl. VG Sigmaringen, Urt. v. 17.05.2001, Az.: 6 K 148/99-juris, Rn. 17; *Kissel* § 32 Rn. 67, kritisch aber unter § 43 Rn. 167, 169.

780 VG Sigmaringen, Urt. v. 17.05.2001, Az.: 6 K 148/99-juris, Rn. 17.

Informationen nicht jederzeit und an jedem Ort abrufen[781], nicht mehr uneingeschränkt aufrechterhalten.

Im Pressebereich sind demzufolge Notstandsarbeiten zur Sicherstellung einer Grundversorgung der Bevölkerung mit Informationen und Meinungen während eines Arbeitskampfs solange nicht erforderlich, als noch andere Informations- und Meinungsquellen (Hörfunk, Fernsehen, Internet) zur Verfügung stehen.[782] Soweit überhaupt eine streikbedingte Reduktion des Meinungs- und Informationsangebots eintritt, ist diese temporär und im Interesse einer funktionierenden Tarifautonomie hinzunehmen.[783] Ein die Verrichtung von Notstandsarbeiten hingegen erfordernder Ausfall sämtlicher Informationsquellen ist absolut unwahrscheinlich.[784] Vielmehr ist davon auszugehen, dass wegen der Vielzahl öffentlich-rechtlicher aber auch privater Sender der streikbedingte Ausfall einzelner Sender durch die anderen kompensiert wird.[785] Insofern dürften auch die als „nützliche Hinweise" hervorgehobenen Verkehrsdurchsagen[786] sichergestellt sein. Darüber hinaus bietet das Internet die Möglichkeit, sich umfassend zu informieren.[787]

---

781 *Ricker* S. 73; *derselbe* NJW 1980, 157 (157).

782 Brox/Rüthers-*Rüthers* Rn. 97; *Auktor* S. 55; *Weiss* AuR 1984, 97 (103) betont, dass die anderen Medien „ein lediglich zeitweilige Funktionsdefizit oder gar einen Funktionsausfall der Presse notdürftig überbrücken"; im Ergebnis auch *Otto* § 9 Rn. 39; *Gamillscheg* S. 1180; *Löwisch*, Arbeitskampf- und Schlichtungsrecht, 170.2 Rn. 248.

783 BAGE 48, 295 (204 f.); *Weiss* AuR 1984, 97 (102); *Rüthers* AfP 1977, 305 (319); *Buchner* RdA 1987, 209 (214).

784 *Auktor* S. 55; *Weiss* AuR 1984, 97 (103) zufolge ist diese Extremsituation allenfalls „von akademischen Interesse."; auch nach *Buchner* RdA 1987, 209 (213) handelt es sich dabei um eine rein „theoretische Überlegung".

785 Siehe bezogen auf die wenig umfangreiche Medienlandschaft der siebziger Jahre *Däubler* S. 237, wonach die Presse im Fall eines dauernden Ausfalls von Hörfunk und Fernsehen kein ausreichendes Substitut wäre, da bei ihr institutionelle Vorkehrungen für ein Mindestmaß an Objektivität nicht vorhanden sind. Notstandsarbeiten aber nicht schon dann erforderlich seien, wenn nur eines der angesprochen Medien ausfällt."; ähnlich *Ricker* NJW 1980, 157 (160), wonach unter dem Aspekt der Aktualität die nur einmal täglich erscheinende Presse Hörfunk und Fernsehen nicht kompensieren kann.; beachte auch BVerfG NJW 1981, 1774 (1776); BVerfGE 12, 205 (262): „Der Rundfunk darf weder dem Staat noch einer gesellschaftlichen Gruppe ausgeliefert werden."; zur Rundfunkfreiheit aus Art. 5 Abs. 1 S. 2. Alt. GG EK-*Schmidt* Art. 5 GG Rn. 88 ff..

786 *Ricker* NJW 1980, 157 (160); *Däubler* AuR 1981, 257 (257) nennt das „Geisterfahrerproblem".

787 Kritisch *Kissel* § 43 Rn. 167, der 2002 äußerte, dass Internet-Informationen hinsichtl. „Benutzerkreis" und „Darstellungsart" kein ausreichender Ersatz seien.

Bei der Herausgabe einer Notzeitung während eines Arbeitskampfes handelt es sich somit nicht um Notstandsarbeit.[788] Da sie „zur Erhaltung der Produktionsmittel im Pressebereich nicht erforderlich“ ist, stellt die Herstellung (und Auslieferung) solcher Zeitungen grundsätzlich auch keine Erhaltungsarbeit dar.[789] An dieser Beurteilung ändert sich auch dann nichts, wenn man bedenkt, dass die nicht gedruckte Tageszeitung am Folgetag „Makulatur“ ist[790]. Dem Einwand Löfflers, das Zeitungsgewerbe werde durch einen Streik „besonders hart“ getroffen, weil es sowohl in der Berichterstattung wie im Anzeigengeschäft von der Aktualität lebe und nicht in der Lage sei, die durch Streik erlittenen Verluste wieder aufzuholen[791], kann nicht gefolgt werden. Auch wenn die geistige „Vorrats“arbeit der Journalisten und Redakteure nicht nachpubliziert werden kann, wenn sich deren Inhalt überholt, stellt sich die Situation des bestreikten Presseunternehmens nicht anders dar, als die eines vom Arbeitskampf betroffenen just-in-time produzierenden Betriebes, in dem Warenvorräte verderben, was „als typische Arbeitskampferscheinung“ grundsätzlich hinzunehmen ist.[792] Ebenso wenig rechtfertigen der Kundenstamm, der durch Nichterscheinen der Zeitung verloren zu gehen droht, oder die Gefahr des Verlusts geschäftlicher Verbindungen, etwa zu Werbepartnern, Erhaltungsarbeiten.[793] Ein Streik im Pressewesen unterliegt keinen branchenspezifischen Einschränkungen.[794]

Obschon weder Arbeitgeber noch Arbeitnehmer unter dem Aspekt der Notarbeiten zur Herstellung von Notzeitungen verpflichtet sind[795], steht es dem Arbeitgeber frei, mit arbeitswilligen Mitarbeitern die Produktion ganz oder doch zumindest in einem verringerten Umfang aufrechtzuerhalten.[796] Die Herausgabe von Notausgaben ist als Abwehrmaßnahme gegen den Streik zu werten.[797] Aus

788 *Otto* § 9 Rn. 39; Brox/Rüthers-*Rüthers* Rn. 97; *Oetker* S. 51; *Buchner* RdA 1987, 209 (214); *Kämereit* S. 98 f..

789 *Rüthers* AfP 1977, 305 (328); Brox/Rüthers-*Rüthers* Rn. 97; *Kämereit* S. 98; *Brodmann* S. 157; ähnlich *Hernekamp* BB 1976, 1329 (1331 f.).

790 *Kissel* § 32 Rn. 70; siehe auch BAGE 88, 53 (61): „Die Zeitung für einen bestimmten Tag kann nur zum vorgesehenen Termin erscheinen.“;ausführlich zur „Empfindlichkeit der Ware Zeitung“ *Brodmann* S. 30 f., 130.

791 *Löffler* NJW 1962, 1601 (1601, 1604).

792 Vgl. *Kissel* § 43 Rn. 184; *Gamillscheg* S. 1168.

793 Vgl. *Rüthers* AfP 1977, 305 (328); *Oetker* S. 47; *Kissel* § 43 Rn. 184; *Brodmann* S. 130.

794 *Rüthers* AfP 1977, 305 (330, Nr. 9); *Brodmann* S. 130 f., 156 f..

795 *Kämereit* S. 96 ff.; *Buchner* RdA 1987, 209 (214); zur Störung der Kampfparität wegen der zusätzliche Kosten verursachende Produktion von Notzeitungen siehe auch *Brodmann* S. 154 f., 162; *Rüthers* AfP 1977, 305 (329); a.A. *Löffler* NJW 1962, 1601 (1603 f.).

796 BAGE 76, 196 (202); 88, 53 (58, 60); *Kämereit* S. 100.

797 Vgl. *Buchner* RdA 1987, 209 (214); BAGE 88, 53 (1. Ls., 60).

Gründen der Marktstrategie werden mit der im Zweifel nicht kostendeckenden Produktion einhergehende wirtschaftliche Verluste in Kauf genommen.[798]

(8) Post und Telekommunikation

Wie Art. 87 e GG steht auch Art. 87 f Abs. 1 GG, wonach der Bund im Bereich des Postwesens und der Telekommunikation flächendeckend angemessene und ausreichende Dienstleistungen[799] gewährleistet, einem gegen die Nachfolgeunternehmen der Bundespost oder andere Anbieter von Post- und Telekommunikationsdienstleistungen geführten Streik nicht entgegen.

Seiner Gewährleistungsverantwortung im Postwesen ist der Bundesgesetzgeber durch den Erlass des Postgesetzes (PostG)[800] nachgekommen. Durch §§ 11 ff. PostG soll die Erbringung von Universaldienstleistungen, eine Art Grundversorgung der Bevölkerung, langfristig sichergestellt werden, insbesondere im Fall des „Marktversagens".[801] Auf den zeitweiligen Leistungsausfall infolge eines Streiks sind diese Vorschriften allerdings nicht zugeschnitten. Dies gilt auch für die auf Grundlage des Post- und Telekommunikationssicherstellungsgesetz (PTSG)[802] erlassene Verordnung zur Sicherstellung des Postwesens (PSV)[803], enthalten diese doch Sonderregelungen für Krisenfälle, wie Naturkatastrophen, Spannungs- oder Verteidigungsfall, Sabotage und Terrorismus.

Bei der Briefbeförderung ist zu bedenken, dass das Briefbeförderungsmonopol auch nach der Privatisierung der Bundespost bis zum 1.01.2008 fortbestand.[804] Anders als auf dem Gebiet der Paketbeförderung, wo die Privatisierung zu einem lebhaftem Wettbewerb geführt hat und zahlreiche (inter-) national täti-

---

798 *Buchner* RdA 1987, 209 (214); nach BAGE 76, 196 (202) ist die eingeschränkte Fortführung des Betriebs in der Regel wirtschaftlich sinnvoller als die vorübergehende gänzliche Einstellung; nach *Kämereit* S. 100 sind Notzeitungen „aufgrund ihrer positiven Auswirkungen auf das Informationsangebot begrüßenswert".

799 Das Merkmal „angemessen" bezieht sich auf die Qualität der Dienstleistung, während das Attribut „ausreichend" ihre Quantität festlegen soll. Maßstab für die Beurteilung als „angemessen und ausreichend" ist das Allgemeinwohl, PostG-*v. Danwitz* § 11 Rn. 6.

800 PostG vom 22.12.2007, BGBl. S. 3294, zuletzt geändert durch Art. 272 Verordnung vom 31.10.2006, BGBl. I S. 2407.

801 Siehe hierzu PostG-*v. Danwitz* § 11 Rn. 1, § 13 Rn. 17 ff.; *Rudkowski* S. 197 ff. (198).

802 PTSG vom 14.09.1994, BGBl. I S. 2325, 2378, letzte Neufassung vom 24.03.2011, BGBl. I S. 506, ber. S. 941, 1535.

803 PSV vom 23.10.1996, BGBl. I S. 1535, zuletzt geändert durch Art. 4 S. 2 Nr. 2 Gesetz zur Neuregelung des Post- und Telekommunikationssicherstellungsrechts und zur Änderung telekommunikationsrechtlicher Vorschriften vom 24.03.2011, aaO.

804 Siehe hierzu *von Steinau-Steinrück/Glanz* NZA 2009, 113 (115); *Oetker* S. 51; *Däubler* S. 233 f.; *Müller* RdA 1982, 86 (96); *Menkens* RdA 1982, 101 (103); *Kissel* § 43 Rn. 142.

ge Speditionen sowie Express- und Kurierdienstleister zur ehemaligen Bundespost in Konkurrenz getreten sind,[805] fehlt es hier an Ausweichmöglichkeiten im vergleichbaren Umfang. Der Marktanteil der Deutschen Post AG am Briefgeschäft liegt bei 86,6 %.[806] Bei dem letzten großen, gegen sie geführten Streik im Jahr 2008, bei dem 5.000 Beschäftigte der Deutschen Post AG in 14 Städten für einen Tag die Arbeit niederlegten, erreichten rund 6 Millionen Briefe ihre Empfänger nur mit Verzögerung.[807] Da Art. 10 Abs. 1 GG nur die Vertraulichkeit der postalisch beförderten Sendung schützt,[808] aber keinen Schutz vor Verzögerungen beim Übermittlungsvorgang bietet, stellt sich die Frage, inwieweit sich ein Poststreik auf grundrechtlich geschützte Rechtspositionen Dritter auswirkt. Dies hängt zum einen vom Inhalt einer Briefsendung und zum anderen davon ab, ob sie durch telefonische Übermittlung, Fax oder Email ersetzt werden können.[809] Da der Aufrechterhaltung und Wiederherstellung der Gesundheit (Art. 2 Abs. 2 S. 1 GG) dienende Krankenunterlagen und ärztliche Befunde nicht zwingend auf dem Postweg übermittelt werden müssen,[810] führen streikbedingte Verzögerungen der Briefbeförderung in der Regel nur zu einer Beeinträchtigung der allgemeinen Handlungsfreiheit aus Art. 2 Abs. 1 GG und im Fall von Geschäftspost auch zu einer der Berufsfreiheit aus Art. 12 Abs. 1 GG und damit zu Beeinträchtigungen von Rechtspositionen, denen gegenüber Art. 9 Abs. 3 GG grundsätzlich der Vorrang gebührt.[811]

Zu bedenken ist aber, dass die genannten Kommunikationsalternativen dem Schriftformerfordernis im Sinne des § 126 BGB nicht genügen[812] und es deswegen bei dieser Form bedürftigen Erklärungen unter Abwesenden zu Problemen kommen kann, etwa der Abschluss von Verträgen erschwert, sogar vereitelt werden kann.[813]

Auch bei der Einlegung von Rechtsbehelfen können Probleme auftreten, soweit diese nicht per Fax oder per Email (mit elektronischer Signatur) erfolgen

805 *Rudkowski* S. 194.

806 Angabe der deutschen Post, abrufbar unter www.dp-dhl.com.

807 „Post-Streik – Briefkästen bleiben leer“, ZEIT ONLINE-Artikel von 1.04.2008, abrufbar unter www.zeit.de; „Sechs Millionen Briefe bleiben liegen“, FOCUS online-Artikel vom 2.04.2008, abrufbar unter www.focus.de.

808 Pieroth/Schlink Rn. 833, 829 ff.; GG-*Hofmann* Art. 10 Rn. 8.

809 Siehe hierzu *Däubler* S. 234, der im Jahr 1971 davon ausging, dass „Briefe in Eilfällen durch telegraphische oder telefonische Mitteilungen ersetzt werden“ könnten.

810 Siehe hierzu *Scherer* S. 122 f.; *Rudkowski* S. 195 f..

811 Siehe *Däubler* S. 234; *Rüthers* AuR 1987, 37 (45), denen zufolge Verzögerungen bei der Briefbeförderung hingenommen werden können.

812 BGHZ 121, 224 (229); Palandt-*Ellenberger* § 126 Rn. 12, 14, § 126 a Rn. 6 ff..

813 *Rudkowski* S. 196: „Die Vertragsfreiheit ist damit berührt.“

kann.[814] Die Prozessordnungen sehen zwar für den Fall, dass ein Verfahrensbeteiligter ohne sein Verschulden daran gehindert war, eine Frist einzuhalten, das Institut der Wiedereinsetzung in den vorherigen Stand vor, vgl. § 233 ZPO, § 44 StPO, § 46 Abs. 2 ArbGG, § 60 VwGO[815] und ermöglichen dadurch die Nachholung versäumter Prozesshandlungen. Allerdings wird die Wiedereinsetzung in dem Fall, dass ein Schriftsatz infolge von Streikmaßnahmen bei der Post erst nach Fristablauf eingeht, nicht gewährt, wenn er nach deren Bekanntwerden zur Post gegeben bzw. sein Zugang nicht nachgefragt worden ist.[816] Dann ist das Versäumnis der Frist verschuldet.[817]

Weiter ist daran zu denken, dass Ansprüche im Fall ihrer Verjährung nicht mehr durchgesetzt werden können, §§ 214 Abs. 1, 194 Abs. 1 BGB, bei Fristen wie der dreijährigen regelmäßigen Verjährungsfrist des § 195 BGB aber weder eine Wiedereinsetzung vorgesehen ist, noch eine Rückwirkung fingiert[818] werden kann. Werden aber Bürger durch einen länger andauernden Streik daran gehindert, ihre Rechte rechtzeitig geltend zu machen, oder wird ihnen dies auch nur erschwert, ist deren Beeinträchtigung erheblich.[819]

Durch Notstandsarbeiten lassen sich diese Auswirkungen des Streiks auf Dritte kaum abmildern. Erfolgen kann und muss die Übermittlung von Wahlbriefen bei Wahlen nach § 36 Bundeswahlgesetz (BWG) oder den entsprechenden Landesgesetzen.[820] Das Wahlrecht ist für eine Demokratie von grundlegender Bedeutung, seine Ausübung wegen der zu beachtenden Wahlrechtsgrundsätze aus Art. 38 Abs. 1 GG allerdings nicht telefonisch oder elektronisch möglich. Da sich die amtlichen Wahlbriefumschläge im Sinne des § 36 Abs. 4 S. 1 BWG aufgrund ihrer Optik von der sonstigen Post absetzen, ist eine selektive Beförderung möglich. Wegen des Postgeheimnisses aus Art. 10 Abs. 1 GG (§ 39 PostG) lässt sich im Übrigen nicht sicher zwischen Sendungen wichtigen Inhalts und

---

814 § 130 a ZPO; siehe auch zur Möglichkeit der Wahrung von Fristen durch Pdf-Dokument BGH NJW 2008, 2649 ff.; FG Düsseldorf EFG 2009, 1769 ff. bzw. die jeweiligen Landesverordnung über den elektronischen Rechtsverkehr bei den Verwaltungsgerichten und den Finanzgerichten (ERVVO VF/FG).

815 Siehe zur Zulassung verspäteter Kündigungsschutzklagen auch § 5 KschG.

816 BAG NZA 1994, 1149 (1150); *Kissel* § 74 Rn. 19; EK-*Kiel* § 5 KschG Rn. 17.

817 Siehe zum Verschulden bei Möglichkeit der Benutzung eines Telefaxgeräts LAG Düsseldorf NZA 1993, 142 ff. und zur Möglichkeit der Wahrung von Fristen durch Pdf-Dokument BGH NJW 2008, 2649 ff.; FG Düsseldorf EFG 2009, 1769 ff. bzw. die jeweiligen Landesverordnung über den elektronischen Rechtsverkehr bei den Verwaltungsgerichten und den Finanzgerichten (ERVVO VF/FG).

818 Vgl. § 167 ZPO.

819 *Rudkowski* S. 200.

820 *Kissel* § 43 Rn. 142.

unwichtigen Inhalts unterscheiden oder auch nur feststellen, ob dem Versender eine anderweitige Übermittlung zeitnah möglich ist.[821]

Tätigkeiten der Briefbeförderung durch die Deutschen Post AG können daher nur zeitlich befristet bestreikt werden dürfen. So darf *Rudkowski* zufolge ein Ausstand, insbesondere der Fahrer, Sortierer und Zulieferer, maximal zehn Tage andauern.[822] Daran anschließen soll sich eine Streikpause, die erst endet, wenn „die liegend gebliebenen Sendungen parallel zum laufenden Betrieb abgefertigt sind.[823]

Wie § 11 ff. PostG zielen auch §§ 78 ff. Telekommunikationsgesetz (TKG)[824] auf eine langfristige Sicherung der Versorgung der Bevölkerung ab und treffen keine Aussage für den streikbedingten Ausfall von Telekommunikationsdienstleistungen.

Bei der Telekommunikation ist zu bedenken, dass das einmal angeschlossene Festnetz, zu dem das Internet gehört, sowie das Mobilfunknetz funktionieren, ohne dass es hierzu eines Menschen bedürfte. Erst bei dem Auftreten von Störungen kommt es zu Beeinträchtigungen Dritter infolge von Arbeitsniederlegungen der im Stördienst, im Callcenter und beim technischen Kundendienst Beschäftigter. Hier drängt sich auf, dass zumindest das Abgeben eines Notrufs möglich bleiben muss, Wartungen und Entstörungen des Notrufsystems vorgenommen werden müssen.[825] Die Polizei, die Feuerwehr und der ärztliche Notdienst müssen jederzeit erreichbar sein, um Schäden von Leib und Leben abzuwenden.[826]

(9) Versorgung mit Bargeld und Zahlungsverkehr

Die Versorgung der Bürger mit Bargeld muss sichergestellt sein,[827] um diesen die Abwicklung alltäglicher Geschäfte zu ermöglichen. Der Einkauf von Lebensmitteln in Supermärkten und das Besorgen von Medikamenten in Apotheken kann zwar bargeldlos mittels Zahlungskarten, etwa Kredit- und Debitkarten bewerkstelligt werden, beispielsweise Taxifahrten sind hingegen mit Bargeld zu bezahlen, da bislang nur wenige Taxen mit Kartenlesegeräten ausgestattet sind.

821 *Kissel* § 43 Rn. 142; *Rudkowski* S. 202 f..

822 *Rudkowski* S. 200 f..

823 *Rudkowski* S. 203.

824 TKG vom 22.06.2004, BGBl. I S. 1190, zuletzt geändert durch dessen Art. 1 des Gesetzes vom 3.05.2012, BGBl. S. 958.

825 Ausführlich und differenzierend *Rudkowski* S. 204 ff. (218) m.w.N..

826 *Scherer* S. 122.

827 § 2 Nr. 8 Gesetzesvorschlag Carl Friedrich v. Weizsäcker-Stiftung 2012 NZA aktuell 7/2012 IX (X) ordnet die Versorgung mit Bargeld der Daseinsvorsorge zu.

Bargeld ist aber nicht nur an mit Bankangestellten besetzten Schaltern in geöffneten Bankfilialen, sondern auch an Geldausgabeautomaten erhältlich, also einer technischen Einrichtung zur Bargeldabhebung (oder auch –einzahlung) bei Geld- und Kreditinstituten (Banken und Sparkassen). Für die auch im Streikfall notwendige Versorgung mit Bargeld reicht es daher aus, wenn die Geldautomaten mit Geldnoten aufgefüllt und gewartet werden. Geleert werden müssen sie hingegen nicht. Sollte die Einzahlung von Bargeld ab einem gewissen Zeitpunkt streikbedingt nicht mehr möglich sein, ist dies hinzunehmen. Notstandsarbeiten am Schalter sind nicht erforderlich.

Fraglich ist, wie sich die Situation bei dem Zahlungsverkehr, „einem (weiteren) Bereich der Infrastruktur, der in einer funktionierenden Volkswirtschaft ebenfalls möglichst uneingeschränkt zur Verfügung stehen sollte“[828], darstellt. Beleglose wie belegbegleitete Überweisungen, also die vom Zahlenden ausgelöste Übertragung von Geld von einem bestimmten Konto bei einer Bank oder Sparkasse zu einem anderen Konto bei derselben oder einer anderen Bank oder Sparkasse,[829] wie auch Lastschriften, bei denen der Zahlungsvorgang vom Zahlungsempfänger ausgelöst wird, indem das Konto des Zahlenden mit einem Zahlungsbetrag belastet wird, dessen Höhe vom Zahlungsempfänger festgelegt worden ist,[830] müssen auch während eines Streiks im Bankwesen durchführbar bleiben. Die Abwicklung von Geschäften jeglicher Art würde durch eine auch diese Bereiche des Bankwesens voll umfassende Arbeitsniederlegung erheblich beeinträchtigt werden, der Wirtschaftsverkehr gar zum Erliegen kommen.

So sorgte der Anfang Dezember 2011 bundesweit geführte Streik bei der Postbank und ihren Tochterfirmen bereits im Vorfeld für viel Aufregung, vor allem weil die Postbank-Tochter Betriebs-Center für Banken (BCB) den Zahlungsverkehr vieler anderer Finanzinstitute abwickelt und von einem Streik bei dieser hochsensiblen Schnittstelle nicht nur die Kunden der Postbank, sondern auch die der Deutschen Bank, der Commerzbank, der Münchener HypoVereinsbank und der Landesbank HSH Nordbank betroffen sind[831]. Nach eigenen Angaben der Postbank entsteht bei bundesweiten Streiks eine „kritische bis existenzgefährdende Situation bereits nach 36 Stunden“. Da die Postbank auch als

---

828 Erläuterung v. *Franzen*, Gesetzesvorschlag Carl Friedrich v. Weizsäcker-Stiftung 2012 NZA aktuell 7/2012 IX (XI); siehe auch *Rieble* FA Arbeitsrecht 2012, 130 (130).

829 Siehe hierzu Palandt-*Sprau* § 675 f Rn. 29.

830 Siehe hierzu Palandt-*Sprau* § 675 f Rn. 32.

831 „Ab Donnerstag Streik bei der Postbank“, Abendblatt-Artikel vom 30.11.2011, abrufbar unter www.abendblatt.de; A“ Bundesweite Warnstreiks - Postbank-Ausstand verzögert Geldverkehr“, Manager-Magazin-Artikel vom 1.12.2011, abrufbar unter www.manager-magazin.de.

Dienstleister für Dritte auftrete, entstünden „wesentliche Risiken in zentralen Geschäftsbereichen“.[832]

Sich dessen bewusst, hatten sich Streik-Organisatoren und Postbank nach Angaben von ver.di darauf geeinigt, besonders sensible Systeme vom Streik auszunehmen und die Erbringung der für die Kunden wichtigen Leistungen durch u.a. die bei der Postbank verbliebenen Beamten[833] (ca. 9.000 von rund 20.000 Mitarbeiter) sicherzustellen.[834] Laut Erklärung eines Sprechers der Postbank konnten auf diese Weise die Auswirkungen des Arbeitskampfes, auch auf andere Banken, in Grenzen gehalten werden.[835]

In Bankfilialen erbrachte Dienstleistungen dürfen streikweise nicht vollumfänglich eingestellt werden. Soweit es bei ihrer Erbringung jedoch zu geringfügigen Verzögerungen und Einschränkungen aufgrund streikbedingter Unterbesetzung kommt, sind diese sowohl vom Zahlungspflichtigen wie auch vom Zahlungsempfänger grundsätzlich hinzunehmen.

Dies gilt ebenso für streikbedingte Störungen bei Kreditzusagen und –abwicklung.

d) Zusammenfassung

Festzuhalten ist, dass die Sozialpartner dafür zu sorgen haben, dass unter dem Aspekt der Notstandsarbeiten die Tätigkeiten verrichtet werden, die zur Wahrung der schutzwürdigen Grundrechtspositionen Dritter und damit zur Einhaltung des Grundsatzes der Verhältnismäßigkeit erforderlich sind.[836] Generell gilt dabei, dass die koalitionsmäßige Betätigung nicht weiter beschränkt werden darf, als es zum Ausgleich mit Art. 9 Abs. 3 GG kollidierender Grundrechtspositionen erforderlich ist; die Fähigkeit der Tarifvertragsparteien, im Zuge der Ta-

---

832 „Gefährliche Folgen - Postbank könnte Streik nicht lange aushalten“, Wirtschaftswoche-Artikel vom 28.11.2011 in Bezug auf eine Postbank-interne Analyse, abrufbar unter www.wiwo.de.

833 Näher hierzu unter § 5 I. 4. a.

834 „Wenig Auswirkung auf die Kunden - Bundesweiter Arbeitskampf bei Postbank auch am Montag“, Artikel vom 3.12.2011, abrufbar unter www.business-on.de.

835 Wie vorstehend.

836 Siehe hierzu auch *Löwisch* ZfA 1988, 137 (148 f.); § 11 Abs. 1 Gesetz zur Regelung kollektiver Arbeitskonflikte, Professorenentwurf 1988; siehe auch ArbG Berlin, Urt. v. 06.05.2008, Az.: 59 Ga 6988/08-juris; *Kissel* § 43 Rn. 125 geht davon aus, dass die dem Staat obliegende Pflicht, sich schützend und fördernd vor die Rechte des einzelnen Bürgers zu stellen, „mit der Kompetenzübertragung nach Art. 9 Abs. 3 GG auf die Tarifvertragsparteien übergegangen“ ist und deshalb die entsprechenden Notstandsarbeiten erfordert.

rifauseinandersetzung einen wirksamen Arbeitskampf zu führen, muss gewahrt bleiben.[837]

Dass mitunter mehr Arbeit geleistet wird als es „die zur Befriedigung der elementaren persönlichen, sozialen und öffentlichen Bedürfnisse erforderliche Grundversorgung" erfordert, ist u.a. darauf zurückzuführen, dass sich die streikführende Gewerkschaft in dem Dilemma befindet, mit der Drittbetroffenheit einerseits ihre Bedeutung und Wirkung aufzeigen und sich ‚auch Konkurrenzgewerkschaften gegenüber,[838] profilieren zu wollen[839], andererseits aber dadurch Gefahr zu laufen, den Rückhalt in der Gesellschaft zu verlieren.[840]

Je mehr Bürger vom Ausstand betroffen sind, desto größer ist erfahrungsgemäß der durch sie auf die Kampfparteien ausgeübte Druck, den Arbeitskampf zu beenden.[841] Dass die Bürger Beeinträchtigungen bei der Bewältigung ihres alltäglichen Lebens nicht klaglos hinnehmen[842] und sich gegen diese auflehnen, ist von der streikführenden Gewerkschaft beabsichtigt, geht es ihr doch gerade darum, durch die unmittelbare Betroffenheit der Bürger mittelbar möglichst großen Druck auf den Arbeitgeber auszuüben. Voraussetzung dafür ist aber, dass die Gesellschaft mit den um Verbesserung ihrer Arbeitsbedingungen kämpfenden Arbeitnehmern sympathisiert.[843] Kann sie kein Verständnis für die Streikenden aufbringen, wird dadurch die Streikbereitschaft der Arbeitnehmer geschwächt.[844] Dies kann dazu führen, dass der Streik seine Wirksamkeit verliert,

---

837 BVerfGE 92, 365 (393 ff.); BAG NZA 2007, 1055 (1057).

838 Vgl. „Im selben Zug", ZEIT ONLINE-Artikel vom 12.04.2011, abrufbar unter www.zeit.de.

839 Vgl. „Pro & Contra zum Tarifstreik – Lokführer im Recht? Contra: Lokführern geht es vor allem um sich. Die anderen Bahner sind ihnen egal", DIE ZEIT-Artikel Nr. 16 vom 14.04.2011, S. 2, abrufbar unter www.zeit.de.

840 *Lehmann*, FS Buchner, S. 529 (537); siehe auch *Gamillscheg* BB 1996, 212 (213), wonach Streiks im Verkehr stets die geballte öffentliche Meinung gegen sich haben.

841 *Kissel* § 43 Rn. 122; siehe zum Druck der öffentlichen Meinung auch BAGE 49, 303 (316); *Schliemann*, FS Bauer, S. 923 (924); *Pusch* S. 202 ff..

842 Vgl. *Lehmann*, FS Buchner, S. 529 (540); siehe auch „Pro & Contra zum Tarifstreik – Lokführer im Recht? Pro: Wettbewerb um die niedrigsten Löhne muss verhindert werden", DIE ZEIT-Artikel Nr. 16 vom 14.04.2011, S. 1, abrufbar unter www.zeit.de.

843 Siehe hierzu das Ergebnis der Umfrage des Meinungsforschungsinstituts Emnid für den Sender N24 anlässlich des Lokführerstreiks 2007, vgl. „Bahnstreik – Es fährt ein Zug oder auch nicht", Stern-Artikel vom 23.10.2007, abrufbar unter www.stern.de; siehe aber auch das Ergebnis der Umfrage des Meinungsforschungsinstituts Forsa für das Magazin „Stern", vgl. „Unterstützung für Lokführer schwindet", SternArtikel vom 24.10.2007, abrufbar unter wap.stern.de.

844 Siehe *Henniges* S. 25, dem zufolge gewerkschaftskritische oder gar –feindliche Tendenzen in der öffentlichen Meinung ambivalent wirken und entweder zu verstärkter Kampfbereitschaft und Solidarität oder zu Entmutigung und Resignation führen können.

wie es auch der Fall wäre bei einer von vornherein mit der Arbeitgeberposition solidarisierten Öffentlichkeit, die bereit ist, den Streik zu erdulden.[845] Je nachdem wie die Medien über die mit dem Kampf verfolgten Ziele, aber eben auch über die Art und Weise der Kampfführung berichten, richtet sich das Meinungsbild der breiten Öffentlichkeit aus. Allgemeine Stimmungslagen können die Verhandlungen der Tarifvertragsparteien wesentlich beeinflussen und dazu führen, dass im Interesse an „guter Presse" von zunächst als berechtigt empfundenen Zielen ganz oder teilweise Abstand genommen wird oder Kampfmaßnahmen nur eingeschränkt oder gar nicht ergriffen werden.[846] Überlegt sich die streikführende Gewerkschaft vor diesem Hintergrund genau, welche Einschränkungen sie der Bevölkerung zumuten will, ist nicht mehr das zur Wahrung der Grundrechte der vom Arbeitskampf betroffenen Dritten unbedingt Erforderliche ausschlaggebend für Art und Umfang der während eines Streiks zu erbringenden Leistungen. Anstelle der Grundbedürfnisse der im gesellschaftlichem Verbund lebenden Menschen wird auf deren Empfindlichkeit abgestellt, ganz bewusst von tiefgreifenden Beeinträchtigungen abgesehen.[847]

Hinzu kommt der Umstand, dass infolge der steigenden Privatisierungen und der zunehmend marktorientierten Ausrichtung öffentlich-rechtlicher Dienstleister sich auch einige zur Daseinsvorsorge gehörende Betriebe die Frage nach der Konkurrenzfähigkeit stellen müssen.[848] So ist angesichts des harten Konkurrenzdrucks etwa der rund 4.000 Bestattungsunternehmen in Deutschland ein die Würde des Menschen (Art. 1 Abs. 1 GG) verletzender[849] streikbedingter Ausfall kaum zu befürchten und zudem durch zahlreiche Ausweichmöglichkeiten kompensierbar.[850] Die Gewerkschaften sehen sich hier gezwungen, ihre Kampfführung zu mäßigen, wollen sie nicht den Verlust von Arbeitsplätzen ris-

845 *Pusch* S. 160.

846 Vgl. *Kissel* § 32 Rn. 45; *Bulla*, FS Nipperdey, Band 2, S. 79 (88) stellt fest, dass „der Einfluss der öffentlichen Meinung auf die Entscheidungen (...) der Sozialpartner, von Gewicht sein, sich gar als Korrektiv für gegensätzliche Auffassungen oder übertriebene Gruppenwünsche erweisen kann.".

847 Siehe zum Interesse der Gewerkschaft an einer „wohlwollenden öffentlichen Meinung" auch *Pachtner* S. 84.

848 Siehe *Rüthers* ZfA 1987, 1 (29) zur Situation der Fluggesellschaften: „Der streikbedingte Ausfall von Flügen führt zu unwiderlegbaren Ertragseinbußen. Die Verluste werden dadurch bekräftigt und gesteigert, dass das „Einspringen" der Konkurrenz auf bestreikten Linien zu Marktanteilsverlusten über die Streikzeit hinaus führt. Die Nachwirkungen sind lang anhaltend und auch durch verstärkte Marketing-Aktivitäten schwer auszugleichen."; siehe zur Situation der Presseunternehmen und der „Empfindlichkeit der Ware Zeitung" *Brodmann* S. 30 f..

849 *Scherer* S. 124.

850 *Rudkowski* S. 192 f..

kieren,[851] was wiederum den - auch im Streikfall auf die Erbringung der Leistung durch das Unternehmen angewiesenen - Dritten zu Gute kommt.

4. Ergebnis

Wie die Durchführung von Erhaltungsarbeiten ist auch die Durchführung von Notstandsarbeiten eine rechtliche Rahmenbedingung des Einsatzes von Kampfmitteln, die sichert, dass der Zweck der durch Art. 9 Abs. 3 GG garantierten Freiheit sowie deren Einbettung in die verfassungsrechtliche Ordnung gewahrt bleiben. Die Pflicht der Sozialpartner, die Durchführung dieser Arbeiten sicherzustellen, folgt aus dem Abwägungspostulat des Grundsatzes der Verhältnismäßigkeit als maßgebliches Prinzip für die Ausgestaltung dieser Freiheit durch die Rechtsordnung. Notstandsarbeiten stellen somit eine Beschränkung der Koalitionsbetätigungsfreiheit dar. Im Falle ihrer Verweigerung steht die koalitionsmäßige Betätigung, also die Kampfmaßnahme, wegen ihrer nachteiligen Auswirkungen auf Dritte außer Verhältnis zum angestrebten Ziel und ist rechtswidrig.[852]

III. Gesamtergebnis

Ein Arbeitskampf ohne Erhaltungs- und Notstandsarbeiten (Notarbeiten) verstößt vielfach gegen das Grundgesetz. Zum einen verzerrt er die Austragung des Tarifkonflikts zwischen den Tarifvertragsparteien, lässt sie unmöglich werden (Art. 9 Abs. 3 GG), zum anderen führt er zur Verletzungen weiterer Grundrechtspositionen der am Arbeitskampf unmittelbar Beteiligten und Nichtstreikenden (z.B. Art. 12, 14, 2 Abs. 1 GG) sowie sonstiger Dritter (z.B. Art. 2 Abs. 2 S. 1 GG).[853] Diese schädlichen Auswirkungen eines Arbeitskampfes sind allerdings nicht allein der kampfführenden Partei, sondern beiden Kampfparteien zuzurechnen. Andernfalls bliebe unberücksichtigt, dass die Arbeitgeber die Arbeitnehmer zur kollektiven Arbeitsniederlegung nahezu herausfordern, wenn sie die Arbeitsbedingungen nicht von selbst auf sich verändernde Lebensumstände

---

851 *Rüthers* AfP 1977, 305 (320): „Die Gewerkschaften selbst haben ein starkes Interesse, die Arbeitsplätze ihrer Mitglieder nicht selbst durch Streik zu zerstören.".

852 So auch EK-*Dieterich* Art. 9 GG Rn. 186; Däubler-*Reinfelder* § 15 Rn. 36 m.w.N. in Fn. 121.

853 Vgl. *Kalb* RdA 1994, 385 (390); *Pfohl* PersV 1993, 193 (197); *Löwisch/Mikosch* ZfA 1978, 153 (157 f.); ArbG Berlin, Urt. v. 06.05.2008, Az.: 59 Ga 6988/08-juris.

(Konjunkturschwankungen, Geldentwertung etc.) anpassen.[854] Dementsprechend obliegt die Pflicht zur Sicherstellung von Erhaltungs- und Notstandsarbeiten beiden Seiten im gleichen Maße,[855] wobei an dieser Stelle offen bleibt, wie diese Pflicht von der jeweiligen Partei zu erfüllen ist. Denkbare Formen der Erfüllung dieser Pflicht sind eigene Aktivitäten, Mitwirkung oder schlichte Duldung.[856]

854 Vgl. *Löwisch*, Arbeitskampf- und Schlichtungsrecht, 170.1 Rn. 50.

855 Brox/Rüthers-*Brox* Rn. 290 f., 349; *derselbe* JA 1981, 74 (75); *Ricker* NJW 1980, 157 (158).

856 *Kissel* § 43 Rn. 90.

§ 3 Pflicht der Arbeitnehmer zur Leistung von Notarbeiten und Auswahl

Nachdem die Pflicht der Sozialpartner zur Leistung von Erhaltungs- und Notstandsarbeiten dargestellt wurde, ist im Folgenden zu untersuchen, aus welchem Rechtsgrund die einzelnen Arbeitnehmer des bestreikten Betriebes verpflichtet sind, diese Arbeiten zu erbringen.

Der gewerkschaftliche Streikaufruf berechtigt grundsätzlich alle Arbeitnehmer, ob organisiert oder nichtorganisiert, zur Teilnahme am Streik.[857] Da das Ergebnis einer Tarifauseinandersetzung auch den Außenseitern zu Gute kommt, ob nun infolge einer Allgemeinverbindlichkeitserklärung im Sinne des § 5 TVG oder kraft einzelvertraglicher Bezugnahme oder kraft betrieblicher Übung der Übernahme, ca. 90 % der Arbeitsverhältnisse sind tariflich geregelt,[858] kämpfen diese gleichfalls um ihre Arbeitsbedingungen, soweit sie dem Streikbeschluss folgen und die Arbeit niederlegen.[859] Dürften Außenseiter nicht an einem Streik teilnehmen, wäre angesichts des niedrigen Organisationsgrades von ca. 20 %[860] insgesamt fraglich, ob die Gewerkschaften mit der Arbeitsniederlegung ihrer Mitglieder überhaupt einen spürbaren Druck auf den Arbeitgeber ausüben könnten. Die Sonderproblematik der hochgradig organisierten (80-90 %[861]) kleinen Spartengewerkschaften soll hier außer Acht bleiben.[862]

Die arbeitskampfbedingte Unterbrechung der ordnungsgemäßen Erfüllung des Arbeitsvertrages stellt an sich einen bewussten Vertragsbruch dar. Als Ausnahme zu dem zivilrechtlichen Grundsatz „pacta sunt servanda“ wird die Teilnahme eines Arbeitnehmers an einem rechtmäßigen von einer Gewerkschaft geführten Streik allerdings nicht als vertragsbrüchiges Verhalten angesehen. „Die kollektivrechtliche Rechtmäßigkeit des Streiks überlagert die aus dem (individualrechtlichen) Arbeitsvertrag resultierende Arbeitspflicht“ mit der Folge, dass

---

857 BAG RdA 1971, 185 (189); NZA 2003, 866 (868); *Buschmann* AuR 1980, 230 (233); *Däubler* AuR 1981, 257 (263); *Hirschberg* RdA 1986, 355 (357); *Gamillscheg* S. 994; *Kissel* § 43 Rn. 48.

858 siehe hierzu *Wendeling-Schröder*, FS Wissmann, S. 174 (177); *Zöllner/Loritz/Hergenröder* S. 377.

859 Vgl. BAG RdA 1971, 185 (189); *Gamillscheg* S. 994; *Otto* § 6 Rn. 11.

860 siehe hierzu *Rieble* RdA 2005, 200 (202), insbesondere Fn. 22 m.w.N.; siehe auch *Dribbusch*, WSI-Diskussionspapier Nr. 172, S. 28, 30; siehe auch B/P/S/U-Grundl. Rn. 176, wonach der gewerkschaftliche Organisationsgrad unter 30 % liegt.

861 So die gewerkschaftseigene Angabe, vgl. ArbG Frankfurt, Urt. v. 27.03.2012, Az.: 10 Ca 3468/11-juris, Rn. 3.

862 Siehe näheres unter § 3 III. 3. c), § 2 I. 2. a).

die im Synallagma stehenden arbeitsvertraglichen Hauptpflichten währenddessen suspendiert sind.[863] Das bedeutet, dass die Arbeitnehmer nicht zur Erbringung der vertraglich geschuldeten Arbeitsleistung verpflichtet sind, um derentwillen sie eingestellt wurden und der Arbeitgeber ihnen keinen Lohn entrichten muss.[864] Wenn die Arbeitspflicht infolge der Suspension ruht, kann der Arbeitnehmer nicht mehr aufgrund seiner arbeitsvertraglichen Hauptleistungspflicht zur Verrichtung von Notarbeit herangezogen werden. Werden aber während eines Arbeitskampfes keine Notarbeiten geleistet, nimmt die Kampfmaßnahme einen die Realisierung eines neu ausgehandelten Tarifs und dem verbunden die Tarifautonomie gefährdenden Umfang an. Insoweit steht die Rechtfertigungswirkung des gewerkschaftlichen Streiks zu dessen Ziel in einem Widerspruch.[865]

I. Notarbeiten als vereinsrechtlich zu leistender Beitrag

Die aus der Suspendierung folgenden Probleme werden vermieden, wenn man die Pflicht des Gewerkschaftsmitglieds, Notarbeiten zu leisten, als einen gegenüber der Gewerkschaft zu leistenden vereinsrechtlichen Beitrag im Sinne des § 58 BGB ansieht.[866]. Nach Lauschke steht die Verrichtung von Notarbeit der einem Streik eigentümlichen Zurückhaltung der Arbeitsleistung nicht entgegen, da das gemeinsame Niederlegen der Arbeit nicht gleichbedeutend mit Nichtarbeit sei. Bei einem Streik gehe es allein darum, dem Arbeitgeber die im Arbeitsvertrag begründete wirtschaftliche Nutzung der Arbeitskraft der Streikenden zu entziehen. Damit sei die Durchführung von Erhaltungsarbeiten durchaus vereinbar, da aus ihr der vom Arbeitgeber angestrebte Mehrwert gerade nicht erwachse. Aber auch die Erbringung von Notstandsarbeiten in besonders großem Umfang erfolge im Interesse der Streikenden. Zwar könne in dem Fall kein nennenswerter wirtschaftlicher Druck auf den Arbeitgeber ausgeübt werden, jedoch blieben die rechtlichen Grenzen des von der Gewerkschaft geführten Streiks gewahrt, der Arbeitskampf somit legitim.[867] Lauschke zufolge trägt die den Arbeitgeber angreifende und dadurch die Betriebsstörung veranlassende Gewerkschaft die Verantwortung für die Verrichtung der Notarbeiten und damit auch

863 *Heckelmann* S. 17; ähnlich *Apfel* S. 169 f..

864 BAGE 76, 196 (201).

865 So auch *Heckelmann* S. 17; *Schiffer* S. 65 ff.; *Apfel* S. 169.

866 *Lauschke* S. 73; siehe auch *Leinemann* DB 1971, 2309 (2314).

867 *Lauschke* S. 73 ff..

dafür, dass diese den Umfang des im Streik Notwendigen nicht unterschreiten.[868] Indem die Gewerkschaft die erforderlichen Arbeiten durchführen lasse, erfülle sie eine ihr dem Arbeitgeber gegenüber obliegende kollektivrechtliche Verpflichtung. Der mit Notarbeiten betraute Arbeitnehmer erbringe mit seiner Tätigkeit satzungsmäßig vorgesehene Geschäfte der Gewerkschaft im Sinne von §§ 675, 662 BGB. In der Arbeitsleistung liege die Beitragsleistung im Sinne des § 58 BGB, sie werde daher unentgeltlich erbracht.[869] Die gewerkschaftliche Streikunterstützung stelle keine Gegenleistung für die Leistung der Notarbeiten dar, sie werde den Mitgliedern davon unabhängig gezahlt.[870]

Auf den ersten Blick löst Lauschke damit das Problem der suspendierten Arbeitsleistungspflicht. Wird der Notarbeiter aufgrund seines Mitgliedsverhältnisses tätig, spielt die Suspendierung der arbeitsvertraglichen Hauptleistungspflicht nämlich keine Rolle mehr. Auf den zweiten Blick zeigt sich aber, dass die Gewerkschaft vereinsrechtlich durch Satzung ihren Mitgliedern Rechte einräumen und Pflichten auferlegen, jedoch keine Pflichten von Dritten (Nicht- und Andersorganisierte) oder Dritten gegenüber (Arbeitgeber) begründen kann.[871]

Soweit auch nicht organisierte Arbeitnehmer Notarbeit verrichten, handelt es sich dabei nach Lauschke um einen Solidaritätsbeitrag zur Erreichung des gemeinsamen Kampfziels. [872] Er geht dabei von einer zwischen allen Arbeitnehmern existierenden Solidarität aus, die es erlaubt, die Arbeitnehmerschaft als Einheit zu werten, so dass die Gewerkschaft auch nicht- und andersorganisierte Arbeitnehmer des von ihr bestreikten Betriebes zur Notarbeit heranziehen dürfe.

Dies trifft sowohl in der Rechtsprechung[873] als auch in der überwiegenden Literatur[874] seit jeher auf Ablehnung: „Die Vorstellung der Solidarität aller Arbeitnehmer, unabhängig von der Gruppenzugehörigkeit und jeder Interessenverschiedenheit, läuft auf eine reine Fiktion heraus.“ Mit dem Hinweis auf das Erbringen eines Solidaritätsbeitrages kann eine den nicht und auch anders organisierten Arbeitnehmern obliegende Pflicht zur Durchführung von Notarbeiten

868 *Lauschke* S. 47 ff..

869 *Lauschke* S. 75.

870 *Lauschke* S. 74 f..

871 *Fenn* DB 1982, 430 (433); *Schell* BB 1969, 1179 (1180); *Apfel* S. 133; *Heckelmann* S. 15; *Schiffer* S. 59.

872 *Lauschke* S. 73.

873 BAG NJW 1981, 937 (938).

874 *Leinemann* DB 1971, 2309 (2313); *Wiedemann* RdA 1969, 321 (326); *Heckelmann* S. 15; siehe *von Steinau-Steinrück/Glanz* NZA 2009, 113 (114), denen zufolge spätestens nach Aufgabe der Tarifeinheit „mit einer Entsolidarisierung zwischen den in Spartengewerkschaften organisierten Spezialisten und den in Massengewerkschaften organisierten übrigen Mitarbeiten zu rechnen“ ist.

nicht begründet werden. Auch sie besitzen das aus Art. 9 Abs. 3 GG folgende Recht an einem Streik teilzunehmen.[875] Könnte aber die streikführende Gewerkschaft zu eigenen Zwecken auf diesen Personenkreis zugreifen, würde die negative Koalitionsfreiheit verletzt werden. Zudem vermag die sog. „soziale Wirklichkeit" keine Rechtswirkungen zu begründen. Rechtswirkungen entstehen nur durch Gesetz oder Rechtsgeschäft.[876] Dass „Solidarität" weder ein Recht noch eine Pflicht zur Leistung von Notarbeit begründet, gilt auch hinsichtlich aller Arbeitswilligen, unabhängig von deren Organisationsgrad.

Stehen zur Notarbeit lediglich die Mitglieder der streikführenden Gewerkschaft zur Verfügung, kann diese angesichts der Mehrheit der gewerkschaftsfreien Arbeitnehmer gar nicht, zumindest nicht in dem erforderlichen Umfang, durchgeführt werden. Unter Berücksichtigung des von Wirtschaftszweig zu Wirtschaftszweig zwar unterschiedlichen, insgesamt jedoch niedrigen Organisationsgrades der Arbeitnehmerschaft, lassen sich Notbelegschaften regelmäßig nicht nur aus Gewerkschaftsmitgliedern zusammen stellen.[877] Deswegen führt auch die Überlegung nicht weiter, die Gewerkschaft könne Ansprüche aus dem Mitgliedschaftsverhältnis an Dritte abtreten bzw. in der Satzung festlegen, dass der von den Mitgliedern zu leistende Beitrag, hier die Erbringung von Notarbeiten, nicht ihr, sondern Dritten, also den jeweils bestreikten Arbeitgebern, zustehe.[878]

Mangels einer ihm gegenüber bestehenden Leistungspflicht der zur Durchführung der Notarbeiten benötigten Arbeitnehmer, wäre der Arbeitgeber nicht in der Lage, die Verrichtung der Notarbeiten einzufordern und gegebenenfalls gegen zur Notarbeit abgestellte, aber sich verweigernde Arbeitnehmer vorzugehen. Sich aus der Satzung ergebende Rechte und Pflichten sind ausschließlich Verbandsrecht, d.h. sie verpflichten die Verbandsorgane und Verbandsmitglieder zur Beachtung, entfalten darüber hinaus aber keine Rechtswirkung. [879] Das bedeutet, von Außenstehenden - wie es die jeweils bestreikten Arbeitgeber sind - könnte weder ein satzungsgemäßes Verhalten eingefordert, noch über § 280 Abs. 1 BGB Ersatz des Schadens verlangt werden, der durch satzungswidriges Verhalten entstanden ist. Die Verletzung satzungsmäßiger Pflichten hat lediglich gewerkschaftsinterne Folgen.[880]

---

875 BAG RdA 1971, 185 (189); *Gamillscheg* S. 994; *Otto* § 6 Rn. 11.

876 *Leinemann* DB 1971, 2309 (2313); nach *Heckelmann* S. 15 ist der „dubiose Solidaritätsgrundsatz" eher ein „soziologisches Phänomen" dann ein „Rechtsprinzip".

877 Siehe hierzu *Apfel* S. 133; *Fenn* DB 1982, 430 (433).

878 Siehe hierzu MünchArbR-*Löwisch/Rieble,* 2. Auflage, § 280 Rn. 20.

879 *Kissel* § 43 Rn. 99; *Reuß* AuR 1975, 1 (3); *von Rosenstiehl* S. 35; *Schiffer* S. 42, 59.

880 *Schiffer* S. 59.

Zudem wäre der Arbeitgeber bei einer mitgliedschaftlichen Begründung der Leistungspflicht seines aus dem Arbeitsverhältnis folgenden Direktionsrechts im Sinne von § 106 GewO und damit der Möglichkeit entledigt, die Durchführung der Notarbeiten anzuleiten.[881] Die Leitung und Überwachung der Notarbeiten müsste durch die Gewerkschaft erfolgen.[882] Dies aber würde voraussetzen, ihr für die Dauer des Streiks umfassende Befugnisse im Betrieb einzuräumen.[883] Im Hinblick auf die Organisation und Durchführung von Notarbeiten müsste die Gewerkschaft in eine Art Arbeitgeberstellung eintreten und die damit korrespondierenden Pflichten übernehmen.[884] Zwar muss die Gewerkschaft Lauschkes Modell zufolge den Notarbeitern keinen Lohn entrichten, aber für deren Sozialversicherungsschutz sorgen und die Last der arbeitgeberischen Fürsorge tragen.[885] Weiter müsste die Gewerkschaft die sonst dem Arbeitgeber obliegenden betrieblichen Verkehrssicherungspflichten und das damit verbundene Haftungsrisiko übernehmen.[886] Würden bei der Durchführung der Notarbeiten Fehler unterlaufen, gar Menschen oder auch nur die Betriebsanlagen und –einrichtungen Schaden nehmen, müsste die Gewerkschaft wegen Verletzung ihrer Pflicht zur sachgerechten Erbringung dieser Arbeiten haften, denn die zur Notarbeit herangezogenen Arbeitnehmer wären „Erfüllungsgehilfen der Gewerkschaft, für die diese nach § 278 BGB einzutreten hätte".[887] Vor diesen Haftungsfolgen scheuen aber selbst die Gewerkschaften zurück.[888]

Aufgrund der aufgezeigten Schwächen scheitert der Versuch der Begründung einer Pflicht der Arbeitnehmer, Notarbeiten als einen gegenüber der Gewerkschaft zu erbringenden Beitrag zu leisten.

---

881 *Heckelmann* S. 15.

882 So etwa *Leinemann* DB 1971, 2309 (2314).

883 Dagegen *Hirschberg* RdA 1986, 355 (357); *Kraus* S. 61 f..

884 Dagegen LAG Niedersachsen AuR 1981, 285 (287); *Heckelmann* S. 14.

885 Siehe hierzu *Lauschke* S. 76; aber auch *Fenn* DB 1982, 430 (433); *Oetker* S. 70; *Kissel* § 43 Rn. 95.

886 Dagegen *Fenn* DB 1982, 430 (433); *Löwisch/Mikosch* ZfA 1978, 153 (165); *Apfel* S. 133; *Heckelmann* S. 14; LAG Niedersachsen AuR 1981, 285 (287); *Kissel* § 43 Rn. 95.

887 *Löwisch/Mikosch* ZfA 1978, 153 (165); siehe auch *Lauschke* S. 77: „Sofern durch die Notarbeiten oder in deren Verlauf bei dem bestreikten Arbeitgeber Schäden entstehen, haftet bei leichtem Verschulden des Notarbeiters hierfür regelmäßig nur die Gewerkschaft für ihren Erfüllungs- oder Verrichtungsgehilfen (§§ 278 bzw. 278 analog oder 831 BGB)."

888 *Heckelmann* S. 14.

II. Arbeitsvertragliche Herleitung

Auf den Organisationsgrad der Belegschaft des Betriebes kommt es dann nicht an, wenn die Pflicht zur Erbringung von Notarbeiten aus dem mit jedem Arbeitnehmer abgeschlossenen Arbeitsvertrag herrührt, d.h. auf individualrechtlicher Ebene angesiedelt ist. Allerdings ist die Anknüpfung an die dem Arbeitgeber geschuldete vertragliche Hauptverbindlichkeit durch den Widerspruch geprägt, dass trotz der streikbedingten Suspendierung der Arbeitsleistungspflicht eine den Arbeitnehmern obliegende Pflicht zur Leistung von Arbeit unter dem Aspekt der Erhaltungs- und Notstandsarbeiten angenommen wird.[889]

Es gilt diesen Widerspruch aufzulösen.

1. Arbeitsvertragliche Treuepflicht

Zu untersuchen ist, ob zur Umgehung des Hindernisses der Suspendierung der Arbeitsleistungspflicht auf die darüberhinausgehenden arbeitsvertraglichen Pflichten der Arbeitnehmer zurückgegriffen werden kann. Durch einen rechtmäßigen Streik wird lediglich die Arbeitsleistungspflicht suspendiert, der Fortbestand des Arbeitsverhältnisses mit jenen Vertragspflichten, die aus „der Verbundenheit mit dem Betrieb" folgen, bleibt hingegen unberührt.[890] Dem Inhalt dieser sogenannten arbeitsvertraglichen Nebenpflichten nach haben die Arbeitnehmer ihre arbeitsvertraglichen Rechte so auszuüben und ihre Pflichten so zu erfüllen und die im Zusammenhang mit dem Arbeitsverhältnis stehenden Interessen des Arbeitgebers so zu wahren, wie dies von ihnen unter Berücksichtigung ihrer Stellung im Betrieb nach Treu und Glauben billigerweise erwartet werden kann.[891]

„Der ältere Begriff „Treuepflicht", der eine selbstständige neben der Arbeitspflicht stehende und von dieser unabhängige Verhaltenspflicht bezeichnete, hat heute nur noch historischen Wert."[892]

---

889 *Heckelmann* S. 17; *Schiffer* S. 65 ff..

890 *Schell* BB 1969, 1179 (1180); Brox/Rüthers-*Brox* Rn. 291.

891 Siehe hierzu EK-*Preis* § 611 BGB Rn. 708; *Bertele*; Rechtsnatur und Rechtsfolgen der Aussperrung 1960, S. 104 f.; Während nach BAG NZA 1991, 141 (142) der Arbeitnehmer alles zu unterlassen hat, „was dem Arbeitgeber oder dem Betrieb abträglich ist", stellt BAG NZA 2010, 693 (694) darauf ab, ob „eine Gefährdung oder Beeinträchtigung der Interessen des Arbeitgebers vorliegt."

892 D/L/W-*Dörner* 3, 336; EK-*Preis* § 611 BGB Rn. 707; siehe zum Begriff der Treupflicht und dem überkommenen Verständnis des Arbeitsverhältnisses als personenrechtliches Gemeinschaftsverhältnis sowie dem Grundsatz von Treu und Glauben *Leinemann* DB 1971, 2309 (2310); *Schiffer* S. 60 ff. m.w.N..

Die Nebenpflichten verpflichten die Arbeitnehmer zum einen, alles zu unternehmen, damit der vertraglich vereinbarte Leistungszweck erreicht wird und alles zu unterlassen, was ihn vereiteln würde (unselbstständige Nebenpflichten).[893] Zum anderen halten sie die Arbeitnehmer dazu an, in Notfällen (Brände, Überschwemmungen etc.) Arbeiten zur Vermeidung drohender Schäden oder zur Beseitigung bereits eingetretener Schäden und sonstiger Missstände zu verrichten, auch wenn deren Leistung individualvertraglich nicht geschuldet ist (selbstständige Schutzpflichten).[894]

Diese Pflichtenbindung steht der Teilnahme an einem gewerkschaftlich geführten Streik um tariflich Regelbares nicht entgegen. Die Arbeitnehmer müssen auch unter dem Aspekt der „Treue" ihrem Arbeitgeber gegenüber nicht tätig werden, um jegliche Art von während eines Streiks drohenden Schäden abzuwenden und bereits eingetretene Schäden zu beseitigen,[895] also nicht auch rein wirtschaftlich schädigendes Verhalten unterlassen.[896] Das aus der fortbestehenden Pflichtenbindung des Arbeitsverhältnisses resultierende Schädigungsverbot kann daher allenfalls eine Grundlage für die Pflicht der Arbeitnehmer zur Erbringung von Notarbeiten bieten,[897] wobei unterschiedlich beurteilt wird, ob der Arbeitgeber nur berechtigt sein soll, die Betriebsstätte und -einrichtungen erhaltende Arbeiten einzufordern[898] oder ob er darüber hinaus auch Arbeiten durchführen lassen kann, die primär Dritte und damit außerhalb des Arbeitsverhältnisses stehende Personen vor Schaden bewahren.[899]

Eine Stellungnahme hierzu erübrigt sich, weil schon die Heranziehung der den Arbeitnehmer obliegenden Nebenpflichten als Grundlage einer Pflicht zur Arbeitsleistung nicht überzeugt.[900] Pflichtinhalt ist das *Unterlassen* von Schädigungshandlungen, nicht aber das *Handeln* zur Schadensvermeidung oder auch

---

893 D/L/W-*Dörner* 3, 340.

894 *Apfel* S. 155 f; *Schell* BB 1969, 1179 (1180).

895 *Schell* BB 1969, 1179 (1180).

896 *Bertele* S. 105, 112; *Schell* BB 1969, 1179 (1180).

897 So etwa *Bertele* S. 113; *Schell* BB 1969, 1179 (1180); *Hoeniger* RdA 1953, 204 (209); Brox/Rüthers-*Brox* Rn. 291; *Pfohl* PersV 1993, 193 (198); siehe auch Arbeitskampfleitfaden für die Bauwirtschaft, Stand 5/2002, S.7.

898 So etwa *Bertele* S. 112 ff..

899 In diese Richtung weisend *Löffler* NJW 1962, 1601 (1603); *Zachert* ZfS 1966, 129 (144 f.); LAG Hamm NZA-RR 2007, 250 (251); ablehnend *Oetker* S. 58; kritisch auch *Hensche/Wolter*, GS Zachert, S. 544 (552).

900 Siehe hierzu die „diffuse Begrifflichkeit und verfassungsrechtliche Fragwürdigkeit" der Treuepflicht im Zusammenhang mit dem Rechtsgrund für die Notdiensteinteilung beklagend *Buschmann* AuR 1980, 230 (234); Anm. desselben AuR 1995, 39 (39), wonach „Herleitungen aus einer Treuepflicht der Arbeitnehmer ebenso überflüssig wie substanzlos" sind.

nur –begrenzung. Die Arbeitnehmer sind lediglich dazu verpflichtet, den ihnen vom Arbeitgeber anvertrauten oder ihnen zugänglichen Sachen (Arbeitsstoffe, Geräte, Maschinen) drohende Schäden oder Gefahren rechtzeitig anzuzeigen und u.U. diese selbst zu reparieren,[901] die Erbringung von Arbeitsleistung soll aber nur im Notfall ausnahmsweise eingefordert werden können.[902] Bei einem von der Rechtsordnung anerkannten Streik handelt es sich jedoch nicht um einen Notfall in diesem Sinne, so dass eine Übertragung der durch eine Katastrophe ausgelösten Handlungspflichten auf die Situation der Arbeitsniederlegung infolge eines Streiks ausscheidet.

Bei einem Streik geht es um das Unterlassen eines Handelns, um die Zurückhaltung der vertraglichen Arbeitsleistung. Bei der Notarbeit geht es hingegen gerade um eben dieses Handeln, um die Erbringung der vertraglichen gewohnten Arbeit[903]. Notarbeit wird üblicherweise von den Arbeitnehmern durchgeführt, deren vertraglich geschuldete Arbeit im Streikfall Notarbeit ist,[904] denn nur diese Arbeitnehmer sind in der Regel auf Grund ihrer Ausbildung und Stellung im Betrieb zur Durchführung dieser Arbeiten geeignet.[905] Da bei Streikausbruch unverzüglich mit der Durchführung von Notarbeiten zu beginnen ist, verbleibt keine Zeit zur Einarbeitung.[906] Setzen zu den Notarbeiten zählende Tätigkeiten spezielle Kenntnisse und Fertigkeiten voraus, können diese auch nur von den spezielle Kenntnisse und Fertigkeiten aufweisenden Arbeitnehmern verrichtet werden. Durch den Einsatz anderer Arbeitnehmer würde im Zweifel dasselbe Ergebnis erzielt werden wie bei Nichtarbeit.[907] Zudem würde er auf rechtliche Bedenken stoßen, verbietet doch beispielsweise der im allgemeinen Arztrecht geltende Grundsatz der persönlichen Leistungserbringung durch den Arzt in Diagnostik und Therapie die Übernahme von Tätigkeiten durch nichtärztliche Mitarbeiter[908].

Wenn aber die Erbringung von Notarbeiten mit der Erbringung der vertraglich geschuldeten Arbeitsleistung gleichzusetzen ist, würde bei Heranziehung der „Treuepflicht" zur Begründung einer Pflicht zur Erbringung von Notarbeiten die Hauptleistungspflicht des Arbeiternehmers zur Nebenpflicht degradiert wer-

---

901 D/L/W-*Dörner* 3, 432.

902 *Leinemann* DB 1971, 2309 (2310).

903 *Apfel* S. 169.

904 *Apfel* S. 169; *Oetker* S. 58; *Schiffer* S. 65.

905 *Schiffer* S. 88.

906 *Otto* § 12 Rn. 31: „Der Ersatz durch nichteingearbeitete Kräfte ist anfangs bzw. für kurze Zeit zumeist nicht effektiv.".

907 *Kraus* S. 53, Fn. 235.

908 *Tönnis* Pflege aktuell 2000, 290 (290).

den.[909] Erbringt der zur Notarbeit eingeteilte Arbeitnehmer inhaltlich seine Hauptleistungspflicht, sollte ihm auch die Hauptgegenleistung des Arbeitgebers zustehen. Anders als die Arbeitsleistungspflicht stehen die vertraglichen Nebenpflichten aber nicht im Synallagma mit der Lohnzahlungspflicht, wie es die §§ 320 ff BGB voraussetzen.[910] Die „Treuepflicht" kann demnach nicht die Weiterzahlung des Lohns und die Entrichtung der Versicherungsbeiträge begründen sowie einen Anhalt für Steuerabzüge bieten.[911] Als Pendant der suspendierten Hauptleistungspflichten auf Arbeitgeberseite müsste dann die Fürsorgepflicht herhalten, was die mit der Heranziehung der „Treuepflicht" bezweckte Unterwanderung der Suspendierungswirkung komplett machen würde.

Arbeitsvertragliche Nebenpflichten kommen als Grundlage für die Verpflichtung zur Durchführung von Notarbeiten somit nicht in Betracht.[912]

Es bleibt, die arbeitsvertragliche Hauptleistungspflicht einer intensiven Untersuchung zu unterziehen.

2. Arbeitsvertragliche Hauptleistungspflicht

Im Hinblick auf das synallagmatische Leistungsgefüge des Arbeitsverhältnisses liegt es nahe, die Arbeitsleistungspflicht der zur Erbringung von Notarbeiten benötigten Arbeitnehmer fortbestehen zu lassen und sie als Grundlage der Pflicht zur Erbringung von Notarbeiten heranzuziehen. Zum einen behalten die Arbeitnehmer dann ihre Ansprüche auf Lohn und Fortführung der Sozialversicherung, werden also „arbeitsrechtlich genau so behandelt wie in Zeiten des Arbeitsfriedens".[913] Zum anderen bleibt der Arbeitgeber „Herr des Betriebes"[914] und kann kraft seines arbeitsvertraglich begründeten Direktionsrechtes die seinen Weisungen unterstehenden Notarbeiter einteilen und die Durchführung der Arbeiten im Einzelnen überwachen.[915]

Der Widerspruch zwischen Arbeitsleistungspflicht und deren Suspendierung lässt sich aber nur auflösen, wenn die Heranziehung der Arbeitnehmer zur

---

909 *Apfel* S. 168 f.; *Schiffer* S. 65.

910 *Kraus* S. 54; siehe auch *Schiffer* S. 65.

911 *Heckelmann* S. 17; *Oetker* S. 58, *Löwisch/Mikosch* ZfA 1978, 153 (164 f.).

912 So auch Anm. v. *Buschmann* AuR 1995, 39 (39); *Schiffer* S. 65.

913 *Apfel* S. 134, 187 f.; siehe auch *Löwisch/Mikosch* ZfA 1978, 153 (165); *Otto* § 8 Rn. 34.

914 *Hirschberg* RdA 1986, 355 (357).

915 *Schell* BB 1969, 1179 (1180); *Apfel* S. 152 f.; *Fenn* DB 1982, 430 (433); *Löwisch/Mikosch* ZfA 1978, 153 (165); *Heckelmann* S. 24; *Däubler* AuR 1981, 257 (263); *Wiese* NZA 1984, 378 (382); *Kraus* S. 173; *Otto* § 8 Rn. 34.

Erbringung von Notarbeiten eine Suspendierung gar nicht eintreten lässt bzw. eine bereits eingetretene Suspendierung beseitigt.[916]

Nach *Apfel* kann die „dem Kollektivakt wesensfremde“ arbeitsvertragliche Leistungspflicht infolge der Suspendierung „nur insoweit verdrängt sein, als aus ihr Tätigkeiten verlangt werden können, die zur Kollektivaktion in Widerspruch stehen“.[917] Notarbeiten seien dem Streik aber „nicht wesensfremd, sondern gerade eigentümlich“,[918] die Arbeitsleistungspflicht der Notarbeiter daher nicht verdrängt. Diese Überlegungen fußen auf der Entscheidung des Bundesarbeitsgericht vom 28.01.1955[919]. In Zeiten, in denen die Streikteilnahme eines Arbeitnehmers den Arbeitgeber zur Kündigung berechtigte, führte das Bundesarbeitsgericht aus: „Der Arbeitskampf als einheitliches Geschehen darf nicht kollektivrechtlich anders behandelt werden als individualrechtlich. (...) Entweder ist der Arbeitskampf im kollektivrechtlichen Bereich des Arbeitsrechts legitim, dann kann er, da er ein einheitlicher Akt ist, nicht im Individualrecht des Arbeitsvertrages rechtswidrig sein. Oder aber er ist wegen der Kollision mit dem Individualrecht des Arbeitsvertrages rechtswidrig, dann muss er es total, also auch für den Rechtskreis des kollektiven Arbeitskampfrechts sein. Es ist aber nicht gerechtfertigt, innerhalb des gleichen Rechtsgebietes, des Arbeitsrechts, dasselbe kollektive Handeln hier als rechtmäßig, dort als rechtswidrig anzusehen.“[920]

Apfel fasst zusammen: „Was auf kollektivrechtlicher Ebene rechtmäßig ist, muss auch auf individualvertraglicher Ebene rechtens sein“ und umgekehrt, muss die kollektivrechtliche Rechtswidrigkeit auch zur individualrechtlichen Rechtswidrigkeit führen.[921] Da, wie bereits dargelegt, die Verweigerung der Notarbeiten auf kollektivrechtlicher Ebene rechtswidrig ist, kann die Verweigerung von Notarbeiten auch auf individualrechtlicher Ebene nicht rechtmäßig sein.[922]

Ohne sich näher mit dem von *Apfel* vorgebrachten Wesens-Argument und sich damit der diesem entgegengebrachten Kritik der mangelnden Klarheit und der Unverbindlichkeit[923] auseinandersetzen zu wollen, ist ihm dahingehend zuzustimmen, dass die arbeitsvertragliche Leistungspflicht nur insoweit der suspendierenden Wirkung unterliegt, als dass deren Erfüllung nicht nach den Um-

---

916 *Heckelmann* S. 17; *Schiffer* S. 66 ff.; *Kraus* S. 55.

917 *Apfel* S. 165, 169; siehe auch *Bertele* S. 112; Anm. v. *Fenn* SAE 1970, 189 (192).

918 *Apfel* S. 169; siehe auch Anm. v. *Fenn* SAE 1970, 189 (192).

919 BAG AuR 1955, 218 ff..

920 BAG AuR 1955, 218 (220).

921 *Apfel* S. 170; siehe auch *Hoeniger* RdA 1953, 204 (209 f.).

922 *Apfel* S. 170; siehe auch *Müller* RdA 1951, 247 (248).

923 Siehe zum Wesen des Wesens *Scheuerle* AcP 163 (1964), S. 429 (471); *Däubler* AuR 1981, 257 (260).

ständen des Einzelfalls zur Wahrung der schutzwürdigen Rechte und Rechtsgüter der unmittelbar wie mittelbar vom Streik Betroffenen erbracht werden muss. Die Rechtfertigung des in der Arbeitsniederlegung an sich liegenden Vertragsbruches rechtfertigt nicht, sich über schutzwürdige Rechte und Rechtsgüter anderer hinwegzusetzen. Daraus folgt, dass die arbeitsvertragliche Leistungspflicht der Arbeitnehmer, die zur Durchführung der Notarbeiten benötigt werden, fortbesteht, so dass diese Arbeitnehmer zur Verrichtung der erforderlichen Tätigkeiten bereitstehen.[924] Das Bundesarbeitsgericht scheint diese Auffassung zu teilen, äußerte es doch in der oben genannten Entscheidung, dass „die Arbeitnehmer, die Erhaltungsarbeiten ausführen, von vornherein nicht am Streik teilnehmen.“[925] Für mit der Durchführung von Notstandsarbeiten beauftragte Arbeitnehmer kann nichts anderes gelten.

In einer späteren Entscheidung vom 25.10.1988 stellte es klar, dass die vertragliche Arbeitsleistungspflicht des Notarbeiten ausführenden Arbeitnehmers „im Gegensatz zu der der übrigen am Arbeitskampf beteiligten Arbeitnehmer (...) nicht suspendiert ist. Deshalb hat er auch im Gegensatz zu den von der Arbeitsleistung suspendierten Arbeitnehmern für seine Arbeitsleistung einen Anspruch auf Arbeitsentgelt (§ 611 Abs. 1 BGB).“[926]

Im Ergebnis ist der einzelne Arbeitnehmer aufgrund seiner arbeitsvertraglichen Hauptleistungspflicht zur Erbringung von Notarbeiten verpflichtet.[927]

III. Auswahl der Notarbeiter

Nach dem bisher Gesagten tritt die Suspendierungswirkung nur insoweit ein, als dass die Erbringung der Arbeitsleistung nicht Erhaltungs- und Notstandsarbeit ist. Zwischen den Sozialpartnern bestehen zwar Unsicherheiten über die Anzahl der zur Durchführung der Notarbeiten benötigten Arbeitnehmer. Einen Anhaltspunkt für den personellen (Mindest-) Umfang der Notarbeiten bietet aber der anhand der objektiven Gegebenheiten und dem Grundsatz der Verhältnismäßig-

---

924 So auch *Fenn* DB 1982, 430 (432); *Heckelmann* S. 17; *Schiffer* S. 68; *Kraus* S. 55; LAG Berlin-Brandenburg, Urt. v. 24.10.2007, Az.: 7 SaGa 2044/07-juris, Rn. 27; ArbG Berlin, Urt. v. 6.05.2008, Az.: 59 Ga 6988 (08)-juris, Rn. 24.

925 BAG RdA 1955, 218 (223); siehe auch Anm. v. *Fenn* SAE 1970, 189 (192); BAG RdA 1971, 185 (190): „Soweit Arbeitnehmer des Betriebes Erhaltungsarbeiten durchführen sollen, muss deren Arbeitsverhältnis bestehen bleiben.“.

926 BAGE 60, 71 (77).

927 So auch Anm. v. *Buschmann* AuR 1983, 254 (256).

keit ermittelte sachliche (Mindest-) Umfang.[928] Wie sich Art und Umfang der Notarbeiten nach den allgemein-industriellen und der speziell-betrieblichen Gegebenheiten richten,[929] lässt sich auch die Anzahl der zu deren Durchführung benötigten Arbeitnehmer nur anhand der konkreten Umstände des Einzelfalls bemessen. Eine feststehende Quote kommt hierbei nicht Betracht. Ohne Ansehung der auszuübenden Tätigkeiten würde sie sich je nach Lage des Falls entweder als unzureichend oder als zu weitreichend erweisen und daher entweder zur Rechtswidrigkeit des Streiks oder zur Rechtswidrigkeit der Streikbeschränkung führen. Da aber mit der Verrichtung von Notarbeiten üblicherweise diejenigen betraut werden, deren vertraglich geschuldete Arbeit im Streikfall Notarbeit ist,[930] ist zumindest „der Kreis der dazu geeigneten Arbeitnehmer annähernd umschrieben."[931]

Aus dem im Streikfall bestehenden Bedarf an Erbringung der Arbeitsleistung ergibt sich jedoch nicht ohne weiteres, welche konkreten Arbeitnehmer weiter zur Erbringung der Arbeitsleistung verpflichtet sind. Die Arbeitnehmer müssen im Streikfall aber Gewissheit darüber haben, ob sie zur Leistung von Notarbeit verpflichtet sind oder sich legitim am Streik beteiligen können. Die „im Keim durch die Bestimmung des (...) Umfanges bereits angelegte Aufhebung der Suspendierung"[932], muss nach außen in Erscheinung treten, sich offenkundig vollziehen.[933]

Auch die Individualisierung der Notarbeiter soll vorzugsweise durch die Kampfparteien gemeinsam erfolgen.[934] „Insbesondere für die betroffenen einzelnen Arbeitnehmer ist dringend zu wünschen, dass es in jedem Arbeitskampf rasch zu einer Übereinkunft kommt. Denn andernfalls wird auf ihrem Rücken der Streit ausgetragen; sie werden in einem für sie kaum lösbaren Konflikt zwischen Mitgliedspflichten (Streikteilnahme) und Vertragspflicht (Notarbeiten)

---

928 So auch *Schiffer* S. 86 f.; *Fenn* DB 1982, 430 (432); Anm. v. *Herschel* AuR 1970, 352 (352); *Kraus* S. 55 f..

929 BAG AuR 1983, 251 (253); Anm. v. *Fenn* SAE 1970, 189 (191); *derselbe* DB 1982, 430 (431); *Leinemann* DB 1971, 2309 (2309); Brox/Rüthers-*Brox* Rn 292; *Kissel* § 43 Rn. 16 f..

930 *Apfel* S. 169; *Oetker* S. 58; *Lauschke* S. 50; *Schiffer* S. 65, 88.

931 *Fenn* DB 1982, 430 (433); ähnlich Anm. v. *Herschel* AuR 1970, 352 (352).

932 *Kraus* S. 57 m.w.N. in Fn. 251.

933 So auch *Kissel* § 43 Rn. 50 ff..

934 Siehe hierzu BAGE 79, 152 (2. Ls., 157); 76, 196 (204); LAG Hamm NZA 1994, 430 (431); LAG Frankfurt am Main AuR 1970, 349 (1. Ls., 350 f.); LAG Niedersachsen AuR 1981, 285 (2. Ls., 287); *Buschmann* AuR 1980, 230 (231) m.w.N. in Fn. 10, 11; *Brox* JA 1981, 74 (75); *Löwisch*, Arbeitskampf- und Schlichtungsrecht 170.2 Rn. 225; *Müller* S. 88; *Kissel* § 43 Rn. 73 ff.; Däubler-*Reinfelder* § 15 Rn. 47; *Heckelmann* S. 22; *von Steinau-Steinrück/Glanz* NZA 2009, 113 (115).

getrieben und geraten durch einander widersprechen Anweisungen in die Gefahr, entweder von der einen oder der anderen Seite zur Rechenschaft gezogen zu werden.“[935]

Die Auswahl der Notarbeiter kann dadurch erfolgen, dass in einer Notarbeitsvereinbarung entweder die zur Durchführung der Notarbeiter benötigten Personen benannt werden oder festgelegt wird, wer - bestreikter Arbeitgeber oder streikführende Gewerkschaft - diese auswählt.[936] Für den Fall, dass eine die personelle Zusammensetzung der Notarbeit regelnde Vereinbarung nicht oder nicht rechtzeitig zustande kommt, werden unterschiedliche Lösungsansätze vertreten. Nach einer Ansicht wählt der Arbeitgeber die Notarbeiter aus und verhindert den Eintritt der suspendierenden Wirkung deren Arbeitsleistungspflicht von vorneherein oder hebt sie im Nachhinein wieder auf.[937] Der Gegenansicht zufolge nimmt die streikführende Gewerkschaft die Notarbeiter vom Streikaufruf aus mit der Folge, dass für deren Arbeitsleistungspflicht die Suspendierungswirkung ausscheidet.[938]

1. Auswahl durch den Arbeitgeber

Nach der zuerst genannten Ansicht soll die arbeitsvertragliche Hauptpflicht durch einseitige Erklärung des Arbeitgebers gegenüber dem jeweiligen Arbeitnehmer aktualisiert[939] bzw. mit ex-nunc-Wirkung reaktiviert[940] werden. Aktualisierung bedeutet die Verhinderung der Suspendierung vor Streikbeginn, während unter Reaktivierung die Aufhebung der Suspendierung nach Streikausbruch verstanden wird.[941] Dem Arbeitgeber müssen beide Varianten der „Neutralisierung der Notbelegschaft“[942] offen stehen. Er muss die Arbeitsleistungspflicht bei Streikbeginn aktualisieren können, um festzulegen, wie viele und welche Arbeitnehmer unabhängig von deren Arbeitswilligkeit unverzüglich mit der Durchführung der Notarbeiten beginnen. Er muss die Arbeitsleistungspflicht aber auch reaktivieren können, etwa wenn ein zur Notarbeit abgestellter Arbeiter arbeits-

---

935 Anm. v. *Fenn* SAE 1970, 189 (191).

936 Siehe hierzu BAGE 79, 152 (157); *Kissel* § 43 Rn. 51 ff.; *Brox* JA 1981, 74 (75); *Däubler* AuR 1981, 257 (264).

937 *Apfel* S. 169 f.; *Fenn* DB 1982, 430 (432).

938 *Löwisch/Mikosch* ZfA 1978, 153 (166 ff.); *Oetker* S. 72 ff. (76); *Däubler* AuR 1981, 257 (263); *Buschmann* AuR 1980, 230 (233).

939 *Apfel* S. 169 f..

940 *Fenn* DB 1982, 430 (433).

941 *Kraus* S. 56.

942 *Apfel* S. 160.

unfähig erkrankt oder ein vertragsbrüchiges Verhalten dergestalt an den Tag legt, dass er die Verrichtung der erforderlichen Tätigkeiten verweigert. Auch können sich im Verlauf des Arbeitskampfes unvorhergesehene Arbeiten als notwendig erweisen, für deren Verrichtung zusätzliche Notarbeiter herangezogen werden müssen.[943] In diesen Fällen muss der Arbeitgeber Notarbeiter auch nachträglich bestellen können.

Hinter dieser Auffassung steht die Überlegung, „dass dem Arbeitgeber als Gläubiger des Anspruchs auf Arbeitsleistung auch der Anspruch auf Leistung von (Notstands- und) Erhaltungsarbeiten während eines Arbeitskampf zusteht" und damit das Recht einher geht, zu bestimmen, durch wen die Leistung ihm gegenüber zu erbringen ist.[944] Als Anspruchsberechtigter müsse der Arbeitgeber auswählen dürfen, wer weiterhin seiner arbeitsvertraglichen Leistungspflicht nachkommen muss, schließlich trage er auch die Verantwortung für die Verkehrssicherung des Betriebes und die Einhaltung der Unfallverhütungsvorschriften.[945] So wie der Arbeitgeber den Notarbeitern bei der Durchführung der Notarbeiten kraft seines aus dem Arbeitsvertrag folgenden Direktionsrechts Weisungen erteilen kann, könne er sie auch „unter Rückgriff auf den Arbeitsvertrag" auswählen.[946] Für die Auswahl der Notarbeiter wird also an die „individualvertragliche Normalkompetenz" angeknüpft.[947]

2. Auswahl durch die Gewerkschaft

Nach der anderen Ansicht folgt aus der Leistung von Notarbeiten als Erfüllung der arbeitsvertraglichen Leistungspflicht lediglich, dass der Arbeitgeber über den Einsatz der Arbeitnehmer entscheidet, nicht aber, dass der Arbeitgeber auch bestimmt, welche Arbeitnehmer für diesen Einsatz zur Verfügung stehen.[948] Darüber bestimme vielmehr die Gewerkschaft, wie sie auch sonst darüber entscheide, wessen Arbeitsleistungspflicht durch Ausübung des Streikrechts suspendiert werden kann und wessen Arbeitsleistungspflicht fortbesteht.[949]

---

943 *Apfel* S. 114 f., 161 f..

944 *Fenn* DB 1982, 430 (433); siehe auch *Schell* BB 1970, 1179 (1180); Anm. v. *Herschel* AuR 1970, 349 (352).

945 *Apfel* S. 133; Anm. v. *Fenn* SAE 1970, 189 (192).

946 *Fenn* DB 1982, 430 (433); Anm. *desselben* SAE 1970, 189 (192).

947 I.E. ablehnend *Kraus* S. 68.

948 *Löwisch/Mikosch* ZfA 1978, 153 (165 ff.).

949 *Löwisch/Mikosch* ZfA 1978, 153 (166); *Hirschberg* RdA 1986, 355 (357 f.); *Buschmann* AuR 1980, 230 (233): „Ebenso kollektiv wie der Arbeitskampf vollzieht sich auch dessen Einschränkung, der Notdienst. Die Entscheidung über Arbeitskampfmittel und Notdienst können deshalb nicht auseinanderfallen. Für den Notdienst besagt dies

Das Streikrecht eines jeden Arbeitnehmers ist insoweit an die gewerkschaftliche Streikführung gebunden, als dass es nur dann ausgeübt werden kann, wenn der Rechtsinhaber zu dem Personenkreis gehört, an den sich der gewerkschaftliche Streikaufruf richtet.[950] Der gewerkschaftliche Streikaufruf bildet somit die Grundlage für die Suspendierung der arbeitsvertraglichen Leistungspflicht.[951] Durch ihn erfährt der Streikbeschluss gegenüber allen Arbeitnehmern eine Konkretisierung, indem er festlegt, welche Arbeitnehmer in welchen Betrieben wann die Arbeit niederlegen sollen.[952]

Davon zu unterscheiden ist die Ausübung des Streikrechts, also der tatsächliche Akt der Arbeitsniederlegung seitens des einzelnen Arbeitnehmers. Dieser gibt seinem Arbeitgeber konkludent zu verstehen, am Streik teilnehmen zu wollen, indem er nicht am Arbeitsplatz erscheint.[953] Hat er keinen festen Arbeitsplatz im Betrieb (Außendienst, Home-Office etc.), kann sein Nichterscheinen nicht als Streikteilnahme gewertet werden und der Arbeitnehmer muss seinem Arbeitgeber ausdrücklich anzeigen, dass er die Arbeitsleistung einstellen will.[954] Erst mit Abgabe einer stillschweigenden oder ausdrücklichen Erklärung führt der Arbeitnehmer die Suspendierung seiner Arbeitsleistungspflicht herbei.[955] Umgekehrt bringen arbeitswillige Arbeitnehmer durch ihr Arbeitsangebot dem Arbeitgeber gegenüber zum Ausdruck, ihren arbeitsvertraglichen Verpflichtungen weiter nachkommen zu wollen.[956] Da die Arbeitswilligen von der ihnen durch den Streikaufruf gegebenen Suspendierungsmöglichkeit keinen Gebrauch

---

nichts anderes, als dass die kämpfende Gewerkschaft bestimmte Arbeitnehmer vom gewerkschaftlichen Arbeitskampfaufruf ausnimmt oder nicht."

950 Siehe hierzu *Buschmann* AuR 1980, 230 (233); Anm. *desselben* AuR 1983, 254 (256); *Seiter* S. 227, 249 ff., 272 f.; *Däubler* AuR 1980, 257 (263): *Hirschberg* RdA 1986, 355 (357); *Konzen* AcP 177 (1977), 473 (505).

951 *Konzen* AcP 177 (1977), 473 (505 f.); *Löwisch/Mikosch* ZfA 1978, 153 (167); LAG Niedersachsen AuR 1981, 285 (288).

952 *Seiter* S. 229.

953 Keine konkludente Erklärung der Streikteilnahme liegt vor, wenn der Arbeitnehmer schon vor Beginn des Streiks von der Arbeit befreit war und seinem Arbeitsplatz fernbleibt, weil er arbeitsunfähig erkrankt ist, Urlaub hat oder an einer Fortbildungsveranstaltung teilnimmt, vgl. *Kissel* § 42 Rn. 65; siehe zu der mit Gleitzeit und Zeiterfassungssystem verbundenen Problematik *Hopfner/Heider* DB 2012, 114 (115 ff.) m.w.N..

954 *Kissel* § 42 Rn. 67.

955 *Fischer/Rüthers*, Anm. zu BAG EzA Art. 9 GG Arbeitskampf, S. 22; *Konzen* AcP 177 (1977), 473 (505); B/P/S/U-AKR Rn. 276; siehe zur Anwendung der rechtsgeschäftlichen Regeln *Seiter* S. 241 ff..

956 Vgl. *Bertele* S. 110.

machen, bleibt ihre arbeitsvertraglichen Leistungspflicht von dem Streik unberührt.[957]

Die Entscheidung über den Eintritt der Suspendierungswirkung ist den Arbeitnehmern jedoch dann nicht möglich, wenn ihnen deren Grundlage entzogen wird. Bei ihrer Herausnahme aus dem gewerkschaftlichen Streikaufruf können sie die Suspendierung ihrer Arbeitsleistungspflicht durch Streikteilnahme nicht bewirken, sie bleibt bestehen.[958] Ob organisiert oder nicht organisiert, eine rechtmäßige Teilnahme an dem gewerkschaftlich geführten Streik ist den Arbeitnehmern nur im Rahmen des Streikaufrufs möglich, von dem die zur Notarbeit eingeteilten und namentlich benannten Arbeitnehmer eben nicht erfasst sind.[959] Diese Arbeitnehmer können ihr Streikrecht nicht ausüben und müssen daher ihre dem Arbeitgeber arbeitsvertraglich geschuldete Arbeitsleistung erbringen. Ihnen die Ausübung des Streikrechts von vornherein zu versagen, ist notwendig, weil andernfalls die Durchführung der Notarbeiten nicht gewährleistet werden könnte.[960] Ebenso notwendig ist es, weitere Arbeitnehmer aus dem Streikaufruf auszunehmen, wenn sich während des Streiks herausstellt, dass weitere Notarbeiter benötigt werden. Die nachträgliche Herausnahme führt dann dazu, dass die Arbeitspflichten der davon betroffenen Arbeitnehmer einer Suspendierung nicht länger zugänglich ist.[961] Es macht keinen Unterschied, ob der Streikwillige die Suspendierung seiner Arbeitsleistungspflicht mangels der Berechtigung durch den Streikaufruf von vorneherein nicht herbeiführen oder sie nur nicht weiter beibehalten kann. Ist seine Arbeitspflicht nicht suspendieret, steht er dem Arbeitgeber zur Leistung von Notarbeiten zur Verfügung.[962]

Die Befürworter einer Auswahl durch die Gewerkschaft setzen daran an, dass ein Streik rechtswidrig ist, wenn die zur Durchführung von Notarbeiten benötigten Arbeitnehmer nicht bereit stehen. Gehöre aber die Bereitstellung der zur Durchführung der Notarbeiten benötigten Arbeitnehmer zu den Bedingungen, von denen die Rechtsmäßigkeit eines Streiks abhängt, müsse sie auch von

---

957 Vgl. *Bertele* S. 110.

958 Vgl. *Oetker* S. 72, *Däubler* AuR 1981, 257 (263); *Buschmann* AuR 1980, 230 (233); *Däubler* AuR 1981, 257 (263); *Löwisch/Mikosch* ZfA 1978, 153 (166).

959 Vgl. *Löwisch/Mikosch* ZfA 1978, 153 (167 f.); *Hirschberg* RdA 1986, 355 (358).

960 *Oetker* S. 74 f..

961 *Hirschberg* RdA 1986, 355 (358).

962 *Löwisch/Mikosch* ZfA 1978, 153 (165 ff.); *Däubler* AuR 1981, 257 (263); *Oetker* S. 72; *Hirschberg* RdA 1986, 355 (357); *Buschmann* AuR 1980, 230 (233); *Kissel* § 43 Rn. 48: „Die Pflicht zur Vornahme von Erhaltungsarbeiten beinhaltet den Verlust des grundsätzlich bestehenden Streikrechts.“.

der zu diesem Streik aufrufenden Gewerkschaft besorgt werden.[963] Wolle die Gewerkschaft einen rechtmäßigen Streik führen, habe sie ihren Streikaufruf in dem Umfang zu beschränken, in dem Arbeitnehmer zur Durchführung der Notarbeiten benötigt werden.[964] Die Gewerkschaft „tut hier der Sache nach nichts anderes, als wenn sie nicht alle, sondern nur einen Teil der Arbeitnehmer zum Streik aufruft (…) und damit zugleich den nicht ausgewählten Arbeitnehmern die legitime Streikteilnahme versagt".[965] Sie entscheide autonom darüber, welche Arbeitnehmer sie zum Streik aufrufen will und welche nicht.[966]

Die Auswahl durch die Gewerkschaft stellt sich dieser Ansicht zufolge als „Bestandteil des Streikführungsrechts"[967], „Annex zum Kampfmittel"[968] oder „Reflex der objektiven Rechtslage"[969] dar und ist auf den allgemeinen Grundsatz zurückzuführen, „dass jede Rechtsausübung durch den vermeintlich Berechtigten stets auf dessen eigene Gefahr geschieht."[970] Die Auswahl der Notarbeiter erfolgt danach aufgrund der „Normalkompetenz im Arbeitskampf."[971]

3. Lösung

Wie anhand der Entscheidung des LAG Frankfurt am Main aus dem Jahr 1969[972] bereits aufgezeigt wurde, kann die Entscheidung darüber, wie viele Arbeitnehmer ihre Arbeitskraft zur Verfügung stellen müssen, von der sie treffenden Kampfpartei kampfstrategisch ausgenutzt werden.[973] Dies erklärt wohl, warum bei gegen Warenhäuser gerichtete Streiks einmal 55 von 800 Arbeitneh-

963 So etwa *Däubler* AuR 1980, 257 (263); *Oetker* S. 71; *Buschmann* AuR 1980, 230 (233); *Kraus* S. 69; *Lauschke* S. 53; *derselbe* DB 1970, 1175 (1179): „Jede Partei ist in dem Maße für die Notarbeiten verantwortlich, in dem sie das normale Arbeits- und Betriebsleben oder dessen Wiederherstellung gestört hat.".

964 *Löwisch/Mikosch* ZfA 1978, 153 (168); *Hirschberg* RdA 1986, 355 (357 f.); *Lauschke* S.62; kritisch aber *Kissel* § 43 Rn. 95 f., der in der Pflicht zur Beschränkung des Streikaufrufs eine erhebliche Beeinträchtigung der „Entscheidungsfreiheit der Gewerkschaft hinsichtlich der zweckmäßigsten, optimalen Form ihrer Streiktaktik" sieht.

965 *Löwisch/Mikosch* ZfA 1978, 153 (166); zustimmend *Oetker* S. 74.

966 *Hirschberg* RdA 1986, 355 (357); *Oetker* S. 71; *Buschmann* AuR 1980, 230 (233); *Kolmetz* S. 114.

967 *Löwisch/Mikosch* ZfA 1978, 153 (165).

968 *Kraus* S. 71.

969 *Hirschberg* RdA 1986, 355 (357).

970 *Dütz* BB 1980, 533 (534).

971 *Kraus* S. 69.

972 LAG Frankfurt a.M. SAE 1970, 185 ff.

973 So auch *Fenn* DB 1982, 430 (432 ff.); *Hirschberg* RdA 1986, 355 (358); *Buschmann* AuR 1980, 230 (233); *Otto* § 8 Rn. 36; *Kissel* § 43 Rn. 12, 82.

mern, andere Male aber 150 von 350 oder 300 von 600 Arbeitnehmern zur Durchführung von Notarbeiten bestellt worden sind.[974] Soweit aber in diesem Zusammenhang von „der Trägerschaft der Erhaltungsarbeiten"[975], „der Kompetenz zur Anordnung von Notarbeitern"[976] oder „der Zuständigkeit für die Organisation der Erhaltungsarbeiten"[977] gesprochen wird, ist darauf hinzuweisen, dass diese bei den Kampfparteien gemeinsam liegt. Nur im Fall der Nichteinigung soll entweder der Arbeitgeber oder die streikführende Gewerkschaft tätig werden können.

a) Notarbeiten als Bestandteil der Kampfmaßnahme

Gegen die Ansicht, Notarbeiten als ein Bestandteil der Kampfmaßnahme anzusehen, ist einzuwenden, dass die Notarbeiten darstellenden Arbeiten auch außerhalb der Kampfmaßnahme geleistet werden. Es handelt sich um Arbeiten, die aufgrund der arbeitsvertraglichen Austauschbeziehungen und daher unabhängig von der Kampfmaßnahme erbracht und nur anlässlich der Kampfmaßnahme als Notarbeiten bezeichnet werden.[978] Anders als mit Angriffs- und Abwehrmitteln soll mit Notarbeiten Druck weder erzeugt noch abgeschwächt werden.[979] Deswegen passt auch der Vergleich der Beschränkung des Streikaufrufs mit dem Streikaufruf zu einem Teilstreik nicht.[980] Bei einem Teilstreik „steht es der Gewerkschaft frei, den Umfang des Streiks nach kampfstrategischen Gesichtspunkten zu dosieren."[981] Bei der Auswahl der Notarbeiter haben hingegen kampfstrategische Überlegungen zu unterbleiben, zumindest insoweit, wie Anzahl und Person der pflichtigen Arbeitnehmer vorgegeben sind.[982] Es geht lediglich darum, den „kampffreien Raum"[983] abzustecken, in dem die Notarbeiten stattfinden. Über dessen Umfang soll die Gewerkschaft gerade nicht so bestimmen, wie sie „sonst als Träger des Streiks den Umfang des Arbeitskamps bestimmt."[984]

---

974 Nachweise bei *Heckelmann* S. 9.

975 BAG AuR 1983, 251 (252); *Lauschke* S. 46.

976 *Oetker* S. 55.

977 *Fenn* DB 1982, 430 (430).

978 So auch *Buschmann* AuR 1980, 230 (232); *Fenn* DB 1982, 430 (433).

979 So auch *Fenn* DB 1982, 430 (434).

980 So auch *Fenn* DB 1982, 430 (434); *Heckelmann* S. 22.

981 *Heckelmann* S. 22.

982 *Heckelmann* S. 22; *Fenn* DB 1982, 430 (434); zu den „Grenzen des Auswahlrechts" siehe auch *Löwisch/Mikosch* ZfA 1978, 153 (168).

983 *Heckelmann* S. 22 unter Bezug auf *Apfel* S. 130: „Der Notdienst steht (...) als neutrale Einrichtung im kampffreien Raum.".

984 BAG AuR 1983, 251(252).

Der Forderung, Notarbeiten von der Kampfstrategie auszunehmen,[985] wird allerdings nicht immer entsprochen.[986] Fließen kampfstrategische Überlegungen in die Auswahlentscheidung ein, kann diese von Einfluss für die Intensität des mit der Angriffs- oder Abwehrmaßnahme erzeugten Drucks oder Gegendrucks sein. Zu untersuchen ist deswegen, inwieweit bei der Auswahl die Gefahr besteht, dass sich die sie vornehmende Kampfpartei von kampstrategischen Überlegungen leiten lässt.

b) Notarbeiten als Bestandteil der Kampfstrategie

Dem Arbeitgeber außerhalb des Bereiches der Notarbeiten das Recht einzuräumen, über die Ausübung des Streikrechts durch die Arbeitnehmer zu bestimmen, „wäre undenkbar“[987], könnte er dadurch doch über den Umfang des gegen ihn geführten Streiks bestimmen und diesen dadurch unterlaufen. Diese Bedenken lassen sich auch im Bereich der Notarbeiten nicht von der Hand weisen.[988] Wenn der Arbeitgeber auf mehr Arbeitnehmer zugreift, als zur Durchführung der Notarbeiten benötigt werden und diese aus Angst vor Restriktionen (Abmahnungen, Kündigungen etc.) von der Ausübung ihres bestehenden Streikrechts absehen und weiter ihre Arbeitsleistung erbringen, wird dadurch die Druckwirkung des Streiks abgeschwächt,[989] was gegebenenfalls zu seinem Abbruch führen kann[990]. Die Beeinträchtigung der individuellen Koalitionsbetätigungsfreiheit führt unweigerlich zur Beeinträchtigung der kollektiven Koalitionsbetätigungsfreiheit.[991]

Hierzu führt das Landesarbeitsgericht Niedersachsen in seiner Entscheidung vom 01.02.1980 aus: „Die Gewerkschaft kann ihren Kampf als Vereinigung zwangsläufig nicht direkt selber, sondern nur durch ihre Mitglieder und diejenigen Arbeitnehmer führen, die ihrem Streikaufruf in Solidarität zu den organi-

985 *Heckelmann* S. 22.

986 *Hirschberg* RdA 1986, 355 (358).

987 *Hirschberg* RdA 1986, 355 (357).

988 BAG AuR 1983, 251 (252); *Kraus* S. 57; *Kissel* § 43 Rn. 105.

989 ArbG Essen, Urt. v. 24.07.2003, Az.: 8 Ga 50/03-juris, Rn. 32, wonach einseitig angeordnete Notarbeiten vom Arbeitgeber „als Druckmittel eingesetzt werden“ können, um den „Streik faktisch zu unterbinden.“.

990 Anm. v. *Buschmann* AuR 1983, 254 (255), wonach „schon ein Streikbruch von 10 v. H. der aufgerufenen Arbeitnehmer die Solidarität empfindlich schwächen und ggf. zum Abbruch von Streiks führen kann.“

991 LAG Niedersachsen AuR 1981, 285 (3. Ls.): „Die einseitige Organisation des Notdienstes durch den Arbeitgeber stellt einen unzulässigen Eingriff in das durch Art. 9 Abs. 3 GG geschützte Streikrecht der Arbeitnehmer und der Gewerkschaft dar.“; ArbG Essen, Urt. v. 24.07.2003, Az.: 8 Ga 50/03-juris, Rn. 29.

sierten Arbeitnehmer spontan folgen. Daraus ergibt sich, dass eine Verletzung des Streikrechts der einzelnen Arbeitnehmer zugleich einen Eingriff in die Rechte der Gewerkschaft beinhaltet."[992]

Da der vom Streik betroffene Arbeitgeber stets versucht sein wird, die Streikfolgen zu minimieren, spricht vieles dafür, die Ausübung des Streikrechts auch bei der Thematik der Notarbeiten nicht „zur Disposition des Arbeitgebers" zu stellen.[993] Andernfalls stünde den Gewerkschaften der Weg, über den Arbeitskampf auf den Tarifpartner einzuwirken, nicht mehr offen, würden sie doch von vornherein den Beschränkungen ihres Kampfgegners unterliegen.[994]

So hatte der Arbeitgeber in einem dem Arbeitsgericht Essen im Jahr 2003 zur Entscheidung vorgelegten Fall 120 Mitarbeiter von insgesamt 475 Mitarbeitern - verteilt auf zwei Niederlassungen (240 Mitarbeiter in Niederlassung 1 und 235 Mitarbeiter in Niederlassung 2) - zur Durchführung von Notarbeiten herangezogen, obwohl ohnehin nur 50 % der Belegschaft beider Niederlassungen zum Streik aufgerufen worden waren.[995] Das Gericht bewertete diese Anzahl an Arbeitnehmer „als unangemessen hoch" und führte aus: „Würde man der Verfügungsbeklagten (…) das Recht einräumen, im Rahmen des (…) durchgeführten gewerkschaftlichen Streiks den einseitig angeordneten Notdienst aufrechtzuerhalten bzw. durchzuführen, wäre das Streikrecht der zum Notdienst bestellten Arbeitnehmer und damit das Streikrecht der Verfügungsklägerin (Gewerkschaft) massiv beeinträchtigt. Die Verfügungsbeklagte (Arbeitgeber) könnte der Verfügungsklägerin die Durchführung von Arbeitskampfmaßnahmen dadurch unmöglich machen, dass sie streikende Arbeitnehmer zu Notdienstarbeiten heranzieht, ohne dass die Notwendigkeit der Maßnahme von der Verfügungsklägerin überprüft werden könnte."[996]

Zutreffend ist, dass der Arbeitgeber dem Streik „den Wind aus den Segeln" nehmen kann, da sich die Heranziehung zur Notarbeit und deren Ableistung in

---

992 LAG Niedersachsen AuR 1981, 285 (287).

993 So etwa *Leinemann* DB 1971, 2309 (2310); Anm. v. *Buschmann* AuR 1995, 39 (39 m.w.N.), wonach die einseitige Notdiensteinteilung durch den Arbeitgeber unabhängig von ihrem Umfang unzulässig und damit unwirksam ist; Anm. *desselben* AuR 1983, 254 (256), wonach eine auf den Arbeitsvertrag gestützte einseitige Anordnung des Arbeitgebers den Streikaufruf als die „höherrangige Rechtsquelle" nicht beseitigen oder einschränken kann; *Oetker* S. 61.

994 So etwa *Buschmann* AuR 1980, 230 (232 f.): „Jedes Hineinregieren einer Arbeitskampfpartei in die autonome Willensbildung einer anderen Partei würde erhebliche verfassungsrechtlichen Bedenken begegnen."; *Lauschke* DB 1970, 1175 (1177), dem zufolge eine Anordnungsbefugnis des Arbeitgebers zu einer Durchbrechung des Prinzips der Gegnerfreiheit der Koalitionen im Arbeitskampf führen würde.

995 ArbG Essen, Urt. v. 24.07.2003, Az.: 8 Ga 50/03-juris, Rn. 32.

996 ArbG Essen, Urt. v. 24.07.2003, Az.: 8 Ga 50/03-juris, Rn. 32.

Schnelligkeit und hinsichtlich der erbrachten Leistung endgültig abspielen, was ihre Auswirkungen auf die Intensität der Druckausübung angeht.[997] Die Gewerkschaft kann sich zwar gegen eine zu umfangreiche Auswahl durch den Arbeitgeber wehren und von ihm insoweit Unterlassung verlangen, wie er mehr Arbeitnehmer zur Durchführung der Notarbeiten heranzieht, als dafür benötigt werden. muss aber bei der Geltendmachung ihres Anspruchs im Wege der einstweiligen Verfügung gemäß § 62 Abs. 2 ArbGG i.V.m.§§ 935 ff. ZPO einen gewissen Zeitverlust in Kauf nehmen,[998] zumal die Arbeitsgerichtsbarkeit in der Regel keinen Wochenendbereitschaftsdienst der Richter vorsieht.[999] Wird ein unter großem Mobilisierungsaufwand eingeleiteter Streik vom Arbeitgeber unterlaufen, nützt es der diesen führenden Gewerkschaft wenig, im Nachhinein vom Arbeitgeber Ersatz des ihr infolge der Beeinträchtigung ihrer koalitionsmäßigen Betätigung entstandenen Schadens verlangen zu können, lässt sich dieser doch gar nicht nur oder nur schwer bemessen.[1000] Wegen der zu zahlenden Streikgelder und Aufwendungen für die Organisation wirkt sich ein nutzloser und daher abzubrechender Streik finanziell auf die Gewerkschaft ähnlich aus wie ein erfolgreich beendeter, obwohl nur letzterer die erhoffte Tarifeinigung bewirken konnte.[1001]

Auch können weder der Verlust zeitgebundener Verhandlungspositionen noch das von der Gewerkschaft angestrebte, aber nicht erreichte Tarifziel, kapitalisiert werden.[1002] Demzufolge hält sich das Risiko, welches der die Auswahl kampfstrategisch ausnutzende Arbeitgeber eingeht, in Grenzen.

Anders stellt sich die Situation für die Gewerkschaft dar.

Nimmt sie die Auswahl der Notarbeiter vor und unterschreitet dabei die Anzahl der zur Durchführung der Notarbeiten benötigten Arbeitnehmer, riskiert sie

---

997 *Kissel* § 43 Rn. 103.

998 *Walker* ZfA 1995, 185 (196); *Lauschke* DB 1970, 1175 (1180) stellt fest, „dass im Falle eines Arbeitskampfes auch die kürzeste Dauer eines e.V.-Verfahrens durch 2 Instanzen zu lange währt" und bezeichnet die einstweilige Verfügung als eine eher „stumpfe Waffe".

999 *Bauer/Haußmann* DB 1996, 881 (884); *Walker* ZfA 1995, 185 (211 f.); siehe *Steinbrück* AuR 1987, 161 (165) fragt, ob die Arbeitsgerichte nicht verpflichtet werden könnten, bei absehbarem Bedarf Notbereitschaften einzurichten.

1000 *Otto* § 19 Rn. 27; *Hessel* DB 1967, 2071 (2071); *Hoffmann* AuR 1968, 33 (45); ausführlich zum Ersatz der Kosten der Streikvorbereitung, dem damit verbundenen Beweisschwierigkeiten der Gewerkschaft und der fehlenden Anhaltspunkte für eine richterliche Schadensschätzung nach § 287 ZPO *Henniges* S. 26 f., 80 ff..

1001 *Kraus* S. 77; *Otto* § 15 Rn. 53.

1002 *Kraus* S. 77; *Kissel* § 65 Rn. 16 f.; *Birk* AuR 1974, 294 (294 f.); *Hessel* DB 1967, 2071 (2071); B/P/S/U-AKR Rn. 439: Naturgemäß können Schadensersatzansprüche eine ausfallende Tarifrunde nicht ersetzen.

neben der Erwirkung einer auf „Beschränkung des Streiks“ gerichteten einstweiligen Verfügung auch die Geltendmachung von Schadensersatzansprüche durch den Arbeitgeber.[1003] Im Allgemeinen ist die Schadensersatzverpflichtung der Gewerkschaft zwar von eher geringer praktischer Bedeutung.[1004] Durchaus ist aber schon Schadensersatz wegen Belastung mit Verbindlichkeiten (Zusatzzahlungen für Mehrarbeit und Überstunden nichtstreikender Arbeitnehmer, Kosten für Fremdproduktion, höhere Vergütung von Ersatzkräften etc.) und damit Ersatz eines Aufwandsschadens zugesprochen worden,[1005] der dem Arbeitgeber im Fall einer gar nicht oder zahlenmäßig nicht hinreichend vorgenommenen Beschränkung des Streikaufrufs entstehen würde.[1006] Darüber hinaus kommt eine Haftung der Gewerkschaft auch dann in Betracht, wenn sie zur Durchführung der Notarbeiten nicht geeignete Arbeitnehmer auswählt und diese dabei Schäden verursachen.[1007] Die Gewerkschaft geht also ein nicht unerhebliches Risiko ein, wenn sie sich aufgrund von kampftaktischen Überlegungen bei der Auswahl der Notarbeiter in Zurückhaltung übt.

Soweit danach die Gefahr des Missbrauchs bei der Auswahl durch den Arbeitgeber als „wesentlich eher gegeben“ angesehen wird, als bei der Auswahl durch die Gewerkschaft,[1008] folgt daraus aber nicht zwingend, dass der Gewerkschaft die Auswahl obliegt.[1009] Zum einen ist dem Arbeitgeber, ebenso wie der Gewerkschaft, missbräuchliches Verhalten bei der Auswahl nicht pauschal zu unterstellen.[1010] Zum anderen kann nicht der Grad der Gefahr des Missbrauchs ausschlaggebend sein, sondern allenfalls das im Fall des Missbrauchs gefährdete Recht oder Rechtsgut, bei einem Missbrauch des Arbeitgebers also die individuelle wie kollektive Koalitionsbetätigungsfreiheit, bei einem Missbrauch der Gewerkschaft eine Vielzahl von Grundrechtspositionen verschiedener Grundrechtsträger, denen gegenüber Art. 9 Abs. 3 GG mitunter der Vorrang gebührt.

1003 Siehe hierzu *Kissel* § 43 Rn. 94; *Löwisch/Mikosch* ZfA 1978, 153 (169 f.); *Hirschberg* RdA 1986, 355 (358); LAG Frankfurt AuR 1970, 349 (351).

1004 Näher hierzu *Gamillscheg* S. 1215 f.; Am 31.10.1958 verurteilte das Bundesarbeitsgericht (E 6, 321 ff.) die IG Metall wegen Verstoßes gegen die Friedenspflicht (Schlichtungsabkommen) zum Schadensersatz. Insgesamt ging es um 38 Millionen DM. Da die Arbeitgeber aber letztlich auf ihre Ansprüche verzichteten, unterblieb eine Zahlung, vgl. *Kissel* § 69 Rn. 55; nach *Seiter* Anm. BAG EzA Art. 9 GG Arbeitskampf Nr. 54, S. 630 o wird häufig sogar ganz auf die Geltendmachung von Schadensersatz verzichtet.

1005 So etwa BAGE 58, 343 ff..

1006 *Löwisch/Mikosch* ZfA 1978, 153 (170).

1007 *Löwisch/Mikosch* ZfA 1978, 153 (170).

1008 *Kraus* S. 78.

1009 So aber *Hirschberg* RdA 1986, 355 (359); *Kraus* S. 74 ff. (78).

1010 So aber Anm. v. *Buschmann* AuR 1983, 254 (255 f.) dem Arbeitgeber.

c) Praktikabilitätsgesichtspunkte

Nimmt die Gewerkschaft die Auswahl der Notarbeiter vor, kann sich eine Gefahr für schutzwürdige Grundrechtspositionen nicht nur dann ergeben, wenn die fehlende oder auch nur fehlerhafte Beschränkung des Streikaufrufs Bestandteil der Kampfstrategie der Gewerkschaft ist, sondern auch dann, wenn die Gewerkschaft aus anderen als kampfstrategischen Gründen zu wenig Arbeitnehmer aus dem Streikaufruf herausnimmt. So steht auch ein unbewusstes Fehlverhalten zu befürchten. Anders als der Arbeitgeber verfügt die in der Regel überbetrieblich agierenden Gewerkschaft[1011] nicht über die genaue Kenntnis der betrieblichen Situation, welche aber Voraussetzung für die Entscheidung über die zur Durchführung der Notarbeiten benötigten, fachlich geeigneten wie auch voraussichtlich anwesenden Arbeitnehmer ist.[1012] Da mit den Notarbeiten ohne Verzögerung begonnen werden muss, erfordert die Auswahl der Notarbeiter zum einen die genaue Kenntnis der jeweiligen technischen und chemischen sowie organisatorischen Betriebsabläufe und zum anderen das Wissen um die Personen, „die auch bei normalem Betriebsablauf diese Arbeiten verrichten oder hilfsweise diesen Arbeiten auf Grund ihrer seitherigen beruflichen Tätigkeit und Ausbildung so nahe stehen, dass ihnen diese Arbeiten anvertraut und auferlegt werden können."[1013] Soweit darauf verwiesen wird, die Gewerkschaften seien bei der Auswahl der Notarbeiter nicht nur auf ihre eigenen Kenntnisse bzw. die Kenntnisse organisierter Betriebsangehöriger angewiesen, sie könnten die dafür benötigten Informationen bei der Betriebsleitung einholen,[1014] welche die Informationen wegen ihres eigenen Interesses an der Durchführung der Notarbeiten auch bereitwillig erteilen werde,[1015] verstricken sich die Befürworter einer gewerkschaftlichen Auswahl in Widersprüche. Kann die Gewerkschaft die Auswahlentscheidung nur nach, auch unaufgefordert zu erteilender[1016] *Information durch*

1011 Siehe BAGE 30, 122 ff., wonach die Gewerkschaftsarbeit nicht mehr in den Betrieben durch betriebliche Funktionsträger stattfindet.

1012 So auch BAG AuR 1983, 251 (252); LAG Niedersachsen AuR 1981, 285 (287); *Fenn* DB 1982, 430 (434); *Apfel* S. 132, *Schiffer* S. 43 f.; *Heckelmann* S. 22 f.; *Kissel* § 43 Rn. 95, 101; die „begrenzte Sachkunde" der Gewerkschaften eingestehend *Löwisch/Mikosch* ZfA 1978, 153 (168).

1013 *Kissel* § 43 Rn. 79, ähnlich *Fenn* DB 1982, 430 (434).

1014 So etwa *Hirschberg* RdA 1986, 355 (359); *Löwisch/Mikosch* ZfA 1978, 153 (168); *Oetker* S. 69.

1015 So etwa *Hirschberg* RdA 1986, 355 (359), demzufolge der Arbeitgeber bei Verweigerung der Information der Gewerkschaft gemäß § 254 Abs. 2 S. 1 BGB den Verlust oder eine Minderung seines Schadensersatzanspruchs hinnehmen muss.

1016 Nach *Löwisch/Mikosch* ZfA 1978, 153 (170) muss der Arbeitgeber die Gewerkschaft „mit genügend Nachdruck auf die mangelnde Eignung der" von ihr ausgewählten Ar-

den Arbeitgeber treffen, kann diese der Gewerkschaft nicht als „eine zwingende Konsequenz der Tatsache (obliegen), dass es die Gewerkschaft selbst in der Hand haben muss, *ohne Mitwirkung des Arbeitgebers* alle Bedingungen eines rechtmäßigen Streiks zu erfüllen“[1017].

Wenig überzeugend ist es auch, eine Auswahl der Notarbeiter durch die Gewerkschaft deswegen als die dem Abschluss einer Notarbeitsvereinbarung näherstehende Lösung vorzuschlagen, weil für die Gewerkschaft ein „faktischer Zwang“ zur informellen Zusammenarbeit mit dem Arbeitgeber besteht, dem dieser aufgrund seiner Kenntnis der betrieblichen Situation nicht ausgesetzt ist.[1018] Anders als bei einer einvernehmlichen Regelung verbleiben selbst bei dem geforderten Informationsfluss letzte Unsicherheiten, die sich mitunter verheerend auf den Fortbestand des Betriebes und der Arbeitsplätze sowie auf unbeteiligte Dritte auswirken können.[1019] Zwar trifft es zu, dass kein Fall bekannt ist, in dem ein bestreikter Arbeitgeber von der streikführenden Gewerkschaft Ersatz eines infolge von unterlassenen Erhaltungsarbeiten an den Betriebsanlagen entstandenen Schadens verlangt hat.[1020] Allerdings ist dies auch auf prozessuale Gründe (Beweislast) zurückzuführen.[1021] Vergleichbar stellt sich die Situation im Hinblick auf Notstandsarbeiten. Auch hier wird den Gewerkschaften eine durchaus verantwortungsbewusste Vorgehensweise attestiert,[1022] sind aber Dritten erst Unterlassungs- oder Schadensersatzansprüche entstanden, ist bei deren Durchsetzung mit erheblichen Schwierigkeiten zu rechnen.[1023]

---

beitnehmer hinweisen, andernfalls treffe ihn ein Mitverschulden i.S.d. § 254 Abs. 2 S. 1 BGB, sollten diese bei der Durchführung der Notarbeiten Schäden anrichten.; nach *Oetker* S. 69 „ist es Sache des Arbeitgebers die streikführende Gewerkschaft von der Erforderlichkeit der entsprechenden Tätigkeiten zu überzeugen.“; ähnlich *Lauschke* S. 87.

1017 So aber *Däubler* AuR 1981, 257 (263); Hervorhebung durch die Verfasserin.

1018 So aber *Oetker* S. 69; *Löwisch/Mikosch* ZfA 1978, 153 (168); *Hirschberg* RdA 1986, 355 (359); *Kraus* S. 81.

1019 So etwa auch *Kissel* § 43 Rn. 95.

1020 *Wendeling-Schröder* NZA 1993, 49 (50); Anm. v. *Buschmann* AuR 1983, 254 (254); *Müller* RdA 1982, 86 (96).

1021 Dies einräumend Anm. v. *Buschmann* AuR 1983, 254 (254).

1022 So etwa LAG Baden-Württemberg NZA 2009, 631 (633); *Kissel* § 34 Rn. 71; *Müller* RdA 1982, 86 (97).

1023 Dies nimmt *Rudkowski* S. 281 ff. zum Anlass darüber nachzudenken, wie den Drittbetroffenen die Interessendurchsetzung erleichtert werden kann. Unter Hinweis auf die selbst bei Prozessverbindung (§ 147 ZPO) und Streitgenossenschaft (§§ 59, 60 ZPO) verbleibende Hemmschwelle des Kostenrisikos erwägt sie die Einführung einer Gruppenklage nach Vorbild der amerikanischen Sammelklage (class action) und einer Verbandsklage wie sie aus dem öffentlichen Recht (§§ 58-61 BNatschG) und dem Privat-,

So stellte *Seiter* bereits 1975 fest, dass in der Regel keiner der in gleicher Weise in eigenen Rechten betroffenen Dritten bereit sein wird, den „Vorreiter" zu machen und das Kostenrisiko einer auf Unterlassung gerichteten einstweiligen Verfügung auf sich zu nehmen. „Man denke etwa an Patienten, deren Gesundheit oder Leben in rechtswidriger Weise durch einen Ärztestreik gefährdet sind: Soweit sie die Verhältnisse überhaupt durchblicken, werden sie zunächst darauf hoffen, mit heiler Haut davonzukommen."[1024] Diese Aussage *Seiters* kann nach wie vor Gültigkeit für sich beanspruchen. Nicht selten halten auch im Nachgang eines Streiks Kosten- und Prozessrisiko die Betroffenen davon ab, ihren Schaden einzuklagen, zumal es sich dabei meist um Bagatellschäden handelt,[1025] wie etwa die Kosten der Umbuchung eines Fluges, des Umstiegs auf die Bahn oder der Hotelübernachtung, sollten jegliche (Weiter-) Reisemöglichkeiten wegfallen. Da die Interessen Dritter andernfalls aus dem Blick geraten, kann das tatsächliche Vorkommen von Unterlassungs- und Schadensersatzprozessen kein geeigneter Maßstab sein. Zudem sind durchaus Fälle bekannt, in denen die Inhaber von der Daseinsvorsorge zuzuordnenden Betrieben, Unterlassung des Streiks gefordert haben, (auch) weil sie die Versorgung der Bevölkerung gefährdet sahen.[1026]

---

insbesondere dem Wettbewerbsrech (§ 8 Abs. 3 UWG, § 22 ff. UKlaG, in diese Richtung auch § 33 Abs. 2 GWB) bekannt sind. Darüber hinaus diskutiert sie einem „Vertreter des öffentlichen Interesses" entsprechend § 36 VwGO ein Antragsrecht und weitere Verfahrensbefugnisse zu verleihen.

1024 *Seiter* S. 562; ähnlich *Kissel* § 27 Rn. 16, § 74 Rn. 7, der in diesem Zusammenhang auf die Situation des David gegen Goliath hinweist, wenn auch mit im Ergebnis geringeren Chancen des einzelnen Betroffenen; siehe aber *Scherer* S. 157 f., die das „Problem der rein tatsächlichen Motivation, das „Wagnis" einer einstweiligen Verfügung oder einer Unterlassungs- oder Schadensersatzklage auf sich zu nehmen," nicht gering schätzen will, aber dagegen hält, dass die zahlreichen Individualklagen auf Unterlassung von unerwünschter Werbung in den 70er Jahren und Mitte der 80er Jahre gezeigt hätten, dass die Bereitschaft des einzelnen, sich gegen wirtschaftlich weit überlegene Gegner auf rechtlich nicht abgesichertem und unwägbarem Terrain zur Wehr zu setzen, offensichtlich in wesentlich stärkerem Maß vorhanden sei, als dies gemeinhin angenommen werde. (Hierauf hat der Gesetzgeber reagiert und mit §§ 3 Abs. 3, 7 UWG ein Verbandsklagerecht geschaffen.) *Scherer* S. 140 zufolge sind Schadensersatzansprüche streikbetroffenen Dritter von „praktische Relevanz", was sie mit zwei Entscheidung aus dem Jahre 1923 belegt.

1025 Es besteht ein „rationales Desinteresse" der Betroffenen, wegen Bagatellschäden zu klagen, vgl. *Schaub* JZ 2011, 13 (16); siehe zu den Schwierigkeiten des Einzelnen bei der Rückforderung im Voraus bezahlter Leistungen der Daseinsvorsorge *Hirte* NJW 2006, 1490 (1490 f.).

1026 Siehe z.B. LAG Hamm NZA-RR 2007, 250 ff., LAG Sachsen NZA 2008, 59 ff..

d) Streikaufruf mehrerer Gewerkschaften

Zusätzliche Schwierigkeiten treten dann auf, wenn mehrere Gewerkschaften zur gleichen Zeit zum Streik aufrufen.

Deswegen verlangte das Bundesarbeitsgericht bereits in seiner Entscheidung vom 30.03.1982 von den Befürwortern einer Auswahl durch die Gewerkschaft, sie müssten „Antwort geben auf die Frage, was gelten soll, wenn mehrere konkurrierende Gewerkschaften am Arbeitskampf beteiligt sind“.[1027]

Dieser Forderung trat Oetker im Jahre 1984 entgegen, indem er darauf hinwies, dieses Problem sei angesichts der hohen Anforderung des Bundesarbeitsgerichts an die Tariffähigkeit eines Verbandes (Erfordernis der „sozialen Mächtigkeit“[1028]) selten von praktischer Relevanz.[1029] Sich dem anschließend, maß Kraus auch noch zur Jahrtausendwende einer Problemlösung ein „eher theoretisches Interesse“ zu.[1030]

An dieser Beurteilung kann im Hinblick auf die wachsende Macht der „Gewerkschaftszwerge“, d.h. die zunehmende Schlagkraft von kleineren Berufsgewerkschaften, wie die der Verkehrspiloten (VC), Fluglotsen (GdF), der Lokführer (GDL) und der Ärzten (Marburger Bund),[1031] so nicht festgehalten werden. Gestärkt durch die mangelnde Substituierbarkeit am Arbeitsmarkt besitzen diese „Spezialisten- und Spartengewerkschaften“ bei geringem Mitgliederbestand aber hohem Organisationsgrad erhebliche Kampfkraft und damit die nach der Rechtsprechung des Bundesarbeitsgerichts erforderliche Durchsetzungsfähigkeit.[1032] Dies gilt nicht nur für Spezialisten in Schlüsselpositionen, die durch eine gezielte Arbeitsverweigerung auf wenigen Arbeitsplätzen eine Störung oder den Still-

---

1027 BAG AuR 1983, 251 (252).

1028 Siehe hierzu BVerfGE 100, 214 (233); BAGE 117, 308 (316 f.); 113, 82 (93 ff.); *Kamanabrou* ZfA 2008, 241 (244 ff.); *Buchner* BB 2007, 2520 (2520); *Deinert* NZA 2009, 1176 (1179).

1029 *Oetker* S. 76.

1030 *Kraus* S. 78.

1031 *Rüthers* NZA 2010, 6 (12); *Schliemann*, FS Bauer, S. 923 (933); *Greiner* NZA 2007, 1023 (1023 f.).

1032 BAGE 113, 82 (94); LAG Sachsen NZA 2008, 59 (66); *Kamanabrou* ZfA 2008, 241 (246 ff.); *Deinert* NZA 2009, 1176 (1181); *Lehmann* BB 2010, 2237 (2238): Der Marburger Bund vertritt „etwa 108.000 Mediziner an deutschen Kliniken, bei der Bundeswehr und in Unternehmen der pharmazeutischen Industrie.“; „Die GdF beziffert ihren Organisationsgrad unter den rund 1.900 DFS-Fluglotsen auf weit über 80 Prozent.“, vgl. „Was Sie über einen Fluglotsen-Streik wissen sollten“, Berliner Morgenpost-Artikel vom 2.08.2011, abrufbar unter www.morgenpost.de; „Gut 8.200 Piloten gehören der Vereinigung Cockpit an. Die GdL hat 34.000 Mitglieder, unter ihnen 75 % der Lokomotivführer der Bahn.“, vgl. *Rudkowski* S. 67.

stand größerer/ganzer Produktions- oder Dienstleistungsbereiche bewirken können (Minimaxstrategie)[1033]. Ebenso verfügen die Arbeitnehmervereinigungen der Flugbegleiter (UFO) sowie der Gesundheits- und Krankheitspfleger über ein beachtliches Druckpotential, weil diese „im Fall eines Arbeitskampfs kurzfristig überhaupt nicht oder nur schwer ersetzt werden können und ihr Ausfall wirtschaftlich deutlich spürbar" ist.[1034] Es hat folglich eine Verschiebung dergestalt stattgefunden, dass die Tariffähigkeit kein Korrektiv (mehr) darstellt.[1035]

Hinzu kommt, dass nach Aufgabe des Grundsatzes der Tarifeinheit durch das Bundesarbeitsgericht Tarifpluralität nicht mehr zwangsweise aufgelöst wird,[1036] so dass in einem Betrieb auch im Fall sich überschneidender Geltungsbereiche unterschiedliche Tarifverträge zur Anwendung kommen und daher auch erstreikt werden können.[1037] Infolgedessen befürchten Vertreter der Arbeitgeber- wie auch der Arbeitnehmerseite und ein Großteil der rechtswissenschaftlichen Literatur fortan „Streiks ohne Ende".[1038] Die aktuelle Rechtsprechung des Bundesarbeitsgerichts ebne den Weg für eine Zersplitterung der Tariflandschaft (sog. Balkanisierung) in kleine Klientelgewerkschaften, die partikulare Interessen einzelner Mitarbeitergruppen deutlich in den Vordergrund rücken würden.[1039] Sie führe zur Gefährdung des Tariffriedens und Vervielfachung von Arbeitskämpfen mit betrieblichen und gesamtgesellschaftlichen Auswirkungen und negativen volkswirtschaftlichen Effekten.[1040] Zu befürchten sei eine Spaltung der Belegschaften, wie sie sich bei dem Arbeitskampf des Marburger Bundes im Bereich der Kliniken zugetragen hat: Weil der Tarifabschluss der Ärzte aus der Sicht ver.dis zu Lasten des Pflegepersonals ging, schloss sich ein Arbeitskampf

---

1033 *Rüthers* NZA 2010, 6 (8); *Hromadka* NZA 2008, 384 (384).

1034 *Kamanabrou* ZfA 2008, 241 (247); siehe auch *von Steinau-Steinrück/Glanz* NZA 2009, 113 (114).

1035 Siehe hierzu auch *Bayreuther* BB 2005, 2633 (2637); *Hromadka* NZA 2008, 384 (384); *Schliemann*, FS Bauer, S. 923 (933); *Scholz*, FS Buchner, S. 827 ff.

1036 BAG NZA 2010, 645 ff.; 778 ff.; 1068 ff..

1037 Siehe unter § 2 I. 2. a).

1038 „Tarifpluralität – Streiks ohne Ende?", *Henssler, Martin* vom 21.01.2011, abrufbar unter blog.handelsblatt.com; siehe auch Gemeinsames Eckpunktepapier von BDA und DGB vom 4.06.2010 RdA 2010, 315 (315); in Bezug auf den Bahnstreik 2007 *Hirdina* NZA 2009, 997 (997).

1039 Siehe vor gruppenegoistischem Verhalten der Berufsgewerkschaften warnend *Bayreuther* NZA 2008, 12 (15); *Meyer* NZA 2004, 145 (146), *derselbe* NZA 2006, 1387 (1389); *von Steinau-Steinrück/Glanz* NZA 2009, 113 (113).

1040 DGFP bezieht Stellung zur Tarifpluralität, aaO; siehe auch *Greiner* NZA 2007, 1023 (1024); *Gießen* ZfA 2011, 1 (4, 6 ff. m.w.N. in Fn. 18.); *Bayreuther* NZA 2006, 642 (644); *Meyer* NZA 2006, 1387 (1389 f.), wonach die Arbeitskämpfe im Klinikbereich zu Lasten der Beitragszahler in der Krankenversicherung gereicht.

des Pflegepersonals an.[1041] Dem Arbeitgeber drohe ein „permanenter Arbeitskampf", weil die Friedenspflicht nicht für die jeweils anderen im Betrieb vertretenen Gewerkschaften gelte.[1042]

Zudem würden die im Kampf um Mitglieder miteinander konkurrierenden Gewerkschaften[1043] versuchen sich gegenseitig zu übertreffen, so dass ein Wettbewerb um höhere Tarifentgelte einsetze.[1044] Der Arbeitgeber wäre dem gegenseitigen Überbietungswettbewerb der Gewerkschaften ausgeliefert und könnte „wegen ein- und derselben Regelungsmaterie gleich mehrfach bestreikt" werden.[1045] Daran haben aber auch die Gewerkschaften kein Interesse, lassen doch zu viele Streiks in einem Betrieb den einzelnen beliebig und unangemessen erscheinen.[1046]

Angesichts dieser Befürchtungen wird zurzeit kontrovers diskutiert, wie fortan zu verfahren ist. Dabei wird nicht nur auf tarifrechtlicher[1047], sondern

---

1041 *Meyer* NZA 2006, 1387 (1389); den Verlauf der Aufspaltung von „oben nach unten" thematisierend *Giesen* NZA 2009, 11 (15).

1042 Vgl. *Henssler* ZfA 2010, 397 (413); *Hirdina* NZA 2009, 997 (997); *Bayreuther* NZA 2008, 12 (15); *Franzen* RdA 2008, 193 (201); *Kamanabrou* ZfA 2008, 241 (263 ff.); *Meyer*, FS Adomeit, S. 459 (460); *derselbe*, FS Buchner, S. 628 (629).

1043 Auf die Möglichkeit der doppelten Mitgliedschaft soll hier nicht näher eingegangen werden, siehe dazu *Schliemann*, FS Bauer, S. 923 (931); *Reichold* RdA 2007, 321 (323 ff.); „Gewerkschaftshopping" als Optimierungsstrategie der Arbeitnehmer problematisierend *Meyer* NZA 2006, 1387 (1389); *Giesen* NZA 2009, 11 (13).

1044 *Giesen* NZA 2009, 11 (15 f.); *derselbe* ZfA 2011, 1 (4, 7 f.); siehe auch *Meyer*, FS Adomeit, S. 459 (460 f.); *derselbe*, FS Buchner, S. 628 ff., wonach sich der von der GDL im Jahre 2008 bundesweit geführte Streik „im Kern gegen die beiden anderen Gewerkschaften" richtete und im Bereich des öffentlichen Nahverkehrs auch das Verhältnis zu ver.di betraf.

1045 *Bayreuther* BB 2005, 2633 (2641); *derselbe* NZA 2008, 12 (15); *Kamanabrou* ZfA 2008, 241 (263 f.); *Jacobs*, FS Buchner, S. 342 (346); nach *Schliemann*, FS Bauer, S. 923 (929, 935) führen von Gruppeninteressen bestimmte Streiks im selben Betrieb oder in derselben Einrichtung zu „Streikkaskaden".

1046 *Dribbusch*, WSI-Diskussionspapier Nr. 172, S. 15; *Hirdina* NZA 2009, 997 (999).

1047 Siehe für eine Normierung des Grundsatzes der Tarifeinheit unter Ersetzung des Spezialitäts- durch das Mehrheitsprinzip und Ausdehnung der Friedenspflicht das Gemeinsames Eckpunktepapier von BDA und DGB vom 4.06.2010 RdA 2010, 315 (315); Kempen AuR 2011, 51 (51 ff.); *Giesen* ZfA 2011, 1 ff.; siehe für eine Normierung des Spezialitätsprinzip *Hromadka* NZA 2008, 384 (389 ff.); kritisch *Löwisch* RdA 2010, 263 (263 ff., insbesondere 265); *Konzen* JZ 2010, 1036 (1042 ff.); *Dieterich* AuR 2011, 46 (50); *Greiner* NZA 2012, 529 (531 f.); siehe zur Bildung von Tarifgemeinschaften *Buchner* BB 2008, 106 (108).

auch auf arbeitskampfrechtlicher[1048] Ebene nach einer Lösung der mit dem Gewerkschafts- und Interessenpluralismus verbundenen Problemen gesucht und auch die nach dem Grundsatz der „Einheit der Belegschaft“ mögliche Einbeziehung von nicht und anders organisierten Arbeitnehmern in einen Arbeitskampf[1049] neu überdacht.[1050] Auf die verschiedenen Lösungsansätze soll im Rahmen dieser Bearbeitung jedoch nicht näher eingegangen werden, zumal auch der Sachverständigenrat in seinem die Aufgabe des Grundsatzes der Tarifeinheit problematisierenden Jahresgutachten 2010 Zurückhaltung anmahnt. Da unklar ist „in welchem Umfang die Befürchtungen im Hinblick auf neue Berufsgewerkschaften und das Auftreten von Streikkaskaden tatsächlich Realität werden“, empfiehlt er, zumindest vorerst „Erfahrungen zu sammeln und auszuwerten“.[1051] Hier interessiert allein, wie dem durch Gewerkschafts- und Interessenpluralität in der tatsächlichen Bedeutung gewachsenen Nebeneinander von Streiks mehrerer Gewerkschaften gegen ein und denselben Arbeitgeber zu begegnen ist.

Rufen sich vom Zuständigkeitsbereich her überschneidende Gewerkschaften zeitnah zum Streik auf, stellt sich die Frage, wie die Bereitstellung von Notarbeitern zu bewerkstelligen ist.

Einige Stimmen in der Literatur sprechen sich für eine gemeinschaftliche Verpflichtung der konkurrierenden Gewerkschaften aus.[1052] Die beteiligten Ge-

---

1048 Siehe zur Synchronsierung von Tariflaufzeiten und Friedenspflicht, gemeinschaftlichen Verhandlungen und Koordinierung der Arbeitskämpfen *Kamanabrou* ZfA 2008, 241 (271 ff.); *Franzen* RdA 2008, 193 ff.; *Giesen* ZfA 2011, 1 (31 ff.); *Hirdina* NZA 2009, 997 ff.; *Löwisch* RdA 2010, 263 (265 f.); *Schliemann*, FS Bauer, S. 923 ff.; *Meyer*, FS Buchner, S. 628 ff.; *Henssler* RdA 2011, 65 (71 ff.); zur Einführung einer lösenden Aussperrung der Streikenden *Greiner* NZA 2007, 1023 (1027); kritisch auch ggü. der Erstreckung der Aussperrung auf nicht und anders organisierte Arbeitnehmer *Jacobs*, FS Buchner, S. 342 (347 ff.); *von Steinau-Steinrück/Glanz* NZA 2009, 113 (115 f.); *Bayreuther* NZA 2008, 12 (16); *Deinert* NZA 2009, 1179 (1183).

1049 BAG RdA 1971, 185 (189); *Gamillscheg* S. 994; *Otto* § 6 Rn. 11.

1050 Siehe hierzu *Kamanabrou* 2008, 241 (274 f.); *Henssler* ZfA 2010, 397 (413 ff.); *Giesen* ZfA 2011, 1 (7); *Konzen* JZ 2010, 1036 (1045 f.).

1051 Abrufbar unter www.sachverstaendigenrat-wirtschaft.de, S. 303, Nr. 507; ähnlich *Dieterich* AuR 2011, 46 (50); *Greiner* NZA 2012, 529 (530); *Henssler* RdA 2011, 65 (70); *Konzen* JZ 2010, 1036 (1037, 1041, 1044); *Sunnus* AuR 2008, 1 (7), wonach kein Grund besteht, aufgrund „übersteigerter Befürchtungsszenarien vorauseilend in eine Art Rechtsfindungshysterie zu verfallen.“; anders aber *Lehmann* BB 2010,2237 (2240): „Die Situation fordert jedoch rechtzeitige Weichenstellung durch die ordnende Hand des Gesetzgebers, um das Risiko einer zukünftigen Unordnung zu vermeiden.“.

1052 *Oetker* S. 76; *Hirschberg* RdA 1986, 355 (358, Fn. 30); *Meyer*, FS Buchner, S. 628 (631 f.).

werkschaften müssten ihre Kampfmaßnahmen aufeinander abstimmen und festlegen, durch wie viele und welche Arbeitnehmer die Notarbeiten zu erbringen seien,[1053] die dann aus dem jeweiligen Streikaufruf herausgenommen werden müssten. Bei zeitgleichem Streikbeginn habe die Herausnahme parallel zu erfolgen.[1054] Bei versetztem Streikbeginn könne die jeweils nachfolgende Gewerkschaft auf die Beschränkung des vorangegangenen Streikaufrufs der zuerst in den Arbeitskampf einziehenden Gewerkschaft verweisen, so dass die bereits mit der Durchführung der Notarbeiten betrauten Arbeitnehmer wieder als nicht aufgerufen gelten würden.[1055] Sollte die zuerst vorgenommene Beschränkung nicht oder infolge der Ausweitung der Arbeitsniederlegung im Betrieb nicht mehr ausreichen, könne die jeweils andere Gewerkschaft diese ergänzen und damit sozusagen „reparieren".[1056] Lediglich wenn eine Gewerkschaft gar keine Arbeitnehmer aus ihrem Streikaufruf ausnehmen sollte, entfalle (nur) dessen rechtfertigende Wirkung,[1057] so dass nur der Streikaufruf der anderen Gewerkschaft gelte.[1058]

Durch Anpassung der Streikaufrufe werde der Herausnahme unterschiedlicher Arbeitnehmer oder unterschiedlicher Anzahl von Arbeitnehmern vorgebeugt. Sollte es dennoch dazu kommen, dürfte bei einer unterschiedlichen Anzahl der Aufruf maßgebend sein, der mehr Arbeitnehmer umfasse (Aufstockung).[1059] Die Unterschreitung der Mindestanzahl der für die Notarbeiten erforderlichen Arbeitnehmer „ist damit weniger wahrscheinlich, die Gefahr der Rechtswidrigkeit des Streiks eher gebannt."[1060] Bei einer unterschiedlichen Auswahl dürfte hingegen die zeitliche Reihenfolge der Aufrufe (Prioritätsgrundsatz) ausschlaggebend sein, so dass die Herausnahme aus dem Streikaufruf der zuerst zum Streik aufrufenden Gewerkschaft maßgeblich ist.[1061]

Die Rechtmäßigkeit eines jeden Streiks wird danach anhand des Gesamtgeschehens beurteilt[1062] mit der Folge, dass die beteiligten Gewerkschaften für ein Unterbleiben von Erhaltungs- und Notstandsarbeiten gemäß § 431 BGB gesamt-

---

1053 *Oetker* S. 76; *Meyer*, FS Buchner, S. 628 (631 f); *Kamanabrou* ZfA 2008, 241 (274): Ohne Koordination sind effektive Notarbeiten „kaum vorstellbar".

1054 *Oetker* S. 76.

1055 *Kraus* S. 78.

1056 *Kraus* S. 78 f..

1057 *Oetker* S. 76.

1058 *Hirschberg* RdA 1986, 355 (358, Fn. 30); mit Bezug darauf *Kraus* S. 79.

1059 *Kraus* S. 80.

1060 *Kraus* S. 80.

1061 *Kraus* S. 80.

1062 *Kamanabrou* ZfA 2008, 241 (270, 273 f.); *Schliemann,* FS Bauer, S. 923 (940).

schuldnerisch einstehen müssen.[1063] Um die Streikaufrufe zu koordinieren, aber auch um im weiteren Verlauf der Streikaktionen auf sich verändernde Umstände reagieren zu können, wird empfohlen, dass die Gewerkschaften „eine Art Streikkomitee, eine gemeinsame Streikführung, bilden", die der Arbeitgeberseite in Sachen Notarbeiten als Ansprechpartner dient.[1064] Die Gesamtheit der beteiligten Gewerkschaften habe es dann in der Hand, Unterlassungs- oder Schadensersatzansprüche des Arbeitgebers gar nicht erst entstehen zu lassen.[1065]

So wünschenswert es auch ist, dass die Gewerkschaften trotz ihrer hierzu divergierenden Standards ein „einheitliches Niveau von (Erhaltungs- und) Notstandsarbeiten" erbringen, auch damit sich die vom Streik betroffenen Dritten darauf einstellen können,[1066] ist es doch viel verlangt, von den im Verteilungskampf miteinander konkurrierenden Gewerkschaften Kooperation zu erwarten.[1067] Sie sind Rivalen, die ihre eigenen Interessen möglichst uneingeschränkt durchsetzen wollen und allenfalls den Gegner gemein haben. Deswegen ist auch nicht nachzuvollziehen, warum die Entscheidungsfreiheit einer Gewerkschaft darüber, welche ihrer Mitglieder den Streikbefehl kraft Satzungsrecht zu befolgen haben, durch eine mit ihr rivalisierende Gewerkschaft beschnitten werden kann,[1068] nur weil deren Streikaufruf frühzeitiger erfolgt. Im Vergleich dazu erscheint eine Auswahl der Notarbeiter durch den Arbeitgeber für die beteiligten Gewerkschaften eher akzeptabel, spielt dabei doch zumindest der Konkurrenzdruck keine Rolle. Auch schafft die „Reparatur" eines zunächst nicht hinreichend beschränkten Streikaufrufs und die „Aufstockung" der Notarbeiter durch einen nachfolgenden Streikaufruf sowie die Anwendung des Prioritätsgrundsatzes Rechtsunsicherheit, sind doch selbst die Gewerkschaften, geschweige denn die Arbeitnehmer des von mehreren Seiten bestreikten Betriebes, kaum noch in der Lage, die aktuelle Streiksituation rechtlich zu beurteilen.

Weiter stößt es auf erhebliche Bedenken, dass sich die Gewerkschaften untereinander ihr Verhalten gegenseitig zurechnen lassen müssen,[1069] auch wenn

---

1063 So etwa *Meyer*, FS Buchner, S. 628 (639); *derselbe*, FS Adomeit, S. 459 (462, 469 f.); *Hirschberg* RdA 1986, 355 (358, Fn. 30).

1064 *Kamanabrou* ZfA 2008, 241 (274).

1065 *Meyer*, FS Adomeit, S. 459 (471 ff.); zur Einstands- bzw. Einwirkungspflicht BAGE 60, 101 8117); *Wolf/Niedenführ* JA 1985, 369 (378 f.).

1066 Zur Mindestversorgung im Verkehrsbereich *Meyer*, FS Buchner, S. 628 (639).

1067 Kritisch auch *Heckelmann* S. 22.

1068 *Bayreuther* NZA 2008, 12 (17); *von Steinau-Steinrück/Glanz* NZA 2009, 113 (115, Fn. 25); siehe auch Däubler-*Reinfelder* § 15 Rn. 48.

1069 Dagegen auch *Kraus* S. 80; *Rudkowski* S. 76.

dies als die logische Konsequenz davon erscheint, dass die Gewerkschaften die Sicherstellung der Notarbeiten als unteilbare Leistung schulden.[1070]

Insgesamt ergeben sich bei Gewerkschafts- und Interessenpluralität im Betrieb weitere praktische Bedenken gegen eine Auswahl der Notarbeiter durch die Gewerkschaft.

e) Effektivität von Notarbeiten

Da es „katastrophale Folgen“ haben kann, wenn bei Kampfausbruch die zur Durchführung der Notarbeiten benötigten Arbeitnehmer nicht bereit stehen, sprechen sich selbst einige Befürworter der gewerkschaftlichen Auswahl dafür aus, dass der Arbeitgeber einspringen darf, wenn die Gewerkschaft ihren Streikaufruf, ob bewusst oder unbewusst, nicht oder nicht hinreichend beschränkt hat.[1071] Um die Lücke zu schließen, die dort entsteht, wo selbst das auf Beschleunigung ausgerichtete einstweilige Rechtsschutzverfahren infolge außergewöhnlicher Eilbedürftigkeit den Eintritt irreversibler Schäden nicht verhindern kann und damit seinen Rechtsschutzzweck verfehlt,[1072] soll dem Arbeitgeber in Anlehnung an das zivilrechtlichen Selbsthilferecht des § 229 BGB der Zugriff auf streikende Arbeitnehmer möglich sein.[1073] Zur Verwirklichung der Rechtsordnung eigenmächtig tätig zu werden, sei dem Arbeitgeber aber nur dann gestattet, wenn er bereits um gerichtliche Hilfe ersucht habe, diese aber nicht rechtzeitig erlangen werde.[1074] Der Arbeitgeber müsse die Gerichte angerufen haben, weil er nur vorläufig, d.h. bis zu dem Erlass der von ihm beantragten einstweiligen Verfügung zur Eigenmacht berechtigt sei.[1075] Nur solange, wie es brauche einstweiligen Rechtsschutz zu erlangen, um dadurch die Gewerkschaft zur Erfüllung ihrer Pflichten zu zwingen, sei die Selbsthilfe in Form der Auswahl der Notarbeiter auch im Sinne des § 230 Abs. 1 BGB erforderlich und da-

---

1070 So etwa *Meyer*, FS Buchner, S. 628 (639); *derselbe*, FS Adomeit, S. 459 (462, 469 f.); *Hirschberg* RdA 1986, 355 (358, Fn. 30).

1071 So etwa *Kraus* S. 107 ff. (113 f.); *Löwisch/Mikosch* ZfA 1978, 153 (170); *Löwisch*, Arbeitskampf- und Schlichtungsrecht, 170.2 Rn. 226; a.A. *Däubler* AuR 1981, 257 (258); *Oetker* S. 65.

1072 *Schünemann*, Selbsthilfe im Rechtssystem 1985, S. 18.

1073 *Thüsing*, Anm. zu BAG EzA Nr. 119 zu Art. 9 GG Arbeitskampf, S. 7 (14); *Kraus* S. 108 ff.; allgemein zur Selbsthilfe im Arbeitskampfrecht *Seiter* S. 377 f.; *Czerweny von Arland* S. 65 ff. m.w.N..

1074 *Kraus* S. 110 f. mit Bezug auf *Schünemann* S. 74; siehe auch Palandt-*Ellenberger* § 229 Rn. 4.

1075 *Kraus* S. 111.

her zuzulassen.[1076] Bis sie ihren Pflichten nachkomme, müsse die Gewerkschaft die vom Arbeitgeber getroffenen Maßnahmen dulden.[1077]

Warum der Arbeitgeber im Fall einer fehlenden oder fehlerhaften Auswahlentscheidung seitens der Gewerkschaft tätig werden können soll, liegt auf der Hand. Dadurch wird verhindert, dass der Streik wegen fehlender oder fehlerhafter Notarbeiten (teilweise) rechtswidrig ist.

Dass sich aber selbst die Befürworter einer Auswahl durch die Gewerkschaft derart rückversichern wollen, zeigt, dass auch sie es den Gewerkschaften in letzter Konsequenz nicht zutrauen, zu erkennen, ob und wann der Betriebserhalt oder die schutzwürdigen Rechtsgüter Dritter gefährdet sind. Zumindest wollen sie die mit der Vornahme der Auswahlentscheidung verbundende Verantwortung und damit die Haftung für die Erhaltung der Produktionsanlagen und die Versorgung Dritter nicht den Gewerkschaften auferlegen und lasten dem Arbeitgeber in dem Fall, dass er es unterlässt, rechtzeitig einzugreifen, ein Mitverschulden an[1078]. Eine derartige Risikoverteilung zu Lasten des Arbeitgebers ist jedoch unangemessen.[1079] Er soll zunächst abwarten müssen, ob die Gewerkschaft ihm eine hinreichende Anzahl für die Durchführung von Notarbeiten geeigneter Arbeitnehmer zur Verfügung stellt und erst dann und nur unter der Bedingung des vorherigen Antrags auf Erlass einer gegen die Gewerkschaft auf Beschränkung des Streikaufrufs gerichteten Verfügung eingreifen dürfen, wenn dies nicht der Fall ist. Dann aber ist in der Regel bereits eine Gefahrensituation entstanden, die jederzeit zu einem Schaden, auch Dritter, führen kann, für den er dann auch noch - zumindest teilweise - einstehen soll. Zudem wird dadurch die Haftung bei mangelnden oder mangelhaften Notarbeiten noch undurchsichtiger, als sie es wegen der bei einer „Aufspaltung in gewerkschaftliche Auswahlentscheidung und arbeitgeberische Leitungsverantwortung" zu erwartenden „Zuordnungsschwierigkeiten" darüber, aus welchem Bereich die Störungsursache herrührt, sowieso schon ist.[1080]

Da jedes Zuwarten zu Lasten der Effektivität der Notarbeiten geht, in vielen Bereichen, vor allem der Daseinsvorsorge, angesichts der durch das Ausbleiben

---

1076 *Bauer/Haußmann* DB 1996, 881 (883 f,); Däubler-*Reinfelder* § 15 Rn. 49; siehe auch *Kraus* S. 108 ff. (110), die „den Gedanken der zeitlichen Beschränkung von Selbsthilfemaßnahmen" § 100 BetrVG entnimmt.

1077 Siehe zur Duldungsverfügung *Bauer/Haußmann* DB 1996, 881 (884); *Kissel* § 43 Rn. 71; *Kraus* S. 111.

1078 *Löwisch/Mikosch* ZfA 1978, 153 (171) fordern, dass „der Arbeitgeber zur Leistung des Notdienstes ausdrücklich auffordert und einsichtig darlegt, dass die Gewerkschaft zu wenige oder ungeeignete Notdienstarbeiter ausgewählt hat.".

1079 *Fenn* DB 1982, 430 (434).

1080 *Fenn* DB 1982, 430 (434).

der Leistungen und Güter gefährdeten Rechtsgüter wie denen des Art. 2 Abs. 2 GG aber höchste Eile geboten ist, räumen einige Instanzgerichte dem Arbeitgeber als „ultima ratio in Gestalt einer Notkompetenz eine einseitige Anordnungsbefugnis“[1081] ein.[1082] Auch die überwiegende Literatur geht davon aus, dass der Arbeitgeber die Auswahl der Notarbeiter vornehmen kann, wenn es ihm vorher nicht möglich war, zu einer Absprache mit der Gewerkschaft zu gelangen.[1083] Der Arbeitgeber soll sozusagen die „Notbremse“ ziehen und auf streikende Arbeitnehmer zugreifen dürfen, soweit dies zur Sicherstellung des Betriebserhalts, zur Abwendung von Gemeingefahren oder zur Wahrung der schutzwürdigen Rechte und Rechtsgüter Dritter notwendig ist.[1084]

(1) Dogmatische Begründung des Letztentscheidungsrechts des Arbeitgebers

Neben der bereits dargestellten Analogie zu §§ 229, 230 BGB wird zur dogmatischen Begründung dieser Art *Letztentscheidungsrecht* auch auf das zivilrechtliche Notwehr- bzw. Nothilferecht aus § 227 BGB verwiesen[1085], auf den Rechtsgedanken der § 904 BGB, § 34 StGB abgestellt[1086] oder aber das Direktionsrecht des Arbeitgebers herangezogen[1087].

Bei der Heranziehung des Direktionsrechts wird auf die arbeitsvertragliche Verpflichtung der Arbeitnehmer zur Leistung der Notarbeiten abgestellt und damit die Frage nach der Auswahlbefugnis mit der Frage nach der Arbeitsleistungspflicht der ausgewählten Arbeitnehmer vermischt.[1088]

Die Anwendung des § 227 BGB führt zu Folgeproblemen, wenn der Arbeitgeber zu viele Arbeitnehmer zur Erbringung ihrer Arbeitsleistung anhält. Dann überschreitet er die Grenzen der erforderlichen Verteidigungshandlung, handelt also rechtswidrig und berechtigt die Gewerkschaft ihrerseits zur Notwehr, wobei sich die Frage stellt, wie diese ausgeübt werden sollte.

1081 *Gaumann* DB 2001, 1722 (1723).

1082 So etwa LAG Frankfurt AuR 1970, 349 (351); LAG Niedersachsen AuR 1981, 285 (288);ArbG Essen, Urt. v. 24.07.2003, Az.: 8 Ga 50/03-juris, 2. Ls., Rn. 33; LAG Berlin-Brandenburg, Urt. v. 24.10.2007, Az.: 7 SaGa/07-juris, Rn. 29.

1083 *Von Steinau-Steinrück/Glanz* NZA 2009, 113 (115); *Bayreuther* NZA 2008, 12 (18, Nr. 9); nach *Bauer/Haußmann* DB 1996, 881 (883); *Otto* § 8 Rn. 37 auch bei überraschenden Streikaktionen.

1084 Wie vorstehend; siehe auch EK-*Dieterich* Art. 9 GG Rn. 188; Schaub-*Treber* § 193 Rn. 82.

1085 LAG Niedersachsen AuR 1981, 285 (288).

1086 *Otto* § 8 Rn. 37.

1087 So auch *Löwisch/Mikosch* ZfA 1978, 153 (168).

1088 So auch *Kornbichler* S. 51.

Im Gegensatz zur Notwehrhandlung im Sinne des § 227 BGB ist gegen eine Selbsthilfehandlung im Sinne des § 229 BGB zwar keine Notwehr gegeben,[1089] sie ist aber auch nur zum Schutz eigener Ansprüche, nicht aber zur Sicherung der Ansprüche Dritter gestattet.[1090] Dies wirft im Hinblick auf die vor allem im Interesse Dritter durchzuführenden Notstandsarbeiten Probleme auf, auf die an dieser Stelle nicht näher eingegangen werden soll.[1091] Hier soll die Feststellung genügen, dass nach all den aufgeführten Normen die Handlung des Arbeitgebers „erforderlich" bzw. „notwendig" und „angemessen" sein muss bzw. der Schaden der Gewerkschaft nicht „unverhältnismäßig groß" sein darf. Bei diesen Normen handelt es sich um Ausprägungen des Grundsatzes der Verhältnismäßigkeit; sie dienen der Werterhaltung, indem sie den Interessenwiderstreit durch Güterabwägung zugunsten der überwiegenden Belange entscheiden.[1092] Aus dem Grundsatz der Verhältnismäßigkeit ergibt sich daher nicht nur die Pflicht der Sozialpartner zur Leistung von Notarbeiten, sondern auch die alleinige Berechtigung des Arbeitgebers, wenn sich die Kampfparteien nicht einigen können.[1093] Das bedeutet, dem Arbeitgeber kommt eine einseitige Notkompetenz zu, soweit sie geeignet, erforderlich und unter Abwägung des Interesses an einem Konsens der Kampfparteien einerseits und dem Interesse an dem Betriebserhalt sowie den Interessen Dritter andererseits angemessen ist.

(2) Interessenabwägung

Bei der vorzunehmenden Interessenabwägung fällt vor allem ins Gewicht, dass ein Letztentscheidungsrecht des Arbeitgebers das Druckpotential der Gewerkschaftsseite schwächt.[1094] Weiß der Arbeitgeber, dass er im Fall der Nichteinigung die Auswahl der Notarbeiter treffen kann, wird er keinerlei Einigungsbereitschaft zeigen und dem Streik vorangehende Verhandlungen als „lästige Formalität" ansehen und regelrecht aussitzen.[1095]

Hinzu kommt, dass das mit dem Letztentscheidungsrecht verbundene faktische „arbeitskampftaktische Übergewicht des Arbeitgebers" zwar zeitlich dadurch begrenzt ist, dass die Gewerkschaften im Verfahren des einstweiligen

1089 Palandt-*Ellenberger* § 229 Rn. 9.

1090 Palandt-*Ellenberger* § 229 Rn. 3.

1091 Siehe Näheres unter § 4 II. 1..

1092 Siehe hierzu *Scherer* S. 82 ff. (85, 89 ff.); *Fischinger* RdA 2007, 99 (100); *Löwisch* ZfA 1971, 319 (325).

1093 So auch *Kornbichler* S. 52, Fn. 161, bezugnehmend auf *Bauer/Haußmann* DB 1996, 881 (883).

1094 So auch *Däubler* AuR 1981, 257 (258); *Oetker* S. 65.

1095 *Oetker* S. 65; so auch *Däubler* AuR 1981, 257 (259 f.); *Hirschberg* RdA 1986, 355 (359); *Gamillscheg* S. 1171.

Rechtsschutzes dessen Ausübung gerichtlich nachprüfen lassen können, bis dahin aber sind die Gewerkschaften gezwungen, den seine Notkompetenz ausübenden Arbeitgeber gewähren zu lassen.[1096]

Auch wenn sie nicht eindeutig befriedigend ist, ist es doch die einzig richtige Lösung, dem Arbeitgeber im Fall der Nichteinigung die Auswahl vornehmen zulassen.[1097]

Ihm ist als demjenigen, der eine genaue Kenntnis der Betriebssituation und die schnelle erste Reaktionsmöglichkeit zur Vermeidung irreversibler Schäden hat, hinsichtlich des Umfangs der Notarbeiten eine Einschätzungsprärogative zuzubilligen.[1098] Schließlich kann er auch die Marktsituation und damit die Möglichkeiten Dritter, auf Konkurrenzunternehmen auszuweichen, am ehesten überblicken und daher am besten beurteilen, wie viele seiner Arbeitnehmer ihre Arbeitsleistung unbedingt erbringen müssen. Auf diese Arbeitnehmer muss er direkt bei Streikbeginn zugreifen können. Andernfalls ließe sich ein effektiver Schutz der durch Ausbleiben der Notarbeiten gefährdeten Grundrechtspositionen nicht ohne staatliche Einmischung erzielen.

(3) Ausschöpfen der Verständigungsmöglichkeiten

Da aber eine einvernehmliche Regelung der Notarbeiten vorzugswürdig ist, muss gefordert werden, dass der Arbeitgeber die Gewerkschaft zunächst zu Verhandlungen aufgefordert und ihr seine Verhandlungsbereitschaft signalisiert hat.[1099] Wie die Gewerkschaft vor einem Streik eine Forderung über den Inhalt des abzuschließenden Tarifvertrages erhoben haben muss,[1100] muss auch der Arbeitgeber seine Art und Umfang der Notarbeiten betreffenden Vorstellungen darlegen. Von ihm ist zu verlangen, dass er der Gewerkschaft einen Vorschlag über Person und Zahl der Notarbeiter unterbreitet, und eine Stellungnahme der Gewerkschaft hierzu abwartet.[1101] Dieser Vorschlag muss annahmefähig sein. Wie auch die Forderung der Gewerkschaft tariflich regelbaren Inhalts sein

---

1096 Siehe hierzu LAG Frankfurt AuR 1970, 349 (351); *Kissel* § 43 Rn. 82, 101 f.; EK-*Dieterich* Art. 9 GG Rn. 188; *Bauer/Haußmann* DB 1996, 881 (885).

1097 So auch LAG Berlin-Brandenburg, Urt. v. 24.10.2007, Az.: 7 SaGa 2044/07-juris, Rn. 29, 38; *Fenn* DB 1982, 430 (433); *Kissel* 43 Rn. 101, 105; *Bauer/Haußmann* DB 1996, 881 (883 f.); *Rudkowski* S. 123.

1098 So auch *Gaumann* DB 2001, 1722 (1723); *Kissel* § 43 Rn. 101.

1099 LAG Niedersachsen AuR 1981, 285 (288); ArbG Essen, Urt. v. 24.07.2003, Az.: 8 Ga 50/03-juris, 2. Ls., Rn. 33; *Thüsing,* Anm. zu BAG EzA Nr. 119 zu Art. 9 GG Arbeitskampf, S. 7 (14); *Bauer/Haußmann* DB 1996, 881 (883).

1100 BAGE 58, 364 (383).

1101 So auch *Kornbichler* S. 55; in diese Richtung auch ArbG Essen, Urt. v. 24.07.2003, Az.: 8 Ga 50/03-juris, Rn. 33; LAG Niedersachsen AuR 1981, 285 (288).

muss,[1102] darf der Vorschlag des Arbeitgebers nur Notarbeiten zum Gegenstand haben und keine Streikarbeit beinhalten. Nur wenn er diese Voraussetzung erfüllt, kommt der Arbeitgeber seiner Aufgabe nach, sich im Sinne der Entscheidung des Bundesarbeitsgericht vom 31.01.1995 um eine gemeinsame Regelung der Notarbeiten zu bemühen[1103], nur dann ist die Ausübung der Notkompetenz zulässig.[1104] In Ausnahmefällen kann der Arbeitgeber aber sofort von seiner Notkompetenz Gebrauch machen, etwa bei überraschenden Streikaktionen, also wenn es ihm nicht möglich ist, der Gewerkschaft seinen Entwurf eines Notarbeitsplans rechtzeitig vorzulegen,[1105] oder wenn die Gewerkschaft eine Verständigung über Notarbeiten ablehnt,[1106] also die Erfüllung ihrer Aufgabe im Sinne der Entscheidung des Bundesarbeitsgericht vom 31.01.1995 verweigert.

Diese Vorgehensweise wird der „gemeinsamen Trägerschaft" der Notarbeiten am ehesten gerecht: Der Arbeitgeber kann sich einer Einigung mit der Gewerkschaft nicht gänzlich verschließen, um sodann sein Letztentscheidungsrecht ausüben zu dürfen, es gar zur Ausweitung der Notarbeiten und damit zum Unterlaufen des Streiks zu missbrauchen. Er muss ein den objektiven Gegebenheiten und dem Grundsatz der Verhältnismäßigkeit entsprechendes Angebot vorlegen.[1107] Auch die Gewerkschaft kann sich einer Einigung mit dem Arbeitgeber nicht entziehen, um sodann mit der Verweigerung der Durchführung unbedingt erforderlicher Arbeiten zu drohen.[1108] Sie muss das Angebot des Arbeitgebers, dessen Annahmefähigkeit vorausgesetzt, annehmen, will sie die einseitige Bestellung der Notarbeiter durch den Arbeitgeber zugunsten einer gemeinsamen abwenden.[1109]

Auf diesem Weg wird erreicht, dass die Sozialpartner tatsächlich über die Notarbeiten verhandeln. Zumindest dort, wo es die verbleibende Zeit erlaubt,

---

1102 Ständige Rspr. des BAG seit BAGE 1, 291 ff..

1103 Vgl. BAGE 79, 152 (157).

1104 So etwa auch ArbG Essen, Urt. v. 24.07.2003, Az.: 8 Ga 50/03-juris, Rn. 33; *Kornbichler* S. 55.

1105 *Bauer/Haußmann* DB 1996, 881 (883); *Otto* § 8 Rn. 37; LAG Baden Württemberg DB 1980, 2042 (2042 f.); so verneint auch das LAG Niedersachsen AuR 1981, 285 (288) das „Notwehrrecht", weil es der Arbeitgeber in Kenntnis der bevorstehenden Streikaktion unterlassen hat, die Gewerkschaft zum Abschluss einer Notarbeitsvereinbarung aufzufordern.

1106 *Gaumann* DB 2001, 1722 (1723); ArbG Essen, Urt. v. 24.07.2003, Az.: 8 Ga 50/03-juris, Rn. 33, wonach der Arbeitgeber nur dann zur Ausübung seines „Notwehrrechts" berechtigt ist, wenn die Gewerkschaft „die Verhandlungen über eine Notdienstvereinbarung (…) unberechtigt und bewusst hat scheitern lassen.".

1107 So auch *Kornbichler* S. 57.

1108 So auch *Kornbichler* S. 57.

1109 So auch *Kornbichler* S. 57.

muss sich die Gewerkschaft ernsthaft mit dem vom Arbeitgeber unterbreiteten Vorschlag und sich der Arbeitgeber ernsthaft mit Alternativvorschlägen der Gewerkschaft auseinandersetzen; beide Seiten müssen sich also, wie vom Bundearbeitsgericht verlangt, um eine Regelung der Notarbeiten bemühen[1110].

f) Information der Gewerkschaft

Soweit sich die Auswahl der Notarbeiter zahlenmäßig im Rahmen des Verhältnismäßigen bewegt, ist das Streikrecht der davon betroffenen Arbeitnehmer verdrängt.[1111] Problematisch aber bleibt, dass der Arbeitgeber die Arbeitnehmer von der Ausübung ihres bestehenden Streikrechts abhalten kann, wenn er mehr als zur Durchführung der Notarbeiten benötigte Arbeitnehmer auswählt. Verweigern die rechtswidrig vom Arbeitgeber zur Durchführung der Notarbeiten eingeteilten Arbeitnehmer ihre Arbeitsleistung, liegt darin kein vertragswidriges Verhalten. Durch Streikteilnahme können sie die Suspendierung ihrer vertraglichen Arbeitsleistungspflicht herbeiführen. Verweigern aber die rechtmäßig vom Arbeitgeber zur Durchführung der Notarbeiten eingeteilten Arbeitnehmer ihre Arbeitsleistung, verstoßen sie gegen ihre Pflichten aus dem Arbeitsvertrag mit allen Konsequenzen, wie Schadensersatz und Kündigung. Das bedeutet, dass sie bis zu einer gerichtlichen Klärung (oder einer späteren Notarbeitsvereinbarung und deren Durchführung) den Weisungen des Arbeitgebers Folge leisten müssen, wollen sie nicht das Risiko eingehen, bei Nichtleistungen von Notarbeit, deren Anordnung sich später als berechtigt erweist, nachteilige Folgen wegen vertragswidriger Arbeitsverweigerung tragen zu müssen.[1112]

Dass die Arbeitnehmer dieses Risiko tragen müssen, stößt vielfach auf Kritik, erschwert es ihnen doch die Streikteilnahme.[1113]

Es ist aber dadurch abgemildert, dass der Arbeitgeber auf Grund seiner Fürsorgepflicht gegenüber den Arbeitnehmern als verpflichtet anzusehen ist, sein der Durchführung der Notarbeiten tatsächlich zugrundeliegendes Konzept ana-

---

1110 BAGE 79, 152 (157).

1111 *Gamillscheg* S. 1172.

1112 BAG AuR 1983, 251 (252); *Kissel* § 43 Rn. 69, 103; Anm. v. *Fenn* SAE 1970, 189 (191).

1113 BAG AuR 1983, 251 (252); *Lauschke* DB 1970, 1175 (1177 f.); ArbG Essen, Urt. v. 24.07.2003, Az.: 8 Ga 50/03-juris, Rn. 32 spricht von einem vom Arbeitgeber auf diese Arbeitnehmer ausgeübten „unangemessenen Druck“, der dazu führen könnte, „dass sich ein großer Teil der streikwilligen Arbeitnehmer dazu entschließt, dem Streikaufruf der Verfügungsklägerin (Gewerkschaft) nicht zu folgen, um den eigenen Arbeitsplatz nicht zu gefährden.“.

log § 315 Abs. 2 BGB der streikführenden Gewerkschaft vorzulegen.[1114] Auch wenn es sich bei Notarbeiten nicht um eine Kampfmaßnahme handelt, weswegen die Auswahl der Notarbeiter nur diesen, nicht aber der (gegenüber nicht und anders organisierten Arbeitnehmern nicht empfangsbevollmächtigten) Gewerkschaft gegenüber zu erklären ist,[1115] muss der Arbeitgeber der Gewerkschaft seinen Notarbeitsplan zu kommen lassen, also auch dann, wenn es im Vorfeld eines Streiks nicht zu einer Verständigung gekommen ist. Diese kann die Notwendigkeit der Arbeiten wie auch des Personaleinsatzes mit erfahrungsgemäß größerer Sachkunde und auch persönlicherer Distanz als der einzelne Arbeitnehmer überprüfen und ihn entsprechend beraten.[1116] Hält sie die Einteilung für berechtigt, rät sie dem Arbeitnehmer zur Erbringung der Arbeitsleistung und räumt dadurch die im Hinblick auf sein Streikrecht bestehenden Unklarheiten aus. Hält sie die Einteilung hingegen für unberechtigt, rät sie ihm zur Streikteilnahme. Das mit der Streikteilnahme verbundene Risiko ist dadurch ausgeräumt, dass die Arbeitsverweigerung auf einem Rat der Gewerkschaft beruht und daher nicht der Arbeitnehmer, sondern die Gewerkschaft die Verantwortung für die Arbeitsverweigerung trägt.[1117] So wie ein Arbeitnehmer nicht damit zu rechnen braucht, bei der Befolgung eines gewerkschaftlichen Streikaufrufs rechtswidrig zu handeln[1118] und ihm hinsichtlich der Erkennbarkeit der Rechtswidrigkeit eines gewerkschaftlich geführten Streiks ein zurückhaltender Vorwurf zu machen ist[1119], ist dem den Rat der Gewerkschaft folgenden Arbeitnehmer ein schuldausschließender Rechtsirrtum zuzubilligen.[1120] Ist die Arbeitsverweigerung auf diese Weise „entschuldigt“, hat der Arbeitnehmer weder die infolgedessen entstandenen Schäden zu ersetzen, noch eine Kündigung zu befürchten. Zwar stellt die Arbeitsverweigerung weiterhin eine Vertragsverletzung dar, jedoch sind auch

1114 BAG AuR 1983, 251 (252); *Heckelmann* S. 23; *Kissel* § 43 Rn. 103.

1115 Vgl. BAGE 80, 265 (272 f.); *Rieger* S. 11 unter Heranziehung des Rechtsgedankens des § 146 BGB.

1116 *Kissel* § 43 Rn. 103; siehe zum Zurücktreten etwaiger Geheimhaltungspflichten des Arbeitgebers gegenüber der Ermöglichung der gewerkschaftlichen Überprüfung der Notwendigkeit der Einrichtung eines Notdienstes (Art. 9 Abs. 3 GG) ArbG Essen, Urt. v. 24.07.2003, Az.: 8 Ga 50/03-juris, Rn. 33.

1117 BAG AuR 1983, 251 (252): „Das Risiko einer Fehlbeurteilung läge in diesem Falle bei der Gewerkschaft.“.

1118 *Löwisch/Mikosch* ZfA 1978, 153 (171); *Fenn* DB 1982, 430 (434 f.); zur Vermutung der Rechtmäßigkeit BAGE 25, 226 (1. Ls., 233); *Müller* RdA 1971, 321 (323); *Konzen* ZfA 1980, 77 (84 f.); *Kissel* § 47 Rn. 70.

1119 Vgl. *Gamillscheg* S. 1210; EK-*Dieterich* Art. 9 Rn. 232; *Kissel* § 47 Rn. 71.

1120 BAG AuR 1983, 251 (252); *Heckelmann* S. 25; *Fenn* DB 1982, 430 (434 f.); *Otto* § 15 Rn. 45; *Kissel* § 43 Rn. 69.

bei der Frage nach der Berechtigung des Arbeitgebers zur ordentlichen oder außerordentlichem Kündigung die Umstände des Einzelfalls zu beachten[1121].

Der Arbeitgeber muss die streikführende Gewerkschaft aber noch aus anderen Gründen darüber informieren, welche Arbeitnehmer Notarbeiten zu leisten haben. Handelt es sich dabei um Mitglieder der Gewerkschaft, muss sie diese von der Teilnahme am Streik freistellen.[1122] Dies bedeutet zum einen, dass die Gewerkschaft die weitere Erbringung der Arbeitsleistung nicht als Verletzung von satzungsmäßigen Pflichten ahnden und zum anderen, dass sie keine Streikunterstützung auszahlen darf. Erhält das zur Leistung von Notarbeiten verpflichtete Gewerkschaftsmitglied trotz Fortbestehens seines Lohnanspruchs zusätzlich Streikgeld, könnte es versucht sein, die Arbeitsleistung zu verweigern. Mit der Streikunterstützung würde die Gewerkschaft einen Anreiz zum vertragsbrüchigen Verhalten schaffen, was aber gegen ihre Pflicht verstoßen würde, die Durchführung von Notarbeiten nicht zu stören.[1123] Nur weil es nicht zum Abschluss einer die gemeinsame Trägerschaft der Notarbeiten optimal verwirklichenden Vereinbarung gekommen ist, ist die Gewerkschaft dieser Pflicht nicht entbunden. Sie hat für einen reibungslosen Ablauf der Notarbeiten Sorge zu tragen.[1124] Dazu gehört sicherzustellen, dass die zur Leistung von Notarbeiten eingeteilten Arbeitnehmer bei der Leistung von Notarbeiten weder behindert noch gehindert werden.[1125]

Damit die zur Notarbeit eingeteilten Arbeitnehmer als solche zu erkennen sind, werden in der Regel Sonderausweise an diese ausgegeben.[1126]

4. Ergebnis

Im Fall der Nichteinigung kann der Arbeitgeber die Auswahl der Notarbeiter aufgrund einer Notkompetenz vornehmen.

1121 EK-*Dieterich* Art. 9 Rn. 233; B/P/S/U-AKR Rn. 289 f..

1122 *Schell* BB 1969, 1179 (1181); *Apfel* S. 135; Anm. v. *Fenn* SAE 1970, 189 (192).

1123 Vgl. *Schell* BB 1969, 1179 (1181).

1124 Siehe zur Duldungspflicht der Gewerkschaft BAGE 75, 186 (194); *Kissel* § 43 Rn. 71; *Hirschberg* RdA 1986, 355 (356).

1125 Vgl. *Seiter* S. 533; *Lauschke* DB 1970, 1175 (1176); *Schell* BB 1969, 1179 (1181); *Hirschberg* RdA 1986, 355 (357); MünchArbR-*Ricken* § 200 Rn. 42 m.w.N.

1126 Siehe hierzu Erfahrungstatsachen bei *Apfel* S. 97 ff.; *Lauschke* DB 1970, 1175 (1176); *Gaumann* NZA 2001, 245 (246); dies vorsehend Arbeitskampfrichtlinien Gesamtmetall 2006, S. 69, Anlage 4.

IV. Auswahl nach billigem Ermessen

Der Auswahl der Notarbeiter sind sachliche, willkürfreie Gesichtspunkte zugrunde zu legen.[1127] Allem voran ist die fachliche Eignung eines Arbeitnehmers zur Durchführung der Notarbeiten maßgebend. Im Sinn des Wortes findet eine Auswahl daher auch nur dann statt, wenn für einen Notarbeitsposten mehrere gleich geeignete Arbeitnehmer in Betracht kommen.[1128] Wo hingegen nur ein Arbeitnehmer als Notarbeiter in Betracht kommt, muss dieser ausgewählt werden,[1129] auch wenn dies u.U. dazu führt, dass dieser Arbeitnehmer stets von der Streikteilnahme ausgeschlossen ist.[1130] Zur Neueinstellung und/oder zum Einsatz von Leiharbeitern ist der Arbeitgeber nicht verpflichtet.[1131]

Soweit mehrere Arbeitnehmer zur Durchführung der Notarbeiten geeignet sind, muss der zwischen ihnen auswählende Arbeitgeber die sich aus § 315 BGB ergebenden Grenzen billigen Ermessens beachten.[1132] Das bedeutet, er muss bei der Auswahl der Notarbeiter die wesentlichen Umstände des Einzelfalls abwägen und die gleich- wie gegenläufigen Interessen berücksichtigen.[1133] Insoweit ist die Auswahlentscheidung des Arbeitgebers auch gerichtlich nachprüfbar.[1134]

Zu dem billigen Ermessen gehört, dass der Arbeitgeber zunächst Arbeitswillige zu Notarbeiten einsetzt.[1135]

1. Bevorzugung arbeitswilliger Arbeitnehmer

Die Suspendierungswirkung bei einem Streik tritt grundsätzlich nicht ohne oder gegen den Willen der Arbeitnehmer ein.[1136] Dies gilt gleichermaßen für in der

---

1127 BAGE 79, 152 (158); LAG Hamm NZA 1994, 430 (2. Ls., 431); *Lauschke* S. 49 f.; *Bauer/Haußmann* DB 1996, 881 (886); Däubler-*Reinfelder* § 15 Rn. 50.

1128 *Schiffer* S. 88; *Löwisch/Mikosch* ZfA 1978, 153 (168).

1129 Anm. v. *Herschel* AuR 1970, 352 (352); *Löwisch/Mikosch* ZfA 1978, 153 (168); *Kissel* § 43 Rn. 54.

1130 Kritisch Anm. v. *Hromadka* SAE 1983, 59 (60).

1131 So auch *Fenn* DB 1982, 430 (433); *Heckelmann* S. 23; EK-*Dieterich* Art. 9 Rn. 188.

1132 Anm. v. *Herschel* AuR 1970, 352 (352); *Fenn* DB 1982, 430 (433); *Schiffer* S. 86; *Heckelmann* S. 23; *Gaumann* DB 2001 1722 (1723); EK-*Dieterich* Art. 9 GG Rn. 188; *Kissel* § 43 Rn. 101, *von Steinau-Steinrück/Glanz* NZA 2009, 113 (115).

1133 Vgl. Palandt-*Grüneberg* § 315 Rn. 2.

1134 Vgl. BAG DB 2007, 1985 (1985 f.); *Gaumann* DB 2001, 1722 (1723); Palandt-*Grüneberg* § 315 Rn. 2.

1135 *Fenn* DB 1982, 430 (433); *Schiffer* S. 86; *Heckelmann* S. 23; *Gaumann* DB 2001 1722 (1723); EK-*Dieterich* Art. 9 Rn. 188; *Kissel* § 43 Rn. 101.

1136 Siehe hierzu BAGE 67, 50 (56); 70, 119 (123); 76, 196 (202); *Bertele* S. 53; *Seiter* S. 241 f.; *Konzen* AcP 177 (1977), 473 (505 f.).

streikführenden Gewerkschaft organisierte und nicht organisierte Arbeitnehmer. Zwar haben Mitglieder der streikführenden Gewerkschaft koalitionsinterne Konsequenzen zu erwarten, wenn sie dem Streikbefehl nicht folgen[1137], jedoch ändert das nichts an ihrer Freiheit, selbst über die eigene Streikteilnahme zu entscheiden.[1138] Aufgrund der schwerwiegenden persönlichen Auswirkungen der Suspendierung der wesentlichen Vertragspflichten wie dem Lohnausfall soll die Entscheidung über die Arbeitsniederlegung den Arbeitnehmern selbst obliegen.[1139] Entscheiden sie sich gegen die Teilnahme am Streik, müssen sie ihrer arbeitsvertraglichen Leistungspflicht weiter nachkommen, mithin Notarbeiten erbringen. Da aber nicht immer nur diejenigen arbeitswillig sind, deren übliche Tätigkeit Notarbeit darstellt, müssten Arbeitswillige die Aufgaben streikender Arbeitskollegen übernehmen und sogar vertraglich nicht geschuldete Tätigkeiten verrichten, sollten sie die Durchführung der Notarbeiten alleine bewältigen müssen. Das bedeutet, sie müssten auch Arbeiten erbringen, die bisher von den Streikenden erledigt wurden und die lediglich wegen des Streiks ihnen, in deren bisherigen Tätigkeitsbereich sie eigentlich nicht fallen, übertragen werden, sog. Streikarbeit.[1140] Erfolgt sie im Einvernehmen des Arbeitswilligen spricht nichts gegen eine Übertragung bestreikter Arbeitsplätze oder auch nur bestreikter Tätigkeiten. Dass aber Arbeitswillige die von den Streikenden verlassene Arbeit übernehmen müssen, wird unter Hinweis auf deren Solidarität mit den Streikenden gemeinhin abgelehnt.[1141] Es sei niemandem zuzumuten, den kämpfenden Kollegen durch Übernahme deren Arbeitsplätze „in den Rücken zu fallen".[1142] Der Arbeitnehmer könne seine Arbeitsleistung nicht nur dann verweigern, wenn die zugewiesene Tätigkeit nicht dem Vertragsgegenstand entspreche (direkte Streikarbeit), sondern auch dann, wenn sie zwar dem Vertragsgegenstand entspreche, jedoch außerhalb der bisher tatsächlich erbrachten und für die Zukunft vorgesehenen Arbeitsleistung liege (indirekte Streikarbeit).[1143] Seine Situation stelle sich nicht anders dar als die eines in dem bestreikten Betrieb eingesetzten Leiharbeiters, der gemäß § 11 Abs. 5 AÜG berechtigt ist, diesbezüglich seine Arbeitskraft zu verweigern.[1144]

Dass ein Arbeitnehmer die Weisung des Arbeitgebers nicht befolgen muss, lässt sich aber dann nicht mit der Solidarität mit den Streikenden begründen,

---

1137 Zur Zulässigkeit siehe *Seiter* S. 106 m.w.N..

1138 Vgl. *Bertele* S. 53, 110.

1139 *Seiter* S. 106.

1140 Däubler-*Ögüt* § 19 Rn. 60 ff..

1141 *Gamillscheg* S. 1197 f. m.w.N. in Fn. 118.

1142 *Gamillscheg* S. 1197 f.; *Apfel* S. 157 f.; *Schiffer* S. 49; *Söllner* AuR 1982, 233 (236 f.).

1143 *Rüthers* ZfA 1972, 403 (418 ff., 440); *Söllner* AuR 1982, 233 (237); *Otto* § 12 Rn. 32.

1144 Däubler-*Däubler* § 19, Rn. 69, 61; *Söllner* AuR 1982, 233 (236 f.); *Otto* § 12 Rn. 32.

wenn sie die Durchführung der Notarbeiten zum Gegenstand hat. Bei der Durchführung der Notarbeiten kann von einem „In-den-Rücken-fallen" schon deswegen nicht gesprochen werden, weil sie auch im Interesse der Streikenden erfolgt, wird denen doch dadurch erst die Teilnahme an einem die Rechte und Rechtsgüter des Arbeitgebers und unbeteiligter Dritter wahrenden und damit rechtmäßigen Streik ermöglicht.[1145] Den Arbeitnehmern, die Notarbeiten leisten, ist der Vorwurf unsolidarischen Verhaltens gerade nicht zu machen, da andernfalls Streikende dafür herhalten müssten. Bedeutet sie Notarbeit, stellt sich „Streikarbeit" geradezu als „Unterstützungsmaßnahme gegenüber den streikenden Kollegen" dar.[1146] Daraus folgt aber nicht, dass Arbeitswillige deren Verrichtung gar nicht verweigern dürfen.[1147] Ist eine zugewiesene Notarbeit nach dem Vertragsinhalt nicht geschuldet, muss sie nicht geleistet werden.[1148] Der Übertragung von Notarbeit in Form des Arbeitsplatzes eines streikenden Kollegen fehlt in dem Fall die Rechtsgrundlage.[1149] Wenn die übertragene Notarbeit aber der vertraglich geschuldeten Arbeitsleistung entspricht und nur üblicherweise nicht von ihm, sondern von Streikenden ausgeübt wird, muss sie geleistet werden. Der Arbeitgeber kann seinen Arbeitnehmern Tätigkeiten innerhalb der Grenzen seines Direktionsrechts zuweisen.[1150] Das Direktionsrecht erstreckt sich aber nur auf Tätigkeiten, die der arbeitsvertraglicher Leistungspflicht entsprechen.[1151] Nur diese Tätigkeiten müssen die Arbeitnehmer ausüben, vertraglich nicht geschul-

---

1145 Siehe hierzu *Fenn* DB 1982, 430 (432); *Schiffer* S. 51 f.; *Apfel* S. 158; *Heckelmann* S. 15; *Löwisch/Mikosch* ZfA 1978, 153 (164 f.).

1146 *Rudkowski* S. 134; siehe auch *Otto* § 12 Rn. 32; *Söllner* AuR 1982, 233 (237), wonach auch dann nicht von „Streikarbeit" gesprochen werden kann, wenn ein Arbeitnehmer zwischen den Arbeitskampfparteien abgesprochene Notarbeiten ausführt.

1147 So aber *Apfel* S. 158; *Schiffer* S. 50 ff.; *Altheim* ZBR 1974, 373 (373 f., 377).

1148 *Rüthers* ZfA 1972, 403 (418 ff., 440); Däubler-*Däubler* § 32, Rn. 63; *Heckelmann* S. 15; *Schell* BB 1969, 1179 (1181); *Leinemann* DB 1971, 2309 (2313).

1149 *Buschmann* AuR 1980, 230 (232); a.A. *Apfel* S. 158, dem zufolge die Arbeitspflicht durch die Treuepflicht erweitert ist u. i.R.d. Notarbeiten ausnahmsweise auch vertragsfremde Arbeiten übernommen werden müssen.

1150 *Bauer/Haußmann* DB 1996, 881 (886); Däubler-*Däubler* § 19 Rn. 64.

1151 *Bauer/Haußmann* DB 1996, 881 (886); *Kissel* § 43 Rn. 62; siehe zum Umfang des Weisungsrechts des Arbeitgebers und zur Wirksamkeit von Versetzungen BAG DB 2007, 1985 (1985 f.): Nach § 106 GewO „kann der Arbeitgeber Inhalt, Ort und Zeit der Arbeitsleistung nach billigem Ermessen bestimmen, soweit diese Arbeitsbedingungen nicht durch Arbeitsvertrag, Bestimmungen einer Betriebsvereinbarung, eines anwendbaren Tarifvertrages oder gesetzliche Vorschriften festgelegt sind. Eine Leistungsbestimmung entspricht billigem Ermessen, wenn die wesentlichen Umstände des Falles abgewogen und die beiderseitigen Interessen angemessen berücksichtigt worden sind.".

dete Tätigkeiten können sie hingegen verweigern. Vertraglich geschuldet ist aber in der Regel nicht nur die Arbeitsleistung, so wie der Arbeitnehmer sie inhaltlich, örtlich und zeitlich tatsächlich erbringt. Das wäre nur dann der Fall, wenn die Arbeitsleistungspflicht eine Konkretisierung erfahren hätte.[1152] Dazu aber „genügt nicht schon der bloße Zeitablauf. Vielmehr müssen bestimmte Umstände hinzutreten, auf Grund derer der Arbeitnehmer erkennen kann und vertrauen darf, dass er nicht in anderer Weise eingesetzt werden soll."[1153] Das bedeutet, der Arbeitgeber kann Arbeitswillige kraft seines Direktionsrecht auch mit anderen als den üblicherweise von ihnen verrichteten, aber vertragsgemäßen Tätigkeiten betrauen, wenn sie Notarbeiten darstellen.

Die Übernahme der Notarbeiten Streikender durch Arbeitswillige scheidet allerdings bei fehlender Eignung aus. Arbeitnehmer, die eine zu ihrem Berufsbild gehörende Tätigkeit zwar gelernt, jedoch seit geraumer Zeit nicht verrichtet haben und deswegen nicht mehr über die erforderlichen Kenntnisse (Stand der Technik etc.) und Fähigkeiten verfügen, sind nicht in der Lage, diese Tätigkeit auszuführen. Da für Notarbeiten weniger Arbeitnehmer als normalerweise bereitstehen, ist es im Interesse deren Effektivität umso wichtiger, dass jeder einzelne, der damit betraut ist, den Anforderungen der Notarbeiten entspricht. Ihre Durchführung erfordert Eigenständigkeit und eine gewisse Routine, die etwa einem Auszubildenden, selbst kurz vor der Abschlussprüfung, nicht ohne weiteres unterstellt werden kann.[1154] Um im Einzelfall zu beurteilen, ob ein Auszubildender vollwertigen Ersatz für ausfallende Arbeitskräfte bieten kann, müsste der Arbeitgeber zunächst Rücksprache mit den die Auszubildenden im Normalbetrieb anleitenden und beaufsichtigenden Personen halten, sich einen eigenen Eindruck verschaffen. Dafür verbleibt in der Regel keine Zeit. Auszubildende eignen sich daher generell nicht zur Durchführung von Notarbeiten.[1155]

Nur soweit sie zur Durchführung der Notarbeiten geeignet sind, muss der Arbeitgeber vorrangig Arbeitswillige auswählen.[1156] Auf Arbeitswilligkeit als eine innere Einstellung des einzelnen Arbeitnehmers zum Arbeitskampf abzustellen, erweist sich allerdings insoweit als problematisch, als dass sich oftmals

---

1152 Siehe hierzu BAG DB 2007, 1985 (1985); BAG, Urt. v. 11.06.1958, Az.: 4 AZR 514/55-juris, Rn. 18; EK-*Preis* § 611 BGB Rn. 648 ff..

1153 BAG, Urt. v. 11.06.1958, Az.: 4 AZR 514/55-juris, Rn. 18; so auch BAG DB 2007, 1985 (1985 f.).

1154 *Rudkowski* S. 137.

1155 *Rudkowski* S. 137.

1156 Siehe hierzu *Fenn* DB 1982, 430 (433); *Heckelmann* S. 23; *Schiffer* S. 86; *Pfohl* PersV 1993, 193 (198); *Gaumann* DB 2001 1722 (1723); EK-*Dieterich* Art. 9 GG Rn. 188; *Kissel* § 43 Rn. 101.

erst im Verlauf des Arbeitskampfs zeigt, wer arbeitswillig ist[1157]. Darauf kann aber bei der Auswahl der Notarbeiter keine Rücksicht genommen werden, weil die Aufnahme der Notarbeiten schon bei Streikbeginn gewährleistet sein muss[1158] und ein Auswechseln von streik- gegen arbeitswillige Arbeitnehmer allenfalls bei länger andauernden Kampfmaßnahmen in Betracht kommt.[1159] Dazu verpflichtet ist der Arbeitgeber nicht.[1160]

2. Verfügbarkeit Andersorganisierter

Bei anders organisierten Arbeitnehmer kommt es nicht immer auf die innere Einstellung zum Arbeitskampf an. Soweit zwischen dem Arbeitgeber und der Gewerkschaft, der sie angehören, hinsichtlich der umkämpften Materie ein Tarifvertrag und damit eine Friedenspflicht besteht, dürfen sie sich nicht am Streik beteiligen.[1161] Da sie sich nicht für die Arbeitsniederlegung entscheiden und die Suspendierung ihrer Arbeitsleistungspflicht herbeiführen können, stehen sie dem Arbeitgeber weiterhin zur Verfügung und können im Falle ihrer fachlichen Eignung zur Notarbeit herangezogen werden.

3. Beschränkung auf organisierte oder nicht organisierte Arbeitnehmer

Da sowohl in der streikführenden Gewerkschaft organisierte als auch nicht organisierte Arbeitnehmer ein Streikrecht haben, sind sie von dem die Auswahl der Notarbeiter vornehmenden Arbeitgeber gleich zu behandeln.[1162] Er darf, soweit sie ihm überhaupt bekannt ist,[1163] nicht nach Koalitionszugehörigkeit diffe-

1157 Siehe hierzu BAGE 76, 196 (203);. *Schell* BB 1969, 1179 (1181); *Apfel* S. 159.

1158 Vgl. *Schell* BB 1969, 1179 (1181).

1159 *Apfel* S. 115.

1160 *Apfel* S. 159 f.; *Pfoh*l Rn. 489; so auch BAGE 79, 152 (157 f.), ArbG Herne, Urt. 3.03.2010, Az.: 1 Ca 2931/09-juris, Rn. 69, wonach Arbeitswillige keinen Anspruch auf Beschäftigung im Rahmen der Notarbeiten haben.

1161 Schaub-*Koch* § 193 Rn. 12.

1162 BAGE 79, 152 (158); LAG Hamm NZA 1994, 430 (2. Ls., 431); *Bauer/Haußmann* DB 1996, 881 (886); *Schiffer* S. 55; siehe zum arbeitsrechtlichen Gleichbehandlungsgrundsatz BAGE 128, 342 ff..

1163 *Gamillscheg* BB 1996, 212 (213); *Franzen* RdA 2008, 193 (202); Bei Abschluss des Arbeitsvertrages ist die Frage des Arbeitgebers nach der Gewerkschaftszugehörigkeit unzulässig, vgl. BAG NZA 2000, 1294 (1295 f.); EK-*Preis* § 611 BGB Rn. 278; siehe aber *Kentner*, S. 102 m.w.N., die nach Abschluss des Arbeitsvertrages eine allgemeine

renzieren,[1164] also nicht nur organisierten oder nur nicht organisierten Arbeitnehmern ihr Streikrecht absprechen. Beschränkt er sich bei der Auswahl der Notarbeiter auf Außenseiter, auch um der Gewerkschaft ihre Entscheidungsfreiheit darüber zu belassen, welche ihrer Mitglieder den Streikaufruf kraft Satzungsrecht zu befolgen haben, liegt darin ein unzulässiger Verstoß gegen deren negative Koalitionsfreiheit des Art. 9 Abs. 3 GG, d.h. dem Recht Koalitionen fernzubleiben.[1165] Aber auch eine auf die betriebsangehörigen Mitglieder der streikführende Gewerkschaft beschränkte Auswahl ist unzulässig,[1166] zumal die streikführende Gewerkschaft nur ihre Mitglieder mit koalitionsinternen Mitteln zur Befolgung des Kampfbefehls anhalten kann[1167] und ihr daher daran gelegen sein wird, dass diese nicht zur Notarbeit eingeteilt werden.[1168] Insbesondere ist es dem Arbeitgeber untersagt, diejenigen zur Notarbeit heranzuziehen, deren Streikteilnahme ihm „wegen organisatorischer oder agitatorischer Fähigkeiten am unangenehmsten ist".[1169] Besonders engagierte Gewerkschaftsmitglieder, wie etwa die Mitglieder der örtlichen Streikleitung, soll der Arbeitgeber nicht zur Notarbeit einteilen dürfen, weil dadurch die Handlungsfähigkeit der Gewerkschaftsseite beeinträchtigt wird.[1170] Da der Arbeitgeber zwar oftmals, aber nicht immer wissen wird, auf welche Arbeitnehmer der Zugriff unter diesem Aspekt ausgeschlossen ist, soweit gleich geeignete Arbeitnehmer vorhanden sind, ist der streikführenden Gewerkschaft eine Ersetzungsbefugnis zuzubilligen.[1171] Unter Benennung geeigneter Ersatzarbeitnehmer kann sie der Auswahl widersprechen.[1172]

Offenbarungspflicht ablehnt, im Hinblick auf die arbeitskampfrechtliche Position aber einen Auskunftsanspruch des Arbeitgebers befürwortet; *Dieterich*, FS Wissmann, S. 114 (120) stellt klar, dass es kein „generelles Geheimhaltungsprinzip" gibt.

1164 BAGE 79, 152 (158); LAG Hamm NZA 1994, 430 (431); *Heckelmann* S. 23.

1165 *Heckelmann* S. 23; EK-*Dieterich* Art. 9 GG Rn. 188; *Kissel* § 43 Rn. 101.

1166 *Otto* § 8 Rn. 33; EK-*Dieterich* Art. 9 GG Rn. 188.

1167 Siehe hierzu *Seiter* S. 106.

1168 Die Gewerkschaft kann aber auch daran interessiert sein, dass gerade ihre Mitglieder zur Notarbeite eingeteilt werden, weil Notarbeiten aus Sicht der Gewerkschaft nur dann verlässlich nur in den Grenzen des unbedingt Notwendigen erbracht werden, vgl. *Löwisch/Mikosch* ZfA 1978, 153 (167 f.).

1169 *Löwisch/Mikosch* ZfA 1978, 153 (167).

1170 Siehe hierzu *Heckelmann* S. 23 f.; *Kissel* § 43 Rn. 101; *Lauschke* DB 1970, 1175 (1177); *Oetker* S. 75 f..

1171 *Fenn* DB 1982, 430 (433).

1172 *Gamillscheg* S. 1169.

4. Einsatz von Beamten

Bei einem Streik im öffentlichen Dienst ist die Besonderheit zu berücksichtigen, dass die ca. 4,6 Millionen Beschäftigungsverhältnisse unterschiedlich ausgestaltet sind.[1173] Zur Erfüllung seiner Aufgaben beschäftigt der Staat Arbeitnehmer (2,7 Millionen), aber auch Beamte (1,9 Millionen), darunter die noch in ehemaligen Staatsunternehmen - Postnachfolgeunternehmen (88.600) und Bahn (42.700) - beschäftigten,[1174] die gemäß Art. 143 a Abs. 1 S. 3, 143 b Abs. 3 S. 1 GG unter Wahrung ihrer Rechtsstellung den nunmehr privatisierten Unternehmen zugewiesen worden sind, sog. Privatbeamten.

In Bereichen der inneren Sicherheit, etwa im Polizeivollzugsdienst sind fast ausschließlich Beamte zur Verfolgung und Prävention von Straftaten und damit zum Schutz der Rechte und Rechtsgüter des Einzelnen tätig.[1175] Daneben werden aber auch Arbeitnehmer eingesetzt, insbesondere im Objektschutz und Gefangenenwesen, in Werkstätten und Bekleidungskammern sowie bei Fahrdiensten.[1176] Grundsätzlich aber sagt die Art der zu verrichtenden Tätigkeit nichts über die Zugehörigkeit zum Beamtentum oder zur Arbeitnehmerschaft aus.[1177] Schließlich werden Schulfächer jeglicher Art sowohl von verbeamteten als auch angestellten Lehrern unterrichtet.

a) Streikverbot für Beamte und Streikrecht der Arbeitnehmer im öffentlichen Dienst

Die in Art. 9 Abs. 3 GG verankerte Koalitionsfreiheit steht sowohl den Beamten, wie in § 91 BBG klargestellt wird, als auch den Arbeitnehmern des öffentli-

1173 Zahlen nach www.bmi.bund.de; Der öffentliche Dienst des Bundes, Daten zur Personalstruktur 2011, Stand: 22.08.2011, basierend auf der Veröffentlichung des Statistischen Bundesamtes vom 30.06.2010, abrufbar unter www.destatis.de.

1174 www.bmi.bund.de.

1175 *Scherer* S. 122.

1176 Siehe eine Übersicht der Berufssparten der Polizei in GdP-Broschüre, März 2011, abrufbar unter www.gpd.de: Bei der Polizei Nordrhein-Westfalen sind im Jahr 2011 knapp 40.000 Polizeivollzugs- und Polizeiverwaltungsbeamte sowie 6.000 Tarifbeschäftigte beschäftigt, während es in Bayern 26.100 Polizeivollzugs- und Verwaltungsbeamte sowie 3.7000 Angestellte und Arbeitnehmer sind.

1177 Vgl. OVG Münster, Beschl. v. 7.03.2012, Az.: 3d A 317/11.0-juris; VG Osnabrück, Urt. v. 19.08.2011, Az.: 9 A 2/11-juris, Rn. 32; VG Kassel, Urt. v. 27.07.2011, Az.: 28 K 574/10.KS.D-juris, Rn. 31; *Rüthers* AuR 1987, 37 (41); Jarass/Pieroth-*Pieroth* Art. 33 Rn. 40 ff.; *Pfohl* PersV 1993, 193 (197).

chen Diensts zu, beide Gruppen können sich gewerkschaftlich organisieren.[1178] Allerdings wird die Koalitionsfreiheit der Beamten durch die ebenfalls mit Verfassungsrang ausgestatteten beamtenrechtlichen Strukturprinzipien geprägt und eingeschränkt.[1179] Nach Art. 33 Abs. 5 GG sind die „hergebrachten Grundsätzen des Berufsbeamtentums“ zu berücksichtigen. Dazu wird das Streikverbot gezählt.[1180] Art. 33 Abs. 4 und 5 GG dienen der Sicherstellung eines kontinuierlichen Verwaltungshandelns.[1181] So ist nicht zu befürchten, dass etwa die Bundes-

1178 *Kutzki* DöD 2011, 169 (169); *Plander* AuR 1986, 65 (67); *Pfohl* ZBR 1997, 78 (79); Die Gewerkschaft der Polizei (GdP) zählt im Jahr 2011 ca. 171.000 Mitgliedern, darunter sowohl Beamte als auch Tarifbeschäftigte, vgl. www.gpd.de.

1179 BVerwG JZ 1981, 220 (222); *Kutzki* DöD 2011, 169 (169 f.); *Badura*, Die Rechtmäßigkeit des Beamteneinsatzes beim Streik der Tarifkräfte – zwei Rechtsgutachten 1983, S. 25.

1180 GG-*Pieper* Art. 33 Rn. 156; von Mangoldt/Klein/Starck-*Jachmann* Art. 33 Rn. 44 unter Hinweis auf das öffentlich-rechtliche Dienst- und Treueverhältnis i.S.v. Art. 33 Abs. 4 GG; siehe zum Streikverbot der Beamten BVerfGE 8, 1 (17); 44, 249 (264); BVerwG JZ 1981, 220 (221); BGHZ 70, 277 (279); BAGE 49, 303 (312); Brox/Rüthers-*Schlüter* Rn. 499 ff.; Jarass/Pieroth-*Jarass* Art. 9 Rn. 56; *Otto* § 9 Rn. 3 ff. m.w.N.; *Pfohl* ZBR 1997, 78 (85 f.); *Söllner* AuR 1982, 233 (238); a.A. *Däubler* S. 105 ff.; *Lörcher* AuR 2009, 229 (240 ff.); in diese Richtung auch VG Düsseldorf, Urt. v. 15.12.2010, Az.: 31 K 3904/10-juris, Rn. 15 ff., wonach das deutsche Beamtenrecht insoweit europarechtswidrig ist, als dass es Streiks von Beamten generell ausschließt, ohne eine Unterscheidung nach bestimmten Kategorien von Beamten vorzunehmen. Dennoch hat „der einzelne Beamte aber nicht das Recht, sich über die bestehenden Regelungen (z.B. § 62 Abs. 1 S. 1 LBG NRW) hinwegzusetzen. Vielmehr ist es Aufgabe des verfassungsändernden Gesetzgebers, einen mit Art. 11 EMRK vereinbaren Rechtszustand im deutschen Beamtenrecht herbeizuführen.“; *Kutzki* DöD 2011, 169 ff. glaubt, „dass es hierzulande zu einer Modifizierung des Streikrechts kommen wird.“; *Niedobitek* ZBR 2010, 361 (368) stellt in diesem Zusammenhang klar, dass es beim Streikverbot für Beamte bleibt, solange eine Anpassung an die Rspr. des EGMR im Wege der Auslegung des deutschen Rechts oder einer Verfassungsänderung nicht erfolgt ist; nach VG Kassel, Urt. v. 27.07.2011, Az.: 28 K 574/10.KS.D-juris, Rn. 23 ff. (32) ist das allgemein geltende Streikverbot des Art. 33 Abs. 5 GG durch Art. 11 EMRK insoweit fortentwickelt worden, als nur noch solche Beamten einem Streikverbot unterfallen, die im hoheitlichen Bereich tätig sind.; ähnlich *Gooren* ZBR 2011, 400 ff.; siehe aber dem VG Düsseldorf nachgehend OVG Münster, Beschl. v. 7.03.2012, Az.: 3d A 317/11.0-juris, wonach das Streikverbot unabhängig davon gilt, welche konkrete Funktion der einzelne Beamte ausübt. Allein der Status des Beamten sei entscheidend. Aus EMRK und EGMR lasse sich ein Streikrecht für deutsche Beamte nicht ableiten. Der Konvention komme im deutschen Recht auch keine über den Rang eines einfachen Bundesgesetzes hinausgehende Wirkung zu, so dass sich deren Regelungen am höherrangigen Grundgesetz (GG) messen lassen müssen.

1181 BVerfGE 88, 103 (114); *Rüthers* AuR 1987, 37 (43 ff.); *Pfohl* PersV 1993, 193 (197).

und/oder Landesregierungen infolge eines Ausstands handlungsunfähig werden, weil die meisten Beschäftigten in den Ministerien verbeamtet sind und gar nicht streiken dürfen.[1182] Soweit dies als Strukturmerkmal deren öffentlich-rechtlichen Dienst- und Treueverhältnisses auch für Berufssoldaten gilt,[1183] ist die Landesverteidigung sichergestellt. Auch die Funktionsfähigkeit der Gerichte ist nicht bedroht, weil die Richter nicht streiken dürfen und die Mitarbeiter der Geschäftsstelle und der Verwaltung der Gerichte zu großen Teilen verbeamtet sind.[1184] Sollte dennoch ein Streik in diesen Bereichen die Gerichte lahm zu legen drohen, sind im Rahmen von Notstandsarbeiten vor allem Verfahren des einstweiligen Rechtsschutzes durchzuführen und solche Fälle, in denen es um die Anordnung von freiheitsentziehende oder –beschränkende Maßnahmen und damit um Art. 2 Abs. 2 S. 2, 104 GG geht.[1185]

Art. 9 Abs. 3 GG vermittelt den Beamten (und Richtern) kein Streikrecht zur Durchsetzung ihrer Berufsinteressen, weil Arbeitskämpfe ein tariflich regelbares Ziel voraussetzen, das Rechtsverhältnis der Beamten aber durch Gesetz und nicht durch Tarifvertrag geregelt wird.[1186] Für Beamte gilt das Alimentationsprinzip, ihnen steht von Rechts wegen ein Anspruch auf angemessenen Unterhalt zu.[1187] Für die Arbeitnehmer des öffentlichen Dienstes gilt hingegen das Konsensualprinzip, ihr Anspruch auf angemessenes Entgelt und angemessene Arbeitsbedingung entsteht erst aufgrund einer Vereinbarung mit dem Arbeitgeber.[1188] Sie sind darauf angewiesen, ihr Entgelt und die sonstigen Arbeitsbedingungen auf der Ebene von Tarifverträgen auszuhandeln.[1189] Notwendig dafür ist, dass die Arbeitnehmer „in ausreichendem Maße Druck auf die gegnerische Tarifpartei ausüben können, um ihren Willen einem angemessenen Konsens geneigt zu machen."[1190] Ihnen ist daher die Ausübung des Streikrechts nicht ver-

1182 *Rudkowski* S. 268; siehe auch *Kissel* § 43 Rn. 126 f.; allgemein *Däubler* S. 237, dem zufolge ein zur Funktionsunfähigkeit der Staatsorgane führender Streik in Deutschland „undenkbar" ist.

1183 So etwa von Mangoldt/Starck/Klein-*Kemper* Art. 9 Rn. 197; Sachs-*Höfling* Art. 9 Rn. 134; Brox/Rüthers-*Schlüter* Rn. 544; EK-*Dieterich* Art. 9 GG Rn. 190.

1184 *Rudkowski* S. 268 f..

1185 *Kissel* § 43 Rn. 128 ff. (130), dem zufolge „hier keine ernsthaften Schwierigkeiten bestehen"; *Rudkowski* S. 268.

1186 BVerfGE 8, 1 (17); 44, 249 (264); VG Osnabrück, Urt. v. 19.08.2011, Az.: 9 A 2/11-juris, Rn. 27; *Kutzki* DöD 2011, 169 (169 f.); *Pfohl* ZBR 1997, 78 (86).

1187 *Scherer* S. 77; *Pusch* S. 101.

1188 *Scherer* S. 77; *Pusch* S. 101.

1189 BVerfGE 88, 103 (114).

1190 *Scherer* S. 77 f.; siehe auch *Müller* RdA 1982, 86 (92); *Kutzki* DöD 2011, 169 (169 f.).

sagt[1191] und zwar unabhängig davon, ob sie hoheitliche oder andere Aufgaben erfüllen.[1192] Dies ist insoweit gerechtfertigt, wie es die Zweiteilung des öffentlichen Dienstes dem Staat ermöglicht, für die Allgemeinheit unerlässliche Aufgaben auf Beamte zu übertragen.[1193] Nutzt er diese Möglichkeit nicht, entfällt der Schutz des Art. 33 Abs. 5 GG.[1194]

b) Einsatz von Beamten auf bestreikten Arbeitsplätzen

Anlässlich eines im November 1980 von der Deutschen Postgewerkschaft unter Beteiligung von 25.000 Arbeitnehmern geführten Streiks, auf den die Deutsche Bundespost reagierte, indem sie 3.300 Beamte zur Abmilderung der Streikfolgen auf bestreikten Arbeitsplätz einsetzte, hat das Bundesverfassungsgericht entschieden, dass zwar nicht der freiwillige[1195], aber der erzwungene Einsatz von Beamten auf bestreikten Arbeitsplätzen nicht mit den allgemeinen Grundsätzen

---

1191 Siehe aber Kritik bei *Leisner* NJW 2006, 1488 ff., wonach der Streik im öffentlichen Dienst ein politischer u. damit verfassungswidriger Streik ist, weil er die Volksvertretung unter (Haushalts-) Gesetzgebungsdruck setzt.

1192 ArbG Berlin, Urt. v. 06.05.2008, Az.: 59 Ga 6988/08-juris, Rn. 27; *Scherer* S. 76 ff.; unter Hinweis auf § 66 Abs. 2 S. 3 PersVG *Pusch* S. 101, Darstellung der Ablehnung des Streikrechts der Arbeitnehmer des öffentlichen Dienstes durch die Mindermeinung, wobei teilweise ein nach den wahrgenommenen Aufgaben abgegrenztes Streikverbot, teilweise der generelle Ausschluss des Arbeitskampfes angenommen wird, S. 213 ff. m.w.N..

1193 So auch Brox/Rüthers-*Schlüter* Rn. 537; *Kolmetz* S. 83 ff. (94 f.), 142 Nr. 15; *Greiner* NZA 2007, 1023 (1028) schlägt zur Eindämmung der Auswirkungen des Arbeitskampfes der GDL vor, die Privatisierung der Deutschen Bahn umzukehren und wirtschaftlich besonders sensible „Schlüsselpositionen“ mit Beamten zu besetzen.; siehe zum Arbeitskampf des Marburger Bundes in kommunalem Krankenhaus ArbG Kiel ZtR 2006, 488 (491): „Grundsätzlich hat der Staat die Möglichkeit, staatliche Aufgaben durch Beamte oder durch Arbeitnehmer erledigen zu lassen. Damit legt sich der Staat auch fest hinsichtlich seiner rechtlichen Möglichkeiten auf die Staatsdiener, seien es Beamte oder Arbeitnehmer, Einfluss zu nehmen. Der Staat, in diesem Fall die Gebietskörperschaft, hat sich entschlossen, die Gemeinwohlaufgabe mit Arbeitnehmern durch eine juristische Person des Privatrechtes durchführen zu lassen. Insofern hat sich der Staat festgelegt hinsichtlich der Erledigung seiner Aufgabe und muss die entsprechenden Konsequenzen (und das Recht auf positive Koalitionsfreiheit) gegen sich gelten lassen. Insbesondere kann der Staat die Ärzte nicht einerseits als Angestellte ohne die Vorzüge des Beamtenstatus beschäftigen und andererseits von ihnen verlangen, auf ihr Streikrecht zu verzichten.“.

1194 Brox/Rüthers-*Schlüter* Rn. 537.

1195 *Von Münch* DöV 1982, 337 (342); *derselbe* FS Mestmäcker, S. 1049 (1053 f.); EK-*Dieterich* Art. 9 GG Rn. 155.

des Arbeitskampfrechts zu vereinbaren ist.[1196] Ohne gesetzliche Grundlage[1197] ist es dem Staat in seiner Eigenschaft als tariffähiger Arbeitgeber seiner privatrechtlich angestellten Arbeitnehmern nicht gestattet, Beamte zwangsweise auf bestreikten Arbeitsplätzen einzusetzen, um die Wirkung des Streiks zu mindern. Er darf nur mit solchen Mitteln in den Arbeitskampf eingreifen, die auch einem privaten Arbeitgeber zustehen. Da aber private Arbeitgeber ihre Arbeitnehmer nicht zu Streikarbeit zwingen können, ist es auch dem öffentlichen Arbeitgeber untersagt, Beamte dazu zu verpflichten.[1198]

Auch ist es dem Staat verwehrt, bislang als Arbeiter und Angestellte tätige Angehörige des öffentlichen Dienstes im Hinblick auf zukünftige Arbeitskämpfe fortan als Beamte zu beschäftigen.[1199] Die Verbeamtung als Abwehrmaßnahme des Staates gegenüber Streiks im öffentlichen Dienst ist unzulässig.[1200]

c) Ersatzweise Heranziehung von Beamten zur Durchführung der Notarbeiten

Eine andere Frage ist, ob Beamte auf bestreikten Arbeitsplätzen eingesetzt werden müssen, wenn es dabei um die Durchführung von Notarbeiten geht.

Dies wird aus Gründen der Kampfparität abgelehnt.[1201] Wenn die Notarbeiten von Beamten geleistet werden, wird einer größeren Zahl von Arbeitnehmern des öffentlichen Diensts die Streikteilnahme ermöglicht.[1202] Dies hat zur Folge, dass sich die Druckwirkung des Streiks erhöht und sich die Frage nach dem

---

1196 BVerfGE 88, 103 ff.; *Müller* RdA 1982, 86 (95); kritisch *Otto* § 9 Rn. 10; *Ehrich* JuS 1994, 116 ff. m.w.N.; *Pfohl* PersV 1993, 193 (196 f.); a.A. BVerwG NZA 1984, 401 (401); BAGE 49, 303 ff.; LAG Köln NJW 1985, 399 f.; *von Münch*, FS Mestmäcker, S. 1049 (1052 ff.); *Zöllner/Loritz/Hergenröder* S. 439.

1197 BVerfGE 88, 103 (1. Ls., 116); siehe weiter *Ehrich* JuS 1994, 116 (118), dem zufolge mit einer entsprechenden gesetzlichen Regelung „nicht zu rechnen ist“.; ähnlich *Pfohl* PersV 1993, 193 (197), wonach die Aussichten für ein den Beamteneinsatz im Streikfall kodifizierendes Gesetz „gleich Null“ sind.

1198 BVerfGE 88, 103 (116); siehe zur weiteren Begründung *van Haaren* S. 165 (168 f.); *Söllner* AuR 1982, 233 (240 ff.); *Müller* RdA 1982, 86 (94 f.); *Ehrich* JuS 1994, 116 ff. m.w.N.; *Plander* AuR 1986, 65 (71).

1199 *Ehrich* JuS 1994, 116 (119); Däubler-*Bieback,* Arbeitskampfrecht 1987, Anm. 497 i ff.: „Es sei denn, der Dienstherr weist nach, dass die Verbeamtung funktionsgerecht und geboten ist.“.

1200 So auch *Müller* DB 1986, 867 (870); Däubler-*Bieback,* Arbeitskampfrecht 1987, Anm. 497 j; *Plander* AuR 1986, 65 (70 f., 73 f., 77); *Ehrich* JuS 1994, 116 (119).

1201 So etwa *Söllner* AuR 1982, 233 (245); *Müller* RdA 1982, 86 (96 f.).

1202 Vgl. ArbG Berlin, Urt. v. 06.05.2008, Az.: 59 Ga 6988/08-juris, 1. Ls. Rn. 33; *Kissel* § 34 Rn. 78.

Grund dieser Besserstellung der Arbeitnehmer im öffentlichen Dienst gegenüber denen in der Privatwirtschaft stellt, zumal sich mit Ausnahme einiger weniger Fälle die Bedeutung und der Stellenwert der Aufgaben der Daseinsvorsorge, die von staatlichen und privaten Trägern erbracht werden, nicht unterscheiden. Ein Grund dafür wird sich kaum finden lassen. Die Arbeitnehmer des öffentlichen Dienstes müssten eigentlich auch dann in der Lage sein, wirksam zu streiken, wenn die Notarbeiter (ganz oder teilweise) aus den eigenen Reihen stammen.

Allerdings können Beamte ersatzweise zur Durchführung von Notarbeiten eingesetzt werden, auch wenn es sich dabei zwar nicht um ihnen regelmäßig obliegende Aufgaben handelt, sich diese aber innerhalb des amtsgemäßen Aufgabenbereichs halten[1203] und den jeweiligen Beamten die Erfüllung zugewiesener Aufgaben nach ihren jeweiligen Fähigkeiten und Kenntnissen möglich ist. Andernfalls scheitert der Einsatz an der „qualifikationsbedingt fehlenden Verwendungsmöglichkeit des jeweiligen Beamten“ [1204]

So bestehen keine Bedenken dagegen, verbeamtete Lehrer zur Betreuung der Klassen streikender Kollegen derselben Schule einzusetzen oder verbeamte-

---

1203 *Bayreuther* NZA 2008, 12 (17); siehe aber den in einem Schreiben vom 8.02.1974 vom Bundesminister des Innereren u. in einem Schreiben vom 18.11.1980 vom Bundesministers für das Post- und Fernmeldewesen vertretenen Standpunkt, wonach aufgrund zwingender durch den Streik hervorgerufener Verhältnisse Beamte zu Mehrarbeiten im Rahmen ihres Amtes und notfalls auch außerhalb ihres Amtes herangezogen werden können, dargestellt bei Badura S. 1 f.; Bundesdisziplinaranwalt Claussen, Bericht über die Handhabung der Disziplinargewalt in den Jahren 1979/1980 vom 2.03.1981, ZBR 1981, 177 (183 f.); so etwa auch BVerwGE 69, 208 (210), wonach aufgrund der das Beamtenverhältnis kennzeichnenden besonderen Treuepflicht in engen Grenzen auch die Heranziehung zu einer vorrübergehenden Dienstleistung außerhalb des amtsgemäßen Aufgabenbereichs möglich sein soll, wenn „infolge einer Ausnahmesituation (z.B. Katastrophen, Streiks, sehr hoher Krankenstand)“ Störungen in der Aufgabenerfüllung der öffentlichen Verwaltung zu befürchten sind; den Weg über die Treuepflicht ablehnend *Kolmetz*, S. 22 ff.; *Altheim* ZBR 1974, 373 (375 f.); kritisch auch *Pusch* S. 222, der - die beamtenrechtliche Zulässigkeit unterstellt - zu bedenken gibt: „Es ist allerdings wirklichkeitsfremd anzunehmen, dass eine erhebliche Zahl von Beamten, die auf Grund eines Arbeitskampfes ihre Tätigkeiten nicht wahrnehmen können und Streikarbeit nicht wahrnehmen dürfen, binnen kurzer Zeit mit anderen Tätigkeiten sinnvoll beschäftigt werden können.“.

1204 *Pfohl* PersV 1993, 193 (197); siehe auch *Bayreuther* NZA 2008, 12(17); missverständlich ArbG Berlin, Urt. v. 06.05.2008, Az.: 59 Ga 6988/08-juris, Rn. 34, wonach „Polizeibeamte aufgrund ihrer umfassenden Ausbildung, wenn natürlich nicht ad hoc in gleicher Qualität, aber an sich nach entsprechender Einweisung zur Aufgabenerledigung in diesen Bereichen (Objektschutz u. Gefangenengewahrsam) ebenfalls in der Lage sind.“

te Lokführer den das Mindestmaß an Versorgung gewährleistenden eingeschränkten Fahrbetrieb durchführen zu lassen.[1205]

Da sich dieser Beamteneinsatz gegenüber der Heranziehung streikwilliger Arbeitnehmer als das im Hinblick auf Art. 9 Abs. 3 GG mildere Mittel darstellt, ist er zulässig.[1206] Möglich ist er allerdings nur in dem Umfang, in dem die Beamten den Betrieb aufrechterhalten können, soweit es die schutzwürdigen Interessen Dritter erfordern. Auch in den Bereichen, aus denen die Beamten abgezogen werden mit der Folge, dass sich dort der Personaleinsatz verringert, muss wie in den bestreikten Bereichen eine Einschätzung der Sicherheits- und Gefahrenlage vorgenommen und sichergestellt werden, dass auch dort die unbedingt notwendigen Leistungen erbracht werden. Angesichts der begrenzten Personalkapazitäten werden Notarbeiten in der Regel nicht im vollen Umfang von Beamten übernommen werden können, so dass regelmäßig auch streikwillige Arbeitnehmer dazu eingeteilt werden müssen. Diesbezüglich kommt dem Arbeitgeber eine Einschätzungsprärogative zu. Allenfalls insoweit kann von ihm verlangt werden, anstelle streikwilliger Arbeitnehmer, Beamte mit der Durchführung von Notarbeiten zu betrauen.[1207]

5. Ergebnis

Um so vielen Streikwilligen wie möglich ihr Streikrecht zu erhalten, muss der Arbeitgeber grundsätzlich alle ihm verfügbaren Kräfte in die aufrecht zu erhaltenden Arbeitsbereiche lenken und darf nur dann auf streikende Arbeitnehmer zugreifen, wenn zur Durchführung der Notarbeiten weitere Arbeitnehmer benötigt werden.[1208] Mit den ihm verfügbaren Kräften sind allerdings grundsätzlich

1205 Vgl. Sächsisches LAG, Urt. v. 02.11.2007, Az.: 7 SaGa 19/07-juris, Rn. 192 f.; *Rudkowski* S. 265.

1206 So auch ArbG Berlin, Urt. v. 06.05.2008, Az.: 59 Ga 6988/08-juris, Rn. 33; *Otto* § 9 Rn. 11, § 12 Rn. 40; *Kissel* § 34 Rn. 78; *Pfohl*, Arbeitsrecht des öffentlichen Dienstes 2002, Rn. 488; *Stern*, Die Rechtmäßigkeit des Beamteneinsatzes beim Streik der Tarifkräfte – zwei Rechtsgutachten 1983, S. 111.

1207 In diese Richtung Sächsisches LAG, Urt. v. 02.11.2007, Az.: 7 SaGa 19/07-juris, Rn. 192 f.; offengelassen ArbG Berlin, Urt. v. 06.05.2008, Az.: 59 Ga 6988/08-juris, Rn. 35 f.: Darüber, ob der öffentliche Arbeitgeber sogar im vollem Umfang auf den Einsatz von Beamten unter vollständigen Verzicht auf den Einsatz von streikwilligen Angestellten verwiesen werden kann, hatte die Kammer nicht zu entscheiden. In Frage stand nur der Beamteneinsatz zur Aufstockung der Arbeitnehmerzahlen aus einer Notarbeitsvereinbarung.

1208 *Bayreuther* NZA 2008, 12 (17).

nur die Nichtstreikenden des bestreikten Betriebes gemeint.[1209] Der Arbeitgeber des bestreikten Betriebes soll nicht auch in anderen Betrieben eines Unternehmens oder gar auf in anderen Unternehmen eines Konzerns beschäftigte Arbeitnehmer mit entsprechender Versetzungsklausel im Arbeitsvertrag zur Durchführung der Notarbeiten heranziehen müssen.[1210] Wäre der Arbeitgeber des bestreikten Betriebes dazu verpflichtet, andernorts beschäftigte Arbeitnehmer zur Durchführung der Notarbeiten heranzuziehen, würde dadurch der gegen den einen Betrieb gerichtete Streik in andere Betriebe oder gar andere Unternehmen weitergetragen werden,[1211] käme es doch auch dort zu Arbeitsausfällen infolge personeller Engpässe. Dies aber ist von der den Streik führenden Gewerkschaft im Zweifel weder gewollt, noch zu überblicken. Zudem würde es an die „Grenzen der Machbarkeit“ stoßen, vom Arbeitgeber in Anbetracht der Eilbedürftigkeit der Notarbeiten zu verlangen, unter den zu deren Durchführung geeigneten Arbeitnehmern eines Unternehmens mit mehreren Betrieben oder gar eines Konzerns mit mehreren Unternehmen auszuwählen und dann auch noch in die betrieblichen Abläufe einzuweisen.[1212] Der Arbeitgeber kann nur zwischen den Nichtstreikenden innerhalb ihres Betriebes auswählen.

V. Beteiligung des Betriebsrates

Bestimmt der Arbeitgeber über die zur Ableistung von Notarbeiten verpflichteten Arbeitnehmer und leitet er die Durchführung dieser Arbeiten kraft seines Direktionsrechts, stellt sich die Frage nach der Mitwirkung des Betriebsrates.[1213] Um diese zu beantworten, ist zunächst festzuhalten, dass das Amt des Betriebsratsmitgliedes und die Rechtsstellung des Betriebsrates durch den Arbeitskampf nicht berührt werden.[1214] Die Streikteilnahme des Betriebsratsmitgliedes wirkt sich auf sein Arbeitsverhältnis als Voraussetzung seiner Amtstätigkeit (§ 24

1209 *Löwisch/Mikosch* ZfA 1978, 153 (162).

1210 *Löwisch/Mikosch* ZfA 1978, 153 (162).

1211 *Löwisch/Mikosch* ZfA 1978, 153 (162).

1212 *Löwisch/Mikosch* ZfA 1978, 153 (162).

1213 Siehe hierzu *Kissel* § 43 Rn. 63 ff.; *Otto* § 8 Rn. 38; *Fitting* § 74 Rn. 24 mit jeweils weiteren Nachweisen; *Wiese* NZA 1984, 378 (382): Soweit der Gewerkschaft diese Entscheidung obliegt, „ist die Beteiligung des Betriebsrats mangels Zuständigkeit von vornherein ausgeschlossen.“.

1214 Siehe hierzu BAGE 30, 43 (48); 30, 50 (62); 34, 331 (351); 60, 71 (75); Brox/Rüthers-*Brox* Rn. 436; *Wiese* NZA 1984, 378 (378); *Reuter* AuR 1973, 1 ff. (8); *Brill* DB 1979, 403 (403); *Fitting* § 74 Rn. 17.

Abs. 1 Nr. 3 BetrVG) nur suspendierend, nicht lösend aus.[1215] Dass seine Arbeitsleistungspflicht entfällt, wirkt sich auf sein Amt nicht aus. Der Betriebsrat bleibt während eines Arbeitskampfs mithin funktionsfähig.[1216]

1. Mitbestimmung des Betriebsrates bei Arbeitskampfmaßnahmen

Nicht einheitlich beurteilt wird hingegen, ob und in welchem Umfang der Betriebsrat seine betriebsverfassungsrechtlichen Beteiligungsrechte im Arbeitskampf ausüben darf. Zu bedenken ist, dass der Arbeitgeber grundsätzlich verschiedene Möglichkeiten hat, auf einen Streik zu reagieren. Er kann versuchen, den Streik ins Leere laufen zu lassen, den Arbeitsausfall so weit wie möglich zu kompensieren und den Umfang der Streikteilnahme durch eine „Strategie der offenen Tür" zu minimieren.[1217] Um den Betrieb wenigstens teilweise aufrecht zu erhalten und weiter zu führen, wird der Arbeitgeber versuchen, die Arbeitsbereitschaft durch zusätzliche Anreize zu fördern und die Arbeitnehmer von der Streikteilnahme abzuhalten.[1218] Unter Umständen wird er auch Ersatzkräfte anwerben.[1219] Maßnahmen wie (befristete) Neueinstellungen und Versetzungen arbeitswilliger Arbeitnehmer, der Einsatz von Leiharbeitnehmern, die Zahlung freiwilliger Zulagen sowie in unmittelbar von Streik betroffenen Betrieben die Verlängerung (Überstunden) und in mittelbar vom Streik betroffenen Betrieben die Verkürzung der Arbeitszeit (Kurzarbeit) stellen die wichtigsten und effektivsten Reaktionsmöglichkeiten des Arbeitgebers zur Abwehr der Streikwirkungen dar. Entscheidet sich der Arbeitgeber hingegen für eine „Strategie des Duldens", kann er seinen Betrieb in dem Umfang und für die Dauer des Streiks stilllegen.[1220]

Voraussetzung für den Abwehrerfolg dieser Maßnahmen in der Streiksituation ist allerdings, dass diese schnell und flexibel umgesetzt werden können.[1221]

1215 BAG AuR 1972, 122 (124); *Bieback/Mayer* AuR 1982, 169 (169).

1216 Siehe hierzu BAGE 30, 43 (48); 30, 50 (62); *Seiter* S. 370 f.; Brox/Rüthers-*Brox* Rn. 436; *Wiese* NZA 1984, 378 (378); *Reuter* AuR 1973, 1 ff. (8); B /P/S/U-AKR Rn. 431 f.; *Fitting* § 74 Rn. 18.

1217 EK-*Dieterich* Art. 9 GG Rn. 213; BAG NZA 1996, 209 (211).

1218 EK-*Dieterich* Art. 9 GG Rn. 214; *Kissel* § 42 Rn. 112 ff..

1219 *Otto* § 12 Rn. 29, 31; *Kissel* § 33 Rn 43 mit jeweils weiteren Nachweisen.

1220 BAGE 76, 196 ff.; 79, 152 ff.; 80, 213 ff., 265 ff.; EK-*Dieterich* Art. 9 GG Rn. 217 ff. m.w.N..

1221 *Jahn*, Die Beteiligung des Betriebsrats bei arbeitskampfbedingten Maßnahmen des Arbeitgebers 1993, S. 15, 87.

Dabei können insofern Schwierigkeiten auftreten, als dass die aufgeführten Abwehrmaßnahmen gemäß §§ 99 (i.V.m. § 14 abs. 3 AÜG), 87 Abs. 1, 111 ff. BetrVG der betrieblichen Mitbestimmung unterliegen und der diese Mitbestimmungsrechte ausübende Betriebsrat mit Betriebsangehörigen besetzt ist, die in ihrer Mehrheit oftmals Mitglieder der streikführenden Gewerkschaft sind.[1222] Da die Gewerkschaft daran interessiert ist, dass der von ihr geführte Streik durch Abwehraktionen der Betriebsleitung möglichst wenig seiner Druckwirkung einbüßt, wird befürchtet, dass sich ein von Gewerkschaftsmitgliedern dominierter Betriebsrat über seine Verpflichtung zur vertrauensvollen Zusammenarbeit aus § 2 Abs. 1 BetrVG in missbräuchlicher Weise hinwegsetzt und über seine Mitbestimmungs- und Mitwirkungsrechte die Abwehrmaßnahmen zu verhindern oder zumindest zu verzögern sucht.[1223]

Ob diese Befürchtung berechtigt ist, hängt davon ab, ob die Ausübung der betrieblichen Beteiligungsrechte überhaupt geeignet ist, den Abwehrmaßnahmen des Arbeitgebers entgegenzuwirken.[1224] Will der bestreikte Arbeitgeber im Interesse der Fortführung des Betriebes neue Arbeitskräfte einstellen oder auch nur Leiharbeitnehmer einsetzen, kann der Betriebsrat ihn im Hinblick auf § 99 Abs. 3 BetrVG eine Woche lang auf seine Zustimmung warten lassen oder diese (auch unberechtigt) verweigern, so dass der Arbeitgeber gemäß § 99 Abs. 4 BetrVG das Arbeitsgericht anrufen muss mit der Folge, dass sich die von ihm zur Abschwächung der Streikfolgen ergriffene Maßnahme durch die Mitbestimmung des Betriebsrates in personellen Angelegenheiten verzögert.[1225] Darin wird eine Beeinträchtigung der Kampffähigkeit gesehen und die Einschränkung der Beteiligungsrechte während des Arbeitskampfes gefordert.[1226]

1222 Laut *Kempen* NZA 2005, 185 (185) ergab eine Betriebs- und Personalratsbefragung im Jahre 2002, dass über alle Branchen hinweg 78,8 % der Betriebsratsmitglieder in DGB-Gewerkschaften und weitere 5,3 % in anderen Gewerkschaften organisiert waren.; siehe auch *Gaumann* NZA 2001, 245 (245); *Jahn* S. 15 Fn. 2; *Weiss* AuR 1982, 265 (268).

1223 Vgl. BAGE 54, 36 (44); 34, 331 (352); 31, 372 (379 f.); *Jahn* S. 15; Brox/Rüthers-*Brox* Rn. 439; *Seiter* S. 371; *Gaumann* NZA 2001, 245 (245); *Reuter* AuR 1973, 1 (2); *Kraft* ZfA 1973, 243 (261).

1224 Vgl. BAGE 31, 372 (379 f.); LAG Frankfurt DB 1978, 1357(1357 f.); *Seiter* S. 371.

1225 BAG NZA 2012, 571 (573); NZA 2004, 223 (225); *Otto* § 16 Rn. 74; *Kissel* § 36 Rn. 64; Brox/Rüthers-*Brox* Rn. 449.

1226 BAG NZA 2012, 571 (573 f.); NZA 2004, 223 (225); BAGE 57, 295 (305); 30, 43 (48 ff.); 23, 484 (504), wonach arbeitskampfbedingte Einstellungen mitbestimmungsfrei sind; siehe aber BAGE 67, 236 (242), wonach die Zustimmung des Betriebsrates jedoch dann erforderlich ist, wenn von einem anderen Betrieb des Unternehmens ein Arbeitnehmer eingesetzt wird und sich der entsendende Arbeitgeber selbst nicht im Arbeitskampf befindet, um größere Unternehmen nicht gegenüber Kleinbetrieben zu

Nach einer in der Literatur vertretenen Ansicht wird diese Beeinträchtigung jedoch bereits dadurch abgemildert, dass es dem Arbeitgeber gemäß § 100 Abs. 1 BetrVG ausdrücklich zusteht, bei deren Eilbedürftigkeit die personellen Maßnahme vorläufig durchzuführen. Da er arbeitskampfbedingte Einstellungen vornehmen könne, bevor sich der Betriebsrat geäußert habe, sei ein Entfallen der betriebsverfassungsrechtlichen Mitbestimmung bei personellen Maßnahmen nicht unbedingt erforderlich.[1227] Dabei bleibt allerdings unberücksichtigt, dass der Arbeitgeber den Betriebsrat nach § 100 Abs. 2 BetrVG unverzüglich von der vorläufigen personellen Maßnahme zu unterrichten hat und im Fall des Bestreitens deren dringenden Erfordernisses die entsprechende Feststellung zusammen mit einem Zustimmungsersetzungsantrag nach § 99 Abs. 4 BetrVG innerhalb von drei Tagen beim Arbeitsgericht anhängig machen muss. „Der Verweis auf § 100 BetrVG ist deshalb nicht geeignet, die durch die Zustimmungsverweigerungsrechte des Betriebsrates nach § 99 Abs. 2 BetrVG bewirkte Beeinträchtigung (...) zu beseitigen."[1228]

Soweit es um die Beteiligung des Betriebsrates in wirtschaftlichen Angelegenheiten geht, ist zu bedenken, dass eine Betriebs(teil)stilllegung nur dann eine das Unterrichtungs- und Beratungsrecht (§ 111 BetrVG) auslösende und den Versuch eines Interessenausgleichs und einen Sozialplan (§ 112 f. BetrVG) erfordernde Betriebsänderung im Sinne des § 111 S. 3 Nr. 1 BetrVG darstellt, wenn ihr der ernstliche und endgültige Entschluss des Arbeitgebers zugrunde liegt, den Betriebszweck unter gleichzeitiger Auflösung der Betriebsorganisation für unbestimmte, nicht nur vorübergehende Zeit aufzugeben[1229]. Die streikbedingte Betriebsstilllegung stellt aber regelmäßig keine endgültige Betriebsstilllegung dar, weil sie zeitlich auf die Dauer des Streiks begrenzt ist. Ist sie aber nur auf eine vorübergehende Unterbrechung der Rechte und Pflichten aus dem Arbeitsverhältnis (Suspendierung) gerichtet und soll nicht nach Ende des Streiks fortdauern, sind die §§ 111 BetrVG mangels Endgültigkeit nicht einschlägig.[1230]

Im Bereich der sozialen Mitbestimmung nach § 87 Abs. 1 BetrVG ist dem Arbeitgeber eine, wenn auch nur vorläufige, Gestaltung gegen den Willen des

---

privilegieren; dieses Zustimmungserfordernis bei einem Streik gegen Betriebe der Daseinsvorsorge ablehnend *Rudkowski* S. 139.

1227 Brox/Rüthers-*Brox* Rn. 449; *Reuter* AuR 1973, 1 (7); *Wiese* NZA 1984, 378 (382 f.).

1228 BAG NZA 2012, 571 (574); i.E. auch *Kraft* ZfA 1073, 243 (261); siehe aber *Fitting* § 74 Rn. 23; *Kissel* § 36 Rn. 67 f., 71, wonach nach Beendigung des Arbeitskampfes die Beteiligung des Betriebsrates für die Fortdauer der vorgenommene Einstellungen und Versetzungen erforderlich ist, also nach Kampfende die Zustimmung des Betriebsrates einzuholen ist.

1229 BAG NZA 1996, 164 (165); EK-*Kania* § 111 BetrVG Rn. 11; *Jahn* S. 120 f. m.w.N..

1230 So auch *Jahn* S. 120 f.; *Kornbichler* S. 132 ff..

Betriebsrates hingegen nicht möglich.[1231] Will der Arbeitgeber die Arbeitszeit der nichtstreikenden Arbeitnehmer verlängern oder verkürzen, hat der Betriebsrat gemäß § 87 Abs. 1 Nr. 3 BetrVG[1232] mitzubestimmen. Kann eine Einigung nicht erzielt werden, ist gemäß § 87 Abs. 2 BetrVG eine Entscheidung im Einigungsstellenverfahren nach Maßgabe des § 76 BetrVG zu beantragen, was mitunter „erhebliche zeitliche Verzögerungen mit sich bringen" kann.[1233]

Die Rechtsprechung[1234] und weite Teile der Literatur[1235] lösen diesen Konflikt zwischen Betriebsverfassung und Arbeitskampf, indem sie die Wahrnehmung der Mitbestimmungsrechte des Betriebsrates (und des Personalrates[1236]) bei arbeitskampfbedingten Maßnahmen des Arbeitgebers einschränken, soweit sie geeignet sind, die Handlungsfähigkeit und damit die Kampfchancen des Arbeitgebers zu beeinträchtigen.[1237] Voraussetzung ist, dass der Betrieb selbst von einem Arbeitskampf ganz oder teilweise unmittelbar betroffen ist und die Mitbestimmung des Betriebsrates unmittelbar und zwangsläufig zur Folge hätte, dass die Freiheit des Arbeitgebers, Arbeitskampfmaßnahmen zu ergreifen oder Folgen eines Arbeitskampfes zu begegnen, stark beeinträchtigt wäre.[1238] Dies ist nicht der Fall bei Maßnahmen des Arbeitgebers, die zwar während des Kampfes getroffen werden, nicht aber durch diesen bedingt sind und insofern keine Wir-

---

1231GK-*Wiese* § 87 Rn. 97 ff.; W/P/K-*Bender* § 87 Rn. 1.

1232 Da sich die Arbeitszeitänderung auf Beginn und Ende der täglichen Arbeitszeit auswirkt, wird regemäßig auch der Mitbestimmungstatbestand der Nr. 2 erfüllt sein, vgl. *Jahn* S. 88; *Otto* NZA 1992, 97 (104).

1233 *Jahn* S. 86 f.; nach BAGE 31, 372 (379) unterliegt die Anordnung von Überstunden nicht der Mitbestimmung nach § 87 Abs. 1 Nr. 3 BetrVG, „wenn der Arbeitgeber bei einem Streik in seinem Betriebe von arbeitswilligen Arbeitnehmern vorübergehend Überstunden leisten lassen will, um dem Streik zu begegnen und dessen Auswirkungen möglichst gering zu halten."; nach BAGE 76, 196 ff. ist die Arbeitszeitverkürzung infolge einer suspendierende Betriebs(teil)stilllegung mitbestimmungsfrei.

1234 Vgl. BAGE 23, 484 (504); 30, 43 (48); 30, 50 (62); 31, 372 (378 ff.); 34, 331 (351 f.); 34, 355 (364); 57, 295 (307); BAG NZA 2004, 223 (225).

1235 Vgl. *Wiese* NZA 1984, 378 (381); *Fitting* § 74 Rn. 19 ff.; *Kissel* § 43 Rn. 68, § 36 Rn. 64 ff.; Brox/Rüthers-*Brox* Rn. 441 ff.; *Oetker* S. 89 f.; *Krummel* BB 2002, 1418 (1419); *Eich* DB 1979, 1 (3 ff.); *Otto* § 16 Rn. 75 (arbeitskampfbedingte Verringerung der Arbeitszeit oder Nichtbeschäftigung), § 8 Rn. 38 (Beteiligung bei der Durchführung von Notarbeiten), § 12 Rn. 33 (Versetzungen).

1236 B/P/S/U-AKR Rn. 310, 424.

1237 kritisch *Seiter* S. 371; *Bieback/Mayer* AuR 1982, 169 (172 ff.), denen zufolge die Möglichkeit besteht, „dass der Arbeitgeber die Stunde der Not nutzt, um weitreichende Maßnahmen durchzusetzen; das Schutzbedürfnis der Belegschaft ist deshalb besonders intensiv."; ablehnend *Jahn* S. 15 ff., 85 ff., 129 ff., 193 ff.; *Weiss* AuR 1982, 265 (266 ff.).

1238 BAGE 67, 236 (242); 57, 295 (305, 307); 34, 355 (364); *Kissel* § 36 Rn. 57 ff..

kungen auf das Kampfgeschehen entfalten.[1239] So spricht z.B. nichts gegen die Anhörung des Betriebsrates zur krankheitsbedingten Kündigung eines Arbeitnehmers gemäß § 102 BetrVG.[1240]

Bei Maßnahmen zu Vorbereitung von Abwehrmaßnahmen wie beispielsweise die Durchführung von „safety and emergency procedures" -Lehrgängen zur Vermittlung von beruflichen Kenntnisse und Erfahrungen, die den aushilfsweisen Einsatz als Flugbegleiter ermöglichen, kommt es darauf an, wie zeitnah zum Arbeitskampf sie stattfinden.[1241] Werden sie (weit) in dessen Vorfeld ergriffen, weisen sie zwar immer noch insoweit Bezug zu dem künftigen Arbeitskampf auf, als dass sie Voraussetzung für eine erfolgreiche Abwehr zu erwartender Arbeitskampffolgen sind. Dieser Bezug allein vermag jedoch eine Beschränkung der Mitbestimmungsrechte des Betriebsrates nicht zu begründen, käme dies doch „einer weitgehenden Suspendierung der Betriebsverfassungsgesetzes gleich und geht daher nicht an."[1242] An der Auswahl der Teilnehmer dieser in Vorbereitung auf einen Arbeitskampf erfolgten Bildungsmaßnahme[1243] ist der Betriebsrat gemäß § 98 Abs. 3, 4 BetrVG zu beteiligen.

Ansonsten aber wird der verfassungsrechtlich garantierten Tarifautonomie „gegenüber den Mitbestimmungsrechten des Betriebsrates nach dem Betriebsverfassungsgesetz Vorrang (eingeräumt). Das Betriebsverfassungsgesetz dient nicht dem Ziel, die Kampffähigkeit des Arbeitgebers im Rahmen eines Arbeitskampfes zu schwächen."[1244] Daraus folgt, dass nicht nur die Mitbestimmungsrechte, sondern auch die Mitwirkungsrechte entfallen, wenn durch eine Beratung oder Anhörung des Betriebsrates eine in der konkreten Situation erforderliche, schnelle Entscheidung des Arbeitgebers hinaus gezögert wird.[1245] Allenfalls in Betracht kommt, vom Arbeitgeber zu verlangen, den Betriebsrat zu unterrichten (§ 80 Abs. 2 BetrVG).[1246]

1239 BAGE 34, 331 (351); 77, 335 (339); *Kissel* § 36 Rn. 53.

1240 Dieses und weitere Beispiele bei Brox/Rüthers-*Brox* Rn. 466.

1241 So auch *Rudkowski* S. 140.

1242 BAGE 57, 295 (306 f.).

1243 BAGE 57, 295 (301 ff.).

1244 BAGE 31, 372 (37).

1245 *Fitting* § 74 Rn. 21 a.

1246 So etwa BAG NZA 2004, 223 (226 f.); NZA 2012, 571 (575); LAG Frankfurt AuR 1991, 154 (154.); LAG Köln DB 1993, 838 (838 f.); *Otto* § 16 Rn. 76; GK-*Kreutz* § 74 Rn. 77; a.A. *Reichold* NZA 2004, 247 (250); *Kissel* § 36 Rn. 66, 85 f.: „Mag auch die Unterrichtungspflicht „wenig lästig" und ihre Erfüllung keine nennenswerte Behinderung oder Verzögerung des Arbeitskampfverhaltens des Arbeitgebers sein, so besteht doch angesichts der Kurzzeitigkeit arbeitskampfrechtlicher Vorgänge und ihrer Gegenreaktion eine mögliche Relevanz für die Arbeitskampftaktik und damit auch für die Arbeitskampfparität, die diese Unterrichtungspflicht ausschließt."

Begründet wird die Beschränkung der Beteiligungsrechte zum einen damit, dass die Verhandlungsparität zwischen Gewerkschaft und Arbeitgeber gestört werde, wenn der Betriebsrat bei im Zusammenhang mit dem Arbeitskampf vom Arbeitgeber ergriffenen Maßnahmen seine Mitbestimmungsrechte zum Vorteil der Arbeitnehmerseite ausübe.[1247] Hieran setzen auch die weiteren Argumente wie die Gegnerunabhängigkeit[1248] und die Überforderung des Betriebsrates[1249] in der Situation des Arbeitskampfes an. Da der Betriebsrat interessenmäßig der Arbeitnehmerseite zuzurechnen sei, könne nicht von ihm erwartet werden, Maßnahmen zuzustimmen, die die Druckwirkung des Streiks abschwächen.[1250] Zum anderen wird von einer Beschränkung der Ausübung der Mitbestimmungsrechte durch den die betriebliche Zusammenarbeit näher ausgestaltenden § 74 Abs. 2 BetrVG (§ 66 Abs. 2 BPersVG) ausgegangen.[1251] S. 1 verbiete es dem Betriebsrat nicht nur selbst Maßnahmen des Arbeitskampfes als Mittel zur Gestaltung der betriebsverfassungsrechtlichen Ordnung einzusetzen, weil betriebsverfassungsrechtliche Streitigkeiten durch die Arbeitsgerichte (§ 2 a Abs. 1 Nr. 1 ArbGG i.V.m. §§ 99 Abs. 4, 100 Abs. 2 S. 3 BetrVG) oder durch die Einigungsstelle – in mitbestimmungspflichtigen Angelegenheiten verbindlich (§ 76 Abs. 5 BetrVG) – entschieden werden würden (Arbeitskampfverbot[1252]), sondern alle Maßnahmen mit Auswirkungen auf den Arbeitskampf.[1253] Teilweise wird auch auf den in S. 2 enthaltenden „eindeutigen Gesetzesbefehl“, sich arbeitskampfneutral zu verhalten (Neutralitätspflicht), abgestellt, der es verbiete, das Amt des Betriebsratsmitgliedes und die damit einhergehenden Befugnisse dazu einzuset-

---

1247 BAGE 30, 43 (48); 31, 372 (378 ff.); 34, 331 (352); BAG NZA 2004, 223 (225 f.); siehe auch Übersicht bei Brox/Rüthers-*Brox* Rn. 438 ff.; *Kraft* ZfA 1973, 243 (260 f.); *Gaumann* NZA 2001, 245 (245, 247); *Krummel* BB 2002, 1418 (1421); *Kissel* § 36 Rn. 56.

1248 Übersicht bei Brox/Rüthers-*Brox* Rn. 438 ff.; *Seiter* S. 371.

1249 BAGE 30, 50 (62); 31, 372 (378); BAG NZA 2012, 571 (573); Übersicht bei Brox/Rüthers-*Brox* Rn. 438 ff.; dem Überforderungsargument gegenüber kritisch *Weiss* AuR 1982, 265(268); *Jahn* S. 130; *Wiese* NZA 1984, 378 (381), der darauf hinweist, dass mit dieser Begründung auch in anderen als arbeitskampfbedingten Interessenkonflikten die Einschränkung des BetrVG gerechtfertigt wäre, nahezu beliebig verfahren werden könnte.

1250 So etwa BAGE 23, 484 (504); 31, 372 (378); *Seiter* S. 371.

1251 Siehe hierzu LAG Niedersachsen AuR 1981, 285 (287 f.); *Bauer/Haußmann* DB 1996, 881 (883); *Gaumann* NZA 2001, 245 (246); *Heckelmann* S. 27; *Fitting* § 74 Rn. 20; *Kissel* § 43 Rn. 63 ff..

1252 *Kissel* § 43 Rn. 38; *Kraft* ZfA 1973, 243 (259); *Brill* DB 1979, 403 (403).

1253 *Kraft*, FS Müller, S. 265 (271).

zen, Arbeitskämpfe zu unterstützen oder zu verhindern.[1254] Der Betriebsrat habe „sich jeder Tätigkeit im Arbeitskampf zu enthalten."[1255]

Zu untersuchen ist, was bei Zugrundelegung der dargestellten Auffassung hinsichtlich einer etwaigen Beteiligung des Betriebsrates im Bereich der Notarbeiten bei einem Streik gilt.

2. Mitbestimmung des Betriebsrates bei Notarbeitsmaßnahmen

Hier besteht insoweit ein Unterschied, als dass es sich bei Notarbeiten gerade nicht um eine Maßnahme des Arbeitsgebers zur Abwehr der Kampffolgen handelt.[1256] Ihr Umfang ist in sachlicher und personeller Hinsicht weitestgehend vorgegeben, so dass durch eine Beteiligung des Betriebsrates - soweit überhaupt notwendig - weder die Neutralität, noch die Parität gefährdet zu sein scheint.[1257]

So braucht etwa der Frage nach der Beteiligung des Betriebsrates an einer streikbedingten Stilllegung[1258] schon deswegen nicht weiter nachgegangen werden, weil auch in einem stillgelegten Betrieb(-steil) unbedingt erforderliche Arbeiten durchzuführen sind,[1259] die dazu eingeteilten Arbeitnehmer von der Maßnahme des Arbeitgebers also gar nicht betroffen sind.

Nicht leugnen lässt sich allerdings, dass Notarbeiten für das Ausmaß des durch die Störung des Betriebes erreichbaren Drucks von Bedeutung sein können. Insoweit besteht ein innerer Zusammenhang von Arbeitskampf und Notarbeiten, der eine Beschränkung der betriebsverfassungsrechtlichen Mitbestimmung erfordern könnte.[1260] Voraussetzung dafür ist, dass die Maßnahmen, die im Zusammenhang mit der Organisation und Durchführung dieser Arbeiten stehen, überhaupt der Mitbestimmung unterliegen.

1254 *Brill* DB 1979, 403 (403); *Kraft*, FS Müller, S. 265 (270 f.).

1255 *Brill* DB 1979, 403 (403).

1256 So auch GK-*Kreutz* § 74 Rn. 82; *Fitting* § 74 Rn. 24; MünchArbR-*von Hoyningen-Huene* § 214 Rn. 19.

1257 So etwa *Oetker* S. 88; *Wiese* NZA 1984, 378 (382 f.); Brox/Rüthers-*Brox* Rn. 467.

1258 Stilllegungsbedingte Arbeitszeitverkürzung etc. ist mitbestimmungsfrei nach BAGE 76, 196 ff..

1259 *Bauer/Haußmann* DB 1996, 881 (882); *Kissel* § 43 Rn. 34; in diese Richtung auch *Rudkowski* S. 273.

1260 Vgl. *Heckelmann* S. 27; *Löwisch*, Arbeitskampf- und Schlichtungsrecht, 170.2 Rn. 230; *Kempen* NZA 2005, 185 (189); BAGE 54, 36 (43 f.).

Die Pflicht der Arbeitnehmer zur Leistung von Notarbeiten ergibt sich aus deren Arbeitsvertrag und ist als solche mitbestimmungsfrei.[1261] § 87 Abs. 1 Nr. 1 BetrVG ist hier nicht einschlägig.[1262] Darunter fallen lediglich Maßnahmen, die die allgemeine Ordnung des Betriebes, also das Zusammenleben und –wirken von Arbeitnehmern und Arbeitgebern und Arbeitnehmern untereinander[1263], durch die Schaffung von Verhaltensregeln betreffen.[1264]

Zu den mitbestimmungspflichtigen Fragen der Ordnung des Betriebes gehören aber Regeln über das Betreten und das Verlassen des Betriebes,[1265] wie die Einführung, Ausgestaltung und Nutzung eines Werksausweises[1266] und die Einrichtung von Torkontrollen[1267]. Während Werksausweise dazu dienen, den Träger als Betriebsangehörigen und damit zum Betreten des Betriebes Berechtigten auszuweisen,[1268] machen an zur Notarbeit eingeteilte Arbeitnehmer ausgegebene Sonderausweise diese als solche kenntlich, indem sie Aufschluss über die Art der Tätigkeit ihres Inhabers geben.[1269] Anders als Werksausweise sollen sie nicht das Recht auf Zutritt zum Betrieb gegenüber dem Arbeitgeber dokumentieren, sondern gegenüber den Streikposten und sonstigen Streikteilnehmern vor Ort einen Nachweis darüber erbringen, dass die Ausübung des Rechts auf Zutritt zum Betrieb durch den Ausweisinhaber ausschließlich zum Zwecke der Erbringung von Notarbeiten und somit auch im Interesse der Streikenden erfolgt. Es geht also nicht darum, (auch nur vorübergehend[1270]) Unbefugte am Zutritt zum Betrieb zu hindern, sondern darum, den mit der Verrichtung von Notarbeiten betrauten Arbeitnehmern den Zutritt zum Betrieb zu erleichtern und sie vor Beleidigungen, Tätlichkeiten etc. seitens der Streikenden zu schützen.[1271] Da diese Ausweise nicht auch an arbeitswillige Arbeitnehmer verteilt werden, tragen sie

---

1261 *Wiese* NZA 1978, 378 (381); *Oetker* S. 85; *Kissel* § 43 Rn. 64; MünchArbG-*Matthes* § 331 Rn. 25.

1262 *Wiese* NZA 1978, 378 (382); *Oetker* S. 85; *Löwisch/Mikosch* ZfA 1978, 153 (174 f.); Brox/Rüthers-*Brox* Rn. 467; *Heckelmann* S. 26; *Kraus* S. 148 f.; *Schiffer* S. 106.

1263 Richardi-*Richardi* § 87 Rn. 176.

1264 Richardi-*Richardi* § 87 Rn. 175 f..

1265 BAG NZA 1991, 154 (2. Ls.); Richardi-*Richardi* § 87 Rn. 184.

1266 BAGE 54, 36 (44); *Gaumann* NZA 2001, 245 (245); *Jahn* S. 99; anders bei codierten Ausweiskarten mit reiner „Schlüsselfunktion", vgl. BAG NJW 1984, 2431 (2431 f.).

1267 BAG NZA 2000, 421 (425).

1268 BAGE 54, 36 (44); *Jahn* S. 99.

1269 Die Ausgabe solcher Ausweise wird empfohlen und ist üblich, vgl. Arbeitskampfrichtlinien Gesamtmetall 2006, S. 69, Anlage 4; siehe auch *Apfel* S. 99 ff.; *Lauschke* DB 1970, 1175 (1176).

1270 Streikteilnehmer bzw. ausgesperrte Arbeitnehmer, vgl. BAGE 54, 36 (43 f.).

1271 Arbeitskampfrichtlinien Gesamtmetall 2006, S. 69, Anlage 4; siehe auch *Apfel* S. 99 ff.; *Lauschke* DB 1970, 1175 (1176); *Gaumann* NZA 2001, 245 (245).

nicht abschließend zur Klärung bei, wer in der Arbeitskampfsituation den Betrieb betritt, um seine Arbeitsleistung zu erbringen.[1272] Das wäre nur dann der Fall, wenn der Arbeitgeber den gesamten Betrieb für die Dauer des Arbeitskampfs stilllegt, denn dann wären tatsächlich nur die Notarbeiter dazu berechtigt.

Dennoch dienen Sonderausweise zur Gewährleistung und Aufrechterhaltung der Ordnung im Betrieb.[1273] Die Ordnung im Betrieb bezieht sich auf das Verhalten der die Belegschaft stellenden Arbeitnehmer, zu denen auch die sich vor den Werkstoren befindlichen Streikenden gehören, da der Bestand deren Arbeitsverhältnisse von der Teilnahme am Streik unberührt bleibt. Über die Ausweise wird daher Einfluss auf das Miteinander der Arbeitnehmer genommen, wenn auch in der besonderen Situation des Streiks. Der Inhalt der Sonderausweise ist zwar „arbeitsbezogen“, ihre Einführung, Ausgestaltung und Nutzung und damit die Maßnahme des Arbeitgebers aber nach wie vor „verhaltensbezogen“ und damit grundsätzlich mitbestimmungspflichtig gemäß § 87 Abs. 1 Nr. 1 BetrVG.[1274]

Auch die gegenüber Notarbeitern vorgenommene Anordnung von Überstunden und Mehrarbeit[1275] (Nr. 3) und deren Einteilung in Schichten[1276] sowie die Einrichtung einer Rufbereitschaft[1277] (Nr. 2) unterliegen grundsätzlich der Mitbestimmung nach § 87 Abs. 1 BetrVG.[1278]

Da die Individualisierung der Notarbeiter nicht mit einer nach § 99 BetrVG mitbestimmungspflichtigen Einstellung gleichzusetzen ist,[1279] kommt eine Mitbestimmung in personellen Angelegenheiten vor allem bei einer Versetzung im Sinne des § 95 Abs. 3 S. 1 BetrVG, also bei der „Zuweisung eines anderen Arbeitsbereichs“ in Betracht.[1280] Da aber grundsätzlich diejenigen ausgewählt werden, deren regelmäßig zu verrichtende Tätigkeit Notarbeiten darstellt, dürfte dies nur selten der Fall sein,[1281] zumal eine im Zusammenhang mit der Durchführung von Notarbeiten stehende Versetzung im Regelfall die Dauer von einem

---

1272 So aber *Gaumann* NZA 2001, 245 (245).

1273 A.A. *Kraus* S. 172.

1274 Im Ergebnis auch *Oetker* S. 87; GK-*Kreutz* § 74 Rn. 83; *Gaumann* NZA 2001, 245 (245).

1275 Siehe zur Definition und Diktion EK-*Preis* § 611 BGB Rn. 486.

1276 W/P/K-*Bender* § 87 Rn. 62 f. m.w.N..

1277 Siehe zur Rufbereitschaft BAGE 41, 200 ff.; EK-*Preis* § 611 BGB Rn. 671; zum Bereitschaftsdienst BAG NZA 2000, 1243 ff.; EK-*Preis* § 611 BGB Rn. 670.

1278 Brox/Rüthers-*Brox* Rn. 467; MünchArbG-*Matthes* § 331 Rn. 26; *Fitting* § 74 Rn. 25; *Wiese* NZA 1984, 378 (382 f.).

1279 So auch Schaub-*Koch* § 194 Rn. 37.

1280 *Kissel* § 43 Rn. 67; Brox/Rüthers-*Brox* Rn. 467.

1281 So auch *Schiffer* S. 104; MünchArbG-*Matthes* § 331 Rn. 26.

Monat nicht überschreiten und daher ohne die Mitwirkung des Betriebsrates möglich ist, § 95 Abs. 3 S. 1 BetrVG.[1282]

Bei dem Einsatz von Fremdfirmen aufgrund eines Werk- oder Dienstvertrages fehlt es mangels Einstellung am Zustimmungserfordernis.[1283]

Nur soweit vom Arbeitgeber im Zusammenhang mit der Durchführung der Notarbeiten veranlasste Maßnahmen danach der Mitbestimmung unterliegen, stellt sich die Frage, wie zu verfahren ist. Hierbei spielen Bedenken wegen der Neutralität des Betriebsrates[1284], die sowohl dann aufkommen, wenn die streikführende Gewerkschaft dort mehrheitlich vertreten ist, als auch dann, wenn nicht sie, sondern eine mit ihr konkurrierende Gewerkschaft dort mehrheitlich vertreten ist,[1285] ebenso wie Paritätserwägungen dergestalt, dass „jeder Ausfall eines Notarbeiters (...) für den Arbeitgeber eine unter Umständen empfindliche wirtschaftliche Schädigung und damit eine Schwächung seiner Kampfkraft" bedeute,[1286] allenfalls eine untergeordnete Rolle. Entscheidend ist vielmehr, dass die Ausübung der betriebsverfassungsrechtlichen Mitbestimmungsrechte bis hin zur Einschaltung der Einigungsstelle und/oder Anrufung der Arbeitsgerichte Zeit kostet; Zeit, die angesichts der Eilbedürftigkeit der personellen und zeitlichen Ausgestaltung der Notarbeiten nicht zur Verfügung steht.[1287] Mit der Durchführung der Notarbeiten zur Wahrung der Rechte und Rechtsgüter auch anderer als der am Kampf Beteiligten muss sofort bei Kampfausbruch begonnen werden. Das beinhaltet zum einen den ungehinderten Zugang der Notarbeiter zum Betrieb und zum anderen die Möglichkeit, umgehend auf Ausfälle unter den Notarbeitern reagieren, d.h. Ersatzkräfte bereitstellen[1288] und/oder Überstunden oder Mehrarbeit anordnen zu können. Um zu vermeiden, dass die Effektivität der Notarbeiten leidet, sind mit ihnen im Zusammenhang stehende Maßnahmen des Arbeitgebers grundsätzlich mitbestimmungsfrei. Der Arbeitgeber, der sowieso nur dann die Auswahl der Notarbeiter vornehmen kann, wenn er zuvor erfolglos

---

1282 So auch *Jahn* S. 114 f..

1283 BAG NZA 1990, 364 (2. Ls., 365 f.).

1284 So aber *Gaumann* NZA 2001, 245 (247); *Kissel* § 43 Rn. 68.

1285 Siehe hierzu Däubler-*Reinfelder* § 15 Rn. 51.

1286 *Gaumann* NZA 2001, 245 (245); siehe auch *Fitting* § 74 Rn. 22 m.w.N., wonach die Inanspruchnahme des Mitbestimmungsrechtes bei der Ausgabe von besonders gekennzeichneter Werksausweise an Arbeitnehmer, die während eines Arbeitskampfes zur Leistung von Erhaltungsarbeiten verpflichtet sind, eine zusätzliche, den Druck auf den Arbeitgeber verstärkende Kampfmaßnahme des Betriebsrates ist.

1287 So auch *Otto* § 8 Rn. 38.

1288 Siehe hierzu *Gaumann* NZA 2001, 245 (245), wonach die Kenntlichmachung der Notarbeiter den Arbeitgeber in die Lage versetzt, „Ausfälle schneller zu erkennen und Ersatzkräfte früher bereitstellen zu können.".

mit der streikführenden Gewerkschaft über die Einzelheiten der Notarbeiten verhandelt hat, soll dann nicht noch den Betriebsrat beteiligen müssen.[1289]

3. Ergebnis

Maßnahmen, die der Arbeitgeber im Zusammenhang mit der Durchführung von Notarbeiten ergreift, sind im Interesse deren Effektivität grundsätzlich mitbestimmungs- und mitwirkungsfrei. Den Betriebsrat beteiligen muss der Arbeitgeber nur dann, wenn infolgedessen Auswirkungen auf die Durchführung der Notarbeiten nicht zu erwarten sind. So hat etwa die Anhörung wegen einer Kündigung eines sie verweigernden Arbeitnehmers gemäß § 102 BetrVG zu erfolgen.[1290] Darüber hinaus kann aber auch im Hinblick auf die Interessen der für die Dauer des Streiks mit der Durchführung von Notarbeiten betrauten Arbeitnehmer von der betriebsverfassungsrechtliche Mitbestimmung abgesehen werden, ist ihnen doch die gerichtliche Nachprüfung der Maßnahme des Arbeitgebers möglich.[1291]

1289 So etwa auch *Otto* § 8 Rn. 38; B /P/S/U-AKR Rn. 426 ff.; *Rudkowski* S. 139 f., wonach „alles, was in den Regelungsbereich der Notstandsvereinbarung fällt, (...) der Mitsprache des Betriebsrats entzogen sein“ muss.

1290 Brox/Rüthers-*Brox* Rn. 467.

1291 Vgl. *Kissel* § 43 Rn. 62 ff., 69.

§ 4 Rechtsschutz

Die Annahme einer gemeinsamen Trägerschaft der Notarbeiten von Arbeitgeber und Gewerkschaft führt nicht dazu, dass die Arbeitsgerichte für die Entscheidungen von Streitigkeiten auf diesem Gebiet unzuständig sind.[1292] Bei den Voraussetzungen und dem Umfang der Notarbeiten in sachlicher wie personeller Hinsicht handelt es sich um eine nach objektiven Merkmalen nachprüfbare Rechtsfrage, zu deren Entscheidung die Arbeitsgerichte gemäß § 2 Abs. 1 Nr. 2 ArbGG berufen sind, wenn es in konkreten Arbeitskämpfen zum Streit darüber kommt.[1293]

I. Ansprüche der Gewerkschaft

Die Gewerkschaft kann sich aus eigenem Recht gegen störende Einflüsse bei ihrer Gründung, organisatorischen Ausgestaltung, Selbstdarstellung und eben auch Zweckverfolgung zur Wehr setzen.[1294]

1. Anspruch auf Unterlassung

Bei (drohendem) rechtswidrigen Gebrauch der Notkompetenz des Arbeitgebers hat die Gewerkschaft einen verschuldensunabhängigen Anspruch auf Unterlassung der einseitigen Anordnung von Notarbeiten wegen Verletzung ihres Rechts auf koalitionsmäßige Betätigung aus Art. 9 Abs. 3 GG.[1295] Dieser Unterlassungsanspruch folgt aus §§ 1004 Abs. 1, 823 Abs. 1 oder Abs. 2 BGB i.V.m. Art. 9 Abs. 3 GG.[1296] Unmittelbar schützt § 1004 Abs. 1 BGB nur das Eigentum

---

1292 *Kornbichler* S. 46.

1293 *Fenn* DB 1982, 430 (432); *Kissel* § 43 Rn. 17, 82, 102; EK-*Dieterich* Art. 9 GG Rn. 188; *Gamillscheg* S. 1167, 1171; *Bauer/Haußmann* DB 1996, 881 (884); *Heckelmann* S. 19 f.; in diese Richtung auch Anm. v. *Herschel* AuR 1970, 352 (352); *Heinze*, FS Molitor, S. 159 (168); *Söllner* AuR 1982, 233 (238).

1294 EK-*Dieterich* Art. 9 GG Rn. 39; *derselbe*, FS Wissmann, S. 114 (121 ff-); siehe auch BAG JZ 1989, 750 (751); *Konzen*, FS Kissel, S. 571 (586 ff.); *Loritz* ZfA 1985, 185 (192).

1295 LAG Frankfurt AuR 1970, 349 (351); LAG Berlin-Brandenburg AuR 2008, 66 (67); *Kissel* § 43 Rn. 82, 102.

1296 BAG RdA 2000, 165 (2. Ls.); JZ 1989, 750 (751); Anm. v. *Konzen* JZ 1989, 755 (756); *derselbe*, FS Kissel, S. 571 (579); siehe *Otto* § 15 Rn. 15, der den Unterlassungsanspruch auf Art. 9 Abs. 3 S. 2 GG stützt.

vor Beeinträchtigungen. Beeinträchtigungen, die sich nicht in Entziehung oder Vorenthaltung des Besitzes erschöpfen (§ 985 BGB),[1297] sind nach S. 1 zu beseitigen (repressiv) und nach S. 2 zu unterlassen (präventiv) sind. Die Norm wird aber im Wege einer allgemein anerkannten Analogie auf die in § 823 Abs. 1 BGB darüber hinaus genannten absoluten Rechte (Leben, Körper, Gesundheit, Freiheit) und sonstigen Rechte, wie etwa das Recht am eingerichteten und ausgeübten Gewerbebetrieb[1298], sowie auf alle durch § 823 Abs. 2, 824, 825, 826 deliktisch geschützten Rechtsgüter angewandt.[1299] Art. 9 Abs. 3 GG schützt nicht nur vor Eingriffen durch den Staat, sondern auch vor Beeinträchtigungen von privater Seite, also auch vor der Störung der koalitionsmäßigen Betätigung durch den sozialen Gegenspieler.[1300] Da die Anspruchsvoraussetzungen in objektiver und subjektiver Hinsicht gleich bleiben, macht es keinen Unterschied, ob das Recht auf koalitionsmäßige Betätigung als sonstiges Recht im Sinne des § 823 Abs. 1 BGB[1301] oder Art. 9 Abs. 3 GG als Schutzgesetz im Sinne des § 823 Abs. 2 BGB[1302] angesehen wird.

Auch wenn der Wortlaut des § 1004 BGB nur den Fall der andauernden oder wiederkehrenden Beeinträchtigung deckt, wie sie bei Ausweitung der Notarbeiten während eines gewerkschaftlich geführten Streiks gegeben ist, kann unabhängig von einer bereits eingetretenen Rechtsbeeinträchtigung vorbeugend Unterlassung zur Abwehr einer erstmaligen Gefahr gefordert werden (Erstbegehungsgefahr).[1303] Voraussetzung dafür ist, dass aufgrund von Tatsachen eine Beeinträchtigung des geschützten Rechtsgutes ernstlich zu besorgen ist.[1304] Dies ist jedenfalls dann anzunehmen, wenn Äußerungen etc. des Arbeitgebers dahingehend verstanden werden können, den Streik durch Ausweitung der Notarbeiten unterlaufen zu wollen.

1297 Palandt-*Bassenge* § 1004 Rn. 5.

1298 Siehe zum Recht am eingerichteten und ausgeübten Gewerbebetrieb, vgl. BAG NZA 1984, 393 (394); NZA 2009, 1347 (1349 f.); BGHZ 29, 65 (69 ff., insbesondere 74); BGH NJW 1983, 812 (813); *Otto* § 15 Rn. 3, 6 m.w.N. in Fn. 15 f.; *Brox* JA 1981, 74 (76 f.); ablehnend *Hoffmann* AuR 1968, 33 (36 f.).

1299 Palandt-*Bassenge* § 1004 Rn. 4; *Otto* § 15 Rn. 3; *Scherer* S. 143.

1300 BAG JZ 1989, 750 (751); EK-*Dieterich* Art. 9 GG Rn. 268.

1301 *Walker* ZfA 1995, 185 (201); *Konzen*, FS Kissel, S. 571 (579 ff.); *Otto* § 15 Rn. 15; Brox/Rüthers-*Brox* Rn. 369; LAG Berlin-Brandenburg, Beschl. v. 13.04.2011, Az.: 7 Ta 804/11-juris, Rn. 19; LAG Berlin-Brandenburg, Urt. v. 24.10.2007, Az.: 7 SaGa 2044/07-juris, Rn. 22; ArbG Essen, Urt. v. 24.07.2003, Az.: 8 Ga 50/03-juris, Rn. 29.

1302 *Dütz* BB 1980, 535 (534 f.); *Reuter* JuS 1986, 19 (19); *Seiter* S. 465 ff.; *Loritz* ZfA 1985, 185 (194).

1303 Vgl. BGH NJW 2004, 3701 (3702); LAG Schleswig-Holstein NZA 1987, 65 (66); Palandt-*Bassenge* § 1004 Rn. 32; *Otto* § 15 Rn. 3.

1304 *Scherer* S. 141 f. m.w.N..

2. Anspruch auf Schadensersatz

Darüber hinaus hat die Gewerkschaft gemäß § 823 Abs. 1 oder Abs. 2 BGB i.V.m. Art. 9 Abs. 3 GG einen verschuldensabhängigen Anspruch auf Schadensersatz. Bezüglich dessen geringer Bedeutung wird auf die Ausführungen unter § 3 III. 3. b) verwiesen.

II. Ansprüche des Arbeitgebers gegen die Gewerkschaft

Auch der Arbeitgeber braucht die Beeinträchtigung seiner Rechtsgüter nicht abzuwarten und kann bereits dann rechtliche Schritte ergreifen, wenn die Gewerkschaft ankündigt, ihren Streik auf einen Bereich auszudehnen, in dem sachlich und persönlich Notarbeiten zu leisten sind.[1305]

1. Anspruch auf Duldung

Der Arbeitgeber kann im Fall der (drohenden) Beeinträchtigung seines Eigentums gemäß § 1004 Abs. 1 BGB von der Gewerkschaft verlangen, die Durchführung der in Ausübung seiner Notkompetenz einseitig angerordneten Erhaltungsarbeiten zu dulden.[1306]

Da in einem Streik aber immer auch ein betriebsbezogener Eingriff in das Recht am eingerichteten und ausgeübten Gewerbebetrieb liegt, weil dem Arbeitgeber die weitere Ausübung seiner gewerblichen und auf Gewinnerzielung gerichteten Betätigung unmöglich gemacht oder zumindest erschwert wird,[1307] kommt auch ein Anspruch analog § 1004 Abs. 1 BGB in Betracht. Rechtswidrig ist dieser Eingriff, soweit die nach den Umständen des konkreten Einzelfalls erforderlichen Erhaltungsarbeiten unterbleiben.[1308] In anderen Worten: Der Streik ist nicht insgesamt, sondern nur insoweit rechtswidrig, wie die Gewerkschaft gegen ihre Pflicht zur Duldung verstößt, d.h. eine unerlaubte Handlung begeht.

Mit den Auswirkungen einzelner unerlaubter Handlungen auf die Rechtmäßigkeit des Streiks insgesamt hat sich bereits das Landesarbeitsgericht Frankfurt

---

1305 Siehe hierzu *Kissel* § 64 Rn. 2 ff., 15; *Walker* ZfA 1995, 185 (199); *Lauschke* S. 104.

1306 *Bauer/Haußmann* DB 1996, 881 (884); zur Duldungspflicht der Gewerkschaft siehe auch BAGE 75, 186 (194); *Schell* BB 1969, 1179 (1181).

1307 Siehe hierzu *Walker* ZfA 1995, 185 (198); *Neumann-Duesberg* BB 1964, 51 (52).

1308 *Heckelmann* S. 24 f.; *Schiffer* S. 90.

im Jahr 1950[1309] beschäftigt und ausgeführt: „Sittenwidrig ist der Streik allerdings dann, wenn die den Streik tragende Organisation zu seiner Durchführung unerlaubte Handlungen begehen lässt, trotz ihrer Kenntnis, dass solche sich ereignen, nicht dagegen einschreitet oder sich sogar unmittelbar an ihnen beteiligt. Hier wird der Streik in seiner konkreten Durchführung bewusst und gewollt auf die Anwendung unlauterer Mittel abgestellt, was als Verstoß gegen das Anstands- und Sittlichkeitsgefühl aller gerecht Denkenden anzusehen ist." Entscheidend soll sein, dass die Begehung unerlaubter Handlungen von der Gewerkschaft eingeplant wird, um auf den Arbeitgeber einen über die bloße Arbeitsniederlegung hinausgehenden Druck auszuüben.[1310] Demzufolge ist der Streik insgesamt rechtswidrig, wenn die Gewerkschaft die Durchführung von Erhaltungsarbeiten systematisch stört. Ist die Be- oder gar Verhinderung der Durchführung der unbedingt erforderlichen Arbeiten Bestandteil der Kampfstrategie der Gewerkschaft, ist deren Kampfführung insgesamt nicht mehr von Art. 9 Abs. 3 GG gedeckt.[1311] Hingegen sollen auf einer Fehlbewertung der Art und des Umfanges der Erhaltungsarbeiten beruhende rechtswidrige Einzelmaßnahmen der Gewerkschaft nicht die Rechtswidrigkeit des Streiks insgesamt bewirken,[1312] wie auch Exzesse und Ausschreitungen Einzelner für sich gesehen rechtswidrig sind, den Streik aber grundsätzlich nicht insgesamt als rechtswidrig erscheinen lassen.[1313] Der Arbeitgeber kann von der Gewerkschaft dann nur die Unterlassung der Pflichtverstöße, nicht aber die Unterlassung des Streiks insgesamt verlangen.[1314]

1309 LAG Frankfurt RdA 1950, 427 (430).

1310 *Seiter* S. 525; *Kissel* § 47 Rn. 118.

1311 *Fenn* DB 1982, 430 (434); siehe auch *Löwisch/Mikosch* ZfA 1978, 153 (169 f.); *Lauschke* S. 88; *Oetker* S. 98 f.; Däubler-*Hensche* § 18 Rn. 46; *Gamillscheg* S. 1173.

1312 *Heckelmann* S. 24 f.; *Schiffer* S. 90; so auch *Löwisch/Mikosch* ZfA 1978, 153 (169 f.); *Lauschke* S. 86 ff.; *Oetker* S. 92 ff.; *Kraus* S. 87 ff., die bei Nichteinigung aber von einer Zuständigkeit der Gewerkschaft ausgehen.

1313 BAGE 60, 101 (117); *Otto* § 12 Rn. 22; siehe auch BVerfGE 69, 315 (361 f.), wonach den friedlichen Veranstaltern und Teilnehmern einer Demonstration der Schutz der Versammlungsfreiheit aus Art. 8 GG auch dann erhalten bleibe, wenn mit Ausschreitungen durch eine Minderheit zu rechnen ist.

1314 Siehe *Lauschke* S. 103: „Aus dem Prinzip des schonendsten Eingriffs (...) ergibt sich, dass die den Kampf führende Partei lediglich zur Vornahme der Instandhaltungsarbeiten, allenfalls sekundär zur Unterlassung des Arbeitskampfes verpflichtet werden kann. Nur insofern sind die Rechte des Klägers (des Arbeitgebers) beeinträchtigt. Ein Antrag auf Unterlassung des Arbeitskampfes wäre unverhältnismäßig."; ähnlich *Däubler* AuR 1981, 257 (265); *Löwisch/Mikosch* ZfA 1978, 153 (170); LAG Hamm NZA-RR 2007, 250 (251, 253).

Die Duldungspflicht der Gewerkschaft beinhaltet zum einen, dass sie nicht versuchen darf, die zur Erhaltungsarbeit eingeteilten Arbeitnehmer zum Streik zu bewegen, etwa unter Androhung von Satzungsstrafen[1315] oder dadurch, dass sie einem zu Notarbeiten eingeteilten deswegen bei ihr Rat suchenden Arbeitnehmer wider besseren Wissens von der Erbringung seiner Arbeitsleistung abrät. Zum anderen darf sie zur Erhaltungsarbeit eingeteilten Arbeitnehmer nicht von deren Durchführung abhalten, etwa indem sie Streikposten damit beauftragt, ihnen den Zugang zum Betrieb zu versperren[1316] oder auch nur billigt, dass Streikende dies tun.

In der oftmals stark emotional belasteten Situation eines Streiks kann es zu eigenmächtigen Ausschreitungen seitens der streikenden Arbeitnehmer kommen, beispielsweise werden der Zu- und Abgang von Waren und Kunden verhindert oder arbeitswillige sowie mit der Durchführung der Erhaltungsarbeiten betraute Arbeitnehmer am Betreten des Betriebes durch Maßnahmen behindert, die über das bloße Zureden, sich am Streik zu beteiligen, hinausgehen.[1317] Ebenso kann es geschehen, dass sich die mit Erhaltungsarbeiten betrauten Arbeitnehmer weigern, die anfallenden Arbeiten auszuführen und wie ihre streikenden Kollegen die Arbeit niederlegen.

In Anbetracht dessen hat das Bundesarbeitsgericht entschieden: „Eine Gewerkschaft, die zum Streik aufruft, ist verpflichtet, das Kampfverhalten der Arbeitnehmer zu beobachten und gegebenenfalls auf diese dahin einzuwirken, dass die Grenzen eines zulässigen Arbeitskampfes und einzelner Arbeitskampfmaßnahmen nicht überschritten werden."[1318] Dahinter steht der allgemeinen Rechtsgedanke, dass derjenige, der eine Gefahrenlage schafft oder in seinem Einwirkungsbereich andauern lässt, die ihm zumutbaren Vorkehrungen treffen muss, um eine Gefährdung bzw. Schädigung anderer zu verhindern.[1319]

Da die Gewerkschaft das Risiko für über die normalen Streikfolgen hinausgehende Schädigungen erst durch den Aufruf zum Streik geschaffen hat, soll die Gewerkschaft auch einen Beitrag dazu leisten müssen, dass es nicht in eine sol-

---

1315 *Heckelmann* S. 24 f.; *Schiffer* S. 89; *Schell* BB 1969, 1179 (1181).

1316 LAG Frankfurt AuR 1970, 349 (351); *Schiffer* S. 89; *Fenn* DB 1982, 430 (434).

1317 Siehe hierzu BAGE 58, 364 (389); LAG Köln NZA 1984, 402 (403); *Kissel* § 42 Rn. 78 f.; *Otto* § 12 Rn. 5 ff..

1318 BAGE 58, 364 (393 f.); siehe auch 60, 101 (117); LAG Köln NZA 1984, 402 (404); Brox/Rüthers-*Brox* Rn. 348, 353.

1319 Siehe hierzu BGH, Urt. v. 30.10.1981, Az.: VZR 1991/80-juris, Rn. 10; *Steinbrück* AuR 1987, 161 (163 f.); *Nikisch*, Arbeitsrecht 1959, S. 134; Palandt-*Sprau* § 823 Rn. 46; Palandt-*Bassenge* § 1004 Rn. 18.

che Schädigung umschlägt.[1320] Diesen Pflichten kommt die Gewerkschaft nach, indem sie ihren Mitgliedern bei streikwidrigen Verhalten, also wenn sie zum Beispiel rechtmäßig zur Erhaltungsarbeit eingeteilt sind, diese aber verweigern, keine Streikunterstützung zahlt und/oder ihnen sonstige verbandsinterne Strafen auferlegt bis hin zum Verbandsausschluss.[1321] Gegenüber nicht und anders organisierten Arbeitnehmern hat sie zwar so gut wie keine rechtliche Möglichkeiten, nachhaltig einzuwirken, jedoch muss sie diesen gegenüber ihren tatsächlichen Einfluss als Streikführung geltend machen.[1322] Die Gewerkschaft muss Erhaltungsarbeiten rechtswidrig verweigernde Arbeitnehmer zumindest auf ihre Arbeitsleistungspflicht hinweisen und sie zur Leistungserbringung ermahnen.[1323] Bleibt die Gewerkschaft trotz dieser ihr zumutbaren Handlungsmöglichkeit untätig, zeigt sie sich einverstanden mit den nur unzureichend erbrachten Erhaltungsarbeiten und muss sich dies als Pflichtverstoß zurechnen lassen.[1324] Wenn sich die Gewerkschaft aber in der soeben beschriebenen Art und Weise davon distanziert, ist der Zurechnungszusammenhang selbst dann unterbrochen, wenn die von der Gewerkschaft pflichtgemäß unternommen Anstrengungen ohne Erfolg bleiben, weil sich die zur Erhaltungsarbeit eingeteilten Arbeitnehmer weiterhin weigern, ihre Arbeitsleistung zu erbringen. Die Gewerkschaft schuldet keinen Erfolg, sondern ernsthafte Bemühungen, was dem Umstand Rechnung trägt, dass das schädigende Verhalten nicht direkt von der Gewerkschaft ausgeht. Die Gewerkschaft hat mit dem Streik zwar eine gesteigerte Gefahrenlage geschaffen, aber eben auch versucht, Schäden vom Betrieb fernzuhalten. Für ein vorsätzliches Fehlverhalten resistenter Arbeitnehmer kann sie nicht zur Verantwortung gezogen werden.[1325]

Das Gesagte gilt auch soweit die Gewerkschaft eine Ursache dafür setzt, dass Notstandsarbeiten hinter dem unbedingt Notwendigen zurückbleiben.

1320 *Oetker* S. 94; siehe auch LAG Schleswig-Holstein NZA 1987, 65 (66): Die Gewerkschaft trägt die Verantwortung, weil sie den Streik ausgerufen und organisiert hat. Aus diesem vorangegangenen Handeln ist sie verpflichtet, für einen ordnungsgemäßen Ablauf des Arbeitskampfes zu sorgen.; *Steinbrück* AuR 1987, 161 (163 f.); *Kraus* S. 94 ff..

1321 Brox/Rüthers-*Brox* Rn. 353; *derselbe* JA 1981, 74 (76); *Otto* § 15 Rn. 25; *Schell* BB 1969, 1179 (1181); siehe zum Einwirkungsanspruch und Bestimmtheitserfordernis des § 253 Abs. 2 Nr. 2 ZPO BAGE 70, 165 ff..

1322 *Bauer/Haußmann* DB 1996, 881 (884).

1323 Zur Einwirkungspflicht auf Nichtgewerkschaftsmitglieder siehe *Neumann-Duesberg* BB 1964, 51 (52 ff.).

1324 BAGE 58, 364 (392 f.); LAG Schleswig-Holstein NZA 1987, 65 (66); *Käppler* JuS 1990, 618 (621).

1325 So auch *Steinbrück* AuR 1987, 161 (163 ff.).

Laut der anlässlich eines gegen Blutsammelstellen gerichteten Streiks ergangenen Entscheidung vom 16.01.2007 des Landesarbeitsgerichts Hamm[1326] sind „auch am Gemeinwohl orientierte Betätigungen" in den Schutzbereich des Rechts am eingerichteten und ausgeübten Gewerbebetriebes einbezogen. Da die Träger von Versorgungsunternehmen eine „Aufgabe des Gemeinwohls" wahrnehmen, deren Erfüllung durch Maßnahmen des Arbeitskampfs gefährdet werde, „stellt dies im Verhältnis zum Träger der Gemeinwohlaufgabe einen rechtswidrigen Eingriff in das Recht am eingerichteten und ausgeübten Gewerbebetrieb dar, gegen welchen Abwehrrechte aus §§ 1004, 823 BGB geltend gemacht werden können."[1327] Derjenige, dem die Gemeinwohlaufgabe übertragen sei, mache nicht „*fremde* Rechte als „Vertreter des Gemeinwohls" geltend[1328], vielmehr liege in Anbetracht der übertragenen Gemeinwohlaufgabe eine Beeinträchtigung der *eigenen* gemeinwohlorientierten unternehmerischen Betätigung vor."[1329]

Dem Gericht ist dahingehend zuzustimmen, dass der Träger des Versorgungsunternehmens in eigenen Rechten betroffen ist, wenn die Gewerkschaft

---

1326 LAG Hamm NZA-RR 2007, 250 (251); so auch LAG Hamm, Urt. v. 13.01.2011, Az.: 8 Sa 788/10-juris, Rn. 103; ArbG Hamburg, Urt. v. 18.03.2011, Az.: 14 Ca 223/10-juris, Rn. 76, wonach der Begriff des eingerichteten und ausgeübten Gewerbebetriebes nicht dem gewerberechtlichen Begriff entspricht und auch Einrichtungen ohne Gewinnerzielungsabsicht ein gleichartiger, der Rechtsfigur des "eingerichteten und ausgeübten Gewerbebetriebs" nachgebildeter deliktischer und negatorischer Rechtsschutz zu steht.

1327 LAG Hamm NZA-RR 2007, 250 (251); in diese Richtung schon *Löffler* NJW 1962, 1601 (1603), der darauf abstellt, dass der Arbeitgeber „mit der Unterhaltung eines lebenswichtigen Betriebes gleichzeitig einer Verpflichtung zur Versorgung der Bevölkerung nachzukommen" habe; ähnlich *Zachert* ZfS 1966, 129 (144 f.); zu einem Streik im Nachfolgeunternehmen der Post ArbG Frankfurt a.M. AuR 1994, 387 (387 f.); dagegen *Pachtner* S. 88.

1328 So etwa aber *Kissel* § 27 Rn. 14, § 43 Rn. 149 ff.; *Hensche/Wolter*, GS Zachert, S. 544 (552); Däubler-*Hensche* § 18 Rn. 43 f.; 56, dem zufolge der Arbeitgeber zwar auch dann einschreiten darf, wenn das Übermaß nicht im Verhältnis zu ihm selbst, sondern im Verhältnis zu Dritten erreicht ist, er aber nur einen fremdnützigen Anspruch geltend machen kann; ähnlich *Seiter* S. 563 ff. (565); Hervorhebung durch die Verfasserin.

1329 Siehe hierzu *Gamillscheg* S. 1219 f.: „Der öffentliche Dienst ist kein Gewerbebetrieb; aber gerade er ist, mehr noch als die Wirtschaft, vor Störungen zu bewahren. Schutzgut ist die Erfüllung der dem Staat gestellten öffentlichen Aufgaben. Sie können nicht geringer bewertet werden als private Gewinnerzielung."; siehe aber *Otto* § 15 Rn. 8, wonach § 823 Abs. 1 BGB nur Anwendung findet, „soweit die Verwaltung gleichsam gewerbliche Funktionen wahrnimmt (Bsp. Müllabfuhr als kommunaler Eigenbetrieb); in anderen Fällen soll ein Schutz nur über §§ 823 Abs. 2, 826 BGB erreichbar sein; dagegen *Pachtner* S. 88; Hervorhebung durch die Verfasserin.

ihre Pflicht zur Duldung der Notstandsarbeiten verletzt. Denn darin liegt immer auch eine Beeinträchtigung des Unternehmens, die nicht von Art. 9 Abs. 3 GG gedeckt ist. Unterbleiben Notstandsarbeiten, wird nicht nur Dritten, sondern auch dem Unternehmensträger ein Schaden zugefügt, der über das hinaus geht, was er im Fall eines rechtmäßigen Streiks hinzunehmen hat. Er verliert die Einnahmen (z.B. Einzelfahrkarte für öffentliche Verkehrsmittel), die er für die im Rahmen von Notstandsarbeiten gegenüber Dritten zu erbringenden Leistungen hätte fordern können. Allein für sich gesehen, fällt dieser Verlust zum einen wegen der streikbedingt eingesparten Personalkosten, und zum andern dann nicht weiter ins Gewicht, wenn die Finanzierung des Unternehmens (anteilig) durch die öffentliche Hand erfolgt. Da aber Zuschüssen und Subventionen zurück gefordert oder gestrichen werden können, wenn deren Gewährung mit Auflagen verbunden ist, deren Erfüllung streikbedingt scheitert, entstehen dem Unternehmensträger durchaus beachtliche finanzielle Einbußen.[1330] Zudem steht zu befürchten, dass – soweit möglich - verärgerte Kunden langfristig den Anbieter wechseln könnten. Angesichts dessen muss es dem Träger eines Versorgungsunternehmens zumindest möglich sein, solche Nachteile abzuwenden, die *ihm* durch ein rechtswidriges Verhalten der streikführenden Gewerkschaft im Zusammenhang mit Notstandsarbeiten entstehen. Hiernach zu differenzieren, ist jedoch kaum möglich, geschweige denn praktikabel.

Soweit Notstandsarbeiten unterbleiben, ist der Streik wegen des Verstoßes gegen den Grundsatz der Verhältnismäßigkeit rechtswidrig.[1331] Gegenüber rechtswidrigen Arbeitskämpfen und Arbeitskampfmaßnahmen besteht die Neutralitätspflicht nicht, so dass unter Umständen „die öffentliche Hand, in welcher Organisationsform auch immer, zum Schutz der Drittbetroffen eingreifen" müsste.[1332] Aber auch der Arbeitgeber muss sich nicht mit einem rechtswidrigen Streik überziehen lassen. Dabei kann nicht dahingehend unterschieden werden, ob das Übermaß im Verhältnis zum Arbeitgeber oder im Verhältnis zu Dritten erreicht ist, zumal eine exakte Trennung kaum möglich ist. Der Schutz Dritter ist dann „Reflex" des Arbeitgeberschutzes durch das Gericht.[1333]

1330 *Rudkowski* S. 222, Fn. 1360.

1331 Vertreten wird, dass bereits dieser Verstoß gegen Grundsätze des Arbeitskampfrechts zu gerichtlichen Schritten berechtigt, vgl. die Heranziehung von richterrechtlichen Grundsätzen als Schutzgesetz i.S.d. § 823 Abs. 2 BGB befürwortend *Seiter* S. 465 ff. mit Bsp. S. 526, 528 ff.; *Mertens* AcP 178 (1978) 227 (230 f.); *Loritz* ZfA 1985, 185 (194); in diese Richtung auch *Scherer* S. 149 ff. (insbesondere 151 f.) m.w.N.; ablehnend Däubler-*Colneric*, Arbeitskampfrecht 1987, Anm. 1162, Fn. 127.

1332 *Kissel* § 43 Rn. 154.

1333 *Rudkowski* S. 281.

2. Anspruch auf Schadensersatz

Darüber hinaus hat der Arbeitgeber gemäß § 823 Abs. 1 BGB, ggf. § 823 Abs. 2 BGB i.V. m. § 303 StGB[1334], einen Anspruch auf Ersatz des durch gewerkschaftsbedingt unterbliebene Notarbeiten entstandenen Schadens.[1335] Das bedeutet, die Gewerkschaft haftet für den durch unzureichende Wartung etc. entstandenen Sachschaden sowie für den Aufwandsschaden, der dadurch entsteht, dass der Arbeitgeber gezwungen ist, Dritte mit der Durchführung unbedingt notwendiger Arbeiten zu beauftragen. Sie hat die damit verbundenen Mehrkosten gegenüber der Entgeltfortzahlung an die vom Arbeitgeber zur Notarbeit eingeteilten, an deren Durchführung aber gehinderten Arbeitnehmer zu ersetzen.[1336]

Gegen die Gewerkschaft gerichtete Schadensersatzansprüche des Arbeitgebers setzen Verschulden voraus. Da wegen der fehlenden normativen Regelung des Arbeitskampfrechts und der sich wandelnden Rechtsprechung die Grenze der Rechtmäßigkeit vielfach zweifelhaft ist, stellt sich bei der Haftung der Gewerkschaft stets die Frage, ob der Gewerkschaft wegen der schädigenden Kampfaktion ein Schuldvorwurf zu machen ist oder ob sie dabei einem schuldausschließenden Rechtsirrtum unterlag.[1337] So soll die Gewerkschaft nicht schuldhaft gehandelt haben, wenn der Streik zwar nachträglich für rechtswidrig erklärt wurde, diese Frage zur Zeit des Streiks aber umstritten war. Angesichts einer ungeklärten Rechtslage ist es der Gewerkschaft nicht zuzumuten, auf die Durchführung des Streiks zur Durchsetzung ihrer Forderungen von vornherein zu verzichten.[1338] Voraussetzung ist aber, dass beachtliche Gründe für die Rechtmäßigkeit sprechen und die Rechtslage nicht vorher zu klären war.[1339] Da höchstrichterlich geklärt ist, dass während eines Streiks die zur Erhaltung der sächlichen Voraussetzung des Betriebes für dessen Fortführung nach Streikende erforderlichen Arbeiten zu leisten sind, deren Art und Umfang aber von den jeweiligen betrieblichen Gegebenheiten und der Art und Weise der Kampfführung abhängen[1340], kommt im Rahmen der Haftung ein die Schuld der Gewerkschaft

1334 Von der Subsidiarität der Rechtsverletzung des Gewerbebetriebes gegenüber Eigentumsverletzungen ausgehend *Gamillscheg* S. 1220; *Richter* S. 111; *Kraus* S. 92.

1335 *Fenn* DB 1982, 430 (434); *Heckelmann* S. 25; so auch *Löwisch/Mikosch* ZfA 1978, 153 (170); *Lauschke* S. 87.

1336 *Löwisch/Mikosch* ZfA 1978, 153 (170).

1337 EK-*Dieterich* Art. 9 GG Rn. 226; Brox/Rüthers-*Brox* Rn. 370, *derselbe* JA 1981, 74 (77); *Löwisch* RdA 1982, 73 (84).

1338 BAGE 30, 189 (200): BAG NZA 2003, 734 (741); *Brox* JA 1981, 74 (77); EK-*Dieterich* Art. 9 GG Rn. 226.

1339 BAGE 30, 189 (200): BAG NZA 2003, 734 (741); Brox/Rüthers-*Brox* Rn. 370.

1340 BAG AuR 1983, 251 ff..

ausschließender Irrtum nur selten und allenfalls dann in Betracht, wenn sie alles ihr Mögliche unternommen hat, um den sachlichen Umfang und dem verbunden den personellen Aufwand der erforderlichen Arbeiten zu ermitteln und sich entsprechend verhält.

Eine Haftung der Gewerkschaft nach § 826 BGB[1341] wegen vorsätzlicher Schadenszufügung durch eine sittenwidrige Handlung setzt ein Verhalten voraus, das „nach Inhalt oder Gesamtcharakter, der durch zusammenfassende Würdigung von Inhalt, Beweggrund und Zweck zu ermitteln ist, gegen das Anstandsgefühl aller billig und gerecht Denkenden verstößt, d.h. mit den grundlegenden Wertungen der Rechts- und Sittenordnung nicht vereinbar ist“[1342]. Die Bejahung von Sittenwidrigkeit enthält mithin einen „moralischen Vorwurf“.[1343] Dieser ist der Gewerkschaft nicht schon bei einer rechtswidrigen Arbeitskampfmaßnahme oder einem rechtswidrigen Arbeitskampf zu machen, sondern erst beim Hinzutreten besonderer Umstände, wie der Anwendung verwerflicher Mittel oder der Verwirklichung einer rücksichtslosen Gesinnung,[1344] wenn etwa die Gewerkschaft die streikenden Arbeitnehmer zur Sabotage oder zur Beschädigung von Maschinen und Gebäuden und/oder zur Begehung sonstiger Straftaten auffordert. Auch wenn die Kampfführung der Gewerkschaft zu Lasten Dritter geht, ist sie nicht zwingend als sittenwidrig anzusehen,[1345] wohl aber dann, wenn etwa bei einem Streik in der Gesundheitsfürsorge zur Wahrung höherrangiger Rechte und Rechtsgüter unerlässliche Notstandsarbeiten unterbunden werden. Sich die Hilflosigkeit Dritter zu Nutzen zu machen, zeugt von Rücksichtslosigkeit. Dass höherrangige Rechtsgüter wie Leben und Gesundheit bei der Verfolgung und Durchsetzung niederrangiger Rechte gefährdet oder gar verletzt werden, kann vor dem „Anstandsgefühl aller billig und gerecht Denkenden“ keinen Bestand haben.

Des weiteren kann die Gewerkschaft in Anspruch genommen werden, wenn die Nichterbringung der Notarbeiten auf Arbeitnehmer zurückzuführen ist, die eine besondere Funktion, wie die des Streikpostens oder der Streikleitung, ausüben. Bei ihnen handelt es sich um Verrichtungsgehilfen, für die die Gewerk-

---

1341 Wegen der Erweiterung des Anwendungsbereichs des § 823 Abs. 1 BGB um das Recht am eingerichteten und ausgeübten Gewerbebetriebs ist die Bedeutung dieser Vorschrift weitgehend in den Hintergrund gedrängt worden, vgl. Brox/Rüthers-*Brox* Rn. 372.

1342 Palandt-*Sprau* § 826 Rn. 4.

1343 *Brox* JA 1981, 74 (78); siehe auch *Gamillscheg* S. 1128 f.; kritisch *Seiter* S. 464 f., 477 ff..

1344 *Brox* JA 1981, 74 (78); siehe auch BGHZ 70, 277 (282).

1345 *Schliemann*, FS Bauer, S. 923 (940); siehe aber *Otto* § 16 Rn. 125; *Scherer* S. 143 ff., wonach die gezielte Drittschädigung stets als sittenwidrig im Sinne des § 826 BGB anzusehen ist.

schaft nach § 831 BGB haftet.[1346] Eine Ersatzpflicht tritt mangels gewerkschaftseigenen Auswahlverschulden nicht ein, wenn die Gewerkschaft bei der Auswahl und Überwachung der von ihr eingesetzten Hilfskräfte die im Verkehr erforderliche Sorgfalt beachtet hat oder wenn der Schaden, der dem Arbeitgeber „in Ausführung der Verrichtung" zugefügt worden ist, auch bei Anwendung dieser Sorgfalt entstanden wäre.[1347] Der Entlastungsbeweis im Sinne des § 831 Abs. 1 S. 2 BGB kann gelingen, wenn die sorgfältig ausgewählten Streikposten durch entsprechende Belehrung und Einweisung darauf hingewiesen wurden, dass die mit den Notarbeiten betrauten Arbeitnehmer an deren Durchführung weder benoch gehindert werden dürfen und dass „die strikte Einhaltung dieser Organisationsanweisungen nicht nur im Hinblick auf den Streikerfolg, sondern auch zur Vermeidung von rechtlichen Konsequenzen (Schadensersatz, Strafverfahren) unerlässlich ist."[1348] Andernfalls hat die Gewerkschaft für den infolge der unterbliebenen Arbeiten entstandenen Schaden einzustehen.

III. Ansprüche des Arbeitgebers gegen Arbeitnehmer, die die Durchführung von Notarbeiten verweigern

Verweigern die rechtmäßig zur Notarbeit eingeteilten Arbeitnehmer deren Verrichtung, verhalten sie sich arbeitsvertragswidrig. Soweit die Verweigerung der Notarbeiten nicht von der Gewerkschaft veranlasst worden ist, ist der Arbeitgeber berechtigt, diesen Arbeitnehmern (außerordentlich) zu kündigen und wegen der Vertragsverletzung (§§ 611 BGB i.V.m. Arbeitsvertrag, 280 Abs. 1 BGB) und der Begehung einer unerlaubten Handlung (§ 823 Abs. 1, 2 BGB i.V.m. § 303 StGB) Ersatz des durch Nichtarbeit entstandenen Schadens zu verlangen. Hieran wird nochmals deutlich, warum der Arbeitgeber auch die Duldung der Notstandsarbeiten von der Gewerkschaft verlangen können muss. Der die Durchführung der Notstandsarbeiten verweigernde Arbeitnehmer begeht ebenso Vertragsbruch, wie der die Durchführung von Erhaltungsarbeiten verweigernde Arbeitnehmer. Wenn aber die Gewerkschaft die Arbeitnehmer zu vertragswidrigen Verhalten verleiten kann, muss der Arbeitgeber auch dazu berechtigt sein, dies zu unterbinden. Anderes würde bedeuten, einen einheitlichen Lebenssachverhalt auseinander zu reißen.

1346 Hessisches LAG AuR 2009, 141 (141); siehe auch *Isenhardt,* FS Stahlhacke, S. 195 (209).

1347 Hessisches LAG AuR 2009, 141 (141) m.w.N.; Däubler-*Nitsche* § 22 Rn. 154.

1348 Hessisches LAG AuR 2009, 141 (141 f.); Däubler-*Nitsche* § 22 Rn. 154.

IV. Durchsetzung im Wege der einstweiligen Verfügung

Die Geltendmachung von Schadensersatz erfolgt im Klageweg nach Beendigung eines Arbeitskampfes. Vor allem im Zusammenhang mit den während eines Streiks unbedingt zu erbringenden Arbeiten kommt es aber weniger darauf an, einen Schaden zu kompensieren, als dessen Eintritt zu verhindern,[1349] mag dieser „nun im Falle seines Entstehens ersatzfähig sein oder nicht"[1350]. Vornehmlich geht es darum, die Durchführung von Notarbeiten sicherzustellen, ohne dadurch den Streik zu unterlaufen.

1. Einstweilige Verfügung im Arbeitskampf

Angesichts der tiefgreifenden schädlichen, nicht selten irreparablen Auswirkungen einer jeden Streikstunde auf den Betrieb und die Drittbetroffenen, in der Notarbeiten unterbleiben, sind gerichtliche Entscheidung höchst eilbedürftig.[1351] Wegen der gebotenen Eile muss die gerichtliche Regelung hier durch einstweilige Verfügung erfolgen.

Deren grundsätzliche Zulässigkeit ist auch in Streitigkeiten über die Durchführung der Notarbeiten anzuerkennen, denn die einstweilige Verfügung ist als allgemeines Rechtsinstitut uneingeschränkt anerkannt, vgl. § 123 VwGO, 114 FGO, § 32 BVerfGG. Im Arbeitsgerichtsgesetz finden sich zwar keine Vorschriften über die einstweilige Verfügung, aber eben auch keine diese ausschließenden Vorschriften. Vielmehr verweisen §§ 62 Abs. 2, 85 Abs. 2 ArbGG auf die einschlägigen Vorschriften der ZPO über die Zwangsvollstreckung einschließlich der einstweiligen Verfügung § 935 ff. ZPO[1352]. Somit ist auch im arbeitsgerichtlichen Verfahren bei Glaubhaftmachung eines Verfügungsanspruchs (z.B. § 1004 Abs. 1 S. 2 BGB analog) und eines Verfügungsgrunds (Dringlichkeit) im Sinne von §§ 936, 920 Abs. 2, 294 ZPO eine gerichtliche Verfügung in Bezug auf den Streitgegenstand zulässig, wenn zu befürchten ist, das durch eine Veränderung des bestehenden Zustands die Verwirklichung des Rechts einer Partei vereitelt oder wesentlich erschwert werden könnte (Siche-

---

1349 „Schaden verhüten ist besser als Schaden vergüten", vgl. Soergel-*von Münch* § 1004 Rn. 390; *Hoeniger* RdA 1953, 204 (210).

1350 *Scherer* S. 147.

1351 *Kissel* § 65 Rn. 3.

1352 Siehe *Walker* ZfA 2005, 45 (45 f.); *derselbe* ZfA 1995, 185 (187), wonach der Arrest zur Sicherung der Zwangsvollstreckung wegen einer Geldforderung im Arbeitskampfrecht nur eine untergeordnete Rolle spielt.

rungsverfügung, § 935 ZPO). Ebenso ist eine einstweilige Verfügung zum Zwecke der Regelung eines einstweiligen Zustands in Bezug auf ein streitiges Rechtsverhältnis zulässig, sofern diese Regelung zur Abwendung wesentlicher Nachteile oder zur Verhinderung drohender Gewalt oder aus anderen Gründen nötig erscheint (Regelungsverfügung, § 940 ZPO). Darüber hinaus ist allgemein anerkannt, dass einstweilige Verfügungen als Ausnahme zum Verbot der Vorwegnahme der Hauptsache auch zur Erfüllung einer angeblichen Verbindlichkeit führen können, wenn der Antragsteller auf die sofortige Erfüllung so dringend angewiesen ist, dass er ein ordentliches Verfahren nicht abwarten kann, ohne unverhältnismäßig großen, gar irreparablen Schaden zu erleiden (Leistungs- oder Befriedigungsverfügung, § 940 ZPO analog).[1353]

Bei den hier in Betracht kommenden einstweiligen Verfügungen handelt es sich der Art nach um Leistungsverfügungen, welche nach ganz herrschender Meinung wegen ihrer Rechtschutzgewährleistungsfunktion auch im Arbeitskampf zulässig sind.[1354] Als gängiges Rechtsschutzmittel im Arbeitskampf ist die einstweilige Verfügung viel diskutiert worden,[1355] vor allem weil dort, wo über die Rechtmäßigkeit oder Rechtswidrigkeit eines Arbeitskampfes bzw. einer Arbeitskampfmaßnahme entschieden werden soll, mangels gesetzlicher Vorgaben damit gerechnet werden muss, dass Elemente der Neubildung und Fortbildung des Rechts ins Spiel kommen können, hierauf aber das Verfahren der einstweiligen Verfügung nicht zugeschnitten ist.[1356] Die Entscheidungen im Eil-

---

1353 Siehe hierzu T/P-*Reichold* § 940 Rn. 6; Schwab/Weth-*Walker* § 62 Rn. 107; GMP-*Germelmann* § 62 Rn. 98; Däubler-*Bertzbach* § 24 Rn. 7 ff. (9); *Otto* § 19 Rn. 29; *Heckelmann* AuR 1970, 166 (176); *Henniges* S. 21.

1354 LAG Schleswig-Holstein NZA-RR 2000, 143 ff.; LAG Köln NZA 1997, 327 (330); LAG Hamm NZA 1987, 825; NZA 1984, 130 (131 f.); LAG München NJW 1980, 957 (958); LAG Frankfurt AuR 1970, 349 (351); ArbG Berlin, Urt. v. 12.10.2007, Az.: 24 Ga 16462/07-juris, Rn. 58; ArbG Essen, Urt. v. 24.07.2003, Az.: 8 Ga 50/03-juris, Rn. 34; GMP-*Germelsmann* § 62 Rn. 113 ff.; Brox/Rüthers-*Brox* Rn. 764; *derselbe* JA 1981, 74 (79); *Walker* ZfA 1995, 185 ff.; *derselbe* ZfA 2005, 45 (67); *Reichold*, FS Buchner, S. 722 (723); *Wank* RdA 2009, 1 (9); *Hessel* DB 1967, 2071 ff.; *Grunsky* RdA 1986, 196 (202); *Heinze* RdA 1986, 273 (284).

1355 Wie vorstehend; kritisch auch LAG Sachsen NZA 2008, 59 (61); LAG Baden Württemberg AuR 1974, 316 (318); *Heckelmann* AuR 1970, 166 ff. ablehnend *Hoffmann* AuR 1968, 33 ff..

1356 *Zeuner* RdA 1971, 1 (8); siehe auch *Otto* § 19 Rn. 27, wonach das Eilverfahren nicht der richtige Ort für eine richterrechtlich verantwortbare Aus- und Fortbildung des Arbeitskampfrechts ist; *Reichold*, FS Buchner, S. 722 (726 f.), dem zufolge im Eilverfahren „keine Gedankenexperimente auf fragwürdiger Tatsachenbasis“ erlaubt sind; ähnlich *Heinze* RdA 1986, 273 (284); *Kissel* § 65 Rn. 24, 26 f. spricht sich für eine Zurückstellung schwieriger Rechtsfragen ins Hauptverfahren aus.

verfahren sind insbesondere wegen der bloßen Glaubhaftmachung - üblicherweise durch eidesstaatliche Versicherung - und wegen des in besonders[1357] dringenden Fällen möglichen Verzichts auf eine mündliche Verhandlung nach § 62 Abs. 2 S. 2 ArbGG mit einem erhöhtem Entscheidungsrisiko belastet.[1358] Dies ist vor allem deswegen problematisch, weil gemäß § 72 Abs. 4 ArbGG gegen Urteile, durch die über die Anordnung, Abänderung oder Aufhebung einer einstweiligen Verfügung entschieden wird, die Revision ausgeschlossen ist, so dass das Bundesarbeitsgericht, dem die richterliche Rechtsfortbildung im Interesse einer einheitlichen Rechtsprechung grundsätzlich vorbehalten ist, in diesem Verfahren niemals tätig werden kann.[1359] Die Folge davon sind divergierende instanzgerichtliche Entscheidungen, unter denen die Kalkulierbarkeit der Rechtsprechung leidet.[1360]

Auch derzeit werden Änderungen des Verfahrensrechts diskutiert. Zur Unterbindung des sog. „forum shoppings", von dem der Arbeitgeber im Bahnstreik 2007 reichlich Gebrauch gemacht hatte und im Hinblick auf den § 62 Abs. 2 S. 1 ArbGG i.V.m. §§ 937 Abs. 1, 32 ZPO vielerorts begründeten besonderen Gerichtsstand der unerlaubten Handlung Rechtsschutzgesuche in ganz Deutschland einreichte, um ein möglichst günstiges Ergebnis zu erzielen, wird erwogen, einen ausschließlichen örtlichen Gerichtsstand am Sitz der Hauptverwaltung der Tarifvertragspartei zu schaffen, deren Handlung Gegenstand des Verfahrens ist.[1361] Zur Vermeidung divergierender instanzgerichtlicher Entscheidungen wird

---

1357 Däubler-*Bertzbach* § 24 Rn. 17: Erforderlich ist eine über die allgemein für den Erlass einer einstweiligen Verfügung erforderliche Eilbedürftigkeit hinausgehende, „gesteigerte Dringlichkeit", so dass selbst kurzfristige Verzögerungen im Interesse eines effektiven Rechtsschutzes nicht zu verantworten sind.

1358 *Reuß*, FS Heymann Verlag, S. 253 (267 f.); *Korinth*, Einstweiliger Rechtsschutz im Arbeitsgerichtsverfahren 2007, S. 362 ff.; eine schriftliche oder telefonische Anhörung fordernd *Walker* ZfA 1995, 185 (213); *Heckelmann* AuR 1970, 166 (176); *Zeuner* RdA 1971, 1 (8); Däubler-*Bertzbach* § 24 Rn. 17 unter Hinweis auf das Erfordernis rechtlichen Gehörs aus Art. 103 Abs. 1 GG.

1359 *Zeuner* RdA 1971, 1 (8); *Walker* ZfA 1995, 185 (224 f.); *Korinth* S. 364.

1360 *Walker* ZfA 1995, 185 (186); *Heinze* RdA 1986, 273 (294).

1361 Das sog „forum shopping" wird von der in Rspr. und Lit. überwiegend nicht als zulässige Nutzung prozessualer Möglichkeiten, sondern als rechtsmissbräuchlich angesehen, siehe Lösungsansätze bei LAG Sachsen NZA 2008, 59 (60); ArbG Nürnberg NZA-RR 2008, 203 (204 f.); nach ArbG Berlin, Urt. v. 12.10.2007, Az.: 24 Ga 16462/07-juris, Rn. 63 ff. entfällt die Dringlichkeit einer e.V. in Fällen der Selbstwiderlegung, z.B. wenn der Verfügungskläger kurze Zeit nach Erhalt der Ladungsverfügung dem Gericht die Entscheidungsbefugnis über den Verfügungsanspruch wieder entzieht, um den Anspruch vor einem anderen Gericht zu verfolgen, von dem er sich die größten Erfolgsaussichten für sein Begehren ausrechnet.; Däubler-*Bertzbach* § 24

eine erstinstanzliche Zuweisung zu den Landesarbeitsgerichten unter Zulassung der Revision[1362] oder, im Interesse der „Richtigkeitsgewähr", die Begründung der Alleinzuständigkeit des Bundesarbeitsgerichts[1363] in Betracht gezogen.

Im Hinblick auf Streitigkeiten über Notarbeiten führen diese Änderungen jedoch insoweit nicht weiter, als dass die streitigen Fragen nur anhand der konkreten Umstände des Einzelfalles beantwortet werden können. Aufgrund der Vielgestaltigkeit betrieblicher Besonderheit und unterschiedlicher Streikformen kann es eine gefestigte höchstrichterliche Rechtsprechung zu diesem Komplex kaum geben.[1364] Soweit das angerufene Gericht über das Vorliegen eines Fehlverhaltens entscheidet, sich gegebenenfalls zum Umfang der Notarbeiten in sächlicher wie personeller Hinsicht äußert, erfolgt dies bezogen auf den dem Rechtsstreit zugrundeliegenden Streik, ohne darüber hinaus Geltung beanspruchen zu können. Auch bietet sich eine Zuweisung zu den Landarbeitsgerichten wie auch die alleinige örtliche Zuständigkeit eines Arbeitsgerichts, z.B. am Sitz der Hauptverwaltung der Tarifvertragspartei (§ 17 ZPO), dann nicht an, wenn sich der Streik auf den Bezirk eines einzigen Arbeitsgerichts beschränkt. Gerade dann sollte auch dieses angerufen werden müssen, es ist „näher dran am Geschehen".[1365]

Soweit zu befürchten ist, das Gericht könnte in einem konkret zu erwartenden Eilverfahren seiner Entscheidung lediglich den Vortrag des Antragstellers zugrunde legen,[1366] kommt die Hinterlegung von Schutzschriften bei allen mög-

---

Rn. 15 f.; Schwab/Weth-*Walker/Berscheid* § 62 Rn. 173 sprechen sich dafür aus, die örtliche Zuständigkeit für arbeitskampfbezogene Eilverfahren bei dem Arbeitsgericht am Sitz der Hauptverwaltung der Tarifvertragspartei (§ 17 ZPO) unter Ausschluss der Wahlmöglichkeit des § 35 ZPO zu konzentrieren.; so auch den Formulierungsvorschlag für den aufgehobenen § 48 a Abs. 1 ArbGG, Stellungnahme des Deutschen Anwaltsvereins Nr. 3/08, S. 9 f., abrufbar unter www.anwaltsverein.de; *Bayreuther* NZA 2008, 12 (18, Nr. 10); in Bezug auf den Poststreik bereits *Isenhardt*, FS Stahlhacke, S. 195 (210 f.); kritisch B/P/S/U-AKR Rn. 444.

1362 So etwa *Wenzel* NZA 1984, 112 (113); Stellungnahme des Deutschen Anwaltsvereins Nr. 3/08, S. 8 f., abrufbar unter www.anwaltsverein.de; BR-Drucks. 799/07; siehe auch *Heinze* RdA 1986, 273 (294 f.), wonach das LAG eine Art „Rechtsentscheid" des BAG einholen soll.

1363 *Seiter* S. 387; *Walker* ZfA 1995, 185 (225 f.); *Wank* RdA 2009, 1 (11); *Rudkowski* S. 297 ff. m.w.N..

1364 So etwa auch *Kornbichler* S. 46 f..

1365 *Rudkowski* S. 296, die unter Hinweis auf die Prozessökonomie vorschlägt, nur für Streiks, die sich über mehr als einen LAG-Bezirk erstrecken, verfahrensrechtliche Änderungen in Betracht zu ziehen.

1366 Siehe hierzu *Birk* AuR 1974, 289 (292); *Henniges* S. 33.

licherweise zuständigen Gerichten vor Streikbeginn in Betracht.[1367] Die Schutzschrift ist ein Schriftstück, mit dem der Antragsgegner eines von ihm selbst konkret erwarteten Eilverfahrens durch eine vorsorgliche Stellungnahme zu erreichen sucht, dass der Antrag auf Erlass einer gegen ihn gerichteten einstweiligen Verfügung zurückgewiesen oder jedenfalls nicht ohne mündliche Verhandlung darüber entschieden wird.[1368] Zwar kann die Schutzschrift die Gewährung rechtlichen Gehörs nur unvollkommen ersetzen, da sie aber ohne Zeitverzögerung in die Entscheidungsfindung einfließen kann, ist ihre Berücksichtigung in dem ihr zuzuordnenden Eilverfahren geboten.[1369]

In der Schutzschrift sollte sowohl zum Verfügungsanspruch und auch zum Verfügungsgrund Stellung genommen werden, um die Glaubhaftmachung des Antragsstellers zu erschüttern.[1370] Das bedeutet, es sollte sich zur Art und Umfang der in dem jeweiligen Betrieb unbedingt notwendigen Arbeiten geäußert werden, d.h. ein Konzept der Notarbeiten vorgelegt und erläutert werden[1371]. Entscheidet das Gericht ohne mündliche Verhandlung, kommt der Schutzschrift ihre eigentliche Bedeutung als vorbeugendes Verteidigungsmittel zu. Sie dient dann dazu, dass Fehlentscheidungsrisiko durch Einbringung des generischen Sachvortrags zu vermindern. Im Fall der mündlichen Verhandlung ist sie als vorbereitender Schriftsatz anzusehen und zu den Akten zu nehmen.[1372] Einen Bedeutungszuwachs erfährt die Schutzschrift dann, wenn infolge der Abkürzung der Ladungs- und Einlassungsfrist kaum Vorbereitungszeit für einen substantiierten Tatsachenvortrag verbleibt.[1373]

2. Zwangsvollstreckung

Auch im arbeitsgerichtlichen Verfahren gelten für die Zwangsvollstreckung die Regelungen des Achten Buches der Zivilprozessordnung, mit Ausnahme der Regelungen über die Anordnung der Vollstreckbarkeit (§§ 708 – 716, 720, 720

1367 Siehe etwa die Schutzschrift der IG Metall RdA 1983, 174 ff.; zur Beachtlichkeit der Schutzschrift außerhalb des Wettbewerbsrechts *Teplitzky* NJW 1980, 1667 ff.; *Walker* Rn. 608 m.w.N. in Fn. 803; *derselbe* ZfA 1995, 185 (216 ff.); *Wank* RdA 2009, 1 (10); kritisch *Leipold* RdA 1983, 164 (167 ff.).

1368 *Walker* ZfA 1995, 185 (216); Däubler-*Bertzbach* § 24 Rn. 35.

1369 *Korinth* S. 380; *Walker* ZfA 1995, 185 (218 ff.); Däubler-*Bertzbach* § 24 Rn. 35.

1370 Siehe hierzu BGH NJW 2003, 1257 (1258); Däubler-*Bertzbach* § 24 Rn. 36; *Kissel* § 65 Rn. 58.

1371 In diese Richtung *Bauer/Haußmann* DB 1996, 881 (884).

1372 *Walker* ZfA 1995, 185 (221); Däubler-*Bertzbach* § 24 Rn. 35; *Kissel* § 65 Rn. 58.

1373 Siehe hierzu *Henniges* mit einem Beispielsfall, in dem die Frist auf drei Stunden gekürzt worden ist.

a und 751 Abs. 2 ZPO), für die das Arbeitsgerichtsgesetz in §§ 62 Abs. 1, 85 Abs. 1 S. 2 speziellere Vorschriften enthält.[1374] Danach wird die Zwangsvollstreckung einer einstweiligen Verfügung nur auf Antrag eingeleitet und setzt das Vorliegen eines Vollstreckungstitels und dessen Zustellung im Parteibetrieb[1375] voraus. Eine Vollstreckungsklausel ist gemäß § 62 Abs. 2 S. 1 ArbGG, §§ 936, 929 Abs. 1 ZPO nur bei Gläubiger – oder Schuldnerwechsel erforderlich.

Sowohl die Vollstreckung des Unterlassungsanspruchs der Gewerkschaft als auch die der gegen sie gerichteten Duldungsverfügung erfolgt gemäß § 890 ZPO. Bei Zuwiderhandlungen ist nach § 890 ZPO auf Antrag ein Ordnungsgeld und für den Fall, dass dieses nicht beigetrieben werden kann, eine Ordnungshaft, festzusetzen.[1376] Die Verhängung von Ordnungsmitteln nach dieser Vorschrift setzt wegen ihres repressiven strafähnlichen Zweck eine schuldhafte Zuwiderhandlung voraus.[1377]

Da die Gewerkschaft nur durch natürliche Personen handeln kann, kommt es auf das Verschulden der für die Gewerkschaft verantwortlich handelnden Personen an. Wegen ihrer körperschaftlichen Struktur und Verfassung hat die Gewerkschaft auch als ein nicht rechtsfähiger Verein im Sinne des § 54 BGB gemäß § 31 BGB analog für ein Fehlverhalten ihrer Organe (§ 26 BGB) und anderer verfassungsmäßig berufenen Vertreter, die im Zusammenhang mit den ihnen durch die Verfassung oder allgemeine Handhabung zugewiesenen Aufgaben steht (§ 30 BGB), einzustehen.[1378] An einem Verschulden fehlt es aber dann, wenn der Titel inhaltlich nicht bestimmt genug ist und das Verhaltensgebot in einem vertretbaren, die Zuwiderhandlung ausschließenden Sinne gedeutet wird.[1379]

Weiter ist nach § 890 Abs. 2 ZPO die Androhung eines Ordnungsmittels durch besonderen Beschluss auszusprechen, wenn sie nicht schon in der einstweiligen Verfügung enthalten ist (Regelfall). Bei Vorliegen der genannten Voraussetzungen wird entweder in das Vermögen des Arbeitgebers/der Gewerkschaft vollstreckt oder eine Ordnungshaft gegen den Arbeitge-

---

1374 Däubler-*Bertzbach* § 24 Rn. 39.

1375 Däubler-*Bertzbach* § 24 Rn. 39; *Korinth* S. 379.

1376 *Neumann-Duesberg* BB 1964, 51 (52); *derselbe* BB 1964, 361 (363); *Heckelmann* AuR 1970, 166 (178).

1377 T/P-*Seiler* § 890 Rn. 15; Zöllner-*Stöber* § 890 Rn. 5; Däubler-*Bertzbach* § 24 Rn. 43; *Steinbrück* AuR 1987, 161 (168).

1378 Siehe zur Haftung der Gewerkschaft bei deliktischen Handlungen ihrer Organe und Verrichtungsgehilfen Brox/Rüthers-*Brox* Rn. 373 ff.; *derselbe* JA 1981, 74 (78) m.w.N.; *Otto* § 15 Rn. 28.

1379 T/P-*Seiler* § 890 Rn. 15; Däubler-*Bertzbach* § 24 Rn. 43; *Korinth* S. 378 f..

ber/Gewerkschaftsvorsitzenden bzw. den satzungsmäßigen Vertreter verhängt, vgl. § 31 BGB analog.[1380]

1380 Zöllner-*Stöber* § 890 Rn. 6; Däubler-*Bertzbach* § 24 Rn. 43; *Brox* JA 1981, 74 (78 f.); *Gamillscheg* S. 1230 f..

§ 5 Notarbeitsvereinbarungen und deren Rechtsqualität

Die vielfachen Einigungsappelle der Rechtsprechung[1381] und der Literatur[1382] haben dazu geführt, dass sowohl die Dachverbände ihren Mitgliedsgewerkschaften als auch die Arbeitgeberverbände ihren Mitgliedsunternehmen in ihren Arbeitskampfrichtlinien vorgeben bzw. anraten, rechtzeitig Vereinbarungen über die Organisation und Durchführung der Notarbeiten zu treffen.[1383] Das bedeutet nicht, dass ein Arbeitgeber selbst dann, wenn mit einem Streik in absehbarer Zeit nicht zu rechnen ist oder noch nicht feststeht, von welcher Gewerkschaft ein Streik zu erwarten ist, mit allen in Frage kommenden Gewerkschaften in Verhandlungen über eine Notarbeitsvereinbarung treten, diese gar vorsorglich abschließen muss.[1384] Dafür verbleibt in der Regel noch genügend Zeit, nachdem die Tarifforderung erhoben und die Tarifverhandlungen aufgenommen worden sind. Zutreffend stellte schon Buschmann fest: „Streiks fallen nicht vom Himmel."[1385]

Im Folgenden ist zu untersuchen, zwischen wem eine die Notarbeiten regelnde Vereinbarung getroffen werden kann, welchen Inhalt diese hat und mit welchen Instrumenten des Arbeitsrechtes diese verwirklicht werden kann.

I. Tarifvertrag

Angedacht worden ist eine Vereinbarung auf der Ebene eines Tarifvertrages.[1386] Tarifverträge enthalten üblicherweise einen normativen und einen, die Rechte

---

1381 Siehe Fn. 54.

1382 Siehe Fn. 55.

1383 So etwa Arbeitskampfrichtlinien der VKA 2010, S. 32, 62 ff. (Anhang 3 – 5); Arbeitskampfrichtlinien Gesamtmetall 2006 S. 16; § 7 ver.di-Arbeitskampfrichtlinien 2010.

1384 *Bauer/Haußmann* DB 1996, 881 (883).

1385 *Buschmann* AuR 1980, 230 (235).

1386 So etwa *Gamillscheg* S. 508; *Löwisch*, Arbeitskampf- und Schlichtungsrecht, 170.2 Rn. 227; *Heckelmann* S. 25 m.w.N. in Fn. 68; Brox/Rüthers-*Rüthers* Rn. 283; siehe auch LAG Frankfurt AuR 1970, 349 (351), wonach die zuständigen Stellen die Organisation der Notarbeiten institutionalisieren sollen, was „durch Gesetz, Tarifvertrag oder Betriebsvereinbarung geschehen" könnte.; Anm. v. *Herschel* AuR 1970, 352 (352).

und Pflichten der vertragsschließenden Parteien regelnden, schuldrechtlichen Teil, können aber auch nur aus letzterem bestehen.[1387]

1. Normativer Teil

Die tarifvertraglichen Regelungen des normativen Teils sind als Rechtsnormen Gesetzen gleichgestellt, Art. 2 EGBGB, § 12 EGZPO, § 7 EGStPO.[1388] Ihr zulässiger Inhalt ergibt sich aus § 1 Abs. 1 TVG. Danach umfasst die tarifliche Normsetzungsbefugnis Inhalt, Abschluss und Beendigung von Arbeitsverhältnissen sowie betriebliche und betriebsverfassungsrechtliche Fragen. Gemäß §§ 1 Abs. 1, 4 Abs. 1 S. 1 TVG wirken die Regelungen eines Tarifvertrages als Normen unmittelbar und zwingend auf die Arbeitsverhältnisse der in den Anwendungsbereich des Tarifvertrags fallenden Arbeitnehmer. Gemäß § 4 Abs. 1 S. 1 i.V.m. §§ 2, 3 Abs. 1 S. 1 TVG sind Arbeitnehmer, die nicht Mitglieder in einer vertragsschließenden Partei sind, von dieser Normwirkung nicht erfasst. Sie haben sich im Gegensatz zu den Gewerkschaftsmitgliedern nicht durch Beitritt der (tarifvertraglichen) Normsetzungsbefugnis eines Verbandes unterworfen. Normative Wirkung kommt daher nur insoweit in Betracht, als hiervon ausschließlich Rechte und Pflichten der Verbandsmitglieder mit Tarifbindung geregelt werden.[1389]

Schon deswegen, aber auch hinsichtlich des Normeninhalts ist fraglich, ob die Durchführung der Notarbeiten durch eine als Normenvertrag zu qualifizierende Vereinbarung sichergestellt werden kann. So scheiden Abschluss- und Beendigungsnormen zur Regelung der Notarbeiten aus, weil ein Arbeitsverhältnis weder neu begründet, noch beendet werden soll. Auch handelt es sich bei einer Notarbeitsvereinbarung insoweit nicht um eine die Leistungspflichten aus dem Arbeitsverhältnis regelnde Inhaltsnorm, als dass durch sie nicht eine neue Leistungspflicht begründet, sondern eine bestehende Leistungspflicht, namentlich die arbeitsvertragliche Leistungspflicht, aktualisiert wird.[1390] Inhaltlich geht

---

1387 *Gamillscheg* S. 538, 625; TVG-*Zachert* § 1 Rn. 59.

1388 *Löwisch/Rieble*, TVG, § 1 Rn. 16.

1389 Vgl. BVerfGE 55, 7 (23); 64, 208 (215); *Schubert* RdA 2001, 199 (200); *Löwisch/Rieble*, TVG, § 3 Rn. 104: „Die Gewerkschaften können aus Art. 9 Abs. 3 GG kein Mandat für die Nichtorganisierten herleiten.".

1390 So auch BAGE 75, 186 (193); *Boeck* S. 135, 138; *Kissel* § 43 Rn. 47; *Däubler*, TVR, Rn. 1620; *Löwisch/Mikosch* ZfA 1978, 153 (164 ff.); *Oetker* S. 72; *Heckelmann* S. 17 f.; *Kraus* S. 120; siehe auch *Leinemann* DB 1971, 2309 (2315), dem zufolge eine normativ wirkende tarifvertragliche Regelung, die eine Pflicht von Arbeitnehmern zu Erhaltungsarbeiten gegenüber dem Arbeitgeber begründet, gegen Art. 9 Abs. 3 GG ver-

es eher um die Organisation der Arbeit. Um diesbezüglich eine sich auch auf nicht organisierte Arbeitnehmer erstreckende Regelung zu schaffen, ist an eine Betriebsnorm[1391] im Sinne des § 3 Abs. 2 TVG zu denken. Betriebsnormen regeln das betriebliche Rechtsverhältnis zwischen dem tarifgebundenen Arbeitgeber und der gesamten Belegschaft als Kollektiv.[1392] Ihr Ziel ist es, betriebliche Angelegenheiten, die aus organisatorischen Gründen für alle Arbeitnehmer des Betriebes gelten müssen, einheitlich zu regeln.[1393] Da auch ein Arbeitskampf die Belegschaft als Kollektiv betrifft[1394] und Notarbeiten, unabhängig von der Koalitionszugehörigkeit ihrer Angehörigen, von ihr erbracht werden müssen, erscheint die Einordnung einer die Notarbeiten betreffenden Regelung als Betriebsnorm (in Form der Ordnungsnorm[1395]) möglich.[1396] Dass dadurch die Arbeitsverhältnisse der Außenseiter berührt werden, ist im Hinblick auf die in Art. 9 Abs. 3 GG geschützte negative Koalitionsfreiheit nicht und anders organisierter Arbeitnehmer verfassungsrechtlich nicht unproblematisch,[1397] entspricht aber

---

stößt, weil die davon betroffenen Arbeitnehmer zugleich verpflichtet werden, nicht zu streiken.

1391 Siehe zum möglichen Doppelcharakter als Betriebs- und Inhaltsnorm BAG NZA 1996, 1214 (1215) m.w.N.; kritisch *Veit*, Die funktionelle Zuständigkeit des Betriebsrats 1998, S. 77 ff..

1392 Vgl. BAG NZA 2011, 808 (810); BAGE 86, 126 (131); 54, 113 (123); Däubler-*Reim*, TVG, § 1 Rn. 316 b.

1393 Vgl. BAG NZA 2011, 808 (810); BAGE 86, 126 (130 f.), wonach Betriebsnormen Regelungsgegenstände betreffen, die nur einheitlich gelten können. „Ihre Regelung im Individualvertrag wäre zwar nicht im naturwissenschaftlichen Sinne unmöglich, sie würde aber wegen „evident sachlogischer Unzweckmäßigkeit ausscheiden", weil eine einheitliche Regelung auf betriebliche Ebene unerlässlich ist."; Bsp.: Rauchverbot; Arbeitsplatzbesetzungsregeln, vgl. BAG NZA 1996, 1214 ff..

1394 Vgl. BAGE 23, 292 (310); *Kraus* S. 119.

1395 Siehe zur Unterscheidung in Solidar-, Ordnungs- und Zulassungsnormen *Richardi*, Kollektivgewalt und Individualwille bei der Gestaltung des Arbeitsverhältnisses 1968, S. 238; *Säcker/Oetker*, Grundlagen und Grenzen der Tarifautonomie 1992, S. 173; kritisch BAGE 64, 368 (382).

1396 Däubler-*Lorenz,* TVG, § 3 Rn. 62 ff.; *Kraus* S. 119.

1397 Siehe die Bedenken gegenüber Betriebsnormen, mit denen die nicht organisierten Arbeitnehmer belastende Regelungsinhalte verknüpft sind, bei *Zöllner* RdA 1962, 453 (459); *Buchner* RdA 1966, 208 (209); *Hanau* RdA 1996, 158 (164); *Picker*, FS Bauer, S. 811 (820); *Veit* S. 74 ff.; siehe die Kritik an der Unterwerfung anders organisierter Arbeitnehmer unter fremde Normen, auch im Hinblick auf die Koalitionsfreiheit ihrer Gewerkschaften *Preis/Ulber* NJW 2007, 465 (466 ff.); siehe aber *Richardi*, Kollektivgewalt S. 237, das Direktionsrecht des Arbeitgebers als „das Einfallstor für die Rechtsgeltung der betrieblichen Ordnungsnormen" bezeichnend. Er geht davon aus, dass die Betriebsnorm über das Direktionsrecht des Arbeitgebers in die Arbeitsverhält-

ständiger Rechtsprechung und einer in der Literatur weit verbreiteten Auffassung[1398]:

Als „Korrelat“[1399] zur positiven Koalitionsfreiheit - dem Recht, Koalitionen zu gründen, ihnen beizutreten und an koalitionsmäßigen Tätigkeiten teilzunehmen[1400] - ist die negative Koalitionsfreiheit - das Recht, Koalitionen generell fernzubleiben oder aus ihnen auszutreten[1401] - auf den Status als Koalitionsmitglied bezogen.[1402] Die negative Koalitionsfreiheit kann nicht weiter reichen als die positive Koalitionsfreiheit,[1403] andernfalls würde ein negativer Aspekt des Art. 9 Abs. 3 GG stärker geschützt werden als sein positiver Gewährleistungsgehalt. Art. 9 Abs. 3 GG wurde aber gerade im Interesse der positiven individuellen und kollektiven Koalitionsfreiheit geschaffen und ist darauf ausgerichtet, sowohl die Bildung als auch den Bestand der Koalition im Hinblick auf eine „autonome Ordnung des Arbeitslebens“ zu schützen.[1404] Dies muss bei der im Kollisionsfall vorzunehmenden Abwägung der negativen Koalitionsfreiheit des Einzelnen mit der kollektiven Koalitionsfreiheit Berücksichtigung finden.[1405] Die negative Koalitionsfreiheit schützt den Grundrechtsträger daher nicht vor jeglichen Nachteilen durch koalitionsspezifische Tätigkeiten, jedenfalls aber vor unmittelbar oder mittelbar auf ihn ausgeübten, nicht nur geringfügigen Zwang oder Druck, einer Gewerkschaft beizutreten.[1406] Die Erstreckung der betrieblichen (und der betriebsverfassungsrechtlichen) Normen beruht auf der Betriebszugehörigkeit und nicht auf der Mitgliedschaft in der tarifvertragsschließenden

---

nisse der Außenseiter transformiert werde und aus diesem heraus wirke und verneint einen Eingriff in die Koalitionsfreiheit, weil der Arbeitgeber die Regelung den Außenseitern gegenüber auch einseitig hätte festsetzen können.

1398 BVerfGE 44, 322 (352); 64, 208 (213 f.); BVerfG NJW 2007, 51 (53), wonach die negative Koalitionsfreiheit kein Schutz vor Unterwerfung unter fremde Normen bietet; BAG NZA 1996, 1214 (1216); BAGE 64, 368 (382 f.); Däubler-*Lorenz*, TVG, § 3 Rn. 62 ff.; *Gamillscheg* S. 719 m.w.N. in Fn. 58.

1399 Siehe zur Gleichsetzung von positiver und negativer Koalitionsfreiheit BVerfGE 50, 290 (367); 57, 220 (245); EK-*Dieterich* Art. 9 GG Rn. 32; *Neumann* RdA 1989, 243 (245 f.); siehe ausführlich zum „Spiegelbildgedanken“ *Schubert* RdA 2001, 199 (201 ff.); Kritik bei *Gamillscheg* S. 382 ff..

1400 BVerfGE 55, 7 (21); GG-*Kannengießer* Art. 9 GG Rn. 23 m.w.N..

1401 BVerfGE 50, 290 (367); 57, 220 (245); BVerfG NZA 2004, 1338 (1339).

1402 MünchArbR-*Löwisch/Rieble*, 2. Auflage, § 244 Rn. 4.

1403 *Neumann* RdA 1989, 243 (245 f.).

1404 BVerfGE 44, 322 (341) m.w.N..

1405 So auch EK-*Dieterich* Art. 9 GG Rn. 32; *Schubert* RdA 2001, 199 (202 ff.); Däubler-*Lorenz*, TVG, § 3 Rn. 63; a.A. *Reuter* RdA 1994, 152 (163).

1406 BVerfGE 31, 297 (302); 44, 322 (352); BVerfG NZA 2007, 51 (53); *Neumann* RdA 1989, 243 (246).

Koalition.[1407] Durch die Einbeziehung von Außenseitern in den Geltungsbereich von Betriebsnormen wird (jedenfalls) die Freiheit, der vertragsschließenden Gewerkschaft fernzubleiben, „allenfalls unwesentlich berührt“, der einzelne nicht zum Beitritt gezwungen.[1408]

Anknüpfungspunkt für die Erstreckung der Wirkung dieser Tarifnormen auf nicht in der vertragsschließenden Gewerkschaft organisierte Arbeitnehmer ist deren Betriebszugehörigkeit, aufgrund derer sie der betrieblichen Organisationsgewalt des Arbeitgebers, der Ausübung des Direktionsrecht des Arbeitsgebers unterworfen sind.[1409] § 3 Abs. 2 TVG räumt die Möglichkeit ein, dem Direktionsrecht des Arbeitgebers durch Tarifvertrag Grenzen zu setzen und Regeln vorzugeben.[1410]

Da die Konkretisierung wie auch die Individualisierung der Notarbeitspflichtigkeit nach der hier vertretenen Auffassung nicht (ohne weiteres) der Organisationshoheit des Arbeitgebers unterfällt, erscheint es dogmatisch nicht ganz korrekt, die Streitigkeiten über Art und Umfang der Notarbeiten auf diesem Weg regeln zu wollen. Derartige Bedenken sind allerdings zu vernachlässigen. Entscheidend ist, dass die Sozialpartner die Regelung der Notarbeiten gemeinsam treffen, wovon bei einer tarifvertraglichen Regelung auszugehen ist.

Ob eine Regelung der Notarbeiten als Betriebsnorm einzuordnen ist, hängt vom Einzelfall ab.[1411] Inhaltlich muss sich die Norm im Rahmen des § 3 Abs. 2 TVG halten. Gegen eine Formulierung, der zufolge im Streikfall die „Arbeitnehmer für erforderliche Arbeiten (...) im Rahmen der regelmäßigen Arbeitszeit beschäftigt werden“ können und die eine Abgrenzung der erforderlichen Arbeiten beinhaltet, bestehen zumindest insoweit keine nennenswerten Bedenken, als dass sie sich auf alle Arbeitnehmer eines Betriebes bezieht und nicht zwischen organisierten und nicht oder anders organisierten Arbeitnehmern differenziert.[1412] Auch werden Abgrenzungsschwierigkeiten vermieden und die Notarbeiten auf das Notwendige reduziert,[1413] indem die dazu gehörenden Arbeiten im

1407 BAGE 86, 126 (131).

1408 BAG NZA 1996, 1214 (1216).

1409 BAGE 64, 284 (294); Däubler-*Hensche*, TVG, § 1 Rn. 780 f. m.w.N.; Däubler-*Lorenz*, TVG, § 3 Rn. 65

1410 BAGE 64, 284 (294); Däubler-*Hensche*, TVG, § 1 Rn. 781.

1411 Siehe hierzu BAG NZA 1996, 1214 (1215 f.), wonach es „auf den Inhalt der jeweiligen Tarifnorm und nicht darauf an(kommt), wie eine anders ausgestaltete, für zweckmäßiger gehaltene Regelung einzuordnen wäre.“.

1412 Vgl. BAG NZA 1996, 1214 (1214 ff.); *Säcker/Oetker* S. 142.

1413 Vgl. BAG NZA 1996, 1214 (1216).

Einzelnen aufgeführt werden.[1414] Die diese Arbeiten voraussichtlich leistenden Arbeitnehmer in der Betriebsnorm namentlich zu benennen, kommt allerdings nicht in Betracht. Davon ist aber in Anbetracht der üblichen Laufzeiten von Tarifverträgen und der sich zwischenzeitlich vollziehenden personellen Wechsel in der Regel ohnehin abzusehen. Allerdings sollte die Anzahl der zu ihrer Verrichtung benötigten Arbeitnehmer ungefähr angeben und geregelt werden, wer diese auswählt[1415]. Die Auswahlentscheidung treffen kann entweder der bestreikte Arbeitgeber, die streikführende Gewerkschaft zusammen mit dem Arbeitgeber oder aber ein gemeinsames Gremium.[1416] Um dem Konfliktpotential zu begegnen, ist die Einschaltung einer neutralen Stelle zu überlegen.[1417]

Es empfiehlt sich aber folgende Vorgehensweise: Der Arbeitgeber erstellt eine Liste der Arbeitnehmer, die mit der Durchführung der Notarbeiten betraut werden sollen und legt diese Liste der Gewerkschaft (örtliche Streikleitung) zur Genehmigung vor.[1418] Im Fall der Genehmigung durch die Gewerkschaft erstreckt sich deren Streikaufruf nicht auf die namentlich aufgelisteten Arbeitnehmer.[1419]

Dies in einer Betriebsnorm vorzusehen, stößt aber auf rechtliche Bedenken. Vereinbaren die Tarifvertragsparteien einen Zustimmungsvorbehalt zugunsten der Gewerkschaft, „handelt es sich (…) insgesamt nicht um eine normative Regelung (im Sinne des § 4 Abs. 1 S. 2 TVG), die das betriebliche Rechtsverhältnis unmittelbar und zwingend gestaltet."[1420] Ob die Regelung zum Tragen kommt, „hängt vom Verhalten der Gewerkschaft im jeweiligen Einzelfall ab, die nicht Teil des betrieblichen Rechtsverhältnisses ist. Mit der Festlegung des Zustimmungsvorbehalts wird nur das Verhältnis zwischen den Tarifvertragsparteien geregelt."[1421]

1414 So auch *Däubler*, TVR, Nr. 1616; *Kraus* S. 117; *Heckelmann* S. 26; *Löwisch/Mikosch* ZfA 1978, 153 (172).

1415 So etwa auch *Reuß* AuR 1975, 1 (10 f.); *Löwisch/Mikosch* ZfA 1978, 153 (172 f.).

1416 *Löwisch/Mikosch* ZfA 1978, 153 (173); *Kissel* § 43 Rn. 40.

1417 *Kraus* S. 117.

1418 So auch *Däubler* AuR 1981, 257 (264) in Bezugnahme auf das Tatsachenmaterial bei *Apfel* S. 103 ff.; *Kraus* S. 117; *Boeck*, Tarifverträge und andere Koalitionsverträge 2007, S. 135; LAG Frankfurt AuR 1970, 349 (351), wo die Gewerkschaft die vom Arbeitgeber übersandte Liste allerdings nicht anerkannte.; BAGE 79, 152 (157), wo der Arbeitgeber eine von der örtlichen Streikleitung vorgelegte Liste der für die Notarbeiten vorgesehenen Arbeitnehmer akzeptierte.

1419 Vgl. *Kissel* § 43 Rn. 51 ff.; EK-*Dieterich* Art. 9 GG Rn. 187; Kraus S. 117.

1420 BAG NZA 2011, 808 (811); siehe auch BAGE 98, 303 (310): „Bedarf eine Tarifbestimmung ihrerseits der Ausfüllung durch die Tarifvertragsparteien, so fehlt ihr insoweit der normative Charakter.".

1421 BAG NZA 2011, 808 (811).

Bislang sind getroffenen Notarbeitsvereinbarungen jedenfalls keine normative Wirkungen beigemessen worden, geht es dabei doch vielmehr darum, Eigenpflichten der vertragsschließenden Parteien zu begründen.[1422]

2. Schuldrechtlicher Teil

Während der normative Teil stets die Rechtsbeziehungen Dritter betrifft, werden in dem schuldrechtlichen Teil eines Tarifvertrags die Rechtsbeziehungen zwischen den Tarifvertragsparteien geregelt, also nur für die Koalitionen unmittelbare Rechte und Pflichten erzeugt.[1423] Hier können die Tarifvertragsparteien beispielsweise die den normativen Teil stets begleitende Durchführungs- und Friedenspflicht näher ausgestalten, etwa ein Schlichtungsverfahren vereinbaren.[1424]

Durch einen Firmentarifvertrag kann sich der Arbeitgeber unmittelbar zu einem bestimmten Verhalten verpflichten, während durch einen Verbandstarifvertrag der Verband verpflichtet werden kann, selbst ein bestimmtes Verhalten an den Tag zu legen oder aber auf ein bestimmtes Verhalten seiner Mitglieder hinzuwirken (Einwirkungspflicht).[1425] Allerdings sind die Parteien eines Verbandstarifvertrages nicht auf die Regelung ihrer eigenen Angelegenheiten beschränkt. Treffen etwa Arbeitgeberverband und Gewerkschaft eine schuldrechtliche Abrede mit konkretem Drittbezug, können gemäß § 328 Abs. 1 BGB die einzelnen Verbandsmitglieder die Einhaltung der getroffenen Vereinbarung von den Tarifvertragsparteien verlangen.[1426] Da die Durchführung der Notarbeiten im Rahmen eines Verbandsarbeitskampfes im Interesse der jeweils vom Streik betroffenen verbandsangehörigen Arbeitgeber erfolgt, sich ihnen gegenüber sozusagen als ein „Akt der Fürsorge“[1427] ihres Verbandes darstellt, könnte es sich bei einer sie betreffende Absprache um einen echten Vertrag zugunsten Dritter handeln. Auch können schuldrechtliche Vereinbarungen den Charakter von Verträgen mit Schutzwirkungen zugunsten Dritter haben, so dass den Verbandsmitgliedern bei

---

1422 Siehe hierzu BAGE 79, 152 (157); BAGE 75, 186 (193); *Heckelmann* S. 25 f.; *Kissel* § 43 Rn. 47; *Däubler* AuR 1981, 257 (264); *Leinemann* DB 1971, 2309 (2315).

1423 *Zöllner/Loritz/Hergenröder* S. 369 ff.; Boeck S. 33; TVG-*Zachert* § 1 Rn. 59; *Mangen* RdA 1982, 229 (231).

1424 *Gamillscheg* S. 625 f.; *Däubler*, TVR, Nr. 172 f..

1425 Vgl. *Däubler*, TVR, Nr. 174; Däubler-*Reim*, TVG, § 1 Rn. 10; *Löwisch/Rieble*, TVG, § 1 Rn. 397 f.; Wiedemann-*Thüsing* § 1 Rn. 863 ff..

1426 Vgl. BAGE 6, 321 (340 f.); 59, 177 (185 f.); Däubler-*Reim*, TVG, § 1 Rn. 1049; *Plander* ZTR 1997, 145 (148).

1427 Vgl. Palandt-*Grüneberg* § 328 Rn. 3.

vertragswidrigem Verhalten der Verbände Schadensersatzansprüche zustehen.[1428]

Aufgrund der für die Klärung der üblichen Streitpunkte erforderlichen Betriebsnähe und Personalkenntnis eignet sich ein Firmentarifvertrag zur Regelung der Notarbeiten in der Regel eher als ein Verbandstarifvertrag, bei dessen Abschluss grundsätzlich „unmöglich alle Eventualitäten von Arbeitskämpfen in allen von dem Tarifvertrag betroffenen Betrieben" vorausgesehen werden können.[1429] Dass der Arbeitgeber einem Verband angehört, steht dem Abschluss eines die Notarbeiten regelnden Firmentarifvertrages nicht entgegen.[1430] Die ihm gemäß § 2 Abs. 1 TVG zuerkannte Tariffähigkeit besitzt er unabhängig von seiner Zugehörigkeit zu einem Arbeitgeberverband.[1431] Durch den Beitritt zu einem Arbeitgeberverband verliert der Arbeitgeber nicht die Fähigkeit, Partei eines Firmentarifvertrags zu sein.[1432]

Zwar kann die Festlegung, welche Arbeiten von welchen und wie vielen Arbeitnehmern unter welchen Bedingungen im Streikfall durchzuführen sind, je nach Laufzeit eines Firmentarifvertrages auch bei dessen Abschluss Schwierigkeiten bereiten,[1433] so gut es eben geht, ist sie aber vorzunehmen, um die Streitigkeiten diesbezüglich beizulegen.[1434]

Die oben vorgeschlagene Zusammenarbeit von Arbeitgeber und Gewerkschaft ist um eine Regelung darüber zu ergänzen, wie bei Ausfall einzelner mit der Durchführung der Notarbeiten betrauter Arbeitnehmer zu verfahren ist, also wer für das Nachrücken anderer zu sorgen hat. Hier, wie auch bei dem Eintritt einer Situation, die die Durchführung von Arbeiten erfordert, die von der Vereinbarung nicht gedeckt sind, empfiehlt es sich, dem Arbeitgeber die Befugnis zum Handeln einzuräumen, ihn allerdings zur Anzeige der Gewerkschaft gegenüber zu verpflichten. Weiter sollte die Ausgabe von Sonderausweisen an die Notarbeiter vorgesehen werden, die von der Gewerkschaft (örtliche Streikleitung) gegenzuzeichnen sind[1435] und dadurch das Einvernehmen der Tarifvertragsparteien in Sachen Notarbeiten widerspiegeln.

1428 BAGE 59, 177 (186); Däubler-*Reim*, TVG, § 1 Rn. 1052 f..

1429 *Schiffer* S. 45; siehe auch *Lauschke* DB 1970,1175 (1179 f.).

1430 Auch dann nicht, wenn die Verbandssatzung den Verbandsmitgliedern den Abschluss eines Firmentarifvertrages untersagt, vgl. BAG NZA 2003, 734 (736 f.); EK-*Dieterich* Art. 9 GG Rn. 168.

1431 BAG NZA 2003, 734 (736); EK-*Dieterich* Art. 9 GG Rn. 168.

1432 BAG NZA 2003, 734 (736) m.w.N.; Brox/Rüthers-*Rüthers* Rn. 137.

1433 Vgl. *Löwisch/Mikosch* ZfA 1978, 153 (174).

1434 Vgl. *Löwisch/Mikosch* ZfA 1978, 153 (172); *Däubler*, TVR, Nr. 1616; *Kraus* S. 117.

1435 *Reuß* AuR 1975, 1 (11); Soweit die Arbeitskampfrichtlinien Gesamtmetall 2006, S. 12 ff. darüber hinaus vorsehen, dass sich die zur Notarbeit ausgewählten Arbeitnehmer

a) Tarifvertragliche Kampfklauseln und deren Zulässigkeit

Indem die Tarifvertragsparteien sich im schuldrechtlichen Teil des Tarifvertrages Pflichten auferlegen, schaffen sie Regeln, von deren Beachtung die Rechtmäßigkeit des Kampfverhaltens abhängt.[1436] Handeln die Tarifvertragsparteien diesen sogenannten tarifvertraglichen Kampfklauseln[1437] zuwider, ist der Kampf rechtswidrig. Da der gewerkschaftliche Aufruf zu einem tarif- und damit rechtswidrigen Streik keine suspendierende Wirkung entfalten kann, verletzen die an ihm teilnehmenden Arbeitnehmer ihre arbeitsvertragliche Hauptleistungspflicht.[1438] Ohne selbst das Arbeitsverhältnis zum Gegenstand zu haben, wirkt sich die schuldrechtliche Abrede der Tarifvertragsparteien mittelbar auf tarifgebundene wie tarifungebundene Arbeitnehmer aus; der Pflichtverstoß auf Tarifebene schlägt auf die Individualebene durch.[1439]

Dass die Tarifvertragsparteien dadurch Einfluss auf tarifliche Außenseiter nehmen, ist dann nicht zu beanstanden, wenn die Tarifvertragsparteien über die Rechtmäßigkeit von Arbeitskämpfen befindende tarifvertragliche Regeln aufstellen und damit Maßstäbe für das eigene Kampfverhalten setzen dürfen[1440]. Dann stellt sich die Einflussnahme als faktisch unvermeidbare Folge der Regelung eigener Angelegenheiten dar, die den davon betroffenen Außenseitern zuzumuten ist.[1441]

Um die aufgeworfene Frage nach der Zulässigkeit der Kampfklauseln zu beantworten, muss zunächst überlegt werden, welche Bereiche den Tarifvertragsparteien zur eigenverantwortlichen Regelung überlassen sind, also welche Bereiche dem Begriffspaar der „Arbeits- und Wirtschaftsbedingungen" im Sinne des Art. 9 Abs. 3 GG zuzuordnen sind.

---

schriftlich zur Verrichtung dieser Arbeit verpflichten, ist klarzustellen, dass es sich dabei nur um eine Bestätigung im Arbeitskampf nicht suspendierten vertraglichen Arbeitsleistungspflicht der Notarbeiter handelt, die lediglich dazu dient, diesen den Fortbestand ihrer Arbeitsleistungspflicht vor Augen zu führen.

1436 Siehe zwischen Zulässigkeits-, Durchführungs- und Rechtsfolgenregeln für Arbeitskämpfe unterscheidend *Reuß* AuR 1975, 1 (5 ff.).

1437 *Konzen* ZfA 1980, 77 ff. und mit Bezug darauf *Kraus* S. 122.

1438 *Konzen* AcP 177 (1977), 473 (516 f.); *derselbe* ZfA 1980, 77 (83 f.).

1439 *Konzen* ZfA 1980, 77 (85 f.); *Mangen* RdA 1982, 229 (233); Seiter S. 507.

1440 *Konzen* ZfA 1980, 77 (88 ff.); auch wenn es genaugenommen bei der Einigung über die Modalitäten der Notarbeit nicht um eine Regelung des eigenen „Kampfverhaltens", sondern um eine Absprache hinsichtlich des eigenen „Verhaltens außerhalb des eigentlichen Kampfgeschehens" geht, erfolgt eine Einordnung entsprechender Vereinbarungen als „Kampfklausel".

1441 Siehe hierzu *Säcker/Oetker* S. 69 f..

Nach dem Bundesverfassungsgericht gehören zu den der Regelungsbefugnis der Tarifvertragsparteien „überlassenen Materien (…) insbesondere das Arbeitsentgelt und die anderen materiellen Arbeitsbedingungen (…), wie etwa die Dauer von Arbeit und Urlaub.“[1442] Diese Bereiche können die Tarifvertragsparteien gemäß §§ 1 Abs. 1, 4 TVG durch für ihre Mitglieder unmittelbar und zwingend wirkende Gesamtvereinbarungen ausgestalten sowie sich gegenseitig Rechte einräumen und Pflichten auferlegen.[1443]

Indem es den Zweck der verfassungsrechtlich gewährleisteten Koalitionsbetätigung mit Formulierungen wie „sinnvolle Ordnung des Arbeitslebens“ und der „Befriedung des Arbeitslebens“ umschreibt,[1444] das „Arbeitsleben“ aber einer thematischen Festschreibung kaum zugänglich ist,[1445] stellt das Bundesverfassungsgericht klar, dass die Tarifvertragsparteien grundsätzlich sämtliche Bedingungen regeln können, durch die die Leistung abhängiger Arbeit im Betrieb berührt wird.[1446]

Art. 9 Abs. 3 GG geht von einer Koalitionstätigkeit *zur* Wahrung und Förderung dieser Bedingungen aus. Eine Tarifabrede, die über die Rechtmäßigkeit von Arbeitskämpfen befindet, erfolgt aber nicht zu diesem Zweck, zumindest dient sie ihm nicht unmittelbar. Vielmehr widmet sie sich dem Mittel, welches wiederum dem Zweck dient.[1447] Demnach tragen Kampfverhaltensregeln ledig-

---

1442 BVerfG NJW 2007, 51 (53); NZA 2005, 153 (154) m.w.N..

1443 Einige Autoren sind der Ansicht, dass § 1 Abs. 1 2. Hs. TVG das Begriffspaar „Arbeits- und Wirtschaftsbedingungen“ einfachgesetzlich konkretisiert und die möglichen, normativ oder schuldrechtlich wirkenden Inhalte des Tarifvertrages abschließend beschreibt (Kongruenz von normativen und schuldrechtlichen Teil), vgl. *Boeck* S. 116 ff.; *Säcker/Oetker* S. 100 ff., 155 ff. (167 f.) m.w.N.. So darf *Beuthien* ZfA 1983, 141 (159 ff.) zufolge normativ nur geregelt werden, was durch den Sachkatalog des § 1 Abs. 1 S. 2 TVG gedeckt ist „oder mit ihm im unmittelbaren Sachzusammenhang“ (wie Schlichtungsabkommen und Arbeitskampfvereinbarungen) steht. Nach der in der Lit. vorherrschenden Auffassung enthält das TVG nur eine Konkretisierung des normativen Teils des Tarifvertrages. Mangels einer ausdrücklichen Grenzziehung für schuldrechtliche Inhalte richtet sich deren Zulässigkeit allein nach Art. 9 Abs. 3 GG (keine Kongruenz), vgl. TVG-*Zachert* § 1 Rn. 731; Wiedemann-*Thüsing* § 1 Rn. 865; *Däubler*, TVR, Nr. 175 ff.; *Löwisch/Rieble*, TVG, § 1 Rn. 425; *Gamillscheg* S. 627. Einer wiederum anderen Auffassung zufolge ist für den schuldrechtlichen Teil des Tarifvertrages allein die Vertragsfreiheit nach Art. 2 Abs. 1 GG maßgeblich, vgl. *Hueck* RdA 1961, 141 (148).

1444 BVerfGE 4, 96 (107); 18, 18 (27 f.); 44, 322 (342); 50, 290 (372); 58, 233 (246 f.).

1445 Nach BAGE 64, 284 (291) darf die Interpretation des Art. 9 Abs. 3 GG „nicht dazu führen, die Bewältigung neuer sozialer Probleme mit Hilfe des Tarifvertragsrechts zu versperren.“

1446 *Säcker/Oetker* S. 64 f..

1447 *Konzen* ZfA 1980, 77 (89) und mit Bezug darauf *Kraus* S. 122 f..

lich mittelbar „zur Wahrung und Förderung der Arbeits- und Wirtschaftsbedingungen“ bei.[1448]

Schnell ist man nun versucht, es unter Annahme einer „Zuständigkeit kraft Sachzusammenhang“ oder einer „Annexkompetenz“ in die Hände der Tarifvertragsparteien zu legen, Arbeitskampfregeln aufzustellen.[1449] Dies umso mehr, als dass selbst dann, wenn sich die vertragsschließenden Parteien lediglich wechselseitig verpflichten, die Rechtstellung der Arbeitnehmer und Arbeitgeber (indirekt) beeinflusst wird. Kampfklauseln weisen mithin Bezug zum Lebenssachverhalt der abhängigen Arbeitsleistung auf.

So äußert sich *Reuß* dahingehend, dass Regeln, die die Durchsetzbarkeit von kollektivrechtlichen Forderungen, die ihrerseits kampfweise geltend gemacht werden, zum Inhalt haben, tarifvertraglich vereinbart werden können.[1450] Damit ordnet er die Austragung der Interessengegensätze betreffenden Regeln den Arbeits- und Wirtschaftsbedingungen im Sinne des Art. 9 Abs. 3 GG zu und lässt die Tarifvertragsparteien in einem weiteren Bereich tätig werden, der durch Art. 74 Abs. 1 Nr. 12 GG auch dem Staat zugewiesen ist,[1451] da der Begriff „Arbeitsrecht“ das Arbeitskampfrecht umfasst.[1452]

Ein grundsätzliches Nebeneinander von tarifautonomer Normsetzungsbefugnis und staatlicher Gesetzgebung ist notwendig, weil der Gesetzgeber befugt bleiben muss, das Arbeitsrecht zu regeln, da sich das Normsetzungsrecht der Tarifvertragsparteien „ohnehin nur auf die tarifgebundenen Arbeitgeber und Arbeitnehmer und nicht auf Außenseiter bezieht.“[1453] Es gibt keine Tabuzone bestimmter Arbeitsbedingungen, die allein den Tarifparteien überantwortet wäre und bei der sich der Staat jeder eigenen Regelung zu enthalten hätte.[1454] Schließlich muss der Gesetzgeber den Interessen nicht organisierter Arbeitgeber und

1448 Ausreichend nach BVerfGE 19, 303 (313); 28, 295 (305).

1449 So etwa *Beuthien* ZfA 1983, 141 (160); *Löwisch* ZfA 1978, 153 (174), wonach die Verfahrensweise bei der Findung der Arbeits- und Wirtschaftsbedingungen zu eben diesen gehört; ähnlich *Konzen* ZfA 1980, 77 (91); a.A. *Seiter* RdA 1986, 165 (169); *Wank* RdA 1989, 263 (266); *Heinze*, FS Molitor, S. 159 (174).

1450 *Reuß* AuR 1975, 1 (5, 14); zustimmend Wiedemann-*Thüsing* § 1 Rn. 956; a.A. *Picker*, Der Warnstreik und die Funktion des Arbeitskampfes in der Privatrechtsordnung 1983, S. 38 ff.; *Heinze*, FS Molitor, S. 159 (173).

1451 Wiedemann-*Wiedemann* Einl. Rn. 104.

1452 Sachs-*Oetker* Art. 74 Rn. 101; *Seiter* RdA 1986, 165 (169); *Butzer* RdA 1994, 375 (376); *von Rosenstiehl* S. 38; *Löwisch*, Arbeitskampf- und Schlichtungsrecht, 170.1 Rn. 116.

1453 BVerfG NJW 2007, 51 (53).

1454 So auch BVerfGE 94, 268 (284); 103, 293 (306); *Löwisch/Rieble*, TVG, Grundl. Rn. 26; *Wiedemann*, FS Stahlhacke, S. 675 (686 f.); *Butzer* RdA 1994, 375 (379, 384 f.); *Neumann* RdA 2007, 71 (72).

Arbeitnehmer gerecht werden und für eine angemessene Ausgestaltung der nicht tarifgebundenen Arbeitsverhältnisse sorgen sowie den Belangen nicht beschäftigter Arbeitnehmer nachgehen.[1455]

Aber auch im Hinblick auf die Tarifunterworfenen darf der Gesetzgeber jedenfalls dann die tarifautonome Gestaltung der Arbeitsbedingungen mittels eigener Normsetzung begrenzen, wenn er sein Regelungsanliegen auf grundrechtlich bzw. verfassungsrechtlich geschützte Interessen stützen kann.[1456] Die in erster Linie der Legislative, aber auch der Judikative und der Exekutive, also den staatlichen Stellen obliegenden grundrechtlichen Schutzpflichten können die Festlegung sozialer Mindeststandards erfordern[1457], von denen durch Tarifvertrag zumindest nicht zu Ungunsten der Arbeitnehmer abgewichen werden darf (einseitig zwingende Normen). Als Beispiel für eine effektive Umsetzung des Schutzes von Grundrechten der Arbeitnehmer, wie beispielsweise Würde und Persönlichkeitsentfaltung[1458], Gesundheit, Ehe und Familie durch den Gesetzgeber dienen etwa §§ 18 BErzGG, § 9 MuSchG, §§ 15 ff. SchwbG. Auch in der Debatte um die Einführung eines staatlichen Mindestlohnes spiegelt sich die

---

1455 So auch *Oetker* ZfA 2001, 287 (297); *Wiedemann,* FS Stahlhacke, S. 675 (687); *Dieterich,* Tarifautonomie und Gesetzgebung, S. 30, wonach der Gesetzgeber die „entscheidende Letztverantwortung für eine aktive und effektive Beschäftigungspolitik" hat; zustimmend *Neumann* RdA 2007, 71 (76).

1456 *Oetker* ZfA 2001, 287 (298); auch wenn die Kompetenzverteilung nach wie vor stark umstritten ist - so sieht das BVerfG in einer staatlichen Regelung des Inhalts von Arbeitsverhältnissen einen Eingriff in die Tarifautonomie (NJW 2007, 51 (53); NZA 2005, 153 (154)), während Teile der Lit. diesen ablehnen und den Konflikt zwischen Art. 9 Abs. 3 GG und Art. 74 Nr. 12 GG nicht erst auf der Rechtfertigungsebene lösen wollen (*Ulber*, Tarifdispositives Gesetzesrecht im Spannungsfeld von Tarifautonomie und grundrechtlichen Schutzpflichten 2009, S. 70 ff., 590 ff. unter II.) - herrscht in diesem Punkt weitgehend Einigkeit, siehe etwa BVerfGE 44, 322 (342), wonach die „subsidiäre" Regelungszuständigkeit des Staates jedenfalls dann erhalten bleibt, wenn die soziale Schutzbedürftigkeit der Arbeitnehmer oder ein sonstiges öffentliches Interesse das Eingreifen des Staates erforderlich macht; BVerfGE 94, 268 (284); 103, 293 (307); *Henssler* ZfA 1998, 1 (18), wonach dem Gesetzgeber eine Kompetenz für die Sicherung einer menschenwürdigen Existenz bleibt; auch *Neumann* RdA 2007, 71 (76) hält die Tarifvertragsparteien vorrangig für regelungsbefugt und verlangt das Vorliegen „besondere Gründe" für ein Tätigwerden des Gesetzgebers an Stelle der Tarifvertragsparteien; ähnlich *Säcker/Oetker* S. 176 ff.; *Lieb* RdA 1972, 129 (132 f.).

1457 Siehe hierzu *Ubler* S. 337 f., 340 ff., 593 f. unter III.; *Kempen* AuR 1996, 336 (340 ff.).

1458 Siehe zum Zusammenhang von Würde und Arbeit *Neumann* RdA 2007, 71 (73) m.w.N..

zugrundeliegende Problematik wider.[1459] In bestimmten Situationen wird ein Abweichen durch Tarifvertrag sogar ganz ausgeschlossen (zweiseitig zwingende Norm). So überwindet § 113 Abs. 1 InsO, der für die ordentliche Kündigung durch den Insolvenzverwalter eine Kündigungsfrist von maximal drei Monaten festlegt, sowohl den tarifvertragliche Ausschluss des Rechts zur ordentlichen Kündigung, als auch tarifvertraglich vorgesehene längere Kündigungsfristen.[1460]

Ist der Staat aber trotz der sich aus der Betätigungsfreiheit der Koalitionen ergebenden Normsetzungsbefugnis (Koalitionszweck) verpflichtet, zum Schutz Tarifunterworfener tätig zu werden, muss er erst recht einschreiten, wenn bereits durch die Kampfführung (Koalitionsmittel) „gewichtige Belange anderer, auch des Sozialpartners, berührt werden.“[1461] Da der in erster Linie gefragte Gesetzgeber untätig geblieben ist, wurde im Wege richterlicher Rechtsfortbildung eine Arbeitskampfordnung geschaffen, die einer durch Tarifvertrag geschaffenen Arbeitskampfordnung entgegensteht.[1462] Dass gerade das Bundesarbeitsgericht die Tarifvertragsparteien dazu aufgefordert hat, Arbeitskampfregeln aufzustellen und diesen sogar den eigens aufgestellten Rechtsregeln sowie etwaigen gesetzlichen Vorschriften gegenüber den Vorrang einzuräumen scheint,[1463] ändert daran nichts. Der Staat kann sich seiner Verantwortung nicht entledigen.[1464] Ließe man die Tarifvertragsparteien eine Arbeitskampfordnung erstellen, könnten sie selbst die Rechtmäßigkeit ihres eigenen Verhaltens bestimmen, sie würden „zu Gesetzgebern bzw. Richtern in eigener Sache.“[1465] Dies veranlasst zu der Befürchtung, die Tarifvertragsparteien könnten in diesem Fall „jegliche Bindung an

---

1459 Siehe zur Einführung von Mindestlöhnen bzw. zu den Handlungserfordernissen wegen „zunehmendem Versagen des Tarifvertrages als Mittel innerbetrieblicher Verteilungsgerechtigkeit“ *Loritz* ZfA 2010, 367 (377 ff. m.w.N. in Fn. 40); *Engels* JZ 2008, 490 ff..

1460 *Oetker* ZfA 2001, 287 (294 f., 299 f.).

1461 BVerfGE 57, 220 (246); siehe zur „Schutzrechtsprechung des Bundesarbeitsgericht“ *Lieb* RdA 1972, 129 ff.; *Konzen*, FS 50 Jahre BAG, S. 515 (529).

1462 So etwa *Otto* § 3 Rn. 6 ff. (8).

1463 BAGE 23, 292 (307), wonach das Regeln der Austragung von Interessengegensätzen „Recht und Pflicht der Tarifvertragsparteien als Ausfluss der Tarifautonomie“ ist; ähnlich BAGE 33, 140 (177 f.); siehe aber Anm. v. *Richardi* SAE 1972, 10 (14), *Konzen* ZfA 1980, 77 (82), wonach die maßgebliche Passage der Entscheidungsgründe insoweit missverstanden worden ist, als dass der Große Senat von den Tarifvertragsparteien lediglich die Aufstellung von die Verhältnismäßigkeit wahrenden und damit dem richterlichen Leitbild entsprechenden Regelung verlangt.

1464 So etwa auch *Lieb* RdA 1972, 129 (141 f.); *Richardi* RdA 1986, 146 (159); *Wank* RdA 1989, 263 (266).

1465 *Seiter* RdA 1986, 165 (169); kritisch auch Professorenentwurf 1988, S. 22; *Lieb* RdA 1972, 129 (141 f.); *Friauf* RdA 1986, 188 (191).

maßvolles Verhalten“ abstreifen.[1466] Das aber ist unter keinen Umständen hinzunehmen, führen doch bereits die nach den vom Bundesarbeitsgericht aufgestellten Regeln geführten Arbeitskämpfe zu nicht unerheblichen Beeinträchtigungen geschützter Interessen Dritter. Bereits die zahlreichen Leistungsstörungen, die von einem Arbeitskampf im Verhältnis zu nichtkampfbeteiligten Personen und unter diesen hervorgerufen werden, verdeutlichen, dass ein Arbeitskampf keine alleinige Angelegenheit der Koalitionen und ihrer Mitglieder ist und ihre Entscheidungen immer auch Nichtmitglieder und damit Personen betreffen, die die Koalitionen nicht durch Beitritt zum Handeln legitimiert haben.[1467] Es ist vielmehr Aufgabe des Staates als übergeordnete, objektive und neutrale Instanz, die „Spielregeln“ der Koalitionen festzulegen.[1468]

Dementsprechend stehen die vom Bundesarbeitsgericht aufgestellten Grundsätze nicht zur Disposition der Tarifvertragsparteien.[1469]

Da es sich dabei aber in der Regel um allgemein gehaltene Vorgaben handelt, bleibt es den Tarifvertragsparteien im Sinne einer untergeordneten Zuständigkeit überlassen, diese zu konkretisieren.[1470] So wird nicht angezweifelt, dass sich die Tarifvertragsparteien im schuldrechtlichen Teil eines Tarifvertrages auf ein Schlichtungsverfahren einlassen[1471], also solche Verfahrensfragen regeln können, bei denen ein Einfluss auf das Kräftegleichgewicht der Koalitionen auf Dauer mit Sicherheit ausgeschlossen werden kann.[1472] Auch die nähere Ausgestaltung der Pflicht zur Leistung von Notarbeiten kann durch Tarifvertrag erfolgen,[1473] ist aber wie andere von den Tarifvertragsparteien in Ausfüllung des vom Staat frei belassenen Raumes getroffene Regelungen voll gerichtlich überprüfbar.[1474]

Als Ergebnis lässt sich festhalten, dass die Pflicht zur Leistung von Notarbeiten durch Tarifvertrag näher ausgestaltet werden kann.[1475]

1466 *Kraus* S. 125 f.; ähnlich *von Rosenstiehl* S. 43 f..

1467 Vgl. *Richardi* RdA 1986, 146 (154 ff.); *Seiter* RdA 1986, 165 (169).

1468 *Wank* RdA 1989, 263 (266); ähnlich *Lieb* RdA 1972, 129 (141).

1469 *Richardi* RdA 1986, 146 (147, 159); Anm. *desselben* SAE 1972, 10 (14).

1470 So auch *Lieb* RdA 1972, 129 (141 f.); *Löwisch/Mikosch* ZfA 1978, 153 (172); Anm. v. *Richardi* SAE 1972, 10 (14); *Wank* RdA 1989, 263 (266); *Heinze*, FS Molitor, S. 159 (173 f.); *Löwisch*, Arbeitskampf- und Schlichtungsrecht, 170. 1 Rn. 125.

1471 *Lieb* RdA 1972, 129 (141); *Beuthien* ZfA 1983, 141 (160).

1472 *Friauf* RdA 1986, 188 (193).

1473 *Löwisch/Mikosch* ZfA 1978, 153 (172).

1474 *Konzen* ZfA 1980, 77 (106); *Lieb* RdA 1972, 129 (142) und mit Bezug darauf *Kraus* S. 127.

1475 So auch *Heckelmann* S. 25 f., 28 Nr. 7; *Löwisch/Mikosch* ZfA 1978, 153 (172 f., 177 Nr. 10).

b) Tarifvertragliche Kampfklauseln und deren Erkämpfbarkeit

Das gefundene Ergebnis erfährt Bestätigung durch eine Auseinandersetzung mit der Erkämpfbarkeit tarifvertraglicher Kampfklauseln.

Grundsätzlich kann alles, was tariflich regelbar ist, durch Arbeitskämpfe erzwungen werden.[1476] Wären der Regelung von Notarbeiten durch Tarifvertrag keine Grenzen gesetzt, könnte auch gänzlich auf deren Durchführung verzichtet werden, käme es im Falle der Erkämpfbarkeit solcher tarifvertraglichen Regelungen doch unweigerlich zu einer dauerhaften Beeinträchtigung des Kräftegleichgewichtes.[1477] Je nachdem, für wen der Ausgang des vorangegangenen Arbeitskampfs und damit die vertragliche Klausel günstiger ist, hat derjenige in dem darauffolgenden Arbeitskampf eine bessere Ausgangsposition.[1478] Diese Vorherrschaft wird der überlegene Vertragspartner nicht wieder preisgeben, sondern ausnutzen und sich permanent Kampfvorteile sichern.[1479] Sich dessen bewusst, äußert *Richardi*, es sei für die Gewährleistung von Parität undenkbar, dass ihre Partner über die Voraussetzungen disponieren, von denen die Parität abhänge.[1480] Ihm zustimmend, erklären auch andere Autoren den Arbeitskampf um Arbeitskampfrecht für unzulässig.[1481]

Das Problem liegt darin, dass mit einem unbegrenzten Kampf um eine Notarbeitsvereinbarung genau die Risiken in Kauf genommen werden, die man durch eine einvernehmliche Regelung vor Kampfausbruch ausschließen will.[1482] Wenn eine Partei wegen ihrer augenblicklichen Überlegenheit der anderen ihren Willen in Form von Kampfregeln aufzwingen kann, können im Anschluss daran gefundene Tarifabschlüsse nicht die „Richtigkeitsgewähr" haben, von der die Anerkennung der Tarifautonomie ausgeht.[1483] Unangemessene Tarifabschlüsse infolge von Paritätsstörungen gehen zu Lasten aller. Ist der Arbeitgeber der unmittelbar Benachteiligte, sind die Arbeitsplätze der Arbeitnehmer gefährdet und

---

1476 *Reuß* AuR 1975, 1 (14); *Seiter* S. 486 ff.; *Konzen* ZfA 1980, 77 (92 f.).

1477 So auch *Löwisch/Mikosch* ZfA 1978, 153 (174).

1478 So auch *Seiter* RdA 1986, 165 (169); *Picker* S. 41; *Kloepfer* NJW 1985, 2497 (2503); *von Rosenstiehl* S. 42.

1479 So auch *Richardi* RdA 1986, 146 (153); *Friauf* RdA 1986, 188 (193); *Kirchner* RdA 1986, 159 (161).

1480 *Richardi* RdA 1986, 146 (153).

1481 *Friauf* RdA 1986, 188 (193); *Heinze*, FS Molitor, S. 159 (173); *Wank* RdA 2009, 1 (3); *Otto* § 3 Rn. 9.

1482 Siehe hierzu *Däubler* AuR 1981, 257 (264); *Müller* RdA 1982, 86 (97), der sich bezogen auf den öffentlichen Dienst dahingehend äußert, dass Notdienstvereinbarungen zu erkämpfen, gegen deren Sinn verstoße.

1483 *Kirchner* RdA 1986, 159 (160).

die Allgemeinheit hat die volkswirtschaftlichen Konsequenzen zu tragen.[1484] Unterliegen die Gewerkschaften in aufeinanderfolgenden Arbeitskämpfen beispielsweise bei der Lohngestaltung, wirkt sich dies angesichts des Umfanges abhängiger Arbeit in der Bundesrepublik Deutschland ebenfalls volkswirtschaftlich aus; die Kaufkraft sinkt, noch mehr Bürger wären auf staatliche Sozialleistungen angewiesen.

Deswegen ist den Tarifvertragsparteien ein Handlungsrahmen vorgegeben. In welchem Mindestumfang Notarbeiten durchzuführen sind, steht nicht im Belieben der überlegenden Kampfpartei, sondern richtet sich in erster Linie nach deren „Notwendigkeit" zur Wahrung von Grundrechtspositionen, so dass einer einvernehmlichen Regelung der Notarbeiten von vornherein inhaltliche Grenzen gesetzt sind.[1485] Nur innerhalb dieser Grenzen können die Tarifvertragsparteien konkretisierend tätig werden, allenfalls in diesem Umfang kann um eine tarifliche Regelung gekämpft werden.[1486]

c) Konkretisierung der Pflicht zur Leistung von Notarbeiten

Inhaltlich muss sich eine die Modalitäten der Notstands- und Erhaltungsarbeiten regelnde Vereinbarung der Tarifvertragsparteien innerhalb des von der Rechtsprechung vorgegebenen Handlungsrahmens bewegen.

(1) Erweiterung

Bei der Konkretisierung der Notarbeiten durch die Tarifvertragsparteien bestehen hinsichtlich einer Erweiterung der Verpflichtung solange keine Bedenken, wie die Druckwirkung eines Streiks nicht in Frage gestellt wird.[1487] Da sich der personelle Umfang von Notarbeiten „schwerlich in einer präzisen Zahl (...), sondern eher in einem Zahlenrahmen" ausdrücken lässt,[1488] kann er einvernehmlich soweit ausgedehnt werden, wie der Streik generell geeignet ist, das Kampfziel zu erreichen.[1489]

1484 *Kirchner* RdA 1986, 159 (160).

1485 So auch *Otto* § 3 Rn. 10, 15.

1486 So auch *Löwisch/Mikosch* ZfA 1978, 153 (174); *Heckelmann* S. 26; *Konzen* ZfA 1980, 77 (119 f.); siehe aber *Lauschke* DB 1979, 1175 (1180); *Oetker* S. 62 f., die davor warnen, mit der Frage der Notarbeiten einen weiteren Grund für einen Arbeitskampf zu schaffen.

1487 *Reuß* AuR 1975, 1 (10); *Däubler* AuR 1981, 257 (264); *Fenn* DB 1982, 430 (435).

1488 *Konzen* ZfA 1980, 77 (106).

1489 *Löwisch/Mikosch* ZfA 1978, 153 (172 f.).

Ob es den Kampfparteien auch frei steht, weiterreichende Vereinbarungen abzuschließen, hat das Bundesarbeitsgericht offen gelassen.[1490] Ein Teil des Schrifttums will eine einseitige Verzerrung der Gleichgewichtslage infolge vertraglicher Vorabzugeständnisse oder -verzichte auch im Einzelfall nicht zulassen.[1491] Da die Fähigkeit zur Druckausübung Voraussetzung für eine notwendigerweise freiwillige Tarifgestaltung und damit für ein funktionsfähiges Tarifsystem sei, stehe es der Gewerkschaft nicht zu, sich ihrer durch ein Zuviel an Notarbeiten zu entledigen.[1492] Die Gewerkschaft sei diesbezüglich „vor sich selbst" geschützt.[1493]

Dagegen ist einzuwenden, dass es grundsätzlich Sache der Gewerkschaft ist, im Vorfeld der Einigung über die Durchführung der Notarbeiten abzuschätzen, inwieweit dadurch die mit dem Streik beabsichtigte Druckwirkung eingeschränkt wird.[1494] Ein selbstschädigendes Verhalten kann ihr nicht verboten werden.[1495] Dafür besteht auch aus Paritätsgesichtspunkten kein Grund, kann es sich doch nur in dem Arbeitskampf zu Lasten der Gewerkschaft auswirken, der nach Ablauf des die Erweiterung enthaltenden Tarifvertrags gegebenenfalls geführt wird. Die generelle Fähigkeit zur Druckausübung und dem verbunden die autonome Selbstverwaltung an sich wird dadurch nicht in Frage gestellt.

Den Tarifvertragsparteien steht es daher frei, eine Vereinbarung zu schließen, die über das Maß hinausgeht, das durch die objektiven Gegebenheiten und den Grundsatz der Verhältnismäßigkeit zwingend vorgegeben ist.[1496] Konsequenz davon ist, dass die Arbeitnehmer auch die Arbeit leisten müssen, die über das unbedingt Erforderliche hinausgeht, aber vereinbart ist.[1497]

1490 BAGE 79, 152 (156).

1491 Siehe hierzu *Konzen* ZfA 1980, 77 (103 f.); *Löwisch* ZfA 1974, 29 (36).

1492 *Konzen* ZfA 1980, 77 (101 ff.); siehe auch *Löwisch/Mikosch* ZfA 1978, 153 (172 f.).

1493 *Konzen* ZfA 1980, 77 (104).

1494 *Kissel* § 43 Rn. 35.

1495 *Kraus* S. 128.

1496 *Bauer/Haußmann* DB 1996, 881 (883); in diese Richtung weist auch ArbG Berlin, Beschl. v. 28.04.2008, Az.: 59 Ga 6988/08-juris, Rn. 2: Im Rahmen der von den Arbeitskampfparteien gemeinsam getroffenen Festlegungen „können Notdienstanordnungen des Arbeitgebers nicht untersagt werden.".

1497 So auch *Kissel* § 43 Rn. 52; a.A. *Oetker* S. 100 f.; dem zufolge der Arbeitnehmer, der etwas leisten muss, was nicht unbedingt erforderlich ist, gegenüber dem Arbeitgeber ein Leistungsverweigerungsrecht (§ 242 BGB) hat und gegen die Gewerkschaft einen Anspruch gem. § 823 Abs. 1 bzw. 2 BGB i.V.m. Art. 9 Abs. 3 GG BGB wegen Verletzung ihres Streikrechts geltend machen kann.

(2) Verengung

Anders als mit einer Erweiterung verhält es sich mit einer Verengung der Pflicht, Notarbeiten zu erbringen. Über das Mindestmaß der Arbeiten, die zum Schutz höchstpersönlicher Rechte und Rechtsgüter anderer verrichtet werden müssen, können die vertragsschließenden Parteien, ungeachtet etwaig bestehender Mitgliedschaften (§ 228 StGB, § 138 BGB), nicht disponieren.[1498] Sie sind dazu verpflichtet, die schutzwürdigen Rechte und Rechtsgüter anderer zu respektieren.[1499] Notstandsarbeiten und - soweit sie zur Abwendung von Gemeingefahren oder der Gewährleistung der Sicherheit der sich in dem bestreikten Betrieb befindlichen Personen dienen - auch Erhaltungsarbeiten[1500] sind daher stets in dem unbedingt erforderlichen Umfang zu leisten. Soweit eine Abrede der Tarifvertragsparteien die Unterschreitung des unbedingt Erforderlichen vorsieht, ist sie sittenwidrig und gemäß § 138 Abs. 1 BGB nichtig. Wenn etwa in einem Krankenhaus die Behandlung von Patienten unterbleibt, steht wegen unterlassener Hilfeleistung sogar eine Strafbarkeit gemäß § 323 c StGB im Raum.[1501]

Zu bedenken ist, dass eine Unterschreitung des erforderlichen Maßes an Erhaltungsarbeiten nie nur zu Lasten des „vertragsschließenden und damit einverstandenen Arbeitgebers (geht), den seinerseits keine Pflicht (gegen sich selbst) zur Erhaltung trifft".[1502] Unweigerlich davon betroffen sind auch die Beschäftigten des Betriebes und zwar auch die, die noch nicht einmal in einem Mitgliedschaftsverhältnis zur vertragsschließenden Gewerkschaft stehen. Unabhängig davon, ob sie selbst am Streik teilnahmen und/oder dieser ihnen in irgendeiner Weise nützt, laufen sie Gefahr ihre Arbeitsplätze zu verlieren. Der Arbeitgeber ist seinen Mitarbeitern gegenüber zwar ganz allgemein nicht verpflichtet, den Betrieb funktionsfähig zu halten[1503], er hat aber die Folgen einer endgültigen Betriebsschließung auf die bestehenden Arbeitsverhältnisse zu beachten. Die Notwendigkeit von Kündigungen, Interessenausgleich und Sozialplan im Sinne von §§ 112 ff. BetrVG besteht unabhängig davon, ob die Stilllegung des Betriebs(-

---

1498 So auch *Däubler* AuR 1981, 257 (264); *Oetker* S. 67; *Bauer/Haußmann* DB 1996, 881 (883); *Heckelmann* S. 26; *Löwisch/Mikosch* ZfA 1978, 153 (173); *Fenn* DB 1982, 430 (435).

1499 *Kissel* § 43 120 ff. (150).

1500 Siehe hierzu *Schell* BB 1969, 1179 (1179).

1501 Siehe hierzu *Otto* § 8 Rn. 37.

1502 *Kissel* § 43 Rn. 35; so wohl auch *Leinemann* DB 1971, 2309 (2314); Anm. v. *Richardi* SAE 1972, 10 (14).

1503 *Kissel* § 43 Rn. 75; a.A. *Schell* BB 1969, 1179 (1180); siehe auch *Däubler* AuR 1981, 257 (264), wonach eine Reduzierung der Erhaltungsarbeiten nicht in Betracht kommt, da die „Gestattung" der Existenzvernichtung gegen die guten Sitten verstoßen würde.

teils) auf einer unternehmerischen Entscheidung des Arbeitgebers beruht, oder er diese über den „Umweg“ unterbleibender Erhaltungsarbeiten“ herbeiführt.[1504]

Die Tarif- oder Vertragsautonomie entbindet die Tarifvertragsparteien nicht von der Pflicht, sich innerhalb der von der Rechtsordnung gesetzten Grenzen zu bewegen. Hinsichtlich des sachlichen wie personellen Mindestumfanges von Notarbeiten, können sie daher allenfalls die „Feinabstimmung“ vornehmen,[1505] auch wenn von ihnen dabei nicht verlangt werden kann, die „bestmögliche Lösung“ zu finden.[1506]

Dies gilt ebenso, wenn (allein) durch während eines Streiks geleistete Notstandsarbeiten der Schutz Dritter nicht bewerkstelligt werden kann und Streikunterbrechungen notwendig sind, um etwa liegend gebliebenen Müll abzufahren. Gegenstand der Vereinbarung ist in diesem Fall nicht der sachliche wie personelle Umfang der Notarbeiten, sondern die maximale Dauer einer Streikmaßnahme und einer daran anschließenden Streikpause.

(3) Kombination mit einer Stilllegung des bestreikten Betriebes

Nach einem Kurswechsel hält das Bundesarbeitsgericht es für zulässig, wenn der bestreikte Betrieb oder Betriebsteil trotz technischer Möglichkeit und wirtschaftlicher Zumutbarkeit der Weiterbeschäftigung Nichtstreikender stillgelegt wird, um die Durchführung der Notarbeiten sicherzustellen.[1507]

Der Kurswechsel lässt sich anhand der einschlägigen Entscheidungen aufzeigen, die sowohl Arbeitskämpfe im öffentlichen Dienst (4) als auch in der Privatwirtschaft (3) zum Gegenstand hatten, insbesondere denen vom 14.12.1993[1508] und 22.03.1994[1509], denen ein nahezu identischer Sachverhalt zugrunde lag: Anlässlich der Tarifauseinandersetzung im öffentlichen Dienst im Jahre 1992 hatten die Arbeitgeber, beides Unternehmen des öffentlichen Personennahverkehrs, jeweils mit der Gewerkschaft vor Streikbeginn eine Notarbeitsvereinbarung geschlossen. In dem vom Bundesarbeitsgericht am 14.12.1993 entschiedenen Fall hatte der Arbeitgeber bei Abschluss der Notarbeitsvereinbarung mündlich zugesichert, andere als die darin bezeichneten Arbeitnehmer nicht zu beschäftigen. In dem vom Bundesarbeitsgericht am 22.03.1994 entschiedenen Fall enthielt die Notarbeitsvereinbarung eine Klausel, wonach die Gewerkschaft nicht mehr an die Vereinbarung gebunden sein sollte, wenn der

1504 *Kissel* § 43 Rn. 75 f..

1505 *Kraus* S. 128 m.w.N. in Fn. 559.

1506 *Löwisch/Mikosch* ZfA 1978, 153 (173).

1507 BAGE 76, 196 ff.; 79, 152 ff..

1508 BAGE 75, 186 ff..

1509 BAGE 76, 196 ff..

Arbeitgeber darüber hinaus Arbeitnehmer in den bestreikten Bereichen arbeiten ließ.

Im Dezember 1993 entschied das Bundesarbeitsgericht, dass der Arbeitgeber die angebotene und betriebstechnisch mögliche Arbeitsleistung Arbeitswilliger nicht unter Hinweis auf die Notarbeitsvereinbarung zurückweisen könne. Vielmehr gerate er in Annahmeverzug und müsste den Arbeitswilligen gemäß §§ 615 S. 1 i.V.m. 293 ff. BGB das Arbeitsentgelt auch für die Tage fortzahlen, an denen sie nicht beschäftigt wurden. Zu diesem Ergebnis kam das Gericht, indem es die angesichts der Fernwirkung von Arbeitskämpfen entwickelte Arbeitskampfrisikolehre[1510] „erst recht" auf den unmittelbar bestreikten Betrieb(-steil) anwendete, der zufolge der Vergütungsanspruch Nichtstreikender nur infolge der Aussperrung, der technischen Unmöglichkeit oder der wirtschaftlichen Unzumutbarkeit der Arbeitsleistung automatisch entfällt.[1511] Zur Begründung führte das Gericht an: „Andernfalls würde dem unmittelbar kampfbetroffenen Arbeitgeber nicht nur das Risiko des Produktionsstillstandes durch den gegen ihn gerichteten Streik, sondern zusätzlich das Risiko der Fortzahlung des Lohnes an die nicht am Streik beteiligten Arbeitnehmer aufgebürdet, die infolge der Streikauswirkungen nicht beschäftigt werden können. Hierdurch wird das Kräfteverhältnis der kampfführenden Parteien in gleicher Weise gestört."[1512] Das Vorliegen der Voraussetzungen der zwar als „Lohnverweigerungsrecht des Arbeitgebers nach Arbeitskampfrisikogrundsätzen" bezeichneten, aber als rechtsvernichtende Einwendung verstandenen Arbeitskampfrisikolehre[1513] verneinte das Gericht. Insbesondere könne sich der Arbeitgeber nicht auf die der Gewerkschaft gegebene Zusicherung berufen, andere als die in der Notarbeitsvereinbarung aufgeführten Arbeitnehmer nicht zu beschäftigen. Sie habe zum einen keine unmittelbare Rechtswirkung auf das zwischen dem Arbeitgeber und seinen Arbeitnehmern bestehende Arbeitsverhältnis, so dass der Arbeitgeber weiterhin verpflichtet gewesen sei, seine Arbeitnehmer vertragsgemäß zu beschäftigen und zu entlohnen. Eine die unmittelbare Aufhebung der arbeitsvertraglichen Pflichten bewirkende Vereinbarung zwischen Arbeitgeber und Gewerkschaft

---

1510 Siehe hierzu BAGE 34, 331 ff..

1511 BAGE 75, 186 (191).

1512 BAGE 75, 186 (191).

1513 BAGE 58, 332 (338); 80, 213 (217) versteht die Arbeitskampfrisikolehre nicht als Kampfmittel, sondern als Modifikation des zivilrechtlichen Leistungsstörungsrechts, als „rechtsvernichtende Einwendung", anders ein Teil der Lit., dem zufolge lediglich ein Leistungsverweigerungsrecht besteht, welches einer (konstitutiven) Willenserklärung bzw. einer Wissenserklärung bzgl. der Unmöglichkeit oder der Unzumutbarkeit bedarf, vgl. Professorenentwurf 1988, S. 92; *Thüsing* DB 1995, 2607 (2608); Übersicht bei *Kissel* § 33 Rn. 63 ff..

würde sich als ein „unzulässiger Vertrag zu Lasten Dritter“[1514] darstellen. Zum anderen sei dem Arbeitgeber die Beschäftigung seiner Arbeitnehmer auch nicht mittelbar durch die der Gewerkschaft gegebene Zusicherung im Sinne der Arbeitskampfrisikolehre unzumutbar geworden, denn selbst wenn die Gewerkschaft den Abschluss der Notarbeitsvereinbarung von einer entsprechenden Zusicherung abhängig gemacht hätte, hätte er sich darauf nicht einlassen müssen.[1515] Da eine Vereinbarung „nicht konstitutive Voraussetzung“ für die Durchführung der Notarbeiten, die Gewerkschaft daher auch ohne diese zur Duldung der unerlässlichen Arbeiten verpflichtet gewesen sei, hätte der Arbeitgeber im Zweifelsfall staatlichen Rechtsschutz in Form des einstweiligen Verfügungsverfahrens in Anspruch nehmen können.[1516] Er habe sich daher nicht in einer zur Abwendung eines unverhältnismäßigen Schadens unvermeidbaren Zwangslage befunden. Vielmehr sei ihm die Beschäftigung auch anderer als in der Notarbeitsvereinbarung benannten Arbeitnehmer zumutbar gewesen, weswegen seine Lohnzahlungspflicht den Arbeitswilligen gegenüber nicht entfalle.[1517]

Von dieser Haltung ist das Bundesarbeitsgericht in seiner Märzentscheidung 1994 abgerückt. Danach sind die Grundsätze der Arbeitskampfrisikolehre nicht anwendbar, wenn in dem bestreikten Betrieb (-steil) selbst arbeitswillige Arbeitnehmer ihre Arbeitsleistung anböten.[1518] Dem Arbeitgeber stehe es vielmehr frei, wie er auf die kampfbedingte Lage reagieren wolle.[1519] Er sei nicht zur aktiven Abwehr von Kampfmaßnahmen im Sinne der „Strategie der offenen Tür“[1520] verpflichtet, sondern könne den bestreikten Betrieb(-steil) auch in dem räumlichen und zeitlichen wie personellen Rahmen des konkreten gewerkschaftlichen Streikbeschlusses[1521] durch eindeutige Erklärung gegenüber den davon betroffenen Arbeitnehmern[1522] stilllegen, also eine „Strategie des Duldens“[1523]

1514 Zum Verbot des Vertrags zu Lasten Dritter BGHZ 61, 359 (361); Palandt-*Grüneberg* Einf. v. § 328 Rn. 10.

1515 BAGE 75, 186 (194 f.).

1516 BAGE 75, 186 (194 f.).

1517 BAGE 75, 186 (194 f.); so auch *Löwisch/Mikosch* ZfA 1978, 153 (156, 172); *Bauer/Haußmann* DB 1996, 881 (883); *Gamillscheg* S. 1167; *Oetker* S. 61; *Fenn* DB 1982, 430 (431).

1518 BAGE 76, 186 (201); so auch BAGE 79, 152 (154 f.); Anm. v. *Buschmann* AuR 1996, 39 (39): „Der Arbeitsausfall ist nicht (Fern-)Wirkung des Streiks, sondern sein Inhalt.“.

1519 BAGE 76, 196 (201).

1520 BAG NZA 1996, 209 (211); EK-*Dieterich* Art. 9 GG Rn. 213.

1521 Siehe hierzu BAGE 80, 213 (220); MünchArbR-*Otto,* 2. Auflage, § 286 Rn. 108.

1522 Siehe hierzu BAGE 80, 265 (272 f.); ArbG Herne, Urt. v. 3.03.2010, Az. 1 Ca 2931/09-juris, Rn. 54, wonach „allein der Abschluss der Notdienstvereinbarung dafür

wählen. Dadurch könne er sich Planungssicherheit verschaffen, da auch die noch nicht streikenden Arbeitnehmer ihre Ansicht ändern und sich am Streik beteiligen könnten.[1524]

Zur Stilllegung des bestreikten Betriebs(-teils) sei er unabhängig von Unmöglichkeit oder Unzumutbarkeit der Beschäftigung und unabhängig von Aussperrungsquoten[1525] und im Verbandskampf erforderlichen Arbeitgeberverbandsbeschluss[1526] befugt, mit der Folge der Suspendierung der gegenseitigen Vertragspflichten, einschließlich der Arbeitsleistungspflicht der Arbeitswilligen sowie der Lohnzahlungspflicht ihnen gegenüber („ohne Arbeit, kein Lohn").[1527] Auch wenn es sich bei den Arbeitswilligen zumeist um Außenseiter handele, liege darin kein Verstoß gegen die negative Koalitionsfreiheit aus Art. 9 Abs. 3 GG, denn wenn den Außenseitern einerseits das Recht zur Teilnahme am Streik eingeräumt werde, sei es andererseits gerechtfertigt, sie mit den Streikfolgen zu belasten, zumal sie erfahrungsgemäß von den Erfolgen gewerkschaftlicher Tarifpolitik profitierten.[1528]

In darauffolgenden Entscheidungen hat das Bundesarbeitsgericht zwar die Anwendbarkeit der Arbeitskampfrisikolehre in dem unmittelbar bestreikten Betrieb(-steil) bestätigt,[1529] aber eben auch an dem Recht des Arbeitgebers zur suspendierenden Stilllegung festgehalten.[1530] Wie schon im März 1994 erhob es auch im Januar des darauffolgenden Jahres keine Bedenken gegen den Ab-

---

nicht genügend ist, da hiervon zunächst nur die Gewerkschaft Kenntnis erlangt."; MünchArbR-*Otto*, 2. Auflage, § 286 Rn. 108.

1523 EK-*Dieterich* Art. 9 GG Rn. 213, 217 ff..

1524 BAGE 76, 196 (203 f.).

1525 Siehe hierzu BAGE 33, 140 ff.; 33, 185 ff: Danach ist die Aussperrung bei einem an weniger als 25 % der Arbeitnehmer gerichteten Streikaufruf auf weitere 25 % und bei einem Streikaufruf an mehr als 25 % der Arbeitnehmer auf maximal 50 % der Arbeitnehmer des Tarifgebiets begrenzt. Dabei gilt das Tarifgebiet als Grenze für Arbeitskampfmaßnahmen und die Zahl der tatsächlich streikenden Arbeitnehmer als Anknüpfungspunkt der Quotierung.

1526 Siehe hierzu *Konzen*, FS 50 Jahre BAG, S. 515 (551); siehe zur Aussperrungsbefugnis des nicht verbandsangehörigen im Firmenarbeitskampf BAGE 71, 92 (98 f.).

1527 BAGE 76, 196 (201).

1528 BAG RdA 1971, 185 (189); NZA 1994, 1097 (100); NZA 1996, 214 (216); NZA 1996, 209 (211); so auch zur Abwehraussperrung arbeitswilliger Außenseiter *Seiter* S. 344 ff.; so auch zur Anwendung der Arbeitskampfrisikolehre gegenüber arbeitswilligen Außenseiter *Kissel* § 33 Rn. 59 f..

1529 BAGE 80, 213 (219); 80, 265 (272); 84, 302 ff.; 88, 53 ff.; zustimmend auch *Thüsing*, Anm. zu BAG EzA Nr. 119 zu Art. 9 GG Arbeitskampf, S. 8 m.w.N..

1530 BAGE 79, 152 ff.; 80, 213 ff.; 80, 265 ff.; 80, 277 ff.; 84, 302 ff.; 88, 53 ff.; 90, 280 ff..

schluss einer Notarbeitsvereinbarung, in der der Arbeitgeber der Gewerkschaft zusicherte, andere als die in der Vereinbarung benannten Arbeitnehmer während des Streiks nicht zu beschäftigen. „Hierin liegt kein unzulässiger Vertrag zu Lasten arbeitswilliger Arbeitnehmer, weil diese während eines Streiks keinen Anspruch auf Beschäftigung haben, selbst wenn und soweit ihr Einsatz technisch möglich und wirtschaftlich zumutbar wäre."[1531] „Da der Arbeitgeber in seiner Entscheidung frei ist, den bestreikten Betrieb oder Betriebsteil auch zu Lasten Arbeitswilliger ganz zu schließen, greift eine Notdienstvereinbarung (mit einer entsprechenden Klausel) grundsätzlich nicht in bestehende Rechte ein,"[1532] vorausgesetzt die Arbeitskampfparteien haben bei der der Auswahl der zur Verrichtung von Notarbeiten vorgesehenen Arbeitnehmer das „allgemeine Willkürverbot" beachtet.[1533]

Diese Rechtsfortbildung des Bundesarbeitsgerichts ist im Schrifttum auf Ablehnung gestoßen.[1534] Im Zentrum der Kritik steht die Benachteiligung arbeitswilliger Arbeitnehmer, denen das Entgeltrisiko ohne Not aufgebürdet werde. Im Grunde gehe es um eine „Zwangssolidarisierung" und damit um einen Eingriff in die negative Koalitionsfreiheit.[1535] Weiter wird beklagt, dass sich die

---

1531 BAGE 76, 196 (203 f.); siehe Anm. v. Buschmann AuR 1995, 39 (40): „Eine Rechtspflicht des Arbeitgebers, Streikbruch zu dulden, würde alsbald in eine Pflicht (das wirtschaftliche Interesse wäre ohnehin gegeben), ihn zu ermöglichen und zu organisieren, umschlagen, damit den Arbeitskampf eskalieren, die Atmosphäre vergiften und das Ziel, nach Beendigung des Arbeitskampfes zur Zusammenarbeit zurückzukehren, gefährden. (...) Zudem blieben zahlreiche Fragen offen (...), vor allem: Welche Veranlassung hätte die Gewerkschaft, unter diesen Umständen noch Notdienstvereinbarungen zu schließen?"

1532 BAGE 79, 152 (157 f.).

1533 BAGE 79, 152 (158); Anm. v. *Buschmann* AuR 1995, 39 (40) weist daraufhin, dass sich bei der Durchführung der Notarbeitsvereinbarung „Organisierte wie Unorganisierte gegenüber dem Arbeitgeber in exakt derselben Rechtssituation befinden."; ähnlich *Gamillscheg* BB 1996, 212 (213); *Löwisch*, FS Gitter, S. 533 (538).

1534 Meinungsstand dargestellt bei *Kissel* § 33 Rn. 113 ff.; *Otto* § 11 Rn. 22 ff.; MünchArbR-*Otto,* 2. Auflage, § 286 Rn. 112 f., Fn. 233; EK-*Dieterich* Art. 9 GG Rn. 219 f. mit jeweils weiteren Nachweisen.

1535 Da die Gewerkschaft Außenseitern gegenüber nicht zur Zahlung von Streikunterstützung verpflichtet ist, werden diese mit dem Entgeltrisiko belastet. Dadurch entstehe ein erheblicher Druck, in die streikführende Gewerkschaft beizutreten, dessen Vereinbarkeit mit Art. 9 Abs. 3 GG auch im Hinblick auf die ungewisse Partizipation am Tariferfolg bezweifelt wird, vgl. *Thüsing* DB 1995, 2607 (2608 f.); *Fischer/Rüthers*, Anm. zu BAG EzA Nr. 115 zu Art. 9 Arbeitskampf, S. 37 f.; *Schulte Westenberg* NJW 1996, 1256 (1257); *Löwisch*, FS Gitter, S. 533 (536 f.); *derselbe*, Anm. zu BAG AR-Blattei ES, Arbeitskampf II 170.2 Nr. 42, S. 4 (5); *Kornbichler* S. 256 ff. (263), 330 ff.

Betriebsstilllegung nicht in das Gesamtgefüge des bisherigen Arbeitskampfrechtes einordnen lasse.[1536]

Zu bedenken ist zunächst, dass eine Stilllegung der Betriebe der Daseinsvorsorge nur insoweit in Betracht kommt, als dass durch den dadurch noch gesteigerten Arbeitsausfall die schutzwürdigen Rechte und Rechtsgüter Dritter nicht beeinträchtigt werden.[1537] Muss eine Leistung dauerhaft verfügbar sein und/oder besteht keine Möglichkeit auf andere Leistungsanbieter auszuweichen, müssen Notstandsarbeiten in einem eine Betriebsstilllegung im Übrigen mitunter hinfäl-

---

(341); *Kentner* S. 94 f., 186; zur Frage der Partizipation bei Tarifpluralität *Giesen* ZfA 2011, 1 (6 f.).

1536 Ordne man die Betriebsstilllegung entgegen BAGE 76, 196 (202) als ein Arbeitskampfmittel des Arbeitgebers ein, unabhängig davon, ob man es als Arbeitskampfmittel sui generis (so etwa *Fischer/Rüthers*, Anm. zu BAG EzA Nr. 115 zu Art. 9 Arbeitskampf, S. 31 ff.) oder Sonderform der Aussperrung (so etwa Anm. v. *Lieb* SAE 1995, 257 (260); *Gamillscheg* BB 1996, 212 (213)) begreife, müsse ihr eine Hilfsfunktion für die Tarifautonomie zukommen, d.h. sie müsse durch die Ausübung von Druck oder die Verringerung dessen final dazu geeignet sein, Einfluss auf die Verhandlungs- bzw. Kampfposition des Arbeitgebers zu nehmen. Dazu aber sei die Stilllegung kaum in der Lage, vgl. *Konzen*, Anm. zu BAG AP Nr. 139 zu Art. 9 GG Arbeitskampf, S.911; *Fischer/Rüthers*, Anm. zu BAG EzA Nr. 115 zu Art. 9 Arbeitskampf, S. 32; *Lieb* SAE 1996, 182 (184); *Kentner* S. 183 f.. Sie tauge weder zur Ausübung eines nennenswerten Druckes auf die kampfführende Gewerkschaft, noch zur Begrenzung des dem Arbeitgeber kampfbedingt entstehenden Schadens. In der Privatwirtschaft sei „die eingeschränkte Fortführung des Betriebes in der Regel wirtschaftlich sinnvoller und mit geringeren Verlusten verbunden als die vorrübergehende gänzliche Einstellung", vgl. BAGE 76, 196 (202). Das Recht des Arbeitgebers zur suspendierenden Betriebsstilllegung sei nur bei Arbeitskämpfen im öffentlichen Dienst relevant, weil wirtschaftliche Kriterien wie Umsatz, Ertrag und Erhaltung von Marktanteilen, derentwegen der Arbeitgeber in der Privatwirtschaft in der Regel an der Aufrechterhaltung seines Betriebes interessiert sei, dort nur eingeschränkt gelten würden, vgl. Anm. v. *Lieb* SAE 1995, 257 (258 f.); *Bauer/Haußmann* DB 1996, 881 (885). Da Arbeitskämpfe in Bereichen der Daseinsvorsorge aber weniger den Arbeitgeber als die Bevölkerung belasten, stelle sich hier eher die Frage nach Einschränkungen der Arbeitskampfbefugnisse, nicht nach deren Erweiterung. Insgesamt fehle der Grund dafür, dem Arbeitgeber durch die nahezu voraussetzungslose Suspendierungsmöglichkeit die Beweisführung bezüglich der Voraussetzung der Arbeitskampfrisikolehre zu ersparen. Aussperrung und Arbeitskampfrisikolehre würden als Reaktionsmöglichkeit des Arbeitgebers ausreichen: Wolle er stilllegen, müsse er aussperren. Müsse er stilllegen, könne er sich auf die Arbeitskampfrisikolehre berufen, vgl. *Rieger* S. 196 ff.; *Thüsing* DB 1995, 2607 (2608).

1537 ArbG Herne, Urt. v. 3.03.2010, Az. 1 Ca 2931/09-juris, Rn. 53, wo in 2 KiTas „eine Notfallbetreuung für das gesamte Stadtgebiet (…) sichergestellt werden sollte" und die übrigen Kitas geschlossen blieben.

lig werden lassenden Umfang erbracht werden.[1538] Darüber hinaus ist die Stilllegungsrechtsprechung des Bundesarbeitsgerichts im Rahmen dieser Bearbeitung nur insoweit von Interesse, als dass in den ihr zugrundeliegenden Fällen die Gewerkschaft ihre Bereitschaft zum Abschluss einer Notarbeitsvereinbarung davon abhängig gemacht hatte, „dass deren Wirksamkeit im Wege des Bindungszusammenhangs an die Betriebsstilllegung durch den Arbeitgeber gekoppelt wird."[1539] Durch diese sog. Nichtbeschäftigungsklauseln wird der Arbeitgeber verpflichtet, andere als in der Notarbeitsvereinbarung vorgesehene Arbeitnehmer während des Streiks nicht zu beschäftigen.[1540]

Zu untersuchen ist daher nicht das *Recht* zur Nichtbeschäftigung Arbeitswilliger, sondern vielmehr die *Pflicht* zur Nichtbeschäftigung Arbeitswilliger als Bestandteil einer Notarbeitsvereinbarung.

Verstößt der Arbeitgeber gegen die vertraglich eingegangene Verpflichtung, andere als in der Notarbeitsvereinbarung vorgesehene Arbeitnehmer während des Streiks nicht zu beschäftigen, wird die Notarbeitsvereinbarung nicht wirksam, so dass es nicht zur Durchführung der Notarbeiten kommt.

Vereinbarungen diesen Inhalts sind unzulässig.[1541] Die Betriebsstillegung kann nicht zur Bedingung für die Durchführung der Notarbeiten gemacht werden, beinhaltet dies doch, dass bei Eintritt bzw. Ausfall der entsprechend auflösenden (§ 158 Abs. 2 BGB) oder aufschiebenden (§ 158 Abs. 2 BGB) Bedingung wegen Wegfalles der Notarbeitsvereinbarung Notarbeiten nicht geleistet werden.[1542] Die Pflicht der kampfführenden Gewerkschaft zur Duldung, nach anderer als der hier vertretenen Auffassung sogar zur Leistung[1543] von Notarbeiten folgt aber, wie auch das Bundesarbeitsgericht in seiner Entscheidung vom 14. 12.1993 klargestellt hat[1544], nicht aus der Notarbeitsvereinbarung, sondern aus dem Grundsatz der Verhältnismäßigkeit. Dieser Pflicht kann sich die Ge-

1538 Siehe hierzu auch *Rudkowski* S. 273, der zufolge ein Arbeitgeber eines Betriebes der Daseinsvorsorge zur Weiterführung des Betriebes verpflichtet sein muss; in diese Richtung auch Anm. v. *Lieb* SAE 1995, 257 (259 f.).

1539 *Kornbichler* S. 30; siehe auch *Löwisch*, FS Gitter, S. 533 (537).

1540 *Konzen*, Anm. zu BAG AP Nr. 137-139 zu Art. 9 GG Arbeitskampf, S. 911; siehe *Kornbichler* S. 31 auf die Problematik hinweisend, die sich stellt, wenn diese Nichtbeschäftigungsklauseln so gefasst sind, dass auch außerhalb des persönlichen und räumlichen Rahmens des gewerkschaftlichen Streikbeschlusses und damit der Stilllegungsmöglichkeit des Arbeitgebers nicht zur Arbeit zugelassen werden.

1541 So auch Thüsing, Anm. zu BAG EzA Nr. 119 zu Art. 9 GG Arbeitskampf, S. 7 (14).

1542 Siehe zur Konstruktion eines „Nötigungsszenario" *Konzen*, Anm. zu BAG AP Nr. 137-139 zu Art. 9 GG Arbeitskampf, S. 916; *Kornbichler* S. 30 ff..

1543 *Löwisch/Mikosch* ZfA 1978, 153 (165 ff.); *Buschmann* AuR 1980, 230 (233); *Däubler* AuR 1981; 257 (263); *Oetker* S. 68 ff. (76).

1544 BAGE 75, 186 (194).

werkschaft nicht durch eine Vereinbarung entledigen.[1545] Eine Vereinbarung, der zufolge bei Nichterfüllung bestimmter Voraussetzungen unbedingt erforderliche Arbeiten nicht geleistet werden, verstößt gegen den Grundsatz der Verhältnismäßigkeit. Wie bereits aufgezeigt, sind der Vertragsfreiheit der Arbeitskampfparteien in Bezug auf Notarbeiten Grenzen gesetzt. Sie können den durch den Grundsatz der Verhältnismäßigkeit vorgegebenen Umfang der Notarbeiten in einer Notarbeitsvereinbarung konkretisieren und erweitern, keineswegs aber die Durchführung dieser Arbeiten gänzlich ausschließen. Sie unter eine Bedingung zu stellen, bedeutet aber, sie im Fall des (Nicht-)Eintritts der Bedingung auszuschließen.[1546] Solche Bedingungen sind unwirksam. Auf bedingte Notarbeitsvereinbarungen ist § 139 BGB anzuwenden.[1547]

Da aber die Rechtsprechung die Betriebsstillegung als Bedingung einer Notarbeitsvereinbarung akzeptiert,[1548] ist das jeweilige Interesse der Arbeitskampfparteien, auch im Hinblick auf die Kampfparität, zu hinterfragen. Die kampfführende Gewerkschaft will sichergehen, dass der Streikerfolg nicht durch die Beschäftigung arbeitswilliger Arbeitnehmer in Frage gestellt wird.[1549] Der Arbeitgeber möchte normalerweise alle Arbeitswilligen beschäftigen, um einen noch größeren Produktionsausfall zu vermeiden. In erster Linie will er aber die Durchführung der zur Erhaltung seines Betriebes notwendigen Arbeiten sichergestellt wissen. Diesbezüglich ist er allerdings nicht auf die Mitwirkung der Gewerkschaft angewiesen.[1550] Er steht nicht unter dem Druck, eine Gefährdung der Existenz seines Betriebes nur dadurch abwenden zu können, dass er die Bedingung der Nichtbeschäftigung Arbeitswilliger akzeptiert und erfüllt. Anders als es in der Entscheidung des Bundesarbeitsgerichts vom 14.12.1993 anklingt,[1551] bleibt dem Arbeitgeber nicht nur die Möglichkeit, um gerichtlichen Rechtsschutz zu ersuchen. Macht die Gewerkschaft den Abschluss einer Notarbeitsvereinbarung von der Aufnahme einer Nichtbeschäftigungsklausel abhängig, kann er seine Notkompetenz ausüben und die Durchführung der unbedingt erforderlichen Arbeiten einseitig anordnen. Wäre der Arbeitgeber darauf beschränkt, die Gewerkschaft im Wege des Verfahrens der einstweiligen Verfügung zur Duldung dieser Arbeiten anzuhalten, ließe sich nicht leugnen, dass er einem gewissen Druck ausgesetzt ist. Da das Verfahren einige Zeit in Anspruch nimmt, hätte er den Eintritt irreversibler Schäden zu befürchten. Diesen Druck

---

1545 So auch *Lieb* SAE 1996, 182 (185); *Kraus* S. 142.

1546 So auch *Kornbichler* S. 38 ff.

1547 *Kraus* S. 143

1548 BAGE 76, 196 ff.; 79, 152 ff..

1549 *Löwisch*, FS Gitter, S. 533 (538 f.).

1550 So auch Anm. v. *Lieb* 1995, 257 (259).

1551 BAGE 75, 186 (195).

könnte er auf die arbeitswilligen Arbeitnehmer ohne Rücksicht auf deren Koalitionszugehörigkeit abwälzen.[1552] „Da dieser Druck aber nicht besteht, kann er auch nicht weiter gegeben werden."[1553] Mangels Druckwirkung spielen Paritätserwägungen hier keine Rolle. Ist die Einbeziehung von anders oder nicht organisierten Arbeitnehmern aus Gründen der Parität nicht erforderlich[1554], ist sie zu unterlassen. Allein der Umstand, dass der Abschluss von Notarbeitsvereinbarungen erleichtert wird, rechtfertigt die „Zwangssolidarisierung mit den Zielen der Gewerkschaft" jedenfalls nicht. [1555] Die Durchführung der Notarbeiten ist auf andere Weise sicherzustellen.

(4) Einteilung zur Durchführung von Notarbeiten

Auch bei einer gemeinsamen Einteilung zur Durchführung von Notarbeiten sind das „allgemeine Willkürverbot" sowie sich aus dem Zweck und der Eigenart der Notarbeiten ergebende „sachliche Gesichtspunkte" zu beachten.[1556] Es gelten die unter § 3 IV. aufgezeigten Grundsätze. So darf es die Gewerkschaft nicht zur Bedingung des Abschlusses einer Notarbeitsvereinbarung machen, dass nur ihre Mitglieder zum Notdienst eingeteilt werden,[1557] etwa um weniger Streikgeld zahlen zu müssen[1558], oder weil sie meint, Notarbeiten könnten selbst im Fall einer einvernehmlichen Regelung nur dann verlässlich ausschließlich in den Grenzen des unbedingt Notwendigen erbracht werden[1559].

(5) Beschränkung der Verwendung hergestellter Produkte

Sollte die Bereitstellung von Gütern nicht ohnehin uneingeschränkt erfolgen müssen, wie es etwa bei Wasser oder Strom der Fall ist, kommt eine Vereinbarung in Betracht, der zufolge der Arbeitgeber dafür Sorge zu tragen hat, dass die zum Zwecke der Mindestversorgung bereitgestellten Güter auch nur zur Mindestversorgung, nicht aber zur Deckung der üblichen Bedarfsnotversorgung verwendet werden.

1552 *Konzen*, Anm. zu BAG AP Nr. 137-139 zu Art. 9 GG Arbeitskampf, S. 911.

1553 *Kraus* S. 142; siehe auch *Kornbichler* S. 59.

1554 Siehe hierzu *Seiter* S. 343 ff..

1555 *Thüsing* DB 1995, 2607 (2608 f.); zustimmend *Kissel* § 43 Rn. 44, 46; ähnlich *Löwisch*, FS Gitter, S. 533 (539).

1556 BAGE 79, 152 (158);*Thüsing*, Anm. zu BAG EzA Nr. 119 zu Art. 9 GG Arbeitskampf, S. 7 (14 f.).

1557 *Otto* § 8 Rn. 33; *Thüsing*, Anm. zu BAG EzA Nr. 119 zu Art. 9 GG Arbeitskampf, S. 7 (13).

1558 Siehe aber *Kraus* S. 83.

1559 Siehe aber *Löwisch/Mikosch* ZfA 1978, 153 (167 f.); *Löwisch,* FS Gitter, S. 533 (538).

So hat das LAG Hamm von dem Betreiber eines Blutspendedienstes verlangt, eine eidesstaatliche Versicherung darüber abzugeben, dass die im Rahmen der Notstandsarbeiten gesammelten Blutspenden nur der Notfallversorgung zugeführt werden.[1560] Problematisch daran ist aber, dass der Betreiber es nicht in der Hand hat, wie die von ihm selbst nach diesen Gesichtspunkten belieferten Krankenhäuser mit den von ihnen bezahlten Blutprodukten verfahren werden, also ob sie es tatsächlich nur für unaufschiebbare Eingriffe u.ä. verwenden werden. Dies sah auch das LAG Hamm und forderte vom Betreiber, sich die Einhaltung der Verwendungsbeschränkung von seinen Abnehmern schriftlich zusichern zu lassen, gab aber zu, damit die in seinen Augen rein „theoretische Gefahr einer missbräuchlichen Handhabung“ nicht gänzlich ausräumen zu können.[1561]

Nicht nur, dass einem erheblichen Aufwand unsichere Ergebnisse gegenüberstehen,[1562] sondern auch die mangelnde Befugnis der Tarifvertragsparteien, außenstehende Dritte derart einzuspannen, steht einer (derartigen) Verwendungsbeschränkung als Gegenstand einer Notarbeitsvereinbarung entgegen.

In Betracht kommt aber zu vereinbaren, dass der Arbeitgeber bei der Abgabe von Produkten auf eine entsprechende Verwendung drängen muss, um seinen Abnehmern den streikbedingten Ausfall vor Augen zu führen.

d) Tarifpraxis

Von der Möglichkeit, die Einzelheiten der Notarbeiten tarifvertraglich zu regeln, wird in der Praxis kein Gebrauch gemacht.[1563] Dies ist vor allem darauf zurückzuführen, dass eine Notarbeitsvereinbarung in Form eines Tarifvertrages angesichts der nach den Satzungen der Verbände einzuhaltenden Verfahren der innergewerkschaftlichen Willensbildung ein „zu aufwändiges Mittel“ ist.[1564] Die Satzungen sehen in der Regel vor, dass vor dem Abschluss eines Tarifvertrags

1560 LAG Hamm NZA-RR 2007, 250 (254).

1561 LAG Hamm NZA-RR 2007, 250 (254): „Rechtstechnisch kommt insoweit allerdings kein an die Verfügungskl. gerichtetes - vollstreckbares - Gebot oder Verbot in Betracht.“ Es geht „nicht darum, der bekl. Gewerkschaft ein eigenständig durchsetzbares Recht in Bezug auf die beschränkte Abgabe der im Arbeitskampf gesammelten Blutspenden zu verschaffen. Vielmehr handelt es sich bei der verfügten Verwendungsbeschränkung um eine von der Verfügungskl. zu belegende Voraussetzung dafür, dass sie von der Verfügungsbekl. Die Unterlassung gemeinwohlgefährdender Kampfmaßnahmen verlangen (...) kann.“

1562 So auch *Rudkowski* S. 279.

1563 So etwa *Fenn* DB 1982, 430 (435); anschauliche Darstellung bei *Apfel* S. 99 ff..

1564 Däubler-*Däubler*, TVG, Einl. Rn. 848, 857.

die ausdrückliche Vollmacht des Hauptvorstandes[1565] und in bestimmten Fällen sogar die Zustimmung der Mitglieder oder ihrer Repräsentanten eingeholt werden muss, damit ein Tarifvertrag Bindungswirkung entfaltet.[1566] Während die Vermutung der Sachgerechtigkeit tariflicher Regelungen dieses Abschlusserschwernis noch zu rechtfertigen vermag, wird der Abschluss einer Notarbeitsvereinbarung, die keine unmittelbaren Rechtswirkungen auf das zwischen dem Arbeitgeber und Arbeitnehmer bestehende Arbeitsverhältnis entfaltet[1567], dadurch nur unnötig erschwert.

3. Parteien der Notarbeitsvereinbarung

Eine Notarbeitsvereinbarung ist allein deswegen nicht als Tarifvertrag einzuordnen, weil sie in der Regel nicht zwischen den Tarifvertragsparteien zustande kommt.

Parteien des Tarifvertrages sind gemäß § 2 Abs. 1 TVG Gewerkschaften, Arbeitgeberverbände und einzelne Arbeitgeber. Der Tarifvertrag ist, was sein Zustandekommen angeht, ein privatrechtlicher Vertrag wie andere auch. Neben den Vorschriften über den Abschluss von Verträgen §§ 145 ff. BGB gelten die Stellvertretungsvorschriften der §§ 164 ff. BGB.[1568] Bei dem Vertragsschluss handeln die Koalitionen gemäß §§ 26, 30 BGB durch ihren Vorstand bzw. den satzungsmäßigen Vertreter.[1569] Möglich ist auch der Abschluss eines Tarifvertrages durch eine als Vertreter handelnde Spitzenorganisation, § 2 Abs. 2 TVG sowie der Einsatz von Verhandlungsführern, die den Tarifvertrag als Stellvertreter der Tarifvertragsparteien nach §§ 164 ff. BGB abschließen.[1570] Hingegen werden Notarbeitsvereinbarungen zu meist zwischen dem bestreikten Arbeitgeber und der örtlichen Streikleitung geschlossen.[1571] „Dies ist auch sinnvoll, da dort am besten abgeschätzt werden kann, welche Maßnahmen im Einzelnen erforderlich sind,“[1572] da an dieser Stelle die notwendigen Betriebskenntnisse vor-

1565 Däubler-*Däubler*, TVG, Einl. Rn. 847.

1566 *Boeck* S. 129.

1567 BAGE 75, 186 (193); Däubler-*Reinfelder* § 15 Rn. 45.

1568 *Löwisch* BB 1997, 2161 (2161); BAG NZA 1997, 1064 (1066).

1569 TVG-*Zachert* § 1 Rn. 19.

1570 BGA NZA 1997, 1064 (1066); *Löwisch/Rieble*, TVG, § 1 Rn. 353; TVG-*Zachert* § 1 Rn. 20; ausführlich zur Tariffähigkeit von Spitzenorganisationen *Wiedemann/Thüsing* RdA 1995, 280 ff..

1571 Siehe hierzu BAGE 79, 152 (155); *Apfel* S. 104, 113 ff.; *Däubler* AuR 1981, 257 (264); *Gamillscheg* S. 1167; Brox/Rüthers-*Brox* Rn. 349; *Fenn* DB 1982, 430 (435); TVG-*Zachert* § 1 Rn. 661.

1572 Däubler-*Reinfelder* § 15 Rn. 45.

handen sind. Während der einzelne Arbeitgeber auch ohne vorherige Verbandsdelegation zum Abschluss eines Firmentarifvertrages berechtigt ist, der die Modalitäten der Notarbeiten bezogen auf seinen Betrieb regelt, kann durch die örtliche Streikleitung mangels einer Bevollmächtigung im Sinne des § 167 BGB durch den Hauptvorstand der Gewerkschaft - abgesehen von den Fällen einer Duldungs- oder Anscheinsvollmacht[1573] - auch ein Firmentarifvertrag nicht wirksam abgeschlossen werden.[1574] Handelt ein Vertreter ohne Vertretungsmacht, ist das Rechtsgeschäft schwebend unwirksam, kann aber von dem Vertretenen, in diesem Fall der Gewerkschaft, gemäß § 184 Abs. 1 BGB genehmigt werden, vgl. § 177 Abs. 1 BGB.[1575] Wurde der Vertrag nicht von vornherein unter dem Vorbehalt der Genehmigung seitens der Gewerkschaft geschlossen und verweigert die Gewerkschaft die Genehmigung, haftet der Vertreter ohne Vertretungsmacht nach § 179 Abs. 1 BGB, es sei denn, der Vertragspartner kannte den Mangel der Vertretungsmacht oder musste ihn kennen, vgl. § 179 Abs. 3 S. 1 BGB. [1576] Der Vertreter ohne Vertretungsmacht ist „zur Erfüllung oder zum Schadensersatz verpflichtet". Da eine Inanspruchnahme des handelnden Gewerkschafters auf Erfüllung ausscheidet, weil er mangels Tariffähigkeit nicht selbst einen Tarifvertrag abschließen kann, trifft ihn die Pflicht, den das Erfüllungsinteresse umfassenden Schaden zu ersetzen.[1577] Von der Frage nach der Liquidität des handelnden Gewerkschafters einmal abgesehen, bereitet bereits die Schadensermittlung Probleme, weswegen auch die Literatur[1578] dieser Rechtsfolge kritisch gegenübersteht: Muss der vollmachtlose Vertreter für den Schaden einstehen, der infolge von Streitigkeiten über den Umfang der Notar-

---

1573 Zum Tarifvertragsschluss nach den Grundsätzen der Duldungs- oder Anscheinsvollmacht BAG NZA 2008, 892 ff..

1574 Däubler-*Reinfelder* § 15 Rn. 45.

1575 Siehe hierzu BAG NZA 2008, 892 (894); BAGE 85, 28 (38), wonach ein vollmachtlos abgeschlossener Tarifvertrag jedenfalls dann als genehmigt anzusehen ist, wenn die schwebend unwirksam vertretene Tarifvertragspartei dessen Gültigkeit mehrere Jahre lang nicht angezweifelt hat; TVG-*Zachert* § 1 Rn. 25.

1576 *Löwisch* BB 1997, 2161 (2161).

1577 *Löwisch* BB 1997, 2161 (2161).

1578 Siehe etwa *Gamillscheg* S. 513; *Löwisch* BB 1997, 2161 (2161), der das „harte Ergebnis der Haftung des vollmachtlos handelnden Gewerkschaftlers auf den Erfüllungsanspruch" durch einen auf die mittlerweile vom BAG (NZA 1994, 1083 ff.) aufgegebene Haftungserleichterung bei gefahrgeneigten Tätigkeiten gestützten Freistellungsanspruch gegen seine Gewerkschaft abmildern will. Davon ausgehend, dem Handelnden sei allenfalls mittlere Fahrlässigkeit vorzuwerfen, da er auf die Genehmigung seitens der Gewerkschaft vertraut habe, meint Löwisch, der betroffene Arbeitgeber könne auf den Freistellungsanspruch des vollmachtlos Handelnden zugreifen, insbesondere ihn pfänden und sich überweisen lassen.

beiten zu Streikbeginn entstanden ist, weil sein Handeln dazu geführt hat, dass der bestreikte Arbeitgeber diese nicht (wirksam) mit der Gewerkschaft beilegen konnte? Inwieweit beeinflusst sein Handeln den (Miss-)Erfolg eines Streiks? Muss er die Arbeitsentgelte der Arbeitnehmer entrichten, deren Arbeit nicht unbedingt erforderlich war, aber vereinbart und erbracht worden ist?

4. Parteiwille

Dass es sich bei einer Notarbeitsvereinbarung nicht um einen Tarifvertrag handelt, wird insbesondere am Willen der Tarifpartner festgemacht,[1579] denn die Klärung, ob es sich um einen Tarifvertrag handelt oder um eine andere Vereinbarung zwischen tariffähigen Parteien, richtet sich nach den allgemeinen Regeln über das Zustandekommen und über die Auslegung schuldrechtlicher Verträge gemäß §§ 133, 157 BGB.[1580] Die Regeln über die Auslegung von Tarifverträgen[1581] sind nicht heranzuziehen," wenn es um die Frage geht, „ob es sich überhaupt um einen Tarifvertrag handelt."[1582]

Darauf, dass die Parteien die Notarbeitsvereinbarung nicht als Tarifvertrag schließen wollen, deutet oftmals die Bezeichnung ihrer Einigung als „nichttariflich" oder die Verwendung von Begriffen wie „rechtsverbindliche Vereinbarung" und „gemeinsame Erklärung" anstelle von „Tarifvertrag" hin.[1583] Auch dass die Notdienstvereinbarungen regelmäßig nicht das Formerfordernis der § 1 Abs. 2 TVG i.V.m. § 126 BGB wahren, spricht gegen die Einordnung als tarifvertragliche Regelung.[1584] Ein Tarifvertrag muss schriftlich niedergelegt und von beiden Seiten unterschrieben werden. Das Schriftformgebot gilt sowohl für den normativen als auch für den schuldrechtlichen Teil.[1585] Ein Formmangel führt gemäß § 125 S. 1 BGB zur Nichtigkeit des Tarifvertrages.[1586] Bei einer

---

1579 *Däubler* AuR 1981, 257 (264); siehe auch BAG NZA 2005, 178 (2. Ls., 180); BAGE 87, 45 (56 ff.).

1580 BAG NZA 2011, 808 (809); Wiedemann-*Thüsing* § 1 Rn. 25.

1581 Siehe zur Auslegung von Tarifverträgen Wiedemann-*Wank* § 1 Rn. 978 ff; TVG-*Zachert* Grundl. Rn. 358 ff..

1582 BAG NZA 2011, 808 (809); NZA 2005, 178 (180); Däubler-*Däubler*, TVG, Einl. Rn. 868.

1583 *Däubler* AuR 1981, 257 (264); siehe auch BAG NZA 2005, 178 (180); BAGE 87, 45 (56 ff.)

1584 BAGE 75, 186 (193); Däubler-*Reinfelder* § 15 Rn. 45: Däubler-*Däubler*, TVG, Einl. Rn. 847.

1585 *Löwisch/Rieble*, TVG, § 1 Rn. 375; Wiedemann-*Thüsing* § 1 Rn. 315; *Mangen* RdA 1982, 229 (229).

1586 *Mangen* RdA 1982, 229 (229).

Notdienstvereinbarung fehlt - sofern sie überhaupt schriftlich fixiert worden ist und es sich nicht nur um eine mündliche Absprache handelt[1587] – in der Regel die beiderseitige Unterschrift unter einem verbindlichen Text.[1588] Es kann aber nicht angenommen werden, dass die Parteien bei dem Abschluss einer Notarbeitsvereinbarung „sehenden Auges" einen formunwirksamen und damit nichtigen Vertrag schließen wollen. Ebenso wie die Bezeichnung ist die fehlende Schriftform zumindest ein Indiz dafür, dass die Tarifpartner nicht beabsichtigten, einen Tarifvertrag zu schließen.[1589]

5. Ergebnis

Im Ergebnis ist festzuhalten, dass eine Einigung über die Modalitäten von Erhaltungs- und Notstandsarbeiten im Rahmen von Tarifverträgen theoretisch möglich ist, praktisch jedoch nicht erfolgt,[1590] sei es, weil die Tarifvertragsparteien dies nicht wollen, sei es, weil sich eine tarifvertragliche Regelung nur begrenzt eignet.

II. Nichttarifliche Abkommen

Beispiel für nichttarifliche Abkommen ist die Sozialpartnervereinbarung zwischen dem Arbeitgeberverband Chemie und der Gewerkschaft Chemie - Papier - Keramik vom 25.01.1983 und die darauffolgenden Erklärungen[1591], die nicht notwendigerweise verbindlichen Charakter besitzen, sondern auch bloße „Empfehlungen" an die Unternehmen oder reine „Absichtserklärungen" darstellen können.[1592] Auf diese Weise geregelt wurden bislang Gegenstände wie die Durchführung von betrieblichen Wahlen gewerkschaftlicher Vertrauensleute, der Umweltschutz, die Frauenförderung und die berufliche Weiterbildung.[1593] Erhaltungs- und Notstandsarbeiten wurden hingegen nicht thematisiert. Dies

1587 Siehe hierzu *Apfel* S. 104.

1588 *Däubler* AuR 1981, 157 (264).

1589 So auch Wiedemann-*Thüsing* § 1 Rn. 25; *Däubler*, TVR, Rn. 1616; *Boeck* S. 137.

1590 Wiedemann-*Thüsing* § 1 Rn. 24 m.w.N..

1591 Gamillscheg S. 510 mit weiteren Beispielen auf S. 508 f.; Däubler, TVR, Nr. 1626 f.; Das erste Abkommen ist im Wortlaut wiedergegeben in RdA 1983, 304 (304).

1592 *Eich* NZA 1995, 149 (153 f.); Däubler-*Däubler*, TVG, Einl. Rn. 851, 873; ausführlich *Boeck* S. 147 ff. m.w.N..

1593 *Eich* NZA 1995, 145 ff.; Däubler-*Däubler,* TVG, Einl. Rn. 851; Wiedemann-*Thüsing* § 1 Rn. 21; *Gamillscheg* S. 510.

bietet sich auch nicht an, soweit dem Abkommen die Verbindlichkeit fehlt und es sich dabei um bloße Empfehlungen handelt.

III. Betriebsvereinbarung

In der Praxis kommt es vor, dass Arbeitgeber und Betriebsrat eine die Durchführung von Erhaltungs- und Notstandsarbeiten betreffende Vereinbarung schließen.[1594] Für den Betriebsrat als Partei einer solchen auf betrieblicher Ebene geschlossenen Vereinbarung spricht, dass er aufgrund seiner umfassenden Kenntnisse der Betriebsabläufe und der Belegschaft in der Lage ist, die Notwendigkeit einzelner Arbeiten und den damit verbundenen Personalbedarf schneller und besser als die streikführende Gewerkschaft einzuschätzen.[1595]

1. Regelungssperre des § 77 Abs. 3 S. 1 BetrVG

Da andernfalls der Tarifvorbehalt des § 77 Abs. 3 S. 1 BetrVG (§ 75 Abs. 5 BPersVG) einer Betriebsvereinbarung (Dienstvereinbarung) entgegen steht, setzt eine Regelung der Notarbeiten durch die Betriebspartner voraus, dass Notarbeiten entweder zu keinem Zeitpunkt Gegenstand einer Tarifvereinbarung der sich nun in Verhandlungen befindenden Parteien waren oder, dass, sollte eine tarifliche Regelung vorliegen oder diese üblich sein, der Tarifvertrag die Betriebsvereinbarung als konkurrierende normative Regelung explizit zulässt.[1596] Selbst wenn die Tarifvertragsparteien den Betriebspartnern durch eine betriebsverfassungsrechtliche Norm[1597] im Sinne von §§ 1 Abs. 1 Var. 5, 3 Abs. 2 TVG, sog. tarifliche Öffnungsklauseln, eine Möglichkeit zur Regelung einräumen, werden dadurch keine Regelungskompetenzen übertragen, sondern lediglich die

---

1594 Siehe Tatsachenmaterial bei *Apfel* S. 97 ff.; *Fenn* DB 1982, 430 (435); Anm. v. *Hromadka* SAE 1983, 59 (60); *Bauer/Haußmann* DB 1996, 881 (883); *Heckelmann* S. 26; Brox/Rüthers-*Brox* Rn. 349; *Gamillscheg* S. 1171.

1595 Siehe *Bauer/Haußmann* DB 1996, 881 (883); *Schmidt* DB 1978, 1278 (1278); *Heckelmann* S. 26; *Kissel* § 43 Rn. 38, 63; *Gamillscheg* S. 1171.

1596 *Rieble* ZfA 2004, 404 (408); siehe auch BAGE 56, 18 (25 f.).

1597 Siehe zur Einordnung der Zulassung einer Betriebsvereinbarung zur Regelung der Notarbeiten als betriebsverfassungsrechtliche Norm im Sinne des § 1 Abs. 1 TVG TVG-*Kempen* § 3 Rn. 26; *Kraus* S. 158; *Zöllner/Loritz/Hergenröder* S. 379; *Löwisch/Mikosch* ZfA 1978, 153 (175); siehe zu den Gründe für das Zulassen betrieblicher Regelungen durch tarifvertragliche Öffnungsklauseln Wiedemann-*Thüsing* § 1 Rn. 270.

betriebliche Reglungssperre des § 77 Abs. 3 S. 1 BetrVG beseitigt.[1598] Indem die Tarifvertragspartien ihre eigenen Befugnisse zurücknehmen, lassen sie fremde Regelungskompetenzen wieder aufleben, vgl. § 77 Abs. 3 S. 2 BetrVG.[1599] Die Betriebspartner müssen also aus eigenem Recht zur Regelung berechtigt sein; andernfalls kommt eine Betriebsvereinbarung als Regelungsinstrument nicht in Betracht.[1600]

2. Regelungszuständigkeit des Betriebsrates

Ob sich die betriebsverfassungsrechtliche Regelungszuständigkeit auf die Konkretisierung der Notarbeiten erstreckt, wird nicht einheitlich beurteilt.[1601] Jedenfalls unterliegt die Konkretisierung der Notarbeiten nicht der betriebsverfassungsrechtlichen Mitbestimmung, so dass der Betriebsrat eine Betriebsvereinbarung im Sinne des § 77 Abs. 4 BetrVG nicht erzwingen kann. Allenfalls in Betracht kommt daher eine freiwillige Betriebsvereinbarung im Sinne des § 88 BetrVG.[1602]

Anders als die Aufzählung der zwingend mitbestimmten sozialen Angelegenheiten in § 87 BetrVG, ist die Aufzählung in § 88 BetrVG, wie sich aus dem Eingangssatz („insbesondere") ergibt, nicht abschließend. Seiner systematischen Stellung und der Art der aufgezählten Gegenstände nach zu urteilen, verleiht § 88 BetrVG den Betriebspartnern für sämtliche soziale Angelegenheiten eine „umfassende Regelungskompetenz".[1603] Über eine extensive Auslegung des

---

1598 Vgl. BAG NZA 1992, 317 (320);TVG-*Wendeling-Schröder* Grundl. Rn. 339; *Säcker/Oetker* S. 92.

1599 Vgl. *Rieble* ZfA 2004, 404 (409 f.); *Säcker/Oetker* S. 92.

1600 Siehe hierzu *Heinze* NZA 1994, 580 (581); *Säcker/Oetker* S. 92.

1601 Dafür GK-*Kreutz* § 74 Rn. 82; *Schmidt* DB 1978, 1278 (1278); LAG Frankfurt AuR 1970, 349 (351); nach Anm. v. *Herschel* AuR 1970, 352 (352) soll es zulässig sein, wenn tarifvertragliche Regelungen der Notarbeiten durch Betriebsvereinbarungen ergänzt werden.; ähnlich *Wiese* NZA 1984, 378 (382), dem zufolge die Tarifpartner etwa nur die Zahl der Arbeitnehmer tariflich vereinbaren und deren Auswahl der Betriebspartnern überlassen können; dagegen LAG Niedersachsen AuR 1981, 285 (287 f.); *Oetker* S. 83 ff.; *Heckelmann* S. 26 f.; *Kempen* NZA 2005, 185 (189); *Fitting* § 74 Rn. 24; siehe aber auch *Löwisch/Mikosch* ZfA 1978, 153 (175 f.) u. *Bauer/Haußmann* DB 1996, 881 (883); die eine Regelungskompetenz des Betriebsrats ablehnen, aber durch Tarifvertrag zugelassene freiwillige Betriebsvereinbarungen über die betriebliche Ausführung der Erhaltungsarbeiten zulassen wollen.

1602 So auch *Heckelmann* S. 26; *Bauer/Haußmann* DB 1996, 881 (883); Brox/Rüthers-*Brox* Rn. 467; *Kissel* § 43 Rn. 38; *Otto* § 8 Rn. 23; GK-*Kreutz* § 74 Rn. 82 f..

1603 BAGE 120, 308 (312); 63, 211 (215 ff.); GK-*Wiese* § 88 Rn. 7; *Fitting* § 88 Rn. 1; a.A. *Veit* S. 290.

Begriffs der „sozialen Angelegenheiten“[1604] und/oder durch einen Umkehrschluss aus § 77 Abs. 3 S. 1 BetrVG[1605] gelangt eine in Rechtsprechung und Literatur weit verbreitete Ansicht zu dem Schluss, dass sowohl formelle als auch materielle Arbeitsbedingungen, also alles das, was zum Inhalt eines Tarifvertrages gemacht werden kann, durch Betriebsvereinbarung geregelt werden kann.[1606] Sieht man die Regelung der Notarbeiten wegen ihrer Ausstrahlung auf die Rechtsstellung der Arbeitnehmer als „Arbeitsbedingungen im weitesten Sinne“ an,[1607] lässt sich eine in § 88 BetrVG angelegte Zuständigkeit des Betriebsrates nicht gänzlich von der Hand weisen.

Zu bedenken ist aber, dass die den Betriebspartnern durch das BetrVG eingeräumten Befugnisse „auf einer Staatsintervention zur Verteilung der Regelungsmacht zwischen der Arbeitgeber- und Arbeitnehmerseite innerhalb der Arbeitsorganisation“ beruhen[1608], Notarbeiten aber nicht der originären Regelungsmacht des Arbeitgebers unterstehen, sondern von diesem gemeinsam mit der (betriebsübergreifend organisierten) Gewerkschaft zu regeln sind.

Will man dennoch von einer funktionellen Zuständigkeit des Betriebsrates ausgehen, ist zu berücksichtigen, dass Notarbeiten für das Ausmaß des durch die Störung des Betriebes erreichbaren Drucks von Bedeutung sein können, es bei der Gestaltung der Notarbeiten inhaltlich also um die Gestaltung des Arbeits-

---

1604 W/P/K-*Bender* § 88 Rn. 1 ff.; Richardi-*Richardi* § 88 Rn. 4; GK-*Wiese* § 88 Rn. 10 f.; *Otto* NZA 1992, 97 (101); BAGE 63, 211 (216): „Die Regelungsbefugnis lässt sich jedoch inhaltlich nicht auf soziale Angelegenheiten beschränken. Die Grenzen zwischen sozialen, personellen (§§ 92 ff. BetrVG) und wirtschaftlichen Angelegenheiten (§§ 106 ff. BetrVG) sind fließend.“; BAGE 86, 228 (234): „Das zeigt sich gerade am Beispiel des Sozialplans, der die sozialen Belange der von einer wirtschaftlichen Entscheidung des Unternehmens betroffenen Arbeitnehmer wahren soll. Einer ausdrücklichen Ermächtigung zum Abschluss freiwilliger Betriebsvereinbarungen für den Bereich der §§ 112 ff. BetrVG bedarf es daher nicht. Die Systematik der Gliederung des Gesetzes in Abschnitte über soziale, personelle und wirtschaftliche Angelegenheiten hat nicht den Zweck und die Bedeutung eine abgestufte Regelungskompetenz der Betriebspartner zum Ausdruck zu bringen.“ a.A. *Veit* S. 265 ff., 278 ff..

1605 *Fitting* § 88 Rn. 2, § 77 Rn. 45 ff.; *Linsenmaier* RdA 2008, 1 (4 f.); BAGE 120, 308 (312); 63, 211 (216 f.); a.A. *Veit* S. 207 ff..

1606 BAGE 120, 308 (312): „Während nach § 73 Abs. 1 S. 1 BPersVG Dienstvereinbarungen im Bereich der Personalvertretung (nur) insoweit zulässig sind, wie sie das BPersVG ausdrücklich vorsieht, gibt es eine entsprechende Beschränkung im BetrVG nicht. Die Annahme einer umfassenden Regelungskompetenz der Betriebsparteien steht in Übereinstimmung mit den Gesetzesmaterialen und wird durch die Regelung in § 28 Abs. 1 SprAuG bestätigt.“; kritisch W/P/K-*Bender* § 88 Rn. 3; Richardi-*Richardi* § 77 Rn. 66 ff.; *Otto* NZA 1992, 97 (101).

1607 So etwa *Wiese* NZA 1984, 378 (382); *Kraus* S. 150.

1608 Richardi-*Richardi* § 77 Rn. 70.

kampfes geht.[1609] In dem oben dargelegten Rahmen sind dafür aber die Tarifvertragsparteien zuständig.[1610] In dem Bereich des Arbeitskampfes hat nicht der Betriebsrat, sondern die Gewerkschaft „das Primat zur Wahrung des Arbeitnehmerinteresses".[1611] Dem kann nicht entgegen gehalten werden, das Primat werde durch eine Bejahung einer grundsätzlichen Zuständigkeit des Betriebsrates insoweit nicht angetastet, als dass die Sperre des § 77 Abs. 3 S. 1 BetrVG der Regelungszuständigkeit der Tarifpartner den Vorrang gegenüber der der Betriebspartner garantiere. Dabei bliebe außer Acht, dass eine die Notarbeiten betreffende Vereinbarung zwischen Arbeitgeber und Gewerkschaft üblicherweise nicht als Sperrwirkung entfaltender Tarifvertrag getroffen wird, § 77 Abs. 3 S. 1 BetrVG aber nicht auch zwischen den Kampfparteien getroffene Absprachen mit anderer Rechtsqualität den Vorrang ausdrücklich einräumt. Von daher ist auf den Zweck der Norm abzustellen. Sie will verhindern, dass Gegenstände, derer sich die Tarifvertragsparteien angenommen haben, konkurrierend – und sei es inhaltsgleich – durch Betriebsvereinbarung geregelt werden. Ohne konkurrenzhemmende Sicherungen und Kompetenzbegrenzungen droht den Tarifvertragspartien die Gefahr des Funktionsverlustes, welcher notwendigerweise ihre Existenzgrundlage erschüttert; die Funktionsfähigkeit der Tarifautonomie wird in Frage stellt.[1612]

Soweit die Kampfparteien die Notarbeiten regeln, ist eine Zuständigkeit des Betriebsrates, ungeachtet der von den Kampfparteien gewählten Vertragsform, ausgeschlossen.[1613] Art. 9 Abs. 3 GG setzt ihm insoweit Grenzen,[1614] wäre eine zwischen den Betriebspartnern geschaffene Arbeitskampfordnung doch eine Vorwegnahme von Aufgaben der Kampfpartner.[1615]

Aber auch dann, wenn sich die Kampfparteien noch nicht geeinigt haben, bestehen im Hinblick auf deren Vereinbarkeit mit § 74 Abs. 2 BetrVG Bedenken gegen eine Regelungszuständigkeit des Betriebsrates.[1616] Seinem Wortlaut nach gebietet § 74 Abs. 2 BetrVG dem Betriebsrat lediglich, sich bei der Aus-

---

1609 So auch *Bauer/Haußmann* DB 1996, 881 (883); *Löwisch/Mikosch* ZfA 1978, 153 (175); *Fitting* § 74 Rn. 24; *Kissel* § 43 Rn. 38; Brox/Rüthers-*Brox* Rn. 467.

1610 Wie vorstehend.

1611 *Heckelmann* S. 26 f.; siehe auch LAG Niedersachsen AuR 1981, 285 (287 f.); *Kempen* NZA 2005, 185 (189); *Fitting* § 74 Rn. 24; *Löwisch/Mikosch* ZfA 1978, 153 (175), wonach sich die Zuständigkeit des Betriebsrates nicht auf Fragen der Tarifvertrags- und Arbeitskampfordnung erstreckt.

1612 *Fitting* § 77 Rn. 67 m.w.N.; *Dieterich* RdA 2002, 1 (4).

1613 So auch *Wiese* NZA 1984, 378 (382).

1614 Anm. v. *Hergenröder* SAE 1996, 326 (327).

1615 So auch *Kraus* S. 151.

1616 So auch LAG Niedersachsen AuR 1981, 285 (287 f.); *Bauer/Haußmann* DB 1996, 881 (883); *Kempen* NZA 2005, 185 (189).

übung seiner Rechte arbeitskampfneutral zu verhalten, nicht sich gänzlich aus dem Arbeitskampf heraus zuhalten. *Wiese* folgert daraus, dass auch der Betriebsrat eine die Notarbeiten betreffende Regelung nicht zu Kampfzwecken missbrauchen darf, nicht aber, dass seine Mitwirkung daran ausgeschlossen ist.[1617] Dass die Betriebspartner über die Notarbeiten verhandeln, könnte den Arbeitgeber aber von „weiteren" Verhandlungen mit der Arbeitnehmerseite, in diesem Fall der Gewerkschaft, abhalten.[1618] Dadurch würden, unabhängig von der Intention des Betriebsrates, im Zusammenhang mit dem Arbeitskampf stehende Maßnahmen beeinflusst werden, was § 74 Abs. 2 BetrVG gerade vermeiden will.

Da die Notarbeiten von den Arbeitskampfparteien gemeinsam zu regeln sind, gehört es „nicht zu den Aufgaben des Betriebsrats, während eines Arbeitskampfes mit dem Arbeitgeber auch über die Durchführung eines Notdienstes zu verhandeln oder gar entsprechende (Betriebs-)Vereinbarungen zu treffen."[1619] Als „Teilkomplex des Arbeitskampfes" obliegt die Regelung der Notarbeiten den kampfführenden Parteien selbst.[1620]

3. Bindungswirkung einer Betriebsvereinbarung

Zudem kann eine Betriebsvereinbarung nicht maßgebend für den Streikaufruf der Gewerkschaft sein. Eine Betriebsvereinbarung entfaltet ihr gegenüber keine rechtliche Bindung.[1621] Wären nun aber von der Gewerkschaft zum Streik aufgerufene Arbeitnehmer durch die Betriebsvereinbarung vom Streikaufruf ausgenommen,[1622] wäre die Gewerkschaft faktisch gebunden. Zur Beschränkung des gewerkschaftlichen Streikaufrufs und damit zur Einschränkung der aus Art. 9 Abs. 3 GG folgenden Rechte fehlt dem Betriebsrat aber die Kompetenz.[1623]

1617 *Wiese* NZA 1984, 378 (382); a.A. wie vorstehend.

1618 Siehe etwa BAG DB 1982, 1827 ff..

1619 B /P/S/U-AKR Rn. 426 ff.; so auch *Schliemann* RdA 2012, 14 (20 f.).

1620 B /P/S/U-AKR Rn. 426 ff..

1621 *Hiersemann* BB 1966, 252 (253); *Heckelmann* S. 13 f, 26; *Löwisch/Mikosch* ZfA 1978, 153 (175); *Kissel* § 43 Rn. 38; *Schliemann* RdA 2012, 14 (21).

1622 *Wiese* NZA 1984, 378 (382); siehe auch *Leinemann* BB 1971, 2309 (2315); *Däubler* AuR 1981, 257 (264).

1623 So auch LAG Niedersachsen AuR 1981, 285 (2. Ls.); *Däubler* AuR 1981, 257 (264); *Wiese* NZA 1984, 378 (382); *Löwisch/Mikosch* ZfA 1978, 153 (175); Brox/Rüthers-*Brox* Rn. 467; Däubler-*Reinfelder* § 15 Rn. 51; *Leinemann* BB 1971, 2309 (2315).

4. Zulassung einer (ergänzenden) Betriebsvereinbarung

Eine freiwillige Absprache zwischen Arbeitgeber und Betriebsrat kommt daher allenfalls dann in Betracht, wenn die Tarifvertragsparteien die Ergänzung der eigenen, aber wissentlich in Teilen offengelassenen Regelung bewusst den Betriebspartnern überlassen haben.[1624] So wie die Sperrwirkung eines Tarifvertrages gemäß § 77 Abs. 2 S. 2 BetrVG mittels einer nach Inhalt, Zweck und Ausmaß bestimmten Öffnungsklausel aufgehoben werden kann, soll es den Tarifvertragsparteien - u.U. auch durch konkludentes Handeln[1625] - möglich sein, ihre (Vorrang-)Kompetenz hinsichtlich der Notarbeiten zugunsten der Kompetenz der Betriebspartner zurückzunehmen.[1626]

Jedenfalls dann, wenn die Tarifparteien den Rahmen für die Notarbeiten selbst regeln und den Betriebspartnern lediglich betriebliche Ausführungsbestimmungen überlassen, liegt kein „unzulässiger Eingriff der Betriebspartner in die Arbeitskampfordnung" vor.[1627]

5. Ergebnis

Indes spricht nichts gegen eine informelle Zusammenarbeit der Kampfparteien mit dem sachkundigen Betriebsrat.[1628] Gemäß § 2 Abs. 1 BetrVG (für den Personalrat gilt § 2 Abs. 1 BPersVG) dazu gehalten, „vertrauensvoll und im Zusammenwirken mit den im Betrieb vertretenen Gewerkschaften und Arbeitgebervereinigungen zum Wohl der Arbeitnehmer und des Betriebs" zusammenzuarbeiten, kann er beratend zur Seite gezogen werden. So kann er etwa die Gewerkschaft im Vorfeld und im Rahmen der Verhandlungen über eine Notarbeitsvereinbarung darüber informieren, welche Tätigkeiten arbeitstechnisch unerlässlich sind, um allgemeine Notstände zu vermeiden und die Arbeitsplätze

---

1624 EK-*Kenia* § 74 BetrVG Rn. 15; zur Zulassung ergänzender Betriebsvereinbarungen durch die Tarifpartner siehe *Wiese* NZA 1984, 378 (382) sowie *Löwisch/Mikosch* ZfA 1978, 153(175 f.), obwohl diese eine funktionellen Zuständigkeit des Betriebsrates verneinen.

1625 *Fitting* § 74 Rn. 24; in diese Richtung auch *Gamillscheg* S. 1171 f..

1626 *Kraus* S. 165.

1627 *Löwisch/Mikosch* ZfA 1978, 153 (175 f.); siehe auch *Wiese* NZA 1984, 378 (382); *Oetker* S. 84; *Bauer/Haußmann* DB 1996, 881 (883); *Löwisch* AuR 1978, 97 ff..

1628 *Heckelmann* S. 27, siehe auch *Hiersemann* BB 1966, 252 (254); *Bauer/Haußmann* DB 1996, 881 (883); nach Gamillscheg S. 1171 f. zeigt die Praxis, „dass der Betriebsrat oder einzelne seiner Mitglieder mit Duldung der Gewerkschaft in vielfältiger Weise in das Geschehen einbezogen werden.".

nicht substanziell zu schädigen.[1629] Oder aber er wird vorbereitend tätig und erstellt gemeinsam mit dem Arbeitgeber eine Liste von Notarbeitern, der die Gewerkschaft nur noch zustimmen muss[1630] bzw. die eine Grundlage für weitere Verhandlungen mit der Gewerkschaft über Anzahl und Person der Notarbeiter bietet, sollte die Form und das Ausmaß des konkreten Streiks diese erfordern.

IV. Kollektive Vereinbarung sui generis

Als „sonstiger Kollektivvertrag"[1631] oder „Kollektivvertrag sui generis"[1632] bezeichnet werden zwischen Gewerkschaft und Arbeitgeber(-verband) getroffene Vereinbarungen schuldrechtlicher Wirkung, die eine Materie der Arbeits- und Wirtschaftsbedingungen im Sinne des Art. 9 Abs. 3 GG zum Gegenstand haben, nicht aber in den Sachbereich des § 1 Abs. 1 2. Hs. TVG fallen.[1633] Einigen sich Gewerkschaft und Arbeitgeber über den Umfang der während des Arbeitskampfes im Betrieb vorzunehmenden Tätigkeit in sachlicher und personeller Hinsicht, legen sie den Umfang kollektiver Handlungsmöglichkeiten verbindlich fest.[1634] Nur in dem vereinbarten Umfang kann die Gewerkschaft zum Streik aufrufen und dem organisierten wie nicht organisierten Arbeitnehmer die Ausübung des Streikrechts gestatten. Wer nicht zum Streik aufgerufen wird, muss seinem Arbeitsvertrag entsprechend weiterarbeiten. Nur weil die Rechtsstellung der Arbeitnehmer durch die Ausführung der von den vertragsschließenden Parteien eingegangenen Eigenverpflichtungen indirekt beeinflusst wird, liegt keine Regelung der Rechte und Pflichten aus dem Arbeitsverhältnis vor. Da nicht das Arbeitsverhältnis und damit eine Materie des § 1 Abs. 1 TVG gestaltet wird, die Regelung aber die Austragung des Interessengegensatzes und damit eine in den Bereich des Art. 9 Abs. 3 GG fallende Materie betrifft, sind Notarbeitsvereinbarungen demnach kollektive Vereinbarungen sui generis.[1635]

1629 *Kempen* NZA 2005, 185 (189 f., 193).

1630 *Wiese* NZA 1984, 378 (382); *Däubler* AuR 1981, 257 (264).

1631 So etwa BAGE 87, 45 (57 f.); *Däubler* TVR, Nr. 1620; derselbe AuR 1981, 257 (264); *Müller* RdA 1982, 86 (97).

1632 So etwa BAGE 75, 186 (193); *Plander* ZtR 1997, 145 (152).

1633 *Boeck* S. 131 ff..

1634 Däubler-*Däubler*, TVG, Einl. Rn. 879.

1635 *Boeck* S. 138; siehe aber diesen eigenständigen Typ von Kollektivverträgen ablehnend gegenüber stehend *Säcker/Oetker* S. 161 ff. Fn. 200, denen zufolge Art. 9 Abs. 3 GG das Recht der Koalitionen beinhaltet, die Arbeits- und Wirtschaftsbedingungen *ihrer Mitglieder* zu wahren und zu fördern. Soweit sich eine Vereinbarung nicht auf die Mitglieder beziehe, sondern der Ausgestaltung der Rechtsbeziehungen zwischen den

Durch eine kollektive Vereinbarung sui generis werden Rechte und Pflichten der Koalitionen begründet, die inhaltlich dem Bereich der abhängigen Arbeitsleistung zuzuordnen sind. Dabei handelt es um einen schuldrechtlichen Privatrechtsvertrag im Sinne des § 311 BGB, dessen Abschluss den Koalitionen aufgrund der auch ihnen zustehenden allgemeinen Handlungs- und Vertragsfreiheit aus Art. 2 Abs. 1 GG möglich ist.[1636]

Wegen ihres Zusammenhangs mit dem Arbeitskampf wird teilweise der „insoweit speziellere Art. 9 Abs. 3 GG“ als Grundlage der Notarbeitsvereinbarungen angesehen,[1637] teilweise zumindest „ergänzend“ herangezogen.[1638] Da die Norm Tarifverträge nicht erwähnt, sind die Koalitionen bei ihrer Betätigung nicht auf deren Abschluss beschränkt, nicht an die Normtypik des TVG gebunden.[1639] Sie sind vielmehr frei in der Entscheidung, ob, in welcher Form und mit welchem Inhalt eine Sozialpartnervereinbarung getroffen wird, die der Wahrung und Förderung der Arbeits- und Wirtschaftsbedingungen im Sinne von Art. 9 Abs. 3 GG dienen soll.[1640]

Die Zuordnung der Notarbeitsvereinbarung zu entweder Art. 2 Abs. 1 GG oder zu Art. 9 Abs. 3 GG wirkt sich aber auf deren Zustandekommen, auch unter dem Gesichtspunkt der Stellvertretung, und deren möglichen Inhalt nicht aus.

Däubler attestierte den Notarbeitsvereinbarungen Anfang der achtziger Jahre „ein praktisches Bedürfnis“, weil bei überbetrieblichen und damit notwendigerweise allgemein gefassten Regelungen, wie sie im Rahmen von Verbandstarifverträgen zwischen Gewerkschaften und Arbeitgeberverbänden geschlossen werden, die jeweiligen betrieblichen Notwendigkeiten nicht hinreichend berücksichtigt werden können.[1641] Auch wenn sich angesichts des im letzten Jahrzehnt zu verzeichnenden Bedeutungsverlustes des Verbandstarifvertrages und der zu-

---

Koalitionen diene, sei nicht Art. 9 Abs. 3 GG, sondern Art. 2 Abs. 1 GG einschlägig (S. 159 ff.). Gehe es lediglich um die Begründung von Eigenverpflichtungen der Tarifvertragsparteien, seien diese zum Abschluss eines privatrechtlichen Schuldvertrags berechtigt (S. 167). Da ihnen der drittbezogene Charakter fehlt, sind Notarbeitsvereinbarungen danach als allgemeine Schuldrechtsverträge einzustufen.

1636 *Säcker/Oetker* S. 164 ff.; *Gamillscheg* S. 626.

1637 *Boeck* S. 128 ff. (insbesondere 131 ff.); siehe auch TVG-*Zachert* § 1 Rn. 732, 734; MünchArbR-*Löwisch/Riebe,* 2. Auflage, § 280 Rn. 3.

1638 Wiedemann-*Thüsing* § 1 Rn. 25.

1639 Wiedemann-*Thüsing* § 1 Rn. 25.

1640 EK-*Dieterich* Art. 9 GG Rn. 55.

1641 *Däubler* AuR 1981, 257 (264); sich dem anschließend *Heckelmann* S. 25 f., der die, die Erhaltungsarbeiten verpflichtend konkretisierende Notdienstvereinbarung zwischen der ÖTV und der Flughafen GmbH Hamburg als „schuldrechtlich verbindliche Abreden auf Tarifebene analog betrieblicher Absprachen“ qualifiziert.

nehmenden Zahl der Firmentarifverträge[1642] weniger das Problem der Überbetrieblichkeit stellt, erweist sich die kollektive Vereinbarung eigener Art, insbesondere im Vergleich zur tarifvertraglichen Regelung der Notarbeiten, nach wie vor als praktischer.

1. Stellvertretung

Auch hier stellt sich aber das Problem, dass die örtliche Streikleitung mit Wirkung für und gegen die Gewerkschaft handeln muss, um Verbindlichkeit zu erzeugen. Mangels einer Rechtsgrundlage scheidet eine gesetzliche Vertretungsmacht der örtlichen Streikleitung aus. In Betracht kommen daher nur eine im Sinne des § 167 BGB rechtsgeschäftlich eingeräumte Vertretungsmacht oder eine Rechtsscheinvollmacht. In der Regel wird von einer stillschweigenden Bevollmächtigung der örtlichen Streikleitung durch die Gewerkschaft auszugehen sein.[1643] Indem sie die örtliche Streikleitung einrichtet und sie mit der Durchführung organisatorischer Maßnahmen, wie beispielsweise dem Aufstellen von Streikposten, dem Auszahlen der Streikunterstützung und eben dem Einrichten eines Notdienstes,[1644] betraut, räumt die Gewerkschaft dieser Institution durch schlüssiges Verhalten die Befugnis dafür ein, mit dem jeweiligen vom Streik betroffenen Arbeitgeber die Modalitäten der Notarbeiten zu regeln und eine entsprechende und verbindliche Vereinbarung zu treffen.[1645] Denn „die Übertragung von Aufgaben, deren Erfüllung eine bestimmte Vollmacht erfordert, enthält stillschweigend zugleich eine entsprechende Bevollmächtigung."[1646] Zumindest muss derjenige, der einem anderen Aufgaben überträgt, deren ordnungsgemäße Erfüllung eine Vollmacht voraussetzt, diesen als bevollmächtigt *gelten lassen*, auch wenn er tatsächlich keine Vollmacht erteilt hat.[1647] So sieht es die Vermutung bzw. Rechtsscheinregel des § 56 HGB vor, um den Bedürfnissen des Handelsverkehrs nach Schnelligkeit, Leichtigkeit und Sicherheit zu entsprechen,[1648] so gebietet es der im allgemeinen Zivilrecht zu beachtende Schutz des auf die Wirksamkeit des Vertragsschlusses vertrauenden Vertragspartners und so muss es sich auch beim Abschluss einer Notarbeitsvereinbarung verhal-

---

1642 Siehe hierzu TVG-*Zachert* § 1 Rn. 28, 33 f.; B/P/S/U-Grundl. Rn. 183.

1643 So auch *Kissel* § 43 Rn. 37.

1644 *Seiter* S. 229; Brox/Rüthers-*Schlüter* Rn. 477 f..

1645 Nach Däubler-*Däubler*, TVG, Einl. Rn. 899 hat die örtliche Streikleitung „automatisch" Vertretungsmacht.

1646 Palandt-*Ellenberger* § 167 Rn. 1.

1647 Palandt-*Ellenberger* § 172 Rn. 19 m.w.N..

1648 MünchKommHGB-*Krebs* § 56 Rn. 1, 4 ff..

ten.[1649] Schließt die örtliche Streikleitung eine die Durchführung von Notstands- und Erhaltungsarbeiten betreffende Vereinbarung, wird durch diese die Gewerkschaft berechtigt und verpflichtet.

In diese Richtung weist auch die Entscheidung des Bundesarbeitsgerichts vom 26.10.1971, wonach die Streikleitung als Organ aller Streikteilnehmer (unabhängig von Mitgliedschaftsverhältnissen) befugt ist, für sie verbindliche Erklärungen abzugeben und entgegen zu nehmen.[1650] „Das entspricht einem Gebot der Rechtsklarheit und, damit zusammenhängend, einem Gebot der Praktikabilität; die Streikleitung trägt das Kampfgeschehen auf der Arbeitnehmerseite und für sie."[1651] Wird die Belegschaft des Betriebes auf diesem Weg rechtlich gebunden, darf die streikführende Gewerkschaft demzufolge weder von ihren Mitgliedern noch von sonstigen, in dem Betrieb beschäftigten Arbeitnehmern verlangen, dieser Bindung zuwider zu handeln. Eine nähere Begründung hierfür hat der Erste Senat nicht gegeben, diesem Problem vielmehr in einer späteren Entscheidung keinerlei Beachtung geschenkt.[1652]

2. Form

Im Gegensatz zu dem Tarifvertrag (§ 1 Abs. 2 TVG) und der Betriebsvereinbarung (§ 77 Abs. 2 BetrVG[1653]) untersteht eine kollektive Vereinbarung sui generis keinem Schriftformzwang.[1654] Eine Übertragung des Formerfordernisses des § 1 Abs. 2 TVG ist im Hinblick auf dessen Normzweck der Klarstellung des Inhaltes von Tarifverträgen[1655] nicht zu rechtfertigen. Im Gegensatz zu den tarifvertraglichen Regelungen werden durch die Vereinbarungen weder Rechte noch Pflichten der organisierten Arbeitnehmer begründet oder näher ausgestaltet.[1656] Die dem Arbeitgeber gegenüber bestehende Arbeitsleistungspflicht der Notarbeiter ergibt sich aus den Individualarbeitsverträgen, weswegen es einer gesonderten Klarstellung der Art und Weise der zu erbringenden Arbeitsleistung nicht bedarf. Ebenso wenig muss schriftlich fixiert und von beiden Seiten unterzeich-

---

1649 Siehe hierzu *Kraus* S. 135 ff..

1650 BAGE 23, 484 (496).

1651 BAGE 23, 484 (496).

1652 BAGE 79, 152 ff..

1653 Nach *Mangen* RdA 1982, 229 (229) bezieht sich das Schriftformerfordernis des § 77 Abs. 2 BetrVG nur auf die normative Abreden.

1654 So auch *Löwisch/Rieble*, TVG, Grundl. Rn. 71 f.; Däubler-*Däubler*, TVG, Einl. Rn. 876; TVG-*Zachert* § 1 Rn. 732; *Boeck* S. 139.

1655 Siehe hierzu Wiedemann-*Thüsing* § 1 Rn. 310; TVG-*Zachert* § 1 Rn. 770; *Plander* ZtR 1997, 145 (149 f.); *Mangen* RdA 1982, 229 (230 f.); *Boeck* S. 60 ff..

1656 *Boeck* S. 63.

net werden, welche Arbeitnehmer zur Verrichtung von Notarbeit herangezogen werden, wird dies doch u.a. anhand der gegengezeichneten Sonderausweise für alle Beteiligten ersichtlich.

So lässt es auch das Bundesarbeitsgericht in seiner Entscheidung vom 31.01.1995 genügen, wenn der Arbeitgeber „die von der örtlichen Streikleitung vorgelegte Liste derjenigen Arbeitnehmer, die für den Notdienst vorgesehen waren, (...) zugrundelegt. Damit ist eine Übereinkunft hinsichtlich der heranzuziehenden Arbeitnehmer zustande gekommen.“ [1657] Angesichts des Zeitfaktors wäre hier „ein Beharren auf der Schriftform reine Förmelei.“[1658]

V. Ergebnis

Eine Notarbeitsvereinbarung in Form der Kollektivvereinbarung sui generis, abgeschlossen zwischen dem bestreikten Arbeitgeber und der mit Wirkung für und gegen die streikführende Gewerkschaft handelnden örtlichen Streikleitung, erlaubt eine flexible und betriebsnahe Lösung, die im Vergleich zu einem Tarifvertrag leichter abgeschlossen und leichter an sich verändernde Umstände angepasst werden kann.

Soweit die Parteien die Einzelheiten der Notarbeiten im Rahmen des ihnen Möglichen gemeinsam festgelegt haben, sind sie daran gebunden. Sowohl der Inhalt als auch die beiderseitige Einhaltung der Notarbeitsvereinbarung ist gerichtlich überprüfbar.

1657 BAGE 79, 152 (157).

1658 *Kraus* S. 138.

§ 6 Herbeiführung einer Regelung der Notarbeiten

Die Regelung von Notarbeiten sollte durch die Kampfparteien selbst erfolgen; sie kennen Branche und Betrieb am besten.[1659] Allerdings reichen entsprechende Vorgaben in den Arbeitskampfrichtlinien der Verbände nicht immer aus, um die Arbeitskampfparteien an einen Verhandlungstisch zu bringen. Wenn sich „in der Hitze des unmittelbar bevorstehenden oder schon ausgebrochenen Arbeitskampfes“ eine Einigung über die Durchführung der notwendigen Arbeiten nicht erzielen lässt, weil „der Interessenkonflikt stärkere Kräfte entfaltet als das gemeinsame Interesse an der Erhaltung der Produktionsanlagen“,[1660] muss schnellstmöglich eine Lösung gefunden werden, will man einseitige Maßnahmen des Arbeitgebers vermeiden.

I. Aussetzung des Streiks

Ein Antrag auf Feststellung der Rechtmäßigkeit eines seitens einer Arbeitskampfpartei ausgearbeiteten Notarbeitsplans kommt bei einem konkret bevorstehenden Arbeitskampf regelmäßig nicht in Betracht. Das daran anschließende Verfahren würde zu viel Zeit in Anspruch nehmen.[1661]

Zeichnet sich im Vorfeld eines konkreten Arbeitskampfes ab, dass eine Einigung über die Notarbeiten nicht zu Stande kommen wird, ist vielmehr daran zu denken, im Wege der einstweiligen Verfügung Unterlassung der Kampfmaßnahme zu verlangen.

Allerdings hat das Bundesarbeitsgericht in seiner Entscheidung vom 8.06.1982 den Antrag eines Arbeitgebers auf Verurteilung der Gewerkschaft, Warnstreiks zu unterlassen, solange nicht der vom Arbeitgeber für erforderlich gehaltene Notdienst bestellt ist, für im Sinne des § 253 Abs. 2 Nr. 2 ZPO zu unbestimmt befunden.[1662] Im Rahmen von einstweiligen Verfügungen im Arbeitskampf bedarf es zwar „eines weiter reichenden Maßstabs bezüglich der Bestimmtheit des Antrages (…), als dies sonst der Fall sein mag. Denn die jeweiligen Handlungen oder Unterlassungen betreffen regelmäßig ein überaus komplexes Geschehen, das überdies ständigen Veränderungen – je nach konkreten

1659 So auch *Bayreuther* NZA 2008, 12 (13).

1660 *Fenn* DB 1982, 430 (431); vgl. auch *Oetker* S. 61 ff..

1661 So auch *Kornbichler* S.58.

1662 BAG, Urt. v. 8.06.1982, Az.: 1 AZR 464/80-juris, Rn. 43 ff..

Ausgestaltungen der verschiedenen Kampfhandlungen – unterliegen kann."[1663] Der Antrag und die in der Begründung dargestellten tatsächlichen Fallgestaltungen müssen aber „aus rechtstaatlichen Gründen eindeutig erkennen lassen, was vom Schuldner verlangt wird. Dieser muss wissen, in welchen Fällen gegen ihn als Sanktion ein Ordnungsgeld verhängt werden kann."[1664] In dem der obigen Entscheidung des Bundesarbeitsgerichts zugrundeliegenden Fall, hatte der Arbeitgeber zwar die Sachbereiche genannt, für die eine Notdienstbestellung vorgenommen werden sollte, bevor die Gewerkschaft einen Warnstreik führt. „Das reicht aber nicht aus, um diejenigen Voraussetzungen abschließend und eindeutig zu beschreiben, die erfüllt sein müssen, damit die Klägerin (Gewerkschaft) einen Warnstreik ohne Verstoß gegen ein (...) stattgebendes Unterlassungsurteil führen kann. In welchem Umfange für die von der Beklagten (Arbeitgeber) angeführten einzelnen Sachbereiche ein Notdienst bestellt werden müsste, lässt sich im Voraus nicht für alle denkbaren Fälle abschließend beurteilen. Der Umfang eines Notdienstes ist abhängig nicht nur von den betrieblichen Gegebenheiten, sondern auch von Art, Umfang und Dauer des geführten Arbeitskampfes. (...) Ein solches Urteil, das die Unterlassungsverpflichtung des Schuldners nicht abschließend klärt, kann nicht ergehen. Ein darauf gerichteter Antrag ist unzulässig."[1665]

Das Problem liegt darin, dass ein Antrag, wenn er das zu unterlassende Verhalten zu allgemein beschreibt, insbesondere unter Verwendung auslegungsbedürftiger Rechtsbegriffe, mangels Vollstreckbarkeit unzulässig ist.[1666] Das zu unterlassende Verhalten muss vielmehr in seinen Tatbestandsvoraussetzungen so exakt beschrieben sein, dass von dem Antrag nicht auch Erlaubtes erfasst wird, denn dann ist er unbegründet.[1667] Wegen der bei einem in der Zukunft liegenden noch nicht realisierten Sachverhalt unumgänglichen „Antragsakrobatik"[1668] könnte eine vorbeugende Unterlassungsklage dem Arbeitgeber wohl nur

---

1663 LAG Berlin-Brandenburg, Urt. v. 24.10.2007, Az.: 7 SaGa 2044/07-juris, Rn. 19.

1664 BAG NZA 2007, 458 (459); NZA 2007, 987 (990).

1665 BAG, Urt. v. 8.06.1982, Az.: 1 AZR 464/80-juris, Rn. 44 ff..

1666 BAG NJW 2010, 631 (632); BAG NZA 2007, 458 (459); NZA 2007, 987 (990) wonach die Prüfung, welche Verhaltensweisen der Schuldner unterlassen soll, nicht durch eine ungenaue Antragsformulierung und einen dem entsprechenden gerichtlichen Titel aus dem Erkenntnis- in das Vollstreckungsverfahren verlagert werden darf; so auch *Steinbrück* AuR 1987, 161 (162); Däubler-*Bertzbach* § 24 Rn. 33; siehe aber zu weniger strengen Anforderungen an die Bestimmtheit unter Verlagerung der Problemlösung ins Vollstreckungsverfahren *Dieterich* AuR 2005, 121 (128).

1667 BAG NJW 2010, 631 (632 f.); BAG NZA 2005, 416 (418).

1668 Däubler-*Nitsche* § 22 Rn. 162; siehe auch *Dieterich* AuR 2005, 121 (128); *Otto* § 19 Rn. 21; *Seiter*, Anm. BAG EzA Art. 9 GG Arbeitskampf Nr. 54, S. 630 q spricht vom Erfordernis „hellseherischer Fähigkeiten."

dann weiter helfen, wenn mit ihr Streikmaßnahmen solange untersagt werden könnten, bis die Kampfparteien die Notarbeiten gemeinsam geregelt haben.

Dürfte aber die Gewerkschaft nicht zum Streik aufrufen, bevor eine gemeinsame Regelung über Notarbeiten getroffen worden ist, hätte dies zur Folge, dass der Arbeitgeber Streiks verhindern, zumindest aber hinauszögern könnte, bliebe er doch solange von einem Streik verschont, wie er sich einer Verständigung mit der Gewerkschaft über die Organisation und Durchführung von Notstands- und Erhaltungsarbeiten erfolgreich entzöge. Wenn aber ein Streik um einen Firmentarifvertrag nur deswegen nicht möglich wäre, weil mit dem jeweiligen Arbeitgeber eine Einigung nicht erzielt werden konnte, wenn gar ein Streik um einen Verbandstarifvertrag ausgesetzt werden müsste, weil nur mit einem einzelnen Verbandsmitglied eine Einigung nicht erzielt werden konnte, bliebe von dem Recht zu streiken nichts mehr übrig.

Von daher muss die Gewerkschaft den Arbeitgeber dazu bewegen können, mit ihr über die Notarbeiten zu verhandeln. Voraussetzung dafür, dass ein Gericht ihn dazu verpflichtet, ist, dass sie einen Anspruch auf Verhandlungen über die Notarbeiten hat.

II. Verhandlungspflicht der Arbeitskampfparteien

Ist die Regelung der Notarbeiten gemeinsame Aufgabe des Arbeitsgebers und der streikführenden Gewerkschaft,[1669] liegt die Annahme einer den Arbeitskampfparteien obliegenden Pflicht, über die Notarbeiten zu verhandeln, nahe.[1670]

Diese Schlussfolgerung erscheint indes nicht zwingend.[1671] Auch die „sinnvolle Ordnung des Arbeitslebens“ soll durch die Tarifvertragsparteien gemeinsam erfolgen[1672], ein Anspruch auf Aufnahme von Tarifverhandlungen nach Benennung der Tarifforderung folgt daraus dem Bundesarbeitsgericht und dem Großteil der Literatur zufolge jedoch nicht.[1673] Tarifverhandlungen können

1669 BAGE 79, 152 (2. Leitsatz, 157); LAG Hamm NZA 1994, 430 (431).

1670 Laut *Thüsing*, Anm. zu BAG EzA Nr. 119 zu Art. 9 GG Arbeitskampf, S. 7 (13) hat sich das Gericht „für eine Verhandlungspflicht entschieden.“; eine Verhandlungspflicht bzgl. Notarbeiten bejahen auch HzA- *Kalb* Gruppe 18 Rn. 1145; Brox/Rüthers-*Brox* Rn. 293; Tschöpe-*Wieland* Teil C Rn. 62; Däubler-*Reinfelder* § 15 Rn. 47.

1671 Eine Verhandlungspflicht bzgl. Notarbeiten ablehnend *Oetker* S. 62 f.; *Gaumann* DB 2001, 1722 (1723); *Däubler* AuR 1981, 257 (258); Kraus S. 64; *Leinemann* DB 1979, 1175 (1180).

1672 BVerfGE 4, 96 (107); 18, 18 (27 f.); 50, 290 (372).

1673 Zur Verhandlungen mit wem BAGE 14, 282 (288); 36, 131 (134); zur Verhandlungen über ein bestimmtes Thema BAGE 46, 129 (139); BAG NZA 1989, 601 (2. Ls., 603

durch Arbeitskampf erzwungen werden.[1674] Ein gerichtlich durchsetzbarer Anspruch auf Aufnahme von Tarifverhandlungen würde zu einer Inhaltskontrolle führen, die die Ernsthaftigkeit der Verhandlungen sowie die Annehmbarkeit des Angebotes einer Tarifvertragspartei zum Gegenstand hätte.[1675] Eine derartige Überprüfung durch die Gerichte stünde aber im Widerspruch zu dem Grundsatz der Tarifautonomie, wonach die Tarifparteien frei darin sind, über den Inhalt von Tarifverträgen zu entscheiden, also auch darüber, ob sie bestimmte Materien ungeregelt lassen und daher alle Verhandlungen zu diesem Thema ablehnen.[1676] „Anderes anzunehmen würde bedeuten, die Koalitionsfreiheit und die einzelnen auf sie gestützten Handlungsformen zu „funktionalisieren", d.h. auf ein staatlicherseits vorgegebenes Ziel hin auszurichten".[1677] Es liefe auf eine richterliche Zensur hinaus mit schwer kontrollierbarer Grenze zu verdecktem Einigungszwang.[1678] Die Inhaltsfreiheit schließe aber auch die Abschlussfreiheit ein, also die Freiheit jeder Seite zu entscheiden, ob und mit wem ein Tarifvertrag abgeschlossen wird.[1679]

Ist zwischen den potentiellen Vertragspartnern ein Schlichtungsverfahren vereinbart[1680] oder diesem gegenüber subsidiär[1681] gesetzlich vorgesehen[1682],

---

f.); siehe auch *Oetker* S. 62 ff.; *Däubler* AuR 1981, 257 (258); *Coester* ZfA 1977, 87 ff.; Brox/Rüthers-*Rüthers* Rn. 136; a.A. *Gamillscheg* S. 275 ff. m.w.N. in Fn. 62; *Wiedemann/Thüsing* RdA 1995, 280 (285 f.).

1674 BAGE 23, 484 (502);BAG NZA 1989, 601 (603 f.); Brox/Rüthers-*Rüthers* Rn. 136; *Däubler* AuR 1981, 257 (258).

1675 BAGE 36, 131 (134 f.); so auch *Reuter*, FS Wiese, S. 427 (435 f.).

1676 BAGE 36, 131 (135); so auch *Reuter*, FS Wiese, S. 427 (435 f.); *Coester* ZfA 1977, 87 (107 f.); *Kissel* § 10 Rn. 1; *Däubler* AuR 1981, 257 (258).

1677 *Däubler* AuR 1981, 257 (258).

1678 *Coester* ZfA 1977, 87 (107); *Kornbichler* S. 54 f..

1679 BAGE 14, 282 (288); LAG Baden-Württemberg DB 2007, 1092 (3. Ls.); *Oetker* S. 62; *Kissel* § 10 Rn. 1.

1680 Siehe die Hattenheimer Vereinbarung 1950 (RdA 1950, 63 ff.) und das Margarethenhof-Abkommen 1954 (RdA 1954, 383 ff.) zur Vermeidung staatlicher Schlichtungen durch tarifvertragliche Schlichtungsvereinbarungen, vgl. *Lembke* RdA 2000, 223 (233 f.); als Beispiele dienen die Schlichtungs- und Schiedsvereinbarung für die Metallindustrie vom 1.01.1980 (RdA 1980, 165 ff.), die Schlichtungsregelung mit der IG Chemie-Papier-Keramik vom 24.10.1981 und die Vereinbarung über ein Schlichtungsverfahren im öffentlichen Dienst vom 26.04.1995, abgedruckt bei *Löwisch*, Arbeitskampf- und Schlichtungsrecht, Anh. 3 ff., S. 503 ff.; Übersicht auch bei *Kissel* § 69 Rn. 54; *Otto* § 20 Rn. 25.

1681 *Gamillscheg* S. 1302; Brox/Rüthers-*Brox* Rn. 688; *Kissel* § 69 Rn. 8; *derselbe/Schick* RdA 1991, 321 (322).

1682 Kontrollratsgesetz Nr. 35 vom 20.08.1946, Amtsblatt des Alliierten Kontrollrats S. 174, abgedruckt bei *Kissel* § 70 Rn. 5 ff., das gemäß Art. 123, 125 GG auch nach

handelt es sich dabei lediglich um eine Hilfestellung, festgefahrene Tarifverhandlungen einer friedlichen Lösung zuzuführen.[1683] Zwangsweise beendet wird der Tarifkonflikt dadurch nicht. Selbst wenn eine paritätisch besetzte Schlichtungsstelle dazu befugt ist, nach Anhörung beider Seiten einen eigenen Einigungsvorschlag zu unterbreiten,[1684] ist dieser nur dann verbindlich, wenn die Tarifpartner sich dem Schlichtungsspruch im Voraus unterworfen haben oder ihm nachträglich zustimmen.[1685] Nur dann entfaltet der Schlichtungsspruch die Wirkung eines Tarifvertrags.[1686] Die Rolle der eingeschalteten Schlichtungsstelle beschränkt sich also auf die eines Vermittlers. „Schlichten bedeutet sich einigen, nicht richten".[1687]

Anders als zwischen den Tarifvertragspartnern besteht aber gemäß § 74 Abs. 1 S. 2 BetrVG (§ 66 Abs. 1 S. 3 BPersVG) zwischen den Betriebspartnern eine Verhandlungspflicht.[1688] Dass entsprechende Vorschriften im (Arbeitskampfrecht und im) Tarifrecht nicht existieren,[1689] ist darauf zurückzuführen, dass die Zusammenarbeit zwischen Arbeitgeber und Betriebsrat (Personalvertretung) nicht - zumindest nicht ausschließlich - freiwillig erfolgt, sondern gesetzlich angeordnet ist.[1690] Im Betriebsverfassungsgesetz sind Mitbestimmungs- und Mitwirkungsrechte vorgesehen um die Mächtigkeit des Arbeitgebers gegenüber den sozial abhängigen Arbeitnehmern zu beschränken.[1691] Hinsichtlich der Durchsetzung der gesetzlich vorgesehenen Rechte und Pflichten, d.h. zur Umsetzung des im BetrVG normierten staatlichen Willens, gibt es Instrumente, die bei fehlender Einigung eingreifen, wie etwa das Einschalten einer Einigungsstelle im Sinne von § 76 BetrVG.[1692] Ihr Spruch ersetzt die Einigung des Betriebs-

---

1949 als Bundesrecht gemäß Art. 31 GG landesrechtlichen Regelung (mit Ausnahme von Baden) vorgeht und aufgrund Art. 8 Einigungsvertrag vom 31.08.1990 (BGBl. II S. 889) am 3.10.1990 auch in den neuen Bundesländern in Kraft getreten ist.; siehe auch §§ 13 ff. Professorenetwurf 1988; § 6 Abs. 3 – 7 Gesetzesvorschlag Carl Friedrich v. Weizsäcker-Stiftung 2012 NZA aktuell 7/2012 IX (X f.).

1683 Vgl. *Kissel/Schick* RdA 1991, 321 (322); *Lembke* RdA 2000, 223 (232 f., 235).

1684 *Kissel* § 68 Rn. 12 ff., auch zu den unterschiedlichen Schlichtungsmodellen.

1685 *Kissel/Schick* RdA 1991, 321 (322); *Kissel* § 69 Rn. 49 f..

1686 BAGE 57, 334 (338); *Kissel/Schick* RdA 1991, 321 (322); *Kissel* § 69 Rn. 48 u. zur gerichtlichen Nachprüfung eines Schlichtungsspruchs Rn. 58 ff. bei Verbindlichkeit im Voraus Rn. 62 ff., durch Annahme Rn. 66 ff. m.w.N..

1687 *Rüthers* ZfA 1987, 1 (57).

1688 *Däubler* AuR 1981, 257 (258).

1689 *Däubler* AuR 1981, 257 (258); *Oetker* S. 63.

1690 *Kraus* S. 65; *Kissel/Schick* RdA 1991, 321 (323).

1691 *Rieble*, Arbeitsmarkt und Wettbewerb, Rn. 1422 f.; mit Bezug darauf *Kraus* S. 65.

1692 *Kissel/Schick* RdA 1991, 321 (322 f.); GK-*Kreutz* § 76 Rn. 6 ff..

partner (Abs. 5).[1693] Insoweit handelt es sich bei der Tätigkeit der Einigungsstelle um Zwangsschlichtung.[1694] Dagegen bestehen keine Bedenken, ist die Zwangsschlichtung doch Konsequenz aus dem Verbot des § 74 Abs. 2 S. 1 BetrVG, Pattsituationen zwischen Arbeitgeber und Betriebsrat durch Arbeitskampf aufzulösen.[1695] Durch sie kann verhindert werden, dass im Streitfall die Mitbestimmung und Mitwirkung des Betriebsrates leerläuft,[1696] oder aber, dass notwendige betriebliche Entscheidungsprozesse blockiert werden[1697].

Während das BetrVG zur Beilegung von Meinungsverschiedenheiten zwischen Arbeitgeber und Betriebsrat Einigungsstellen mit Zwangsschlichtungsbefugnissen vorsieht, enthält das (Arbeitskampfrecht und das) TVG keine einfachgesetzlichen Vorgaben für die Lösung des Tarifkonflikts.[1698] Sie erfolgt ohne Zwang von dritter Seite (Staat).[1699] Kommt eine Einigung der Tarifpartner nicht zustande, muss sie durch gegenseitige Druckausübung im Kampf gefunden werden, wobei die dazu einzusetzenden Mittel grundsätzlich ihnen selbst überlassen sind.

Fraglich ist, ob den aufgezeigten Methoden der Beilegung kollektiver Interessengegensätze eine Aussage darüber entnommen werden kann, was im Fall der Nichteinigung über die Notarbeiten gelten soll. Diese Situation stellt sich insofern anders als die der Tarifauseinandersetzung dar, als dass die Sozialpartner gerade nicht völlig frei sind, darüber zu entscheiden, gar darum zu kämpfen, ob in einem bestreikten Betrieb Erhaltungs- und/oder Notstandsarbeiten in welchem Umfang durchzuführen sind und welche Arbeitnehmer für deren Durchführung heranzuziehen sind. Dies gibt ihnen die Rechtsordnung weitgehend vor.

Den Sozialpartnern obliegt lediglich die Konkretisierung des Verhältnismäßigkeitsgrundsatzes. Dadurch, dass ihnen dies überlassen ist, soll aber kein weiterer Arbeitskampfgrund geschaffen werden.[1700] Einem Arbeitskampf um einen

---

1693 *Kissel/Schick* RdA 1991, 321 (323).

1694 GK-*Kreutz* § 76 Rn. 6; EK-*Kania* BetrVG 210 § 74 Rn. 2.

1695 Vgl. BVerfG NZA 1988, 25 (26);GK-*Kreutz* § 76 Rn. 7 f.; EK-*Kania* BetrVG 210 § 74 Rn. 9; *Fitting* § 76 Rn. 1; *Kissel/Schick* RdA 1991, 321 (322 f.); *Lembke* RdA 2000, 223 (227).

1696 *Fitting* § 76 Rn. 1; *Kissel* § 70 Rn. 37.

1697 Schaub-*Koch* § 232 Rn. 1.

1698 *Oetker* S. 63.

1699 Siehe zum Verbot staatlicher Zwangsschlichtung BAGE 12, 184 (190); *Kissel* § 70 Rn. 36; *derselbe/Schick* RdA 1991, 321 (322); *Oetker* S. 64; *Gaumann* DB 2001, 1722 (1723); Brox/Rüthers-*Rüthers* Rn. 85; *Brox* ZfA 1987, 1 (53); *Giesen* ZfA 2011, 1 (35); *Reuter*, FS Wiese, S. 427 (435); *Rudkowski* S. 80 ff. (85); *von Steinau-Steinrück/Glanz* NZA 2009, 113 (115); *Löwisch*, Arbeitskampf- und Schlichtungsrecht, 170. 1 Rn. 32, 154.

1700 *Lauschke* DB 1979, 1175 (1180).

Tarifvertrag soll nicht ein Arbeitskampf um eine Notarbeitsvereinbarung vorausgehen müssen.

Auch handelt es sich bei Notarbeiten nicht um Maßnahmen des Arbeitskampfes, sondern allenfalls um Maßnahmen anlässlich eines Arbeitskampfes.[1701] Deswegen können sie auch nicht der Freiheit der Kampfmittelwahl zugeordnet werden.[1702] Anders als Angriffs- und Abwehrmittel, die *von der jeweiligen Seite* ergriffen werden *können*, stellt die Organisation und die Durchführung der unbedingt notwendigen Arbeiten eine gemeinsame Aufgabe dar, die *beide Seiten* erfüllen *müssen.*

Es spricht daher alles dafür, dass diese „Aufgabe“ sich zu einer beiden Seiten obliegenden „Pflicht“ verdichtet. So hält es auch das Bundesarbeitsgericht für „Recht und *Pflicht* der Tarifvertragspartner“, Vereinbarungen über die Austragung von Interessengegensätzen zu treffen.[1703] Dazu zählen auch Vereinbarungen über Notarbeiten.

Auch der sonstigen Rechtsprechung ist nichts einer Verhandlungspflicht Abschlägiges zu entnehmen. Ein auf Verpflichtung des Antragsgegners gerichteter Antrag, bei der Bestimmung von Art, Umfang und Personaleinsatz der Notarbeiten aus Anlass gewerkschaftlicher Arbeitskampfmaßnahmen mit dem Antragssteller zusammenzuwirken, wurde vom Arbeitsgericht Essen mit Urteil vom 24.07.2003 zwar für unzulässig gehalten, „weil dieser den Streitgegenstand nicht hinreichend genau bezeichnet und damit keinen vollstreckungsfähigen Inhalt hat.“[1704] Daraus folgt aber nicht, dass eine entsprechende Verurteilung nicht stattgefunden hätte, wenn dem Antrag selbst oder der Begründung der Antragsschrift hätte entnommen werden können, in welcher Art und Weise der Arbeitgeber mit der Gewerkschaft bzw. die Gewerkschaft mit dem Arbeitgeber bei der Planung und Durchführung der Notarbeiten zusammenwirken hätte sollen.

Den gegen eine Pflicht zum ernsthaften Verhandeln über Tarifforderungen geäußerten Bedenken, wie etwa, dass sie die Ursache dauernder gerichtlicher Streitigkeiten werden könne[1705], ist unter Hinweis auf u.a. die vorgenannte Entscheidung entgegenzuhalten, dass (verweigerte) Verhandlungen über Notarbeiten längst Gegenstand gerichtlicher Streitigkeit sind.[1706]

1701 So etwa auch *Fenn* DB 1982, 430 (434).

1702 So aber *Gaumann* DB 2001, 1722 (1723).

1703 BAG RdA 1971, 185 (189); Hervorhebung durch die Verfasserin.

1704 ArbG Essen, Urt. v, 24.07.2003, Az.: 8 Ga 50/03 – juris, Rn. 25.

1705 Siehe hierzu *Coester* ZfA 1977, 87 (106).

1706 Siehe etwa BAG, Urt. v. 8.06.1982, Az.: 1 AZR 464/80 – juris; BAG, Urt. v. 21.03.1995, 1 AZR 448/94 – juris, Rn. 19 ff., wo es aber in der Sache nicht entscheiden brauchte, weil es das Vorliegen des Feststellungsinteresses im Sinne des § 256 Abs. 1 ZPO ablehnte, weil ein Streik, der Erhaltungs- und/oder Notstandsarbeiten er-

Dies liegt zum einen daran, dass ‚anders als bei dem Abschluss eines Tarifvertrages, bei dem Abschluss einer Notarbeitsvereinbarung „Inhaltsfreiheit" nur im Rahmen des Verhältnismäßigen gegeben ist. Nur soweit es um dessen Konkretisierung geht, können Zweckmäßigkeitserwägungen beider Seiten eine Rolle spielen. Ansonsten aber sind die rechtlichen Maßstäbe, in denen Arbeitskampfmaßnahmen zum Schutz übergeordneter Interessen eingeschränkt werden müssen, staatlichem Recht zu entnehmen, das nicht der Disposition der Tarifvertragsparteien unterliegt.[1707] Zum anderen sind auch der „Abschlussfreiheit" Grenzen gesetzt, zumindest insoweit, als dass der Partner der Notarbeitsvereinbarung nicht frei ausgesucht werden kann. So sah sich die Gewerkschaft Handel, Banken und Versicherungen (HBV) im Jahr 1979 deswegen zur Klage veranlasst, weil der Arbeitgeber bei einem von ihr geführten Streik im Einzelhandel in Niedersachsen die Auswahl der Notarbeiter nicht mit ihr, sondern nur mit dem Betriebsrat abgestimmt hatte.[1708]

Eine individualisierte Verhandlungspflicht allein zwingt die Arbeitskampfparteien jedoch nicht, auch gegenseitige Zugeständnisse zu machen. Da aber sowohl den bestreikten Arbeitgeber als auch die streikführende Gewerkschaft die Pflicht zu Notarbeiten trifft, ist darüber hinaus an einen im Widerspruch zum Grundsatz der Vertragsfreiheit stehenden und daher nur in Ausnahmefällen zulässigen Abschlusszwang (Kontrahierungszwang) zu denken. Darunter zu verstehen ist die rechtliche Verpflichtung, mit einem anderen ein Rechtsverhältnis zu begründen, d.h. in der Regel einen Vertrag - hier eine Notarbeitsvereinbarung - zu schließen. Ein Abschlusszwang kann sich ergeben aus einer hier nicht in Betracht kommenden vertraglichen Verpflichtung (Vorvertrag), aus Gesetz, z.B. im Bereich der Daseinsvorsorge (§§ 17, 18, 36 Abs. 1 S. 1 EnWG) oder aus einer marktbeherrschenden Stellung, wenn also die angebotene Leistung wichtig und ihr Anbieter nicht beliebig austauschbar ist.

Die dem zugrundeliegende Interessenlage ähnelt der zwischen bestreiktem Arbeitgeber und streikführender Gewerkschaft, soweit es um Notarbeiten geht. Hat der Arbeitgeber keine Möglichkeit streikende Arbeitnehmer durch Dritte zu ersetzen, etwa weil die Durchführung der Notarbeiten einen hohen Grad an Spezialisierung erfordert, den zeitnah heranzuziehende Dritte nicht aufweisen,[1709] müssen diese Arbeiten von den Arbeitnehmern des bestreikten Betriebes geleis-

---

forderlich macht, nicht „mit einer gewissen Wahrscheinlichkeit absehbar" war.; kritisch *Otto* § 8 Rn. 39.

1707 BAG, Urt. v. 21.03.1995, 1 AZR 448/94-juris, Rn. 25.

1708 BAG, Urt. v. 8.06.1982, Az.: 1 AZR 464/80-juris.

1709 Siehe hierzu ArbG Frankfurt a.M. NZA 2012, 579 (580): Ersatzkräfte für streikende Fluglotsen zu beschaffen, ist „wegen der erforderlichen arbeitsplatzbezogenen Lizenzen rechtlich unmöglich.".

tet werden. Im Hinblick auf ihre Arbeitsleistung haben sie bzw. hat die sie zum Streik aufrufende und dadurch zur Arbeitsniederlegung legitimierende Gewerkschaft eine „marktbeherrschende Stellung". So wie eine marktbeherrschende Stellung gemäß § 19 Abs. 1 GWB nicht missbräuchlich ausgenutzt werden darf, kann die Gewerkschaft zur Durchführung der Notarbeiten benötigte Arbeitnehmer nicht rechtmäßig zum Streik aufrufen. Diese Streikbeschränkung folgt aus dem Grundsatz der Verhältnismäßigkeit. Dass ihrer Missachtung dadurch vorgebeugt werden kann, dass sich Arbeitgeber und Gewerkschaft abstimmen, lässt eine Pflicht zum Abschluss einer Notarbeitsvereinbarung naheliegend erscheinen.[1710]

Besteht aber eine Pflicht der Arbeitskampfparteien, „sich (zumindest) auf Gespräche über Notstands- und Erhaltungsarbeiten einzulassen"[1711], stellt sich die Frage nach deren Durchsetzung. Ihre Befolgung einzuklagen, wäre im Hinblick auf die Vollstreckung nach § 62 Abs. 2 ArbGG, § 888 Abs. 1 ZPO weitgehend wirkungslos, steht doch zu befürchten, dass anstatt ernsthaft, nur zum Schein verhandelt wird.[1712] Die Verhandlungsbereitschaft ist eine innere Tatsache und als solche gerichtlich nicht nachprüfbar.[1713] Damit Verhandlungen nicht zur Farce werden, bedarf es eines Verfahrens, in dem gewährleistet ist, dass sich ernsthaft bemüht wird, zu einer Einigung über Notstands- und Erhaltungsarbeiten zu kommen.

III. Schlichtung, Schlichtungszwang und Zwangsschlichtung

Nach *Gamillscheg* zeigt sich hier wieder, „wie nützlich für eine erste Klärung ein beim Arbeitsgericht gebildetes Einigungsamt wäre."[1714] Erfolgt die amtliche Vermittlung bei der Aufstellung eines Notarbeitsplanes aber wie nach § 363 Abs. 1 FamFG (§ 86 Abs. 1 FGG a.F.) bei der Erbauseinandersetzung im Sinne

---

1710 Einen „Kontrahierungszwang" bejahend *Kissel* § 43 Rn. 73 ff. (77); siehe auch *von Steinau-Steinrück/Glanz NZA* 2009, 113 (115, 118); *Rüthers* AuR 1987, 37 (46) von einer „Pflicht zum Abschluss von Notdienstvereinbarung" sprechend.

1711 Tschöpe-*Wieland* Teil C Rn. 62; so auch Brox/Rüthers-*Brox* Rn. 293; Däubler-*Reinfelder* § 15 Rn. 47.

1712 Siehe hierzu. BAGE 36, 131 (134 f.); Brox/Rüthers-*Rüthers* Rn. 136; *Rudkowski* S. 88 f.: „Der Sieg vor Gericht wäre nur ein moralischer.".

1713 Brox/Rüthers-*Rüthers* Rn. 201.

1714 *Gamillscheg* S. 1171.

des § 2042 BGB nur auf Antrag, dem alle Beteiligten zustimmen müssen,[1715] wird sie nur selten zur Konfliktlösung beitragen können.

Zur Einigungsförderung ist wie auch bei der Tarifauseinandersetzung an ein Schlichtungsverfahren mit Anrufungs- und Einlassungspflicht zu denken, während dessen (grundsätzlich) noch keine Arbeitskampfmaßnahmen ergriffen werden dürfen. Allerdings sind Vereinbarungen über die Schlichtung von Streitigkeiten über Notarbeiten nicht bekannt, werden in der Literatur jedoch befürwortet.[1716] So sieht § 5 des Entwurfes einer vertraglichen Arbeitskampfordnung von *Heinze*[1717] vor, dass sich die Tarifvertragsparteien gegenseitig dazu verpflichten, innerhalb einer Frist eine Vereinbarung zu Organisation und Durchführung von Notarbeiten während eines Arbeitskampfes zu treffen. Sollte innerhalb dieser Frist eine Einigung nicht zustande kommen, müssen sie eine Schlichtungsstelle anrufen, die ihnen einen mit einfacher Mehrheit beschlossenen Einigungsvorschlag unterbreitet. Weiter heißt es: „Die Tarifvertragsparteien verpflichten sich, die Durchführung der vereinbarten oder der durch die Schlichtungsstelle vorgeschlagenen und einvernehmlich angenommenen Grundsätze zu den Notdienstarbeiten durch ihre Mitglieder sicherzustellen." Da der Einigungsvorschlag der Schlichtungsstelle aber unter dem Vorbehalt der beiderseitigen Annahme der Tarifvertragsparteien stehen soll,[1718] besteht nach wie vor die Gefahr des Aussitzens. Die Durchführung der Erhaltungs- und Notstandsarbeiten soll aber weder davon abhängen, ob die Tarifvertragspartner ein Schlichtungsverfahren vereinbart haben, noch davon, ob sie sich einigen können oder beide den Schlichtungsvorschlag annehmen wollen. Während die erste Hürde noch dadurch überwunden werden kann, dass die Einschaltung einer Schlichtungsstelle vor Beginn eines Arbeitskampfes zwingend ist (Schlichtungszwang), lässt sich letztere nur dann nehmen, wenn am Ende des Schlichtungsverfahrens im Fall der Erfolglosigkeit der Bemühungen alles Erforderliche durch den Schiedsspruch eines Dritten für die Beteiligten verbindlich festgelegt wird (Zwangsschlichtung).[1719]

Dagegen, das Verbot der staatlichen Zwangsschlichtung für die Frage der Erhaltungs- und Notstandsarbeiten aufzuweichen, wird vorgebracht, dies würde „ein Einfallstor für die Einführung der Idee der Zwangsschlichtung ins deutsche

1715 Erman-*Schlüter* § 2042 Rn. 14: „Der Widerspruch eines einzelnen Miterben macht das Verfahren hinfällig.".

1716 So etwa EK-*Dieterich* Art. 9 GG Rn. 188.

1717 *Heinze*, FS Molitor, S. 159 (176).

1718 *Heinze*, FS Molitor, S. 159 (177).

1719 Sich für eine Zwangsschlichtung bzgl. Notarbeiten aussprechend *Müller* S. 88 f.; *derselbe* DB 1989, 42 (44); *Schliemann* RdA 2012, 14 (21); in diese Richtung auch *von Steinau-Steinrück/Glanz* NZA 2009, 113 (118).

Arbeitskampfrecht darstellen“[1720]. Die „Idee der Zwangsschlichtung“ hat aber längst Einzug in das deutsche Arbeitskampfrecht erhalten. Sie wurde jedoch angesichts der Erfahrungen mit der Schlichtungsverordnung vom 30.10.1923[1721] wieder verworfen. Diese sah vor, dass eine staatliche Schlichtungsstelle nicht nur bei Anrufung durch die Parteien, sondern im öffentlichen Interesse auch von Amts wegen tätig werden (Art. 1 § 5 Abs. 1 SchlichtungsVO) und ihren Schlichtungsspruch, fand dieser nicht die Zustimmung beider Parteien, für verbindlich erklären konnte (Art. 1 § 6 Abs. 1 SchlichtungsVO). Es zeigte sich, dass der Wille zum Ausgleich erlahmt, wenn ein staatlicher Schlichter den Tarifvertragsparteien die Verantwortung für den Tarifvertragsschluss abnimmt.[1722] Beide Seiten beharrten auf überhöhten Forderungen und lenkten den Unmut ihrer Mitglieder über die im Wege der Zwangsschlichtung durchgesetzten Wirtschafts- und Sozialpolitik auf den Staat.[1723] Auch um zu verhindern, dass jeder Tarifabschluss zum Politikum wird, wird die staatliche Zwangsschlichtung allgemein für unzulässig gehalten.[1724] Lediglich „in extremen Notlagen, wie zum Beispiel bei Seuchengefahr als Folge von Arbeitskampfmaßnahmen“[1725], bei „akutem Notstand

---

1720 *Kraus S.* 64.

1721 Verordnung über das Schlichtungswesen vom 30.10.1923, RGBl.I 1923 S. 1043; ergänzt durch Ausführungsverordnungen vom 10. Und 29.12.1923, RGBl. I 1923 S. 1191 und RBGl.I 1924 I S. 9; erweitert in Zeiten der Wirtschaftskrise durch Notverordnung des Reichspräsidenten vom 27.6.1931, RGBl. I S. 513.

1722 Vgl. *Gamillscheg* S. 1301 ff. (insbesondere 1303): „Das Verhältnis staatlicher Schiedssprüche zu tarifvertraglichen Abschlüssen betrug schließlich 73:17.“; siehe auch *Neumann* RdA 1990, 257 (258); *Kissel* § 70 Rn. 2 ff. (4); *Otto* § 20 Rn. 16, wonach sich die Schlichtungsverordnung für die Entwicklung der Tarifautonomie als verheerend erwies, weil er die Tarifvertragsparteien zur Flucht aus der Verantwortung in die Zwangsschlichtung ermutigte; ausführliche Darstellung und Bewertung bei *Pusch* S. 166 ff..

1723 *Gamillscheg* S. 1303; *Lembke* RdA 2000, 223 (224 f.).

1724 Fn. 1699; siehe aber *Rasch* ZRP 1976, 181 (184 f.); *Pusch* S.223 ff., 240 ff.; 272 ff., der für Tarifauseinandersetzungen im öffentlichen Dienst eine von jeder Seite erzwingbare und für beide Seiten i.E. verbindliche Zwangsschlichtung vorschlägt.; mit Bezug darauf *Rüthers* RdA 2003, 317 (317 f.); *derselbe* NZA 2010, 6 (11), wonach die Tarif- und Arbeitskampfpraxis im öffentlichen Dienst zu Lasten Dritter geht und deswegen geeignet ist, „die Tarifautonomie als ein wichtiges Instrument freiheitlicher Sozialgestaltung insgesamt zu diskreditieren.“; richtungsweisend *Leisner* NJW 2006, 1488 (1490), der den Gewerkschaften rät, im öffentlichen Dienst auf Schlichtung, nicht auf Streik zu setzen, „denn sonst könnte am Ende Zwangsschlichtung stehen, hier zuerst, sodann – auch anderswo.“.

1725 So etwa *Rüthers*, Tarifautonomie und gerichtliche Zwangsschlichtung 1973, S. 27 ff. (32); *Müller* DB 1989, 42 (44).

für die Allgemeinheit“[1726], bei „außerordentlichen Lagen, ungewöhnlichen Gefährdungen Dritter oder Fällen, in denen der Bestand ganzer Industriezweige bedroht wird“[1727] oder wenn es der Schutz „elementarer Lebensinteressen der Gesamtbevölkerung“[1728] erfordert, sind einigen Stimmen in der Literatur zufolge Ausnahmen vom Verbot der Zwangsschlichtung möglich.[1729]

Diese Auffassung ist auf viel Kritik gestoßen, auch weil die Zwangsschlichtung einen schwerwiegenden Eingriff in Art. 9 Abs. 3 GG bedeutet, der, wenn nicht auch einer Änderung des Art. 9 Abs. 3 GG, zumindest aber einer gesetzlichen Grundlage bedarf, deren Zustandekommen äußerst unwahrscheinlich ist.[1730] Deswegen wollen einige Autoren unter Rückgriff auf die Eingriffsbefugnisse nach Polizeirecht[1731] (z.B. § 8 PolG NRW) in Krisenfällen lediglich den Arbeitskampf, nicht aber auch den Tarifkonflikt im Wege der Zwangsschlichtung beenden, ihn zumindest unterbrechen und erst, wenn es die Situation wieder erlaubt, fortsetzen lassen. Da dann aber der bisherige Tarifvertrag bis auf weiteres fort gelten müsste, ergeben sich, auch wenn eine Zwangsschlichtung genaugenommen nicht stattfindet, Bedenken im Hinblick auf Art. 9 Abs. 3 GG.[1732]

Deutlich geworden ist aber, dass Arbeitskämpfe, zumindest dann, wenn sie zu Lasten aller gehen, den „Ruf nach Abschaffung der Tarifautonomie“ laut werden lassen.[1733] In diese Richtung geht auch die Forderung nach der Einfüh-

---

1726 *Hueck/Nipperdey*, Bd. 2/1, S. 734 f..

1727 *Gamillscheg* S. 1304.

1728 *Pachtner* S. 34.

1729 Wie vorstehend; so auch *Otto* § 22 Rn. 16, dem zufolge eine Zwangsschlichtung dann in Betracht kommt, „wenn anders eine abstrakte Gefährdung überragend wichtiger Gemeinschaftsgüter nicht auszuschließen ist, deren Schutz nach Maßgabe des Grundsatzes der Verhältnismäßigkeit der Tarifautonomie vorgeht.“.

1730 *Kissel* § 77 Rn. 36; § 70 Rn. 31 ff. (insbesondere 32) u. zu den „kaum überwindbaren Schwierigkeiten“ des Gesetzgebers hierbei § 16 Rn. 8; *Benda* RdA 1986, 143 (143 ff.); *Seiter* RdA 1986, 165 (174 f.); *Friauf* RdA 1986, 188 (195).

1731 *Von Münch* DÖV 1960, 294 (298 f.); *Reuß* DVBl. 1968, 57 (59); *Rudkowski* S. 124 ff. unter Bezug auf das US-amerikanische Eingriffsverfahren nach Sec. 206 NLRA; in diese Richtung auch *Schliemann* RdA 2012, 14 (23); a.A. *Kissel* § 75 Rn. 18 f., dem zufolge diese „angesichts der verfassungsrechtlichen Gewährleistung der auf der Tarifautonomie beruhenden Arbeitskampffreiheit nicht als ausreichende Verbotsgrundlage angesehen werden“ können. Ein Verbot des Arbeitskampfes könne nur auf dem, von einer Arbeitskampfpartei zu bestreitenden Rechtsweg erreicht werden.

1732 Siehe hierzu *Rudkowski* S. 127.

1733 *Müller* S. 89; siehe auch *Rüthers* ZfA 1987, 1 (51); *derselbe* NZA 2010, 6 (6 ff., insbesondere 11 f.).

rung eines Streikverbotes in grundrechtssensiblen Arbeitsbereichen[1734], denn ohne die Möglichkeit der Arbeitnehmerseite, auf die Arbeitgeberseite Druck auszuüben, kann die Tarifautonomie nicht funktionieren. Davon das „Ende der Tarifautonomie" einzuläuten[1735], wird dann aber doch Abstand genommen. Allerdings werden immer mehr Stimmen laut, die den Arbeitskampf als zunehmend antiquiertes Instrument der Konfliktlösung bezeichnen und andere Lösungsinstrumenten fordern.[1736] Was mit Ausnahme der Intensivierung der Verhandlungen[1737] genau gemeint ist, bleibt jedoch unklar. Da aber selbst durch Schlichtungszwang Arbeitskämpfe nicht (immer) vermieden, sondern nur verschoben werden,[1738] kann es nur darum gehen, das bestehende System des engen Funktionszusammenhanges von Tarifvertrag und Arbeitskampf[1739] darauf zu überprüfen, inwieweit es einer Ergänzung bedarf.

1734 Siehe hierzu *Zöllner/Loritz/Hergenröder* S. 438 f.; *Scherer* S. 108; *Thieme* S. 75.

1735 Siehe aber *Picker*, FS Bauer, S. 811 (820 ff.), der die Tarifautonomie für ein „Rechtsinstitut auf Abruf" hält, aber nicht infolge eines Scheiterns, sondern einer Zweckerreichung.; anders *Rüthers* NZA 2010, 6 (11): „Die Selbstzerstörung der Tarifautonomie durch den Missbrauch der Tarifparteien ist eine reale Möglichkeit."

1736 Siehe hierzu *Rüthers* NZA 2010, 6 (8 f.); *derselbe* ZfA 1987, 1 (51 ff.); *Lembke* RdA 2000, 223 (235) bezugnehmend auf die Erklärungen der Arbeitgeberverbände der Metall- und Elektroenergie (NZA 1997, 1334 f.; NZA 19998, 697 f.), welche den Streik und die Aussperrung „für nicht mehr zeitgemäß halten", nicht zuletzt deswegen, weil arbeitsbedingte Produktionsfälle auf Grund der Globalisierung der Wirtschaft, des weltweiten Wettbewerbs und der weltweit eng verknüpften Lieferbeziehungen zu nachhaltigen Schäden führen; Beschluss des Präsidiums der BDA vom 15.09.2003, wonach Streik und Aussperrung „Relikte einer vergangenen Epoche unter besonders historischen, heute nicht mehr existierenden wirtschaftlichen Bedingungen" seien, zitiert nach *Berg*, GS Zachert, S. 469 (472); „Tendenzen zur Verwerfung des Arbeitskampfes" dargestellt bei *Picker* ZfA 2010, 499 (502 ff.); *Gentz* NZA 1985, 305 (305 ff.); Anm. v. *Nikisch* SAE 1964, 141 (143 f.).

1737 Siehe für eine Intensivierung der Verhandlungskultur unter Bezug auf die Erfahrungen mit der die Verhandlungslösung bevorzugenden chemischen Industrie *Loritz*, FS Picker, S. 1033 (1053 f.); unter Bezug auf die Erfahrungen mit dem Schlichtungsabkommen der schweizerischen Metall- und Uhrenindustrie aus dem Jahr 1937 *Rüthers* ZfA 1987, 1 (55 ff.); *derselbe* NZA 2010, 6 (9); für die Einführung eines Schlichtungszwangs bei Spartenarbeitskämpfen, vor allem im Bereich der Daseinsvorsorge, *Bayreuther* NZA 2008, 12 (16 f.); siehe auch Jacobs NZA 2008, 325 (331); *von Steinau-Steinrück/Glanz* NZA 2009, 113 (118); *Buchner* BB 2007, 2520 (2521 f.).

1738 So kommt auch *Kissel* § 77 Rn. 2 ff. (39) zu dem Schluss, dass eine Alternative zum Arbeitskampf fehle.

1739 BAGE 33, 140 (150 f.); *Seiter* RdA 1986, 165 (170); *Wank* RdA 1989, 263 (265); EK-*Dieterich* Art. 9 GG Rn. 70.

Da bereits der Entstehung einer die Einflussnahme des Staates auf die Tarifautonomie angeblich rechtfertigenden Extremsituation in der Regel mit Notarbeiten entgegen gewirkt werden kann,[1740] muss es zuvorderst darum gehen, deren Durchführung sicherzustellen.[1741] Ist dies durch eine für die Streikgegner verbindliche Regelung der Notarbeiten zu erreichen, stellt deren Herbeiführung unter Zwang die Tarifautonomie nicht grundlegend in Frage. Inhalt und Abschluss des Tarifvertrages bleiben weiterhin den Tarifvertragsparteien überlassen. So äußert sich auch Müller dahingehend, dass bei Streitigkeiten über Notarbeiten eine Zwangsschlichtung die Tarifautonomie nicht nur nicht tangiere, sondern ihr diene.[1742]

Festzuhalten ist, dass die mit der Festlegung der Notarbeiten verbundene Einflussnahme des Staates auf den Umfang des Streiks hinzunehmen ist, wenn andernfalls die Respektierung der Grundrechte der am Kampf Beteiligten wie Unbeteiligten nicht gewährleistet ist; dann darf der Staat sich nicht länger in Zurückhaltung üben. Er muss zur Wahrung und Durchsetzung der Rechtsordnung einschreiten.[1743] So erwägt *Rudkowski* für den Fall, dass eine Gefährdung der Gesundheit infolge einer streikbedingten Beeinträchtigung der Wasserversorgung zu besorgen ist, den Staat gemäß § 9 Abs. 2 S. 1 TrinkwV[1744] analog auf eine anderweitige Wasserversorgung umstellen oder den Staat „als *minus*“ in dem/n bestreikten Betriebe/n Notstandsarbeiten anordnen zu lassen.[1745] Die Zulässigkeit eines solchen Vorgehens unterstellt, haben es die Arbeitskampfparteien selbst in der Hand, dies durch Einigung zu vermeiden.

1740 In diese Richtung *Kissel* § 70 Rn. 35; siehe auch LAG Hamm NZA-RR 2007, 250 (253), wonach die Versorgung mit Blutkonserven nicht mit einer zeitweise Streikunterbrechung, sondern nur durch Notstandsarbeiten gewährleistet werden kann.

1741 So auch *Kamanabrou* ZfA 2008, 241 (261) zu der „besonderen Betroffenheit der Allgemeinheit“ bei Streiks von Berufsgruppen wie Piloten, Ärzte und Lokomotivführer: „Und selbst wenn Streiks durch Spartengewerkschaften eine höhere Gemeinwohlrelevanz hätten als sie Streiks üblicherweise zukommt, wäre doch dieses Problem wie auch sonst durch Notdienstvereinbarungen zu bewältigen.“

1742 *Müller* S. 89.

1743 *Kissel* § 34 Rn. 18: „Die staatliche Neutralitätspflicht hat da ihre Grenzen, wo es um die Wahrung und Durchsetzung der Rechtsordnung geht.“.

1744 Trinkwasserverordnung vom 21.05.2001, BGBl. I 2001, S, 959 ff., zuletzt geändert durch Art. 2 Abs. 19 G vom 22.12.2011, BGBl. I S. 3044, 3047.

1745 *Rudkowski* S. 149 f..

1. Herbeiführung einer Einigung unter Zwang

Die Herbeiführung einer Einigung unter Zwang kann auf unterschiedliche Art erfolgen. Vorgeschlagen wird zum einen die Heranziehung der Arbeitsgerichte als letztentscheidende Instanz[1746] und zum anderen, die Arbeitskampfparteien ein dem betriebsverfassungsrechtlichen Einigungsstellenverfahren des § 76 BetrVG im wesentlichen nachempfundenen Verfahren durchlaufen zu lassen.[1747] Bei Letzterem verbleibt es im Wesentlichen bei der Autonomie der Parteien, da die Arbeitsgerichte fehlerhafte Sprüche der Einigungsstelle nur aufheben, nicht aber durch eine eigene Entscheidung in der Sache ersetzen können.[1748]

Aktuell liegt hierzu vor der am 19.03.2012 vorgestellte Gesetzesvorschlag im Auftrag der Carl Friedrich von Weizsäcker-Stiftung von Prof. Dr. Martin Franzen, Prof. Dr. Gregor Thüsing und Prof. Dr. Christian Waldhoff.[1749]

a) Einigungsstellenverfahren gemäß § 4 Gesetzesvorschlag im Auftrag der Carl Friedrich v. Weizsäcker-Stiftung 2012

Mit dem „Gesetz zur Regelung kollektiver Arbeitskonflikte in der Daseinsvorsorge“ (im Folgenden: Gesetzesvorschlag) sollen Arbeitskämpfen etwa im Luft- und Schienenverkehr, in der Gesundheitsversorgung sowie im Erziehungswesen mit Rücksicht auf die Bevölkerung gesetzliche Schranken gezogen werden. § 4 Gesetzesvorschlag widmet sich der „Aufrechterhaltung einer Grundversorgung“ und verlangt, dass sich die Arbeitskampfparteien über den Umfang der Grundversorgung einigen. Falls eine Einigung nicht zu Stande kommt, soll eine Einigungsstelle, die von jeder Arbeitskampfpartei jederzeit angerufen werden kann, verbindlich über den Umfang der Grundversorgung entscheiden (Abs. 2 S. 2). Erst danach dürfen Arbeitskampfmaßnahmen ergriffen werden (Abs. 5). Näheres zum Verfahren regeln die Absätze 3 und 4:

„(3) Die Einigungsstelle besteht aus der gleichen Anzahl von Beisitzern, die von den Arbeitskampfparteien auf Arbeitgeberseite und Arbeitnehmerseite bestellt werden und einem unparteiischen Vorsitzenden, auf den sich beide Seiten einigen müssen. Kommt eine Einigung über die Person des Vorsitzenden nicht zu Stande, bestellt ihn das LAG, in dessen Bezirk der Arbeitskampf stattfindet

---

1746 Brox/Rüthers-*Brox* Rn. 293; *derselbe* JA 1981, 74 (75).

1747 *Müller* S. 88 f.; *Schliemann* RdA 2012, 14 (21); § 4 Gesetzesvorschlag Carl Friedrich v. Weizsäcker-Stiftung 2012 NZA aktuell 7/2012 IX (X).

1748 Vgl. *Oetker* S. 63; *Däubler* AuR 1981, 257 (259); *Kissel/Schick* RdA 1991, 321 (323 f.); *Fitting* § 76 Rn. 161.

1749 Gesetzesvorschlag Carl Friedrich v. Weizsäcker-Stiftung 2012 NZA aktuell 7/2012 IX (IX f.).

oder stattfinden soll. Sind mehrere Landesarbeitsgerichtbezirke betroffen, entscheidet das BAG. Dasselbe gilt, wenn sich die Arbeitskampfparteien nicht über die Anzahl der Beisitzer einigen können. Die gerichtliche Entscheidung ergeht ohne die ehrenamtlichen Richter. Im Übrigen gilt § 98 Abs. 1 S. 3 – 6 ArbGG entsprechend.

(4) Die Einigungsstelle hat unverzüglich tätig zu werden. Sie fasst ihre Beschlüsse mit der Mehrheit der Mitglieder nach mündlicher Beratung. Bei der Beschlussfassung hat sich der Vorsitzende zunächst der Stimme zu enthalten; kommt eine Stimmenmehrheit nicht zustande, nimmt der Vorsitzende nach weiterer Beratung an der erneuten Beschlussfassung teil. Die Einigungsstelle ist beschlussfähig, wenn die Mehrheit der Mitglieder einschließlich des Vorsitzenden an Beratung und Beschlussfassung teilnimmt. Die Beschlüsse der Einigungsstelle sind schriftlich niederzulegen, vom Vorsitzenden zu unterschreiben und den Arbeitskampfparteien zuzuleiten. Sie verlieren ihre Wirkung mit Abschluss des angestrebten Tarifvertrags."

Im Folgenden ist das Für und Wider dieses Einigungsstellenverfahrens zu diskutieren.

Um das Einigungsstellenerfahren in Gang zu setzen, ist zunächst die Einigungsstelle zu bilden. Dies erfolgt nur bei Bedarf (§ 76 Abs. 1 S. 1 BetrVG). Bedarf besteht immer dann, wenn eine Einigung nicht möglich erscheint, unabhängig davon, ob eine der Arbeitskampfparteien Verhandlungen überhaupt nicht oder nicht mehr führen will.[1750] Die Unterhaltung einer ständigen Einigungsstelle dieser Zuständigkeit würde Kosten[1751] verursachen, denen angesichts der Laufzeiten von Tarifverträgen und der damit einhergehenden Friedenspflichten kein Nutzen gegenüber stünde. Gelten für weitere im Betrieb vertretene Gewerkschaften andere Friedenspflichten und droht in der Zwischenzeit von anderer Seite ein Arbeitskampf, der Erhaltungs- und Notstandsarbeiten erfordert, müsste die Einigungsstelle ohnehin anders besetzt werden, ist die Bestellung der Beisitzer doch den jeweiligen Arbeitskampfparteien überlassen.

(1) Person des Beisitzers

Für die Bestellung entscheidend ist das Vertrauen des Arbeitgebers bzw. der Gewerkschaft in die Person des Beisitzers.[1752] Sie sollte aber auch über Kenntnis

1750 Vgl. *Tschöpe* NZA 2004, 945 (945 f., 950 Nr. 1).

1751 Die Kosten der bei Bedarf gebildeten Einigungsstelle sollte nicht wie bei § 76 a Abs. 1 BetrVG der Arbeitgeber, sondern beide Arbeitskampfparteien je zur Hälfte tragen müssen, wie es § 20 Professorenentwurf 1988 für die Kosten einer *tariflichen* Schlichtungsstelle vorsieht.

1752 *Fitting* § 76 Rn. 14.

der betriebsspezifischen Situation und der branchenabhängigen Besonderheiten verfügen, um diese in die Beratung über den Umfang der Notarbeiten einbringen zu können.

(2) Anzahl der Beisitzer der Einigungsstelle

Um Streitigkeiten über die Anzahl der Beisitzer (Abs. 3 S. 4) zu vermeiden, ist zu erwägen, diese gesetzlich festzulegen, auch wenn in § 76 Abs. 2 BetrVG davon abgesehen worden ist. Sieht sich der Arbeitgeber nur einer Gewerkschaft gegenüber, dürften zwei Beisitzer für jede Seite erforderlich, aber auch ausreichend sein.[1753]

(3) Beschlussfähigkeit und Beschlussfassung

Bei der in § 4 Abs. 4 S. 4 Gesetzvorschlag enthaltenden Regelung zur Beschlussfähigkeit der Einigungsstelle, ist zu überlegen, diese § 76 Abs. 5 S. 2 BetrVG entsprechend zu ergänzen. Den Arbeitskampfparteien soll es nicht möglich sein, die Einigungsstelle durch Nichtbenennen oder Nichterscheinen ihrer Beisitzer zu torpedieren.[1754] Insbesondere soll der Arbeitgeber den Beschluss der Einigungsstelle und dem verbunden den Beginn des Arbeitskampfes nicht hinauszögern können. Gegebenenfalls müssen der Vorsitzende und die erschienenen Mitglieder daher allein entscheiden können.[1755]

Dadurch, dass sich der Vorsitzende bei der ersten Abstimmung gemäß Abs. 4 S. 2 Gesetzvorschlages der Stimme zu enthalten hat, können die streitenden Parteien durch die Beisitzer als ihre Interessenvertreter in der Einigungsstelle noch zu einer einvernehmlichen Lösung kommen.[1756] Sie können weiter frei verhandeln, wenn auch unter Einigungsdruck. Ihnen wird also zunächst Hilfe zur Selbsthilfe gewährt. Nur wenn bei seiner vorherigen Enthaltung eine Stimmenmehrheit nicht zu Stande gekommen ist, wirkt der Vorsitzende der Einigungsstelle an der folgenden Abstimmung stimmenberechtigt mit (§ 76 Abs. 3

1753 Vgl. *Fitting* § 76 Rn. 20; EK-*Kania* § 76 BetrVG Rn. 8 m.w.N.: „Im Regelfall wird eine Besetzung mit zwei Beisitzern für jede Seite erforderlich und ausreichend sein, bei einfachen kleineren Streitfragen kann sich die Anzahl auf einen Beisitzer reduzieren, bei besonders schwierigen und bedeutenden Fällen auf drei Beisitzer erhöhen."; so sieht etwa § 15 S. 1 Professorenentwurf 1988 für eine *tarifliche* Schlichtungsstelle je drei Beisitzer vor, während nach Müller S. 89 bei der Schlichtung in Sachen Notarbeiten nur je ein Beisitzer noch dienlicher ist.

1754 Vgl. EK-*Kania* § 76 BetrVG Rn. 19.

1755 Vgl. EK-*Kania* § 76 BetrVG Rn. 19.

1756 *Fitting* § 76 Rn. 82.

S. 3 BetrVG).[1757] Dadurch, dass er dann keine Stimmenenthaltung üben darf,[1758] werden Pattsituationen vermieden;[1759] zumindest dann, wenn sich kein Beisitzer seiner Stimme enthält[1760]. Für diesen Fall ist zu überlegen, ob das Verfahren fortzusetzen ist[1761] oder im Interesse seiner Beschleunigung eine verfahrensbeendende Sachentscheidung dadurch getroffen werden kann, dass man die Stimme des Vorsitzenden wie bei § 29 Abs. 2 MitbestG doppelt zählt oder sie unberücksichtigt bleibt[1762].

Für tarifliche Schlichtungsstellen mag sich eine rein paritätische Besetzung ohne neutralen Vorsitz anbieten, weil dadurch eine Entscheidung gegen die jeweils andere Seite verhindert wird, so dass die Verantwortung für das Ergebnis allein bei den Tarifvertragsparteien liegt und nicht auf einen außenstehenden Dritten oder den Staat geschoben werden kann.[1763] Bei Notarbeiten geht es aber nicht in erster Linie darum, eine beide Seiten zufriedenstellende, sondern eine die Rechte der am Kampf Beteiligten und Unbeteiligten wahrende Lösung zu finden, mit der sich die Parteien zufriedengeben müssen. Ein Schlichtungsspruch, der Notarbeiten zum Gegenstand hat, muss nicht in letzter Konsequenz von beiden Seiten gewollt, nur von beiden Seiten befolgt werden. Vor allem aber, muss er ergehen können.

(4) Dauer des Einigungsstellenverfahrens

Wie von Abs. 4 S. 1 des Gesetzvorschlages vorgesehen, muss die Einigungsstelle unverzüglich tätig werden und, falls nach wie vor keine Einigung über die Notarbeiten erzielt werden kann, verbindlich entscheiden. Dies muss insofern zügig erfolgen, als erst dann zum Arbeitskampf übergegangen werden kann. Das Einigungsstellenverfahren soll weder zu einer Art Abkühlungsphase zwischen dem Scheitern der Tarifverhandlungen und dem Beginn des Arbeitskampfs[1764] führen, noch der eigentlichen Tarifauseinandersetzung ein Forum bieten. Es

---

1757 So auch für das Verfahren einer tariflichen Schlichtungsstelle § 18 Abs. 1 S. 3 Professorenentwurf 1988.

1758 Vgl. MünchArbR-*Joost* § 232 Rn. 52.

1759 *Müller* S. 91.

1760 Stimmenenthaltungen von Beisitzern sind nicht als ablehnende Stimme zu werten, vgl. LAG Frankfurt DB 1990, 1288 (1288).

1761 Vgl. *Fitting* § 76 Rn. 85; GK-*Kreutz* § 76 Rn. 113.

1762 Vgl. MünchArbR-*Joost* § 232 Rn. 52.

1763 *Eich* NZA 1995, 149 (153); *Schlemmer*, FS Molitor S. 309 (320 f.).

1764 Der Einführung einer Abkühlungsphase ggü. kritisch *Reuß* AuR 1975, 1 (4); *Otto* § 20 Rn. 31; Professorenentwurf 1988, S. 40 f., wonach eine Abkühlungsphase dazu führen kann, „dass die Lösung des Tarifkonflikts verschleppt und damit eine lang dauernde Unsicherheit in das Wirtschaftsleben getragen wird.“

muss daher innerhalb einer sehr kurz bemessenen Frist durchgeführt werden, nach deren Ablauf das Arbeitskampfverbot des § 4 Abs. 5 Gesetzesvorschlag entfällt. Insgesamt sollte das Einigungsstellenverfahren nicht (viel) mehr Zeit in Anspruch nehmen als der Erlass einer einstweiligen Verfügung durch die Arbeitsgerichte. Das aber ist kaum möglich, wenn sich die Arbeitskampfparteien nicht über (die Anzahl der Beisitzer und) die Person des Vorsitzenden einigen können und eine Entscheidung des Landesarbeitsgerichts oder das Bundesarbeitsgerichts (jeweils ohne die ehrenamtlichen Richter) eingeholt werden muss.

(a) Dauer des Einsetzungsverfahrens

Selbst wenn gegen die arbeitsgerichtliche Entscheidung über (die streitige Anzahl der Beisitzer und) den streitigen Einigungsstellenvorsitz kein Rechtsbehelf möglich ist[1765], kostet sie Zeit. Um das Einsetzungsverfahren weiter zu beschleunigen, ist die Verweisung des Abs. 3 S. 6 des Gesetzvorschlages zu überdenken, zumindest soweit sie sich auf § 98 Abs. 1 S. 4 und 6 ArbGG erstreckt. Zu erwägen ist zum einen, die 48 stündigen Einlassungs- und Ladungsfristen zu verkürzen; 24 Stunden dürften genügen. Zum anderen ist § 98 Abs. 1 S. 6 ArbGG, wonach der Beschluss den Beteiligten innerhalb von zwei Wochen nach Eingang des Antrags zugestellt werden soll (1. Hs.) und spätestens innerhalb von vier Wochen zugestellt werden muss (2. Hs.), nicht sachgerecht. Da die Zustellung auch erst am Ende der zweiwöchigen Frist des § 98 Abs. 1 S. 6 1. Hs. ArbGG erfolgen kann, erscheint bereits eine Orientierung an dieser Sollvorschrift verfehlt.

(b) Bestellung des Vorsitzenden

Um den Arbeitskampfparteien so viel Verantwortung wie möglich zu belassen, liegt es nahe, ihnen die Auswahl des Vorsitzenden der Einigungsstelle zu überlassen. Da sich dann aber das Problem der fehlenden Einigung über die Notarbeiten in dem Problem der fehlenden Einigung über den Vorsitzenden der Einigungsstelle fortsetzen würde, muss von dritter Seite über den streitigen Einigungsstellenvorsitz entschieden werden können, hier durch ein Landes- bzw. das Bundesarbeitsgericht.

Maßgebende Kriterien für die Auswahl des Vorsitzenden sind dessen Rechts- und Sachkenntnisse sowie dessen Unparteilichkeit.[1766] Er muss zum einen Gewähr für eine neutrale Verhandlungsführung und Entscheidungsfindung

1765 So schon *Müller* S. 89.

1766 GMP-*Matthes/Schlewing* § 98 Rn. 23.

bieten und zum anderen eine zügige Durchführung des Einigungsstellenverfahrens erwarten lassen.[1767]

Üblicherweise wird in dem Antrag die Person, die nach Auffassung des Antragsstellers den Vorsitz der Einigungsstelle übernehmen soll, namentlich benannt.[1768] Dabei handelt es sich regelmäßig um Richter der Arbeitsgerichtsbarkeit – Schätzungen gehen in Richtung 90 % -, Voraussetzung ist dies jedoch nicht.[1769] An den Vorschlag des Antraggegners oder im Fall dessen Ablehnung an den des Antragsgegners ist das Gericht nicht gebunden; bei der Auswahl der zu bestellenden Person ist es grundsätzlich frei.[1770]

Nach einer Ansicht ist das Auswahlermessen des Gerichts jedoch eingeschränkt, wenn gegen eine von Antragssteller vorgeschlagene Person vom anderen Beteiligten keine nachvollziehbaren Einwände in Gestalt von Tatsachen und konkret begründeten Befürchtungen erhoben werden und sich auch dem Gericht keine Bedenken aufdrängen.[1771] Zwar stehe zu befürchten, dass die streitenden Parteien nach dem „Müllerprinzip“: „Wer zuerst kommt, mahlt zuerst“ (auch als „Windhundprinzip“ bezeichnet) verfahren und vorschnell das Gericht anrufen werden, um „ihren“ Vorsitzenden durchzusetzen.[1772] Dies sei aber hinzunehmen, denn wenn es keine Bedenken gäbe, gäbe es auch keinen Grund, die vorgeschlagene Person nicht zum Vorsitzenden zu bestellen.[1773] Zudem könnte damit auch „dem latenten Vorwurf der Pfründenwirtschaft innerhalb der Richterschaft nach

1767 LAG Nürnberg, Beschl. v. 2.07.2004, Az.: 7 TaBV 19/04-juris, Rn. 12.

1768 EK-*Koch* § 98 ArbGG Rn. 2.

1769 *Francken* NZA 2008, 750 (750); *derselbe* NJW 2007, 1792 (1795); EK-*Kania* § 76 BetrVG Rn. 7; GMP-*Matthes/Schleswig* § 98 Rn. 23.

1770 Unter Beachtung der Grenzen des § 98 Abs. 1 S. 4 ArbGG LAG Berlin-Brandenburg Beschl. v. 4.06. 2010, Az.: 6 TaBV 901/10-juris, Rn. 12; LAG Baden-Württemberg NZA-RR 2002, 523 (523 f.); GMP-*Matthes/Schlewing* § 98 Rn. 14, 23; *Francken* NJW 2007, 1792 (1795); *Tschöpe* NZA 2004, 945 (946): § 80 Abs. 2 S. 1 ArbGG verweist nur insoweit auf die Vorschriften der ZPO, als das ArbGG nichts anderes bestimmt. Gerade das aber ist in § 98 ArbGG unter Bezugnahme auf § 76 Abs. 2 S. 2 und 3 BetrVG der Fall, mit der Folge, dass § 308 ZPO nicht greift und das Gericht insoweit gestaltend wirkt, als es den Vorsitzenden für die Beteiligten verbindlich bestimmt.

1771 So etwa LAG Nürnberg, Beschl. v. 2.07.2004, Az.: 7 TaBV 19/04 –juris, 3. Ls., Rn. 12; LAG Berlin-Brandenburg, Beschl. v. 3.06.2010, Az.: 10 TaBV 1058/10-juris, Rn. 36 ff. u. Beschl. v. 22.01.2010, Az.: 10 TaBV 28229/09-juris, Rn. 47 ff.; LAG Hamburg LAGE § 98 ArbGG 1979 Nr. 30 nehmen in dem Fall eine Bindung des Gerichts im Sinne des § 308 ZPO an.

1772 LAG Berlin-Brandenburg, Beschl. v. 3.06.2010, Az.: 10 TaBV 1058/10-juris, Rn. 37; Beschl. v. 22.01.2010, Az.: 10 TaBV 28229/09-juris, Rn. 48; LAG Baden-Württemberg NZA-RR 2002, 523 (523 f.).

1773 LAG Berlin-Brandenburg, Beschl. v. 22.01.2010, Az.: 10 TaBV 28229/09-juris, Rn. 48.

dem Motto: „Ich gebe Dir eine Einigungsstelle, damit Du mir auch eine Einigungsstelle gibst“ (in diesem Sinne Bauer NZA 1992, 433 (434)) (…) ausreichend begegnet“ werden.[1774]

Nach der Gegenansicht soll es nicht darauf ankommen, welche Seite zuerst einen Einsetzungsantrag stellt.[1775] Vielmehr sei eine von beiden Beteiligten nicht ins Gespräch gebrachte Person zum Vorsitzenden zu bestellen.[1776] „Denn die Vorschläge beider Seiten sind Ausdruck besonderen Vertrauens, das zugleich für die jeweils andere Seite einen entsprechenden Vorbehalt gegen die vorgeschlagene Person zu begründen pflegt, den es zu respektieren gilt. Nur so lässt sich die erforderliche Akzeptanz eines notfalls stimmberechtigten Verhandlungsführers erreichen, dessen vornehmliche Aufgabe darin besteht, eine Einigung herbeizuführen (LAG Schleswig-Holstein, Beschluss vom 04.09.2002 – 4 TaBV 8/02 – AP ArbGG 1979 § 98 nr. 13 zu II.2.2.2. der Gründe), und eine unnötige Belastung des nachfolgenden Verfahrens vor der Einigungsstelle vermeiden (LAG Rheinland Pfalz, Beschluss vom 15.05.2009 – 9 TaBV 10/09 - juris zu II der Gründe).“[1777] Damit wird zugleich einer sonst zu befürchtenden Diskreditierung der Kandidaten beider Seiten vorgebeugt (Tschöpe NZA 2004, 945, 947) Diesen Aspekten Rechnung zu tragen, „erscheint vordringlicher, als dem latenten Vorwurf der Pfründenwirtschaft innerhalb der Richterschaft im Wege wechselseitiger Einsetzungen Rechnung tragen zu wollen.“[1778]

Da der Vorsitzende für eine Einigung regelmäßig auf das Vertrauen beider Seiten in seine Unvoreingenommenheit angewiesen ist[1779], soll nach einer vermittelnden Ansicht von einer Einsetzung gegen den Willen einer Seite abgesehen werden, soweit diese nicht offensichtlich Obstruktion betreibt.[1780]

Da es letztlich nur darauf ankommt, dass die Person die Voraussetzungen für den Einigungsstellenvorsitz erfüllt, soll hier offen bleiben, ob das Gericht im Streitfall eine vorgeschlagene, aber ohne verifizierbare Bedenken[1781] abgelehnte oder dritte Person zu bestellen hat. Der dargestellte Streit über die Verfahrens-

1774 LAG Berlin-Brandenburg, Beschl. v. 3.06.2010, Az.: 10 TaBV 1058/10-juris, Rn. 37 u. Beschl. v. 22.01.2010, Az.: 10 TaBV 28229/09-juris, Rn. 48.

1775 LAG Berlin-Brandenburg Beschl. v. 4.06. 2010, Az.: 6 TaBV 901/10-juris, Rn. 13.

1776 LAG Köln AuR 2007, 395 (396); LAG Schleswig-Holstein, Beschl. v. 4.09.2002, Az.: 4 TaBV 8/02 juris, 4. Ls.; LAG Berlin, Beschl. v. 12.09.2001, Az.: 4 TaBV 1436/01-juris, Rn. 26; Fitting § 76 Rn. 25.

1777 LAG Berlin-Brandenburg Beschl. v. 4.06. 2010, Az.: 6 TaBV 901/10-juris, Rn. 13.

1778 LAG Berlin-Brandenburg Beschl. v. 4.06. 2010, Az.: 6 TaBV 901/10-juris, Rn. 13.

1779 LAG Nürnberg, Beschl. v. 2.07.2004, Az.: 7 TaBV 19/04 –juris, 3. Ls., Rn. 12; GMP-*Matthes/Schlewing* § 98 Rn. 23

1780 EK-*Koch* § 98 ArbGG Rn. 5, in diese Richtung auch *Tschöpe* NZA 2004, 945 (947).

1781 *Tschöpe* NZA 2004, 945 (947).

weise zeigt aber, dass sich die Bestellung des Vorsitzenden der Einigungsstelle wegen dessen entscheidender Bedeutung zu einem „Nebenkampfschauplatz" entwickeln kann. Dieser ist vor allem dann auch von zeitlicher Relevanz, wenn die rechtskräftig zum Vorsitzenden bestellte Person die Übernahme des Amtes ablehnt und infolgedessen ein erneutes Einsetzungsverfahren durchzuführen ist.[1782]

Im Interesse der Verfahrensbeschleunigung und Verfahrensvereinfachung erscheint der für das betriebsverfassungsrechtliche Einigungsstellenverfahren unterbreitete Vorschlag *Franckens*, den streitigen Einigungsstellenvorsitz durch Neufassung des § 76 Abs. 2 BetrVG zur richterlichen Dienstaufgabe zu machen,[1783] auch hier durchaus diskussionswürdig. Kommt eine Einigung über die Person des Vorsitzenden nicht zu Stande, soll sich dieser *Francken* zufolge aus dem richterlichen Geschäftsverteilungsplan des Arbeitsgerichts ergeben, in dessen Bezirk der Betrieb liegt.[1784] Ist der streitige Einigungsstellenvorsitz als richterliche Dienstaufgabe ausgestaltet, hat das jeweilige Präsidium im Rahmen des § 21 e Abs. 1 GVG auch dieses Geschäft im Geschäftsverteilungsplan zu verteilen.[1785] Übertragen auf den in Rede stehenden Gesetzesvorschlag wäre der Geschäftsverteilungsplan des Landesarbeitsgerichts (Berufsrichter) maßgebend, in dessen Bezirk der Arbeitskampf stattfinden soll. Sind mehrere Landesarbeitsgerichtbezirke betroffen, wäre der Geschäftsverteilungsplan des Bundesarbeitsgerichts ausschlaggebend (Berufsrichter). Angesichts der Vielzahl von betriebsverfassungsrechtlichen Einigungsstellenverfahren, bei denen Richter der Arbeitsgerichtsbarkeit gerichtlich zum Vorsitz bestellt werden, macht es Sinn, die Übernahme dieses Amtes ihrem originären Tätigkeitsbereich zuzuordnen. Die Gebühren für die Übernahme des streitigen Einigungsstellenvorsitzes würden dann als Einnahmen in den Landeshaushalt fließen.[1786] Denn nur in dem Fall, dass sich Arbeitgeber und Betriebsrat auf einen Einigungsstellenvorsitzenden verständigen und es sich dabei um eine/n Richter/in handelt, würde die Übernahme eine genehmigungspflichtige Nebentätigkeit darstellen.[1787]

1782 Siehe hierzu GMP-*Matthes/Schlewing* § 98 Rn. 31; EK-*Koch* § 98 ArbGG Rn. 5: „Um dies zu vermeiden, ist es erforderl., dass die Zustimmung der vorgeschlagenen oder vom Gericht in Aussicht genommenen Person vor der Entscheidung vorliegt."; a.A. *Fitting* § 76 Rn. 39, wonach das Bestellungsverfahren erst abgeschlossen ist, wenn der vorgesehene Vorsitzende das Amt angenommen hat. Lehnt dieser ab, ist das Arbeitsgericht zur Bestellung eines anderen Vorsitzenden verpflichtet.

1783 *Francken* NJW 2007, 1792 (1795 f.); *derselbe* NZA 2008, 750 (750 f.).

1784 *Francken* NJW 2007, 1792 (1796); *derselbe* NZA 2008, 750 (750 f.).

1785 Ausführlich *Francken* NZA 2008, 750 (751).

1786 *Francken*, FS Löwisch, S. 129 (137).

1787 *Francken*, FS Löwisch, S. 129 (137).

Der Vorschlag *Franckens* ist allerdings im Ergebnis nicht auf das hier diskutierte Einigungsstellenverfahren über Notarbeiten zu übertragen. Im Hinblick auf das eher geringe Streikvorkommen in Deutschland[1788] wäre es übertrieben, den streitigen Einigungsstellenvorsitz zu einer richterlichen Dienstaufgabe zu machen, zumal nicht jeder Streik Notarbeiten in einem Umfang erfordert, der zu einem Streit der Streikgegner führt.

(5) Vollstreckbarkeit

Weiter ist zu bedenken, dass der Spruch einer Einigungsstelle im Verfahren nach § 76 Abs. 5 BetrVG kein Vollstreckungstitel ist.[1789] Es kann daher aus ihm nicht unmittelbar die Zwangsvollstreckung gegen den Arbeitgeber oder den Betriebsrat betrieben werden.[1790] Vielmehr muss über die einem Beteiligten auferlegten Verpflichtung im arbeitsgerichtlichen Beschlussverfahren (§§ 2 a, 80 ff. ArbGG) ein vollstreckungsfähiger Titel (§ 85 Abs. 1 ArbGG) erwirkt werden.[1791] Dies ist insofern unproblematisch, als dass die Anfechtung des Einigungsstellenspruchs in einem arbeitsgerichtlichen Beschlussverfahren unabhängig davon, ob sie den Vorwurf einer Ermessensüberschreitung oder eines Rechtsverstoßes zum Gegenstand hat, keine aufschiebende Wirkung zukommt. Jedenfalls bei dessen offensichtlicher (Un-) Wirksamkeit und Dringlichkeit steht die Anfechtung seiner (Nicht-) Durchsetzung im Wege der einstweiligen Verfügung nicht entgegen.[1792]

So dürfte dann auch der in Rede stehende Einigungsspruch gerichtlich durchsetzbar sein, zumal sich der Wortlaut des § 4 Abs. 2 S. 2 Gesetzesvorschlag von § 76 BetrVG darin unterscheidet, dass die Einigungsstelle ausdrücklich „verbindlich" entscheidet, was bedeuten dürfte, dass der Spruch weder einer

---

1788 Internationaler Vergleich bei Däubler-*Däubler* § 8, Rn. 33 unter Verweis auf die Angaben nach Bispinck/WSI-Tarifarchiv (Hrsg.), WSI-Tarifhandbuch 2010, S. 150; Zahlen des EUROSTAT bei *von Bröckel*, *Jan*, Übersicht über das Arbeitskampfrecht in Deutschland - Wann sind Streiks und Aussperrungen möglich? Stand: 23.06.2010, www.janvonbroeckel.de; MünchArbR-*Ricken* § 193 Rn. 5; *Berg*, GS Zachert, S. 469 (472);); HzA-*Kalb* Gruppe 18 Rn. 1005 m.w.N..

1789 LAG Köln, Beschl. v. 20.04.1999, Az.: 13 Ta 243/98-juris, Rn. 22; *Fitting* § 76 Rn. 137; GK-*Kreutz* § 76 Rn. 139.

1790 MünchArbR-*Joost* § 232 Rn. 63.

1791 MünchArbR-*Joost* § 232 Rn. 63; GMP-*Matthes* § 85 Rn. 10.

1792 LAG Berlin BB 1985, 1199 (1199); EK-*Kania* § 76 BetrVG Rn. 29; siehe weiter LAG Köln, Beschl. v. 20.04.1999, Az.: 13 Ta 243/98-juris, (1. u. 2. Ls., Rn. 24); LAG Berlin DB 1990, 1288 (1288); *Fitting* § 76 Rn. 164 f.; einer vorläufige Bindung gegenüber kritisch GK-*Kreutz* § 76 Rn. 176; MünchArbR-*Joost* § 232 Rn. 70.

Rechts- noch eingeschränkt einer Ermessensausübungskontrolle unterliegt, also „unangreifbar" ist.[1793]

Zu einer Entlastung der Arbeitsgerichte kann die Durchführung eines Einigungsstellenverfahrens nur dann führen, wenn der Einigungsspruch akzeptiert und befolgt wird. Da der Spruch lediglich die Einigung der Arbeitskampfparteien ersetzt, bleibt der einen Arbeitskampfpartei nichts anderes übrig, als das jeweils zuständige Gericht anzurufen, sollte die andere dessen Befolgung während des Arbeitskampfes verweigern. Wegen des damit verbundenen Zeit- und Kostenaufwandes, ist zu überlegen, die Durchführung der von der Einigungsstelle für notwendig befundenen Arbeiten durch strenge Sanktionen zu sichern.[1794]

b) Fazit zum Einigungsstellenverfahren gemäß § 4 Gesetzesvorschlag im Auftrag der Carl Friedrich v. Weizsäcker-Stiftung 2012

Durch das Einigungsstellenverfahren des Gesetzesvorschlages kann eine der konsensualen Streitbeilegung dienliche Situation ernsthaften Verhandelns über Notarbeiten geschaffen werden. Schon die Möglichkeit der Anrufung der Einigungsstelle setzt einen Anreiz für die Arbeitskampfparteien, sich untereinander zu einigen.[1795] Gelingt dies nicht, ist es zunächst Aufgabe des Einigungsstellenvorsitzenden vermittelnd tätig zu werden. Er hat die Parteien im Einigungsprozess zu unterstützen, indem er deeskalierend wirkt und eine zwischen ihnen gestörte Kommunikation behebt.

Dass die Einigungsstelle im Fall der Nichteinigung verbindlich entscheidet, kann dazu führen, dass sich die Parteien verstärkt um eine Lösung bemühen. Zudem ist dadurch sichergestellt, dass nach Abschluss des Einigungsstellenverfahrens eine Regelung der Notarbeiten vorliegt, deren Einhaltung gerichtlich durchgesetzt werden kann. Bis zum Vorliegen dieser Regelung sind Arbeitskampfmaßnahmen ausgeschlossen.

Von Nachteil ist aber die Dauer des Verfahrens der Einigungsstelle. Allein ihre Bildung nimmt Zeit in Anspruch, vor allem weil sich das Problem der fehlenden Einigung über die Notarbeiten auf das Problem der fehlenden Einigung über (die Anzahl der Beisitzer und) den Vorsitzenden der Einigungsstelle und damit auf das - wenn auch verkürzte – Einsetzungsverfahren verlagern kann.

1793 So jedenfalls *Müller* S. 89.

1794 So Rasch ZRP 1976, 181 (184) für die tarifliche Zwangsschlichtung.

1795 Erläuterungen v. *Franzen*; Gesetzesvorschlag Carl Friedrich v. Weizsäcker-Stiftung 2012 NZA aktuell 7/2012 IX (XI); siehe auch *Dendorfer*, FS Leinemann, S. 567 (571) m.w.N. in Fn. 20 zum Einigungsstellenverfahren des BertVG.

Problematisch ist auch, dass § 4 Gesetzesvorschlag nicht zu entnehmen ist, wie verfahren werden soll, wenn von mehreren in einem Betrieb vertretenen Gewerkschaften Streiks drohen. Soweit Notarbeiten nicht nur von Arbeitnehmern einer einzigen, sondern mehrerer im Betrieb vertretenen Gewerkschaften zu leisten sind, kann deren Einbeziehung in das Einigungsstellenverfahren erforderlich sein. Dass § 4 hierzu schweigt, ist darauf zurückzuführen, dass durch die in § 7 Gesetzesvorschlag enthaltende Regelung dieser Situation weitgehend vorbeugt wird. Danach ist eine gewerkschaftliche Streikmaßnahme unzulässig, wenn sie auf den Abschluss eines Tarifvertrages gerichtet ist, der bezogen auf seinen angestrebten räumlichen und betrieblichen Geltungsbereich bzw. auf das Unternehmen weniger als 15 % der Arbeitsverhältnisse erfassen würde. Durch die Bindung der Zulässigkeit von Streiks an ein bestimmtes Quorum soll verhindert werden, „dass kleine und besonders streikmächtige Gewerkschaften für die von ihr repräsentierten Arbeitnehmergruppen Sondervorteile erstreiken, die den anderen Arbeitnehmergruppen im Unternehmen oder der Branche nicht zu Gute kommen.“[1796]

Diese sich mit den arbeitskampfrechtlichen Folgen von Tarifpluralitäten befassende Regelung lässt an die Fünfprozenthürde bei den Bundestagswahlen denken.[1797] So wie § 6 Abs. 6 S. 1 BWG die Funktionsfähigkeit des Parlaments aufrecht erhalten soll,[1798] soll § 7 Gesetzesvorschlag einer Zersplitterung der Tariflandschaft vorsorgen und auf diese Weise die Funktionsfähigkeit der Tarifautonomie sichern.[1799] Während aber § 6 Abs. 6 S. 2 BWG Schutz für besondere Minderheiten bietet, geht es bei § 7 Gesetzesvorschlag gerade darum diesen eine eigenständigen Tarifpolitik zu versagen. Dies ist wegen des damit verbundenden Eingriffes in die „für jedermann und für alle Berufe“ gewährleistete Koalitionsfreiheit verfassungsrechtlich nicht unbedenklich, sind von der Regelung doch vor allem Berufsgewerkschaften betroffen, die strukturbedingt nur eine Minderheit der Arbeitnehmer vertreten.[1800] Ihnen wird durch das Quorum die effektive

1796 Erläuterungen v. *Franzen*; Gesetzesvorschlag Carl Friedrich v. Weizsäcker-Stiftung 2012 NZA aktuell 7/2012 IX (XII); siehe auch *von Steinau-Steinrück/Glanz NZA* 2009, 113 (117 f.); zum Verteilungskampf auch *Rüthers* ZfA 1987, 1 (3); *Meyer*, FS Adomeit, S. 459 (466 f.).

1797 *Kamanabrou* ZfA 2008, 241 (270, Fn. 115); aus dem Arbeitsrecht bekannt ist die Fünfprozenthürde des § 86 a S. 2 BetrVG für die Themen einer Betriebsratssitzung .

1798 BVerfGE 6, 84 (92 f.); 95, 408 (419 ff.).

1799 Erläuterungen v. *Franzen*, Gesetzesvorschlag Carl Friedrich v. Weizsäcker-Stiftung 2012 NZA aktuell 7/2012 IX (XII).

1800 Siehe Kritik bei *Rieble* FA Arbeitsrecht 2012, 130 (130); *Fischer* FA Arbeitsrecht 2012, 131 (131); *derselbe* NZA Editorial Heft 10/2012; kritisch auch *Greiner* NZA 2012, 529 (534 f.); *derselbe* NZA 2010, 743 (743); *Löwisch* RdA 2010, 263 (263 ff.).

Durchsetzung eigener Interessen untersagt. Darin liegt eine Benachteiligung der Berufsgewerkschaften gegenüber den Multiberufsgewerkschaften in dem Wettstreit konkurrierender Konzepte. Dies erstaunt, hat sich der Gesetzgeber doch den gewerkschaftlichen Organisationsformen gegenüber neutral zu verhalten[1801]. Allerdings muss er den sozialen Gegenspielern auch die effiziente Wahrnehmung von Arbeitnehmer- und Arbeitgeberinteressen im Verbund ermöglichen, d.h. ein funktionsfähiges Tarifsystem zur Verfügung stellen.[1802] Ob es deswegen gerechtfertigt ist, einem bestimmten Gewerkschaftstypus wirtschaftliche Vernunft und Verantwortungsbewusstsein von vornherein abzusprechen,[1803] wird sich erst noch zeigen müssen. Zwar braucht der Gesetzgeber Störungen des Tarifsystems nicht abzuwarten, er sollte jedoch die Eingriffe in die Betätigungsfreiheit der Gewerkschaften auf das zur Sicherung eines funktionierenden Tarifsystems Erforderliche beschränken.[1804] „Hektische Gesetzgebung wäre (hier) nur kontraproduktiv."[1805]

Da aber auch durch § 7 des Gesetzvorschlages der Streikaufruf mehrerer Gewerkschaften nicht gänzlich ausgeschlossen ist, bedarf es, ungeachtet etwaiger Einschränkungen tarif- oder arbeitskampfrechtlicher Natur, einer Regelung, die in diesem Fall gewährleistet, dass sich auf eine Notarbeitsregelung verständigt wird bzw. eine von dritter Seite herbeigeführte Notarbeitsregelung für alle Beteiligten verbindlich ist.

Abschließend ist darauf hinzuweisen, dass den Arbeitskampfparteien die Durchführung eines derart detaillierten Einigungsstellenverfahren nur der Gesetzgeber vorschreiben könnte.[1806] Es ist aber nicht zu erwarten, dass es dazu

---

1801 Vgl. *Rieble*, Tarifeinheit, Rn. 91 ff.; „Tarifpluralität – Streiks ohne Ende?", *Henssler, Martin* vom 21.01.2011, abrufbar unter blog.handelsblatt.com.

1802 BVerfGE 20, 312 (317); 50, 290 (366 ff.); 84, 212 (225); 92, 365 (394 ff.), wonach der Gesetzgeber im Fall einer nachhaltigen Störung der Funktionsfähigkeit der Tarifautonomie verpflichtet ist, Maßnahmen zum Schutz der Koalitionsfreiheit zu treffen.; siehe auch *Wank* RdA 1989, 263 (265) m.w.N. in Fn. 41; *Rüfner* RdA 1997, 130 (133 f.); *Henssler* ZfA 2010, 397 (399 f.); *Scholz*, FS Buchner, S. 827 (828); *Papier/Krönke* ZfA 2011, 807 (822 ff.).

1803 Dies bezweifelnd *Greiner* NZA 2010, 743 (745); *Fischer* NZA Editorial Heft 10/2012; Henssler RdA 2011, 65 (70); kritisch auch *Kamanabrou* ZfA 2008, 241 (261 f.); anders aber *Giesen* ZfA 2011, 1 (44); *Lehmann* BB 2010, 2237 (2242).

1804 „Tarifpluralität – Streiks ohne Ende?", *Henssler, Martin* vom 21.01.2011, abrufbar unter blog.handelsblatt.com.; *Lehmann* BB 2010, 2237 (2244); siehe zur Einschätzungsprärogative des Gesetzgebers BVerfGE 92, 365 (396 f.); *Papier/Krönke* ZfA 2011, 807 (844 f., 851 ff.).

1805 *Greiner* NZA 2010, 743 (745).

1806 So auch *Schliemann* RdA 2012, 14 (21).

kommt,[1807] zumal der Gesetzvorschlag in der rechtswissenschaftlichen Literatur kaum Reaktionen und soweit überhaupt, kritische hervorgerufen hat.[1808]

Soll es nicht auf eine Vereinbarung dieses Verfahrens durch die Arbeitskampfparteien ankommen, „bleibt als Ausweg nur das Gericht."[1809]

c) Letztenzscheidung durch das Arbeitsgericht

Fraglich ist, ob die Arbeitsgerichte als letztentscheidende Instanz im Urteilsverfahren (§§ 2 Abs. 5, 46 ff. ArbGG) heranzuziehen sind, also ob auf Antrag einer Partei eine gerichtliche Regelung herbeigeführt werden kann.[1810]

Nach § 2 Abs. 1 Nr. 2 ArbGG sind die Gerichte für Arbeitssachen zuständig für bürgerliche Rechtsstreitigkeiten zwischen tariffähigen Parteien oder zwischen diesen und Dritten aus unerlaubten Handlungen, soweit es sich um Maßnahmen zum Zwecke des Arbeitskampfes handelt. Der Begriff der unerlaubten Handlung ist weit auszulegen.[1811] Erfasst werden sollen alle Rechtsstreitigkeiten aus der Beteiligung der Koalitionen am Arbeitskampf und aus ihrer Betätigung im Arbeitsleben, deren Rechtmäßigkeit umstritten ist.[1812] Unter Maßnahmen des Arbeitskampfes ist sowohl der Arbeitskampf selbst als auch jede andere Handlung oder Unterlassung im Rahmen des Arbeitskampfgeschehens zu verstehen, wie etwa die Verweigerung von Notarbeiten oder die Behinderung von Arbeitswilligen.[1813]

Die Frage nach Art und Umfang der Notarbeiten ist eine nach objektiven Merkmalen und den Grundsätzen des Arbeitskampfrechtes vom Gericht zu entscheidende Rechtsfrage.[1814] So prüft es vergangenheitsbezogen die Anwendbar-

---

1807 Siehe hierzu § 2 I. 3.; so auch *Fischer* FA Arbeitsrecht 2012, 131 (131); *Henssler* ZfA 2010, 397 (401); *Kamanabrou* ZfA 2008, 241 (279); *Rüfner* RdA 1997, 130 (134); *Friauf* RdA 1986, 188 (195).

1808 Siehe Kritik bei *Fischer* FA Arbeitsrecht 2012, 131 (131); *derselbe* NZA Editorial Heft 10/2012; *Rieble* FA Arbeitsrecht 2012, 130 (130).

1809 *Gamillscheg* S. 1171; so auch Tschöpe-*Wieland* Teil C Rn. 62.

1810 Dafür LAG Niedersachsen AuR 1981, 285 (288); *Hoeniger* RdA 1955, 204 (205); *Schiffer* S. 86; Brox/Rüthers-*Brox* Rn. 293; *derselbe* JA 1981, 74 (75); *Bauer/Haußmann* DB 1996, 881 (884); Anm. v. *Fenn* SAE 1970, 189 (191); MünchArbR-*Otto,* 2. Auflage, § 285 Rn. 155; dagegen BAG AuR 1983, 251 (252); *Gaumann* DB 2001, 1722 (1723); *Däubler* AuR 1981, 257 (258 f.); *Oetker* S. 62 f.; *Buschmann* AuR 1980, 230 (234).

1811 BAGE 30, 122 (125); 49, 303 (308); GMP-*Matthes/Schllewing* § 2 Rn. 34.

1812 BAG NZA 2002, 166 (167); *Kissel/Schick* RdA 1991, 321 (325).

1813 GMP-*Matthes/Schllewing* § 2 Rn. 37; anders wohl *Hettlage* BB 2008, 553 (553).

1814 So etwa *Kissel* § 43 Rn. 79; *Heckelmann* S. 19 f.; *Bauer/Haußmann* DB 1996, 881 (884); Anm. v. *Herschel* AuR 1970, 352 (352); *Heinze*, FS Molitor, S. 159 (168), wo-

keit und Anwendung geltenden Rechts, wenn es darüber zu entscheiden hat, ob eine von den Kampfparteien gemeinsam getroffene Regelung mit der Rechtsordnung übereinstimmt.[1815] Soll das Gericht die nicht zustande gekommene Einigung jedoch vollständig und unter inhaltlicher Ausfüllung ersetzen, nähert sich die Entscheidung einer grundsätzlich gerichtsfremden Regelungsaufgabe,[1816] geht es doch darum festzulegen, was künftig Recht sein soll.

Das Regelungselement kann aber weitgehend zurückgenommen werden, wenn man die Zustimmung der einen Seite zu einem von der anderen Seite vorgelegten Notarbeitsplan im Beschlussverfahren (§§ 2 a Abs. 2, 80 ff. ArbGG) ersetzen ließe.[1817]

(1) Verfahren der Zustimmungsersetzung

In dem nur in Ausnahmefällen, wie §§ 99 Abs. 4, 103 Abs. 2 BetrVG, zugelassenen gerichtlichen Verfahren der Zustimmungsersetzung[1818] verbleibt dem Gericht kein Gestaltungsspielraum, es überprüft lediglich, ob die gesetzlich festgelegten Zustimmungsverweigerungsgründe vorliegen. Das Gericht würde also nicht die Einigung der Kampfparteien durch eine eigene Regelung ersetzten, sondern wäre auf die Entscheidung der Rechtsfrage beschränkt, ob der vorgelegte Plan geeignet, erforderlich und angemessen ist, also die Rechte der Kampfparteien und der Dritten hinreichend wahrt. Es überprüft lediglich die Konkretisierung des Verhältnismäßigkeitsgrundsatzes,[1819] wenn auch diese nur durch die antragstellende Kampfpartei und nicht durch beide gemeinsam erfolgt ist. Bewegt sich der Notarbeitsplan im Rahmen der Konkretisierungszuständigkeit der Kampfparteien ist der Antragsgegner verpflichtet, der Durchführung der Erhaltungs- und Notstandsarbeiten nach Maßgabe des beigefügten Plans zuzustim-

---

nach „es bei strittigen Erhaltungs- und Notstandsarbeiten um Rechtsfragen und eben nicht – zumindest nicht primär – um Regelungsfragen geht“; *Fenn* DB 1982, 430 (432); *Rüthers* AuR 1987, 37 (46); *Otto* § 8 Rn. 39.

1815 BAG AuR 1983, 251 (252); *Däubler* AuR 1981, 257 (259); *Oetker* S. 64; *Gaumann* DB 2001, 1722 (1723); *Kraus* S. 64.

1816 BAG AuR 1983, 251 (252), wonach sich die Frage, ob und in welchem Umfang Erhaltungsarbeiten zu leisten sind, erst aus der Einigung zwischen Arbeitgeber und Gewerkschaft beantwortet und die Frage, ob und in welchem Umfang und unter welcher Trägerschaft Erhaltungsarbeiten ausgeführt werden müssen, solange wie eine solche Einigung nicht erfolgt ist, keine Rechtsfrage, sondern eine von den Arbeitsgerichten nicht zu entscheidende Regelungsfrage ist.

1817 *Bauer/Haußmann* DB 1996, 881 (884).

1818 Nach *Kornbichler* S. 47 stellen §§ 99 Abs. 4, 103 Abs. 2 BetrVG „keinen numerus clausus möglicher Zustimmungsersetzungsanträge dar.“.

1819 *Bauer/Haußmann* DB 1996, 881 (884); *Heckelmann* S. 20.

men.[1820] Dass die aus einer positiven Bewertung folgende gerichtliche Zustimmungsersetzung letztlich eine Regelung durch das Gericht bedeutet,[1821] ist auch aus einem anderen Gerichtsverfahren, der Erbteilungsklage, bekannt. Bei fehlender Einigung der Miterben kann die Auseinandersetzung klageweise erzwungen werden. Voraussetzung dafür ist u.a., dass der die (Leistungs-)Klage erhebende Miterbe einen detaillierten Teilungsplan vorlegen muss, der das Ergebnis der vorzunehmenden Auseinandersetzung zutreffend wiedergibt, weil er nur dann Zustimmung zur Auseinandersetzung verlangen kann, das Gericht nur dann die Zustimmung der anderen Miterben durch das Urteil ersetzen kann (§ 894 ZPO).[1822]

Beantragt werden müsste, den Antragsgegner zu verpflichten, „die Einrichtung eines Notdienstes und seiner Durchführung nach dem beigefügten Notdienstplan zuzustimmen."[1823] Das Gericht müsste ihn zur Abgabe einer inhaltlich bestimmten Willenserklärung verurteilen, die gemäß § 894 Abs. 1 ZPO als abgegeben gilt.[1824]

Probleme bereitet aber, dass die Durchführung der Notarbeiten dann auf Grundlage des Planes erfolgen muss, der als erstes eingereicht wird und voraussichtlich gerade noch die Verhältnismäßigkeit wahrt. Anders als bei der Bestellung des Vorsitzenden der Einigungsstelle stößt es hier auf *erhebliche* Bedenken, wenn nach dem „Müller- oder auch Windhundprinzip" verfahren wird. Wenn es nur darum geht, wer dem Arbeitsgericht zuerst einen Notarbeitsplan vorlegt, ist es so gut wie ausgeschlossen, dass (noch) eine Einigung über Notarbeiten erzielt werden kann. Die Arbeitskampfparteien werden vielmehr vorschnell das Gericht anrufen, um „ihren" Notarbeitsplan durchzusetzen. Je nachdem, ob der Arbeitgeber oder die Gewerkschaft den Antrag stellt, wird sich der Umfang der Notarbeiten entweder der Obergrenze oder der Untergrenze des Verhältnismäßigen annähern. Um die Regelung, die den Interessen beider Seiten am ehesten gerecht und um derentwillen eine gemeinsame Trägerschaft der Notarbeiten angenommen wird, wird es sich dabei eher nicht handeln.

1820 Während es nach *Bauer/Haußmann* DB 1996, 881 (884) der gemeinsamen Gestaltungsbefugnis entspricht, die Zustimmung des Arbeitskampfpartners zu einem konkreten Notarbeitsplan ersetzen zu lassen, setzt nach *Kornbichler* S. 48 f. ein Anspruch auf Zustimmung zu einem von einer Arbeitskampfpartei vorgelegten Plan deren alleinige Trägerschaft der Notarbeiten voraus.

1821 *Kraus* S. 66, die deswegen das Zustimmungsersetzungsverfahren ablehnt.

1822 Thüringer OLG, Urt. v. 1806. 2008; Az.: 4 U 726/06-juris, Rn. 21; BGH, Beschl. v. 25.10.1995, Az.: IV ZR 362/94-juris, Rn. 2; Palandt-*Edenhofer* § 2042 Rn. 21

1823 *Bauer/Haußmann* DB 1996, 881 (884).

1824 *Bauer/Haußmann* DB 1996, 881 (884).

Auch gibt es einen entscheidenden Unterschied zu dem Verfahren nach § 99 Abs. 4 BetrVG: In diesem Verfahren ist die Zustimmung gerichtlich zu ersetzen, wenn die Prüfung ergibt, dass die in § 99 Abs. 2 BetrVG abschließend aufgezählten Gründe[1825] für die Verweigerung der Zustimmung nicht vorliegen. Während dem Arbeitgeber die Verfolgung seiner Personalpolitik nicht unmöglich gemacht werden, er seine Entscheidungen bei verweigerter Zustimmung des Betriebsrates nur nach einer Kontrolle der von dem Betriebsrat vorgelegten Gründe vollziehen können soll,[1826] ist selbst nach Durchführung des Verfahrens der Ersetzung der Zustimmung zu einem Notarbeitsplan das Vorliegen einer Regelung der Notarbeiten nicht gewährleistet. Entspricht der von einer der Parteien eingereichte Vorschlag nicht dem Grundsatz der Verhältnismäßigkeit, muss er abgelehnt werden. Es müssen solange weitere Vorschläge eingereicht werden, bis das Gericht, welches selbst keine Regelung trifft, wie es auch einen durch einen Miterben vorgelegten, aber nicht korrekten Teilungsplan nicht von sich aus abändern darf,[1827] einen davon für mit dem geltenden Recht vereinbar erklärt.

Die Orientierung an § 99 Abs. 4 BetrVG kann daher zu einer Mehrbelastung der Arbeitsgerichtsbarkeit führen, ohne dem eigentlichen Problem Abhilfe zu schaffen, zumal der arbeitsgerichtliche Beschluss anfechtbar ist und gegen ihn Rechtsmittel eingelegt werden können[1828].

Soll der Streik nicht für die Dauer des Verfahrens ausgesetzt werden, wäre es nur konsequent, dem Arbeitgeber entsprechend § 100 Abs. 1 BetrVG bei besonderer Dringlichkeit die Möglichkeit einer vorläufigen Durchführung der Notarbeiten einzuräumen, so dass sich an der Ausgangslage, der oben angenommenen Notkompetenz des Arbeitgebers, nichts ändern würde.

Da ein Verfahren der Zustimmungsersetzung keinen geeigneten Lösungsweg bietet, ist zu prüfen, ob auf Antrag einer Arbeitskampfpartei eine arbeitsgerichtliche Regelung der Notarbeiten herbeigeführt werden kann. Bei drohendem Kampfausbruch kommt dafür allein das Verfahren der einstweiligen Verfügung in Betracht.

(2) Verfahren der einstweiligen Verfügung

Dass die Arbeitsgerichte eine Regelung der Notarbeiten treffen sollen, ist insofern problematisch, als es „eine betriebsgestaltende Wertung auf Grund techni-

---

1825 Richardi-*Thüsing* § 99 Rn. 183.

1826 *Kraus* S. 66.

1827 Thüringer OLG, Urt. v. 1806. 2008; Az.: 4 U 726/06-juris, Rn. 21; Palandt-*Edenhofer* § 2042 Rn. 21

1828 Siehe zum vorgerichtlichen rechtsmittelverzicht im Beschlussverfahren BAG NZA 2011, 934 (1. Ls., 937 f.).

scher und wirtschaftlicher Entwicklungsprognosen“ erfordert.[1829] Dazu aber sind die Arbeitsgerichte nach einer in der Literatur weit verbreiteten Auffassung mangels der hierzu erforderlichen Kenntnisse gar nicht in der Lage.[1830] Um diese zu erlangen, bedürfte es nicht nur des Sachvortrages der einen Partei, zu dem die andere zu hören ist, sondern auch der gerichtlichen Sachaufklärung nicht selten schwieriger technischer Vorgänge.[1831] Dies erfordere oftmals die Heranziehung weiterer Beweismittel, was aber meistens schon aus zeitlichen Gründen in dem Verfahren der einstweiligen Verfügung ausscheide.[1832]

Zutreffend ist, dass die Arbeitsgerichte auf Vorgaben der sachkundigen Parteien angewiesen sind, um schnellstmöglich eine Regelung über die Notarbeiten treffen zu können. Deren Vorliegen könnte aber dadurch gewährleistet werden, dass der Antragssteller seinem Antrag einen Notarbeitsplan beifügen *muss*, dem das Gericht die, zumindest von diesem für notwendig erachteten Arbeiten, die Anzahl der benötigten Arbeitnehmer und deren Qualifikation entnehmen kann.[1833] Wie im Verfahren der Zustimmungsersetzung würde dem angerufenen Arbeitsgericht ein auf die betriebsspezifische Situation abgestimmter Regelungsentwurf vorliegen, so dass es sich den Sachverstand der vorlegenden Partei und durch Anhörung auch den der anderen Partei zu eigen machen könnte.

Dass die Arbeitsgerichte durchaus auf das Scheitern der Verhandlungen über eine Notarbeitsvereinbarung reagieren können, zeigt sich am Beispiel der vom Landesarbeitsgericht Hamm erlassenden „einstweiligen Verfügung auf Untersagung von Streikmaßnahmen in Blutspendedienst – Notstandsregelung“.[1834] Das Landesarbeitsgericht Hamm stand zwar auch vor dem Problem, dass eine zuverlässige Einschätzung, welche Anzahl von Blutkonserven zur Gewährleistung einer Notfallversorgung vorgehalten werden muss, der Kammer auf der Grundlage des vorgetragenen Sachverhalts nicht möglich war, führte aber weiter an: „Hieraus kann aber nicht abgeleitet werden, Beschränkungen des Arbeitskampfes seien nur in dem Umfang anzuordnen, welcher zweifelsfrei zur Aufrechterhaltung der Notfallversorgung erforderlich ist. Da es um die Abwehr einer Gefahrenlage geht, welche an einen bereits stark abgesunkenen Vorrat an Blutkonserven anknüpft und die sich bei uneingeschränkter Fortführung des Arbeitskampfes weiter zuspitzen würde, muss die uneingeschränkte Fortführung des Arbeitskampfes davon abhängig gemacht werden, dass eine ausreichende

1829 *Kissel* § 43 Rn. 79.

1830 So etwa *Däubler* AuR 1981, 257 (259, Fn. 23); *Kraus* S. 64; *Kissel* § 43 Rn. 79.

1831 *Kissel* § 43 Rn. 80.

1832 *Däubler* AuR 1981, 257 (259); *Leinemann* DB 1979, 1175 (1180).

1833 *Bauer/Haußmann* DB 1996, 881 (884); in diese Richtung auch LAG Berlin-Brandenburg AuR 2008, 66 (67).

1834 LAG Hamm NZA-RR 2007, 250 ff..

Notfallversorgung gewährleistet ist.“[1835] Letztlich orientierte es seine auf Einschränkung des zuvor vom ArbG Münster[1836] erlassenen vollständigen Streikverbotes gerichtete Entscheidung am Inhalt des zwischen den Parteien verhandelten, jedoch nicht zu Stande gekommenen Entwurfs einer Notarbeitsvereinbarung, gegen dessen Sachgerechtigkeit von den Parteien selbst keine Einwendungen erhoben worden waren, und tenorierte: „Auf der Grundlage einer hiermit angeordneten Notstandsregelung bleiben Arbeitsniederlegungen im Bereich des Entnahmedienstes für die vom Arbeitsgericht festgelegte Dauer weiterhin untersagt, soweit hierdurch arbeitstäglich mehr als zwei der dienstplanmäßig für den Betrieb M2x vorgesehenen Blutspendensammeleinsätze betroffen sind. Soweit neben dem Entnahmedienst auch weitere Abteilungen/Bereiche des Betriebs M2x in den Arbeitskampf einbezogen werden, ist die aus der Anlage ersichtliche Notbesetzung zu gewährleisten (…).“[1837]

Ersetzt das Urteil die zwischen den Parteien nicht zustande gekommene Einigung, bleibt allerdings von dem den Kampfparteien bei der Bestimmung des Umfanges der Notarbeiten zugestandenen „Beurteilungsspielraum“[1838] nichts übrig. Es beinhaltet *eine* den Grundsatz der Verhältnismäßigkeit konkretisierende Regelung der Notarbeiten, obwohl es regelmäßig nicht nur „*die eine*“, sondern „*mehrere*“ rechtmäßige Regelungen der Notarbeit gibt[1839]. Dass das Arbeitsgericht eine zukunftsbezogene Regelungsfrage, wenn auch im Rahmen einer Rechtsfrage, verbindlich entscheidet, indem es den Umfang der Notarbeiten in sachlicher wie personeller Hinsicht festlegt, ist aber im Verfahren des einstweiligen Rechtschutzes keineswegs ausgeschlossen.[1840] Es ist nicht streng an den gestellten Antrag gebunden, sondern kann gemäß § 938 Abs. 1 ZPO nach „freiem Ermessen“ bestimmen, welche Anordnungen zur Erreichung des Verfügungszwecks erforderlich sind.[1841] Die Norm gibt den Gerichten zwar keinen Ermessensspielraum im verwaltungsrechtlichen Sinn, sie eröffnet aber einen Beurteilungsspielraum, der im Einzelfall dahingehend konkretisiert werden

---

1835 LAG Hamm NZA-RR 2007, 250 (253).

1836 ArbG Münster, Urt. v. 9.01.2007, Az.: 3 Ga 2/07-juris.

1837 LAG Hamm, Urt. v. 16.01.2007, Az.: 8 Sa 74/07-juris.

1838 BAGE 79, 152 (156); Schaub-*Treber* § 193 Rn. 83.

1839 *Kornbichler* S. 44.

1840 So auch *Otto* § 8 Rn. 39, wonach eine Entscheidung durch die Arbeitsgerichte nicht ausgeschlossen ist, nur weil es sich nicht nur um eine Rechtsfrage, sondern auch um eine Regelungsfrage handelt.; *Kissel* § 68 Rn. 6: Den Gerichten ist „gelegentlich auch eine gestaltende Regelung aufgetragen, wenn sie nämlich für die Zukunft über die unmittelbare Rechtsanwendung hinaus die Beziehungen der Parteien zueinander zu gestalten haben, wenn auch unter genauen rechtlichen Vorgaben.“.

1841 T/P-*Seiler* § 938 Rn. 1 ff..

muss, welcher Eingriff zur Erreichung des Zwecks der Gefahrenabwehr erforderlich ist, d.h. es darf nur der geringstmögliche Eingriff angeordnet werden.[1842] Anders als die Kampfparteien kann das Gericht daher nur „die eine" Regelung treffen, nämlich die, durch die die Fortführung des Betriebes nach Kampfende und die Mindestversorgung der Bevölkerung sichergestellt werden kann, ohne das Streikrecht über Gebühr einzuschränken. Das aber ist regelmäßig auch die Regelung, die den Interessen beider Seiten am ehesten gerecht wird, die sie aber, aus welchen Gründen auch immer, nicht haben treffen können und deshalb auferlegt bekommen.

Jedenfalls aber läuft das Verfahren der einstweiligen Verfügung auf eine Regelung der Notarbeiten hinaus. Eine Regelung, die im Zeitpunkt ihrer Herbeiführung dem Grundsatz der Verhältnismäßigkeit entspricht. Sollten veränderte Umstände ihre Anpassung erfordern, besteht nach § 927 ZPO die Möglichkeit hierzu,[1843] wenn auch hierüber keine Einigung erzielt werden kann.

d) Fazit zur Letztentscheidung durch das Arbeitsgericht

Anders als in dem Verfahren der Zustimmungsersetzung ist die in dem Verfahren der einstweiligen Verfügung herbeigeführte Regelung nicht das Ergebnis eines „Windhundrennens". Es bleibt Raum für eine Einigung der Arbeitskampfparteien, die ihnen den Gang zu Gericht erspart.

Da das Arbeitsgericht im Verfahren der einstweiligen Verfügung unter Beachtung rechtlicher Vorgaben auch regelnd tätig werden und von dem ihm unterbreiteten Notarbeitsplan abweichen kann, ist eher wahrscheinlich, dass es zu einer den widerstreitenden Interessen gerecht werdenden Regelung der Notarbeiten führt.

Im Gegensatz zu einer Einigungsstelle, wie sie § 4 Gesetzesvorschlag im Auftrag der Carl Friedrich v. Weizsäcker-Stiftung 2012 vorsieht, müssen die Arbeitsgerichte nicht erst gebildet werden, sie können jederzeit angerufen und umgehend tätig werden.[1844] Grundsätzlich entscheidet der gesetzliche Richter (Art. 101 Abs. 1 GG), dessen Person, außer im Fall der Besorgnis deren Befangenheit im Sinne des § 42 ZPO, nicht zur Diskussion steht.

Dagegen, dass ein Richter über den Umfang der Notarbeiten entscheidet, können zumindest die Unterbreiter des Gesetzesvorschlages keine Einwände

1842 Stein/Jonas-*Grunsky* § 938 Rn. 1; in diesem Zusammenhang ist auch die von dem LAG Hamm NZA-RR 2007, 250 ff. verfügte Beschränkung der Verwendung der im Rahmen von Notstandsarbeiten gesammelten Blutspenden zu sehen.

1843 LAG Hamm NZA-RR 2007, 250 (253).

1844 Siehe aber kritisch zur Dauer des Verfahrens der einstweiligen Verfügung Leinemann DB 1970, 1175 (1180).

erheben, nehmen sie dies doch selbst in Kauf, in dem sie den Vorsitzenden der Einigungsstelle gemäß § 4 Abs. 4 S. 3 Gesetzesvorschlag an der Beschlussfassung teilnehmen lassen, bei dem es sich im Zweifelsfall um eine/n solche/n handeln wird. Zu bedenken ist zudem, dass es auch bei der Ausübung der Notkompetenz seitens des Arbeitsgebers zu einer richterlichen Konkretisierung des Verhältnismäßigkeitsgrundsatzes kommt, wenn die Gewerkschaft eine einstweilige Verfügung auf Beschränkung der Notarbeiten erwirkt oder der Arbeitgeber gerichtlich gegen eine die Notarbeiten be- oder verhindernde Gewerkschaft vorgeht.[1845]

Selbst dann, wenn die Notarbeiten gerichtlich geregelt werden, muss dem Arbeitgeber allerdings zugestanden werden, auf die Einhaltung dieser Regelung hinwirken zu können. Er muss seine Arbeitnehmer zur Durchführung der vom Gericht für notwendig befundenen Arbeiten anhalten dürfen. Insoweit muss es bei der oben angenommenen Notkompetenz des Arbeitgebers verbleiben.

Problematisch an der Regelung der Notarbeiten durch das Arbeitsgericht ist aber das Fehlen einer Regelung wie der des § 4 Abs. 5 Gesetzesvorschlag, wonach erst nach Festlegung des Umfanges der Grundversorgung mit dem Arbeitskampf begonnen werden kann. Wenn nicht gewährleistet ist, dass die Gewerkschaft Kampfmaßnahmen bis zum Abschluss des gerichtlichen Verfahrens unterlässt, käme man nicht umhin, den Arbeitgeber einseitige Maßnahmen ergreifen zu lassen, soweit dies zum Betriebserhalt und/oder zur Aufrechterhaltung einer Grundversorgung der Bevölkerung erforderlich ist.

Um sicherzustellen, dass die Gewerkschaft solange von Arbeitskampfmaßnahmen absieht, wie es braucht eine Regelung der Notarbeiten herbeizuführen, muss deren Vorliegen zur Rechtmäßigkeitsvoraussetzung für das Führen eines Arbeitskampfes (auch eines Warnstreiks) gemacht werden.[1846] Nur dann besteht bereits im Vorfeld eines konkreten Arbeitskampfes ein schutzwürdiges Interesse der Gewerkschaft an dem Erlass einer die Notarbeiten regelnden einstweiligen Verfügung (Rechtsschutzbedürfnis). Wenn es ihr andernfalls nicht möglich ist, einen rechtmäßigen Streik zu führen, muss die Gewerkschaft eine Regelung der Notarbeiten durch das Arbeitsgericht herbeiführen können. Der Arbeitgeber darf einen gegen ihn gerichteten Streik nicht dadurch abwenden können, dass er bereits die Verhandlung über Notarbeiten oder auch nur den Abschluss einer sie betreffenden Vereinbarung verweigert.[1847]

1845 Siehe hierzu Heckelmann S. 19 f..

1846 So auch Müller S. 89; nach HzA-Kalb Gruppe 18 Rn. 1070 ist „ein Streik ohne vorherigen Abschluss einer Notdienstvereinbarung rechtswidrig.“.

1847 So schon unter § 6 I..

Nur wenn die Notarbeiten geregelt sind, bevor mit dem Streik begonnen werden darf, können von dessen Auswirkungen betroffene Dritte bei Zeiten darüber informiert werden, welche Leistungen weiterhin bezogen werden können. Dies ist notwendig, um zu verhindern, dass der mit ihnen bezweckte Schutz der Rechte und Rechtsgüter Dritter leer läuft, wie es bei dem Lehrerstreik in Mecklenburg-Vorpommern im Frühjahr 2011 geschehen ist. Die Gewerkschaft für Erziehung und Wissenschaft und das Bildungsministerium Mecklenburg-Vorpommern hatten zwar für den Bereich der Grund- und Förderschulen die Einrichtung eines Notdienstes vereinbart, um zumindest die Betreuung der Schulkinder sicherzustellen.[1848] Als dann aber gestreikt wurde und sich Lehrer bereit hielten, um Schüler zu beaufsichtigen, wurde dies kaum in Anspruch genommen, die Klassenzimmer blieben leer.[1849] Die Eltern waren einige Tage vor dem für den 1.03.2012 geplanten Streik schriftlich informiert worden und hatten die Betreuung ihrer Kinder selbst übernommen oder auf andere Weise sicher gestellt.[1850] So schien es zumindest. Allerdings wurde nicht berichtet, welcher Aufwand im Einzelfall damit verbunden war.[1851] Hieran zeigt sich, dass die Äußerung *Seiters*, „dass eine Ankündigung entbehrlich ist, wenn für einen ausreichenden Notdienst gesorgt ist"[1852], zu kurz gegriffen ist. Die Ankündigung *der Kampfmaßnahme* mag entbehrlich sein, die Ankündigung *des Notdienstes* hingegen nicht.

Wenn der Öffentlichkeit Ort, Beginn und (voraussichtliche) Dauer einer Streikmaßnahme rechtzeitig mitgeteilt wird, wird sie in die Lage versetzt, sich auf den streikbedingten Ausfall der jeweiligen Leistung vorzubereiten, sich etwa um Ersatz zu bemühen oder deren Inanspruchnahme zu verschieben.[1853] Zumindest in den Bereichen der Daseinsvorsorge, in denen es den Bürgern möglich ist, sich auf den streikbedingten Ausfall der Leistung einzustellen, können also durch Ankündigung eines Streiks dessen Auswirkungen auf diese abgemildert werden. So können Eltern im Vorfeld eines Streiks in der Kindertagesstätte eine

---

1848 Pressemitteilung des Ministeriums für Bildung, Wissenschaft und Kultur Mecklenburg Vorpommern vom 1.03.2012.

1849 „Lehrerstreik: Gähnende Leere in vielen Klassenzimmern", Ostsee-Zeitung-Artikel vom 3.03.2011, abrufbar unter www.ostseezeitung.de.

1850 Wie vorstehend.

1851 Siehe hierzu unter § 2 II. 3. c) (6); auch lässt sich nicht ausschließen, dass das ein oder andere Kind nicht betreut worden ist.

1852 *Seiter* S. 247, Fn. 92.

1853 Vgl. LAG Sachsen NZA 2008, 59 (69); Erläuterungen v. *Franzen*, Gesetzesvorschlag Carl Friedrich v. Weizsäcker-Stiftung 2012 NZA aktuell 7/2012 IX (XI); *Rudkowski* S. 101.

anderweitige Kinderbetreuung organisieren oder Urlaub einreichen,[1854] nicht aber können Unfallopfer die Inanspruchnahme medizinsicher Versorgungsleistungen verschieben.[1855]

Um den von einem Streik betroffenen Dritten mehr Planungssicherheit zu verschaffen, wird aktuell (wieder) die Einführung einer Pflicht der zum Arbeitskampf aufrufenden Arbeitskampfpartei diskutiert, ihre Arbeitskampfmaßnahme der anderen Arbeitskampfpartei drei[1856], vier[1857] oder fünf[1858] Tage vorher anzukündigen und der Öffentlichkeit gegenüber mitzuteilen.[1859] Die Befürworter argumentieren u.a. damit, dass es dem Arbeitgeber dadurch möglich wird, den restlichen Betrieb durch die Umstellung von Dienst- oder Urlaubsplänen oder

1854 Siehe unter § 2 II. 3. c) (6); so auch *Rieble* FA Arbeitsrecht 2012, 130 (130).

1855 Siehe hierzu unter § 2 II 3. c) (1); auch bei der Versorgung mit Wasser und Energie ist es nicht möglich Vorkehrungen für deren (längeren) Ausfall zu treffen, vgl. (2).

1856 *Rieble*, Arbeitsmarkt und Wettbewerb, Rn. 1337 f.; siehe auch § 11 Abs. 3 Professorenentwurf 1988, wonach im Bereich der Daseinsvorsorge immer eine Ankündigungsfrist von drei Tagen gelten soll.

1857 § 3 Gesetzesvorschlag Carl Friedrich v. Weizsäcker-Stiftung 2012 NZA aktuell 7/2012 IX (X).

1858 In Frankreich besteht nach Art. L 2512-2 des Code du Travail die Pflicht für Arbeitnehmer in lebenswichtigen Betrieben, Arbeitskämpfe dem Arbeitgeber fünf Tage vor Beginn anzukündigen, einschließlich ihres geplanten Ortes, des genauen Zeitpunktes und einer etwaigen Befristung. In Spanien müssen Streiks nach Art. 3.3 RDL 17/1977 dem Arbeitgeber fünf Tage vorher angekündigt werden. Bei Streiks in Unternehmen, die öffentliche Dienste erbringen, ordnet Art. 4 RDL 17/1977 eine zehntägige Vorankündigungspflicht an, der zufolge auch die Öffentlichkeit zu informieren ist., vgl. Darstellung bei *Rudkowski* S. 100; *Bayreuther* NZA 2008, 12 (17, Fn. 57).

1859 Gegen eine generelle Pflicht zur Vorankündigung von Streikmaßnahmen im Allgemeinen und von Warnstreiks im besonderen BAG NZA 1997, 393 ff.; LAG Köln AuR 1999, 118 (118 f.); LAG Niedersachsen AuR 1981, 285 (288); kritisch auch *Greiner* NZA 2012, 529 (534); *Müller* DB 1989, 42 (44); *Picker*, FS Seiter, S. 275 (294 f.), der vor einer „Bürokratisierung des Arbeitskampfes", d.h. vor Streitigkeiten über die richtige Form, den richtigen Adressaten, den richtigen Umfang der Ankündigung warnt; das die Streikwirkungen für den Arbeitgeber verschärfende „Fluchtmoment" im Interesse der Planungssicherheit der Drittbetroffenen in Kauf nehmend *Rieble* FA Arbeitsrecht 2012, 130 (131); *Rudkowski* S. 99 ff.; die Möglichkeit der Ausnutzung des Fluchtmoments („Ankündigungsschäden") problematisierend *Fischer* FA Arbeitsrecht 2012, 131 (131); *Loritz*, FS Picker, S. 1033 (1040); *Hromadka* NJW Editorial, Heft 32/2010, die darin eine gravierende Schädigung der Kampfparität zu Lasten der Arbeitgeberseite sieht; siehe zur Frage durch wen die Einführung einer Ankündigungspflicht erfolgen könnte *Bayreuther* NZA 2008, 12 (17); *Otto* § 8 Rn. 14, denen zufolge der Gesetzgeber tätig werden muss; *Rudkowski* S. 123; *von Steinau-Steinrück/Glanz* NZA 2009, 113 (118), nach denen dies von der Rechtsprechung vorgenommen werden kann.

die Einstellung von Ersatzarbeitskräften „trotz streikbedingter Ausfälle für die betroffene Dritten „erträglicher“ zu organisieren“[1860]. Tatsächlich gelang es dem Fraport-Betreiber bei einem frühzeitig absehbaren Streik der GDL im Februar 2012 die an dem Streik teilnehmenden Arbeitnehmer aus dem Bereich der Flugsicherung durch andere, arbeitswillige Mitarbeiter zu ersetzen und trotz des Arbeitsausstandes von ca. 200 Beschäftigten 80 % des Flugbetriebs abzuwickeln.[1861] Im Hinblick auf Art. 9 Abs. 3 GG kann es aber nicht darum gehen, dem Arbeitgeber mehr Spielraum zur Minimierung der wirtschaftlichen Streikfolgen zu geben oder auch nur darum, Streikwirkungen von bloßem Lästigkeitswert für die Bevölkerung zu vermeiden. Dass „Streik nervt“ ist unbestritten, „Streikrecht muss (aber) sein“[1862]. Nur das, was zur Wahrung schutzwürdiger Rechtspositionen notwendig ist, rechtfertigt dessen Einschränkung.[1863]

Es trifft zwar zu, dass bei Kenntnis eines bevorstehenden Streiks im Verkehrswesen Reisen storniert, Termine verlegt, Taxen bestellt oder Fahrgemeinschaften gebildet werden können. Diese Vorkehrungen für den Ausfall von Verkehrsmitteln zu treffen, ist aber nicht jedem Benutzer jederzeit möglich.[1864] Von daher wäre es genauso wichtig, wenn nicht sogar noch wichtiger, nicht nur zu wissen, welche Beförderungsleistungen entfallen, sondern zu wissen, welche Beförderungsleistungen trotz Streik verlässlich erbracht werden.

Sollte es im Verfahren der einstweiligen Verfügung etwa um die Festlegung der Modalitäten der Notarbeiten im schienengebundenen Personennahverkehr gehen, sollte es zum Gegenstand der Verfügung gemacht werden, im Internet mitteilen zu müssen, welche Bahnverbindungen im Streikfall erhalten bleiben. Dies entspricht auch weitgehend der Praxis.[1865] Durch eine Verfügung dieses

1860 *Schliemann* RdA 2012, 14 (20); siehe auch LAG Sachsen NZA 2008, 59 (69); *Rudkowski* S. 101.

1861 Siehe hierzu „Gewerkschaft beendet Streik in Frankfurt“, FOCUS online-Artikel vom 22.02.2012, abrufbar unter www.focus.de; „Gewerkschaft beendet Streik am Frankfurter Flughafen“, SPIEGEL ONLINE-Artikel vom 22.02.2012, abrufbar unter www.spiegel.de; ArbG Frankfurt a.M. NZA 2012, 579 (580).

1862 *Rieble* FA Arbeitsrecht 2012, 130 (130).

1863 So hielt das ArbG Herne, Urt. v. 3.03.2010, Az.: 1 Ca 2931/09-juris bei einem Wellenstreik in Kindertagesstätten die Einrichtung eines Notdienstes für ausreichend. Dass der Dienstbetrieb darüber hinaus, aus organisatorischen Gründen nur deswegen nicht fortgeführt werden konnte, weil die einzelnen Streikaktionen lediglich ein Werktag vorher angekündigt worden waren, beanstandete es nicht.

1864 Siehe hierzu unter § 2 II. 3. c).

1865 LAG Sachsen NZA 2008, 59 (69); *Schliemann* RdA 2012, 14 (20) unter Verweis auf die dem entsprechende Handhabung des im Frühjahr/Sommer 2011 immer wieder bestreikten Bahnunternehmens Metronom; „Alles zum BVG-Streik in Berlin“, Berliner Zeitung-Artikel vom 18.02. 2012, abrufbar unter www.bz-berlin.de, wonach es bei ei-

Inhaltes können aber Abweichungen von dieser Praxis von vorn herein ausgeschlossen werden, wie sie bei einem Streik der Verkehrsbetriebe in Münster (Nordrhein-Westfalen) im März 2012 aufgetreten sind. Dort wurde bewusst davon abgesehen, bekannt zu geben, welche Buslinien weiter bedient werden sollten, weil bei anderen Streiks „Streikende schon mal die Kollegen an der Weiterfahrt gehindert" hatten.[1866] Präventivmaßnahmen zur Unterbindung möglichen Fehlverhaltens Streikender dürfen aber nicht zu Lasten unbeteiligter Dritte gehen. Notfahrpläne sind bekanntzugeben,[1867] schließlich nützen Notfahrten wenig, wenn die darauf angewiesenen Personen nicht um sie wissen.

Um die Öffentlichkeit über die im Rahmen der Notarbeiten erbrachten Leistungen informieren zu können, muss aber Klarheit über sie herrschen. Für Klarheit gesorgt werden kann dadurch, dass das Vorliegen einer Notarbeitsregelung zur Rechtmäßigkeitsvoraussetzung eines Streiks gemacht wird. Darin liegt eine Verschärfung der aus dem Grundsatz der Verhältnismäßigkeit folgenden Pflicht zur Leistung von Notarbeiten. In der Literatur wird zwar davon ausgegangen, dass diese weitere Einschränkung der Arbeitskampffreiheit von der Rechtsprechung vorgenommen werden könne.[1868] Allerdings ist zweifelhaft, ob die Rechtsprechung angesichts ihrer Tendenz zum Abbau der Schranken des Arbeitskampfrechts[1869] durch Änderung der Rechtfertigungsparameter in den neuen Entscheidungen des Bundesarbeitsgerichts zur Zulässigkeit des Unterstützungs-

---

nem Streik von 5.000 Beschäftigten der Berliner Verkehrsbetriebe (BVG) im Februar 2012 nur deswegen nicht zu dem streikbedingt erwarteten Verkehrschaos, weil der, wenn auch stark eingeschränkte, Busfahrplan im Internet veröffentlicht und laufend über den Einsatz von S-Bahnen informiert wurde, so dass sich die von dem streikbedingten Ausfall der U-Bahnen, Trams und dem Großteil der Busse 1, 8 Millionen Fahrgäste besser darauf einstellen konnten.

1866 Westfälische Nachrichten vom 8.03.2012, Münsterischer Anzeiger, S. 1.

1867 Vgl. *Rieble* FA Arbeitsrecht 2012, 130 (130).

1868 So etwa *Rudkowski* S. 123; *Schliemann* RdA 2012, 14 (21), dem zufolge es von Verfassung wegen eines Gesetzes nicht bedarf, der aber „eine Regelung durch ein Parlamentsgesetz für methodisch geboten" hält; siehe zu der Forderung nach einer „Neuinterpretation des Verhältnismäßigkeitsgrundsatzes" durch die Rechtsprechung, nach der Durchführung eines dem Arbeitskampf zeitlich vorgelagerten Schlichtungsverfahren (Schlichtungszwang), in dessen Rahmen eine Abschlusspflicht für Erhaltungs- und Notstandsarbeiten festgeschrieben wird *von Steinau-Steinrück/Glanz* NZA 2009, 113 (114 f., 118).

1869 Dies beklagen etwa *Buchner* BB 2008, 106 ff.; *Kentner* S. 79 f.; *Rieble* FA Arbeitsrecht 2012, 130 (130); *von Steinau-Steinrück/Glanz* NZA 2009, 113 (113, 115), wonach die Rechtmäßigkeitsgrenze der Verhältnismäßigkeit durch die jüngere Rechtsprechung zu einer Leerformel degradiert wird.

streiks[1870] und durch Erweiterung des Arsenals der Kampfmittel der Gewerkschaft wie z.B. der „Flashmob“[1871] tatsächlich zu einer strengeren Verhältnismäßigkeitsprüfung gelangen wird.[1872]

2. Fazit

Notarbeiten sind im Interesse größerer Rechtssicherheit und Rechtsklarheit für alle am Arbeitskampf Beteiligten und im Interesse der Rechtsverwirklichung unbeteiligter Dritter vor dessen Beginn zu regeln. Dadurch könnte die Gefahr, dass der Arbeitgeber durch einseitige Anordnung von Notarbeiten einen Streik unterläuft, erheblich verringert werden.

Überwiegendes spricht dafür, das Vorliegen einer Regelung der Notarbeiten zu einer vorrangig von den Arbeitskampfparteien selbst zu schaffenden, subsidiär von dritter Seite zu erfüllenden Voraussetzung für die Ausübung der Arbeitskampffreiheit in Form der Arbeitsniederlegung zu machen.

Ist das Vorliegen einer Regelung der Notarbeiten Rechtmäßigkeitsvoraussetzung für Arbeitskampfmaßnahmen und kommt eine Einigung der Arbeitskampfparteien über die Notarbeiten nicht zustande, ist die Gewerkschaft gezwungen, eine einstweilige Verfügung zu erwirken, bevor sie zum Arbeitskampf übergehen darf. Das damit auf den Plan gerufene Argument der Mehrbelastung der Arbeitsgerichte lässt sich weitgehend dadurch entkräften, dass nicht nur die Gewerkschaft, sondern auch der Arbeitgeber unter Einigungsdruck steht. Schließlich kann er nicht davon ausgehen, dass das angerufene Arbeitsgericht eine Regelung trifft, die seinen Interessen mehr entspricht, als es eine einvernehmliche Regelung tun würde.[1873]

Auch das im Raum stehende Argument, dass darunter die Effektivität eines Überraschungsangriffs leide, die Ausnutzung des Überraschungsmoments aber

---

1870 Siehe zum Unterstützungsstreik BAG NZA 2007, 1055 ff.; Fn. 146; siehe aber auch ArbG Frankfurt NZA 2012, 579 (579 f.); a.A. *Hohenstatt/Schramm* NZA 2007, 1034 (1037); *Jacobs* ZFA 2011, 71 ff (insbesondere 86 f., 91 f.).

1871 Siehe zum Flashmob BAG NZA 2009, 1347 ff.; LAG Berlin-Brandenburg AuR 2009, 47 ff; Däubler-*Däubler* § 31 Rn. 2 ff.; a. A. HzA-*Kalb* Gruppe 18 Rn. 1139.; *Jacobs* ZFA 2011, 71 ff (insbesondere 86 f., 92 f.); *Krieger/Günther* NZA 2010, 20 ff.; *Hopfner/Heider* DB 2012, 114 (114 f.); *Konzen*, FS Reuter, S. 603 ff.; siehe auch *Schliemann* RdA 2012, 14 (21), der fragt, wie es bei Blockadeaktionen, an der sich auch Dritte beteiligen können, zur Vereinbarungen von Notarbeiten (Not„nichtblockaden“?) kommen soll.

1872 *Schliemann* RdA 2012, 14 (21), *Loritz*, FS Picker, S. 1033 (1034, 1036 f., 1048 f).

1873 Ganz im Gegenteil LAG Sachsen NZA 2008, 59 ff.; LAG Berlin-Brandenburg AuR 2008, 66 f..

üblicher und legitimer Bestandteil gewerkschaftlicher Kampftaktik sei[1874], vermag nicht zu überzeugen. In vielen Arbeitsbereichen kann die Gewerkschaft nach wie vor überraschend Kampfmaßnahmen ergreifen, nur eben erst ab dem Zeitpunkt, in dem eine Regelung der Notarbeiten vorliegt. Zur Regelung der Notarbeiten ist es nicht erforderlich, dass die Gewerkschaft ihre gesamte Kampfstrategie offenlegt. Sie muss nur das preisgeben, was nach den konkreten Umständen des Einzelfalles in die Planung der Notarbeiten einfließen muss. Dies aber schließt nicht zwingend den Zeitpunkt der einzelnen Kampfmaßnahmen ein, müssen doch zur Instandhaltung des Hochofens erforderliche Arbeiten fortlaufend geleistet und die medizinische Versorgung von Unfallopfern jederzeit gewährleistet sein. Nur weil feststehen muss, wer im Streikfall welche Arbeiten leistet, muss der Streikfall längst nicht feststehen.

Anders verhält es sich allerdings dort, wo es darum geht, die Bevölkerung von dem Notdienst in Kenntnis zu setzen. Hier muss sich die Gewerkschaft auf einen genauen Streikbeginn festlegen. Dadurch aber wird die Arbeitskampffreiheit nicht über Gebühr eingeschränkt. Dass mit einem Arbeitskampf zu rechnen ist oder gerechnet werden kann, wird dem Arbeitskampfgegner (und auch der Öffentlichkeit) regelmäßig nicht erst dann klar, wenn ihn die Gewerkschaft zum Abschluss einer Notarbeitsvereinbarung auffordert, gar ein Gerichtsverfahren zur Herbeiführung einer Regelung der Notarbeiten anstrengt, sondern zeichnet sich bereits aufgrund des Verlaufs der Tarifverhandlungen (und der medialen Berichterstattung) hierüber ab[1875].

Da sich (ein Zuviel oder Zuwenig an) Notarbeiten auf den Verlauf und damit auf das Ergebnis eines Arbeitskampfes auswirken können, nehmen die Gerichte Einfluss auf das Arbeitskampfgeschehen, wenn sie die Notarbeiten regeln. Das spricht aber nicht gegen die Regelung der Notarbeiten durch das Gericht.[1876] Jede Regel nimmt Einfluss auf das Kampfgeschehen. Einen Kampf ohne Regeln kann es aber in einem Rechtsstaat nicht geben.

1874 BAG NZA 1997, 393 ff.; *Kreuz* S. 108 zufolge ist „es geradezu ein Wesensmerkmal der Kampftaktik, nicht offengelegt zu werden, vor allem nicht dem Kampfgegner gegenüber.“; *Seiter* S. 246 f.; Däubler-*Bieback/Wroblewski* § 17 Rn. 62, 78; *Auktor* S. 49 ff..

1875 Siehe hierzu *Müller* DB 1989, 42 (44): „Aufgrund des Verlaufs der Tarifverhandlungen dürfte sich (...) bereits abzeichnen, dass mit einem Arbeitskampf zu rechnen ist oder doch gerechnet werden kann.“; *Buschmann* AuR 1980, 230 (235): „Streiks fallen nicht vom Himmel“; Däubler-*Bieback-Wroblewski* § 17 Rn. 81., wonach die Mobilisierung und Organisation der Belegschaft „nur schwer geheim gehalten werden“ kann und „in der Öffentlichkeit geschehen“ muss; HzA-*Kalb* Gruppe 19 Rn. 1127 f. zur Wirkung der Urabstimmung auf den Kampfgegner.

1876 So aber *Kraus* S. 64.

Solange sich aber weder der Gesetzgeber noch das Bundesarbeitsgericht als denkbarer „Ersatzgesetzgeber“ veranlasst sieht, das Vorliegen einer Notarbeitsvereinbarung zur Rechtsmäßigkeitsvoraussetzung für Arbeitskampfmaßnahmen zu machen, muss es bei der oben angenommenen Notkompetenz des Arbeitgebers verbleiben.

§ 7 Zusammenfassung

I. Streik ist die planmäßige und gemeinsam durchgeführte Arbeitsniederlegung einer Mehrzahl von Arbeitnehmern ohne vorherige Kündigung der Arbeitsverhältnisse. Die an sich geschuldete Arbeitsleistung soll dem Arbeitgeber so lange vorenthalten werden, bis das Streikziel erreicht ist. Ziel eines von einer Gewerkschaft geführten Streiks ist in der Regel der Abschluss eines neuen Tarifvertrages, also die Herbeiführung einer sachgerechten, Arbeitnehmer und Arbeitgeber zufriedenstellenden Regelung der Arbeits- und Wirtschaftsbedingungen im Sinne des Art. 9 Abs. 3 GG. Ein Streik dieser Zielrichtung ist von Art. 9 Abs. 3 GG gedeckt.

Unabhängig davon, ob es zum Abschluss eines Tarifvertrages gekommen ist, soll nach Beendigung des Streiks die Arbeit unverzüglich wieder aufgenommen werden.

Die Arbeitnehmer enthalten dem Arbeitgeber ihre Arbeitskraft also nur vorübergehend vor. Dies hat zur Folge, dass deren wirtschaftlicher Nutzen entfällt. Durch den dadurch bedingten Einkommensverlust bei andauernden Generalkosten, Markteinbußen und sonstigen wirtschaftlichen Nachteilen wird Druck auf den Arbeitgeber ausgeübt, um Verhandlungsbereitschaft und Nachgiebigkeit zu erzeugen, ihn zum Abschluss eines Tarifvertrages zu bewegen. Durch die Druckausübung und Schadenszufügung werden durch Art. 12, 14, 2 GG verfassungsrechtlich geschützte Rechtspositionen des Arbeitgebers berührt.

Darüber hinaus wirkt sich ein Streik auch auf grundrechtlich verbürgte Rechtspositionen Dritter aus. Vor allem in Arbeitsbereichen der Daseinsvorsorge, also bei der Erbringung von Leistungen und Bereitstellung von Gütern die Voraussetzung für die alltägliche Existenzbewältigung sind, sind die Bürger die „Leidtragenden“ deren streikbedingten Ausfalls. So haben streikbedingte Wartezeiten im Nahverkehr nicht nur „Lästigkeitswert“, sie können auch zu Lohnkürzungen wegen Zuspätkommens und Unkosten für Taxifahrten etc. führen. Die von einem Streik in Arbeitsbereichen der Daseinsvorsorge betroffenen Dritten werden sozusagen dazu benutzt, auf den Arbeitgeber Druck auszuüben. Je größer der „Leidensdruck“ der Drittbetroffenen, desto größer ist der Druck auf den Inhaber eines der Daseinsvorsorge zugehörigen Betriebes. Dieser öffentliche Druck ist hier häufig entscheidender als der finanzielle.

II. Bei einem Streik geht es zwar gerade darum, möglichst großen Druck auf den Verhandlungsgegner auszuüben, ihn einen Zwang zur Einigung verspüren zu lassen, dennoch ist die Arbeit in der Regel nicht vollumfänglich einzustellen. Es sind Notarbeiten zu leisten.

Die Pflicht der Arbeitskampfparteien zur Leistung von Notarbeiten folgt aus dem Grundsatz der Verhältnismäßigkeit, an dem eine jede Arbeitskampfmaßnahme zu messen ist. Hierbei ist eine Abwägung vorzunehmen zwischen der Arbeitskampffreiheit aus Art. 9 Abs. 3 GG einerseits und den durch den Arbeitskampf beeinträchtigten Rechtspositionen andererseits. Je nach Lage des Falls kann die Abwägung ergeben, dass der Schutz mit der Arbeitskampffreiheit kollidierender, ebenfalls verfassungsrechtlich geschützter Rechtspositionen des unmittelbaren Kampfgegners oder Dritter die Erbringung von Arbeitsleistungen erfordert und der Streik entsprechend einzuschränken ist.

Ein generelles Streikverbot besteht auch in besonders grundrechtssensiblen Bereichen (z.B. Wasserwerk, Kliniken) nicht.

III. Notarbeiten ist der Oberbegriff für Erhaltungs- und Notstandsarbeiten. Je nachdem, ob durch die während eines Streiks verrichteten Tätigkeiten primär der bestreikte Betrieb(-steil) oder am Streik unbeteiligte Dritte geschützt werden, handelt es sich entweder um Erhaltungs- oder Notstandsarbeiten.

1. Durch Erhaltungsarbeiten sind die sächlichen Voraussetzungen des Betriebes für dessen von vornherein beabsichtigte Fortführung und der Arbeit nach Streikende zu sichern.

Welche Arbeiten hierfür erforderlich sind, ist aufgrund der allgemeinen industriellen und speziell-betrieblichen Gegebenheiten für jeden einzelnen Betrieb nach den objektiv vorliegenden Merkmalen und den Grundsätzen des Arbeitskampfrechts zu beantworten. So kann es sich je nachdem, was aus technischen Gründen erforderlich ist, um die Betriebsanlagen vor Schäden zu bewahren, sowohl bei der fachgerechten Stilllegung der Betriebsanlagen als auch bei der eingeschränkten Fortsetzung der Produktion um Erhaltungsarbeiten handeln. Zu den Erhaltungsarbeiten gehören auch Annexarbeiten sowie Maßnahmen, die erforderlich sind, um die Betriebsstätte, die Betriebseinrichtungen und die Betriebsbestände vor dem unbefugten Zugriff Dritter zu schützen. Feuerschutz und andere vergleichbare Vorsorgearbeiten gegen Schädigungen, die die Wiederaufnahme der Arbeit nach Streikende gefährden können, sind ebenfalls zu den Erhaltungsarbeiten zu rechnen. Hingegen handelt es sich bei der Entgegennahme von zugelieferten Rohstoffen, Naturerzeugnissen und (Halb-)Fertigwaren und deren sachgemäße Aufbewahrung oder Weiterverarbeitung grundsätzlich nicht um Erhaltungsarbeiten, auch nicht bei Gefahr des Verderbens, es sei denn, sie werden bei der zur Erhaltung der Produktionsanlagen notwendigen Weiterführung der Produktion benötigt. Auch die Auslieferung gefertigter Waren gehört nur dann zu den Erhaltungsarbeiten, wenn andernfalls die Verwertung bereits erbrachter Arbeitsleistungen unmöglich wird.

2. Durch Notstandsarbeiten ist eine Grundversorgung der Bevölkerung aufrechtzuerhalten. Was darunter zu verstehen ist, richtet sich nach Stand der Kultur und Lebensumstände, vor allem dem Standard bei der Ernährung, der Hygiene und der Medizin sowie dem Wohnen, der Erwerbsarbeit und dem verbunden das Bedürfnis, den Arbeitsplatz zu erreichen und/oder Kinder während der Arbeitszeit in Obhut geben zu können. Zu den hierzulande auch im Streikfall zu befriedigenden Grundbedürfnissen der Bevölkerung gehören die medizinische und pflegerische Versorgung, die Versorgung mit Wasser und Energie sowie die Gewährleistung des wirtschaftlichen Existenzminimums (Sozialhilfe und Renten). Weiter zählen dazu die Funktionsfähigkeit des Staates insgesamt (Regierung, Rechtsprechung etc.), Landesverteidigung und innere Sicherheit, Feuerwehr, Entsorgung und Bestattung sowie Verkehr, Erziehungswesen und Kinderbetreuung, Kommunikationsinfrastruktur und Zahlungsverkehr.

In welchem Umfang die Erbringung der Arbeitsleistung zur Deckung dieser Grundbedürfnisse erforderlich sind, bestimmt sich nach der Art der vom Streik betroffenen Rechtspositionen Dritter und dem Umfang deren Beeinträchtigung. Höherrangige Rechtsgüter wie Leben, Gesundheit und Freiheit dürfen durch einen Streik nicht gefährdet werden. Entscheidend ist, ob es dem Streikgegner möglich ist, Ersatzdienstleistungen anzubieten und/oder ob Ausweichmöglichkeiten für die Drittbetroffenen bestehen.

3. Die streikführende Gewerkschaft und der bestreikte Arbeitgeber haben dafür Sorge zu tragen, dass die zur Wahrung der vom Streik betroffenen Rechtspositionen unbedingt erforderlichen Arbeiten durchgeführt werden. Es ist ihre gemeinsame Aufgabe, den durch den Grundsatz der Verhältnismäßigkeit vorgegebenen Umfang an Notarbeiten zu konkretisieren und die zur Durchführung der Notarbeiten benötigten Arbeitnehmer unter Zugrundelegung sachlicher Gesichtspunkte zu individualisieren, sog. Notarbeitsvereinbarungen zu schließen.

IV. Unabhängig vom Vorliegen einer Notarbeitsvereinbarung ergibt sich die Pflicht zur Leistung von Notarbeiten für die Arbeitnehmer aus deren Arbeitsvertrag. Werden sie zur Leistung der zur Wahrung der vom Streik betroffenen Rechtspositionen erforderlichen Arbeiten ausgewählt, ist deren arbeitsvertragliche Leistungspflicht einer Suspendierung durch Befolgung des gewerkschaftlichen Streikaufrufs nicht zugänglich.

Bei der Erfüllung ihrer arbeitsvertraglichen Leistungspflicht leitet sie der Arbeitgeber kraft seines Direktionsrechts an.

V. Bleibt eine Verständigung über den Umfang der Notarbeiten in sachlicher wie personeller Hinsicht aus, entscheidet der Arbeitgeber. Nur er verfügt über genaue Kenntnis der Betriebssituation und hat die schnelle erste Reaktionsmöglichkeit zur Vermeidung irreversibler Schäden. Über seine Entscheidung hat der Arbeitgeber die Gewerkschaft in Kenntnis zu setzen. Sie darf die Durchführung der zur Wahrung der vom Streik betroffenen Rechtspositionen erforderlichen und deswegen vom Arbeitgeber einseitig angeordneten Arbeiten weder be- noch verhindern.

Sofern bei den Maßnahmen, die der Arbeitgeber im Zusammenhang mit der Organisation und Durchführung der Notarbeiten ergreift, ein Mitbestimmungsrecht des Betriebsrates besteht, entfällt dieses, wenn andernfalls die Effektivität der Notarbeiten zu leiden droht.

VI. Bei einem (drohenden) rechtswidrigen Gebrauch des Letztentscheidungsrechts des Arbeitgebers hat die Gewerkschaft einen verschuldensunabhängigen Anspruch auf Unterlassung der einseitigen Anordnung von Notarbeiten wegen Verletzung ihres Rechts auf koalitionsmäßige Betätigung aus §§ 1004, 823 BGB i.V.m. Art. 9 Abs. 3 GG, den sie im Wege der einstweiligen Verfügung durchsetzen kann. Darüber hinaus hat die Gewerkschaft einen verschuldensabhängigen Anspruch auf Schadensersatz aus gemäß § 823 BGB i.V.m. Art. 9 Abs. 3 GG, der aber auch wegen der mit ihm verbundenen Beweisschwierigkeiten und der fehlenden Anhaltspunkte für eine richterliche Schadensschätzung kaum von Bedeutung ist.

Im Fall einer (drohenden) Beeinträchtigung seines Eigentums bzw. seines Rechts am eingerichteten und ausgeübten Gewerbebetrieb kann der Arbeitgeber gemäß §§ 1004, 823 Abs. 1 BGB von der Gewerkschaft verlangen, die Durchführung der in Ausübung seiner Notkompetenz einseitig angerordneten Erhaltungsarbeiten zu dulden und entsprechend auf die Arbeitnehmer einzuwirken. Diesen Anspruch kann er im Wege der einstweiligen Verfügung durchsetzen. Darüber hinaus hat der Arbeitgeber gemäß § 823 BGB einen Anspruch auf Ersatz des durch gewerkschaftsbedingt unterbliebene Notarbeiten entstandenen Schadens. Verweigern die zur Notarbeit eingeteilten Arbeitnehmer deren Durchführung, ohne dazu von der Gewerkschaft veranlasst worden zu sein, ist der Arbeitgeber berechtigt, diesen Arbeitnehmern (außerordentlich) zu kündigen und wegen der Vertragsverletzung (§§ 611 BGB i.V.m. Arbeitsvertrag, 280 Abs. 1 BGB) und der Begehung einer unerlaubten Handlung (§ 823 BGB) Ersatz des durch Nichtarbeit entstandenen Schadens zu verlangen.

VII. Bei einer die Modalitäten der Notarbeiten regelnden Notarbeitsvereinbarung handelt es sich in der Regel um einen zwischen dem bestreikten Arbeitgeber und der streikführenden Gewerkschaft, vertreten durch die örtliche Streikleitung, geschlossenen sonstigen Kollektivvertrag oder Kollektivvertrag sui generis rein schuldrechtlicher Wirkung. Derartige Verträge unterliegen keinem Schriftformzwang. Da die Regelung der Notarbeiten im Sachzusammenhang mit dem (tarifbezogenen) Arbeitskampf steht, sind die sich im Arbeitskampf gegenüberstehenden Parteien dafür zuständig, Vereinbarungen diesen Inhalts abzuschließen. In Betracht kommt auch eine Regelung durch Tarifvertrag. Eine Regelung durch Betriebsvereinbarung ist hingegen nicht möglich, es sei denn, die

Tarifvertragsparteien haben die Ergänzung ihrer eigenen Regelung bewusst den Betriebspartner überlassen.

Inhalt dieser Vereinbarung kann die Überschreitung, nicht aber die Unterschreitung des durch den Grundsatz der Verhältnismäßigkeit vorgegebenen Mindestumfanges der Notarbeiten sein. Weder kann die Nichtbeschäftigung arbeitswilliger Arbeitnehmer zur Bedingung für die Durchführung der Notarbeiten gemacht werden, noch dürfen Dritten Verwendungsbeschränkungen auferlegt werden.

VIII. Wie zuletzt der durch das Fehlen einer sinnvollen Regelung der Notarbeiten gekennzeichnete Lokführerstreik 2007 gezeigt hat, reicht es nicht immer aus, dass dem bestreikten Arbeitgeber die Durchführung von Notarbeiten möglich ist, wenn sie dennoch (auch nur teilweise) unterbleibt. In Betracht kommt daher im Vorfeld eines Streiks eine für die Arbeitskampfparteien verbindliche Regelung der Notarbeiten im Wege der einstweiligen Verfügung zu erwirken. Voraussetzung dafür ist, dass nicht nur die Durchführung von Notarbeiten, sondern auch das Vorliegen einer Notarbeitsregelung Rechtmäßigkeitsvoraussetzung eines Streiks ist.